천면중 · 이민화 · 허명숙

Management Information Systems

경영정보시스템 2판

비앤엠북스

2판 머리말

최근 인터넷의 성장, 기업의 세계화 그리고 정보 및 지식경제의 출현은 기업과 경영에서 정보시스템의 역할을 변화시키고 있다. 인터넷 기술의 발전은 새로운 비즈니스 모형, 새로운 업무 프로세스 그리고 새로운 방식의 정보 및 지식 분배를 위한 기반을 제공하고 있다. 기업은 그들 업무의 많은 부분을 온라인으로 수행하기 위해서 인터넷과 네트워크 기술을 보다 많이 사용하게 되었다. 기업은 이와 같은 디지털 환경에서 기업의 가치사슬과 공급사슬을 위한 정보시스템의 역할을 이해하는 것이 중요하다.

이 책은 다음과 같은 기본 전제로 기초로 하였다. 정보시스템의 주요 역할은 기업의 문제해결을 용이하게 해주고, 생산성과 품질을 향상시키고, 고객서비스를 개선하고, 업무프로세스의 혁신을 통해서 기업에게 경쟁우위를 제공하는 것이다. 정보자원, 새로운 정보기술, 통신네트워크를 관리하는 것은 많은 기업들의 운영에 있어서 주요성공요인이 되고 있으며, 기업의 생존과 번영을 위해서 필수적일 것이다. 따라서 이 책은 경영정보시스템에 관한 개념적인 내용과 관련된 정보시스템을 바탕으로 지속가능한 경쟁우위확보를 위해서 이를 활용할 수 있도록 돕고자 하는 데 초점을 맞추고 있다. 이 책의 특징은 다음과 같다.

첫째, 경영정보시스템의 기본 개념에 관한 이론적 내용을 보다 간결하게 서술함으로써 독자의 이해를 돕고자 하였다.

둘째, 각 장마다 전통적인 경영정보시스템 이론을 소개하는 것 이외에 'MIS Highlight'를 통해 최신 경영철학과 정보시스템의 추세를 소개하여 경영정보시스템에 관한 사고의 틀을 넓히고자 하였다.

셋째, 경영정보시스템의 이론적 및 실무적 특징을 동시에 이해시키기 위하여 각 장마다 "CASE"를 통해 최신 사례를 소개하였다.

이 책은 크게 3부로 구성되어 있다. 제1부는 21세기 새로운 기업환경에 처한 기업으로 하여금 정보시스템을 활용하게 하는 요인들을 소개하고 있으며, 이러한 정보시스템의 기본 개념과 거래처리, 의사결정, 경영전략 차원에서 정보시스템의 역할에 관한 내용을 다루고 있다.

제2부에서는 전사적 차원에서의 정보시스템 활용과 e-비즈니스에 관한 내용을 논의하고 있으며, 특히 데이터웨어하우스와 데이터마이닝, 전사적 비즈니스 시스템, 전자상거래와 모바일상거래, 그리고 지식경영과 지식관리시스템에 관한 내용을 다루고 있다.

마지막으로 제3부에서는 정보시스템의 관리에 관한 내용을 다루고 있으며, 특히, 정보시스템의 계획, 개발, 아웃소싱, 보안과 윤리에 관련된 내용들을 논의하고 있으며, 정보시스템의 관리에서 최근 이슈에 관한 내용을 언급하고 있다.

이 책의 출간을 위해 많은 노력을 기울였으나, 아직까지 내용이 부족한 부분이 있을 것으로 예상된다. 독자들의 솔직하고 소중한 견해를 기다려본다. 끝으로 본 교재의 출간을 위하여 수고한 비앤엠북스의 임직원들에게 감사드린다.

2016년 2월

著 者 識

차례

제1부 기업과 정보시스템

Chapter 1. 기업경영과 정보시스템 · · · 11

제1절 기업환경과 정보시스템 / 11

제2절 정보시스템과 정보기술 / 17

제3절 정보시스템의 특징과 역할 / 24

제4절 정보시스템의 유형 / 29

제5절 정보하부구조와 정보아키텍처 / 43

MIS HIGHLIGHT 1 MES로 정보 표준화 · 통일화 가능 / 46

MIS HIGHLIGHT 2 성공키워드 '경영정보 시스템' / 50

CASE 1 호남석유화학 GEMS · EIS 프로젝트: 녹색경영과 협업 강화 시동 / 54

CASE 2 대우조선해양 차세대 설계 협업 시스템 / 57

Chapter 2. 거래처리와 기능부서별 정보시스템 · · · 58

제1절 거래처리시스템 / 58

제2절 기능부서별 정보시스템의 개념 / 64

제3절 기능부서별 정보시스템의 업무 / 69

MIS HIGHLIGHT 1 글로벌기업 IT통합 / 93

MIS HIGHLIGHT 2 PLM 전 제조업분야로 빠르게 확산 / 98

CASE 1 메리츠금융 통합HR: 인사 환경변화에 유연한 그룹 통합 시스템 제공 / 102

CASE 2 교보문고 통합유통 시스템 / 106

Chapter 3. 의사결정과 정보시스템 · · · 110

제1절 경영자와 의사결정 / 110

제2절 의사결정지원시스템 / 124

제3절 중역정보시스템 / 132

제4절 DSS의 발전추세 / 136

MIS HIGHLIGHT 1 탁월한 의사결정, 직관과 분석의 황금비를 찾아서 / 140

MIS HIGHLIGHT 2 빠른 의사결정 · 비용절감 장점 화상회의 시스템 '뜬다' / 143

CASE 1 빙그레 경영성과관리시스템: 신속한 의사결정, 현업 사용 극대화 끌어내 / 147

CASE 2 S-OIL EPM/BI / 150

Chapter 4. 경영전략과 정보시스템 · 153
제1절 경쟁우위와 정보시스템 / 153
제2절 경쟁세력모형과 경영전략 / 160
제3절 가치사슬모형과 경영전략 / 165
제4절 업무프로세스 리엔지어링 / 169
MIS HIGHLIGHT 1 전략의 나침반, 경쟁정보를 확보하라 / 184
MIS HIGHLIGHT 2 불확실한 경영환경 속에서 더 강해지는 기업 / 191
CASE 1 GS홈쇼핑: 차세대 주문관리시스템 / 197
CASE 2 아시아나항공: 차세대 여객시스템 / 200

제2부 정보시스템의 활용과 e-비즈니스

Chapter 5. 데이터웨어하우스와 데이터마이닝 · · · · · · · · · · · · · · · · · · · 205
제1절 데이터 관리 / 205
제2절 데이터웨어하우스 / 216
제3절 데이터마이닝 / 223
MIS HIGHLIGHT 1 DW, 빅데이터 시대 속에서 진가를 발휘하다 / 232
MIS HIGHLIGHT 2 '어떻게'보다 '무엇이' 더 중요 / 237
CASE 1 동부제철: EDMS · BI로 정보자산 효율적 관리 방안 마련 / 241
CASE 2 국민건강보험공단: 국민건강주의 알람시스템 / 245

Chapter 6. 전사적 비즈니스 시스템 · 249
제1절 전사적자원관리 / 249
제2절 고객관계관리 / 265
제3절 공급사슬관리 / 278
MIS HIGHLIGHT 1 고객관계관리(CRM)에서 고객경험관리(CEM)로 / 292
MIS HIGHLIGHT 2 SCM 2.0 / 296
CASE 1 SPP조선 ERP시스템 / 301
CASE 2 오비맥주 모빌리티 CRM / 303

차례

Chapter 7. 지식경영과 지식관리시스템 · · · · · 306

제1절 지식경제 / 306
제2절 지식경영 / 314
제3절 지식관리시스템 / 324
MIS HIGHLIGHT 1 지식경제 시대 가고, 아이디어경제 시대 온다 / 334
MIS HIGHLIGHT 2 창조경제의 이해와 대응방안 / 339
CASE 1 국민건강보험공단-지식관리시스템: 조직 비전 달성의 초석 / 342
CASE 2 포스코 지식경영 / 345

Chapter 8. 전자상거래 · · · · · 348

제1절 전자상거래의 기초 / 348
제2절 기업 대 소비자 전자상거래 / 358
제3절 기업 대 기업 전자상거래 / 363
제4절 전자상거래의 보안과 전자지불시스템 / 368
MIS HIGHLIGHT 1 소셜커머스: 이제 소비자를 기업의 동반자로 / 377
MIS HIGHLIGHT 2 제품만 잘 만들면 되던 B2B기업, 이젠 시장도 잘 만들어야 / 383
CASE 1 한국투자증권: 고객 관점 HTS로 다시 태어났다 / 389
CASE 2 미래에셋증권: 스마트 맵스(Smart Maps) / 393

Chapter 9. 모바일상거래 · · · · · 398

제1절 모바일상거래의 개념 / 398
제2절 모바일상거래 인프라와 애플리케이션 / 402
제3절 위치 기반상거래 / 409
제4절 유비쿼터스 / 414
MIS HIGHLIGHT 1 모바일로 기업가치 높인다 / 428
MIS HIGHLIGHT 2 '스마트', 기능이 아니라 가치로 결정된다 / 433
CASE 1 GS리테일: 정확한 고객요구 파악, 재미도 함께 제공 / 440
CASE 2 국립공원관리공단 QGIS / 443

제3부 정보시스템의 관리

Chapter 10. 정보시스템 계획 ········· 449

제1절 정보시스템 계획의 개념과 유형 / 449
제2절 정보시스템 계획의 모형 / 456
제3절 정보시스템 계획의 방법 / 461
제4절 정보시스템 아키텍처의 계획 / 468
MIS HIGHLIGHT 1 가상화 계획, 4가지 시스템 관리가 성공 열쇠 / 480
MIS HIGHLIGHT 2 IT와 현업의 협업, 'BA'에 답이 있다 / 483
CASE 1 매그나칩반도체: 전사적 프로젝트 관리시스템 / 488
CASE 2 브레인트로피아: 연구 개발 프로세스 표준화 / 493

Chapter 11. 정보시스템 개발 ········· 496

제1절 시스템 개발 수명주기 / 496
제2절 시스템 개발 방법론 / 509
제3절 CASE 도구와 고속 응용시스템 개발 / 518
제4절 애플리케이션 확보 방안 / 521
MIS HIGHLIGHT 1 오픈소스 / 526
MIS HIGHLIGHT 2 소프트웨어 라이선스 / 532
CASE 1 분당서울대학교병원: 차세대 의료정보시스템 / 538
CASE 2 LG GNS의 ALM(Application Lifecycle Management) 도입 / 543

Chapter 12. 정보시스템 아웃소싱 ········· 548

제1절 정보시스템 아웃소싱의 개념과 유형 / 548
제2절 정보시스템 아웃소싱의 결정요인 / 552
제3절 정보시스템 아웃소싱과 서비스 수준 협약 / 556
제4절 클라우드 컴퓨팅 / 560
MIS HIGHLIGHT 1 일반 산업군, 하이브리드소싱 바람분다 / 564
MIS HIGHLIGHT 2 클라우드 컴퓨팅 시대의 경영 / 568
CASE 1 경영성과 개선을 위한 IT아웃소싱 활용방안 / 573
CASE 2 금융IT 아웃소싱의 허와 실 / 579

차례

Chapter 13. 정보시스템 보안과 윤리 · 585
제1절 정보시스템 보안의 필요성 / 585
제2절 정보시스템 보안과 통제 / 589
제3절 정보시스템 윤리 / 600
MIS HIGHLIGHT 1 Security: 무사안일주의가 '보안 쓰나미' 부른다 / 607
MIS HIGHLIGHT 2 보안거버넌스, 권한과 책임, 가이드라인 제시돼야 / 614
CASE 1 KCC건설: 통합보안시스템 / 617
CASE 2 한화생명: 고객정보 통합 및 암호화 / 620

Chapter 14. 정보시스템 관리의 이슈 · 624
제1절 Real Time Enterprise(RTE) / 624
제2절 Enterprise Architecture(EA) / 630
제3절 IT Infrastructure Library(ITIL) / 635
MIS HIGHLIGHT 1 아키텍처 시대는 오는가? / 645
MIS HIGHLIGHT 2 애자일 IT 아키텍처 3단계 도입방법 / 652
CASE 1 중 · 소기업도 ITIL로 큰 효과 볼 수 있다 / 654
CASE 2 LG GNS 데이터센터: 시스코 ACI 아키텍처 도입 / 658

참고문헌 · 659
찾아보기 · 664

제 1 부

기업과 정보시스템

Chapter 1. 기업경영과 정보시스템

Chapter 2. 거래처리와 기능부서별 정보시스템

Chapter 3. 의사결정과 정보시스템

Chapter 4. 경영전략과 정보시스템

Chapter

1 기업경영과 정보시스템

학습 내용

제1절 기업환경과 정보시스템
제2절 정보시스템과 정보기술
제3절 정보시스템의 특징과 역할
제4절 정보시스템의 유형
제5절 정보하부구조와 정보아키텍처
MIS HIGHLIGHT 1 MES로 정보 표준화·통일화 가능
MIS HIGHLIGHT 2 성공키워드 '경영정보 시스템'
CASE 1 호남석유화학 GEMS·EIS 프로젝트: 녹색경영과 협업 강화 시동
CASE 2 대우조선해양 차세대 설계 협업 시스템

제1절 기업환경과 정보시스템

최근 기업을 둘러싼 환경변화가 가속화되면서 고객지향적 산업구조로의 전환이 경쟁적으로 이루어지고 있는 게 주지의 사실이다. 게다가 기업환경을 이루는 환경적·조직적·기술적 요인들은 매우 빠르게 변화하고 있으며 그 정도를 예측할 수 없어서 기업은 그때그때 야기된 문제와 기회-에 대해 빈번히 그리고 신속하게 대응해야 하는 어려움에 처해 있다. 기업환경의 불확실성 정도와 급격한 변화속도로 인해, 기업은 제한적인 자원을 사용하여 보다 많이 생산해야 하는 부담을 떠안게 된 것이다.

이러한 기업환경에서 기업이 성공하고 생존하기 위해서는 비용절감과 같은 전통적인 경영활동은 물론 종업원의 권한부여(empowerment)와 같은 혁신적인 경영활동이 동시에 수행되어야 한다. 이를 주요대응활동(critical response activities)이라고 하는데, 급여처리, 주문입력과 같은 일상적인 업무에서 회사인수와 같은 전략적인 업무에 이르기까지 경영과정의 일부나 전체에서 일어난다.

주요대응활동은 현재의 기업환경에 대한 처리일 수도 있고, 변화할 미래의 기업환경에 대한 조직보호 차원의 대책이 될 수도 있다. 또한 변화로 인한 기회를 활용할 수 있는 활동이 될 수도 있다. 조직은 정보시스템을 활용하여 대부분의 주요대응활동을 용이하게 수행할 수 있다. 그림 1-1은 기업환경, 조직, 정보시스템 사이의 관계를 보여준다. 그림에서 기업환경은 조직에 영향을 미치고, 조직은 정보시스템의 지원을 받아 대응한다.

그림 1-1 기업환경의 영향과 정보시스템의 지원

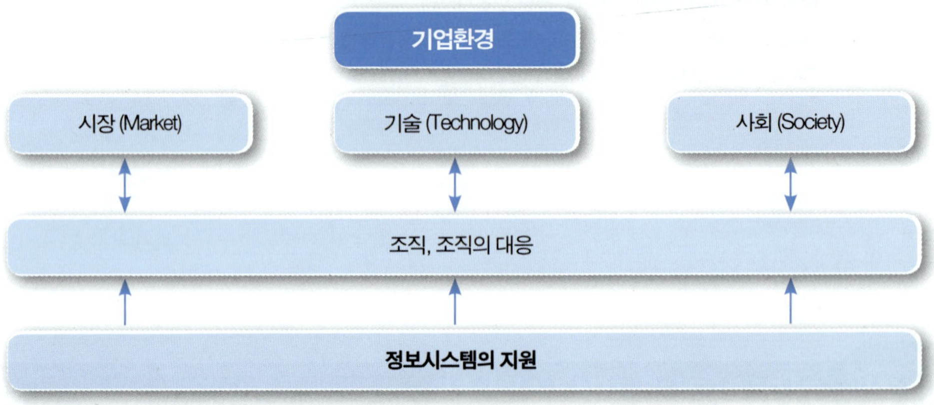

1. 기업환경

오늘날 조직에서 정보시스템의 역할을 이해하기 위해서는 조직에 영향을 미치는 중요한 기업환경의 요소들을 검토할 필요가 있다. 기업환경이란 기업활동에 영향을 미치는 사회적·법적·경제적·물리적·정치적 요소들을 의미한다. 이러한 요소 중에서 어떤 한 요소의 변화는 조직에 중요한 영향을 미칠 가능성이 높다. 다시 말해 초경쟁적인 기업환경은 빠른 기술변화만이 아니라 세계화, 매력적인 대체재의 출현, 지식화되고 분화되는 소비자의 취향,

규제 완화, 새로운 비즈니스 모델의 등장으로 본질의 변화가 촉발되는 것을 의미한다. 따라서 그림 1-1에서처럼 조직에 영향을 미치는 기업환경은 크게 시장, 기술, 사회 범주로 살펴볼 수 있으며 구체적인 내용은 다음과 같다.

(1) 시장 영향

① 글로벌 경제와 경쟁

인터넷과 같은 발전된 통신망과 디지털 기술로 인해 기업의 세계화가 용이해졌다. 국가간 무역으로 세계경제의 글로벌화가 가능해졌으며 무역장벽의 축소로 그 추세는 계속될 것이다. 최근에는 많은 기업이 지리적 이점을 최대한으로 활용한 입지 전략으로 차별화된 고객서비스를 제공하여 전략적 고객확보를 추구하고 있다. 예를 들면 세계적인 스페인 의류 브랜드 업체인 자라(ZARA)는 제3세계의 값싼 노동력 대신에 스페인을 중심으로 인접한 유럽 국가들의 인력을 동원함으로써 지리적 이점을 활용하고 있다. 이는 제품 개발 및 생산, 판매까지 걸리는 시간을 단축하여 글로벌 시장경제에 신속하게 대응하기 위함이다.

이러한 타임 투 마켓(time to market)에 따른 글로벌 전략은 서로 다른 문화, 윤리, 법적 조건 때문에 광범위한 통신 능력을 요구한다. 그리고 신속하고 저렴한 통신 및 수송 방식으로 글로벌 경쟁은 시간이 갈수록 더욱 강화될 것이다. 때문에 글로벌 기업은 글로벌 기업환경을 통제하기 위해 보다 강력한 정보시스템으로 대응할 필요가 있고 이는 기업의 중요한 과제가 되고 있다. 세계 최대 유통회사인 월마트(Wal-Mart)가 RetailLink시스템을 구축하고, 최근 많은 글로벌 기업들이 텔레프레전스(telepresence)와 같은 가상회의시스템을 도입하는 이유와 같은 맥락이다. 이처럼 정보시스템은 글로벌 규모의 기업 관리에 필요한 통신과 분석 능력을 제공하고 운영업무의 효율성을 달성하게 한다. 따라서 현재와 미래의 기업 성공은 세계적으로 조직을 운영할 수 있는 정보시스템의 능력에 달려 있다.

② 고객의 성숙

소비자의 성숙과 기대는 소비자가 제품과 서비스의 활용가능성과 품질에 대해 많은 지식을 가질 때 증가한다. 소비자라면 제품과 서비스에 관한 구체적인 정보와 새로운 핵심가치를 요구하기 마련이다. 즉 소비자들은 제품 및 서비스에 관해 어떤 특징을 활용할 수 있고,

어떤 품질보증을 받을 수 있으며, 어떤 금융지원이 가능한지 등을 궁금해하며 즉시 알고 싶어 한다. 기업은 이러한 소비자들의 욕구를 만족시키기 위해 관련 정보를 신속하게 전달할 필요가 있다.

특히 인터넷과 진보된 전자상거래를 활용함으로써 기업은 비용과 품질 비교를 포함한 제품과 서비스에 대한 정보를 고객에게 제공할 수 있다. 게다가 우수한 품질과 저렴한 가격으로 맞춤화된 제품을 원하는 고객이 있다면 그의 개별적인 요구사항을 해결하기 위해서 기업은 고객정보를 전사적인 차원에서 공유해야 한다. 예를 들어 델(Dell)은 아이디어스톰(ideastorm)이라는 고객과의 쌍방향 커뮤니케이션 시스템 채널을 구축하여 고객대응과 고객 아이디어를 수렴함으로써 고객중심의 철학이 지속적으로 사업성장의 원동력이 되도록 노력하고 있다.

(2) 기술 영향

① 기술혁신과 쇠퇴

기술은 제조와 서비스에서 그 역할이 커지고 있다. 새롭고 개선된 기술은 제품의 대체재, 다양한 서비스, 그리고 우수한 품질을 창출하거나 지원한다. 뿐만 아니라 오늘의 최신 제품이 내일이면 구식이 될 수 있어 기술 경쟁력은 더욱 강화되고 있다. 많은 기술들이 유전공학에서 식품가공에 이르기까지 여러 분야에서 기업에 영향을 미치고 있다. 예를 들어 생명공학과 정보기술을 융합한 바이오인포매틱스에 대한 관심이 최근 다시 증가하고 있다. 바이오인포매틱스란 생명현상 연구와 관련된 다양한 정보를 수집, 관리, 분석하기 위한 제반 분야로, 이의 응용은 의약에서 농업에 이르기까지 다양한 산업에 걸쳐 있다. 무엇보다 가장 큰 영향을 미치고 있는 기술이라면 바로 정보기술(information technology)이다.

② 정보 과부하(information overload)

인터넷과 통신망은 조직과 개인이 활용할 수 있는 정보의 양을 증가시키고 있다. 인터넷 상에서 제공되는 정보의 양은 해마다 2배 이상씩 증가하고 있으며 대부분 무료이다. 조직 내에서 생성되고 저장되는 정보와 지식도 기하급수적으로 증가하고 있다. 마치 세상이 정보의 홍수 속인 듯하다. 따라서 경영의사결정에 필요한 자료, 정보, 지식에 대한 접근, 탐색,

관리가 매우 중요해졌다.

(3) 사회 영향

① 사회적 책임

기업은 이제 경제적 책임이나 법적 책임 외에도 폭넓은 사회적 책임을 적극 수행할 것을 요구받고 있다. 실제로 2000년대에 접어들면서 기업의 사회적 책임 활동은 기하급수적으로 늘어났으며, 기업은 물리적 환경의 상태에서 에이즈 확산에 이르기까지 다양한 사회적 이슈들에 대해 인식하고 개선하기 위해 많은 노력을 다하고 있다.

2008년 기업의 사회적 책임(Corporate Social Responsibility: CSR)에 대한 국제적인 표준이 만들어지면서 많은 기업들이 보다 더 사회적 책임 활동에 관심을 쏟고 있다. 기업의 사회적 책임 활동은 경제적·법적·윤리적·자선적 책임으로 이루어져 있으며, 법과 사회규범 자체가 시대에 따라 변하고 사람들의 기대수준도 수시로 변하기 때문에 여러 단계의 책임을 어떻게 조화를 이루어 수행할 것인가가 기업의 과제이다. 최근에는 사회적 책임 활동이 새로운 양상으로 전개되고 있다. 예를 들어 펩시콜라(Pepsi-Cola)가 과일주스 등 건강음료를 부각시키고 네슬레(Nestlé) 같은 식품업체들이 건강과 영양을 내세우고 있다.

② 정부규제와 규제완화

기업의 사회적 책임은 건강, 안전, 환경통제, 기회균등 등에 관한 정부규제와 관련이 있다. 예를 들면 어떤 기업이 생산 공정상 부품을 도색하는 과정에서 과잉으로 칠해진 부분을 해결하기 위해 종이를 사용했는데, 그 종이를 처분하려면 허가된 업체를 통해야 한다고 하자. 이러한 규제는 비용을 초래할 뿐만 아니라 그런 규제가 없는 국가와 경쟁하는 것을 어렵게 만들 수도 있다. 정부규제는 주로 비용을 수반하는 제약으로 간주되는 반면에, 규제완화는 어떤 기업에게는 축복이 될 수도 있고, 정부규제로 그동안 보호를 받았던 다른 기업에게는 저주가 될 수도 있다. 따라서 정부규제 및 완화는 경쟁을 심화시키는 요인이 된다. 최근 환경과 관련하여 국제적인 규제가 강화되면서 이에 대응하기 위한 정부규제가 증가하고 있으며, 규제는 환경에서 금융서비스에 이르기까지 다양하게 나타나고 있다.

③ 윤리적 이슈

조직은 종업원, 고객, 공급업체의 윤리적 문제들도 중요하게 다루어야 한다. 글로벌 기업의 경우 한 국가에서 윤리적인 것이 다른 국가에서는 비윤리적일 수도 있다. 윤리적 문제가 이슈가 되는 이유는 기업의 이미지와 종업원의 사기에 영향을 미치기 때문이다. 특히 정보시스템의 사용은 많은 윤리적 이슈를 야기한다. 예를 들면 전자우편의 감시, 개인과 공공 데이터베이스에 저장되어 있는 자료를 이용한 고객의 사생활 침해 등과 같은 문제이다. 최근 클라우드 도입을 고려하는 많은 기업들이 비용절감 효과, 운영 효율성, 조직 유연성이라는 새로운 비즈니스 가치에도 불구하고 서비스 제공업체 및 제3자의 불법 데이터 접근을 우려해 시스템 구축을 고려하고 있는 실정이다.

조직을 둘러싸고 있는 환경은 매우 복잡하며 불안정하게 변화하고 있다. 통신, 수송, 기술에서의 진보는 정치적·경제적 활동의 변화를 불러일으키고, 이러한 기업환경의 변화는 기업에 미치는 영향을 증가시킨다. 기업은 외부변화에 유연하게 대처하는 대응능력을 신속하게 배양해야 한다.

2. 조직의 대응

조직에 영향을 미치는 기업환경은 경영 분류체계(framwork)를 통해 이해할 수 있다. 그림 1-2는 레비트와 휘슬러(Leavitt & Whisler)가 개발하고 스콧 모튼(Scott-Morton)이 수정한 경영 분류체계로 정보시스템의 역할을 반영하였다.

조직은 다섯 가지의 중요한 요소로 구성되며 그중의 하나가 정보시스템이다. 또한 그림 1-2에서 보는 바와 같이 구성요소들은 환경에 둘러싸여 있으며, 서로 관련되어 있다. 이때 환경이나 구성요소 중 어느 하나에서도 변화가 발생하지 않은 안정된 상태를 균형(equilibrium)이라고 한다. 그러나 어떤 요소에서 중요한 변화가 발생하면 조직은 불안정해지고 그 결과로 내부 구성요소의 전부나 일부가 조정된다. 예를 들면 조직전략에서의 변화는 조직구조의 변화를 초래한다. 최근 많은 기업들이 기존의 주력 사업들이 성숙기에 접어들면서 새로운 성장 동력을 확보하기 위해 혁신전략을 수정하고 있다. 아이비엠(IBM)은 이 과정에서 전략변화에 따른 전략전담조직(task force team)을 구성하였고 새로운 시장 확보에 적합한 조직구조로 개편하였다.

그림 1-2 정보시스템이 조직에 미치는 영향

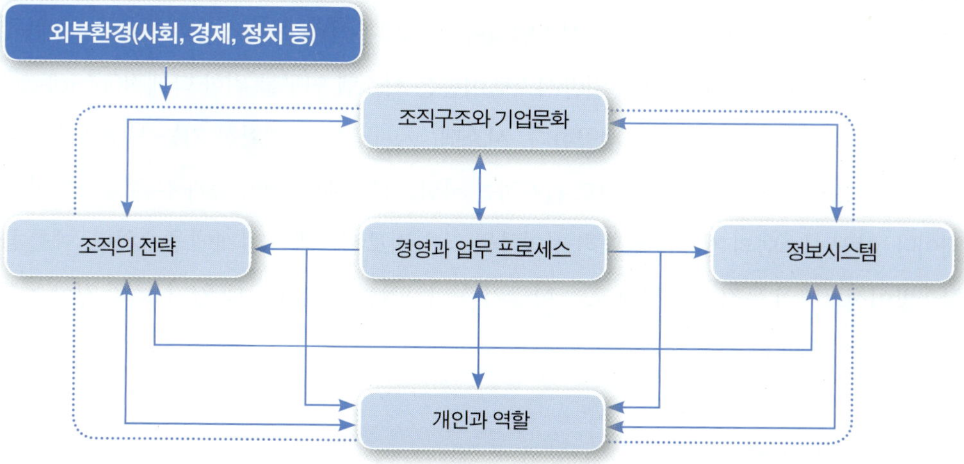

불안정한 조직은 생존은 물론 경쟁조직 및 다른 조직과의 경쟁이 어려워진다. 그러므로 조직은 주요대응활동(critical response activities)을 통해 위기환경에 신속하게 대처할 필요가 있다. 대응활동은 장기적인 전략뿐만 아니라 일상적인 기업활동도 포함한다. 그러나 전통적인 대응활동으로는 새로운 문제를 해결할 수 없기 때문에, 낡고 오래된 해결안들은 수정, 보완하거나 제거되어야 한다. 또한 시장변화를 창출하기 위해 능동적인 조치(proactive measures)를 취하게 되는데, 이때 외부영향으로 발생한 기회를 활용할 수도 있다. 조직의 주요대응활동은 경쟁우위를 위한 전략시스템, 지속적 개선, 전사적 비즈니스 시스템, 전자상거래, 모바일상거래 등 정보시스템과 정보기술의 활용으로 이루어진다.

제2절 정보시스템과 정보기술

1. 시스템 개념

시스템의 개념은 일반시스템이론(general systems theory)에 근거를 두고 있다. 일반시스템이론이란 시스템, 시스템분석·설계, 시스템관리에 관한 지식을 일반화하여 고도의 논리체계로 학문화한 것이다. 이 이론은 시스템철학, 시스템분석기술, 시스템과학에 관한 개념, 방법, 지식을 포함하고 있다. 따라서 일반시스템이론은 시스템 연구를 위한 학제적(interdisciplinary), 총체적(holistic) 접근방식을 제공한다. 시스템(system)이란, 명확한 기능을 수행하기 위해서 혹은 목표를 달성하기 위해서 서로 관계하는 사람, 자원, 개념, 절차 등과 같은 요소들의 집합체이다. 어떤 시스템의 기능을 명확히 정의하는 것은 정보시스템의 설계에 중요하다. 예를 들면 항공방어시스템의 목적은 공격해 오는 항공기나 미사일을 파괴하는 데 있지 않고, 지상 목표물을 보호하는 것이다.

(1) 시스템의 수준과 구조

시스템의 수준(혹은 계층)에서 모든 시스템은 실제로 하위시스템(subsystems)을 의미한다. 왜냐하면 모든 시스템은 보다 큰 상위시스템(suprasystems) 속에 포함되기 때문이다. 예를 들면 은행 시스템은 상업대출시스템, 고객대출시스템, 저축시스템 등과 같은 하위시스템들을 포함하고 있다. 시스템은 환경(environment)에 둘러싸여 있으며, 세 가지 요소인 입력(input), 처리(process), 출력(output)으로 나뉘고, 시스템 운영을 통제하는 피드백(feedback) 장치를 포함한다. 또한 의사결정자인 인간도 시스템의 일부로 간주된다. 시스템의 일반적인 모형은 그림 1-3과 같다.

그림 1-3 시스템의 일반모형

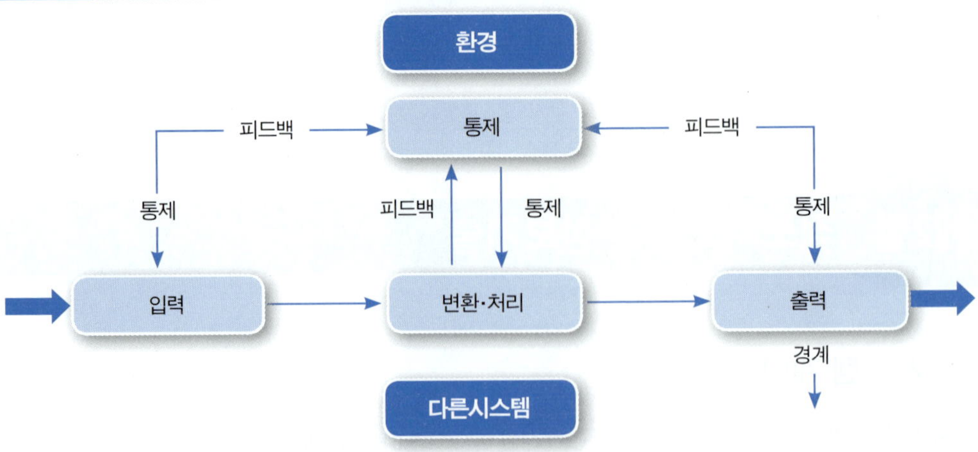

입력은 시스템에 투입되는 요소들로, 화학제품의 원재료, 병원 입원환자, 컴퓨터에 입력되는 자료 등이 그것의 예이다. 처리는 입력을 출력으로 전환시키거나 변환시키기 위한 과정이다. 출력은 외부로 나오는 완성된 제품이나 결과를 나타낸다. 예를 들어 화학공장은 원재료 입력, 업무절차 준수, 종업원과 기계를 활용하는 처리과정을 거쳐 비료라는 출력물을 생산한다. 하위시스템들의 관련성은 정보와 자재의 흐름을 나타낸다. 피드백은 잘못된 정보와 자재의 흐름을 적절하게 관리하는 기능이다. 시스템은 경계(boundary)에 의해서 시스템의 환경과 분리된다. 그 결과 시스템은 경계의 내부에 존재하고, 시스템의 환경은 시스템 외부에 존재하며 시스템 성과와 시스템 목표 달성에 중요한 영향을 미친다.

경계는 물리적일 수도 혹은 비물리적(nonphysical)일 수도 있다. 모든 시스템은 다른 시스템의 하위시스템으로 간주될 수 있기 때문에 시스템의 응용은 끝이 없다. 따라서 시스템을 정의된 경계에 한정시킬 필요가 있다. 예를 들어 개방시스템(open system)은 경계에 의해서 분리된 환경 및 다른 시스템들과 상호작용(interface) 하는 것을 말한다. 이러한 개방시스템은 환경으로부터 입력(정보, 에너지, 자재)을 받아 다시 환경으로 출력한다. 반면에 상호작용 하지 않는 시스템은 폐쇄시스템(closed system)이다. 그리고 환경 및 다른 시스템들의 영향을 받은 시스템이 스스로 변화하거나 혹은 환경 및 다른 시스템을 변화시키는 것을 적응시스템(adaptive system)이라 한다.

(2) 시스템의 효과성과 효율성

시스템은 **그림 1-4**에서와 같이 효율성(efficiency)과 효과성(effectiveness)으로 평가되고 분석된다. 효율성은 결과를 달성하기 위해서 입력(혹은 자원)된 정도를 측정하는 것이다. 효율성의 예로 특정 수준의 매출을 위해서 얼마의 자금이 사용되었는가를 측정해볼 수 있다. 반면 효과성은 올바른 목표가 성취되는 정도를 의미한다. 효과성은 시스템의 성과 혹은 출력과 관련된다. 출력의 예로 회사의 월간 총매출이나 개인 판매원의 월간 총매출을 들 수 있다. 시스템의 효율성과 효과성 간의 비율은 시스템의 생산성(productivity)을 결정한다.

그림 1-4 시스템의 효과성과 효율성

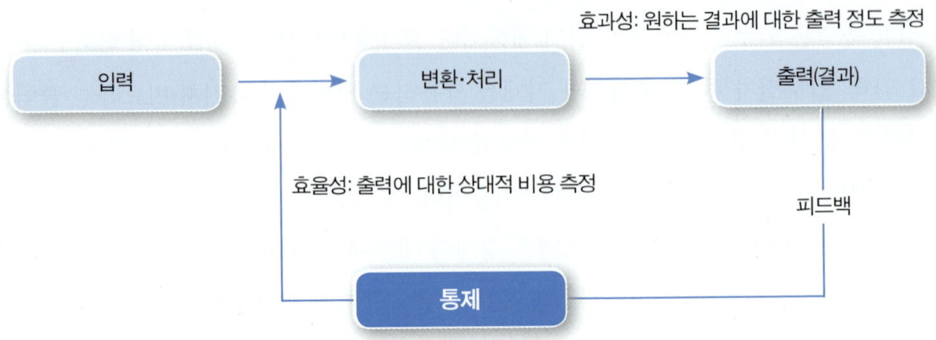

2. 시스템 개념에 의한 정보시스템

(1) 정보시스템의 수준과 구조

정보시스템은 기업문제에 대한 해결안을 제공하기 위해 자료와 정보를 수집, 처리, 저장, 분석하고, 그 결과를 조직 전체가 공유하는 것이다. 그림 1-5에서와 같이 정보시스템은 일반시스템이론에 기반을 두고 입력(예: 자료, 명령어), 처리(예: 프로그램, 장비), 출력(예: 보고서, 계산)의 요소와 시스템 운영을 통제하는 피드백 장치를 포함하며 환경 내에서 운영되고 있다.

그림 1-5 시스템개념에 의한 정보시스템

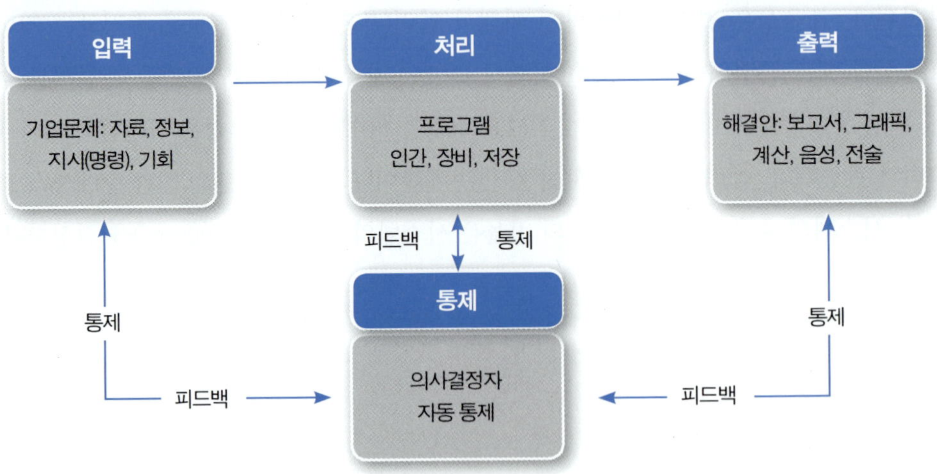

① 입력(input)

정보시스템에서 입력은 자료를 수집하고 획득하는 활동이다. 예를 들어 급여정산은 종업원의 작업시간부터 입력되고, 대학성적은 담당 교수에 의해 학생성적이 먼저 입력되어야 한다. 이렇듯 입력의 항목은 다양하며 수작업 혹은 자동화 형태가 있다. 바코드 판독으로 식품항목과 가격을 전산화된 현금등록기에 입력하는 식품점의 스캐너(scanner)는 자동화된 입력과정의 한 유형이다.

② 처리(processing)

정보시스템에서 처리는 자료를 출력으로 전환시키거나 변환시키는 활동이다. 여기에는 계산, 비교 분석에 의한 대안활동의 선택, 향후 사용을 위한 자료 저장 등이 포함된다. 처리 역시 수작업 혹은 컴퓨터의 지원을 받을 수 있다. 급여정보시스템에서 처리는 종업원의 작업시간을 순임금으로 전환하는 과정에 해당한다. 즉 먼저 작업시간에 시간당 임금을 곱하여 총임금을 계산하고, 총임금에 초과수당을 더한다. 총임금에서 공제부분(예: 세금, 보험료, 연금 등)을 뺀 나머지가 순임금으로 결정된다.

③ 출력(output)

정보시스템에서 출력은 문서나 보고서의 형태로 유용한 정보를 생성하는 활동이다. 예를 들면 급여명세서, 관리자를 위한 보고서, 주주·은행·정부기관 등을 위한 정보 등이다. 어떤 경우에 한 시스템의 출력은 다른 시스템의 입력이 될 수 있다. 판매주문 처리 결과가 고객청구시스템의 입력으로 사용되는 경우가 그런 예이다. 또한 다른 시스템이나 장치를 통제하기 위한 입력으로 사용될 수도 있다. 예를 들면 사무가구의 제조와 같이 많은 변수가 작용하는 업종은 고객욕구를 충족시키기 위해 판매원, 고객, 가구 디자이너가 가구설계에서 반복적인 과정을 거쳐야 한다. 특수 컴퓨터 하드웨어와 소프트웨어는 초기 설계를 작성하고 이를 신속하게 수정하기 위해 사용된다. 최종 실물 설계모형이 결정되면 설계 워크스테이션 소프트웨어가 자재명세서(Bill Of Materials: BOM)를 작성한다. 출력 역시 프린터, 출력화면과 같이 다양한 방식으로 생성되며 수작업 문서와 보고서가 될 수도 있다.

④ 피드백(feedback)

정보시스템에서 피드백은 입력 혹은 처리 활동을 변경시키기 위한 출력이다. 예를 들면 오류와 문제가 있을 때 입력 자료를 수정하게 하거나 처리과정을 변경하게 한다. 급여를 살펴보자. 종업원의 작업시간을 40시간이 아니라 400시간으로 잘못 입력하였다면, 정보시스템은 400시간이 제한된 범위(0에서 100시간)에서 벗어났음을 인지하고 오류보고서와 같은 피드백을 제공한다. 그 결과 작업시간에 대한 입력을 검사하고 수정하게 된다. 피드백은 관리자와 의사결정자에게도 중요한 역할을 한다. 예를 들면 몇몇 항목의 재고가 감소할 경우, 피드백 시스템은 사용할 수 있는 재고가 적다는 것을 알려주어 관리자가 추가 주문을 하게 한다. 이러한 수동적인(reactive) 방식과는 달리, 컴퓨터 시스템은 미래의 사건을 예측함으로써 문제를 예방하는 능동적(proactive) 방식이다. 예측(forecasting)시스템을 활용하면 미래의 매출을 추정해서 재고부족이 발생하기 전에 추가 주문을 하는 게 가능하다.

(2) 정보시스템의 구성요소

정보시스템은 공식시스템과 비공식시스템으로 분류된다. 공식시스템(formal systems)은 합의된 절차, 표준 입력과 출력, 확정된 정의를 포함한다. 그리고 자료와 그 자료의 수집, 저장, 처리, 분배, 사용이라는 절차에 있어서 명확한 정의를 따른다. 비교적 고정적이고 쉽게 변경되지 않는 미리 정해진 규칙에 따라 운영된다. 이에 비해 비공식시스템(informal systems)은 사무실 잡담에서 전자우편 교환에 이르기까지 다양한 형태로 나타난다. 아무래도 비공식시스템을 이해하는 것이 무엇보다 중요한데, 왜냐하면 비공식시스템은 정보자원을 소비하며 공식시스템과 상호작용(interface)하기 때문이다. 또한 변화에 저항하거나 수용하는 데 중요한 역할을 하기 때문이다.

공식시스템의 한 유형인 컴퓨터 기반 정보시스템(Computer Based Information System: CBIS)은 과업의 일부나 전부를 수행하기 위해 정보기술을 사용하는 시스템이다. 이러한 시스템에는 개인용 컴퓨터, 소프트웨어, 다양한 주변장치가 연결된 다양한 크기의 컴퓨터가 포함된다. 그리고 대부분의 경우 정보시스템은 인간을 포함한다. 그림 1-6에서와 같이 정보시스템은 정보기술, 절차, 인간으로 구성되며 내용은 다음과 같다.

그림 1-6 정보시스템의 구성요소

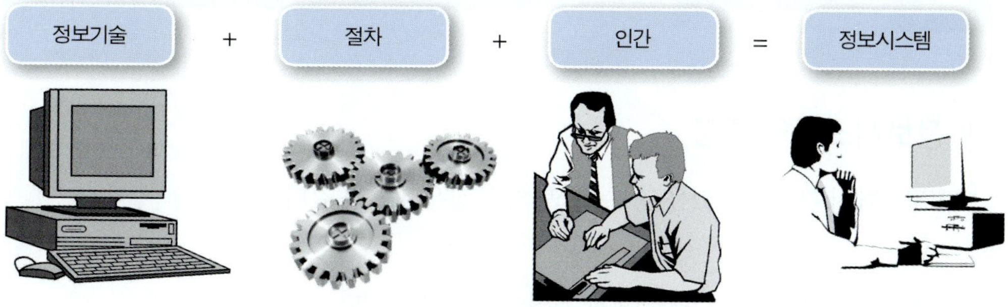

① 정보기술

협의의 관점에서 정보기술은 정보시스템의 기술적인 측면을 의미하며, 컴퓨터 하드웨어 및 소프트웨어, 저장기술, 통신기술 등을 포함한다. 그러므로 정보시스템의 하위시스템으로 간주된다. 광의의 관점에서 정보기술은 조직 전체를 위한 여러 가지 정보시스템, 사용자, 관리의 집합체를 나타낸다. 때때로 정보기술은 정보시스템이라는 용어와 혼용된다. 이 책에서는 협의의 관점에 따른 정보기술의 의미를 적용한다.

② 절차

컴퓨터 기반 정보시스템을 사용하기 위한 전략, 정책, 방법, 규칙 등을 말한다. 즉 자료를 처리하여 원하는 출력을 생성하기 위해 여러 구성요소를 결합하는 운영절차이다. 효율적 운용을 위해 사용자 지침서, 입력자료준비 지침서, 시스템운영 지침서 등을 사용한다.

③ 인간

컴퓨터 기반 정보시스템에서 가장 중요한 요소로, 시스템을 운영하거나 시스템의 출력을 사용하는 사람들을 말한다. 시스템 운영자로는 시스템 분석가, 프로그래머, 컴퓨터 운영요원, 자료 관리자 등이 있다. 최종사용자(예: 재무담당 중역, 마케팅 책임자, 제조 운영자)란 정보시스템을 사용하는 사람이나 정보시스템이 제공하는 정보를 사용하는 사람을 의미한다.

제3절 정보시스템의 특징과 역할

1. 정보시스템의 특징

기업경영에서 활용되고 있는 정보시스템의 특징은 다음과 같다.

① 여러 유형의 정보시스템들이 한 기업에 존재하고 있다.

② 여러 유형의 정보시스템들(하위시스템)의 집합은 하나의 정보시스템(상위시스템)을 의미한다.

③ 정보시스템들의 일부는 완전히 독립적이지만 대부분은 서로 연결되어 있다.

④ 정보시스템들은 전자 네트워크(electronic networks)로 연결되어 있다. 기업 전체가 네트워크로 연결되고 모든 종업원들이 통신을 통해 기업정보에 접근할 수 있는 시스템을 전사시스템(enterprisewide system)이라 한다.

⑤ 기업의 정보자원은 정보시스템 부서가 중앙집중식으로 관리할 수도 있고, 기능부서별 사용자가 지역적으로 관리할 수도 있다.

⑥ 정보시스템은 상이한 유형의 네트워크(예: 인트라넷, 인터넷, 지역망, 광역망)에 연결되어 있는 크고 작은 컴퓨터와 하드웨어로 구성된다. 또한 소프트웨어, 저장기술, 통신기술, 절차, 인간을 포함한다.

이러한 특징의 정보시스템은 다양한 목적을 달성하기 위해서 구축되는데, 그중의 하나가 자료(data)를 경제적으로 정보(information)나 지식(knowledge)의 형태로 바꾸는 것이다. 그림 1-7은 자료, 정보, 지식의 관계를 보여주는데, 데이븐포트와 프루삭(Davenport & Prusak)은 각각에 대해 다음과 같이 정의한다.

(1) 자료

자료란 특정 사건(event)에 대한 불연속적(discrete)이고 객관화(objective)된 있는 그대로의 사실(fact)이나 기록(record of transaction)을 의미한다. 예를 들어 "12월 7일 홍길동이 한 편의

그림 1-7 자료, 정보, 지식 사이의 관계

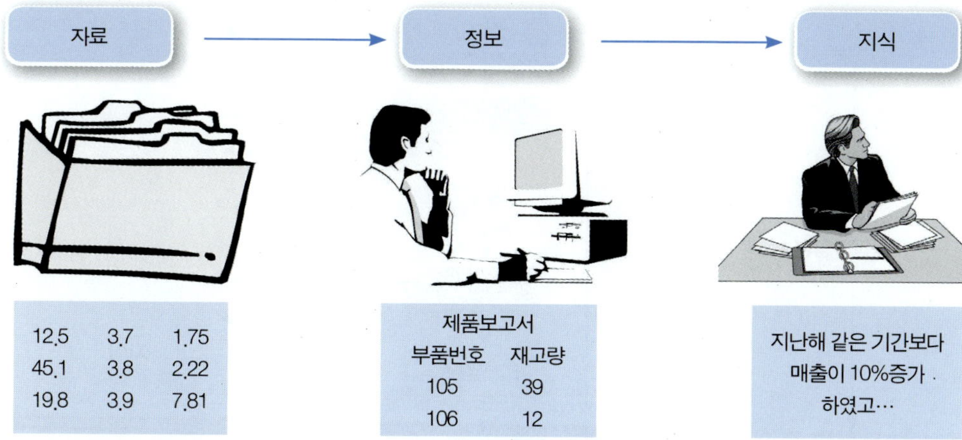

점에서 1만원 상당의 과자를 샀다"와 같은 사실은 자료에 해당한다. 즉 자료는 사실 그 자체만을 나타낼 뿐 "홍길동이 왜 그 편의점에 갔으며", "편의점의 이용률은 어떤지" 등은 알려주지 않는다.

(2) 정보

정보는 생산자(sender)가 수신자(receiver)에게 특정한 연관성(relevance) 혹은 목적(purpose)을 알려주기 위해 자료에 의미를 부여한 것이다. 자료에 의미를 부여해 정보를 생산하는 방법은 다음과 같다.

① 상황(contextualized): 특정 목적에 따라 자료를 수집한다. 위 사례에서 편의점 사장이 하루에 판매되는 과자의 양을 알기 위해 매출보고서를 작성했다면 그 보고서는 정보가 된다.

② 분류(categorized): 자료를 구성요소 단위로 분류한다. 매출보고서를 일별, 고객별, 과자 종류별로 분류하면 그 보고서는 정보로서 가치를 가진다.

③ 계산(calculated): 자료를 수치 혹은 통계적 관점에서 분석한다. 매출보고서를 월별 과자 판매 추이 같은 분석된 정보로 만들 수 있다.

④ 수정(corrected): 자료의 오류(error)들을 제거한다.

⑤ 요약(condensed): 더욱 명확한 형태로 자료를 요약한다.

그림 1-8 자료-정보-지식과 정보시스템 사이의 관계

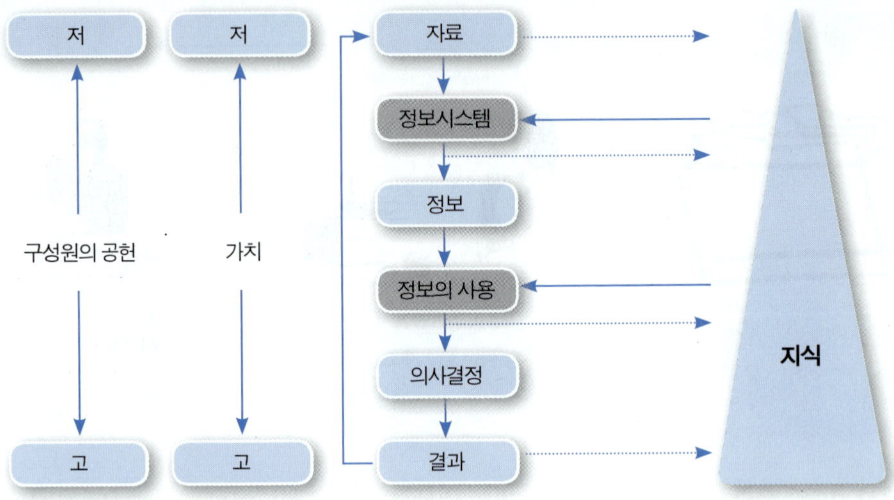

(3) 지식

지식은 정보 중에서 의미의 불완전성이 완전히 제거되어, 시간과 상황에 관계없이 동일한 의미를 주는 믿을 만한 신념들(reliable beliefs)로 변환된 것이다. 예를 들어 "삼각형 내각의 합은 180도이다"라는 정보는 누구에게나 똑같은 의미로 인식되며 상황이나 사람에 따라 다르게 이해되지 않는다. 정보의 불완전성이 제거되고 지식으로 변환되기 위해서는 다음과 같은 과정이 필요하다.

① 비교(comparison): 정보들끼리 서로 비교한다.
② 인과(consequences): 정보들 간의 인과관계를 추출한다.
③ 연결(connection): 정보들 간의 연관성을 분석한다.
④ 대화(conversation): 한 정보에 대해 다른 사람들은 어떻게 생각하는지 관찰한다.

그림 1-8은 자료, 정보, 지식이 정보시스템, 의사결정, 그리고 이에 따른 결과와 어떻게 순환하는지를 보여준다. 기존의 지식은 자료를 정보로 전환하는 데 도움을 준다. 지식은 매뉴얼 혹은 컴퓨터 기반 정보시스템에 저장될 수 있으며, 자료를 입력받아 정보로 출력된다. 의사결정을 위한 정보사용 역시 지식을 생산한다. 정보를 사용하여 의사결정을 하고 그 결

그림 1-9 정보시스템의 주요역할

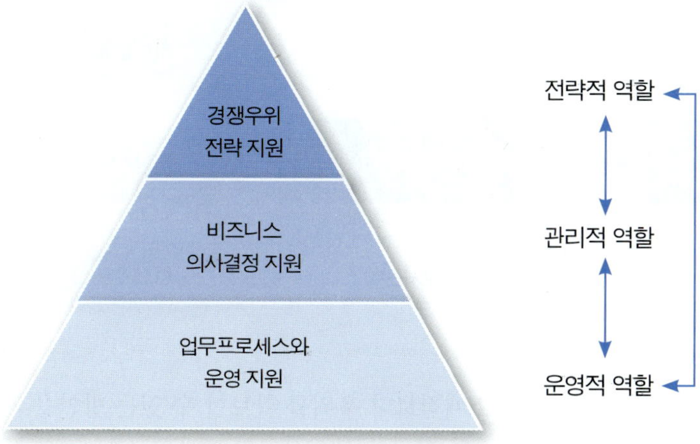

과는 또 다른 자료를 생성한다.

의사결정의 결과, 정보사용, 정보시스템의 활용은 지식 자체를 수정하게도 한다. 예를 들어 제조업체가 원자재를 주문할 때, 공급업체의 정보변화(예: 공급업체 간의 합병)는 현재 원자재의 재고량, 당일 매출, 주문해야 할 원자재의 양 사이에 관계(지식)를 변화시킨다. 그림 1-8은 순환과정에서 구성원의 공헌에 따른 자료·정보·지식의 가치변화를 보여준다.

2. 정보시스템의 역할

기업에서 정보시스템을 활용하는 근본적인 이유는 그림 1-9와 같이 업무운영의 지원, 경영의사결정의 지원, 전략적 경쟁우위확보의 지원 때문이다. 기업의 정보시스템 역할을 설명하기 위해 소매점을 예로 들어보자. 아마 여러 소매점에서 일상적인 업무운영을 지원하는 정보시스템을 쉽게 보았을 것이다. 대부분의 소매점은 고객의 구매기록, 재고추적, 종업원의 급여지급, 신상품 구매, 판매동향의 평가 등을 지원하는 컴퓨터 기반 정보시스템을 사용한다. 소매점은 정보시스템의 지원 없이는 운영이 거의 불가능하다.

또한 정보시스템은 소매점 관리자가 더 나은 의사결정을 하도록, 전략적 경쟁우위를 확보하도록 지원한다. 예를 들면 어떤 종류의 제품을 추가하고 제거할 것인가, 혹은 필요한 투자유형은 어떤 것인가 등의 의사결정은 컴퓨터 기반 정보시스템이 제공하는 분석보고서(예: 판매분석보고서)를 통해 이루어질 수 있다. 이러한 분석은 소매점 관리자의 의사결정

그림 1-10 기업경영과 정보시스템의 상호의존성

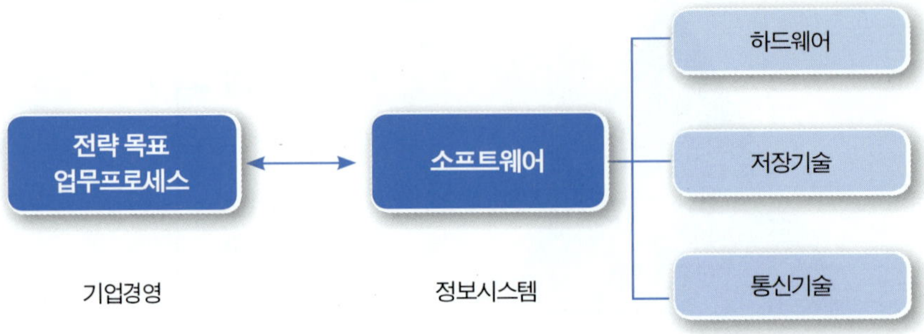

은 물론 고객을 상대로 경쟁하는 다른 소매점보다 우위를 확보할 수 있는 방안을 지원한다.

경쟁업체보다 전략적인 우위를 확보하기 위해서는 정보시스템의 혁신적인 활용이 필요하다. 예를 들어 소매점 관리자는 인터넷 기반 쇼핑 네트워크와 연결된 터치화면(touch screen) 주문시스템을 모든 소매점에 설치하도록 의사결정을 할 수 있다. 이러한 혁신적인 정보시스템은 제품주문이 용이하기 때문에 신규고객과 경쟁업체의 고객을 유인하는 도구가 된다.

그렇다면 정보시스템의 역할변화 관점에서 기업경영과 정보시스템의 관계를 살펴보자(그림 1-10 참조). 기업의 전략목표와 업무프로세스 등으로 이루어져 있는 기업경영과, 하드웨어, 소프트웨어, 저장기술, 통신기술 등으로 구성되어 있는 정보시스템 간의 상호의존성(interdependence)이 점점 증가하고 있다.

구성요소 중에서 한 요소의 변화는 다른 요소의 변화를 가져온다. 특히 이러한 관계는 경영층이 미래의 계획을 수립할 때 중요하다. 예컨대 기업이 향후 5년 내에 무엇을 할 것인가는 기업의 정보시스템이 무엇을 할 수 있는가에 의존한다. 시장점유율을 증가시키는 것, 고품질 혹은 저비용의 생산자가 되는 것, 신제품을 개발하는 것, 종업원의 생산성을 증가시키는 것 등은 기업경영에서 활용되는 정보시스템의 유형과 품질에 달려 있다. 기업경영에서 정보시스템의 또 다른 역할변화로는 정보시스템 프로젝트와 응용분야의 범위 그리고 복잡성의 증가를 들 수 있다. 그림 1-11과 같이 오늘날 정보시스템은 과거보다 훨씬 더 많은 부분의 기업경영을 위해 구축되고 있다.

초창기의 정보시스템이 소수의 종업원에게 영향을 미치는 기술적인 변화였다면, 현대의 정보시스템은 관리적인 변화(예: 누가, 누구의, 언제, 어떤 정보를 보유하고 있는가)와 제도

그림 1-11 정보시스템 역할의 변화

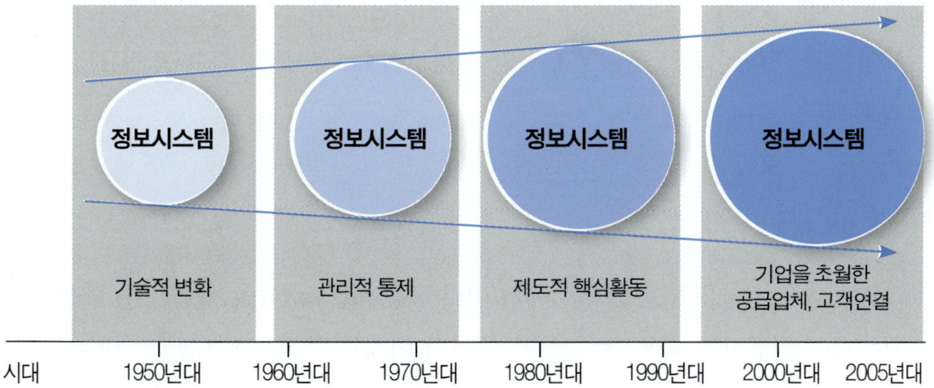

적인 "핵심"변화(예: 어떤 조건에서, 누구에 의해서, 어떤 제품과 서비스를 생산할 것인가)라고 하겠다. 또한 기업이 점차 "디지털 기업"으로 전환함에 따라 정보시스템은 고객, 공급자, 경쟁업체까지 포괄하게 되었다. 즉 모든 관리자와 종업원, 고객, 공급자는 기업 웹사이트를 통해 서로 연결되고 참여할 수 있다. 예를 들어 고객이 기업의 웹사이트에 올린 내용에 대해 종업원은 즉각적으로 대응하며, "재고부족" 상황은 적시에 공급업체에게 전달될 수 있다.

제4절 정보시스템의 유형

1. 조직구조에 따른 분류

조직은 부서, 팀과 같은 작업 단위를 구성요소로 한다. 예를 들면 대부분의 조직은 생산, 마케팅, 인사, 재무 및 회계, 홍보담당 부서를 두고 있다. 전통적인 계층구조에서 이러한 구성요소들은 사업부나 본사와 같은 상위 조직에 보고하는 형태를 띠고 있다. 비록 일부 조직들이 상호 기능적인 팀(cross functional teams) 기반 구조와 같은 혁신적인 조직으로 구성요소들을 리엔지니어링 하고 있지만, 오늘날 대부분의 조직들은 여전히 전통적인 계층구조를 따르고 있다. 조직구조에 따라 정보시스템을 분류하면 본사, 사업부, 부서, 운영단위, 개별 종업원을 위한 정보시스템으로 나눌 수 있다. 이러한 정보시스템들은 독립적이거나 서로 연결되어 있다. 일반적으로 조직구조에 따른 정보시스템은 부서·전사·조직간 정보시스템으로 분류된다.

(1) 부서정보시스템

조직은 하나의 기능영역 혹은 부서에서 여러 응용프로그램들을 사용한다. 예를 들면 인적자원부서는 신입사원 채용프로그램과 종업원 이직률 감시프로그램을 사용할 수 있다. 인적자원 분야에서 사용하는 응용프로그램들의 집합을 인적자원관리 정보시스템이라고 한다. 인적자원관리 정보시스템은 여러 응용 하위시스템들로 이루어져 있지만 하나의 부서정보시스템(departmental information systems)으로 간주된다. 대기업은 동일한 업무를 수행하는 부서가 서로 다른 상위 구조에 속해 있을 수 있다. 이를테면 인적자원부서가 본사와 각 사업부에 있는 경우이다. 따라서 정보시스템 설계자는 인적자원관리 시스템을 포함하는 사업부 정보시스템을 설계할 수도 있고, 기업 전체를 위한 중앙집중식의 인적자원관리 정보시스템을 설계할 수도 있다.

(2) 전사정보시스템

대개 한 부서의 정보시스템은 한 기능영역과 관련되어 있으며 모든 부서의 정보시스템 집합체는 전사정보시스템(enterprisewide information systems)을 구성한다. 그리고 이러한 시스템을 통해 부서 간에 분산된 정보는 조직전체에서 공유할 수 있도록 하나의 데이터로 저장된다. 예를 들어 고객주문은 제품창고로 전달되어 출하일정을 계획할 수 있고 재고부족은 생산요청으로 전달된다. 또한 회계부서는 고객주문에 따른 송장을 발부할 수 있으며 마케팅 부서는 고객서비스를 관리할 수 있다.

(3) 조직간정보시스템

일부 정보시스템은 여러 조직을 연결한다. 예를 들면 아메리칸 항공의 SABRE(Semi-Automatic Business Related Environment)와 같은 세계적인 항공예약시스템은 상이한 사업 협력 업체들의 다양한 시스템으로 구성되어 있다. 조직간정보시스템(interorganizational information systems)은 두 개 혹은 그 이상의 조직을 연결하며 비즈니스 파트너들 사이의 공동시스템이자 엑스트라넷(extranet) 기반 전자상거래가 가능한 시스템이다. 조직간정보시스템은 여러 국가에 위치하고 있는 다국적기업들 간의 연결에도 사용된다. 따라서 조직간정보시스템은 전자상거래와 공급사슬관리를 위해 중요한 역할을 한다.

2. 기능영역에 따른 분류

부서별 정보시스템은 기업의 전통적인 기능영역을 지원한다. 그림 1-12에서와 같이 기능영역에 의한 주요부서별 정보시스템으로는 다음과 같은 것들이 있다.

그림 1-12 기능별 정보시스템의 분류

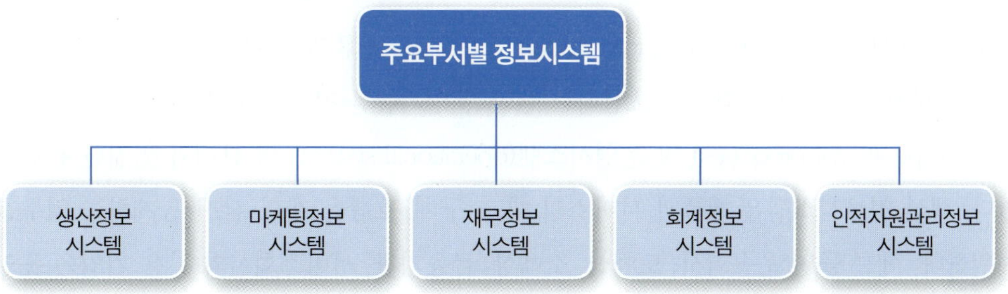

(1) 회계정보시스템

회계정보시스템(accounting information systems)은 가장 오래되고 기업에서 광범위하게 사용하는 정보시스템이다. 주로 기업 내에서 발생하는 거래와 경제적 활동들을 기록하여 보고서를 작성하는 데 활용된다. 전통 복식부기와 책임회계(responsibility accounting), 그리고 활동기준원가(activity based costing)와 같은 최근의 회계 개념을 바탕으로 한다. 회계정보시스템의 기능은 다음과 같다. 조직의 자금흐름을 기록하고 보고하며 대차대조표와 손익계산서와 같은 재무제표를 작성한다. 또한 추정재무제표와 재무예산수립과 같은 미래의 예측보고서를 작성하며, 다른 분석회계보고서에 의한 예측을 토대로 재무성과를 측정한다. 회계정보시스템은 주문처리, 재고통제, 외상매출 및 매입금, 급여, 총계정원장 등 회계업무 분야에서 광범위하게 활용된다.

(2) 재무정보시스템

재무정보시스템(financial information systems)은 기업의 자금조달, 재무자원의 할당, 통제 관련 의사결정을 하는 재무담당 관리자를 지원한다. 재무정보시스템의 유형으로는 현금관리, 투자관리, 자본예산수립, 재무예측, 재무계획 등을 위한 정보시스템이 있다. 현금관리시스템은 현금상황을 예측하고 관리하며, 투자관리시스템은 단기 및 기타 유가증권을 관리한다. 그리고 자본예산시스템은 자본지출에 대한 위험과 수익을 평가하며, 재무계획시스템은 재무성과와 자금조달의 필요성을 예측한다.

(3) 생산정보시스템

생산정보시스템(manufacturing information systems)은 제품과 서비스를 생산하는 공정계획과 통제에 관련된 모든 활동을 포함하는 생산·운영기능을 지원한다. 생산·운영기능은 운영공정(operational processes) 및 운영시스템(operational systems)의 관리와 밀접한 관련이 있다. 생산 정보시스템은 제품과 서비스의 재고, 구매, 흐름을 계획·감시·통제하는 업무를 지원한다. 예를 들면 운송회사, 도매상, 소매상, 금융기관, 서비스회사와 같은 기업은 운영계획과 통제를 위해 생산 정보시스템을 활용한다.

컴퓨터통합생산(Computer Integrated Manufacturing: CIM)을 지원하는 다양한 유형의 생산정보시스템이 있다. CIM의 목표는 자동화와 통합이다. 구체적으로는 생산공정, 제품설계, 공장조직을 단순화하고, 컴퓨터, 기계, 로봇을 이용하여 업무기능을 자동화하며, 통신네트워크, 기타 정보기술을 사용하는 모든 생산과 공정지원을 통합한다. 생산자원계획시스템(manufacturing resource planning systems)은 생산예측, 생산일정수립, 자재소요계획, 생산능력계획, 생산비용통제, 품질통제 등을, 생산수행시스템(manufacturing execution systems)은 작업장 일정수립, 작업장통제, 기계통제, 로봇통제, 공정통제 등을 지원한다. 그리고 엔지니어링시스템(engineering systems)은 컴퓨터지원설계(CAD), 컴퓨터지원엔지니어링(CAE), 컴퓨터지원공정계획, 제품모의실험 및 원형개발 등을 지원한다.

(4) 마케팅정보시스템

마케팅정보시스템(marketing information systems)은 마케팅 기능의 중요한 요소들을 지원한다. 마케팅은 기존 시장에서의 제품계획, 판매촉진, 판매뿐만 아니라 현재 및 잠재 고객에게 더 나은 서비스를 제공하기 위해 신제품과 새로운 시장의 개척 등 기업운영에서 중요한 기능을 한다. 특히 오늘날 급속한 기업환경 변화에 직면해 있는 기업은 마케팅 기능을 지원하는 정보시스템에 많은 관심을 가질 필요가 있다. 마케팅정보시스템은 상호마케팅(interactive marketing), 판매원자동화(sales force automation), 광고 및 판매촉진, 판매관리, 시장조사 및 예측, 고객서비스 및 지원, 제품관리 등의 마케팅 기능을 지원한다. 예를 들면 인터넷·인트라넷 웹사이트와 서비스는 상호마케팅을 가능하게 하여 고객은 제품과 서비스의 창출, 마케팅, 구매, 개선에 있어 동반자가 되고 있다. 판매원자동화시스템은 판매지원과 관리에 필요한 많은 정보처리 활동들을 자동화하기 위해서 모바일 컴퓨팅(mobile computing)과 인터넷 기술을 활용한다. 기타 마케팅정보시스템은 제품계획, 가격결정, 제품관리 의사결정, 광고 및 판매촉진 전략, 시장조사 및 예측에서 마케팅 관리자를 지원한다.

(5) 인적자원관리정보시스템

인적자원관리 기능은 종업원의 채용, 배치, 평가, 보상, 개발 업무를 수행한다. 때문에 인적자원관리의 목표는 기업의 인적자원을 효과적이고 효율적으로 활용하는 것이다. 인적자원관리정보시스템(human resource management information systems)은 기업에 필요한 인력을 충원하는 계획, 종업원 잠재력의 개발, 모든 인적자원 정책 및 프로그램의 통제를 지원한다. 컴퓨터 기반 정보시스템이 막 도입된 초기만 해도 급여명세서를 작성하고, 인사기록을 관리하며 업무운영에서의 인적자원 활용을 분석하는 정도에 그쳤으나, 오늘날 많은 기업들은 전통적인 인사관리(personnel management)에서 벗어나 향상된 인적자원관리 정보시스템을 구축하고 있다. 종업원 모집, 선발, 채용, 직무배치, 성과 평가, 복지 분석, 훈련 및 개발, 건강, 안전, 보안 등의 총체적인 인적자원관리 업무를 하고 있다.

3. 지원에 따른 분류

정보시스템은 기능영역에 관계없이 지원하는 시스템에 따라서도 분류된다. 예를 들면 정보시스템은 모든 기능영역의 업무를 지원하는데, 전산화된 의사결정시스템의 경우 소속에 상관없이 관리자들의 의사결정을 지원한다. 그림 1-13과 같이 구체적으로 정보시스템은 기업의 운영업무를 지원하는 운영지원시스템과 관리적 의사결정을 지원하는 경영지원시스템으로 구분된다. 운영지원시스템으로는 거래처리시스템, 공정통제시스템, 전사적협업시스템이 있으며, 경영지원시스템으로는 경영정보시스템, 의사결정지원시스템, 중역정보시스템이 있다.

그림 1-13 지원별 정보시스템의 분류

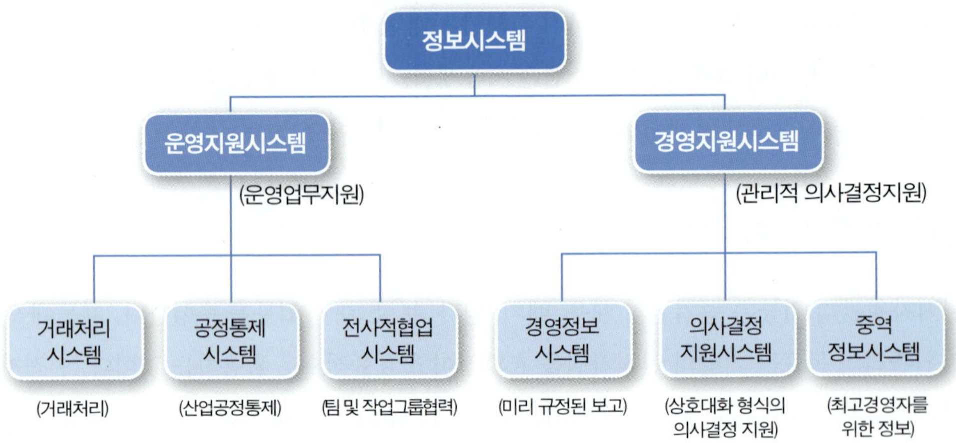

(1) 운영지원시스템

운영지원시스템(operations support systems)은 기업운영을 위한 조직 내외부의 다양한 정보를 지원한다. 하지만 관리자들에게 필요한 구체적인 정보는 지원하지 않으므로 추가적으로 경영정보시스템의 지원을 받는다. 기업에서 운영지원시스템의 역할은 기업거래의 효율적인 처리, 산업공정 통제, 의사소통 및 협력 지원, 데이터베이스의 갱신이다.

① 거래처리시스템

재무, 회계 등 일일 업무활동을 수행하는 조직은 일상적이고 반복적인 과업들에 직면한다. 그러한 과업의 예로 종업원 급여지불, 고객주문 처리, 청구서 발행, 비용지출의 감시, 예산과의 비교 등이 있다. 이러한 업무 프로세스를 지원하는 정보시스템이 거래처리시스템(transaction processing system)이다. 조직에서 거래처리시스템은 여러 유형으로 존재하며, 조직의 기본적인 업무거래에 대한 감시, 수집, 저장, 처리, 분배를 지원한다.

또한 의사결정지원시스템과 같은 다른 지원시스템을 포함한 많은 응용시스템들의 입력자료도 제공한다. 구체적으로 들면 자재구매, 고객청구서 발행, 급여준비, 제품발송 등과 같은 조직의 핵심 업무를 지원한다. 따라서 이 시스템은 조직의 성공을 위한 주요요소로도 간주된다. 거래처리시스템은 매일 혹은 실시간으로 자료를 계속 수집하며, 대부분의 자료는 기업의 데이터베이스에 저장되어 필요한 처리에 활용된다.

② 공정통제시스템

운영지원시스템은 기업운영 과정을 통제하는 일상적인 의사결정(예: 자동 재주문, 생산통제)을 지원한다. 이러한 의사결정은 공정통제시스템(process control systems)으로 이루어진다. 공정통제시스템은 자동으로 물리적 생산 공정을 조정하는 의사결정을 수행한다. 예를 들면 컴퓨터와 연결된 전자감지기(electronic sensors)는 원유정유소 화학공정을 지속적으로 감시하기 위해서 사용한다. 다시 말해 컴퓨터는 화학공정을 감시하고, 감지기로 탐지된 자료를 수집하고 처리하여 실시간으로 적절한 정유공정을 조절한다.

③ 전사적협업시스템

전사적협업시스템(enterprise collaboration systems)은 협력적으로 일하는 종업원을 지원하기 위해 다양한 정보기술을 사용하는 정보시스템이다. 전사적협업시스템은 아이디어를 교환하고 자원을 공유하게 하며, 오늘날 조직의 중요한 많은 공식 및 비공식 업무, 프로젝트 팀, 기타 작업집단 종업원들의 공동노력을 조정한다. 이러한 시스템의 목표는 팀과 작업집단의 생산성과 창의성을 향상시키는 것이다. 예를 들면 많은 기업들은 신제품을 개발하거나 기존의 제품을 개선하기 위해 공학전문가, 마케팅전문가, 지식근로자들로 이루어진 팀을 구성한다. 또한 기업 내 여러 부서와 직급에서 가상 팀(virtual teams)을 구성하면서 외부

상담전문가를 팀 구성원으로 초빙하기도 한다. 이때 팀은 인터넷, 인트라넷 및 엑스트라넷, 그룹웨어와 같은 협력 소프트웨어를 많이 사용한다. 즉 팀 구성원들은 전자우편, 토의포럼, 자료 및 화상회의, 인트라넷상의 멀티미디어 프로젝트 웹사이트 등을 이용해 보다 쉽게 협력할 수 있다. 제품개발팀이라면 이러한 방식을 통해 서로 효율적으로 소통하고 작업 활동을 조정하며, 제품과 서비스를 효과적으로 개발하고 개선한다.

(2) 경영지원시스템

경영지원시스템(management support systems)은 관리자들이 효과적으로 의사결정 하도록 지원한다. 경영지원시스템은 1960년대 경영정보시스템이 출현하면서 시작되었으며, 경영정보시스템은 자료처리에 컴퓨터기술과 시스템이론을 접목시키고자 한 노력의 일환이었다. 그 당시에 컴퓨터는 기업문제를 해결하기 위해 사무 및 기록보관 업무를 전산화하는데 단편적으로 응용되었다. 이러한 컴퓨터의 비효율적인 방식과 비효과적인 사용을 개선하기 위해 개발된 것이 경영정보시스템이다. 따라서 경영정보시스템은 다음의 두 가지 이유에서 여전히 조직에서 중요하게 인식되고 있다.

① 경영정보시스템은 기업에서 정보시스템의 경영지향적 활용을 강조한다. 컴퓨터 기반 정보시스템의 주요목표는 단순한 자료 처리가 아니라 기업운영에서의 경영 의사결정을 지원하는 것이다.

② 경영정보시스템은 정보시스템 응용프로그램들 간의 조화를 강조한다. 즉 정보시스템 응용프로그램은 개별적인 자료를 처리하는 게 아니라 업무 연계차원에서 서로 관련된 통합 정보시스템으로 간주되어야 한다.

정보시스템이 모든 부서 관리자들의 경영의사결정을 지원하기란 매우 어렵고 복잡하다. 기본적으로 최종사용자의 책임을 지원하기 위해서 정보시스템의 다양한 유형들이 필요하다. 다시 말해 경영정보시스템, 의사결정지원시스템, 중역정보시스템 등이 필요하며 상세한 내용은 다음과 같다.

① 경영정보시스템

기능별 영역은 많은 다른 활동을 수행하며 그중 일부는 반복적이고 또 일부는 간헐적이다. 예를 들면 인적자원부서는 종업원의 채용, 평가, 교육 및 훈련 등의 업무를 수행한다. 이러한 업무들은 세부적인 업무로 나뉜다. 훈련은 강의주제 선택, 참여자 선발, 강의 계획, 강사진 선택, 강의자료 준비 등의 업무를 포함한다. 각 세부 업무들은 기능별 활동을 지원하기 위해 특별히 설계된 정보시스템으로 지원되는데, 이러한 시스템을 기능별 경영정보시스템(functional management information systems) 또는 경영정보시스템(management information systems)이라 한다. 경영정보시스템은 운영의 효율성·효과성에 관한 정기적인 정보를 제공하는데, 이러한 정보는 기업의 데이터베이스에서 추출되어 사용자의 요구에 따라 처리되고 제공된다. 경영정보시스템은 최종사용자에 의해서 전체 혹은 일부가 구축되며, 계획, 감시, 통제를 위해 활용된다. 예를 들면 지역별 판매 예측보고서를 제공하는 마케팅 영역의 경영정보시스템은 마케팅 관리자의 광고와 제품 가격결정 등에 관한 보다 나은 의사결정을 지원한다.

② 의사결정지원시스템

의사결정지원시스템(decision support systems)은 거래처리시스템과 경영정보시스템으로부터 발전된 경영지원시스템이다. 의사결정지원시스템은 최종사용자의 의사결정과정을 지원하기 위해서 의사결정모형과 특수 데이터베이스를 사용한다. 이 시스템은 거래처리시스템에 의해 저장된 데이터베이스로부터 자료를 추출하여 이용한다. 또한 특별 목적을 위해 최종사용자에게 상호대화식의 형태로 정보를 제공한다. 제공되는 정보로는 분석모형구축, 모의실험, 자료검색, 정보표현 등을 들 수 있다. 최종사용자는 상호대화식의 모의실험을 통해 비구조적인 의사결정(unstructured decisions)의 정보를 작성할 수 있다. 예를 들면 전자 스프레드시트(electronic spreadsheets)와 기타 의사결정지원 소프트웨어는 일련의 "what-if" 질문을 통한 특별 목적의 정보요청에 대해 상호대화식의 형태로 사용자를 지원한다.

③ 중역정보시스템

중역정보시스템(executive information systems)은 최고경영층의 전략적 정보요구를 해결하기 위해서 구축된 경영지원시스템이다. 일반적으로 최고중역들은 편지, 메모, 정기간행물, 보고서, 회의, 전화, 사회활동 등의 다양한 원천에서 필요한 정보를 얻는다. 따라서 대부분의 최고중역들을 위한 정보는 컴퓨터를 통하여 얻는 경우가 많지 않다. 즉 과거에는 컴퓨터로 생성된 정보가 최고중역들의 정보요구를 충족시키는 데 중요한 역할을 하지 않았다. 이에 중역정보시스템은 최고경영층이 전략목표를 달성하는 데 중요한 요소의 정보에 즉각적이고 용이하게 접근하도록 하는 것을 목표로 한다. 따라서 오늘날 중역정보시스템은 이해하기 쉽고 사용하기 편리해야 한다. 주로 그래프 출력이 광범위하게 사용되며, 내·외부 데이터베이스의 접근이 즉시 가능하다. 또한 최고중역들이 선정한 주요요인들에 대한 현재와 미래 동향을 제공한다. 이러한 중역정보시스템은 최근 인기가 높아져 중간경영층에서도 사용이 확산되고 있다.

4. 역할에 따른 분류

정보시스템은 지원하는 활동 혹은 역할에 따라서 그림 1-14와 같이 운영시스템, 관리시스템, 전략시스템으로 분류할 수 있다.

그림 1-14 역할에 따른 정보시스템의 분류

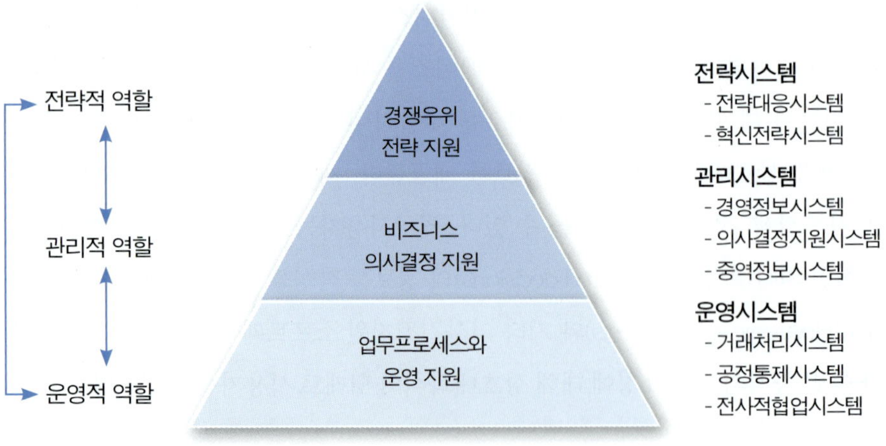

(1) 운영시스템

운영시스템(operational systems)은 종업원 과업할당, 작업시간 기록, 구매주문 처리와 같은 조직의 일상적인 운영을 지원한다. 운영활동은 본질상 단기적이며, 운영활동을 지원하는 정보시스템으로는 거래처리시스템, 공정통제시스템, 그리고 전사적협업시스템이 있다. 운영시스템은 감독자(일선 관리자), 운영담당자, 사무 종업원들이 주로 사용한다.

(2) 관리시스템

관리시스템(managerial systems) 혹은 전술시스템(tactical systems)은 중간경영층의 활동(예: 단기 계획, 조직화, 통제)을 지원한다. 전산화된 관리시스템은 경영정보시스템과 유사한데, 경영정보시스템이 자료를 요약하여 보고서를 작성하도록 설계되었기 때문이다. 중간경영층은 경영정보시스템이 제공하는 결과에 대해 빠르게 해결안을 모색해야 한다. 관리시스템은 운영시스템보다 넓은 범위를 가지면서도 운영시스템과 같이 내부 원천자료를 사용한다. 관리시스템이 제공하는 보고서는 다음과 같다.

① 통계요약보고서: 매일의 생산량, 주별 결근율, 월별 전기사용량과 같은 자료의 요약을 보여준다.

② 예외보고서: 정보 과부하 증상을 해소하기 위해서 정보시스템은 예외적인 상황을 추출하거나 조명한다.

③ 정기 및 특별 목적을 위한 보고서: 사용자는 정기적으로 혹은 요청에 의해서 통계요약보고서와 예외보고서를 받을 수 있다. 사용자는 일상적인 보고서에서는 사용할 수 없는 정보를 원하거나 일정에 따른 정기보고서를 기다릴 수 없을 때 특별목적을 위한 보고서를 요청할 수 있다. 관리자는 원하는 시간에 최근 혹은 실시간 정보를 볼 수 있다.

④ 비교분석: 관리자들은 경쟁업체, 과거의 업무성과, 산업표준 등과 비교한 업무성과와 기타 정보를 볼 수 있다.

⑤ 예측: 관리시스템은 추세분석, 미래의 매출예측, 현금흐름의 예측, 시장점유율 예측과 같은 정보를 제공할 수 있다.

⑥ 문제의 초기 탐지: 관리시스템은 자료의 비교와 분석을 통해 초기 단계에서 문제를 감지할 수 있다. 예를 들면 통계적 품질-통제 보고서는 품질감소의 상황을 알아낼 수 있다.

⑦ 일상적 의사결정: 많은 일상적인 의사결정에 관여하고 있는 중간관리자들은 종업원을 일정에 따라 배치하고, 자재와 부품을 주문하고, 무엇을 언제 생산할 것인지를 결정한다. 이러한 활동을 지원하기 위해 전산화된 수학, 재무, 통계 표준모형들이 활용된다.

⑧ 상호연결: 기능별 관리자들은 서로서로 그리고 특수전문가들과 자주 상호작용할 필요가 있다. 따라서 기능별 경영정보시스템은 전자우편과 메시지 시스템을 제공한다. 이러한 시스템들은 경영정보시스템이 출현한 1960년대 중반부터 개발되었는데, 다른 관리시스템들은 한 기업에 국한되지만, 전자우편시스템은 비즈니스 파트너까지 확대된다.

(3) 전략시스템

전략시스템(strategic systems)은 업무수행 방식을 변화시키는 의사결정을 지원한다. 전통적으로 전략시스템은 장기계획만을 포함하는데, 예를 들면 신제품 종류의 도입, 인수를 통한 기업 확장, 외국으로의 조업이동 등이다. 장기계획은 기업의 경영방침에 따라 세워지는 5년이나 10년에 걸친 전략과 계획으로, 이 계획에서 기업은 중·단기 계획, 예산, 자원할당 등을 작성한다. 전략시스템은 두 가지 방식으로 조직을 지원한다. 첫째, 전략대응시스템(strategic response systems)은 경쟁업체의 활동이나 기업환경에서의 중요한 변화에 대응하게 한다. 전략적 대응은 전략의 한 요소로 간주되지만 예측하기가 어렵기 때문에 대개는 장기계획에 포함하지 않는다.

정보시스템은 전략적 대응을 지원하거나 대응 자체를 제공하기 위해 사용된다. 일례로 코닥(Kodak)은 후지필름이 일회용 카메라를 개발하고 있는 것을 알았을 때 그와 유사한 일회용 카메라를 개발하기로 결정했다. 이미 후지필름이 개발과정의 중반에 있었음에도 불구하고, 코닥은 컴퓨터-지원 설계(CAD)와 기타 정보시스템을 이용해 설계시간을 단축시킴으로써 후지필름보다 먼저 출시하여 시장을 선점할 수 있었다. 둘째, 경쟁업체가 변화나 혁신을 도입하기 전에 먼저 변화의 선구자가 될 수 있다. 이러한 혁신적 전략시스템은 정보시스템에 의해 종종 지원된다. 정보시스템의 지원을 활용한 페덱스의 우편물 추적시스템(Customer Operations Service Master On-line System: COSMOS)이 혁신적인 전략시스템의 예이다.

5. 시스템 아키텍처에 따른 분류

정보시스템이 구축되는 방식은 무엇을 지원하는가에 달려 있다. 따라서 기업은 정보시스템을 설계하기 전에 핵심 업무가 요구하는 정보와 이를 충족시키는 방법을 개념화할 필요가 있다. 이러한 개념화가 바로 정보아키텍처(information architecture)이다. 또한 이와 관련된 개념으로 정보하부구조(information infrastructure)를 들 수 있으며, 구체적으로 이는 컴퓨터, 네트워크, 데이터베이스, 기타 시설들이 배열되는 방식과 이러한 요소들이 연결, 운영, 관리되는 방식을 명확하게 표현하는 것을 말한다. 정보시스템 설계에서 정보아키텍처와 정보하부구조는 매우 밀접하게 관련되어 있다. 비유적으로 정보아키텍처가 건물설계에 관한 계획이라면 하부구조는 계획에 따른 기초, 벽, 지붕과 같은 구체적인 요소에 해당한다. 구체적인 내용은 제5절에서 논의하며, 여기에서는 정보시스템을 세 가지 유형의 아키텍처에 따라 분류한다.

(1) 메인프레임-기반 시스템

메인프레임 환경에서는 업무처리가 메인프레임 컴퓨터에 의해서 통제된다. 사용자들은 수동(dumb) 단말기로 작업하며, 이 단말기로는 자료 입력과 변경 혹은 메인프레임 컴퓨터에 있는 정보접근만이 가능하다. 이러한 환경은 1980년대 중반까지 지배적이었으며 개인용 컴퓨터가 보급되면서 최근에는 거의 존재하지 않는다. 이 시스템의 핵심은 강력한 저장과 계산 능력이며, 1997년 네트워크 컴퓨터가 소개되었으나 이것은 중앙집중식 전산 환경의 역할을 재정의한 정도였다.

(2) 독립적 개인용 컴퓨터

개인용 컴퓨터 환경에서는 개인 컴퓨터가 하드웨어 정보아키텍처를 형성하고 있다. 일반적으로 개인용 컴퓨터는 서로 독립적(standalone)이지만 전자적 네트워크를 통하여 상호 연결된다. 이러한 아키텍처는 현재 많은 중·소규모 조직에서 활용되고 있다.

(3) 분산 혹은 네트워크 전산시스템

분산처리(distributed processing)란 작업을 두 개 혹은 그 이상의 컴퓨터에서 나누어 수행하는 것이다. 여기에 동참하는 컴퓨터는 메인프레임, 중형 컴퓨터 혹은 마이크로컴퓨터 등 모두 가능한데 대부분의 경우 이들의 혼합으로 구성되며, 이러한 컴퓨터들은 한곳이나 여러 곳에 위치할 수 있다. 예를 들어 협동처리(cooperative processing)는 분산처리의 한 유형으로, 두 개 혹은 그 이상의 지리적으로 분산된 컴퓨터들이 특별한 과업들을 수행하기 위해 공동으로 작업을 수행하는 것이다. 분산처리의 또 다른 유형으로 클라이언트/서버(client/server) 환경을 들 수 있다.

클라이언트(client)란 개인용 컴퓨터 혹은 워크스테이션(workstation)과 같은 단말장치가 네트워크 자원에 접근하기 위해 응용하는 컴퓨터 혹은 소프트웨어이다. 서버(server)는 이러한 서비스를 클라이언트에게 제공하는 장비이다. 예를 들면 데이터베이스 서버와 다른 네트워크, 상업용 데이터베이스, 강력한 프로세스 등과 연결하는 통신 서버가 있다. 이러한 환경에서는 여러 컴퓨터들이 자원을 공유하고, 지역망(local area network) 혹은 부가가치망(value-added network)을 통하여 연결된다. 조직 전체가 분산시스템으로 이루어져 있을 경우에 이를 전사시스템(enterprisewide system)이라 하며, 구성요소들은 대개 인트라넷으로 연결되어 있다.

메인프레임과 개인 컴퓨터들로 구성된 분산시스템 환경은 유연성이 매우 높아 중간 및 대규모의 조직에서 활용되고 있다. 통신 네트워크와 인터넷 및 인트라넷 덕분에 현재는 가상 네트워크 컴퓨팅(virtual network computing)이 조직의 지배적인 아키텍처가 되고 있으며, 이러한 컴퓨팅 아키텍처는 조직 내 및 조직간 협동, 방대한 양의 자료, 정보, 지식에의 접근가능성, 전산자원 사용에서의 높은 효율성을 허용한다.

제5절 정보하부구조와 정보아키텍처

1. 정보하부구조

정보하부구조는 조직에서의 모든 전산 자원들을 지원하는 물리적 설비, 서비스 및 관리로 구성되어 있다. 하부구조에는 컴퓨터 하드웨어, 일반-목적 소프트웨어, 네트워크와 통신 설비(인터넷과 인트라넷 포함), 데이터베이스, 그리고 정보관리 요원 등 다섯 가지 구성요소가 있다. 또한 하부구조는 구성요소통합, 운영, 문서화, 유지보수 및 관리를 포함한다.

정보하부구조는 정보아키텍처에 의해서 결정되며, 정보아키텍처는 조직전략에 따른 목표와 비즈니스 요구사항에 의해서 결정된다. 이러한 관계는 그림 1-15와 같이 건물의 구축

그림 1-15 건물의 구축과 정보시스템의 구축 비교

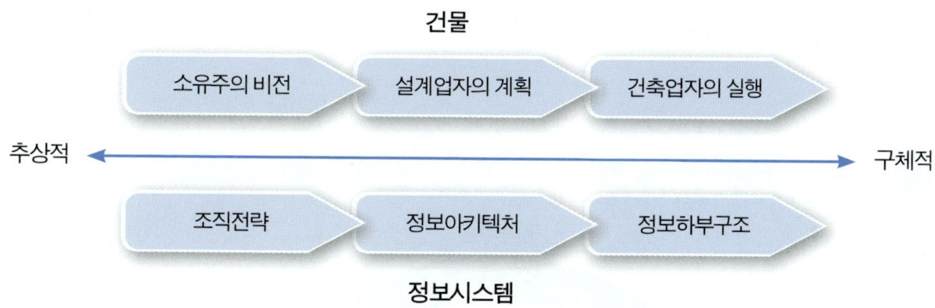

그림 1-16 조직전략 → 정보아키텍처 → 정보하부구조

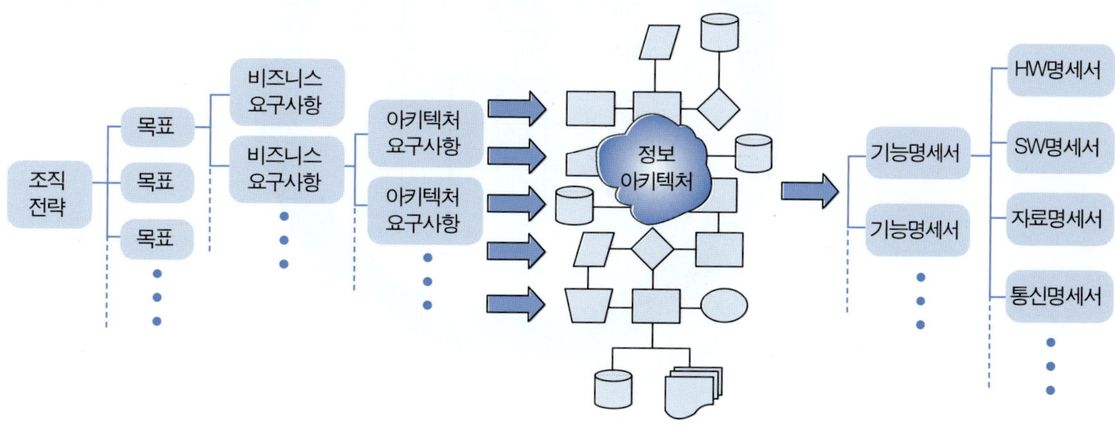

과 정보시스템의 구축으로 비교할 수 있다. 그림 1-16은 조직전략에서 정보아키텍처로, 정보아키텍처에서 정보하부구조로 전환되는 과정을 보여준다.

2. 정보아키텍처

정보아키텍처는 조직의 정보요구사항에 대한 고차원의 지도(map) 혹은 계획이며, 현재의 업무운영을 위한 지침서이자 미래 조직의 청사진이다. 정보아키텍처는 정보시스템이 기업의 전략적 업무요구를 확실하게 충족시키도록 해야 한다. 그러므로 정보아키텍처는 그림 1-17과 같이 정보요구사항, 하부구조, 지원기술이 함께 결합되어야 한다. 정보아키텍처를 준비하는 과정에 정보시스템 설계자는 다음과 같은 정보를 필요로 한다.

첫째, 기업이 요구하는 정보이다. 즉 조직목표 및 문제에 기여하는 정보이다. 정보시스템의 잠재적인 사용자들이 이 부분에서 중요한 역할을 한다. 마치 건축가가 건물목적과 소유자의 요구사항을 알지 못하면 설계할 수 없는 이치와 같다. 둘째, 조직에 존재하는 정보시스템에 관한 정보와 시스템들 간에 결합된 방식 혹은 향후 시스템과 결합될 방식에 관한 정보이다.

그림 1-17 정보아키텍처의 도식적 관점

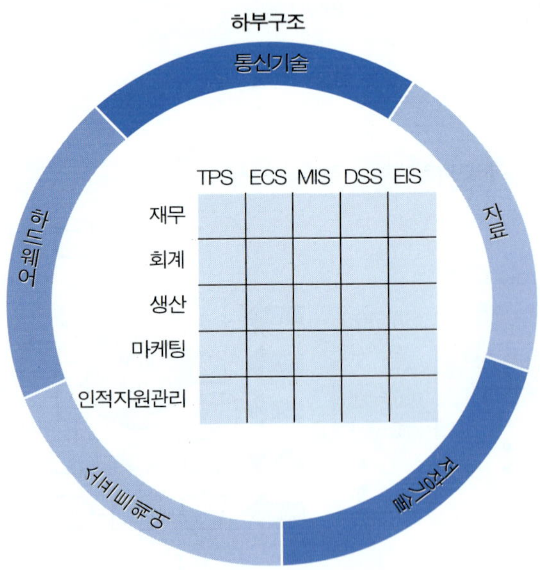

정보아키텍처는 정보하부구조를 위한 개념적인 분류체계(framework)로, 조직에서 정보자원의 구조와 통합을 위한 계획이다. 정보아키텍처의 모형은 그림 1-18과 같으며 크게 두 부분으로 구성되어 있다. 중앙집중화 부분은 조직전체에 서비스를 제공하는 것으로 업무 아키텍처(조직의 정보요구), 자료 아키텍처, 통신 아키텍처를 포함한다. 분권화 부분은 조직기능이나 서비스 및 활동(예: 인적자원, 컴퓨터, 최종사용자전산, 시스템)을 지원한다. 따라서 분권화 부분의 각 실체는 운영, 관리, 전략 응용시스템들을 나타낸다.

그림 1-18 정보아키텍처의 모형

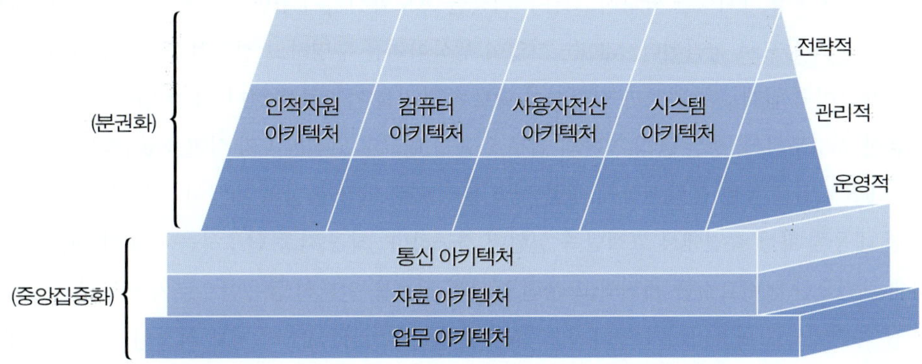

MES로 정보 표준화·통일화 가능

■ 글로벌 기업일수록 구축 필요성 높아져

통합생산관리시스템(Manufacturing Execution System: MES)은 생산방법과 절차 그리고 생산 현장에서 발생하는 데이터들을 사용자들에게 더욱 유용하고 체계적으로 제공해 정형화하는 통합정보시스템이다. 기업들의 생산에 필요한 스케줄링 수립과 이를 위한 계획 및 자재수급으로 기업활동을 파악하면서 체계적인 생산 활동관리는 필수적이다. MES가 생산 공정상 발생되는 데이터를 분석하고 불필요한 요소들을 제거해 비용을 절감시키기 위한 방안으로 확산되고 있다.

기업의 생산 공정 가시성을 확보하고 업무 기능을 고도화시키기 위한 MES의 효과는 크게 통합화·표준화·단순화 등으로 정리된다. MES는 기업이 생산이력을 투명하고 정확하게 관리함과 동시에 리얼타임 생산이력 집계로 투명성과 정확성이 확보된 관리를 가능하게 한다. 또한 일원화된 데이터 관리를 통한 공정분석 및 생산 관리 전반의 업무 효율성 제고로 고객만족의 실현을 돕는다.

특히 MES 도입을 통한 불량제품에 대한 이력 분석으로 현장 불합리 개선이 가능하므로 품질관리에 대한 대응력 향상 측면에서 고객만족 실현이 가능하다. 최근 각종 난무하는 정보의 DB화를 통해 관리에 불필요한 낭비요소를 제거하고 관련 부서의 정보를 원활히 공유함으로써 업무량 감소 및 비용 절감 측면에서도 활용가치가 높아지고 있는 것이 사실이다. MES의 정보 적시성·정확성·공유성·페이퍼리스 등의 효과로 최근 철강·타이어·자동차 업계 등을 중심으로 MES 도입을 통해 기업내부의 전후 프로세스 최적화를 추구하거나 업그레이드하는 방안을 마련하고 있다.

■ 리얼타임으로 생산 과정 파악

제조업 활동에는 전후방 기업들이 연계되어 있기 때문에 공급사슬망의 역량이 기업경쟁력에 결정적인 영향을 미친다. 하지만 대부분의 중견기업들이 아직까지 단위설비의 운전자동화 수준에 그치면서 기업 간 업무 효율성은 크게 떨어지고 있다. 이러한 환경에서 기업들은 생산설비의 증가와 다품종 생산에 따른 물품 생산량의 급증에 따라 수작업 관리의 한계를 느끼기 시작하고 있다.

특히 글로벌 기업들은 국가·지역별로 공장이 새롭게 지어지거나 설비가 들어올 때마다 개별적으로 구축했던 조업시스템들이 각자 돌아가는 상황이 발생하면서 표준화와 통일화가 절실히 요구됐다. 제조현장의 상황을 실시간으로 파악하는 효율적인 생산 관리 활동이 필요해지면서 기업들은 생산 진행 현황의 파악과 실시간 물품 재고를 파악하기 위해 MES 도입을 서두르거나 업그레이드하고 있다.

업그레이드 과정에서는 생산된 제품의 품질 보증 및 이력 추적관리를 위해 제품 시리얼별로 품질

이력관리 및 투입된 자재의 제품번호(LOT)추적을 강화시키는 시스템을 구축하고 있다. 많은 기업들이 MES 구축으로 확보된 품질의 제품을 고객에게 제공하고, 생산전반에 대한 실적 및 설비고장, 자재 결품 등을 실시간으로 유관부서에 제공해 생산효율성을 증대시킨다는 데 의견을 함께하고 있다.

■ 선발주자 기업들 업그레이드 계속

국내외 다수의 공장들을 보유하고 있는 철강업계는 MES 도입이 필수적이라고 입을 모으고 있다. 국내 대표 철강업체인 포스코와 동국제강은 MES 도입의 선발주자로 각 PI 2기, DOPIS의 일환으로 MES시스템을 추진했다. 포스코는 기존 2개 제철소와 81개 공장의 시스템이 전부 개별적으로 구축되면서 업무처리 기준과 데이터에 대한 표준화는 난항을 겪었다. 예를 들어 생산관제스케줄링 시스템이라고 해도 포항제철소와 광양제철소가 서로 달랐고 포항제철소 내에서 역시 제선 공장과 압연 공장의 시스템이 다를 수밖에 없었다.

결국 포항과 광양의 제조현장에서 총 271개의 조업시스템이 각자 돌아가는 상황이 발생했다. 또한 기존 조업시스템이 코볼을 기반으로 한 메인프레임으로 구축되면서 장비 노후화와 전문 인력 부재 등의 이유로 유지보수 비용이 계속 증가했다. 장비와 같은 하드웨어뿐 아니라 소프트웨어도 기존 시스템을 유지하기 힘들었던 것이 MES 도입의 배경이다. 포스코는 2004년 광양제철소를 시작으로 MES를 본격 시작했으며 다음해 포항제철소에서도 가동시켰다. 그 결과 포스코는 두 개의 제철소를 하나의 관리체계하에서 표준화된 프로세스로 운영할 수 있게 됨에 따라 81개의 공장을 하나의 공장으로 운영할 수 있게 되는 체제를 마련했다.

양 제철소의 프로세스가 통합됨에 따라 10만여 개가 넘던 업무 프로세스 항목들이 1만 5,200개 수준으로 대폭 줄어들었으며, 1만 6,200여 종의 프로세스 화면은 82% 정도가 감소한 2,830개로, 5,700여 종의 업무 기준도 1,392종으로 감소했다. 또한 업무프로세스에 사용되던 6만 2,300본의 프로그램이 6,593본의 자바 기반의 프로그램으로 대폭축소 전환되면서 정보관리 및 활용에 있어서 조업 간의 연계분석과 데이터 간 통합운영이 가능해졌다.

동국제강 역시 자사 경영혁신 프로젝트인 DOPIS(Dongkuk Process Innovation for Success)의 일환으로 MES를 준비해 가동하기 시작했다. 기존 노후한 생산정보 시스템 개선이 목표로 업무기준 통합을 통한 전사 통합 MES를 구축해 생산 공정의 가시성 확보와 생산업무 기능의 고도화가 구축의 핵심이었다. 시편관리의 최적화 및 이상재 감소로 인한 납기일의 단축으로 제품 품질을 향상시킴과 동시에 ERP와 같은 타 시스템 간 정보연계를 가능케 하는 정확한 실적 정보 제공이 포함됐다. 동국제강은 생산관제 시스템 구축으로 납기와 조업 공정 부하를 감안한 모니터링의 강화로 적기에 데이터를 제공함으로써 품질개선 활동지원의 효과를 냈다.

특히 동국제강 측은 기존 IT의 인식수준이 천차만별이었기 때문에 제각각인 시스템을 표준 통합하는 데 주안점을 뒀다고 설명했다. 현재 동국제강은 포항, 인천, 부산을 기준으로 적용해왔던 MES시스템을 당진공장에도 확대 적용했으며 인천공항의 신규 제강공장(120만 톤/년)에도 작년 10월 확대 적용했다. 또한 오는 2012년 7월 신규압연공장에 MES를 확장 적용한다는 방침이다.

MES 기대효과

업무운용 측면	기술적 측면	투자비용 측면	고객서비스 측면
• 업무의 간소화 • 정보의 공유 • 현장정보의 신속한 제공 • 실시간 정보처리	• 시스템구축에 따른 정보 인프라의 기반 구축 • 업무의 효율성 증대	• 실적분석, 품질분석 업무 단순화 • 생산문제현황 즉시조치로 작업 시간 단축 • 업무효율성 증대로 기업경쟁력 확보	• 대고객 서비스 지원의 강화 • 대고객 문의, 불만처리지원 기능의 향상 • 대고객 정보 제공 채널의 확대

■ 통합 IT체계 발판 마련

한국타이어는 생산설비의 증가와 다품종 생산, 생산량 급증에 따른 수작업의 한계를 느끼며 생산 진행 현황 파악과 실시간 재고 파악을 최초 MES 도입의 목표로 삼았다. 이후 지난 2007년 헝가리 공장에, 2000년 중국 공장에 MES를 구축했지만 최근 분산된 시스템 환경으로 운영되고 있는 방법을 글로벌 시스템 통합과 표준화로 바꾸기 위한 설계에 착수했다. 한국타이어는 늘어나는 해외 물량을 위한 현지 생산체제가 강화되면서 기존의 해외지사 공장 외에도 올해 인도네시아와 중국에 추가로 공장을 설립한다. 이로 인해 글로벌 생산 체계를 한눈에 관리하기 위한 통합 IT체계 마련은 급선무였다.

한국타이어 측은 MES구축은 현장에 산재되어 있는 데이터를 수집해 공장을 효율적으로 관리하기 위한 시스템인 만큼 일관된 프로세스를 설계하고 현장 사용자들의 편의성과 안전성에 중점을 두어야 한다고 밝혔다. 어떻게 데이터를 수집·관리·분석할 것인지에 대한 정의를 내리는 과정에서 이미 MES시스템의 성패가 좌우된다는 것이다.

변화에 대한 PI를 통한 개혁과 지속적인 교육이 함께 수반되어야 함은 물론이고 경영진의 적극적인 참여와 지원도 필수적이다. 자동차 부품 전문 업체인 만도 역시 MES를 통해 우수한 품질의 제품을 고객에게 제공하고 생산전반에 대한 실적 및 설비고장과 자재 결품 등을 유관부서에 실시간으로 제공하고 있다. 품질데이터 및 LOT 추적의 고객 요구사항 만족과 실시간 현장상황 관리를 통한 생산성향상, HPS(Halla Production System)생산방식의 달성을 위한 지원의 일환이다. 만도는 현재 생산된 제품의 품질 보증 및 이력 추적관리를 위해 제품 시리얼별로 품질이력관리 및 투입된 자제 LOT 추적을 강화시키는 시스템을 업그레이드 중이다.

■ 임직원·경영자의 지속적 참여 필요

1990년대 후반 이후 기업들의 글로벌스탠더드에 대한 방안모색과 공급사와 고객사를 포함한 생산체인상의 경쟁이 심화되면서 MES 도입은 붐을 이루기 시작했다. 이 때문에 업계관계자들은 MES구축 시 현장 사용자들의 요구사항이 최대한 충족될 수 있도록 시스템에 반영시켜야 하며 최종사용자가 만족할 수 있는 표준화된 프로세스와 시스템의 설계수립이 중요하다고 말했다.

또한 개발의 오너십을 현장부서가 직접 갖도록 해 조직 및 R&R(Role and Responsibilities)을 수립한 프로젝트를 진행하는 과정이 필요하다. MES는 프로젝트 종합관리 방식이란 측면에서 다수의 테스트 사례들을 통해 사전 위험 요소들을 최대한 발굴해 제거해야 하며 물류리스크 제로화로 전 사용자의 참여를 이끌어낼 수 있어야 한다.

특히 사용자들이 대부분 현장 작업자들이기 때문에 작업을 하는 데 불편하지 않도록 시스템 입력사항을 최소화하고 자동으로 정보를 수집할 수 있는 체계를 갖춰야 한다. MES는 페이퍼리스 등을 통해 편의성에 중점을 두면서 수집된 정보를 분석해 통계 자료로 활용됨과 동시에 효율적인 의사결정 지원 시스템으로 자리 잡아가고 있다.

한 업계 관계자는 MES 도입 시 기업들이 명심해야 할 점은 무엇보다 지속적인 관심과 참여라고 강조했다. 전임직원은 물론이고 특히 임직원들의 적극적인 참여가 필요하며 단순히 이름만 올리는 참여가 아니라 맡은바 업무에 대해 다양한 토론과 의견을 제시해 명확한 비전이 달성될 수 있도록 해야 한다는 것이다.

〈BizIT, 2011. 5.〉

MIS HIGHLIGHT 2

성공 키워드 '경영정보시스템'

■ 불황엔 IT다이어트? IT근육부터 키워라

전 세계 의류업계를 주도하는 자라와 유니클로. 이들의 경쟁력은 어디에서 나올까. 우수한 디자인과 품질을 떠올리기 쉽지만 많은 전문가들은 엉뚱하게도 경영정보시스템(MIS)이 경쟁력의 원천이라고 얘기한다. 기존 의류업체는 의류 개발에서 매장 전시까지 2~3개월이 걸리지만 자라와 유니클로는 일주일이면 충분하다. MIS의 일종인 제품수명주기관리(PLM)와 공급사슬관리(SCM)에서 강점이 있기 때문이다. 의류 생산에 필요한 원면, 원단, 패턴 등이 전 세계에 흩어져 있는 생산기지에서 생산되지만 PLM과 SCM이 강력하기 때문에 담당자들은 온라인으로 함께 검토하면서 동시에 결정을 내릴 수 있다. 이들이 생산하는 의류는 저렴하지만 MIS에 투자하는 금액은 절대 작지 않다. 이들 기업의 MIS 투자에 대한 애착은 유명하다. 물론 경영 효율화를 위해 MIS 비용을 절감하고자 하지만 절감된 예산은 신규 MIS 확충에 재투자한다. 자라와 유니클로가 '정보기술(IT) 근육'을 키워나가는 방식이다.

MIS는 일부 IT 기업에만 유효한 차별화 수단이 아니다. 의류업계처럼 얼핏 MIS와 별 관련이 없어 보이는 산업에서도 중요한 전략적 가치를 지닌다.

유○○ 서울대 경영학과 교수는 "국내 기업을 삼성전자, 5대 대기업, 기타 대기업 등 3개 그룹으로 분류했을 때 이들 간 차이가 가장 분명하게 드러나는 역량이 바로 MIS"라고 지적했다.

또 각 산업에서 10년 이상 '장기 집권'하고 있는 기업들은 공통적으로 뛰어난 MIS 역량을 갖추고 있다고 설명했다. MIS 역량이야말로 경쟁자가 가장 모방하기 힘든 경쟁력인 셈이다.

그러나 전문가들은 2000년대 초에 있었던 '묻지마'식 대형 MIS 투자는 답이 아니라고 지적한다. 많은 기업이 막연한 기대를 갖고 추진한 MIS 투자가 실패로 끝났던 '쓰라린 경험'이 있다.

2003년 니컬러스 카가 하버드 비즈니스 리뷰(HBR)에 실은 기고문에서 'IT는 더 이상 중요하지 않다(IT doesn`t matter)'고 일갈한 것도 이 같은 맥락에서다. 카는 실패 확률이 높고 성과 측정이 어려운 MIS 투자를 기업이 직접 하기보다는 아웃소싱을 통해 해결하라고 조언했다.

최근에는 일률적으로 MIS 투자를 늘리거나 감축하기보다는 좀 더 짜임새 있게 MIS 예산을 배분해야 한다는 주장이 설득력을 얻고 있다. 김○○ 액센츄어 코리아 테크놀로지 상무는 "MIS에서 재량적인(discretionary) 투자는 늘리고 고정적인(non-discretionary) 투자는 줄여야 한다"고 조언했다.

MIS 예산은 크게 두 가지로 구성된다. 기존 시스템을 유지·보수하는 데 필요한 예산(고정예산)과 새로운 시스템 투자에 필요한 예산(재량예산)이다. 'MIS 예산을 최대한 줄여야 한다' 혹은 '전략적으로 중요하니 MIS 투자를 늘려야 한다'고 주장하는 사람들은 이러한 두 가지 구성 요소 중 한 가지만 주목했기 때문이다.

자라와 유니클로도 기존 시스템 유지 보수를 100% 아웃소싱하면서 비용 최소화를 꾀하고 있다. 그렇게 해서 절감된 유지 보수 비용은 신규 MIS 투자에 사용된다. 현재 이들 기업의 재량예산 대 고정예산 비율은 7대 3에 달한다.

이러한 예산 배분 비율은 사실 매우 이례적이다. 포천 500 기업 중에서도 높은 성과를 내고 있는 기업들이 배분하고 있는 재량예산·고정예산 평균 비율은 4대 6이다. 반면 한국 기업들은 이 비율이 3대7에 그치고 있다. 삼성전자와 포스코도 최근에야 재량예산을 늘리고 고정예산을 줄이기 시작했을 정도로 한국 기업들은 아직 MIS 예산 배분에 대해 관심을 갖고 있지 않다. 특히 한국 중소기업은 MIS 예산의 대부분이 고정예산으로 구성돼 있다.

김○○ 상무는 "고정예산은 비용(Cost), 재량예산은 가치(Value)를 의미한다"며 "비용과 가치가 균형을 이룰 때 MIS 투자의 위력이 극대화될 수 있다"고 말했다.

MIS 투자 기업 유형

유형	특징	사례
혁신주도형	새로운 유형의 MIS 가장 먼저 시도	자라, 유니클로
얼리어탑터형	혁신 기업의 MIS 발빠르게 채택	삼성전자
시장대응형	오랜 시간 충분히 검증된 MIS 도입	국내 대기업
무대응형	MIS에 대한 회의적, MIS 투자 안 함	대부분 국내 중소기업

MIS 학계에서는 지금까지 행해진 주요 MIS 투자 중 절반 정도가 실패로 끝난 것으로 파악하고 있다. 이러한 실패를 줄이기 위해서는 기업이 처한 상황에 따른 '맞춤형' MIS 전략이 필요하다. 자라나 유니클로와 같은 '혁신 주도형' 기업들은 경쟁자들이 도입하지 않은 MIS에 과감하게 투자하는 것이 좋다. 과거 삼성전자처럼 '빠른 추종자 전략'을 구사하는 기업은 경쟁자의 MIS 혁신을 빠르게 따라잡는 '얼리어답터형' 투자가 바람직하다. MIS 실패 확률을 극소화하고자 하는 기업이라면 경쟁기업들의 검증을 충분히 거친 뒤 안전하게 투자하는 '시장대응형'이 유리하다. 현재 삼성전자를 제외한 대부분 국내 대기업이 시장대응형에 해당하는 MIS 투자를 하고 있다.

"IT는 이제 중요하지 않다(IT doesn't matter)." IT 미래학자 니컬러스 카가 2003년 하버드비즈니스리뷰에 기고한 글의 제목이다. 당시 많은 기업들이 대규모의 IT(정보기술) 투자 경쟁을 벌이던 상황에서 니컬러스 카의 주장은 큰 반향을 일으켰다. 불황기 예산 감축 대상 1순위로 IT예산을 꼽는 경영자가 많은 것도 알게 모르게 카의 주장이 영향을 줬기 때문이다. 그러나 경영정보시스템(MIS) 전문가들은 하드웨어·소프트웨어 자체보다 이를 어떻게 활용할 것인가로 초점이 바뀌었을 뿐 IT의 전략적인 가치는 오히려 더 커졌다고 강조한다.

■ 네 가지 착각을 과감히 부셔라: CEO가 IT에 대해 가진 오해와 진실

스마트폰을 쓰면 저절로 스마트해질까? 유행처럼 너나없이 비싼 돈을 주고 스마트폰을 구매했지만 상당수 사람들은 여전히 전화와 문자만 사용한다. 기업도 마찬가지다. 소위 '앞서가는 기업'들이 IT(정보기술) 투자에 나서니까 체면치레를 위해 혹은 기업 경쟁력이 올라갈 거라는 막연한 기대를 가지고 덩달아 IT프로젝트를 시작한 기업이 많다. 이들 기업은 IT에 막대한 투자를 한 뒤에도 업무 효율성에서 큰 진전이 없자 애꿎은 IT 담당자들에게 비난의 화살을 집중시키고 있다.

하지만 고가 스마트폰을 구매하고도 스마트해지지 못한 것이 스마트폰을 잘못 만들어서가 아닌 것처럼 IT프로젝트 실패에 대한 궁극적인 책임은 경영자 자신에게 있다. 매경 MBA팀은 노상규 서울대 경영학과 교수에게 조언을 구해 CEO가 IT에 대해 가진 착각을 네 가지로 정리했다.

① IT프로젝트는 IT 부서만의 일?

IT프로젝트가 실패하는 가장 큰 이유는 IT프로젝트가 IT 부서만의 일이라고 생각하기 때문이다. IT프로젝트는 단순히 '컴퓨터를 교체하는 일' 또는 '새로운 소프트웨어를 설치하는 일'이 아니다. IT프로젝트 본질은 'IT를 기반으로 하는 경영혁신'에 있다. IT를 기반으로 기업 제품·서비스, 프로세스, 시장을 변화시키는 것이다. 그럼에도 불구하고 IT프로젝트 성패에 대해 책임을 지는 경영자는 5~10%밖에 안 된다고 전문가들은 말한다.

노○○ 서울대 경영대 교수는 "IT 부서가 경영혁신을 잘 이끌 것이라 생각하고 책임을 지우는 것은 경영자가 책임을 회피하는 것"이라고 단언했다. IT프로젝트가 성공하기 위한 첫 번째 필요조건은 경영자가 "IT프로젝트가 내 일이자 책임"이라는 인식을 하는 것이다.

② 하드웨어·소프트웨어 설치하면 끝?

휴대폰을 스마트폰으로 바꾼 개인이 제대로 '스마트'해지기 위해서는 그 사람 사고방식, 생활양식, 정보관리 방식도 같이 바뀌어야 한다. 마찬가지로 기업이 ERP(전사적자원관리), CRM(고객관계관리), SCM(공급사슬관리) 등 IT프로젝트를 성공으로 이끌기 위해서는 하드웨어와 소프트웨어 솔루션을 단순히 구입·설치하는 데서 그쳐서는 안 된다. 업무 프로세스, 데이터, 사람, 가치, 문화도 함께 변해야 한다. 경영진의 많은 관심과 투자가 요구되는 이유다.

③ IT 부서가 맘대로 시스템 구축한다?

경영자들은 IT 프로젝트가 끝나고 나면 항상 불만이다. 자신이 원하는 대로 프로젝트 성과가 나오지 않는다는 것이다. 비즈니스를 제대로 이해하지 못한 상황에서 IT프로젝트를 진행했다고 IT 담당자를 나무란다.

하지만 IT 부서는 "비즈니스 부서에서 제대로 된 요구사항을 가지고 있지 않거나 요구사항이 자꾸 바뀐다"며 불만을 토로한다.

실제로 IT부서에서 요구사항을 정의하기 위해 회의를 요청하면 비즈니스 부서에서 바쁘다며 제대로 된 요구사항을 전달하지 않을 때가 많다. 경영자는 비즈니스 부서와 IT 부서가 원활한 의사소통을 통해 정확한 요구사항이 전달될 수 있도록 장려해야 한다.

④ IT부서는 매사에 부정적이다?

"무엇인가 새로운 것을 시도하려고 하면 이런저런 이유로 어렵다고 답한다. 설령 새로운 것을 시작하기로 해도 늑장을 부린다."

경영자들이 IT 부서에 대해 가지는 또 다른 불만이다. 반대로 IT 부서에서는 "비즈니스 부서가 전체 시스템도 고려하지 않고 자기주장만 내세운다. 우리는 밤새워가며 일하는데 욕만 먹는다"며 억울함을 토로한다.

사실 IT 부서 업무는 새로운 시스템을 구축하는 프로젝트뿐 아니라 기존 시스템 운영, 인프라스트럭처·표준 구축 등 다양하다. 또한 IT 부서는 새로운 시도를 하기에 앞서 보안 문제, 프로세스 표준화 문제, 기존 시스템과 인프라스트럭처에 미치는 영향 등 다양한 관점에서 검토를 하지 않을 수 없다. IT 부서를 비즈니스 혁신 파트너로 생각한다면 IT 부서가 처한 상황을 이해하고 비즈니스 문제를 해결할 최적 솔루션을 함께 찾으려는 노력이 필요하다.

〈매일경제, 2012. 10. 13.〉

CASE 1

호남석유화학 GEMS·EIS 프로젝트: 녹색경영과 협업 강화 시동

호남석유화학이 지난 1월 온실가스·에너지 통합관리 시스템(GEMS)과 전사경영정보시스템(EIS)을 오픈 가동하기 시작했다. 호남석유화학은 GEMS를 통해 친환경 소재와 신재생에너지 분야에 투자해 40조 매출목표의 30%를 달성한다는 목표다.

EIS의 경우 정확한 실시간 정보를 통한 경영성과의 지속적인 파악과 신속한 의사결정을 할 수 있는 발판을 마련하기 위해 진행됐다. 이에 따라 경영진을 위한 경영정보(Dashboard) 및 주간회의시스템, 실무자 중심의 OLAP(On-Line Analytical Processing), 모바일을 통한 실시간 정보제공을 제공하고 있다.

호남석유화학이 최근 GEMS와 EIS를 연속 오픈하면서 기업 경쟁력 강화에 적극 나서고 있다. GEMS는 기업의 체계적인 에너지·온실가스 저감활동 관리와 다양한 외부이해관계자 대응을 위한 투명 관리체계에 대응하기 위한 방안이다. 호남석유화학은 GEMS를 경영정보로 활용하면서 지속적인 시스템 모니터링을 통해 최소 자본투입 효과, 유화사의 탄소 정보 신뢰성 향상, 탄소전문가를 양성한다는 계획이다. EIS는 경영진 레벨의 경영정보시스템부터 파워사용자 및 일선 실무자까지 모든 조직 구성원이 분석 정보 영역에 손쉽게 접근하게 한다는 방침이다. 이를 통해 원하는 정보를 적시에 정확히 제공받을 수 있는 환경을 구축했다는 것이 호남석유화학 측의 설명으로, 향후 국내 및 해외 자회사의 정보를 포함해 각국의 언어로 지원되는 Global EIS로 확대해나간다는 전략이다.

GEMS 프로젝트의 특징

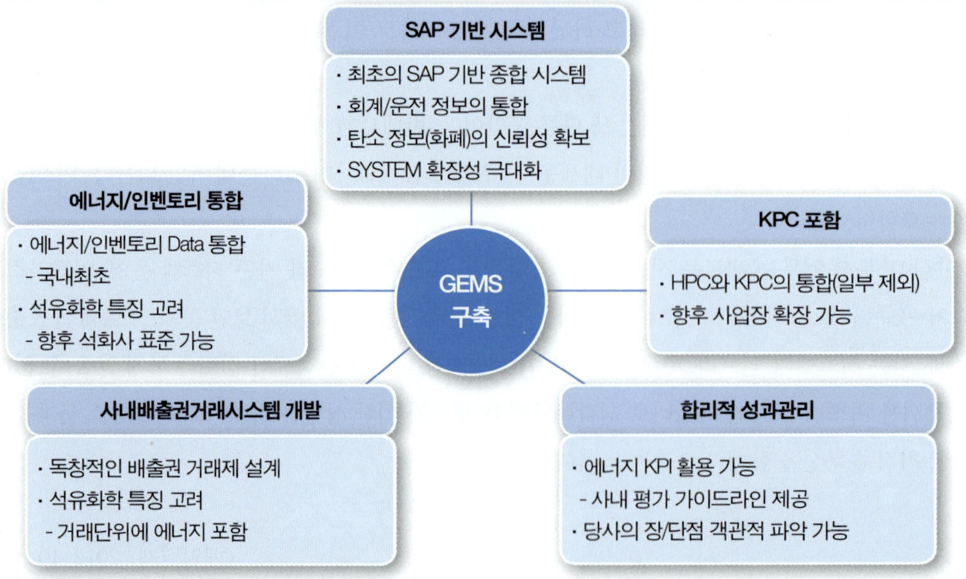

■ GEMS로 녹색경영

지난 1월 3일 오픈한 호남석유화학 GEMS는 에너지와 인벤토리(목록) 데이터를 일치시키고 석유화학의 특성을 반영해 플랜트별 계측기·에너지 사용량 모니터링이 가능하도록 구현됐다. 이로써 MRV(측정, 보고, 검증)를 실행하고 SAP와의 레거시(생산·실험분석·제안·표준)를 통해 별도의 수작업 없이 에너지 통합 관리를 통한 정부정책과 기후변화에 대응한 요구사항을 마련했다. 또 에너지·온실가스 DB를 구축하면서 정확한 에너지 사용과 온실가스 배출의 측정이 가능해졌으며 투자우선순위와 에너지관련 투자 관리 등을 통해 비용효율성 또한 증가시켰다. 이와 함께 사내 기반 강화 및 녹색 경영 활성화를 위한 사내배출권 거래제를 설계해 분기별 실행할 예정이다.

이러한 성과평가 시스템은 에너지 KPI로 활용해 절감활동을 통한 동기부여를 극대화한다는 방침으로 단순한 데이터 관리가 아닌 액션과 피드백을 동반하는 시스템이다.

GEMS의 특징은 크게 SAP기반시스템, 에너지·인벤토리 통합, 사내배출권거래시스템 개발, 합리적 성과관리 등으로 나뉜다. 특히 SAP기반 종합시스템으로 회계와 운전정보의 통합이 가능하며 탄소정보 신뢰성 확보와 시스템의 확장성을 극대화할 수 있게 됐다.

한편 국내에서 처음으로 시도되는 에너지·인벤토리 데이터 통합으로 석유화학의 특징을 고려한 배출권 거래제를 설계했다. 호남석유화학은 GEMS를 통해 당사 장단점을 객관적으로 파악하게 되면서 정확한 사내평가 가이드라인을 제공받을 수 있을 것으로 예상하고 있다.

EIS 프로젝트 개요

1. 시스템 경영	- 경영진에게 적시 정보 제공으로 의사결정능력 향상 - 수작업 보정 없는 시스템 실적 기준의 주간보고와 추정실적 보고
2. 정보의 공유	- SAP 활용이 많지 않은 팀장 이상 임원들에게 통합되고 정제된 데이터 제공
3. 분석의 고도화	- Bex Analyzer를 Web환경에서 사용할 수 있는 Powerful한 분석 Tool(OLAP)로 Upgrade
4. Globalization	- 점차 증가하는 자회사 경영현황을 일목요연하게 리포팅

■ EIS 정보공유 폭 확대

지난 1월 7일 EIS를 오픈한 호남석유화학은 시스템경영, 정보 공유, 분석의 고도화, 글로벌라이제이션 등이 가능해졌다. EIS는 ERP, BW(Business Information Warehouse)와 동일한 SAP솔루션으로 통합 관리되어 운영효율성이 더욱 증대되었다는 평가이다. 경영진에게 적시에 정보를 제공함으로써 의사결정능력 향상과 함께 수작업 보정이 필요 없는 시스템 실적 기준 주간·추정실적 보고가 가능해진 것이다

또한 SAP활용이 많지 않은 팀장 이상 임원들에게 통합되고 정제된 데이터를 제공한다는 방침으로 바뀌면서 점차 증가하는 자회사 경영현황을 리포팅하는 데 신속한 대응력을 갖추게 되었다. EIS의 구축범위는 크게 경영진을 위한 경영정보(Dashboard), OLAP & Reporting, BW추가구축 등 3개 영역으로 나뉜다. 경영정보의 주요범위는 직관적인 경영정보, 핵심경영지표에 대한 분석 및 통계정보, 전년대비 차이분석화면 등이 제공된다. 또한 OLAP & Reporting으로 핵심경영지표에 대한 정형 비정형 분석이 가능한 시스템을 구축할 수 있으며, 다양한 형태로 보고서 생성이 가능해지면서 경영정보 화면의 상세정보 제공기능이 함께 제공된다. BW에서는 데이터 취합 사용 시 속도의 문제점을 보완하기 위한 추가 데이터 마트를 구축했으며, 주요 레거시의 데이터 역시 필요 수준에 맞도록 시스템을 설계했다.

〈BizIT, 2011. 3.〉

CASE 2

대우조선해양 차세대 설계 협업 시스템

대우조선해양은 3차원 CAD를 도입하면서 설계 협업을 위한 새로운 인프라가 필요했다. 큰 규모의 선박이나 해양구조물은 3,000여명이 동시에 설계를 진행하기 때문에 3D CAD 사용은 시스템 이슈를 발생시켰다.

회사는 차세대 설계 협업 시스템 구축에 착수했다. 검토 과정에서 기존 서버의 사용 문제를 해결하기 위한 방안으로 샌디브릿지 아키텍처 서버와 가상화 솔루션, 그리드를 통한 그래픽처리장치(GPU) 공유기술에 주목했다. 회사 관계자는 "로컬 PC에서 작업하는 것처럼 자연스럽게 사용할 수 있는 협업 환경 구축이 목표였기 때문"이라고 설명했다.

대우조선해양은 이를 구현하기 위한 성능 확보에 주력했다. 동시에 설계 기밀 누출을 막을 수 있는 보안 강화에도 중점을 뒀다. 필요로 한 시스템을 구축하는 과정에서 가상화 솔루션이 중요한 역할을 했다. 이 솔루션은 애플리케이션을 가상화하고 데이터센터에서 중앙집중 관리해 장소와 기기에 관계없이 서비스를 제공하는 역할을 한다. 또 서버에 접속해 작업이 이뤄지고 데이터 역시 중앙 서버에 저장되기 때문에 데이터 유출 걱정도 덜 수 있었다. 시스템 구축에 사용된 솔루션들은 시트릭스의 협업 제품인 '젠앱 6.5', 엔비디아의 고성능 업무용 '그리드 K2' 그래픽카드, HP 서버 등이었다.

대우조선해양은 지난해 6월부터 12월까지 새로운 설계 협업 인프라 테스트를 진행하고 지난 3월부터 새로운 협업 시스템을 가동했다. 기존보다 월등한 그래픽 처리 및 공유 능력을 보유해 서버당 30명 이상의 3D CAD 프로그램 설계작업을 빠르게 실시간으로 동시에 처리할 수 있다. 이는 15명 정도에 불과했던 기존 동시 작업자 수를 두 배 이상 끌어올린 것이라고 회사 측은 설명했다. 1차로 시작된 시스템은 500명 규모로, 대우조선해양은 설계환경 변화에 따라 협업 설계 시스템의 2차 증설 작업도 계획하고 있다.

대우조선 관계자는 "기존 설계 시스템을 업그레이드하면서 고사양의 설계작업을 원활히 지원해줄 협업 시스템을 필요로 했다"며 "이번 차세대 설계 협업 시스템 구축으로 설계 생산성을 향상시켜 연 10억원 상당의 비용절감 효과를 거둘 것으로 기대한다"고 말했다.

〈전자신문, 2014. 6. 25.〉

Chapter

2 거래처리와 기능부서별 정보시스템

학습 내용

제1절 거래처리시스템
제2절 기능부서별 정보시스템의 개념
제3절 기능부서별 정보시스템의 업무
MIS HIGHLIGHT 1 글로벌기업 IT통합
MIS HIGHLIGHT 2 PLM 전 제조업분야로 빠르게 확산
CASE 1 메리츠금융 통합HR: 인사 환경변화에 유연한 그룹 통합 시스템 제공
CASE 2 교보문고 통합유통 시스템

제1절 거래처리시스템

어떤 기업이든지 생존과 관련하여 그 기업만의 중요한 업무 프로세스가 있기 마련이다. 업무거래는 기업이 제품이나 서비스를 생산하여 제공할 때까지의 모든 과정에서 발생된다. 예를 들면 원자재의 구매, 임금 지급, 전기세, 제품과 서비스의 생산, 운송, 수금 등이 있다. 또한 기업이 거래하는 은행에서는 기업과 관련된 모든 거래를 언제나 기록하고 있다. 거래는 또 다른 거래를 만들기도 한다. 구매한 원자재는 재고를 증가시키고, 임금지급은 회사의 현금수준을 낮춘다. 이렇듯 거래는 단순하면서도 그 양이 많으며 매우 반복적이어서

쉽게 전산화할 수 있다. 이러한 거래처리를 지원하는 정보시스템을 거래처리시스템(Transaction Processing Systems: TPS)이라 한다.

주로 회계, 재무, 판매, 인사, 생산 등에 관련된 업무를 지원한다. 때문에 TPS는 기업의 다른 정보시스템을 지원하는 가장 기본적인 시스템이다. TPS는 한 기업에서 하나 이상일 수도 있고 각 분야별로 하나씩 있을 수도 있다. 여기에서 중요한 것은 이러한 시스템들이 서로 연계 또는 통합되어야 한다는 점이다.

1. TPS의 목적

TPS의 목적은 경영이 보다 효율적이고 원활하게 이루어지도록 필요한 정보를 생성하고 제공하는 것이다. 구체적으로 살펴보면 주기적인 문서나 보고서 제공, 의사결정지원시스템(Decision Support Systems: DSS)과 같은 전략적시스템 지원, 자료나 정보의 정확도 확인, 그리고 자산 파악과 정보보안 유지 등이 있다. 일반적으로 리엔지니어링을 추진하는 대부분의 기업은 TPS의 재구성을 가장 많이 하고 이에 따른 IT 투자성과가 크게 좌우된다.

2. TPS의 기능과 특징

TPS는 그림 2-1과 같이 특정 자료의 처리 외에도 여러 가지 기능을 수행한다.

그림 2-1 TPS의 기능

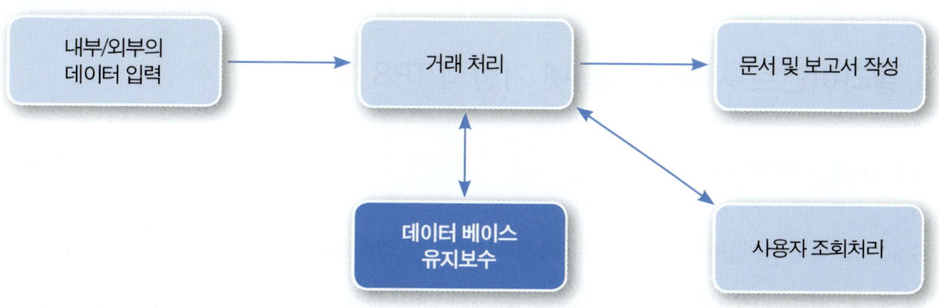

첫째, 입수된 자료를 다양한 형태의 도구를 이용해 컴퓨터에 입력한다. 이때 기업은 자동으로 많은 양의 자료를 TPS에 입력하기를 원한다. 다음으로는 시스템에 입력된 자료를 처리하는 것인데, 처리는 일괄(batch)처리방식이나 온라인(online)처리방식을 사용한다. 일괄처리방식은 거래 자료를 수집하여 모아두었다가 주기적으로 한 번에 처리하는 방식이다. 이 방법은 주로 매일 업무가 끝난 후 밤 시간에 이루어진다. 반면에 온라인처리방식은 거래 자료를 즉시 처리하는 방식이다. 대표적인 예는 제품판매 후, 거래 자료가 POS(Point Of Sale)터미널을 통해 재고시스템으로 바로 전송되는 경우이다. 두 가지 방법 이외에 여러 환경적인 요소에 따라 두 가지 방법을 더하는 혼합형도 있다. 그러나 이것은 자료가 POS터미널을 통해 즉시 수집되기는 하지만 거래 또는 자료처리는 지정된 시간에 이루어진다.

표 2-1은 TPS의 주요특징을 제시하고 있다.

〈표 2-1〉 TPS의 주요특징

- 매우 많은 양의 데이터가 처리된다.
- 대부분의 데이터는 기업 내부에서 생산된 것이며, 산출물 또한 기업 내부 이용자들을 위한 것이다.
- TPS에서 처리되는 데이터는 대부분 일간, 주간, 월간 등의 주기로 반복적인 것들이다.
- 대용량의 저장장치(데이터베이스)를 필요로 한다.
- 처리해야 할 데이터가 많기 때문에 고속의 처리장치를 필요로 한다.
- TPS는 기본적으로 이미 과거에 발생한 데이터를 수집하고 처리한다.
- 입력 데이터와 출력 데이터는 매우 정형화되어 있다.
- 입력 데이터뿐만 아니라 출력물에서도 대체로 내용이 상세한 편이다.
- 대체로 계산이나 처리 과정이 복잡하지 않다.
- 입력되는 데이터는 높은 수준의 정확성, 일치성, 그리고 보안이 요구된다.
- TPS는 기업 내 정보망을 순환하는 혈액과도 같기 때문에 높은 수준의 신뢰성이 요구된다. TPS의 장애 발생은 기업 운영에 치명적일 수 있다.
- 질의 등을 통하여 정보를 얻을 수 있는 시스템이 필수적이다.

3. 클라이언트·서버와 인터넷 기반의 TPS

(1) 클라이언트·서버 시스템

TPS는 고객과 사업자를 연계하기 위하여 다양한 하드웨어, 소프트웨어, 네트워크로 이루어져 있다. 전통적인 TPS는 메인프레임 중심의 대형컴퓨터를 기반으로 하기 때문에 중앙집권화된 형태를 띤다. 그러나 1990년대에 클라이언트·서버 기반의 분권화된 구조의 TPS를 구현하였다. 또한 온라인 거래처리(OnLine Transaction Processing: OLTP)와 같은 기술을 적용하기 때문에 공급자가 직접 TPS에 접속하여 생산이나 재고 수준을 확인하고 비용을 절감할 수 있게 되었다. 현재는 고객들이 직접 자료를 입력할 수도 있는 형태로 발전하고 있다.

(2) 인터넷 기반의 거래처리

과거에 구축된 전자문서교환(Electronic Data Interchange: EDI)과 같은 정보시스템은 전용망(private network)을 기반으로 구축되었기 때문에 다양한 정보를 자유롭게 교환하는 데 많은 어려움이 따랐다. 그러나 최근에는 인터넷 기반의 정보시스템을 구축함으로써 상호간에 멀티미디어를 포함한 많은 데이터를 주고받을 수 있게 되었다. 인터넷 기반의 TPS는 다음과 같은 장점을 가지고 있다.

① 업무처리의 유연성 증가로 많은 양의 자료 처리
② 비용효과성 증가
③ 누구에게나 쉽게 서비스를 제공할 수 있는 신속성 증가
④ 많은 양의 DB를 주기적으로 검색하고 분석 가능
⑤ 멀티미디어 자료를 쉽게 관리할 수 있는 용이성 증가
⑥ 업무처리 응답시간의 단축

4. 거래처리업무의 형태

기업의 모든 영역에서 거래처리가 이루어지지만, 그중에서도 TPS는 회계와 재무 영역에 가장 큰 영향을 미친다. 그림 2-2는 회계 및 관련 부문 TPS의 주요요소를 보여준다.

(1) 주문처리

제품주문은 전화, 팩스, 문서 그리고 컴퓨터 주문 등 다양한 매체를 통해 회사에 전달된다. 컴퓨터화(computerization)된 시스템을 사용한다면 많은 양의 자료를 쉽게 처리할 수 있으며, 빠르고 효과적인 주문처리는 고객만족에 상당한 영향을 미칠 것이다. 만일 EDI 시스템을 이용한다면 고객이 주문내용을 직접 입력할 수 있고 자료교환도 용이할 것이다. 이런 이유로 많은 기업들이 높은 고객 만족도와 경영업무의 개선을 위해 많은 비용을 투자하고 있다.

그림 2-2 회계 및 관련 부문 TPS

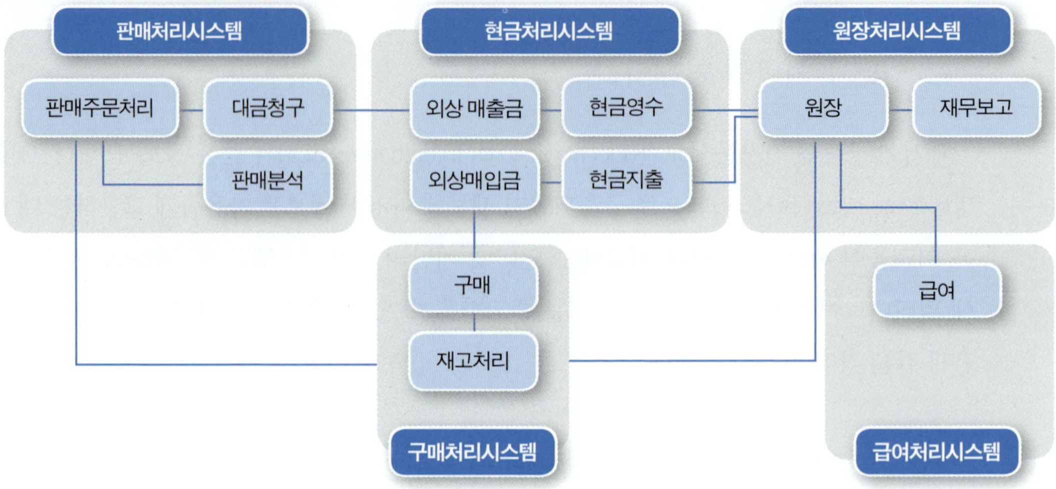

(2) 원장

원장이란 기업이 가지고 있는 회계 관련 계정을 총칭하는 용어이다. 기업에는 여러 형태의 계정이 존재하는데 그중 모든 기업이 가지고 있는 일반계정은 기업의 자산, 부채, 그리고 이익잉여금 등에 관한 자료이다. 간단한 거래일수록 정보시스템을 이용하면 계정관리가 보다 편리하고 효율적으로 이루어질 수 있다.

(3) 외상매입과 외상매출금 계정

외상매입금과 외상매출금 계정은 기업이 판매를 통하여 발생하는 대금지급 및 회수에 관련된 자료를 기록하는 계정으로 주기적으로 갱신해야 한다. 이 계정들은 일반계정과 연동되어 있으며, 일반계정과 동일한 응용소프트웨어로 관리된다. 외상매출금 계정의 분석을 통하여 고객신용과 외상매출금에 따른 위험을 파악할 수 있다. 그리고 외상매출금 정보에 따라 기업은 언제 고객에게 재확인 요청을 할지, 아니면 손실금에 대해 어떤 조치를 취할지 의사결정을 할 수 있다. 이러한 분석 업무들은 추적기능이 있는 소프트웨어를 이용함으로써 자동화할 수 있다.

(4) 제품의 수령 및 발송

주문품을 수령하거나 발송할 경우에도 거래 자료는 발생한다. 발송한 경우에는 고객에게 계산서를 발송하고, 재고량을 조정하며, 관련 계정에 그 내용을 기록하여야 한다. 한편 제품을 수령한 경우에는 관련된 외상매입금계정을 갱신하고 재고자료를 수정해야 한다. 만약 수령된 제품이 불량일 경우에는 거래 자료를 다시 갱신하고 제품을 공급자에게 되돌려 보내야 한다.

(5) 재고자산

재고는 여러 종류가 있을 수 있다. 일반적으로 재고는 판매할 수 있는 제품을 말한다. 식료품의 경우 통조림, 일상용품 등과 같이 사고파는 게 가능한 모든 제품을 재고라고 한다. 제조 기업의 경우는 세 가지로 재고를 분류하는데, 판매 단계 이전인 완성품 재고, 생산과정 중인 재고, 원자재 형태의 재고로 나뉜다. 회계는 각 기업이 가지고 있는 다양한 재고를 항상 재무제표에 기록해야 한다. 이러한 업무는 정보기술을 사용하여 보다 빠르게 실행할 수 있다. 예를 들면 재고 수준은 바코드를 사용하여 항상 정확하고 빠르게 파악할 수 있다.

(6) 고정자산관리

기업은 토지, 건물, 기계와 같은 고정자산을 가지고 있다. 이런 고정자산은 시간이 지나면서 감가상각 된다. 고정자산의 원가는 항상 기록되어야 하기 때문에 감가상각율과 현재의 가치 등을 수시로 계산하고 기록해놓아야 한다. 고정자산관리에도 많은 변화가 요구되고 있기 때문에 이에 따른 총 자산의 변화도 동시에 관리해야 한다.

(7) 임금

직원의 임금지급 및 관리는 가장 빠르게 전산화된 영역 중의 하나이다. 임금은 주기적인 세금, 보험 등의 계산이 포함되며, 업무는 정형화되어 있다. 따라서 아웃소싱을 통하여 정보시스템을 구축하거나, 중소기업의 경우 이제까지 개발된 저렴한 소프트웨어를 구매하여 업무를 수행한다.

(8) 인사관리

인사관리부서는 기업의 모든 직원에 관한 인사기록 자료를 가지고 있다. 인사기록 자료는 각 직원의 개인정보에서부터 그 직원의 기술이나 경험, 성과평가 등 기업 활동에 필요한 모든 기록을 포함한다. 이 기록들을 전산화할 경우 기업 상황에 맞는 인력을 찾거나, 승진, 해고, 연수 등과 같은 업무를 보다 쉽게 처리할 수 있다. 따라서 전산화로 인한 비용절감과 업무실수가 최소화될 수 있는 큰 이점이 있다.

(9) 대외 보고서

인사관리부서는 인사 활동의 업무 이외에도 공공 단체나 정부와 관련된 여러 가지 법이나 규율에 관한 업무를 수행한다. 그중에서도 각 단체나 정부에 제출하는 보고서는 큰 비중을 차지하는 업무이다. 현재까지는 정기보고서와 관련된 모든 업무를 전산화하기는 어렵지만, 전자문서교환과 같은 자동화된 시스템이 구현되면 보다 편리하고 용이하게 관련 업무를 수행할 수 있다.

제2절 기능부서별 정보시스템의 개념

기업이 정보시스템을 도입한다는 것은 단순히 컴퓨터를 사용한다는 수준을 넘어 기업의 업무 프로세스를 보다 효율적으로 바꾼다는 의미이다. 그렇다면 정보시스템은 기업의 업무 프로세스를 어떻게 지원해야 하는가? 일반적으로 기업의 주요기능부서는 물류, 회계, 마케팅, 판매, 재무, 인사관리 등이다. 전통적으로 정보시스템은 이러한 각 기능부서들이 업무를 보다 효과적이고 효율적으로 수행하도록 설계되었다. 그러나 각 기능부서별로 전문화된 전통적인 조직구조는 현대의 기업에 있어서는 적합하지 않다. 왜냐하면 절차상의 많은 업무가 여러 기능부서에서 따로따로 이루어지기 때문이다.

예를 들어 어떤 고객이 자동차를 구입한다고 하자. 고객주문은 판매부서로 전달되고, 대금청구는 재무부서로 보내진다. 또 재고를 유지하기 위한 생산부서의 활동이 시작되고, 배달부서는 물건을 고객에게 배달할 것이다. 회계부서는 요금 고지서를 보내고 재무부서는 보험을 들 것이다. 이렇게 많은 부서의 업무를 거치다 보면 고객은 늦어지는 인도 시간과 발생 가능한 업무 착오로 인해 만족수준이 떨어질 것이고 궁극적으로 기업은 운영비용이 높아질 수밖에 없다.

과거 전통적인 정보시스템은 업무 프로세스를 기반으로 설계되기보다는 각 기능부서별로 독립적으로 설계되었다. 때문에 전체적인 업무 프로세스는 정보시스템의 지원을 받지 못하였다. 기업은 이러한 문제를 조직을 재구성하는 것으로 해결하였다. 예를 들면 기업에서 수행하는 하나의 업무 프로세스를 처음부터 끝까지 총괄하여 책임지는 팀을 구성하였다. 팀은 전통적인 기업의 기능부서를 초월하며, 이에 맞춰 새로운 정보시스템을 구축하는 것이다. 그러나 이 해결책은 비용이 많이 드는 단점이 있다.

또 다른 해결책으로 정보시스템을 이용하여 업무 프로세스와 조직구조를 바꾸는 것이 있다. 하지만 이 방법은 비용 면에서 저렴할지 모르지만 효과성이 떨어지는 단점이 있다. 대부분의 조직들은 지금까지 이러한 이유로 진정한 의미에서 조직의 효과성과 효율성을 높이는 리엔지니어링보다는 계속되는 조직변화와 그에 따른 문제들을 단편적으로 해결하는 데 노력과 시간을 허비하였다. 그리고 이와 같은 전략으로는 업무의 병목현상이나 비효율적인 공급사슬관리 문제가 해결되지 않았다.

이에 각 기능부서의 역할은 그대로 유지하면서 통합시스템을 구축하는 이른바 "통합적인 접근방법(integrated approach)"을 제안한다. 미래의 조직형태가 네트워크형 조직으로 바뀐다고 하더라도 여러 기능부서들은 사라지지 않는다. 왜냐하면 기업이 효과적이고 효율적으로 운영되기 위해서는 각 기능 분야에서 생산성을 높이고, 품질과 속도, 소비자에 대한 서비스의 질을 높여야 하는데, 이를 위해서는 전문성을 가진 개인들이 필요하기 때문이다.

정보시스템이 기업의 각 기능부서의 활동에 어떻게 사용되는지를 살펴보기 전에, 먼저 기업에서 기능부서들이 어떻게 구성되어 있으며, 각 기능부서들이 기업의 가치사슬 및 공급사슬과 어떻게 관련되어 있는지를 살펴본다.

1. 가치사슬모형과 공급사슬

마이클 포터(Michael Porter)의 가치사슬모형(value chain model)은 제품과 서비스를 생산하여 소비자에게 전달하는 기업의 주요활동(primary activities)과 주요활동을 지원하기 위한 기업의 지원활동(supporting activities)을 모두 통합한 모형이다. 가치사슬모형에서 주요활동은 ① 입고물류(투입), ② 조업(제조와 검사), ③ 출고물류(저장과 유통), ④ 마케팅과 판매, ⑤ 서비스이다. 주요활동은 순서적으로 이루어지며, 다음과 같은 방식으로 작업이 진행되면서 각 활동에 가치가 추가된다. 즉 들어오는 자재들은 인수, 저장 등으로 처리되면서 입고물류활동에서 자재들에게 가치가 추가된다. 그 다음 자재들은 조업에서 사용되는데 여기에서 제품을 만드는 것에서 더 많은 가치가 추가된다. 제품들은 배달을 위한 준비(포장, 저장, 운송)가 필요하다. 그래서 출고물류활동에서 더 많은 가치가 추가된다. 그 다음 마케팅과 판매는 제품을 고객에게 전달한다. 마지막으로 판매 후 서비스가 고객을 위해 수행된다. 이러한 모든 가치추가활동들이 기업의 이윤을 창출한다. 주요활동은 다음과 같은 지원활동을 받는다. ① 기업의 하부구조(회계, 재무, 관리), ② 인적자원관리, ③ 기술개발(연구개발), ④ 조달업무이다.

그림 2-3 제조업체의 가치사슬모형

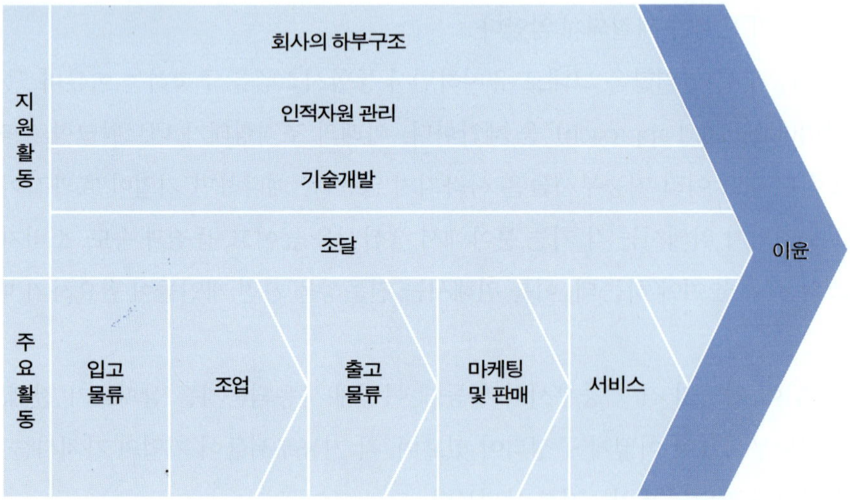

그림 2-3과 같이 제조업체의 가치사슬모형은 제품이나 서비스가 생산되어 소비자에게

판매되기까지 제조업체 업무 프로세스뿐만 아니라 고객과 공급자, 중간유통자, 그리고 기타 관련된 모든 관계자들이 하나의 팀을 이루어 활동하는 과정을 보여준다. 따라서 이러한 가치사슬은 공급사슬(supply chain)의 개념으로 확대될 수 있다. 이 개념들을 살펴보기 위해 먼저 기능별 정보시스템의 특성을 살펴보자.

2. 기능별 정보시스템의 주요특징

전통적인 조직계층 구조는 MIS라는 기능별 정보시스템의 지원을 받고 있다. MIS는 반복되는 일상적인 업무의 효율성을 높이는 데 주로 사용되었으며 특징은 다음과 같다.

① 기능별 정보시스템은 기능부서들의 독특한 업무를 지원하기 위한 여러 소단위의 정보시스템으로 구성되어 있다. 예를 들면 운송일정시스템이라든지 재고시스템, 물류시스템 같은 것이 있다.

② 개별적으로 존재하는 정보시스템 응용프로그램들은 각 기능부서의 역할에 따라 통합되거나 독립적으로 운영될 수 있다. 또한 각 응용프로그램의 모듈은 다른 기능부서의 특정 응용프로그램의 모듈과 통합될 수 있다.

③ 기능별 정보시스템은 기업 전체의 정보시스템과 연계될 수 있다. 따라서 특정 기능별 정보시스템은 기업 전체 시스템에 조화하기 위한 중심축으로 활용할 수도 있다.

④ 어떤 기능별 정보시스템은 외부환경과 상호작용한다. 예를 들면 인적자원관리시스템은 노동시장의 정보를 수집하고, 기업의 인사정책이 공정하고 정부규제를 잘 지키고 있음을 정부에 보고하기 위해 외부시스템과 연계한다. 또한 재고시스템의 경우 제품 공급자의 시스템과 연결되어 필요한 공급량을 직접 파악하는 데 사용할 수 있다.

⑤ 정보시스템 응용프로그램은 운영, 관리, 전략 차원에서 조직의 업무활동을 지원한다.

그림 2-4는 제품생산과 운영을 지원하는 정보시스템 응용프로그램의 구조이다. 다른 기

그림 2-4 생산·운영부분의 정보시스템 모형

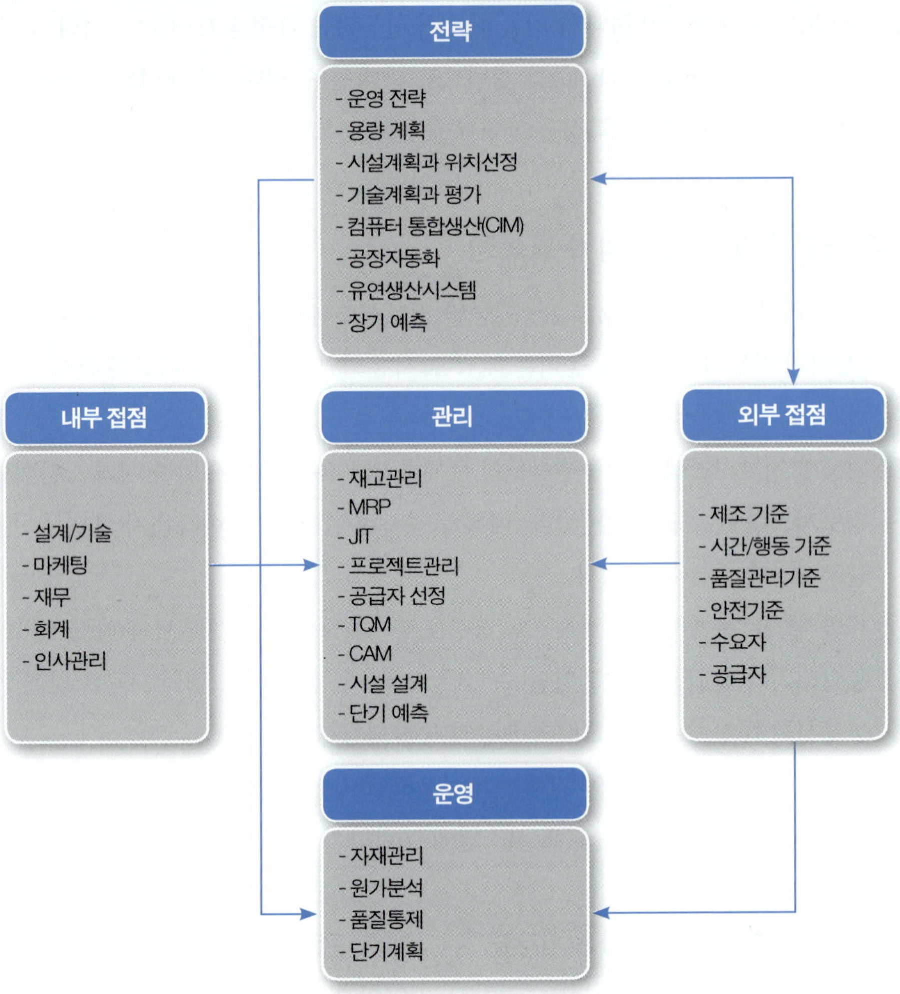

능별 정보시스템 역시 비슷한 구조를 가지고 있다. 여기에서는 정보시스템을 운영, 관리, 전략 수준에 따라서 분류하며, 이는 기업경영의 각기 다른 수준의 지원을 이해하는 데 매우 유용하다.

이 장에서는 가치사슬을 이루는 기업의 주요활동과 지원활동에 사용되는 정보시스템 응용프로그램을 살펴볼 텐데, 각 응용프로그램은 거래처리시스템(Transaction Processing System: TPS)에서 기본적으로 필요한 데이터를 입력받으므로 먼저 이것을 이해하도록 한다.

제3절 기능부서별 정보시스템의 업무

1. 생산·운영 및 물류 관리

생산·운영관리(Production and Operations Management: POM)란 기업이 생산원자재를 투입하여 판매할 수 있는 제품으로 전환하는 업무를 말한다. POM은 다른 기능업무와 비교할 때 업무범위가 기업별로 다양하기 때문에 사용되는 정보시스템도 업무 특성만큼 다양하다. 그림 2-5는 이러한 POM의 다양성을 보여준다. 여기에서는 POM이 재무, 판매, 엔지니어링, 구매 등과 상호 연관됨을 알 수 있다.

최근 기업들이 비용절감과 경쟁력 향상을 위하여 중요하게 검토하고 있는 관리기법 중의 하나가 SCM(Supply Chain Management)이다. 공급사슬관리, 공급망관리, 공급체인관리 등

그림 2-5 생산과정과 관련된 업무프로세스

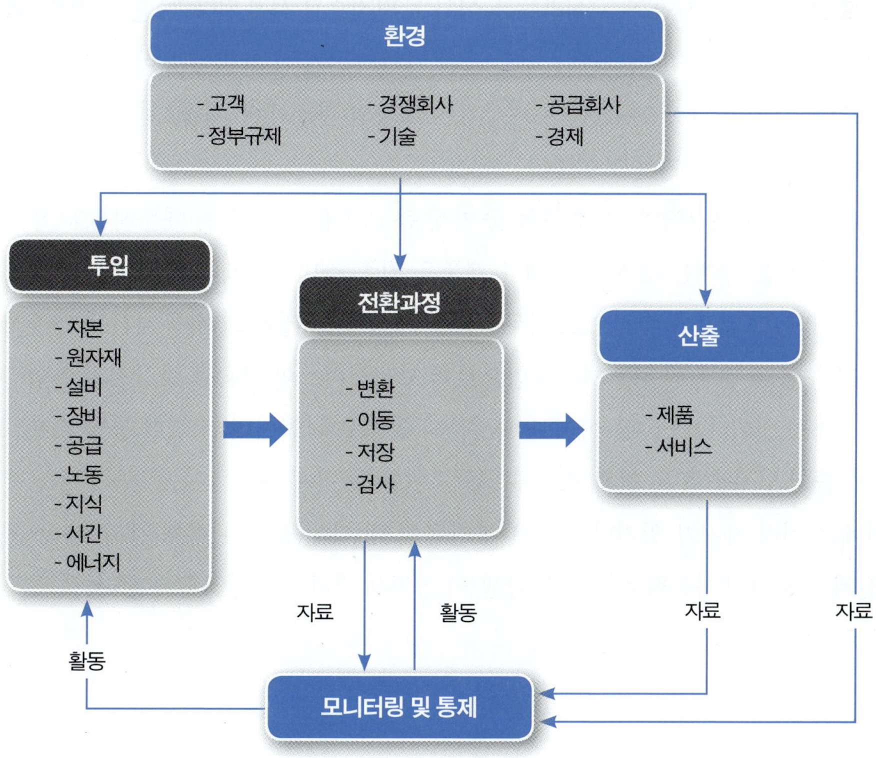

그림 2-6 SCM

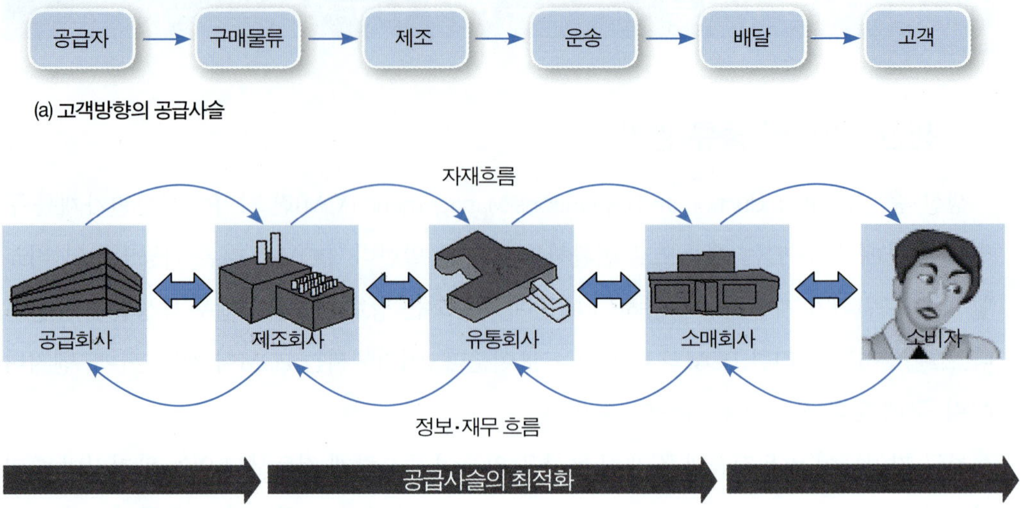

(b) 중간상과 소매상을 포함한 공급사슬

여러 용어로 쓰이기도 하지만, SCM이라는 용어가 보편적으로 사용된다. 그림 2-6(a)는 공급사슬의 일반적인 업무흐름을 나타내는 것으로 한 기업의 제품이 고객에게 어떻게 전달되는지를 보여준다. 그리고 그림 2-6(b)는 도매상과 소매상의 관계에서 자재흐름, 정보흐름, 재무흐름이 어떻게 진행되는지를 보여준다.

물류와 관련된 비용은 기업의 전체 활동 중 가장 큰 비중을 차지한다. 때문에 SCM의 목적은 물류관련 비용을 줄이는 동시에 자재나 제품을 최종 소비자에게 원활하게 전달되도록 지원하는 것이다. 그리고 구체적으로 업무흐름을 계획 및 조정하고, 유통시간을 단축시키며, 재고수준을 줄여 전체 비용을 최소화함으로써 고객서비스와 만족을 향상시켜 기업경쟁력을 증대시키는 것이다. POM은 이러한 대부분의 활동을 책임지며, 적절한 통합 소프트웨어가 공급사슬의 일부분 혹은 전체 프로세스를 지원할 수 있게 한다.

IT 지원에는 여러 가지가 있지만 그중에서 다음의 네 가지(물류와 자재 관리, 생산·운영 계획, 생산과 디자인의 자동화, 컴퓨터통합생산) 영역에 관하여 설명하고자 한다.

(1) 물류와 자재관리

물류관리는 주문, 구매, 조달, 유통 활동으로 나눌 수 있다. 이 물류활동들은 가치사슬을 이루는 주요활동과 지원활동 모두를 포함하는 아주 좋은 예이다. 구매부서 직원들은 다른 부서와 함께 언제, 어디서, 무엇을 구매할 것인가를 결정한다. 또한 공급자와 협상을 통해 가격을 정하고, 자재와 부품을 주문하고 인도받는다. 인도된 자재는 품질검사를 받은 후 재고로 저장 및 관리된다. 이와 같은 모든 활동은 정보시스템의 지원을 받을 수 있다. 예를 들면 구매부서는 EDI를 사용하여 제품을 주문하고 스캐너나 음성인식기술을 이용하여 제품 검사를 할 수 있다. 그리고 자재배치나 운반에 로봇을 이용할 수도 있다.

① 재고관리

재고관리란 비용효과적인 측면에서 적정 재고량을 보유하는 의사결정을 말한다. 재고가 너무 많거나 너무 적어도 추가적인 비용이 발생하기 때문이다. 따라서 재고관리는 다음과 같은 세 가지의 비용을 고려할 수 있다. 재고보관비용, 재고주문비용(주문할 때마다 드는 고정비), 재고 부족에 따른 비용(재고 부족에 따른 기회비용) 등이다. 언제, 얼마큼 주문해야 하는가에 관한 의사결정은 앞의 세 가지 비용 이외에도 구매량에 따른 할인료와 다른 환경적 영향도 최대한으로 고려해야 한다.

또한 주문시기와 주문량에 대한 의사결정 시 정보시스템을 이용하여 재고수준을 관찰할 수 있고 재주문 시기 여부도 결정할 수 있다. 예를 들어 정보시스템을 활용하여 거래처와 관련 부서에 주문서를 자동으로 전송하는 것이다.

② 품질관리

품질관리시스템은 전사적품질관리(Total Quality Management: TQM) 시스템의 일부 혹은 독립적인 시스템으로 존재하며, 구매자재나 생산 중인 제품 및 완성품에 이르기까지 품질을 확인하는 역할을 한다. 품질관리시스템은 모든 검사결과를 기록하고, 표준규격과 실제품 규격을 비교한다. 또한 이러한 기록을 수집 및 분석하여 보고서를 작성하고 이를 근거로 공급자를 평가한다. 패키지 형태의 표준화된 품질관리시스템은 다양한 분석 자료와 그래프를 제공하고 수집된 자료를 체계적으로 보관한다. 구체적인 의사결정은 품질관리시스템에서 분석된 자료를 전문가시스템을 이용하여 적절하게 수행될 수 있다.

(2) 생산·운영 계획

POM의 계획은 정보기술의 지원을 필요로 하는데 정보기술을 적용한 주요분야를 살펴보면 다음과 같다.

① 자재소요계획(Material Requirement Planning: MRP)

일반적으로 재고시스템은 개별품목에 관해 적정주문량과 재고량을 결정한다. 이때 각각의 품목수요는 서로 독립적이나 품목들 간의 수요관련성은 수요의존성을 가져온다. 예를 들어 세 종류의 의자가 있고 이 의자들은 같은 형태의 다리, 볼트, 너트 부품을 사용한다고 가정하자. 각 부품의 수요는 세 종류의 의자에 대한 총 수요로 결정될 것이다. 이와 같이 부품수요가 상호 관련되어 있는 경우 각 품목에 대한 수요를 효과적으로 계획하도록 지원해 주는 소프트웨어를 MRP라고 한다. MRP가 전산화된 가장 큰 이유는 많은 제품과 각 제품의 부품, 그리고 여러 자재의 수요가 서로 복잡하게 관련되어, 주문할 때마다 수량이 바뀔 경우 관련된 모든 부품수량이 동시에 바뀌는 복잡한 계산 때문이다. 초기 MRP가 생산스케줄과 재고관리 부분만을 지원하였다면, 더욱 복잡한 절차나 자원배분 업무를 지원한 것이 생산자원계획 즉 MRP II이다.

② 생산자원계획(Manufacturing Resource Planning: MRP II)

MRP II는 초기 MRP를 다른 기능영역과 연계시킨 통합시스템이다. 따라서 초기 MRP 기능을 포함하여, 부품의 비용계산, 지불을 위한 현금흐름, 인건비, 도구, 수리, 여러 가지 관련 비용 및 예산산출 기능 등을 제공한다. 또한 MRP II는 다른 기업의 시스템과 연결될 수도 있다. 구매나 배달에 관한 정보를 미리 파악하여 재무부서에서 현금흐름을 조절할 수 있다. 인사부서는 공정계획에 맞는 인사조정을 예측하고, 마케팅부서는 최근 배달시간과 리드타임을 파악할 수 있다.

③ JIT 시스템(Just-in-Time)

JIT는 생산과정에서 발생하는 공간, 인력, 자재, 에너지 등의 손실을 최소화하고, 프로세스와 시스템을 지속적으로 향상시키는 것을 목적으로 한다. 예를 들어 원자재가 정확한 시간에 필요한 공정에 도착할 경우 재고, 생산 지연이나 휴직공정은 사라진다. JIT는 여러 가지 기술과 관리기법으로 달성될 수 있다. 주요기법은 낮은 재고량 유지, 단위 생산량의 적정화, 고정생산 비율, 예방관리기법과 빠른 유지보수, 소수(小數)의 신뢰성 있는 거래처, 고품질의 자재와 작업, 신속한 작업 전환 준비, 인력의 다기능화, 협업업무 수행, 지속적인 혁신과 향상, 그리고 역제어시스템(pull system: 작업의 제어가 마지막 공정에서 시작되어 이전 공정으로 전달되는 시스템)의 사용이다.

JIT의 모든 구조는 수동으로도 운영할 수 있지만 특정 부분에서 정보기술을 사용하면 그 효과는 배가된다. 예를 들어 파트너기업이 타국에 있는 경우에 EDI를 사용하여 주기시간을 단축할 수 있다. 대표적인 성공사례는 일본의 도요타(Toyota)이다. 도요타는 생산시간을 15일에서 1일로, 제품품질을 높이면서 비용을 30~50% 절감하였다. 휴렛팩커드(Hewlett-Packard)는 MRP, MRP Ⅱ, JIT가 가지는 기능을 통합한 MRP Ⅲ라는 정보시스템을 개발하여 세계 각 지역에 흩어져 있는 생산 공정을 추적 관리하고 있다.

④ 프로젝트관리

프로젝트는 몇 주 혹은 몇 년간 지속될 수 있는 일회성 업무로, 일정에 맞추어 다양한 업무의 정해진 목표를 달성하는 것이다. 따라서 프로젝트관리는 다음과 같은 특징을 가지며 이 특징들로 복잡성을 띠기도 한다.

- 대부분의 프로젝트는 개별적인 성격을 가지고 있어 참여자들이 그 분야의 사전 지식과 경험이 부족한 상태에서 시작하는 경우가 많다.
- 장기화되면 불확실성이 높아진다.
- 많은 사람들이 외부에서 참여하기 때문에 통제하기가 어렵다.
- 참여자들 간의 많은 업무 협조가 요구된다.
- 고위험에도 불구하고 상응하는 수익성이 매우 높을 수 있다.

프로젝트관리에는 다양한 기법이 요구되는데 일반적으로 적용되는 것은 PERT(Program Evaluation and Review Technique)와 CPM(Critical Path Method) 등이다.

⑤ 단기일정 관리

생산운영담당자는 일별 또는 주별로 업무일정과 투입인력을 계획하는데 비용을 최소화하거나 생산성을 최대화하기 위해 정보시스템을 사용하기도 한다. 복잡한 상황에서는 전문가시스템이나 지능에이전트(intelligent agent)를 사용할 수 있으며, 더 복잡한 상황에서는 DSS를 적용할 수도 있다.

(3) 생산과 디자인의 자동화

가치사슬에서 정보기술이 가장 성공적으로 활용될 수 있는 분야 중 하나는 제품과 서비스의 디자인이다. 디자인 영역에서 사용되고 있는 대표적인 정보기술을 설명하면 다음과 같다.

① CAD(Computer-Aided Design)

CAD란 정보시스템을 사용하여 그림을 그리고 이것을 출력, 저장, 수정하는 것을 말한다. 대부분의 CAD시스템은 사용자가 여러 가지 기능을 이용하여 2차원 평면도나 3차원 이미지 디자인을 보다 쉽게 그리고 활용하게 한다. 작업된 디자인을 데이터베이스화하므로 재작업 시 새로운 조건에 맞게 보다 빠르게 수정하여 디자이너의 생산성을 향상시킨다. 그리고 일상적이고 반복적인 작업은 CAD시스템을 사용하고 집중력과 창의력을 요구하는 작업에서는 디자이너가 집중할 수 있는 환경을 제공한다.

② CAE(Computer-Aided Engineering)

CAD 작업이 끝난 후 디자인을 의도한 대로 사용할 수 있는지 알아보려면 CAE를 사용한다. CAE는 엔지니어링 데이터를 자세히 분석하여 실제 제품으로 생산하는 데 유용한 자료를 제공한다. 이러한 자료는 제품명세서뿐만 아니라 디자인 도구나 접합에 필요한 기계나 로봇 프로그램 등을 포함한다. 따라서 CAD/CAE를 이용하여 추출한 데이터는 곧 컴퓨터 지원 제조(Computer-Aided Manufacturing: CAM)를 사용하는 기반이 된다.

③ CAM(Computer-Aided Manufacturing)

CAM은 생산시설의 기획, 운영, 통제에 컴퓨터를 이용하는 것을 말한다. 예를 들면 프로세스 기획, 수치제어, 로봇 프로그램, 용량계획, 생산작업 통제 등에 컴퓨터를 이용하는 것이다.

(4) 컴퓨터통합생산

컴퓨터통합생산(Computer-Integrated Manufacturing: CIM)이란 공장자동화를 위하여 컴퓨터시스템을 통합적으로 사용하는 개념이다. 주요목적은 세 가지로 다음과 같다.

① 제조 기술이나 기법의 단순화
② 제조 프로세스의 자동화. 일반적인 기술로는 FMS(Flexible Manufacturing Systems), JIT, MRP, CAD, CAM, GT(Group Technology) 등이 있다.
③ 컴퓨터 하드웨어와 소프트웨어를 이용하여 디자인, 제조, 관련된 모든 분야의 통합화

그림 2-7은 CIM의 모델을 보여준다. 이 모델은 Technical Council of the Society of Manufacturing Engineers에서 개발한 것으로 CIM을 추진하기 위해서는 기획 단계부터 단계적으로 이 모델을 따라야 한다. 바깥쪽의 원은 일반적인 경영관리를 나타내고, 안쪽의 원은 CIM을 구성하는 네 개의 주요프로세스로 ① 제품과 프로세스의 정의, ② 생산계획과 통제, ③ 공장자동화, ④ 정보자원 관리를 나타낸다. 모델의 모든 활동과 영역은 세부 사항을 포함하고 서로 연계되어 있기 때문에, CIM을 구현하기 위해서는 어느 하나라도 빠져서는 안된다.

그림 2-7 CIM 모델

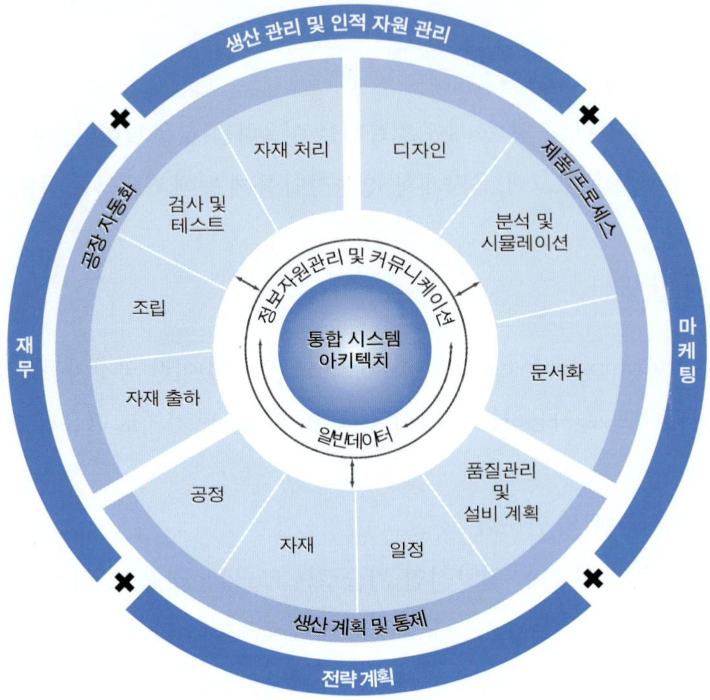

2. 마케팅 및 판매 관리

지금까지 기능별 정보시스템의 근간이 되는 생산 및 물류 관리 분야에 관하여 살펴보았다. 여기에서는 정보시스템이 어떻게 고객과의 관계에 영향을 미치는지 살펴보도록 한다. 채널시스템이란 제품이나 서비스를 고객에게 전달하는 프로세스와 고객의 요구를 다루는 모든 시스템을 포함한다. 그림 2-8은 채널시스템의 형태로, 여섯 개의 중요한 시스템이 채널시스템을 매개로 하여 서로 연결되어 있다.

채널시스템은 마케팅, 영업, 공급 등 다른 활동들을 연결시키고 변환시킬 수 있다. 따라서 기업의 시장 경쟁력은 기업이 보유하고 있는 채널시스템이 얼마나 많은 기능들을 통합하고 있는가에 따라 좌우된다. 한 개의 채널변화가 다른 모든 채널에도 영향을 미치기 때문에 정보시스템은 이러한 변화를 지원할 수 있도록 통합되어야 한다. 채널시스템 활동을 네 개의 그룹(고객, 텔레마케팅, 유통채널, 마케팅관리)으로 나누어 설명하면 다음과 같다.

그림 2-8 채널시스템의 형태

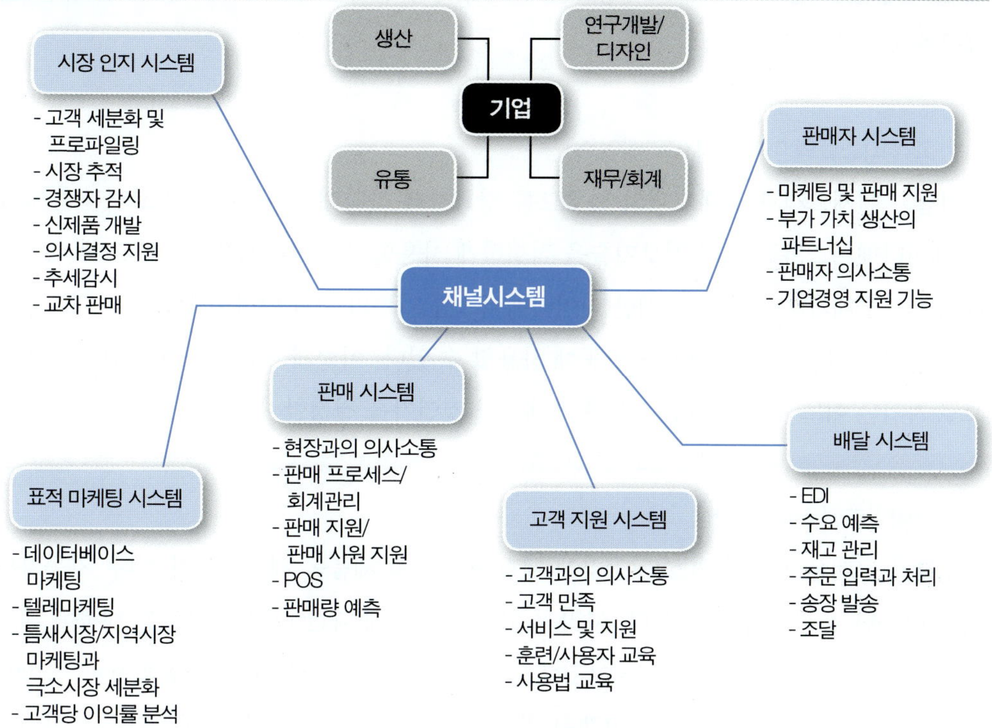

(1) 고객

오늘날 기업은 과거에 비해 더 정확하고 철저하게 고객정보를 수집하고 고객목소리에 귀 기울여야 한다. 새롭고 혁신적인 제품이나 서비스, 성공적인 판촉, 뛰어난 고객 서비스와 같은 활동에 대한 중요성 인식이 이전보다 훨씬 높아졌기 때문이다. 이는 바로 정보통신 기술의 발전에 따른 결과라고 할 수 있다.

① 고객정보와 선호도분석

현재고객과 잠재고객에 관한 정보는 매우 중요하다. 기업은 정보시스템을 활용하여 고객이 누구인지, 그들의 취향과 소득수준은 어떠한지에 대한 상세한 기록을 보관해야 한다. 또한 수집된 정보는 데이터베이스화하여 다양한 마케팅활동에 적용시켜야 한다(예: 일대일 마케팅, 데이터베이스 마케팅). 예를 들어 힐튼(Hiltton) 호텔은 OnQ 시스템을 구축하여 세계 도처에 있는 힐튼 호텔의 고객정보를 한곳에 저장하고 분석하여 최고 품질의 서비스를 제공하고 있다.

② 고객 리스트와 마케팅 데이터베이스

기업은 현재고객과 잠재고객의 선호도를 정확하게 파악해야 한다. 이때 고객관련 자료를 데이터베이스화하는 데 정보기술을 적절하게 사용할 수 있다. 컴퓨터화된 고객 데이터베이스는 구매가 가능하며, 구매한 데이터베이스를 기존의 것과 합하여 원하는 카테고리에 따라 정리한 다음 다양한 마케팅 활동에 사용할 수 있다. 이렇게 정리된 데이터베이스의 정보로 기업은 어느 곳에 대리점을 새롭게 개장할 것인가를 결정할 수 있다.

③ 대량맞춤형 서비스·상품

오늘날 고객은 자신의 선호도에 맞게 제작된 맞춤형 제품을 제공받고자 한다. 자동차의 경우 다양한 옵션들이 그 예이다. 따라서 고객의 취향에 따른 다양한 맞춤형 제품을 대량 생산할 수 있다. 기업 웹사이트는 이러한 맞춤형 서비스를 제공한다. BMW의 www.bmw.co.kr에서 "My BMW 만들기"는 고객이 원하는 차종의 선택 가능한 옵션과 가격을 사전에 제공한다. 또 다른 웹사이트는 경쟁사의 제품과 비교해볼 수 있는 웹페이지와 주말 정비서비스 정보를 제공하는 웹페이지를 제공하고 있다(Hyndai Motors).

④ 웹상의 타깃광고

만일 지역별로 고객특성을 파악하고 있다면 웹을 이용하여 지역별로 효과성이 높은 광고를 할 수 있다. 미국의 PC통신업체인 AOL(American On-Line)은 지역분포에 따른 고객특성을 파악하여 특정 고객에게 적절한 광고를 제공하고 있다. 이러한 광고효과는 아주 높으며 광고주에 대한 AOL의 가격 책정에도 큰 영향을 미친다.

⑤ 고객문의시스템과 자동헬프데스크

기업은 고객으로부터 전화, 팩스, 전자우편 등을 통해 많은 문의를 받고 그것을 처리하기 위해 헬프데스크를 마련하고 있다. 하지만 대부분의 헬프데스크는 오랜 시간을 기다려야 하는 불편함이 있다. 일반적으로 사용되는 자동응답서비스는 편리하지만 원하는 서비스를 제대로 받지 못하는 경우가 발생할 수 있고, 한 메뉴에서 다른 메뉴로 옮겨 다니며 시간을 허비하게도 한다. 이러한 문제의 해결책으로 전문가시스템을 사용한다면 헬프데스크 직원은 보다 빠르게 고객에 대응할 수 있고, 이보다 더 정교한 시스템을 도입한다면 고객이 직접 원하는 서비스를 찾을 수도 있다.

(2) 텔레마케팅

텔레마케팅은 통신과 정보기술을 이용하여 고객이 가정에서 제품을 구매할 수 있는 마케팅 방법이다. 주로 컴퓨터에 프로그램 된 자동응답 기능을 많이 사용한다. 텔레마케팅의 업무 프로세스는 광고와 고객 접촉, 주문처리, 고객서비스, 영업지원, 회계관리 등 다섯 가지로 나누어볼 수 있다.

현재 급부상하고 있는 텔레마케팅은 TV홈쇼핑과 컴퓨터홈쇼핑이 있다. TV홈쇼핑은 고객이 특정 TV채널을 통하여 제품을 선택하고, 전화를 걸어 주문하며, 신용카드를 이용하여 지불한 다음 주문이 컴퓨터에 입력되고 나면 배송이 이루어진다. 주문 횟수와 기타 관련 정보에 따라 광고 여부가 결정된다. 즉 단기간에 매진된 제품은 소비자의 요구로 빠른 시기에 다시 광고를 할 수 있다.

반면에 컴퓨터홈쇼핑은 TV화면에 나타난 제품뿐만 아니라, 인터넷 등의 매체를 이용하여 고객이 원하는 제품을 검색, 비교하여 구매하는 장점이 있다. 따라서 텔레마케팅은 정보수집과 제공, 현금흐름의 향상, 고객 서비스 향상 등의 많은 장점을 갖고 있다. 그럼에도 불구하고 텔레마케팅은 여러 가지 한계점도 가지고 있다.

표 2-2는 텔레마케팅의 장단점을 열거한 것이다. 이러한 장단점에도 불구하고 텔레마케팅의 성장성은 매우 빠르고 인터넷을 이용한 텔레마케팅산업의 성장은 특히 괄목할 만하다.

〈표 2-2〉 텔레마케팅의 장점과 단점

장점	· 각 고객과 개인적인 접촉을 통해 티켓마케팅이 가능하다. · 고객이 제품을 구매하기 편리한 구매시스템을 갖췄다. · 직접적인 메시지 전달이 가능하므로 저렴하면서도 효과적인 홍보 수단으로 활용된다. · 텔레마케팅은 영업사원의 수, 고객 관리비용, 운영비용, 출장비 등을 줄여준다. · 텔레마케팅은 판매를 늘리고, 고객을 관리하고, 외부 영업사원의 활동을 지원하는 등 다양한 용도로 쓰일 수 있다. · 판매지원은 판매사원의 활동을 효율적이고 효과적이게 한다. · 고객관리기능은 고객이 제품을 구매한 후에도 고객의 관심사항을 기업에게 계속 알려주고, 지속적으로 지원받게 한다. 이로써 충성도가 높은 고객에게 좋은 기업 이미지를 심어줄 수 있다. · 텔레마케팅으로 고객니즈와 관심사항을 빠르고 정확하게 인지하기 위해 많은 기업은 컴퓨터와 접목시켜 고객과의 의사소통 도구로 사용하고 있다.
단점	· 텔레마케팅의 고용, 임무 부여, 교육, 장비와 전화 설비 등의 비용은 텔레마케팅 운영과 목적에 따라 높아질 수 있다. · 좋은 텔레마케터들을 고용하기 어렵다. · 텔레마케팅은 고객들에게 매우 성가신 것으로 여겨질 수 있다. · 알려지지 않은 고객 전화번호나, 전화수신 거부장치, 자동응답기 등은 텔레마케팅 기업이 고객에게 접근하는 데 큰 장애가 될 수 있다.

(3) 유통채널

① 유통채널관리

기업은 다양한 유통경로를 통하여 제품이나 서비스를 고객에게 전달한다. 예를 들면 기업이 보유하고 있는 유통경로를 이용할 수도 있고 전문 유통업체와 계약을 맺을 수도 있으며, 전달 방법도 기차, 항공, 트럭 등 다양한 운송 형태를 이용할 수 있다. 고객만족과 서비스 극대화를 위한 유통경로의 최적화는 유통비용을 줄이는 효과가 있으며, 의사결정지원시스템(DSS)은 이 문제를 해결하는 데 많은 도움이 된다.

제품이 유통채널상에 있는 경우 배송과정을 추적하는 것은 중요한 유통채널관리 업무이다. 정확하고 신속한 배달은 고객을 만족시키는 중요한 요소이기 때문이다. 페덱스(FedEx), 유피에스(UPS) 등 대규모 운송기업들은 정교한 추적시스템을 구축하여 고객이 웹에서 직접 그 정보를 확인하게 하고 있다.

② 소매판매

소매상은 홈쇼핑으로 인해 과거 어느 때보다 많은 제품과 서비스를 제공해야 하는 문제에 직면하고 있다. 제품 수를 늘리고 고객이 원하는 정보를 제공하기 위해 소매상은 많은 인력을 필요로 하게 되었다. 그 결과 매장에서 발생하는 추가비용까지 떠안아야 하는 등 비용 증가 문제가 노출되고 있다. 만일 계산대에서 고객들이 정체된다면 정보시스템을 사용하여 계산대 업무프로세스를 개선할 수 있다.

(4) 마케팅관리

적절한 정보시스템의 이용은 마케팅관리 업무의 효율성을 향상시킬 수 있다. 그림 2-9는 마케팅관리활동에서 정보시스템의 의사결정지원을 보여준다.

그림 2-9 마케팅 의사결정지원 시스템

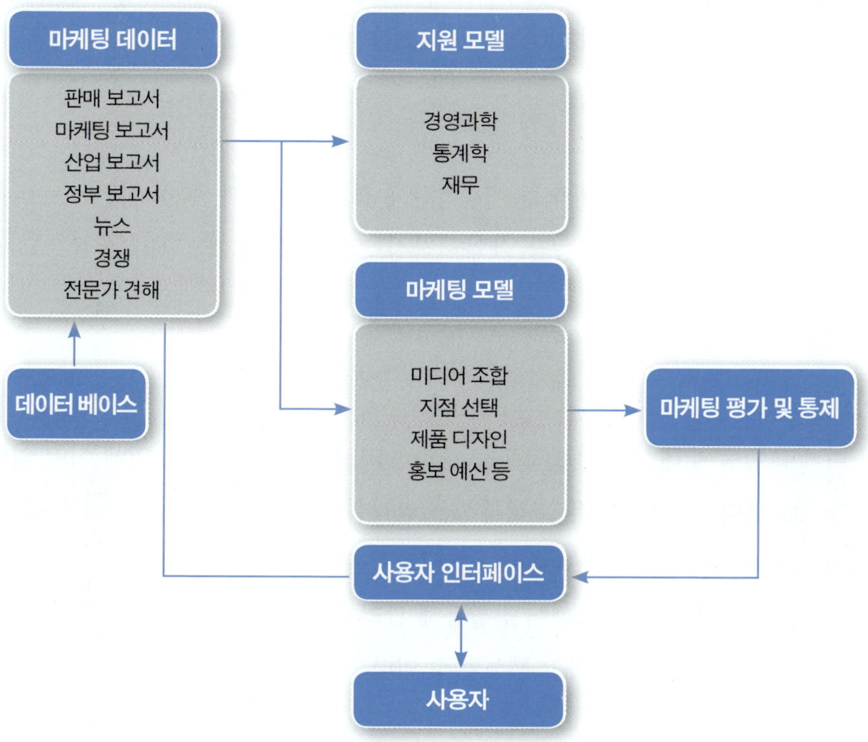

① 제품·서비스 가격결정

가격은 제품판매량에 의해 큰 영향을 받으며 이익은 판매량에 따라 결정된다. 가격결정은 매우 어려운 의사결정이며 경우에 따라서는 재조정해야 하는 어려움도 있다. 예를 들면 경쟁기업이 비슷한 제품을 출시하면서 가격을 낮추었다면 그에 대응하여 가격을 조정할지 의사결정을 해야 할 것이다. 만일 실시간 분석 프로그램을 사용하여 시장을 조사해왔다면 가격정책을 보다 용이하게 수행할 수 있다.

② 판매원 생산성

판매원은 개인마다 판매능력이 다르며 제품, 고객, 지역의 영향도 받는다. 이러한 정보는 마케팅 TPS에서 수집되며 이를 분석할 수 있는 시스템이 구축된다면 판매원에 대한 체계적인 평가와 관리가 이루어질 수 있다. 분석 시스템은 현재성과와 과거성과의 비교부터 지역별·제품별 배치, 보너스 계산까지 가능하다. 그리고 판매원이 직접 데이터베이스를 사용하여 고객관리와 문제분석을 수행한다면 생산성도 높일 수 있다. 판매원의 활동범위를 넓히는 동시에 새로운 마케팅 전략을 계획하는 데 큰 도움이 된다.

③ 매출업무 자동화

매출업무를 자동화하는 소프트웨어는 매출향상에 크게 기여한다. 특히 이런 소프트웨어는 중소기업에 유용한데 주로 전화응답, 계약서작성, 스케줄관리, 예약관리, 세금보고 업무 등에 적용된다.

④ 수익성분석

광고나 마케팅 활동에 대한 의사결정에는 제품, 서비스, 고객특성이 수익에 어떤 영향을 미치는지가 중요하다. 수익성 높은 고객특성을 파악함으로써 집중적인 판촉활동을 펼칠 수 있는데 항공사의 마일리지 프로그램이나 호텔의 우수고객에 대한 이벤트 프로그램이 대표적인 예이다. 수익성분석 소프트웨어를 활용해 관리자는 사업라인, 제품, 물류채널, 대상지역, 다른 여러 가지 정보를 관리하고 분석할 수 있다.

⑤ 매출동향분석

마케팅 TPS에서 매출관련 자료가 체계적으로 관리된다면 매출추세나 동향분석도 가능하다. 예를 들어 한 제품의 판매가 다른 지역에 비해 특정 지역에서 지속적으로 떨어진다면 관리자는 그 지역의 동향을 분석하고 다른 지역과 비교함으로써 원인을 파악해야 한다. 또한 신제품의 판매가 갑자기 증가해도 철저한 분석으로 매출신장을 도모할 수 있다.

⑥ 신제품과 서비스 계획

신제품이나 서비스를 개발하고 판매하는 데에는 많은 비용과 위험이 따른다. 실패확률을 최소화하기 위해서는 주의 깊은 분석, 계획, 예측이 수반되어야 한다. 정보기술은 이러한 업무과정을 적절하게 지원한다. 시장조사는 인터넷을 통해 할 수 있고, 시뮬레이션 소프트웨어를 이용한다면 의사결정의 품질이 더 향상될 것이다.

3. 회계·재무 관리

앞에서는 가치사슬을 이루는 주요활동과 관련된 정보시스템에 관하여 설명하였다. 여기서는 보조 활동과 관련된 회계·재무에 관하여 설명한다. 회계·재무업무의 주요역할은 기업의 현금흐름을 관리하는 것이며, 이는 기업업무의 모든 영역과 관련이 있기 때문에 매우 중요하다. 그림 2-10은 회계·재무 시스템과 관련된 주요업무를 보여준다. 그림에서 업무활동은 운영, 전술, 전략으로 분류되고, 기업 내외부와 연계되어 있다.

(1) 재무거래관리

회계·재무시스템은 거래처리에서 발생된 자료를 수집, 보관하고 정보로 전환함으로써 사용자가 다양한 의사결정에 사용하게 한다. 회계·재무 시스템은 회계사나 감사가 원하는 자료를 네트워크를 통해 자동으로 제공하며 다른 기능별 정보시스템의 입력자료로도 제공된다. 일상적인 거래처리 활동을 위해서는 패키지형태의 소프트웨어들이 많이 존재한다. 기본적인 업무에 관해서는 표준회계모듈을 통해 이런 소프트웨어를 관리하고 사용자는 필요에 따라 패키지를 수정하거나 모듈을 추가할 수 있다.

그림 2-10 회계·재무 시스템의 주요활동

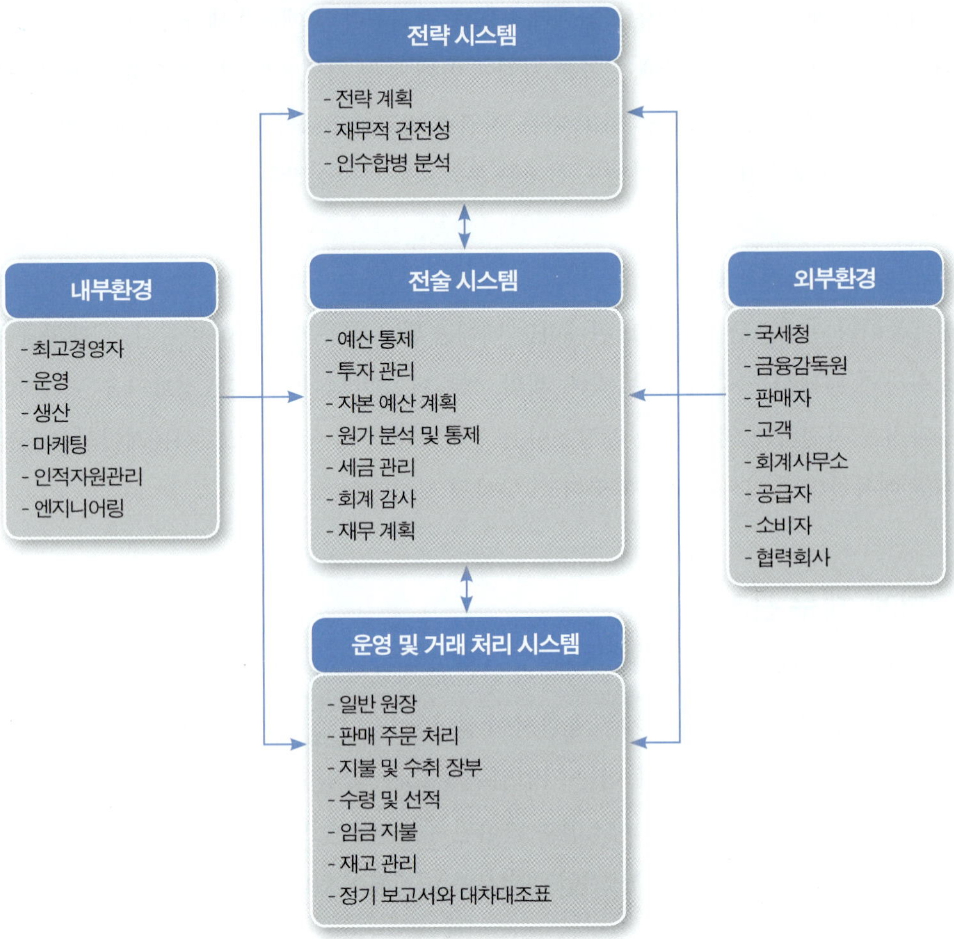

(2) 재무계획과 예산편성

재무계획과 예산편성 업무는 기업이 보유하고 있는 재무자산을 적절하게 관리하는 것이다. 따라서 관리자는 재무자원 확보와 사용을 위한 계획을 세워야 한다. 다른 영역의 계획과 마찬가지로, 재무계획 역시 전사적으로 연계되어 있으며, 단기, 중기, 장기로 나뉜다. 재무자원을 분배하는 일반적인 예로 한 해의 예산이 있다. 재무계획과 예산편성 업무와 관련된 정보기술에 대해 살펴본다.

① 자금 및 경기예측

성공적인 재무계획을 세우기 위해서는 현금가용성과 비용에 대한 정보를 가지고 있어야 한다. 그중에서도 정확한 현금흐름 파악은 매우 중요하다. 왜냐하면 현금흐름은 기업이 무엇을 필요로 하고 어떻게 할 것인가를 말해줄 뿐만 아니라 잘못된 정보는 기업을 파산에 이르게 하는 원인이 되기 때문이다. 또한 현금가용성과 비용은 기업의 재무상태와 채권자나 투자자의 투자여부에 달려 있다. 이런 문제에 대해 체계적인 분석을 하고자 한다면 신경망을 이용한 지능정보시스템을 도입하여 지원받을 수 있다.

경기예측은 일반적으로 경제지표를 기반으로 이루어진다. 정확한 예측을 위해서는 경제, 경쟁, 정부 규제, 노동력의 움직임, 국제 환율 등의 자료를 동시에 분석해야 하는데 그리 쉬운 일이 아니다. 최근에는 인터넷을 통해 기본적인 자료를 얻을 수 있지만 정확한 분석을 하고자 한다면 전문적인 통계지식과 프로그램의 사용이 요구된다.

② 자금조달예측

기업은 필요한 자금을 주식이나 채권 등 여러 가지 매체를 통해 마련한다. 언제 얼마만큼의 자금을 어떤 방식으로 조달할 것인가에 대한 예측정확성을 기하고자 한다면 의사결정지원 모델이나 전문가시스템을 도입할 수도 있다.

③ 예산기획

자금을 적절히 배분해야 하는 기업미션과 목표를 달성하는 데 예산기획은 아주 중요한 일이다. 패키지 형태의 소프트웨어를 이용하여 이러한 업무를 효율적으로 수행할 수 있다. 예를 들어 매일 요구되는 자금지원과 제안서 등을 인터넷을 통해 전송받아, 소프트웨어를 이용하여 예산자료와 함께 다방면에서 비교하고 확인하는 것이다. 다국적기업을 위한 일부 소프트웨어는 국가별로 다른 경영환경을 고려한 예산편성기능까지 지원한다. 그 밖에도 특정 산업을 위한 예산 기능, 재무 분석 및 보고서 작업 등이 제공된다. 예산편성 소프트웨어를 이용하면 다음과 같은 장점이 있다.

- 예산편성의 시간과 노력의 감소
- 기업환경변화에 대한 파악 및 분석

• 기업의 전략과 운영 업무의 통합성 유지
• 예산과 기획을 위한 자료의 통합성 유지
• 다양한 계획과 보고 업무 간의 관계 파악 및 분석
• 예외적인 현상에 대한 지속적인 추적 및 통제

④ 자본예산

기업이 주요자산을 처분하거나 다른 기업을 인수하고자 한다면 필요한 자금을 어떻게 조달할 것인가에 대해 계획을 수립해야 한다. 보편적으로 현가(Net Present Value: NPV), 투자회수기간, 내부수익율과 같은 재무분석모델 등을 기반으로 의사결정을 내릴 수 있다. 엑셀과 같은 패키지소프트웨어 역시 이러한 분석이 용이하도록 지원하고 있다.

(3) 투자관리

기업은 단기나 장기로 주식, 채권, 부동산 그리고 다른 자산에 많은 돈을 투자한다. 또한 직원들에게 연금을 지급하기 위해 자금을 적립하는데 적립된 자금을 적절하게 투자하여 관리하는 것 역시 중요한 업무이다. 그러나 투자관리는 다음과 같은 특성으로 어려운 업무에 속한다.

• 투자 대상의 종류가 많고 다양하다.
• 투자는 예측에 의존해야 하며 완벽한 예측은 존재하지 않는다.
• 어떤 투자환경이든 이익에 대한 잠재적 위험이 존재한다.
• 복잡한 규정과 세법을 고려해야 한다.
• 투자 의사결정은 신속하고 때로는 자주 이루어져야 한다.
• 투자 의사결정에는 높은 수익률, 안전성, 유동성 등 다양한 요인을 동시에 고려해야 한다.

기업은 위험최소화를 위해 전문투자자를 고용하거나 전문투자기관에 위탁하기도 한다. 투자와 관련된 기관은 정보시스템을 이용하여 신속하게 자료를 분석하고 투자 의사결정을 한다.

투자관리에 사용되는 주요정보기술은 다음과 같다.

① 투자정보

관리자들은 의사결정을 하기 위해 각종 기관에서 제공하는 재무, 경제, 정부, 학회 보고서 등의 많은 정보를 이용한다. 투자자들은 이런 정보를 온라인으로도 지원받을 수 있다. 예를 들면 인터넷 검색 엔진을 이용하기도 하고 투자관련 웹사이트를 방문하여 유료자료 서비스를 받기도 한다. 또한 전문 정보기관을 이용하여 정기적으로 분석 자료를 전자우편으로도 받는다.

② 재무분석

재무정보를 효과적으로 분석하기 위해 스프레드시트 프로그램이나 의사결정 지원 소프트웨어를 이용할 수도 있으며, 더 많은 기능이 있는 지능형 소프트웨어를 사용할 수도 있다. 그 밖에도 다른 정보기술을 이용할 수 있는데, 예를 들면 모건스탠리(Morgan Stanley)는 위험분석을 인트라넷상의 가상현실을 이용하여 3차원으로 구현하고 있다. 3차원의 자료는 2차원 자료보다 뛰어난 분석능력과 설명력을 제공한다. 다음은 재무분석 소프트웨어가 제공하는 일반적인 기능들이다.

- 투자 대상 조직의 재무 상태 분석
- 은행, 회사, 기관 등의 경영 실패 및 부도에 대한 분석
- 채권, 할부, 부동산 등에 대한 위험도 분석
- 기업 신용도
- 경제 및 재무성과 예측
- 주식투자 전략 설계
- 주식상장 전략
- 파생상품에 대한 투자 및 위험도 분석
- 투자 포트폴리오의 평가
- 환율 예측

(4) 통제와 감사

기업이 부도에 이르는 가장 큰 이유는 충분한 현금흐름을 확보하지 못했기 때문이다. 지출에 대한 과소평가, 과잉투자, 그리고 잘못된 재무관리 등은 기업을 위험에 빠뜨리는 대표적인 예이다. 따라서 철저한 계획과 통제가 필요한데 통제활동에는 정보시스템 자체의 통제를 포함해 여러 가지가 있다.

① 예산통제

한 해의 예산이 결정되면 그 예산은 다시 월별로 나뉜다. 그리고 지출이 어떻게 발생하는가를 파악하여 예산과 운영 상태를 비교한다. 간단한 보고서를 작성하는 시스템은 지출을 정리하고 예산과 비교하여 초과와 미달 여부의 자료를 제공한다.

② 감사

감사의 주목적은 기업의 재무 상태와 자료 사이의 정확성을 재확인하는 것이다. 내부감사는 회계·재무부서에서 이루어지며 이는 외부 감사를 위한 준비 자료가 된다. 감사에는 여러 종류가 있다. 예를 들면 재무감사에는 재무기록에 대한 정확도가 검증된다. 운영감사는 정보수집 및 업무처리 절차가 기업의 방침에 따라 수행되고 있는지를 확인한다. 감사에 사용되는 정보시스템은 내외부 감사원의 생산성을 향상시킬 뿐만 아니라 일관성과 공평성을 지키게 한다. 감사용 전문 소프트웨어를 사용하기 위해서는 먼저 기업업무가 전산화되어야 한다.

③ 재무상태분석

회계·재무 부서의 주요업무 중의 하나는 재무비율을 산출하고 확인하여 기업의 재무 상태를 점검하는 것이다. 재무자료는 거래처리시스템을 이용하여 수집할 수 있고, 재무비율 계산은 재무분석모델을 사용한다. 또한 전문가시스템을 이용하여 미래예측과 재무비율 자료를 평가할 수 있어 보다 전문적인 정보를 지원받을 수 있다. 예를 들면 은행은 기업에 현금을 대출하기 전에 재무비율분석을 통해 대출승인을 결정한다. 이때 전문가시스템을 이용하면 기업현황 및 대출 가능 한도를 정확하게 분석할 수 있어 위험을 최소화할 수 있다.

④ 수익률분석과 비용통제

기업은 특정 제품 및 서비스 또는 기업 전체의 수익성을 평가한다. 수익성 분석소프트웨어를 사용하면 보다 정확한 수익률을 계산할 수 있으며, 계산하기 어려운 간접비 배분문제도 어렵지 않게 계산할 수 있다.

⑤ 제품가격책정

제품가격은 경쟁성과 수익성을 결정하는 매우 중요한 요인이다. 마케팅 부서가 시장점유율을 높이기 위해 가격인하를 고려한다면 회계·재무 시스템은 가격인하에 대한 파급효과를 고려하여 적절한 가격정책을 제시할 수 있다. 의사결정지원시스템으로 이러한 의사결정이 용이하다. 그리고 회계, 재무, 마케팅에 대한 업무를 정보시스템이 통합적으로 지원한다면 이런 형태의 의사결정은 보다 신속하게 이루어질 수 있다.

4. 인적자원관리

데이터베이스 관리시스템과 클라이언트·서버시스템이 보편화되면서 인적자원관리에도 정보시스템이 많이 사용되고 있다. 초기의 인적자원관리시스템은 주로 운영 수준의 자료를 처리하였지만 최근에는 관리 및 전략적 업무에도 응용되고 있다. 인적자원관리는 한 사람의 채용에서 퇴직에 이르기까지의 복잡한 업무를 포함한다. 여기에는 많은 프로세스가 있는데 그중 몇 가지를 살펴본다.

(1) 채용

채용은 기업에서 필요한 적합한 사람을 찾아 검증을 통하여 고용을 결정하는 절차이다. 상황에 따라서는 지원자가 너무 많기 때문에 적절한 사람을 찾기 위한 노력을 많이 해야 하고, 때로는 능력 있는 지원자를 찾기가 어려울 수도 있다. 정보시스템은 이와 같은 두 상황을 해결하는 데 도움이 된다.

① 인적자원 자료

어떤 직위에 직원을 배치하고자 한다면 직무 성격과 직원 특성을 정확하게 파악해야 한다.

만일 기업규모가 커서 파악해야 할 직위와 직원수가 많아지면 이것을 관리하는 일 또한 쉽지 않다. 따라서 수많은 직위와 직원정보를 데이터베이스화한다면 직원배치와 승진업무는 효율적으로 처리될 것이다. 최근 많은 기업들이 웹을 이용해 직원을 채용하고 있다. 기업이 필요로 하는 지원 자격요건을 제시하고 지원자가 자료를 입력하게 함으로써 인사담당자는 다양한 지원자를 많이 확보할 수 있다. 그리고 입력된 자료를 참고함으로써 미래에 필요한 적임자를 물색하는 데 시간을 절약할 수 있다. 웹을 이용한 직원관리에서도 직원은 자신의 정보를 갱신할 수 있고, 인사관리자는 이를 근거로 체계적인 승진, 연구계획을 준비할 수 있다.

② 채용

인사관리부서는 지원자를 관찰, 평가, 시험한 후 채용한다. 정보기술은 신속하고 공평한 시험, 평가와 채용을 위해 사용될 수 있는데 전문가시스템이 그 예이다.

(2) 인력자원 관리와 개발

필요한 인력을 선별하여 채용하면 인사관리부서는 신입사원들을 관리하고 경력을 개발할 수 있도록 업무를 추진한다. 정보기술은 이 과정에서도 효과적으로 사용될 수 있다.

① 성과평가

대부분의 직원들은 상사로부터 평가를 받거나 때로는 동료로부터 평가를 받는다. 정보시스템에 의해 직원자료가 데이터베이스화되어 있을 경우 직원에 대한 인사, 평가, 상여금 지급 등에 관한 기초자료로 사용할 수 있다. 만약 전문가시스템을 사용한다면 보다 체계적인 평가와 성과가 분석될 것이다. 대학에서도 학생들이 교수의 수업평가를 인터넷으로 입력하게 하면 적은 인력으로 신속하고 정확한 평가를 할 수 있다.

② 인력개발 및 교육

직원에 대한 교육과 우수한 인력의 개발은 인사관리부서의 중요한 업무 중 하나이다. 효과적인 인력개발을 위해서는 직원특성 및 요구사항, 기업이 필요로 하는 인력 형태를 파악한 다음 교육 프로그램을 제공해야 한다. 따라서 인사관리부서는 직원에 대한 적절한 경력

개발 프로그램을 개발하여 제공할 수 있어야 하며, 이때 정보기술을 이용하면 교육프로그램의 계획과 관리가 용이하게 이루어질 수 있다.

또한 효과적인 교육매체를 선정할 수 있다. 예를 들면 온라인을 이용하여 원격교육을 할 수도 있고, 멀티미디어 기능이나 음성인식 기술을 이용하여 교육의 효과성을 높일 수도 있다. 실제 상황상 교육이 어렵거나 많은 비용이 드는 경우 가상현실을 구현하는 정보기술을 적용하여 비용절감과 교육효과 높일 수 있다.

③ 이직 및 퇴직

숙련된 인력이 높은 이직률을 보이거나 퇴직을 하면 그에 대한 적절한 조치를 취하고, 정확한 이유를 파악해야 한다. 이때에도 정보기술이 적용될 수 있는데, 예를 들면 의사결정지원시스템을 이용하여 이직원인과 패턴의 분석이 가능하다.

5. 시스템 통합의 추세

전통적인 정보시스템 응용프로그램은 기능별로 그리고 독립적으로 특정 영역에서만 적용되도록 개발되었기 때문에 해당 기업에서만 사용할 수 있었다. 그러나 산업별 혹은 부서별로 활용되는 업무절차와 특성을 분석해볼 때 많은 공통점과 유사점이 있는 것도 사실이다. 업무의 유사성으로 인해 최근에는 영역별로 개발된 상용제품을 구매하여 사용한다. 각 기능별로 개별적으로 구입 가능하며 개발도구 또한 구입할 수 있다. 독립적으로 정보시스템을 구축할 수 없는 소규모의 기업들에게는 매력적이라고 하겠다.

최근의 추세는 기업의 다른 기능별 업무 프로세스를 통합하여 업무효율성을 극대화시키는 것이다. 만약 어떤 업무가 생산, 판매, 회계와 같이 여러 부분에 걸쳐 정보를 공유한다면, 이는 하나의 업무프로세스로 간주할 수 있고 정보시스템은 다양한 기능을 지원하도록 재설계된 업무프로세스로 구축되어야 한다. 그러나 영역별로 전문화된 상용프로그램을 구입하여 정보시스템을 구축한다면 효과적인 업무프로세스의 구현이 어려울 수도 있다. 예를 들면 제조, 영업, 회계 소프트웨어의 통합은 가능하지만, 기존의 패키지들과의 효과적인 통합이 이루어지지 못할 수도 있다. 따라서 높은 호환성을 가진 응용시스템의 개발을 위해서는 클라이언트·서버 구조와 통합 소프트웨어와 같은 새로운 접근법이 필요하다.

그림 2-11 전사적 애플리케이션 아키텍처

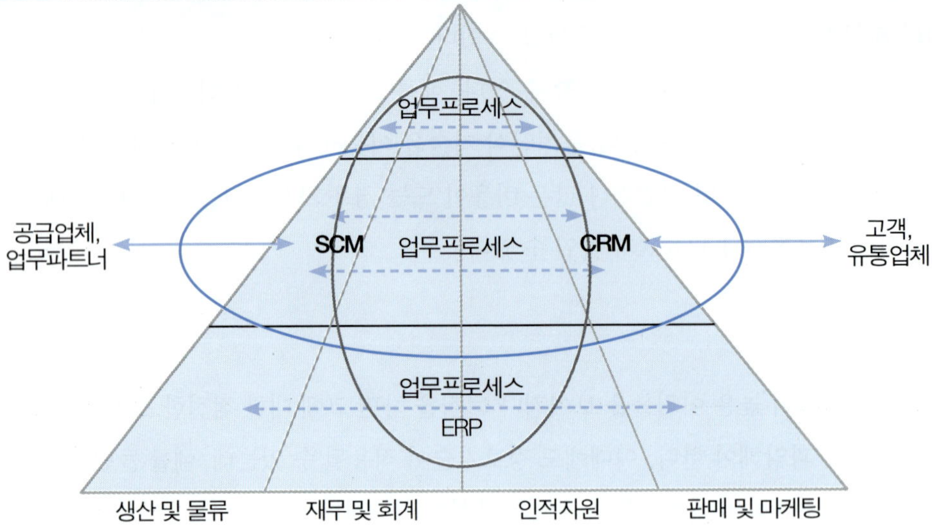

정보시스템의 통합을 위해서는 기존에 문제가 되었던 부서들 간의 장벽과 본사와 지사 간의 장벽 그리고 중복된 업무처리의 비효율성을 해결해야 한다. 또한 데이터 공유가 가능해야 하며, 기능영역별로 업무가 원활하게 수행될 수 있도록 업무프로세스가 구현되어야 하며, 정보시스템은 이런 요구사항을 기술적으로 충분히 뒷받침하여야 한다. 즉 다양한 기능영역의 관리자들이 전사적 시스템 안에서 서로 연결되어야 한다.

이런 요구에 의하여 생겨난 개념이 전사적자원관리(Enterprise Resource Planning: ERP)이다. ERP시스템은 일종의 패키지 형태의 상용소프트웨어로 각 업무 기능영역별로 모듈화되어 있으며 동시에 통합성을 갖는 특성이 있다. 또한 필요에 따라 모듈을 수정하거나 새로 만들어서 연결시킬 수도 있다. 따라서 업무에 따라 기능영역별 모듈을 구입하여 설치하고 통합함으로써 효과적인 업무프로세스의 구현이 가능하고, 공급자와 소비자의 공급망 관리 구현도 용이할 수 있다. 그림 2-11은 조직 전체 혹은 일부의 업무프로세스를 포함하는 전사적 애플리케이션(예: ERP)의 아키텍처를 보여준다. 필요한 경우 전사적 애플리케이션은 공급업체, 고객, 기타 주요업무 파트너들과 조직의 경계를 초월하여 확장될 수 있다. ERP에 관한 구체적인 내용은 제6장에서 논의하기로 한다.

MIS HIGHLIGHT 1

글로벌 기업 IT통합

국내 글로벌 기업들이 본사 지침에 따라 IT통합을 이뤄가고 있다.

글로벌 차원의 IT통합, ONE IT등의 지침으로 강력한 IT통합집중화 작업이 이뤄지며 IT서비스의 민첩성, 비용절감, 즉시성 차원에서는 긍정적인 효과를 얻고 있는 반면, 서비스 리드타임 및 관리 포인트의 증가로 인해 로컬 클라이언트에 대응하는 방안은 우려사항으로 나타나고 있다.

과거 각 로컬 지역의 IT정책이나 전략에 따라 정보화 프로젝트들이 독자적으로 진행됐다면 글로벌 통합이 이뤄지면서 각 로컬지역의 문화적 차이를 극복하는 과제가 남아있기도 하다.

이에 따라 글로벌 본사에서는 각 로컬별 특성에 맞춰 글로벌 담당자들을 이해시키고 협업관계를 증대시키는 등 로컬 CIO·매니저들의 역할론을 기대하고 있다.

■ IT통합 작업 가속화, 시대 트렌드로 자리잡아

국내 글로벌 기업들의 본사 차원 IT통합작업이 가속화되며 기존 각 로컬 법인에서 따로 운영되던 작업들을 국가와 지역별 클러스트를 통합해 서로 지원해주는 체제로 변화하거나 상당부분 인트라넷 역시 본사 메인허브로 대다수 넘어간 상태이다.

과거 로컬에서 단독적으로 해당 프로젝트에 대한 플랜을 수립하고 결정을 내렸다면 현재는 리전별 비즈니스 보드 미팅(Business Board Meeting)등을 통해 의견을 나눈 뒤, 이러한 유사 사례가 있는 해당 국가의 도움을 받고 아이디어를 공유하기를 요구받고 있는 것이다.

이는 리소스 옵티마이제이션(Resource Optimization)의 일환으로 자원통합을 강조하는 본사 방침에 따른 것이지만, 로컬 기업들의 글로벌 차원의 IT통합작업이 이뤄지며 가장 우려되는 부분은 프로젝트 리드타임 증가와 관리포인트의 복잡성이 가장 크게 지목되고 있다.

본사차원에서는 거버넌스 강화를 꾀해 비용절감과 리유즈(reuse), 리셀(resell), 단순화를 목표로 내세우고 있지만 국내 시장에서는 클라이언트들이 서비스 지원의 신속성을 중시하기 때문에 상당 부분 어려움이 뒤따르는 것이 현실이기 때문이다.

본사 차원에서는 중앙집중화를 통해 보다 강화된 거버넌스 체제 아래의 컨트롤을 강화하며 운영효율화를 노리는 반면, 로컬 입장에서는 리드타임이 길어지고 관리포인트가 많아짐에 따라 고객에 대한 신속한 서비스 지원이 어렵다는 우려를 나타내고 있다.

한편 글로벌 IT통합 강화에 대해 국내 CIO들은 본사 로드맵대로 가기 위해서 글로벌 전략은 필수이며 이에 일탈한다는 것은 본사 전략을 부인하는 행동밖에 되지 않는다는 데에는 공감하고 있다. 웰프로덕티비(well productivity), 프로세스 업(process up), 인프라넷 사용범위 확장 등은 로컬기업이 IT

통합 시 얻을 수 있는 긍정적 요소이기도 하다.

■ IT통합, 글로벌 거버넌스 강화 주목적

대다수 글로벌 기업들이 IT통합작업을 추진하면서 로컬 기업들 역시 장기적 관점에서는 이를 따라야할 트렌드라고 생각하고 있다.

하지만 불과 몇 년 전까지만 해도 IT프로젝트를 직접 핸들링하고 프로젝트 개발 설계를 도맡았던 국내 CIO들 입장에서는 그리 반갑기만 한 일은 아니니다.

대다수의 국내 로컬 CIO들은 로컬 고유 권한을 없애며 업무 원동력을 앗아간다는 느낌도 배제할 수 없지만, 본사 로드맵대로 행해지는 글로벌 전략은 필수이며 여기서 일탈하는 행위는 본사 전략을 부인하는 행위로밖에 비춰지지 않는다고 토로하고 있다.

김○○ 필립스 전자 상무는 "필립스는 이미 2008년도부터 ONE IT 전략으로 각 로컬 법인에서 따로 운영되던 작업들을 국가와 지역별 클러스트를 통합해 서로 지원해주는 체제로 바뀌었으며, 이러한 움직임에 따라 각 로컬 법인들은 독자적으로 IT전략을 수립 실행하던 역할에서 벗어나 글로벌 IT 전략을 엔드유저 단에서 서비스 하는 역할을 맡게 됐다"며 "필립스 코리아는 일본, 오스트레일리아, 뉴질랜드 등의 아세안 국가들과 APAC군에 속해 업무를 수행하고 있다"고 말했다.

특히 필립스전자의 '엔드 투 엔드 프로덕트 라인'은 총 6개 부문으로 분류된다. 엔드유저 디바이스, 콜레보레이션&프로덕티비티, 아이덴티티&엑세스 관리, 네트워크&텔레콤, 데이터센터, IT R&D이다.

각 분야를 담당하는 로컬 지역이 정해져있으며 타 국가에 서비스를 배포 운영 및 백업하는 책임을 지게 하는 형태라고 볼 수 있다.

이베이옥션 역시 기존 50여 개가 넘게 달했던 지사들의 IT통합작업을 이뤘으며 현재 이베이옥션 코리아의 인트라넷 역시 본사 메인허브로 대다수 넘어간 상태이다.

다행히 이베이옥션 코리아는 전 세계 해외법인 중 유일하게 현지(한국)에서 자체 정보시스템을 운영하고 있는 특이한 사례이기도 하다.

하지만 이베이옥션 코리아가 초기부터 손쉽게 정보시스템을 자체적으로 운영할 수 있도록 본사로부터 인정받은 것은 아니다. 최○○ 이베이옥션 부사장은 "이베이 본사는 과거 중국법인의 정보시스템을 글로벌 시스템으로 통합한 데 이어 한국법인인 옥션의 정보시스템도 통합하려 했다"며 "이베이는 옥션을 인수한 후 글로벌 시스템으로 통합하려는 움직임을 꾸준히 추진해 왔으나 한국의 특수한 소비형태와 문화를 인정하면서 이베이옥션 코리아의 독립성을 인정하게 됐다"고 설명했다.

한편 로컬의 하드웨어 즉 PC를 써포트하는 지원과 연관된 헬프데스크 역시 초반에는 본사에 통합되게끔 했지만 현재 이베이옥션 코리아만이 유일하게 국내지역에서 따로 운영하고 있다.

이베이의 조직체계는 각 로컬별 CIO들은 내정하되, 이들은 주로 CTO의 업무를 지원해주는 역할을 맡게 하고 있다. 이베이옥션 코리아의 CTO이기도 한 최 부사장은 'E-commerce'산업군의 경우 대다수 CTO의 역할이 더 강화돼 있다는 설명을 덧붙였다.

화이자제약 역시 로컬지사별로 CIO를 내정하고 있지만 이들이 리젼CIO의 역할을 겸임하고 있는 경우도 있다.

IT예산을 효율적으로 움직이게 하고 전사 운영 효율화에 중점을 맞추며 글로벌 IT통합을 추진해온 화이자제약 역시 본사차원의 기업 거버넌스를 강화하려는 움직임을 띠고 있다.

정현석 화이자제약 전무는 "과거 로컬에서 단독적으로 해당 프로젝트에 대한 플랜을 수립하고 결정을 내렸다면 현재는 리젼별 비즈니스 보드 미팅(Business Board Meeting)등을 통해 의견을 나눈 뒤, 이러한 유사 사례가 있는 해당 국가의 도움을 받고 아이디어를 공유하기를 요구받고 있다"고 전했다.

현재 화이자제약 코리아의 인프라, 서버 등은 이미 3년 전 싱가포르로 이전됐으며 이는 곧 리소스 옵티마이제이션(Resource Optimization)의 일환으로 자원통합을 강조하는 본사 방침에 따른 것이다.

헬프데스크 역시 과거에는 IBM과 제휴를 맺어 운영했으나 현재는 글로벌 계약으로 인해 HP로 전환됐다. 사업부 또한 크게 5부분으로 나뉘었으며 정 전무는 현재 오스트리아와 뉴질랜드, 한국을 담당해 본사 오퍼레이션 운영 효율화 강조에 대해 대응하고 있다.

정 전무는 "하지만 이러한 5개의 각 사업부에 권한을 주며 논리적 구조를 유지하기 바라면서도, 본사차원에서 각 로컬 지역 특성을 보존해주는 형태로 통합·표준의 시너지 보다는 모듈화를 꾀하는 방침으로 변화하고 있다"고 설명했다.

■ 국내 클라이언트 최대 요구는 신속성

국내 로컬 기업들의 글로벌 차원의 IT통합작업이 이뤄지며 가장 우려되는 부분은 프로젝트 리드타임 증가와 관리포인트의 복잡성이 가장 크게 지목되고 있다.

본사차원에서는 거버넌스 강화를 꾀해 비용절감과 리유즈(reuse), 리셀(resell), 단순화를 목표로 내세우고 있지만 국내 시장에서는 클라이언트들이 서비스 지원의 신속성을 중시하기 때문에 상당 부분 어려움이 뒤따르는 것이 현실이다.

또한 로컬 CIO들의 역할이 리젼별 CIO, 또는 매니저 역할로 확대되며 각 임원들이 본인의 밸류를 상승시키기 위한 작업도 동반돼야 한다는 점이 지적되고 있다.

김○○ 필립스전자 상무는 "각종 컴플라이언스나 라이선스 문제 등에 대한 지속적인 관리를 통해 정책 결정 및 이에 따른 결정사항을 해당 리전 국가들에 실행시키는 역할을 수행해야 한다"며 "각 로컬별 특성에 맞춰 담당자를 이해시키고 협업하는 과정이 쉽지 않지만, 지역별 담당자들의 경험을 존중하고 오픈된 형식의 미팅을 통해 최대한 의견을 공유하도록 유도하고 있다"고 설명했다.

CIO의 보고자가 바뀌고 있는 것 역시 이슈 중 하나다. 과거 CEO 또는 CFO에게 직접 레포팅을 진행했다면 글로벌 통합이 활발해지며 국내보고 라인이 없어지는 것이 흔해졌기 때문이다.

또한 과거 로컬에서 결정 시 특별한 이의사항이 없는 한 행해졌던 프로젝트들도 리전별 비즈니스 보드 미팅 등을 통해 승인 받아야 하기 때문에 절차 방법이 상당히 복잡해졌다.

본사 차원에서는 이러한 중앙집중화를 통해 보다 강화된 거버넌스 체제 아래의 컨트롤을 강화하며 운영 효율화를 노리는 반면, 로컬 입장에서는 리드타임이 길어지고 관리포인트가 많아짐에 따라 고객에 대한 신속한 서비스 지원이 어렵다는 우려를 나타내고 있다.

정○○ 화이자제약 전무는 "보딩미팅의 경우 과거와 비교해 의견 충돌하는 사례가 줄어들고는 있으나 로컬에서는 당연히 우리 쪽이 리소스를 갖고 있는데 이를 왜 본사차원에 통합해야 할지에 대해 이해하는 데에는 오랜 시간이 소요됐다"며 "특히 사업부는 사업부대로, IT는 IT대로 통합 작업이 이뤄지며 접점을 찾지 못해 혼란스러워했던 사례가 있다"고 밝혔다.

사업부 입장에서는 IT부서에 서비스 프로젝트를 요구할시 지원 기간이 길어졌기 때문에 CIO가 거버넌스 미팅 등을 통해 양쪽 입장을 설득시켜야 하는 사례들도 빈번히 일어났다.

최○○ 이베이옥션 부사장은 "글로벌 요구사항도 중요하지만 로컬 클라이언트를 상대해야 하는 국내 기업 입장에서는 양쪽 의견의 균형을 맞추는 작업이 중요했다"며 "수십 개의 로컬 아이디어를 수집해 본사에서 IT서비스를 제공 지원하기에는 매우 오랜 시간이 소유될 수밖에 없으며, 이는 국내 정서상 고객들이 받아들이기 힘든 부분이 될 수 있다"고 전했다.

■ 운영효율화 측면에서는 긍정적

글로벌 IT통합 강화에 대해 국내 CIO들은 본사 로드맵대로 가기 위해서 글로벌 전략은 필수이며 이에 일탈한다는 것은 본사 전략을 부인하는 행동밖에 되지 않는다는 데에는 공감하고 있다.

최종 사용자들은 IT전략에 대한 관심보다는 자신들이 받게 될 최종 서비스의 질에 집중하게 되기 때문이다. 이를 위해 국내 CIO 및 IT관계자들은 로컬 지역 담당 업무뿐 아니라 해당 클러스트 또는 리전 내 자발적인 업무 추진 능력을 보이기 위한 노력도 요구받고 있다.

웰 프로덕티비(well productivity), 프로세스 업(process up), 인프라넷 사용범위 확장 등은 로컬기업이 IT통합 시 얻을 수 있는 긍정적 요소이기도 하다.

결국 본사차원에서는 운영효율화 상승 측면에서, 통합된 부분을 각 로컬이 공유해 인싸이트를 확보하고 최소한의 실패율을 갖고 가자는 취지이기도 하다.

이에 대해 국내 많은 CIO들은 글로벌 기업 전체의 비즈니스 구조가 어떻게 바뀌어 가느냐를 잘 살펴볼 필요가 있으며, IT 역시 이를 뒷받침하는 하나의 유기체로서 어떻게 비즈니스를 지원해야 할지에 대해서 고민해볼 시기라고 입을 모으고 있다.

〈CIOCISO, 2012. 10.〉

MIS HIGHLIGHT 2

PLM 전 제조업 분야로 빠르게 확산

■ 제품 전 프로세스 과정 연계로 활용범위 증가

제품수명주기관리(PLM) 시장이 활기를 띠고 있다. 제조업에서 PLM은 필수적으로 도입해야 할 IT 시스템이라는 인식이 확산되고 있기 때문이다. 여기에 과거 부분적으로 적용했던 PLM의 도입 방식도 최근에는 기획부터 생산까지 전 영역에 걸쳐 적용되면서 관련 시장의 성장을 이끌고 있다. 최근 제조업에서 PLM의 도입이 활용 동향과 특징 등을 살펴봤다.

PLM은 제품의 기획단계에서 설계, 생산, 서비스에 이르는 전체 주명수기에 걸쳐 제품정보를 관리하며 프로세스를 제공하는 시스템이다.

그동안 중공업과 전기전자, 항공, 자동차 등 전통적인 제조업군의 연구개발(R&D)분야에 주로 적용돼왔던 PLM이 기획부터 생산 영역의 전반으로 확대되는 사례가 늘고 있다.

식생활음료 업체들을 비롯해 유통 소비재 등 다양한 영역으로 확대되고 있는 것이다. 적용부서도 R&D분야에만 국한되지 않고 상품의 기획, 마케팅, 사후관리까지 제품의 개발부터 폐기 전 영역으로 확장되고 있다.

PLM의 영역이 관리나 구매까지 확장되면서 기업내부에서는 물론이고 협력사와의 협업, 고객요구의 피드백을 위한 프로세스로 활용되면서 글로벌 경쟁력을 높이고 경쟁사들과 차별화 할 수 있는 중요한 IT요소로 부상하고 있다.

이 때문에 과거 부분적으로 프로세스에 적용 했던 PLM을 전 영역으로 넓혀가거나 기존 도입 솔루션을 업그레이드 하는 기업들이 증가하고 있다.

PLM 주요 이슈와 필요성

- 기획, 마케팅, 사후관리까지 제품의 개발부터 폐기 전 영역으로 확장
- 기획단계시 현업과의 협업 작업 동반
- 제품 개발 프로세스 표준화
- 빠른 정보검색과 제공
- 슬림화된 유통구조 마련
- 글로벌화 대응
- 제품 재고량 감축 및 비용절감

■ 연구개발 분야 비롯한 전 프로세스와 연관

많은 제조 기업들의 기반은 제품에 있으며 제품개발력은 최고의 핵심자산으로 평가받는다.

고객의 요구가 다양해지고 기술이 빠르게 발전할수록 지속적으로 제품의 복잡성이 증대함과 동시에 고객들의 고품질 요구와 법적인 규제 증가 등으로 인해 기업의 제품개발과정은 더욱 복잡해지고 있다.

이미 기업들은 PLM을 단순한 연구개발 투자가 아닌 고객과 시장이 원하는 제품을 위한 체계적인 제조프로세스와 유통구조, 관리와 서비스에 이르는 혁신적인 연구개발 방법을 강구하고 있다. 이에 따라 점차 그 범위를 확장해 제조업 경쟁력 강화에 견인차 역할을 하고 있다.

기업들이 새로운 상품을 보다 빨리 출시하는 것과 동시에 비용절감 압박에 놓이게 되면서 효율적인 협업체계를 갖추기 위해서는 PLM 구축이 동반돼야 한다는 의견이다.

또한 글로벌 기업들은 세계적으로 분포돼있는 제품의 생산 공정 라인이나 협력업체에 제품 정보를 동일한 시기에 전달하기 위한 방안을 마련하면서 PLM을 고객들에게 동일한 제품을 공급할 수 있도록 하는 솔루션으로 인식하고 있다.

국내 휴대폰, 자동차, 조선, 철강, 반도체 등 국내외에서 기업경쟁력을 인정받고 있는 기업들 경우 꾸준한 연구개발에 대한 투자가 원동력이라고 봐도 무방하다.

자동차 및 부품의 설계단계에서 3D기법으로 활용되기 시작한 PLM솔루션은 최근 제품의 디자인, 생산, 판매, 관리 등 제조업 전 분야에 걸쳐 기존의 업무체계에서 탈피할 수 있게 하는 IT솔루션으로 자리매김하고 있다.

타 제조업들 역시 제품 생산 시간과 비용의 절감, 협업시스템 등의 이유로 글로벌 생산지에서 효율적인 생산체계를 구축할 수 있는 기업 성장 동력으로 PLM솔루션에 대해 주목하고 있다.

기업의 심장부라고 할 수 있는 R&D에서 PLM이 괄목할만한 결과들을 도출해 내면서 차별화, 제품 경쟁력 제고로 기업 성장의 밑거름이 되고 있는 것이다.

■ 제조업 전반에 걸친 PLM구축 열풍

PLM은 그간 조선, 철강, 건설 등 전통적인 제조업에서 많이 활용됐던 IT시스템이다. 글로벌 조선기업인 현대중공업은 지난해 선박 생산 전 과정에 PLM시스템을 도입했다. 이를 통해 부서와 협력사 및 고객사와 재품 정보를 공유하고 협업을 강화한다는 계획이다.

단순히 선발설계시간을 줄이는 것이 아닌 선박생산 전 과정과 폐기에 이르기까지 PLM솔루션으로 관리해 기업 생산성을 향상시킨다는 목적이다.

업계 관계자는 "자재명세서(BOM)를 통한 물량의 정보통합관리와 기술정보등과 연계했다"며 "설계공정을 자동화하고 변경정보들을 공유함으로써 생산기획 단계부터 오류를 최대한 줄일 수 있게 됐다"고 말했다. 현대중공업은 작년 1단계 차세대 PLM을 구축하면서 올해 2단계로 PLM시스템 확장 구축에 돌입한다는 방침이다.

STX중공업과 삼성중공업 역시 올해 PLM업그레이드 계획을 갖고 있다. STX중공업의 주 사업은 고객사 요구에 따라 조선기자재를 납품하는 것이다.

제품 중 대형 컨테이너 엔진은 부품수가 방대하면서도 조립이 까다로워 설계 후 조립 시, 시행착오들이 발생하는 경우가 많다. 이를 위해 STX중공업은 대형 엔진 조립을 위한 비주얼 시뮬레이션으로 납품제품에 대한 경쟁력을 확보한다는 계획이다.

STX의 한 관계자는 "시뮬레이션과 조립순서의 확립으로 현장 조립 시 대규모 프로젝트와 대형 사이즈에 대한 현장 조립이 한층 더 쉬워졌다"고 전했다.

식음료와 생활소비재(CPG) 업체들도 PLM 시스템 도입에 적극적이다. 롯데칠성, 대상주식회사, 농심 등이 PLM시스템을 구축한데 이어 아모레퍼시픽 역시 작년 말 PLM을 완료 가동하기 시작했다.

롯데칠성은 국내 음료업계중 최초로 PLM을 구축하면서 제품의 전 수명주기를 통해 관련 정보와 프로세스를 실시간 관리하고 있다.

제품의 개발 아이디어부터 폐기까지 전 과정을 포함해 제품 이력정보를 체계적으로 통합관리 할 수 있는 발판이 마련된 것이다. 이에 따라 제품디자인이나 들어가는 성분으로 발생하는 제품 변화파악과 함께, 과거 마케팅 정보, 시장제품 정보 등과 연계관리가 용이해졌다는 평가다.

아모레퍼시픽은 작년 PLM업그레이드를 완료했다. 이미 두 차례에 걸쳐 PLM을 가동했으나 변화관리가 제대로 되지 않으면서 활용도가 저하되면서 활용 개선방안에 초점을 뒀다.

PLM의 단기적 목표는 제품개발에 관련된 프로세스 표준화와 이를 준수할 수 있는 체계를 정립하는 것이고 궁극적 목표는 제품개발에 따른 기업의 비용절감과 시간의 단축이다.

아모레퍼시픽은 PLM이 제품의 전 과정을 아우르는 시스템인만큼 유연성 확보와 현업과의 협업 시스템으로 자리 잡도록하게 한다는 방침이다.

아모레퍼시픽 관계자는 "올해와 내년에 걸쳐 고도화 작업이 이뤄질 것이며 글로벌화로 확산시킬 예정"이라며 "현재 연구소와 마케팅, 디자인, SCM의 관련 직원들이 구성되어 PLM팀이 운영 중이다"라고 말했다.

현대·기아자동차는 최근 PLM협상 대상자를 체결하면서 시스템 구축에 돌입했다. 그동안 동력전달장치에만 PLM을 적용했으나 자동차 전 부문에 대한 PLM적용은 국내 자동차 업계에서 처음 있는 사례다.

현대·기아차는 PLM시스템을 핵심 연구개발 부문에 도입하면서 내·외부로 적용범위를 넓혀간다는 계획이다. 현재 진행 중인 단계는 차량 무품기록 시스템인 자재명세서(BOM)와 변화관리 시스템을 구축하는 것이다.

LG그룹 역시 전사통합 R&D강화에 총력을 기울이는 가운데 제품정보관리(PDM)을 확대 적용키로 했다. 2007년부터 PDM시스템을 개발해온 LG전자는 PLM시스템 개념을 접목했으며 자재명세서

(BOM)관리 개선으로 자동화와 정확성을 꾀한다는 계획이다.

LG전자 내 전사통합의 PDM시스템이 완료되면 LG전자 국내 본사와 연구소, 해외법인, 타 사업본부 등이 표준화된 프로세스와 데이터로 연구개발 할 수 있게 되며, 실시간 정보를 교환할 수 있다. LG전자 관계자는 "전사통합 PDM구축 이유는 경쟁사들의 신제품 출시가 빨라지고 최근 제품경쟁이 치열해진만큼 단종제품에 대한 공급망 관리의 이슈로 파악된다"고 설명했다.

■ 구축 후 지속적인 변화관리 필요

현재 기업들의 PLM 적용사례들만 살펴봐도 R&D뿐 아니라 상품의 기획, 개발, 생산, 판매, AS까지 제품의 전 주기를 통합해주는 추세가 더 늘어날 것으로 예상되고 있다. 이에 따라 신제품 개발과 관련해 부문, 부서 간 커뮤니케이션의 중요성이 높아지면서 관련된 정보들이 상호간 적시에 제공돼야 한다.

일례로 기업에서는 영업과 일부 지원 부서를 제외하면 거의 모든 부서들이 신제품 개발과 맞물려 있다고 해도 과언이 아니기 때문이다. 또한 기업들은 PLM을 통해 제품의 이동을 전반적으로 확인할 수 있는 가시성을 확보하는 데에 초점을 두고 있다. 이를 위해 시스템 상 업무들과 오프라인 제품개발 관련 작업을 동기화하는 작업을 통해 변화관리를 꾀하고 있다. 기업관계자들은 PLM구축 시 현업의 참여를 강조하고 있으며 최근 PLM구축 후 현업을 대상으로 한 설명회를 개최하거나 사내 관련 세미나를 실시하고 있는 사례도 증가하고 있다고 설명했다.

제품을 생산하는 생산자와 제품을 사용하는 소비자를 모두 연계해 제품 생산부터 구매, 사후관리 전 과정을 관리할 수 있도록 하는 것이 PLM 경쟁력의 핵심이고 현업과의 협업시스템으로서 PLM이 사용되기 때문이라는 이유다. 생산제품에 대한 분석단계에서의 정확한 파악과 사용자 편의성과 상품의 유연성을 목표로 하는 PLM구축이 기업들의 기본적인 자세로 요구되고 있다.

업계 관계자들은 "구축 후 방치되는 솔루션이 아닌 비즈니스 환경 변화에 따른 PLM의 지속적인 업그레이드가 필요하다"고 말했다.

이미 과거의 전통적 제조업 군에서 현재, 식품·소비재 영역까지 확장되고 있는 PLM이 향후 협업과 전사 프로세스를 지원할 수 있는 시스템으로 자리잡아가는 사례는 더 늘어날 것으로 보인다.

〈BizIT, 2011. 4.〉

CASE 1

메리츠금융 통합HR 인사 환경변화에 유연한 그룹 통합 시스템 제공

메리츠금융그룹은 지난해 그룹사 셰어드(Shared) 서비스의 차기 프로젝트로 그룹 통합인사관리(HR)시스템을 구축했다. 통합HR시스템은 그룹사 셰어드 서비스의 일환으로 통합경영정보시스템에 이어 구축한 것이다. 메리츠금융정보서비스가 패키지 솔루션 선정과 프로젝트 추진을 담당했다. 메리츠금융그룹의 통합HR 프로젝트는 그룹사 공통 업무 시스템을 셰어드 서비스 형태로 구축해 계열사에 제공한다는 전략의 일환으로 추진되고 있다. 이 전략에 따라 지난해 10월 SAP 전사적자원관리(ERP) 시스템에 IFRS(International Financial Reporting Standards)를 적용한 그룹 통합재무정보시스템을 오픈했다. 메리츠금융그룹은 이번 HR시스템 구축으로 인재 역량관리가 가능해짐에 따라 성과평가 고도화 프로젝트도 추진할 방침이다. 또한 시스템 운영과정에서 생기는 불필요한 프로세스를 걷어내고, 핵심적이고 유용한 프로세스 위주로 시스템을 업그레이드할 계획이다.

메리츠금융그룹은 2010년 9월, 그룹 통합인사시스템 구축 사업을 착수해 올 4월부터 그룹 계열사

메리츠금융그룹 인사시스템 구축 범위

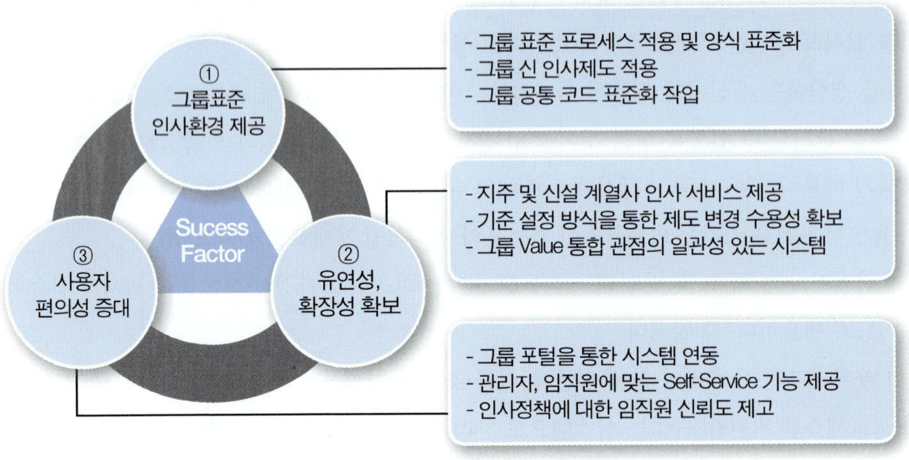

전체(화재, 종금증권, 자산운용, 금융정보)에 대한 운영을 시작했다. 구축 기간은 약 7개월이어서 비교적 짧은 시간에 구축을 마쳤다. 또 4개 주요계열사를 동시에 구축하는 어려운 조건에서도 안정적인 시스템을 구축해 생산성 향상, 지주사 전환 및 계열사 추가 등을 고려한 다양한 기능을 제공하도록 했다. 또 맞춤형 서비스의 유연성과 확장성 지원, 파일럿 테스트 수행을 통해 높은 수준의 안정성을 확보했다는 평가를 받고 있다. 실제 사업을 착수하기까지는 1년여의 준비기간이 필요했다. 그룹

신인사 제도를 마련하고, 각사의 인사제도 표준화와 제도 개편에 따른 노사 간의 합의를 선결해야 했다.

■ 그룹 인사 프로세스 표준화 vs 산업별 특성 반영

구축 초기 설계 단계에서 극복해야 했던 난제는 각 계열사가 서로 상이한 인사제도와 시스템을 운영하고 있는 부분이었다. 성공적인 프로젝트를 위해 명확한 통합 기준 수립이 무엇보다 절실했다. 수차례의 협의 끝에, '보험·증권·IT 등 다양한 산업의 조직 특성을 무시한 채 단일 표준으로 프로세스를 통합하는 것은 바람직하지 않다'고 판단했다. 이에 따라 1) 조직관리, 인사관리, 급여관리 등 인사행정 영역은 그룹 표준 관점으로 통합 구축하고 2) 성과평가, 직무역량 등 인재육성 영역은 계열사별 특성을 감안하여 특화기능을 반영 구축하는 것으로 방향성을 결정했다.

하지만 표준화 영역에서도 어려움이 존재했다. 선행된 인사제도 컨설팅을 통해 대략적인 표준안이 도출되었으나, 프로젝트 레벨에서는 상세 부문에 대한 구체적인 정의가 없어, 분석·설계 시 기준정보, 업무처리 방식 등 상세 표준안을 작성해야만 했다. 예를 들면, 각사별 조직·발령 코드같이 기준정보의 통합 및 학교, 직급·직위 등의 정보성 코드를 표준화하는 데도 많은 노력을 투여해야 했다. 패키지 도입을 통해 표준시스템 구축 시너지를 극대화하려 했으나 일부 계열사별 특성을 감안한 특화기능 반영과 각사 레거시 시스템과의 인터페이스 지원으로 인해 도입한 인사 패키지의 커스터마이징 개발비율이 다소 높아졌다. 그러나 개발소스를 통합·관리함으로써 향후 추가 통합영역 개발 시 부담을 최소화할 수 있도록 했다.

■ 의사결정 구조의 하향방식(Top down) vs 상향방식(Bottom up)

또 다른 어려움은 프로젝트의 의사결정 구조가 복잡하다는 것이었다. 프로젝트 기획 단계부터 가장 우려했던 것이고, 사업 수행에 대한 의사결정까지 1년여의 시간이 소요된 것도 반성하면 의사결정 구조에 대한 명확한 체계가 부족한 것이라 판단했다. 때문에 현업 PM을 지주사에서 담당하고, 각사별 PL(Project Leader)로 구성된 TFT를 출범했고, 개별사별 의사소통은 PL을 통해 수행하는 방식으로 진행했다. 하지만 일부 사안들에서는 PL들의 역할로도 부족했고, 지주사 및 각사 경영진의 적극적인 노력을 통해 이견을 조정할 수 있었다. 하지만 개별사들은 노조 등과 같은 별도의 이해당사자들이 존재하므로 충분한 협의 및 조정을 할 수 있도록 시간적인 배려를 해야 했다. 때문에 빅뱅 방식으로 동시에 오픈하는 것이 아닌, 개별사의 일정에 맞춰 사별·영역별 부분 오픈 방식으로 진행했다. 인사관리, 조직관리 등 이해관계가 낮은 기본 영역에 대해 선(先) 오픈을 실시해 충분한 검증 기간 확보와 아울러 레거시 시스템과의 인터페이스에 의한 장애 위험을 최소화했다. 추후 계열사 인사업무 연간 스케줄에 맞춰 단계별 그랜드(Grand) 오픈을 수행함으로써 사별로 안정적인 변화관리가 가능하도록 추진했다.

■ 솔루션 선정

짧은 구축 기간 및 다수 계열사 동시 수행이라는 문제를 해결하고 사업 기획 시 패키지를 활용한 시너지를 극대화하기 위해 충분한 솔루션 검토를 수행했다. 인사영역 프로세스 특성상 복잡하지는 않으나 다양한 이벤트를 처리할 수 있어야 하는데 이에 따른 변화관리의 부담이 적지 않았다. 때문에 별도의 매뉴얼이 없어도 사용가능할 수 있도록 단순하면서도 효과적인 사용자 화면 구성이 가능해야 했다. 포털 환경 등 타 시스템과의 통합이 이질감 없이 자연스럽도록 UI를 변경할 수 있어야 했다. 또 인사담당자들을 위한 자료 추출 및 효과적인 대량처리 화면 등이 필요했다. 또한 다수 계열사의 모든 인사 프로세스를 수용할 수 있는 광범위한 선행사례를 포함하고 있어야 했다. 여러 차례에 걸친 시연 및 솔루션 설명회를 통해 휴먼컨설팅그룹(HCG)의 패키지 e-HR솔루션인 휴넬(hunel/www.hunel.co.kr)을 선정했다. 특히 최종 제안 시에는 솔루션뿐만 아니라 구축인력에 대한 인터뷰를 수행해 평가에 반영할 수 있도록 했다.

■ 통합서버 vs 개별서버

그룹 인사 운영서버 구성으로 개발 소스는 통합관리, DB는 주요계열사 인스턴스를 분리 구성했다. 시스템 확장성 및 향후 유지보수를 고려해 애플리케이션 소스에 대해서는 통합 관리되도록 개발했다. 또 데이터베이스는 인사시스템의 데이터 보안성을 고려해 주요계열사에 대해 DB 인스턴스(Instance)를 개별적으로 분리해 구성했다. 이는 기 구축된 쉐어드 인프라 기반의 시스템 관리 및 네트워크 구성을 통해 가능했다. 통합 서버 결정 시 가장 부담스러웠던 보안 이슈는 감독기관에 보안성 검토를 요청하고, 질의 및 민감정보(로그인 비밀번호, 주민번호, 평가결과, 계좌번호)에 대해 암호화하는 것으로 해소했다.

■ 인사환경변화의 유연성, 현장 사용자 중심 시스템 지향

새로운 인사시스템 구축 및 운영에 있어 메리츠금융그룹이 기대하고 있는 점은 크게 세 가지로 요약할 수 있다.

첫 번째로 인사기획, 성과평가, 복지후생, 인사 신청서 등 HR 전반에 걸친 그룹사 통합 프로세스를 정립해 표준 직급 및 평가체계를 실행할 수 있는 그룹 표준 인사환경을 제공함으로써 산재했던 인사정보 및 코드체계를 표준화해 그룹 내 핵심 인재관리 및 원활한 인사정보 교류의 토대를 마련했다. 그룹 표준 프로세스를 시스템에 반영함과 동시에 인사발령 프로세스, 인건비 세액 처리, 인사 제 증명서 등 계열사별로 상이했던 인사 주요프로세스와 신청 양식, 코드를 통일했다.

메리츠 금융그룹 인사시스템 구축 기대효과

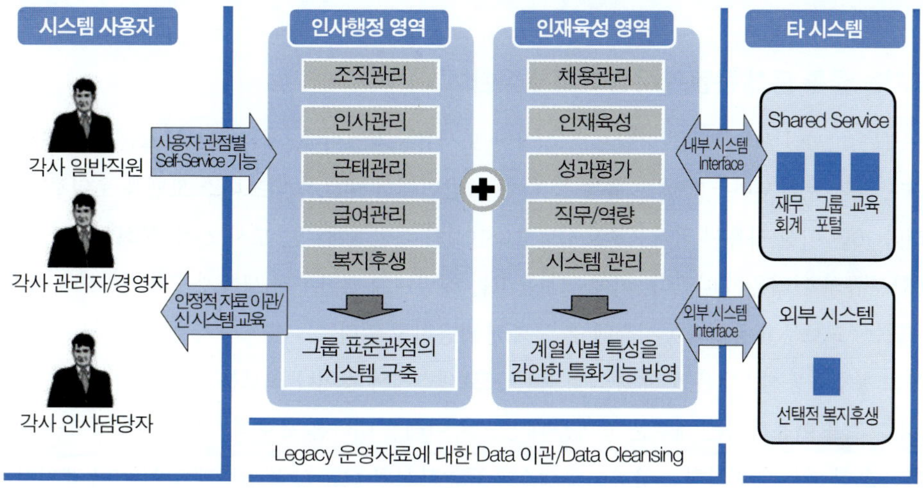

두 번째로, 금융지주 체제로의 전환에 따른 계열사 신설, 합병과 수시로 변경되는 인사제도에 대해 프로세스 기준 설정으로 대응 가능한 인사환경변화에 유연한 시스템을 확보했다. 이는 향후 그룹 벨류(VALUE) 통합 관점에서의 그룹 인사제도의 일관성을 유지할 수 있는 기틀이 마련된 것이다. 또한 여러 기업(Multi-Company)을 기반으로 데이터를 모델링해 계열사별로 추가적인 비즈니스 룰 세팅을 통한 롤아웃(Roll-out)을 적용하기 용이한 시스템으로 구축했다. 그룹 신설 계열사에 대해 표준 인사제도를 적용한 일관적이고 안정적인 서비스 제공이 가능하게 되었다. 이로써 인사행정 영역의 개발 및 유지보수에 집중되었던 IT 시스템관리(SM) 조직의 역량을 인사IT서비스 고도화 및 HRM(Human Resource Management), HRD(Human Resources Development) 시스템 영역 간 시너지 창출 분야의 역량을 보다 집중할 수 있게 됐다.

세 번째로, 사용자 관점에서 새로운 인사시스템이 별도 개별 시스템으로 인식되는 것이 아니라 그룹 포탈과의 UI 통합 및 백그라운드 프로세스 연동을 통해 사용자 인증, 통합결재, 모바일 인사업무 결재 서비스 제공으로 현장 중심의 사용자 업무 편의성이 증대됐다. 또 일반직원 및 관리자에 필요한 인사정보 및 통계자료의 적시 제공으로 조직 운영의 활성화 및 인사정책에 대한 임직원 신뢰도를 제고할 수 있게 됐다. 이와 함께 임직원 신청 프로세스를 단순, 표준화 하고, 관리자 및 직원에 맞는 셀프 서비스 기능 제공으로 인사행정 처리에 투입되던 임직원 업무시간 로스 감소 등 긍정적인 부수효과도 기대하고 있다.

〈BizIT, 2011. 8.〉

CASE 2

교보문고 통합유통시스템

■ 도서는 물론 문화 콘텐츠 유통까지 추적한다

교보문고는 1980년부터 '책'을 바탕으로 성장한 도서유통기업이다. 최근 교보문고는 종이도서뿐만 아니라, e-북, 문화서비스 콘텐츠 유통 등 다양한 방면에서 새로운 비즈니스 모델을 도입하고 있다. 그러나 10년 이상 사용된 국제표준도서번호(ISBN)의 식별체계로는 도서, e-북, 문화서비스 콘텐츠의 통합분류의 어려움이 따랐다. 이에 교보문고는 식별체계 근간부터 새롭게 구조화하고 이를 활용할 수 있는 '교보문고 통합유통시스템'을 구축해 활용하고 있다.

교보문고 통합유통시스템은 도서 중심의 유통 프로세스에서 벗어나 교보문고가 다루고 있는 모든 상품이나 그것을 이용하려는 새로운 고객을 대상으로 미래를 내다본 프로젝트라고 교보문고는 평가하고 있다. 또한 빠르게 변화하는 유통프로세스를 표준화시켜 신규 사업 진출에 있어 기반 레이어를 바탕으로 최적화를 가능케 했다. 교보문고는 앞으로 고객에게 다양한 지식과 문화서비스 콘텐츠를 통합유통시스템을 통해 고객이 원하는 최상의 가치와 신속 정확한 물류유통을 제공할 계획이다.

교보문고는 통합유통시스템을 구축하기에 앞서 기존에 사용하던 도서 중심의 상품분류 체계를 표준화하는 작업을 실행했다. 2007년부터 고객, 상품, 유통체계에 걸친 데이터 표준화를 통해서 각 상품과 유통체계에 있어 혼란이 오지 않도록 새롭게 변화시킨 것이다. 이전의 분류체계는 도서에 한정된 분류체계로 구성돼, 증가하는 e-book 및 다양한 문화 서비스 콘텐츠를 포괄적으로 분류하기에는 어려움이 있었다. 이에 교보문고는 전사 데이터를 표준화하고, 교보문고에서 취급하는 상품뿐만 아니라, 취급하지 않는 다양한 상품들도 포괄적으로 분류할 수 있도록 상품 식별체계를 개편했다.

교보문고는 데이터 표준화를 기반으로 2008년에는 제1차세대프로젝트의 일환으로시스템 간 인터페이스 통합시스템을 구축하고, 제2 차세대프로젝트로 MDM(Master Data Management)을구축했으며 기준정보를 통합하는 과정으로 통합유통프로세스의 기반을 다졌다. 그리고 제3 차세대프로젝트로 교보문고 통합유통시스템을 1년여에 걸쳐 개발해 오픈했다. 오픈 후에도 안정적인 시스템 운영과 신규 비즈니스 추가로 1년 넘게 내재화 기간을 가졌다. 나○○ 교보문고 IT팀 팀장은 "교보문고가 30년 동안 도서유통으로 얻은 운영노하우를 담은 시스템으로, 5년간의 단계적인 시스템 구축을 통해 도서전문 유통에서의 시스템 표준을 만들고자 했다"며 "점차 빨라지는 신규 비즈니스에 대한 요구와 변화에 능동적으로 대처하고자 차세대 프로젝트를 준비하게 됐다"고 말했다 .

프로젝트 개요

프로젝트명	구축기간	주요 도입효과	구축사업자
교보문고 통합유통 시스템 구축프로젝트	- 2010년 8월~2011년 7월(통합 유통시스템 오픈) - 2011년 7월~2013년 10월(유통 프로세스 고도화 1, 2차)	- 상품 및 고객 데이터 표준화 - 시스템 간 인터페이스통합 - 고객대응 역량 강화 및 서비스 경쟁력 제고 - 신규 비즈니스 프로세스 구축	SK C&C, 비투엔컨설팅

교보문고는 앞으로 통합유통 시스템을 통해 고객과 상품정보의 표준화, 유통과정에서의 효율적 관리 프로세스 제공, 콘텐츠 유통기업으로서의 컨설팅역량 강화 등을 기대효과로 내다보고 있다. 향후 교보문고는 콘텐츠 사업 분야를 확장하며 통합유통 시스템을 통해 새로운 비즈니스 프로세스를 추가할 계획이다.

■ 기반 레이어 설계로 서비스채널 증설 가능해

현재 교보문고는 구매 (발주 → 입하 → 입고), 판매 등 하루 동안 유통되는 물동량이 70만 권으로 도서와 함께 e북과 문화콘텐츠가 늘어나며 처리해야할 상품의 추적이 증가했다. 교보문고 전국 14개 지점과 함께 온라인 채널별로 나눠져 상품의 효율적인 제공과 재고관리에도 어려움이 따랐다.

교보문고는 통합유통 시스템을 구축하며, 발주부터 전체 재고관리까지 한눈에 추적할 수 있게 조성했다. 뿐만 아니라 주요 거래처인 출판사, 거래처에도 통합유통시스템에 접근할 수 있어 전체적인

교보문고 통합유통 시스템 IT운영 아키텍처

· IT 운영 아키텍처는 '기반 Infra→기준정보→기준시스템→고객접점/서비스채널→경영관리'로 구성 됨
· 현재 교보문고의 기반 Layer 영역은 체계가 완성되었으며, 고도화 진행 중임

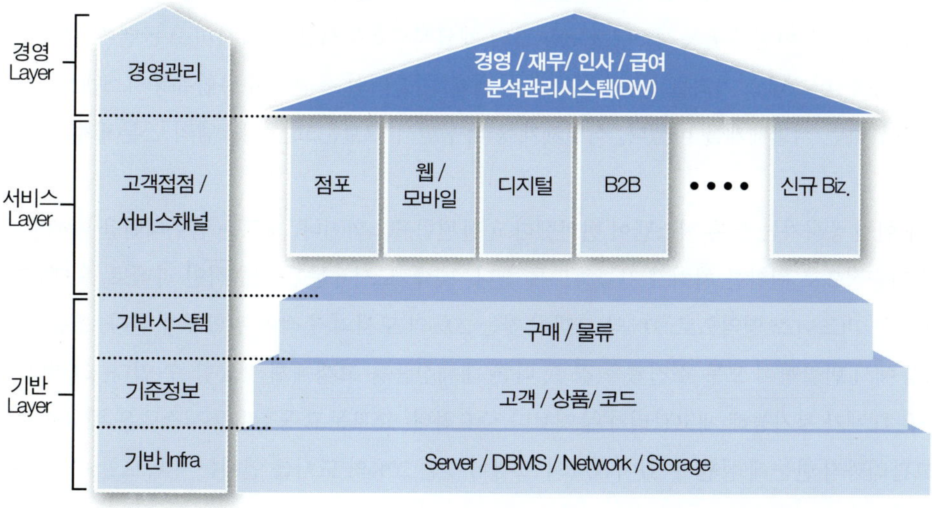

상품의 수요예측이 가능해졌다. 이를 통해 고객이 원하는 상품을 전국 어디서나 찾아낼 수 있으며, 효율적인 재고관리를 통해 손익관리에도 기여했다.

나○○ 팀장은 "도서라는 것은 다른 공산품과 다르게 같은 도서라고 할지라도 출판사나 배본사에 따라 가격이 다르고, 입고되는 시기도 각기 다르다"며 "통합유통시스템을 통해 전체적인 유통량을 점검하고 필요한 양만큼 유통채널별로 배분할 수 있기 때문에 손익관리 측면에서도 긍정적인 역할을 수행한다"고 말했다.

이러한 통합적인 관리는 기반 레이어인 기반인프라, 기준 정보, 기반시스템 중심으로 흔들림 없이 작업돼 어떤 신규 사업이 도입되더라도, 어떤 채널에서도 바로 고객에 닿을 수 있는 접점을 마련했다.

나 팀장은 "통합유통시스템을 통해 냉장고 같은 백색가전도 유통할 수 있는 표준 프로세스를 도입해 언제든지 제공할 수 있게 됐다"며 "변화하고 복잡해지는 비즈니스 속에서 근간이 되는 부분을 표준화시킨 것이 통합유통시스템만의 장점"이라고 말했다.

■ 전사 업무의 효율성 제고

"통합유통시스템은 기존 유통 시스템에 비해 크게 네 가지변화를 모색했다. 특히 손익관리 측면, 혁신 측면, 기술 측면, 고객만족 측면에서 괄목할 만한 성과를 보이고 있다."

교보문고는 통합유통 시스템의 성과를 네 가지로 분류하고 이를 평가했다.

첫째, 상품의 흐름을 추적하기 쉬워져 상품들의 원가관리가 가능해졌다. 똑같은 도서라도 매입율과 계산하는 방법, 도서관리에 따라 원가가 달라진다. 교보문고는 이를 통합유통시스템을 통해 최적으로 매입시기를 결정한다. 둘째, 교보문고가 다루고 있는 상품유통관리의 한계를 극복했다. 교보문고는 전문적으로 도서를 다루는 유통기업으로서 도서 외 취급에 어려움이 따랐다. 그러나 향후 미래 시장을 봤을 때, 이전의 유통시스템을 근본부터 재설계해 e-북시장, 문화서비스 콘텐츠뿐만 아니라, 무궁무진한 비즈니스 기회를 창출할 수 있다. 셋째, 기술적인 측면에서 통합유통시스템은 ISBN, ISSN로 분류하던 식별체계를 바꿨다. 식별체계를 바꾸면서 교보문고는 시스템의 근본체계를 바꿨다.

그러나 현업 종사자는 근본 시스템이 변화했다고 불편함을느끼거나, 새로운 업무패턴을 이해할 필요없이 기술적으로 원활한 처리가 가능하도록 했다. 넷째, 도서유통은 전형적인 파레토, 롱테일 법칙이 따르는 비즈니스 영역으로 80%의 고객이 찾는 20%의 도서의 추적이 원활해야 한다. 예를 들어 일반유통에서 단팥빵이 모두 소진됐을 경우, 다른 대체상품을 고객에게 제공할 수 있다. 그러나 도서유통은 대체가 불가능해 재고관리가 무엇보다 중요하다. 교보문고 통합유통시스템은 매출집계부터 재고관리까지 한눈에 살필 수 있어 80%의 고객이 찾는 20%의 도서를 언제든지 확보할 수 있도록 시스템을 구축했다.

나○○ 팀장은 "기존의 익숙해진 관행을 꺾고 처음부터 차근차근 쌓아올리는 것은기업에 있어 하나의 모험이자, 크나큰 도전"이라며 "그러나 현실에 안주하지 않고 향후 미래시장을 내다보기 위해서는기업이 가지는 한계를 파악하고 반드시 극복할 필요가 있다"고 말했다.

■ 유통개발·빅데이터 분석의 지속적인 내부 역량 강화

교보문고는 현재 봉일천 물류센터와 사리현 물류센터를 하나로 합친 신통합물류센터를 2014년까지 파주에 건설할 계획이다. 교보문고는 통합유통시스템으로 쌓아온 노하우를 바탕으로 파주 신물류센터의 IT구축 프로젝트를 시행할 계획이다.

나○○ 팀장은 "보통 파주 신통합물류센터와 같이 대규모 프로젝트의 경우, 대부분의 기업들은 아웃소싱을 통해 프로젝트로 구축하는 경향이 있다. 하지만 교보문고에서는 이번 파주 신통합물류센터 구축 진행에 있어 자체 역량을 통해 IT 시스템을 구축할 예정"이라고 말했다.

교보문고 측은 통합유통시스템에서 얻어진 10년넘게 축적된 데이터를 어떻게 활용할지에 대한 고민을 하고 있다. 기반 레이어와 서비스 레이어에서 얻어진 정보는 분석관리시스템(DW)를 통해 빅데이터의 자료로 활용할 계획이다. 도서유통의 경우 인터넷 상에서 도서를 검색하고, 각 고객이 원하는 도서를 추천하는 역량이 중요하다. 이에 교보문고는 빅데이터를 활용하고자 서울대학교, 카이스트 등 산학TFT를 구성해 파일럿프로젝트를 시행하기도 했다.

나 팀장은 "빅데이터는 데이터를 많이 모으는 만큼 양질의 데이터를 축적하는 것이 선행돼야 한다"며 "통합유통시스템은 기반 레이어 단계서부터 정교화되고 표준화된 정보가 계속적으로 쌓이는 만큼 분석에 대한 강점은 많을 것"이라고 덧붙였다. 교보문고는 향후 분석역량과 알고리즘을 자체적으로 습득하고자, 자체 IT 부서의 내부역량에 더욱 노력을 기울일 계획이다.

〈CIOCISO, 2013. 12.〉

Chapter

3 의사결정과 정보시스템

학습 내용

제1절 경영자와 의사결정
제2절 의사결정지원시스템
제3절 중역정보시스템
제4절 DSS의 발전추세
MIS HIGHLIGHT 1 탁월한 의사결정, 직관과 분석의 황금비를 찾아서
MIS HIGHLIGHT 2 빠른 의사결정·비용절감 장점 화상회의 시스템 '뜬다'
CASE 1 빙그레 경영성과관리시스템: 신속한 의사결정, 현업 사용 극대화 끌어내
CASE 2 S-OIL EPM/BI

제1절 경영자와 의사결정

1. 경영과 경영자의 역할

(1) 경영의 정의

경영(management)이란 기업이 다양한 자원(인적자원, 재무적 자원, 물리적 자원, 정보, 기술 등)을 사용하여 특정 목적을 달성하는 프로세스를 말한다. 여러 자원은 프로세스를

위한 투입(inputs)이며, 특정 목적의 달성 정도는 산출(outputs)이다. 성공적인 경영은 경영자의 책임 아래 있는 투입과 산출 사이의 비율로 측정된다. 이 비율이 바로 기업의 생산성(productivity)을 나타내는 지표로 사용된다. 생산성은 기업과 그 기업에 소속되어 있는 직원들의 이익에 직접적인 영향을 미치기 때문에 모든 기업의 주요관심사이다.

$$생산성 = \frac{산출(생산된\ 제품 \cdot 서비스)}{투입(사용된\ 자원)}$$

경영은 기업목표를 효율적이고 효과적으로 달성해야 한다. 기업의 생산성이란 그림 3-1에서 보듯이 효율성과 효과성 사이의 비율에 따라서 결정된다. 효율성(efficiency)은 어떤 일을 올바르게 수행하는 것(doing things right)이며 투입과 산출 간의 관계를 의미한다. 투입에 비해 더 많은 산출을 창출한 경우 효율성이 증가했다고 한다. 효과성(effectiveness)은 올바른 일을 수행하는 것(doing the right things)이며 기업목표가 달성되었다면 효과적으로 달성했다고 한다.

또한 효과성은 적절한 목표를 선택할 수 있는 능력과도 관계가 있다. 그러므로 효율성과 효과성은 서로 밀접한 관계가 있다. 그림 3-1과 같이 효율성은 수단(means), 효과성은 목적(ends)의 성격이 있다고 볼 수 있다. 효율성을 무시하면 쉽게 효과성을 달성할 수 있으며, 반면에 효율성을 강조하면 효과성이 없는 경우가 있다. 따라서 경영활동의 초점은 효율성(최소의 자원낭비)과 효과성(높은 조직목표달성)을 동시에 달성하는 데 있다.

그림 3-1 생산성 = 효율성 + 효과성

(2) 경영자의 역할

컴퓨터가 경영자를 어떻게 지원하는가를 이해하기 위해서는 경영자가 어떤 일을 하는지 알아야 한다. 경영자가 하는 일은 기업에서의 지위, 기업의 형태와 규모, 기업의 정책과 문화 그리고 경영자의 개성에 따라 다르다. 경영자의 업무는 다양하지만 경영자가 하는 일들은 일반적인 틀과 이론에 의해 몇 가지로 분류될 수 있다.

민츠버그(Henry Mintzberg)에 의하면 경영자의 역할은 그림 3-2와 같이 대인관계 역할(interpersonal roles), 정보관련 역할(informational roles), 의사결정 역할(decisional roles)로 분류된다. 경영자들은 대부분 유사한 업무를 수행하며 기업에 대한 권한(authority)을 행사하고 권한에 따른 지위(status)를 형성한다. 모든 경영자들은 지위를 통해 하위자, 동료 경영자, 상위자 간의 대인관계를 형성하고 의사결정을 하는 데 필요한 정보를 얻는다. 초기 정보시스템은 경영자의 업무 중 주로 정보관련 역할을 지원했으나 최근에는 위 세 가지 역할 모두를 지원하도록 개발되고 있다.

그림 3-2 경영자의 역할

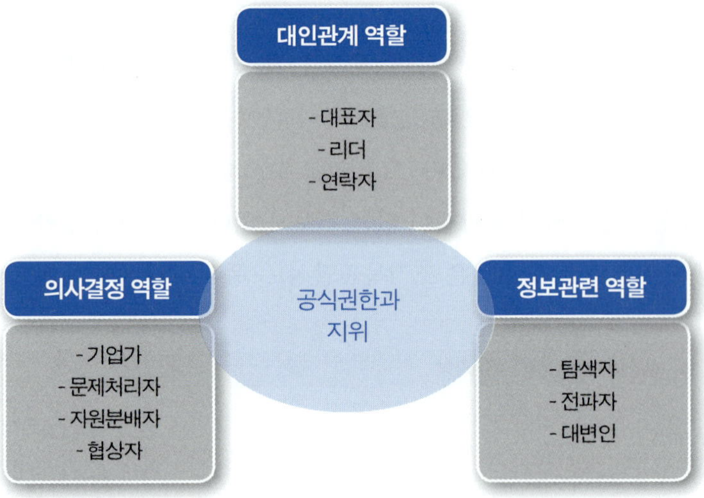

(3) 경영자의 의사결정 업무

경영자의 의사결정 업무는 다음과 같이 두 단계로 나눌 수 있다. 1단계는 문제나 기회를 확인하는 단계이며, 2단계는 문제나 기회에 대처하기 위한 의사결정의 단계이다. 그림 3-3은 의사결정과정과 정보흐름을 보여주는데, 정보가 기업 내외부 모두에서 나오는 것을 알 수

그림 3-3 의사결정의 단계와 정보의 흐름

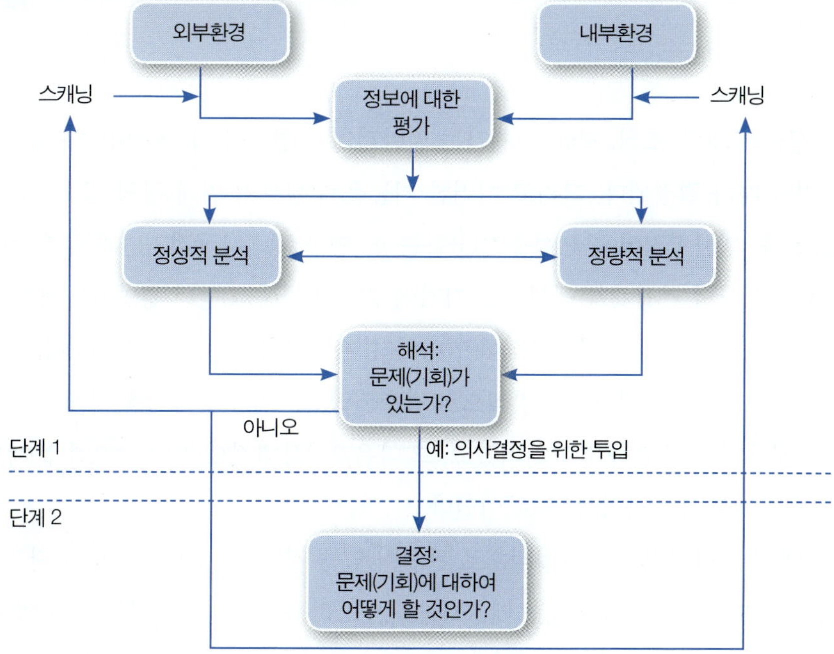

있다. 내부 정보는 기업의 각 기능적인 부문에서 발생하며, 외부 정보는 인터넷, 온라인 데이터베이스, 신문, 산업 기관지, 정부 보고서, 개인 접촉을 통해서 획득할 수 있다. 이렇게 획득한 정보의 양은 너무 방대하여 경영자는 기업환경과 정보원천을 분석하고 검색하여 필요한 정보만 가려내야 한다. 그리고 타당성과 중요성의 기준에 따라 평가분석이 필요하다고 판단되면 다양한 질적 또는 수리적 분석을 한다. 또한 경영자는 기회나 위험을 고려한 의사결정을 한다. 만약 기회나 위험이 확인되면 2단계로 넘어가 다시 분석한다. 2단계는 문제해결을 위한 많은 대안들이 평가되고 하나의 대안이 선택되는 단계이다.

경영지원시스템(MSS)의 목적은 경영자의 세 가지 역할과 그림 3-3에 제시한 의사결정 프로세스와 관련된 다양한 업무를 지원하는 것이다. 경영지원시스템에서 가장 중요하고 보편적으로 사용하는 의사결정지원시스템(DSS)과 중역정보시스템(EIS)에 관하여 알아보도록 한다.

2. 의사결정과 컴퓨터지원

(1) 의사결정의 중요성

경영의 성공은 계획, 조직, 지휘, 통제라는 일반적인 경영관리 기능이 얼마나 효과적으로 실행되는가에 따라 결정된다. 그리고 이러한 기능을 수행하기 위해 경영자는 끊임없이 의사결정을 한다. 의사결정의 중요성을 연구하는 한 연구소는 다국적기업과 우수 기업들을 포함한 100개 이상의 기업체를 대상으로 거기에 종사하는 6,500명의 경영자들에게 어떤 경영방식을 가지고 있으며, 그 경영방식이 얼마나 효과적인지를 평가하게 하였다. 경영자들의 응답을 분석한 결과 10개의 경영방식으로 압축되었고, "필요할 때 명확하게 하는 의사결정"이 그중에서 가장 중요하게 고려되었고, 그 다음은 "상대적으로 덜 중요한 문제를 다루기보다는 문제의 핵심을 파악하는 것"이었다.

나머지 8개도 의사결정과 직간접적으로 관련이 있는 것으로 나타났다. 또한 단지 10%만이 경영을 잘하고 있다고 응답하였는데, 그 이유는 어려운 의사결정 환경 때문이었다. 그리고 과거 시행착오에 의존하던 의사결정은 오늘날과 같이 불확실성이 높은 환경에서는 비용이 너무 들며 비효과적이라는 의견을 제시하였다. 오하이오 주립대학의 폴 너트 교수 역시 기업에서 실패한 의사결정을 연구한 결과 그런 의사결정의 60%가 경영진의 독단적 판단에 근거하고 있다고 지적하였다.

경영자의 의사결정은 기업의 성패를 좌우하는 경우가 종종 있기 때문에 종합적인 분석에 의한 객관성을 담보해야 하며, 효과적일 수 있는 새로운 기술을 배울 필요가 있다. 이러한 기술 중 몇 가지는 컴퓨터를 이용하여 양적인 분석을 하는 것이고, 또 몇 가지는 컴퓨터를 이용하여 질적인 분석을 하는 것이다.

(2) 의사결정의 단계

의사결정을 할 때 조직이든 개인이든 의사결정자는 비교적 체계적인 단계를 거친다. 사이몬(Simon)은 이 과정을 문제분석(intelligence), 설계(design), 선택(choice), 실행(implementation)의 네 단계로 설명하였다. 사이몬은 네 단계 과정으로 의사결정이 진행되며 의사결정지원 도구와 모형을 사용함으로써 효과적으로 의사결정을 할 수 있다고 하였다. 그림

그림 3-4 의사결정과 모델링의 단계

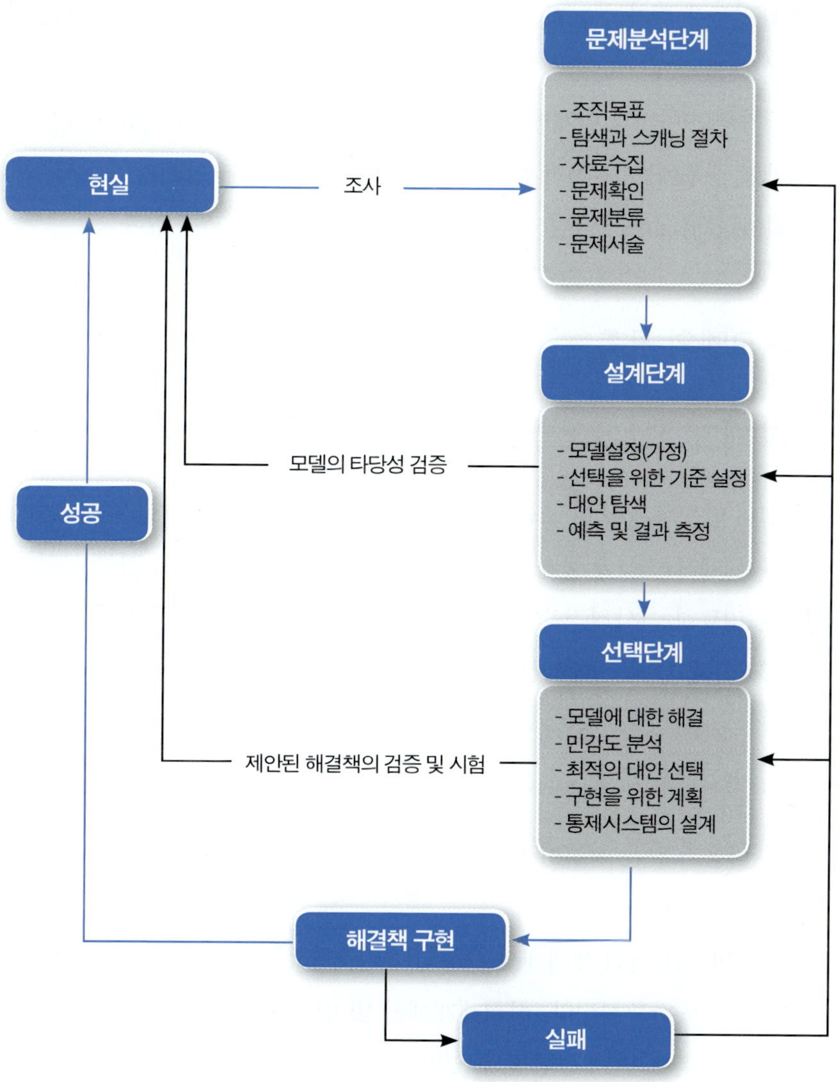

3-4는 네 단계 모형에 대한 개념을 소개하고 각 단계에 어떠한 업무가 포함되는가를 설명한다. 그림에서 별색 선은 각 단계에 정보의 흐름이 지속적으로 전달되는 것을 나타내고, 검은색 선은 어느 단계이든지 이전 단계로 되돌아갈 수 있음을 보여준다.

의사결정의 단계는 문제분석부터 시작하는데, 이 단계는 현재의 상황을 파악하고 조사함으로써 문제를 파악하고 정의한다. 설계단계는 현실을 단순화하거나 모형화하는데 이를 위해 필요한 가정을 설정하고 모든 변수들 간의 관계를 표현한다. 그 다음에 모형이 검증되고 확인된 잠재적인 대안들을 평가하는 기준이 마련된다. 선택단계는 해결책을 선택하는 것과도 관계가 있는데 실제 현실에서의 검증이 아니라 구축한 모형에서 이루어진다. 제안된 해결책이 타당하다고 평가되면 마지막 단계인 실행단계로 넘어간다. 성공적인 실행 후에는 문제가 해결되지만 실패할 경우에는 그 이전 단계로 돌아가야 한다. DSS는 이러한 프로세스에서 현실세계를 모형화(modeling)하는 핵심 업무를 자동화하는 도구라고 할 수 있다.

3. 모델과 모델의 구축

(1) 모델의 개념

모델은 현실의 단순화된 표현 또는 현실의 추상화라고 할 수 있다. 현실세계는 너무 복잡하여 정확하게 복제하는 것은 불가능하고 특정 문제와는 실제 관련이 없는 상황이 많기 때문에 경영자는 명료한 의사결정을 위해서 현실을 단순화할 필요성이 있다. 모델을 구축하고 나면 현실 그 자체보다는 구축된 모델을 중심으로 실험과 분석을 수행한다.

(2) 모델 구축의 이점

모델 구현은 다음과 같은 이점이 있다.

① 모델 구축비용은 현실 세계에서 수행되는 비슷한 실험비용보다 훨씬 저렴하다.
② 모델은 시간을 단축시킨다. 현실세계에서 몇 년이 걸려야 수행되는 실험이 컴퓨터로는 단지 몇 초 만에 실행될 수 있다.
③ 변수를 바꿈으로써 모델조작이 현실세계보다 훨씬 쉽다. 따라서 실험이 용이하고 조직의 일상적인 업무방해를 받지 않는다.
④ 실험에서 시행착오로 발생되는 비용이 현실 세계에서 발생하는 비용보다 훨씬 저렴하다.
⑤ 오늘날의 환경은 예측할 수가 없다. 경영자는 모델을 구축함으로써 특정 행동과 관련된 위험을 예측할 수 있다.

⑥ 수학적인 모델을 사용함으로써 많은 대안들과 해결책을 분석할 수 있다.

⑦ 모델은 학습의욕을 강화하고 훈련을 지원해줄 수 있다.

(3) 모델의 종류

현실세계는 다양한 방법으로 모델화될 수 있는데, 형상화된 모델은 현실을 얼마나 추상화시켰는가에 따라 구분된다. 즉 추상화의 정도로 상징(iconic)모델, 유사(analog)모델, 수학(mathematical)모델, 개념(mental)모델 등 네 가지 종류로 분류할 수 있다. 추상화 정도가 가장 높은 모델이 개념모델이다.

① 상징모델

상징모델은 현실세계를 물리적으로 복사한 것으로써 가장 현실적인 모델이다. 이 모델은 현실세계를 3차원 척도로 표현한다. 예를 들어 비행기, 자동차, 다리, 생산라인 등을 3차원으로 나타내며 사진은 2차원으로 나타낸다.

② 유사모델

유사모델은 현실세계를 그대로 모방하지는 않지만 현실세계와 유사하게 표현한다. 때문에 물리적인 모델로 볼 수 있지만 실제 시스템과는 모양이 다르다. 예를 들면 조직구조, 권력, 책임 관계를 나타내는 차트, 물이나 산을 다른 색깔로 표현하는 지도, 기계나 집의 청사진, 온도계 등이 있다.

③ 수학모델

현실세계는 매우 복잡하기 때문에 상징모델이나 유사모델로는 복잡성을 전부 표현하기가 어렵다. 따라서 요구되는 실험도 까다롭다. 수학을 응용한 추상화된 모델을 구축하여 현실세계를 나타낸다. 대부분의 DSS 분석은 수학적인 수치나 다른 양적 모델을 이용한다. 최근에는 컴퓨터 그래픽의 발전으로 의사결정지원시스템은 수학모델에 상징모델과 유사모델을 동시에 사용하는 추세가 증가하고 있다. 예를 들어 시각 시뮬레이션은 위의 세 가지 타입의 모델을 결합한 것이다.

④ 개념모델

개념모델은 어떤 상황에 대해 생각하는 바를 설명해준다. 이 모델은 개개인이 인식한 신념, 가정, 관계, 업무흐름을 포함한다. 예를 들어 경영자가 신입사원보다 기존사원을 진급시키는 이유는 대부분의 직원이 그런 인사정책이 옳다고 믿기 때문이다. 개념모델은 문제구조를 설명하고 미래를 예측하는 데 사용하는 개념을 형상화시킨 것이다. 즉 우리가 사용하는 정보를 파악하고 해석하거나 무시하는 방법을 말한다. 개념모델은 정보의 중요성을 구분하는 데 있어서 매우 중요하다. 또한 개념모델의 개발은 보통 모델개발의 첫 번째 단계로 이루어진다. 일단 사람들이 주위상황을 인지하면, 다른 종류의 모델을 사용하여 보다 구체적인 모델을 만든다. 개념모델은 주관적이고 수시로 변하기 때문에 문서화가 어렵다. 의사결정에 있어 중요한 모델일 뿐만 아니라 인간과 컴퓨터 간의 상호작용에 있어서도 매우 중요하다.

4. 컴퓨터를 사용한 의사결정 지원

다음과 같은 네 개의 기본적인 질문에 대해 생각해볼 필요가 있다. 첫째, 경영자는 왜 정보기술의 지원이 필요한가? 둘째, 경영자는 어떤 정보를 필요로 하는가? 셋째, 경영자의 업무가 완전하게 자동화될 수 있는가? 넷째, 경영자를 지원하는 정보기술에는 어떤 것들이 있는가?

(1) 정보기술 지원의 필요성

정보 없이 좋은 의사결정을 하는 것은 불가능하다. 정보는 의사결정의 모든 단계에서 필수요소이다. 만일 의사결정에 있어 정보를 수작업으로 처리한다면, 다음과 같은 이유로 효과성이 떨어진다.

① 기술의 혁신, 통신의 발달, 세계시장의 개발, 그리고 인터넷과 전자상거래의 사용 때문에 평가해야 할 대안이 많아지고 있다.
② 의사결정은 신속성을 요구한다. 수작업의 정보처리는 시간 소모가 많다.
③ 불확실성이 높은 환경은 정밀한 분석이 요구되고, 이러한 분석들은 정보기술의

사용을 요구한다.

④ 정보를 획득하고 전문가의 의견을 수렴하며 원거리 집단의 의사결정에 있어 공간상의 제약을 해결해야 한다.

정보를 수작업으로 처리하는 대신 DSS를 이용하면 더 효율적이다. 예를 들어 DSS는 많은 수의 대안을 빠르게 테스트하고 복잡한 분석기능을 제공하며, 통신 시스템과 데이터베이스를 통합하여 그룹차원의 업무를 지원한다.

(2) 정보지원의 필요성

정보기술의 성공 여부는 사용자에게 올바른 정보를 필요한 시간에 제공하는 정보기술의 능력에 달려 있다. 경영자가 필요로 하는 정보를 파악하는 것은 결코 쉬운 작업이 아니다. 여기에는 몇 가지의 접근법이 있는데 2단계 과정에서 살펴볼 수 있다. 1단계는 경영자가 필요로 하는 정보를 파악하기 위해 구조화된 인터뷰를 한다. 2단계는 1단계에서 파악한 정보를 기반으로 "프로토타입"을 만든다. 경영자에게 프로토타입을 제시하고 경영자는 이를 근거로 여러 가지 제안을 하여 시스템을 향상시킨다. 이러한 과정은 경영자의 사소한 요구사항이 만족될 때까지 계속된다. 그리고 이를 근거로 실질적인 시스템을 개발한다.

다른 몇몇의 직관적인 접근법도 경영자가 원하는 정보를 파악하는 데 사용되는데 예를 들면 다음과 같다.

① 경영자가 3주 동안의 휴가를 마친 후 어떤 질문을 할 것인가를 알아본다.
② 조직의 장단기 계획목표를 나열하고 이를 달성하기 위한 정보를 파악한다.
③ 경쟁사의 어떤 정보를 경영자가 가장 알고 싶어하는지를 질문한다.
④ 인터뷰나 관찰을 통해 경영자가 실제로 사용하는 정보를 파악한다.
⑤ 경영자가 온라인상에서 현재 관리 보고서를 볼 수 있게 하여 어떤 사항을 수정해야 원하는 시스템이 될 수 있는지를 질문한다.

(3) 경영자업무의 자동화

일반적인 의사결정 과정은 예측결과와 대안평가 같은 작업을 포함한다. 이런 과정은 바쁘게 활동하는 경영자에게는 상당한 시간을 요한다. 특정업무의 자동화는 많은 시간을 절약하게 하고 일관성을 높이며 더 나은 의사결정을 하게 한다. 따라서 자동화된 작업이 많으면 많을수록 좋다. 그렇다면 경영자의 업무가 완전하게 자동화될 수 있는가?

일반적으로 중간경영자의 업무는 완전하게 자동화될 수 있는 것으로 알려져 있다. 중간경영자는 일상적인 의사결정 업무가 많기 때문에 많은 부분이 자동화될 수 있다. 하위경영자는 의사결정보다는 하위직원을 감독하고 훈련시키며 일에 대한 동기를 부여한다. 따라서 이들의 업무는 완전 자동화가 어렵다. 최고경영자의 업무는 대부분 비정형적인 형태이기 때문에 자동화가 가장 어렵다.

(4) 경영자지원 정보기술

경영자들을 성공적으로 지원하는 정보기술은 크게 네 가지로 나누어볼 수 있다. 첫째, 문제분석과 정량적 의사결정을 지원하는 의사결정지원시스템(DSS)이다. 둘째, 최고경영층의 정보관련 역할을 지원하는 중역정보시스템(EIS)으로 최근에는 분석기능과 통신 그리고 모든 계층의 경영자가 사용할 수 있도록 범위가 확장되고 있다. 셋째, 경영자들의 그룹 작업을 지원하는 그룹웨어가 있으며, 마지막 정보기술은 바로 지능시스템이다. 이러한 정보기술들은 독립적으로 사용되거나 통합되어 사용되고 있으며 서로 다른 기능을 보완적으로 제공한다. 그림 3-5는 이러한 정보기술들의 상호관계를 나타낸다.

5. 의사결정지원의 분석모형

의사결정지원 분석모형이란 경영자가 수행하는 의사결정 문제를 특성별로 구분한 분석틀을 말한다. 이 모형은 1971년 고리와 스콧 모튼(Gorry & Scott-Morton)이 제시하였다. 분석모형은 두 개의 축으로 이루어져 있다. 첫 번째 축은 의사결정의 특성이 얼마나 구조적인가에 따라 구조적(structured or programmed)에서 비구조적(unstructured or nonprogrammed)으로 나뉜다.

그림 3-5 의사결정을 위한 컴퓨터 지원

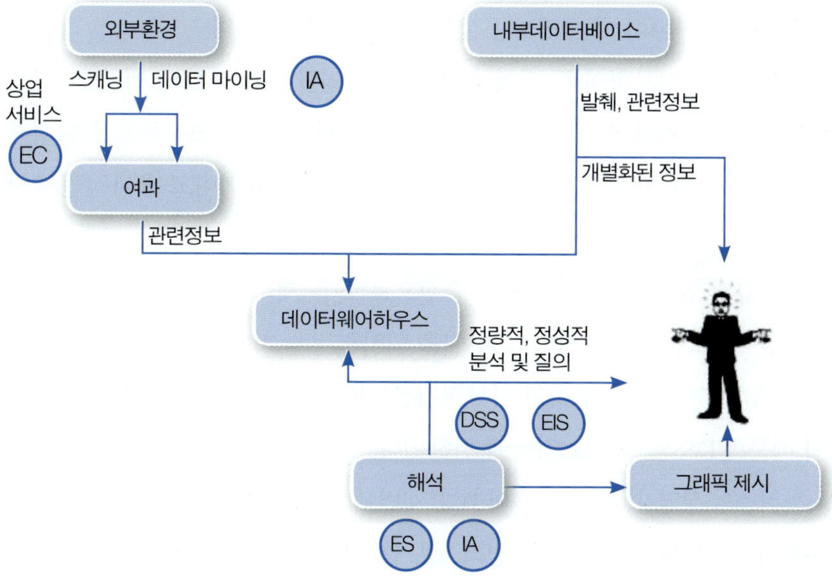

구조적인 문제는 최상의 해결책이 있는 일상적이면서 반복적인 문제를 말한다. 때문에 해결책을 마련하는 절차 또한 잘 알려져 있다. 예를 들어 적정 재고수준을 찾거나 가장 적절한 투자전략을 결정하는 해결책이 명시되어 있다. 이런 것들은 대부분 비용최소화나 이익최대화에 초점을 둔다. 경영자들은 데이터 처리, 경영과학 모델, 다른 컴퓨터의 지원을 통하여 의사결정을 할 수 있다. 그리고 구조적인 의사결정은 문제분석, 설계, 선택 등 의사결정의 모든 단계가 구조화되어 있다.

비구조적인 의사결정은 정확한 해결책이 없는 복잡한 문제들을 다룬다. 따라서 비구조적인 문제는 종종 직관적 의사결정을 하기도 한다. 예를 들면 새로운 서비스의 계획, 최고경영자의 영입, 미래의 연구나 프로젝트 개발 등이다. 그리고 비구조적인 문제는 문제분석, 설계, 선택 단계 중 적어도 어느 한 단계는 비구조적이다.

반구조적(semistructured)인 문제는 세 단계 중 하나 이상이 구조적인 것으로 의사결정에 있어 주관적인 판단과 일반적인 해결절차가 함께 사용된다. 예를 들면 채권거래, 소비재에 대한 마케팅 예산편성, 자본편성 분석 등이 있다. DSS는 반구조적인 과정에서 가장 적절하게 사용될 수 있다. DSS는 단 하나의 해결책을 제시하는 것보다는 다양한 대안을 제시함으로써 의사결정의 기본이 되는 정보품질을 더 향상시킬 수 있다.

의사결정지원 분석모형의 두 번째 축은 모든 경영활동을 세 개의 범주로 나눈 것이다. ① 전략계획-자원 분배를 위한 장기목표와 방침, ② 관리통제-조직목표를 달성하기 위한 자원의 효율적 구매와 이용, ③ 운영통제-특정 업무의 효율적이고 효과적인 수행이 그것이다.

표 3-1은 앞서 언급한 두 개의 축을 중심으로 아홉 개의 칸으로 구분된 의사결정 분석모형을 보여준다. 그림에서 마지막 행과 열은 의사결정을 지원하는 기술이다. 고리와 스콧 모튼은 반구조적이거나 비구조적인 의사결정은 전통적인 MIS와 경영과학의 접근으로는 충분치 않기 때문에 DSS의 사용을 적극 추천하였다.

보통 하위층의 경영자들은 표 3-1의 1), 2), 4)번에 해당되는 구조적이고 운영통제를 요하는 업무를 수행하며, 최고위층은 6), 8), 9)번의 업무를 수행한다. 표 3-1의 3), 5), 7)번은 주로 중간층의 경영자나 전문가들의 업무이다. 중간층의 의사결정을 지원하는 DSS, EIS, ES, 그리고 신경망(neural network) 등의 기술은 종종 최고위층과 전문가들의 복잡한 문제를 해결하는 데 사용된다.

〈표 3-1〉 의사결정지원 모형

통제유형 / 결정유형	운영통제	관리통제	전략계획	기술지원
구조적	1) 수취계정, 주문 입력	2) 예산분석, 단기 예측, 요원 보고, 구매 분석	3) 재무관리(투자), 유통시스템, 창고의 위치 선정	MIS, 경영과학, 거래처리
반구조적	4) 생산계획, 재고 관리	5) 신용평가, 예산 준비, 공장 배치, 프로젝트 스케줄링, 보상시스템 설계	6) 신공장 건설, M&A, 신제품 계획, 보상 계획, 품질보증 계획	DSS
비구조적	7) 잡지 표지 선정, 소프트웨어 구입, 차입승인	8) 협상, 임원 모집, 하드웨어 구입, 로비	9) R&D 계획, 신기술 개발, 사회적 책임 계획	DSS, ES, 신경망 네트워크
기술지원	MIS, 경영과학	경영과학, DSS, EIS, ES	EIS, ES, 신경망 네트워크	

(1) 구조적인 의사결정을 위한 컴퓨터 지원

구조적 및 반구조적인 의사결정, 특히 운영 및 관리통제에 속하는 문제들은 1960년대부터 컴퓨터의 지원을 통해 해결하였으며 가장 보편적으로 적용된 업무는 재무와 영업 관리였다. 일반적으로 구조화된 의사결정 문제는 문제해결의 빈도가 높다. 따라서 일정기준이나 규격에 의해 개념화하고 분석하는 것이 가능하다. 예를 들면 자본예산 편성, 자원분배, 물류, 그리고 재고관리 등이 있다. 대부분 수학공식을 사용하여 해결책을 찾았으며 경영학에서는 경영과학 분야가 해당된다.

(2) 경영과학

경영과학은 경영자가 문제해결을 규칙적이고 체계적인 절차에 따르게 한다. 즉 과학적 접근법을 사용하여 의사결정을 하는 것이다. 이 접근법은 문제해결을 위한 적절한 모델을 만드는 것이 가장 중요하며 다음과 같은 단계들이 요구된다.

① 정의: 문제 정의
② 분류: 문제를 일정한 형태의 범주로 나눔
③ 구축: 실제상황의 문제를 기술하는 표준화된 수학 모델 구축
④ 탐구: 문제의 대안을 찾고 평가
⑤ 선택: 문제에 대한 특정한 해결책을 추천하고 선택

표 3-2는 가장 대표적인 구조적인 문제와 경영과학을 이용한 해결책을 보여준다. 소프트웨어 패키지를 이용하면 이러한 문제들은 매우 신속하게 해결될 수 있다. 구조적이지 않은 문제들은 수학모델을 적용하여 해결하기 어렵기 때문에 DSS를 사용한다.

〈표 3-2〉 구조화된 경영과학문제와 분석도구

문제	도구
자원 할당	선형·비선형 계획법
프로젝트 관리	PERT(Project Evaluation and Review Technigae), CPM(Critical Path Method)
재고 통제	재고 관리 모델, 시뮬레이션
결과 예측	예측 모델, 회귀 분석
대기열 관리	큐잉 이론, 시뮬레이션
제품 운송 및 물류	물류 모델
품목 조합	할당 모델
시장점유율 예측 및 기타 다이내믹 시뮬레이션	다이내믹 프로그래밍, 시뮬레이션

제2절 의사결정지원시스템

1. DSS의 개념

1970년 초 고리과 스콧 모튼(Gorry & Scott-Morton)은 의사결정지원시스템(DSS)의 개념을 처음으로 소개하였다. 그들은 이 시스템을 "의사결정자들이 데이터와 모델을 이용하여 반구조적 혹은 비구조적 문제를 컴퓨터와 상호작용하여 해결할 수 있도록 지원하는 시스템"이라고 정의하였다. 그러나 DSS도 MIS나 다른 정보시스템과 같이 사람들에게 서로 다른 의미로 해석되기도 한다. 때문에 DSS는 특별한 방법론보다는 문제해결을 위한 접근법이나 개념으로 받아들이는 것이 옳을 것이다.

지금까지 기존의 정보시스템은 기업의 모든 핵심활동을 지원하는 데에는 충분하지 못했다. 예를 들면 기존의 시스템은 수익성, 효율성 분석과 같은 다양한 경영분석을 하기에 용이하지 못했다. 이러한 기존시스템의 한계점을 보완하는 것이 바로 DSS이다. DSS가 개발된 또 다른 이유는 최종사용자 컴퓨팅의 확산이다. 최종사용자들은 프로그래머는 아니지만

DSS의 툴을 사용하여 프로그래머가 하던 업무를 다소 쉽게 할 수 있다.

2. DSS의 기능 및 특징

(1) DSS의 일반적인 기능

DSS의 구성요소에 대해서는 하나의 일치된 견해가 없기 때문에 기능에 대해서도 공통된 견해를 찾기 어렵다. 다음의 특징들은 가장 이상적인 것들로 대부분의 DSS들은 이러한 특징 중 몇 가지를 가지고 있다.

① DSS는 모든 계층의 개인이나 그룹별 의사결정자에게 반구조적이고 비구조적인 상황에 있어 사람의 판단과 전산화된 정보를 통합하여 의사결정하게 한다.
② DSS는 상호의존 및 연속적인 의사결정을 지원한다.
③ DSS는 의사결정의 모든 단계와 다양한 의사결정 유형을 지원한다.
④ DSS는 사용자가 상황변화에 따라 적용할 수 있다.
⑤ DSS는 쉽게 구축되고 활용된다.
⑥ DSS는 새로운 응용 프로그램에 대한 학습과 또 다른 학습을 유도한다.
⑦ DSS는 모델을 활용하며 향상된 DSS는 복잡한 문제를 해결하도록 지식을 관리하는 구성요소를 가지고 있다.
⑧ DSS는 사용자가 민감도 분석을 쉽게 실행할 수 있다.

(2) 민감도 분석

민감도 분석(sensitivity analysis)은 한 부분(혹은 그 이상)에서의 변화가 다른 부분에 미치는 영향을 연구하는 것이다. 일반적으로 투입변수가 결과변수에 미치는 영향을 확인한다. DSS에서 민감도 분석이 가치가 높은 이유는, 우선 시스템의 유연성을 확보토록 하고, 다음으로 변화하는 상황과 다른 의사결정에 필요한 요소들에 적응토록 하기 때문이다.

이러한 가치는 모델과 문제의 의미를 더욱 쉽게 이해할 수 있게 한다. 또한 해결책에 대한 신뢰성을 높여주는데, 특히 모델이 변화에 크게 민감하지 않은 경우 그러하다. 민감한 모델이란 작은 변화에도 다른 해결책을 가지는 것을 의미한다. 민감하지 않은 모델이란 상황변화에도 해결책에 미치는 영향이 낮은 것을 말한다. 이는 DSS를 통해 얻은 결과의 성공확률이 매우 높다는 것을 의미한다.

3. DSS의 구조와 구성요소

모든 DSS는 그림 3-6과 같이 최소한 데이터관리, 사용자 인터페이스, 그리고 모델관리 요소로 이루어져 있으며, 조금 더 진보한 DSS는 지식관리 요소를 포함한다.

① 데이터관리 : 데이터관리에는 데이터베이스 관리 시스템(DBMS)에서 관리되는 상황별 데이터를 포함하는 데이터베이스가 있다.

② 사용자 인터페이스 하위시스템 : 사용자는 이 하위시스템을 이용하여 DSS와 통신하고 명령할 수 있다.

③ 모델관리 : 이것은 시스템의 분석기능을 제공하는 재무, 통계, 경영과학, 또는 다른 정량적 모델에 대한 소프트웨어들을 포함하며, 모델을 관리하는 소프트웨어 관리 프로그램에 적합하다.

④ 지식관리 : 이 하위시스템은 다른 모든 하위시스템들을 지원하거나, 혹은 특정한 문제를 해결하기 위한 지식을 제공함으로써 독자적인 요소로 작용한다.

이들 요소는 그림 3-6에서 보는 바와 같이 다양한 소프트웨어 요소로 이루어져 있다. 이들은 컴퓨터 내에 존재하거나, 혹은 다른 소프트웨어들에 의해서 사용된다.

(1) 데이터관리 하위시스템

데이터관리 하위시스템은 다른 모든 데이터관리 시스템과 유사하다. 필요한 데이터는 몇 개의 소스에서 흐름이 시작될 수 있으며, DSS 데이터베이스에 입력되기 이전에 추출된다. 어떤 DSS에는 개별적인 DSS 데이터베이스가 존재하지 않고, DSS가 요구할 때에만 입력되는 것도 있다. 대부분의 DSS의 경우, 데이터는 데이터웨어하우스로부터 생성된다. 데이터웨어하우스에는 여러 소스로부터 추출되고, 관계형 데이터베이스로서 조직화된 DSS 관련

그림 3-6 DSS의 구성요소

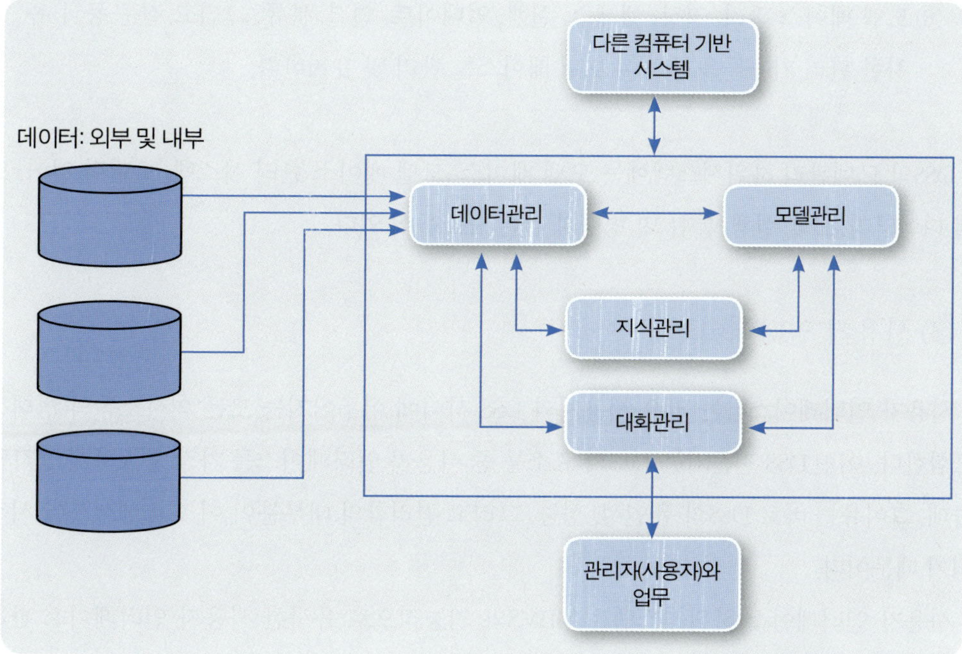

데이터가 포함되어 있다.

(2) 모델관리 하위시스템

모델 베이스(model base)에는 모든 모델과 그 시스템을 실행시키기 위하여 사용된 모델의 빌딩 조각들이 포함되어 있다. 모델 베이스 관리 시스템(Model Base Management System: MBMS)의 역할은 DBMS의 역할과 유사하다. MBMS의 주요기능은 다음과 같다.

① 기존 모델이나 빌딩 조각으로부터 모델을 쉽고 신속하게 만들 수 있다.
② 사용자가 모델을 조작하여 여러 가지 실험과 민감도 분석을 할 수 있다.
③ 다양한 종류의 모델을 논리적이며 통합적으로 저장 관리한다.
④ 모델 빌딩 조각들을 이용할 수 있다.
⑤ 모델들의 디렉터리를 분류하고 표시한다.
⑥ 모델, 데이터, 그리고 응용시스템의 사용 정도를 알 수 있다.

⑦ 데이터베이스를 통해 적절히 연결됨으로써 모델 간에 상호관계를 갖게 한다.

⑧ 모델 베이스 관리: 저장, 액세스, 실행, 업데이트, 연결, 분류, 그리고 질문 등과 유사한 관리 기능들을 통하여 모델 베이스를 관리 및 유지한다.

DSS의 모델관리 하위시스템에는 모델 베이스, 모델 베이스 관리 시스템, 모델링 언어, 모델 디렉터리, 모델 실행, 통합 및 명령과 같은 요소들이 있다.

(3) 사용자 인터페이스

사용자 인터페이스라는 말은 사용자와 DSS 사이에 이루어지는 모든 의사소통의 형태를 포함한다. 어떤 DSS 전문가는 DSS의 요소들 중 사용자 인터페이스를 가장 중요하게 생각하는데, 그이유는 바로 DSS의 유연성, 성능, 그리고 편리함의 대부분이 이 요소에서부터 시작되기 때문이다.

사용자 인터페이스 하위시스템은 MBMS와 기능적으로 유사한 사용자 인터페이스 관리 시스템(User Interface Management System: UIMS)이라는 소프트웨어로 관리된다.

(4) 사용자

DSS가 지원하는 대상자를 사용자, 경영자, 또는 의사결정자라고 한다. 하지만 이러한 용어들은 DSS의 사용 패턴과 사용자들 간에 존재하는 이질성을 반영하지 못한다. 사용자들의 위치가 다르고, 최종 결정을 하는 방법, 사용자들의 선호도와 능력, 그리고 의사결정에 이르는 방법 등이 다르다.

사용자는 시스템의 한 부분으로 간주되어야 한다. DSS의 기여도는 컴퓨터와 의사결정자 사이에 충분한 상호관계에서부터 시작된다고 연구자들은 주장하고 있다.

DSS의 사용자는 크게 두 부류가 있다. 경영자와 전문 스태프(예: 재무 분석가, 생산 계획자, 시장 연구자 등). 경영자들이 DSS를 사용할 때, 그들은 분석을 수행하고 결과를 보고하는 매개자를 통해 DSS를 사용할 수도 있다.

① 스태프 보조자 : 이 사람은 관리 문제와 의사결정 지원 기술 경험에 대해 특화된

지식을 지니고 있다.

② 전문 툴 사용자 : 이 사람은 문제해결에 사용되는 소프트웨어 툴에 관하여 전문적인 기술을 갖고 있으며 경영자들이 다룰 수 없는 업무영역을 수행한다.

③ 비즈니스 시스템 분석가 : 이 사람은 관련 분야에 대한 일반적인 지식이나, 공식 사업 운영 교육 및 일정 수준의 DSS 툴 사용에 대한 지식을 가지고 있다.

④ 그룹 촉진자 : IT가 그룹 의사결정을 지원할 때 프로세스 촉진자를 투입하는 것이 더 효과적이다.

(5) 지식관리 하위시스템

많은 비구조적 및 반구조적인 문제들은 매우 복잡하기 때문에 해결책을 모색하는 데 전문적 지식이 요구된다. 이때 전문가시스템의 지원을 받는다. 따라서 보다 진보한 DSS는 지식 관리라는 요소로 구성되어 있다. 이것은 특정 분야의 문제해결에 필요한 지식을 제공함으로써 다른 DSS요소들의 운영을 향상시킬 수 있다.

지식관리의 요소는 하나 또는 여러 개의 전문가시스템 또는 지능형 시스템으로 이루어져 있다. 데이터와 모델 관리와 같이 지식관리 소프트웨어는 전문가시스템의 실행과 통합에 필요한 기능을 제공한다.

이런 요소를 포함하는 DSS를 지능형 DSS, DSS/ES, 또는 지식 기반 DSS (Knowledge-Based DSS: KBDSS)라고 한다. KBDSS의 예로는 문제에 대한 추정이나 가격 결정의 영역 등이 있다. 이것은 모델의 사용과 판단 요소가 요구되는 복잡한 프로세스이다. KBDSS는 200개의 규칙을 가진 지식관리 하위시스템과 수학 모델을 통합하여 이루어져 있다.

4. 그룹의사결정지원시스템

대부분의 기업 조직은 여러 계층으로 구분되어 있지만 의사결정의 과정은 자주 공유되는 편이다. 상이한 분야의 경영자 그룹 사이에서 회의는 의견일치에 도달하기 위한 필수적인 요소이다. 그룹은 수용할 수 있는 대안들을 짧은 목록 형식으로 작성한다든지 대안을 선택하기 위한 기준을 결정한다든지 의사결정이나 이와 관련된 과업에 관여하고 있다. 의사결정 그룹이 전자적으로 지원될 때 이것을 그룹의사결정지원시스템(Group Decision Support

System: GDSS)이라 한다.

그룹의사결정지원시스템(GDSS)이란 의사결정자 그룹의 반구조적(semistructured) 그리고 비구조적(unstructured) 문제를 용이하게 해결해주는 상호대화식(interactive) 컴퓨터 기반 시스템을 말한다. GDSS의 구성요소는 하드웨어, 소프트웨어, 사람, 그리고 절차이다. DeSanctis & Gallupe에 따른 GDSS의 특징은 표 3-3에 요약되어 있다.

〈표 3-3〉 GDSS의 특징

- 의사결정자 그룹을 지원하기 위해서 설계되었다.
- 학습하고 응용하기가 쉽다. 컴퓨팅과 의사결정지원에 관한 다양한 수준의 지식을 사용자에게 제공한다.
- 한 문제의 유형 또는 다양한 그룹 수준의 조직 문제를 위해서 설계할 수 있다.
- 아이디어의 생성, 갈등의 해결, 그리고 표현의 자유를 장려한다.
- 파괴적 갈등, 그릇된 커뮤니케이션, 그룹사고와 같은 부정적인 그룹 행동의 형성을 억제하는 내재된 장치(mechanism)를 가지고 있다.
- 기존 시스템 요소들의 구성(configuration)이 아니라 특별하게 설계된 정보시스템이다.

GDSS의 목표는 의사결정 과정을 가속화하거나 혹은 결과적으로 의사결정의 질을 개선함으로써 의사결정 회의의 생산성을 개선하는 것이다. 이러한 목표는 그룹 내에서 아이디어, 의견, 그리고 선호도를 교환하는 데 지원을 제공함으로써 달성된다. GDSS는 표 3-4에서 제시하는 의사결정 과정수익(process gains)을 증가시킬 수 있으며, 표 3-5에서 나열한 과정손실(process losses)을 줄일 수 있다.

첫 번째 세대의 GDSS는 의사결정 회의실(decision room)에서 대면(face-to-face) 회의를 지원하도록 설계되었다. 이러한 GDSS는 하드웨어, 소프트웨어, 사람, 그리고 절차로 구성되어 있다.

〈표 3-4〉 GDSS의 과정수익

- 참가자들이 제공하는 아이디어와 정보를 병렬 처리하도록 지원한다.
- 보다 완벽한 정보, 지식, 능력을 가진 대규모 그룹이 동일한 회의에 참가할 수 있다.
- 그룹이 구조적 혹은 비구조적 기법과 방법을 사용하도록 허용한다.
- 외부 정보에 대한 신속하고 용이한 접근을 제공한다.
- 비순차적인 컴퓨터 토론을 허용한다. 구두 토론과 달리 컴퓨터 토론은 순서적 혹은 순차적일 필요가 없다.
- 곧바로 익명의 투표 결과를 제공한다.
- 계획수립 과정을 위한 구조를 제공하여 그룹이 정상적인 진행사항을 유지할 수 있다.
- 여러 사용자들이 동시에 상호 대화할 수 있다.
- 미래의 분석을 위해서 시스템을 통과한 모든 정보를 자동으로 저장할 수 있다.

〈표 3-5〉 GDSS의 과정손실

- 일치를 위한 사회적 압력("그룹사고")이 우수한 아이디어를 제거한다.
- 그룹 프로세스는 시간 소모적이며, 느리고, 비용이 많이 든다.
- 그룹에서 행해진 작업은 적절한 조정이 모자라다.
- 일부 구성원들이 의제(agenda)를 지배하게 된다.
- 일부 구성원들은 자신이 수행해야 할 작업의 대부분을 다른 구성원들에게 의지한다.
- 그룹은 나쁜 품질의 해결안에 타협한다.
- 그룹은 과업을 완성할 수 없는 경우도 있다.
- 사교, 준비, 기다림, 반복 등을 위해 소모되는 비생산적 시간이 많다.
- 구성원들이 발언하기를 꺼린다.

(1) 하드웨어

그룹은 두 가지 유형의 하드웨어를 사용할 수 있다. 첫 번째가 의사결정 회의실로, 이는 전자적 회의를 위해 설계된 GDSS 시설이다. 아리조나 대학교의 시설이 그 예이다. 이 시설은 최신의 워크스테이션, 지역 통신망(LAN), 서버, 그리고 회의촉진자 컴퓨터를 갖추고 있다. 회의촉진자의 컴퓨터는 대형화면 영사시스템(projection system)을 통제한다. 전자적 의사결정 회의실은 훈련된 회의촉진자가 필요하다. 두 번째는 PC들의 집합체인데 각 PC는 투표와 다른 그룹웨어 활동을 위한 키패드(keypads)를 갖추고 있다. 기계장치는 한 위치 혹은 상이한 위치에 있을 수 있다. 이러한 PC들은 대개는 네트워크의 일부이며 인터넷에 연결될 수 있다.

(2) 소프트웨어

전형적인 GDSS 소프트웨어는 포괄적인 시스템에 통합되는 많은 도구와 패키지의 집합체이다. 그룹시스템(GroupSystems)과 같은 GDSS 소프트웨어는 아이디어 생성, 아이디어 조직, 투표에 의한 우선순위결정, 그리고 정책의 수립과 같은 모듈을 포함하고 있다. 이러한 소프트웨어는 의사결정 회의실에서 혹은 모두 상이한 위치에 있는 사람의 그룹을 위해서 사용될 수 있으며, 어떤 경우에는 인터넷이나 인트라넷 기술을 이용한다. 로터스 노츠(Lotus Notes)와 넷스케이프 커뮤니케이터(Netscape Communicator)는 이러한 기능을 제공한다. 진보된 소프트웨어 패키지는 참가자들 사이의 갈등 해결, 상업용 데이터베이스와의 커뮤니케이션, 정량적 분석의 수행 등을 지원한다. 또한 진보된 소프트웨어는 지능 에이전트(intelligent agents)와 같은 인공지능 기능을 포함하고 있다.

(3) 사람

GDSS의 사람 구성요소는 그룹 구성원들과 회의촉진자(facilitator)를 포함하고 있다. 회의촉진자는 한 위치에서 모든 그룹 회의에 참석하여 흩어져 있는 참가 그룹을 조정하고 그룹의 운전사(chauffeur)로서 GDSS의 하드웨어와 소프트웨어를 운영하고 요구되는 정보를 그룹에 제공한다.

(4) 절차

GDSS의 마지막 구성요소는 그룹 구성원에게 기술의 용이한 운영과 효과적인 활용을 허용하는 절차이다.

제3절 중역정보시스템

1. EIS의 필요성과 개념

대부분의 개별 DSS들은 전문적인 업무와 중간계층의 경영자들을 지원한다. 기업수준의 DSS는 주로 기획자, 분석가, 연구자, 또는 몇몇의 경영자들을 지원하며, 최고위층이나 중간경영자가 직접 사용하는 경우는 매우 드물다. 그 이유 중 하나는 DSS가 최고경영자들의 요구를 만족시키지 못하기 때문이다. 중역정보시스템(EIS) 또는 중역지원시스템(ESS)은 경영자들의 특정한 요구에 대응하기 위한 기술 중 하나이다. 왓슨 등(Watson et al.)에 따르면 표 3-6의 사실들로 인하여 EIS가 필요하다.

〈표 3-6〉 EIS의 필요성

외부요인	내부요인
• 경쟁의 증가 • 급격한 환경변화 • 더 많이 대처해야 할 필요성 증가 • 외부 데이터베이스에 접근할 필요성 증가 • 정부 규제의 증가	• 적시에, 적당한 정보의 필요성 • 향상된 의사소통의 필요성 • 운영 데이터 액세스의 필요성 • 다른 -활동들에 관해 신속하게 상황을 업데이트할 필요성 • 효과성 향상의 필요성 • 역사적 동향 파악 능력의 필요성 • 전사 차원의 데이터베이스에 접근할 필요성 • 보다 정확한 정보의 필요성

EIS는 최고경영자가 요구하는 정보를 제공하는 컴퓨터 기반 시스템이다. 이것은 적시에 정보와 관리 보고서들을 신속하게 접할 수 있는 기능을 제공한다. EIS는 매우 사용자 친화적이며 그래픽 지원을 하고 "예외보고"와 "세분화" 기능을 제공한다. 또한 온라인 정보서비스와 전자메일과도 쉽게 연결된다.

한편 중역지원시스템(ESS)은 중역을 지원하기 위한 포괄적인 시스템으로 EIS보다 한 단계 높은 수준의 시스템이다. ESS에는 분석 지원 기능, 의사소통 관련 기능, 사무 자동화 기능 및 인공지능 기능이 포함되어 있으며, ESS의 모형은 그림 3-7과 같다.

그림 3-7 ESS의 모형

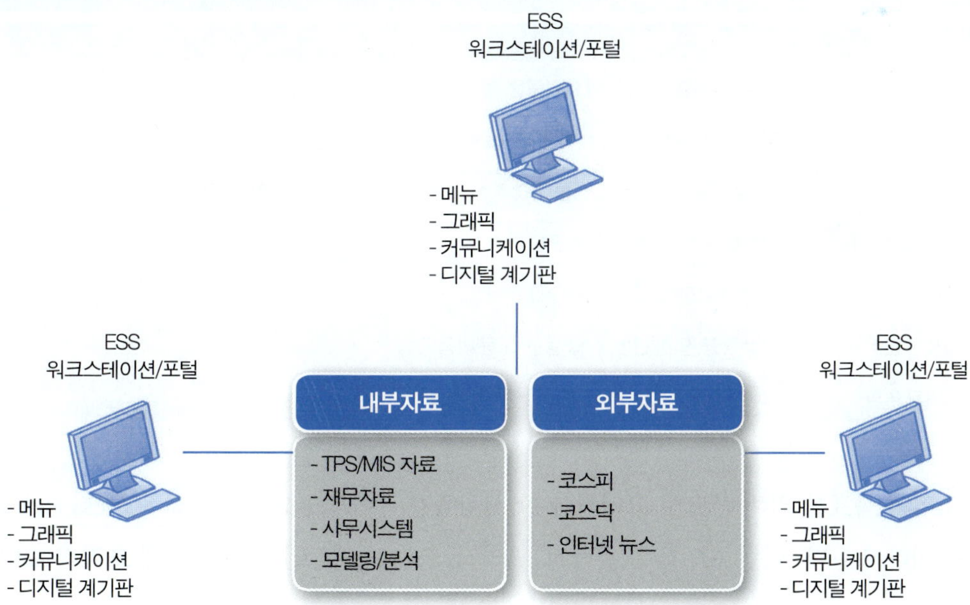

2. EIS의 특징과 기능

EIS는 매우 다양한 기능과 이점이 있다. 다음은 대부분의 EIS에서 일반적으로 제공하는 기능들이다.

(1) 드릴다운

드릴다운(drill-down)은 정보를 세분화하는 기능을 말한다. 예를 들어, 최고경영자가 주간 보고서를 통해 조직의 판매가 감소하는 것을 알게 된다고 하자. 그 이유를 알기 위해서, 최고경영자는 보다 자세한 정보(예를 들어 각 지역의 판매량)를 보고자 할 것이다. 만약 문제가 되는 지역을 찾는다면, 최고경영자는 그 지역에 대한 더욱 세부적인 사항을 알고자 할 것이다. 어떤 경우에는 이러한 드릴다운 프로세스가 여러 번의 세부 계층을 통해 진행된다. 그리고 이러한 기능을 제공하기 위해, EIS에는 몇 천 개의 메뉴, 하위 메뉴, 그리고 하위 메뉴의 하위 메뉴가 포함된다. 드릴다운은 직접적으로 데이터베이스부터 추출되거나 브라우저를 사용하여 이루어질 수 있다. 지능형 대리인을 이용한 드릴다운 기능을 가진 시스템이 현재 개발 단계에 있다.

(2) 주요성공요인과 주요성과지표

〈표 3-7〉 전형적인 CSF의 주요성과지표

CSF	주요성과지표
이익률	각 부서, 제품, 지역 등의 이익률을 경쟁자와 비교
재무지표	재무 비율, 대차대조표 분석, 현금보유비율, 투자 수익률 등
마케팅	시장점유율, 광고 분석, 제품 가격 책정, 주간(일간) 판매실적, 고객별 판매가능성
인적자원관리	이직률, 직무 능력 분석, 결근율
계획	기업 제휴 전략, 성장·소유 구조 분석
경제적 분석	시장 동향, 외환 변동, 산업 동향, 노동 비용 경향
소비자 동향	소비자 신뢰 수준, 구매 패턴, 인구통계 자료

조직의 목표를 위해 반드시 고려해야 할 사항들을 주요성공요인(Critical Success Factor: CSF)이라고 한다. 이런 요인들은 전략적, 관리적, 또는 운영적인 것이며 크게 조직적 요인,

산업적 요인, 환경적 요인 등 세 영역으로 나뉘어 정의되고 있다. 이것들은 조직수준에서뿐만 아니라 지역별, 공장별, 그리고 부서별 모두에 존재할 수 있다. 어떤 때에는 각 개인에게 CSF가 필요한 경우도 있다.

CSF는 규격에 맞추어 비교, 측정, 모니터할 수 있다. 표 3-7은 각각의 CSF를 측정할 수 있는 주요성과지표의 예이다.

(3) 상황 접근

상황 접근 모드에는 최근의 데이터 또는 보고서의 중심 지표 상황 또는 다른 요인들이 언제든지 확인 가능하다. 여기서 중요한 것은 정보의 적합성이다. 최근의 데이터는 당일 또는 매시간 업무 현황의 확인 또는 보고가 요구된다. 비상시에는 실시간 보고가 요구되기도 한다.

(4) 동향 분석

데이터 분석에서는 그 동향을 파악하는 것이 매우 중요하다. 판매가 증가하는가? 시장점유율이 감소하고 있는가? 경쟁자의 시장점유율은 어떠한가? 최고경영자들은 특히 데이터의 변화가 발생할 때 그 동향을 파악하는 것을 좋아한다. 동향 분석은 대다수의 ESS에 포함되어 있는 예측 모델들을 사용하거나, 최고경영자가 접할 수 있는 DSS를 실행하여 할 수 있다.

(5) Ad Hoc 분석

ESS는 데이터 분석을 하는 데 있어 단순한 액세스만을 제공하는 대신 처해 있는 상황과 목적에 따라 임의적으로 수행하는 ad hoc 분석 기능을 제공한다. 따라서 최고경영자들은 자신만의 창조적인 분석을 위하여 ESS를 사용할 수 있다. 또한 그들은 활용되고 있는 프로그램 툴이나, 결과, 원하는 정보를 선택할 수도 있다.

(6) 예외보고

예외보고는 "예외관리" 개념에 근거하고 있는데, 이는 최고경영자가 일반적인 기준 혹은 기댓값과 차이가 많은 부문에 관하여 주의를 기울여야 한다는 것이다. 따라서 예외보고에서 최고경영자의 관심은 최악의 경우나 최적의 경우만이 감독 대상이 될 것이다. 이 접근법은 보고서 제출자와 확인자 모두의 시간을 절약할 수 있다.

제4절 DSS의 발전추세

1. 온라인 분석처리

비교적 사소한 문제에 있어서 사용자는 직접 EIS 또는 DSS에 데이터를 입력할 수도 있다. 다른 대부분의 경우 필요한 데이터를 데이터베이스나 데이터파일로부터 전송받는다. 이때 최고경영자와 경영자를 위한 시스템이라면 데이터의 입력과 분석프로세스가 단순할수록 좋다. 예를 들어, 경영자가 동향 파악을 위해 지난달의 판매 데이터를 분석하려고 한다. 이상적인 시스템이라면, 경영자는 단지 분석의 형태와 원하는 기간만 지정하고 나머지는 DSS가 처리해야 하는 것이다. 이와 비슷하게, 최고경영자가 드릴다운이나 질의를 실행하려 한다면 간략한 조작으로 원하는 작업을 달성할 수 있어야 하는 것이다. 이러한 분석프로세스를 제공하는 것을 온라인 분석처리(OnLine Analytical Processing: OLAP)라고 한다. OLAP를 실행하기 위해서 경영자는 데이터베이스 사용과 분석 및 발표를 위한 적절한 툴이 필요하다. 한 가지 접근법으로서 데이터웨어하우스 또는 데이터마트를 사용할 수 있는데 이러한 것들이 없다면 프로그래머를 사용하여 분석해야 한다.

2. 시뮬레이션과 시각적 대화형 의사결정

(1) 시뮬레이션의 정의

시뮬레이션이란 용어에는 여러 의미가 포함되어 있다. 가장 일반적으로 현실의 특성을 가상으로 모방하는 것을 가리킨다. DSS에서 시뮬레이션이란 관리시스템 모델상에서 컴퓨터를 사용하여 가상의 실험을 수행하는 기술을 말한다.

DSS는 비구조적 또는 반구조적인 상황을 위한 것이기 때문에 일반적인 모델이나 최적화를 쉽게 적용하지 못하는 복잡한 상황을 포함하고 있다. 따라서 시뮬레이션은 DSS에서 가장 자주 사용되는 것들 중의 하나이다.

(2) 시뮬레이션의 주요특성

① 시뮬레이션은 보통의 모델과 다르다. 일반적인 모델은 사실을 대표하지만 시뮬레이션은 일반적으로 그것을 모방한다.

② 시뮬레이션은 실험을 수행하는 기술이다. 따라서 시뮬레이션은 의사결정 시 특정한 가치를 시험하거나 모델에서 통제할 수 없는 변수 또는 산출 변수의 영향력을 관찰하기 위한 것이다.

시뮬레이션은 서로 다른 상황하에 있는 하나의 시스템의 특성을 설명하거나 예측한다. 일단 특성들의 가치가 계산되면, 몇 개의 대안 가운데 최적의 대안이 선택된다. 시뮬레이션 프로세스는 종종 특정한 행동의 효과를 평가하기 위해 수많은 반복 실험을 하기도 한다.

(3) 시뮬레이션의 장점

① 시뮬레이션은 시간의 압축효과를 보여줌으로써, 긴급한 상황에 처한 경영자들에게 의사결정의 장기적 효과를 예측하게 할 수 있다.

② 시뮬레이션은 설명적이다. 이것은 경영자로 하여금 "what-if" 형식의 질문을 던진다. 따라서 의사결정을 위해 시행착오 접근법을 사용하는 경영자는 시뮬레이션상의 문제를 경험함으로써 실제에서 보다 빠르고 저렴하며 위험부담을 낮춰 의사결정 문제를 해결할 수 있다.

③ 시뮬레이션은 재고나 스테핑과 같은 매우 큰 변화를 동반하는 문제들을 다룰 수 있다. 또한 장기적 계획과 같은 고위층의 관리 업무도 다룰 수 있다.

④ 경영자는 다른 변수들을 이용하여 어떤 것이 중요하고 어떤 것이 최상인지를 파

악하는 실험을 할 수 있다.

(4) 시각적 대화형 모델과 DSS

시각적 대화형 모델(Visual Interactive Model: VIM)은 수익 또는 시장점유율 같은 운영목표에 대한 의사결정 또는 다른 관리기법의 영향력을 나타내기 위해 컴퓨터그래픽을 사용한다. VIM은 보통의 시뮬레이션과는 달리 사용자가 의사결정 프로세스 과정에 직접 참여할 수 있고, 참여의 결과를 볼 수 있다. 시각 모델은 의사결정 또는 문제해결의 필수적 요소로 사용되기 때문에 일반적인 의사소통 도구보다 훨씬 탁월하다 할 수 있다.

VIM은 의사결정 지원과 훈련에 모두 사용될 수 있다. VIM은 정적 또는 동적 시스템을 나타낼 수 있다. 정적 모델들은 한 번에 하나의 의사결정에 대한 결과를 시각적 이미지로 나타낸다. 동적 모델들은 시간에 따라 진화하는 시스템을 나타낸다. 진화는 애니메이션이나 영상으로 표현된다.

VIM에서 가장 진보한 분야는 시각적 대화형 시뮬레이션이다. 이것은 최종사용자가 동영상 형식으로 된 시뮬레이션 모델의 진행을 화상터미널을 통해 관찰할 수 있다. 사용자는 시뮬레이션과 상호작용을 할 수 있어 다른 전략을 시도할 수도 있다.

VIM은 몇 가지 운영관리 의사결정의 DSS와 함께 사용되고 있다. 이 모델은 제조공장 또는 경영 프로세스의 상호관계적인 가상모델과 그것의 현 상황으로 구성되어 있다. 이 모델은 컴퓨터상에서 빠르게 실행되어 공장 또는 경영 프로세스가 앞으로 어떻게 운영되는지를 관찰할 수 있다.

3. DSS와 EIS 그리고 인터넷 연결

웹은 의사결정 지원과 EIS 기능을 함께 가지며 전 세계를 기반으로 하는 완벽한 매개체이다. 의사결정과 관련하여 인터넷의 기능들은 다음과 같다.

① DSS/EIS 빌더는 DSS와 연관된 조직의 데이터와 웹페이지를 활용함으로써 시간을 절약할 수 있다.

② 웹은 상호작용하는 DSS 관련 질문과 ad hoc 보고서 작성을 지원한다. 사용자는 미리 정의된 질문 또는 보고서를 실행할 때 메뉴에서 변수의 리스트를 선택할 수 있다. 이것은 구축자가 DSS/EIS의 산출물을 사용자화(customize)한 것이다.

③ 웹 기반의 응용시스템 서버는 데스크탑 DSS/EIS 프로그램상의 기능을 실행하는 자바 애플릿을 다운받게 된다. 이것은 사용자가 자신이 사용하는 클라이언트에 관련된 프로그램을 다운받지 않고도 진보한 DSS 응용시스템 능력을 제공받을 수 있는 프로그램으로, 모든 사용자는 웹브라우저만 있으면 된다. 그림 3-8은 웹 기반의 질의(inquiry) 처리과정을 나타낸 것이다. CGI(Common Gateway Interface)는 웹서버에 있어 사용자의 요구를 응용프로그램에 전달하고 그 결과를 사용자에게 되돌려주는 표준방법이다. SQL(Structured Query Language)은 데이터베이스에서 정보를 얻거나 갱신하기 위한 표준화된 언어로, 대화형으로 이용하거나 프로그램 내에 직접 삽입하여 쓸 수 있다.

그림 3-8 웹 기반의 질의처리 과정

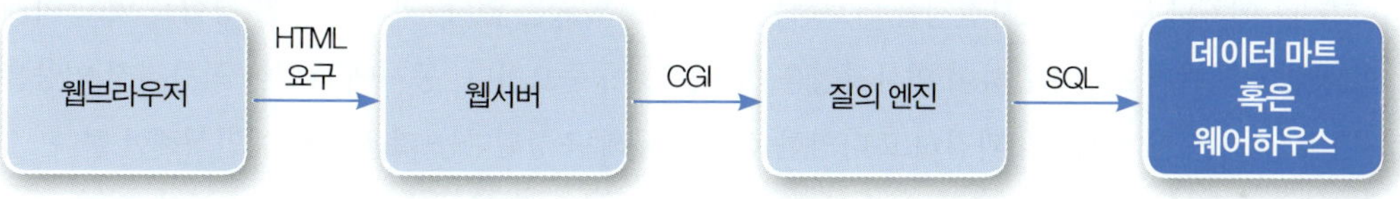

MIS HIGHLIGHT 1

탁월한 의사결정, 직관과 분석의 황금비를 찾아서

기업의 미래는 의사결정에 의해 좌우된다. 그렇기 때문에 기업은 항상 보다 나은 의사결정을 내리기 위해 노력해야 한다. 의사결정에 있어 중요한 것은 분석과 직관의 황금비율을 찾는 것이다. 환경이 확실한 경우에는 분석에 의한 결정이, 미지의 영역일 경우에는 직관에 의한 결정이 보다 바람직한 경우가 많다. 하지만 정답은 없다. 또한 의사결정을 할 때 고정관념과 선입견으로 인해 심리적 함정에 빠지지 않도록 경계해야 한다.

보다 탁월한 의사결정을 위해서는 무엇보다도 달성하고자 하는 명확한 목표를 정립하는 것이 필요하다. 자만에 빠지지 말고 열정을 가지고 끊임없이 학습하면서 현재의 부족함을 극복할 수 있는 방안을 혁신적으로 모색해나가는 것도 필요하다. 그리고 미묘하지만 중요한 비즈니스 환경변화를 감각적으로 인식할 수 있는 통찰력을 키워야 한다. 조직 내의 건설적인 갈등 유발, 외부 네트워크의 활용 등을 통해 다양한 의견과 정보를 듣고 활용하려는 노력도 의사결정의 질을 높일 수 있는 좋은 방안이다. 또한 구체적으로 행동에 옮길 수 있는 대안을 중심으로 의사결정을 하는 것도 요구된다. 마지막으로 추진 방향이 옳다고 생각하면 과감하게 이를 결정하고 실행해야 한다. 만약 결정이 틀렸다고 판단되면 이를 인정하고 신속하게 계획을 수정해야 한다.

그러나 언제나 탁월한 의사결정을 담보하는 One Best Way는 없다. 과거의 성공 경험을 잊고 미래의 상황을 객관적으로 판단하여 의사결정을 내리는 것이 중요하다. 동시에 탁월한 의사결정 역량은 저절로 생기는 것이 아니라 과감하고 다양한 실행을 통해 육성된다는 것을 분명히 인식해야 한다.

의사결정과 관련하여 치열한 논쟁이 이루어지고 있는 이슈 중 하나가 바로 분석과 직관 중 어느 것이 보다 탁월한 의사결정에 도움이 되느냐 하는 것이다.

■ 분석은 의사결정의 기반

메이저리그의 야구팀들은 일반적으로 타율이 좋고 발이 빠르고 어깨가 좋은 선수들을 선호하였고, 이런 선수들을 영입하기 위해 많은 노력을 기울였다. 그러나 오클랜드 애슬레틱스(Oakland Athletics)의 단장인 빌리 빈(Billy Beane)은 수많은 통계자료를 분석한 결과 출루율과 장타율의 합인 OPS(On-base Plus Slugging)가 오히려 우수 선수들을 찾는 데 바람직한 지표라고 판단하였다. 그는 OPS를 활용하여 저평가된 선수들을 영입함으로써 메이저리그 30개 구단 중 돈을 적게 쓰면서도 좋은 성적을 거두는 성과를 만들어냈다. 이와 같이 분석은 바람직한 의사결정을 이끌어내는 데 중요한 역할을 한다.

비즈니스에서도 분석은 중요하다. 유명한 컨설턴트 데이븐포트(Thomas Davenport)는 경영자의 필수 덕목으로 분석을 뽑고 있다. 기업들은 넘쳐나는 데이터 속에 묻혀 있지만 실제적으로 이를 효과적으로 활용하는 기업들은 거의 없다는 것이다. 따라서 최고경영진은 분석적 접근법을 자신의 전략의 핵심이라고 생각하고 부서 차원이 아닌 전사적 관점에서 내외부의 데이터를 활용하여 의사결정에 도움이 될 수 있는 정보를 제공할 수 있는 모델을 구축하여 활용할 수 있도록 노력해야 한다고 말하고 있다.

또한 브링크만(Jan Brinckmann) 등에 의하면 비즈니스 기획이 중소 벤처기업 성과에 긍정적인 영향을 미치는 것으로 나타나고 있다. 특히, 설립된 지 8년 미만의 신생 기업보다는 8년 이상의 기업에서 기획이 보다 중요한 역할을 하는 것으로 분석되고 있다. 환경과 사업이 어느 정도 안정 궤도에 들어서고 활용할 수 있는 데이터가 축적된 경우 분석이 더욱 큰 효과를 가져다준다는 것을 시사하고 있는 것이다.

웰즈 파고(Wells Fargo)는 데이터의 정량적 검증과 사실에 근거한 의사결정을 중시하는 기업으로 알려져 있다. 글로벌 금융위기가 실질적으로 발생하기 전 웰즈 파고는 자사의 대출 관련 데이터를 엄밀히 분석한 결과 단기적으로 시장점유율에 악영향을 미칠지 모르지만 서브 프라임 모기지 비율을 줄여나가는 것이 바람직하다는 결론을 내리고 이를 실행하였다. CEO 코바세비치(Richard Kovacevich)는 "우리는 다른 은행이나 투자기관들의 움직임에 대해서도 논의했지만, 타 기관들의 움직임이 바람직하지 않다고 의견을 모았다"라고 말하고 있다. 적절한 분석을 통해 웰즈 파고는 글로벌 금융위기를 슬기롭게 피해갈 수 있었으며, 자사의 주요 경쟁사 중 하나인 와코비아(Wachovia)은행을 인수할 수 있었다.

의사결정에 있어 분석이 중요하다는 것은 의심의 여지가 없다. 그런데 분석을 너무 맹신하는 것은 바람직하지 않다. 정보분석을 위해 너무 많은 시간을 소요하다가 의사결정 시기를 놓칠 수 있다. 과도한 정보는 오히려 의사결정을 하는 데 있어 혼란을 불러일으킬 수도 있다. 또한 탈레브(Nassim N. Taleb)가 말한 바와 같이 검은 백조(Black Swan) 현상이 나타날 수 있다. 즉, 과거의 경험으로는 확신할 수도 없고 분석도 불가능한 정상적인 기대범위 밖에 있는 사건이 발생할 수 있는 것이다.

■ 직관은 의사결정의 의지를 촉발

최고경영자들 중에는 중요한 결정을 내릴 때 논리적인 분석보다 배짱, 육감 혹은 내면의 소리를 믿는다는 사람이 의외로 많다. GE의 전 CEO 잭 웰치(Jack Welch)의 자서전의 부제가 "직감을 앞세우는(Straight from the gut)"임을 볼 때 웰치 또한 상당히 직관을 중요시한 것으로 보인다.

말콤 글래드웰(Malcolm Gladwell)은 그의 책 『블링크』에서 전체를 속속들이 다 파악하는 것보다 매우 얇은 경험의 조각들을 토대로 상황과 행동의 패턴을 찾아내는 직관적 능력이 매우 정확한 의사결정 결과를 가져오는 경우가 많다고 말하고 있다. 예를 들어, 세계 정상급 테니스 코치 빅 브레이든은 남녀 선수를 막론하고, 현장에서 직접 보든 텔레비전으로 보든 그 선수에 대해 얼마를 아는가 하는 것과 상관없이 더블폴트를 순간적으로 감지할 수 있다고 한다. 실제로 그는 더블폴트 17개 중 16개를 예견했다. 하지만 본인도 그러한 결론을 이끌어내는 데 어떤 증거들을 사용했는지 알 수 없었다고 한다.

인간의 의식은 모든 가능성에 대해 분석하는 데 한계를 가진다. 따라서 여러 가능성을 여과 처리하는 데 인간의 감성과 느낌에 바탕을 둔 직관이 중요한 역할을 하게 된다. 즉, 직관은 인간의 의식이 좋은 의사결정을 내릴 수 있도록 안내하는 역할을 하는 것이다. 실제적으로 전쟁 중에 뇌의 감정을 담당하는 전두엽 부분을 상실한 사람들을 연구한 결과, 이들은 지루한 분석, 끝없는 윤곽잡기, 선택 가능한 대안에 대한 결말 없는 비교 속에서 헤매다가 의사결정을 내리지 못하는 특징을 보이는 것으로 나타났다. 직관이 부족하면 제대로 의사결정을 내리지 못하는 것이다.

결국, 의사결정에 있어서 중요한 것은 분석과 직관의 황금비율을 찾는 것이라고 말할 수 있다. 어느 정도 환경이 확실한 경우에는 분석에 의한 결정이, 미지의 영역일 경우에는 직관에 의한 결정이 바람직한 경우가 많다. 하지만 정답은 없다. 상황에 따라 분석모델이 예측하지 못하는 위협을 직관을 사용해 느껴야 하고, 잘못된 직관을 바로잡고 보완하기 위해 적절한 분석 프로세스를 정립해야 한다.

〈LG Business Insight, 2010. 6. 2.〉

MIS HIGHLIGHT 2

빠른 의사결정·비용절감 장점 화상회의시스템 '뜬다'

UC(Unified Communication)가 단순한 커뮤니케이션 통합이라는 기업의 업무 프로세스와 연계한 생산성을 향상시키는 방향으로 변해 가고 있다. 여기엔 모바일과 영상이 중요한 기반 솔루션이 되고 있으며 특히 영상에 대한 주요 트렌드는 비디오와 멀티미디어가 자리 잡아가고 있다. 회의실 기반의 화상회의 솔루션은 이제 개인 데스크톱 비디오, PC 기반의 웹 협업 툴, 스마트폰 기반의 화상회의 통화 등 점차 여러분야로 확대해 나가고 있다. 여전히 회의실 기반의 화상회의 솔루션이 중요한 성장을 보이면서 멀티미디어에 익숙해진 사용자들이 그 사용과 범위를 어떻게 확대해 나가고 있는지 알아본다.

기업들의 화상회의를 통한 커뮤니케이션 활동이 늘고 있다. LG-Nortel 직원들이 협력사 폴리콤의 중국 베이징 직원들과 화상회의를 진행하고 있다.

작년 IT시장의 최대 화두가 신속성, 이동성 이라는 단어로 집약되면서 스피드 경영은 여러 기업들에 요구 되는 사항이 됐다. 전사적으로 화상회의를 도입한 기업들은 이동성에 구애받지 않은 업무 환경과 빠른 의사결정, 신속한 위기대응 방안으로 적극 활용하고 있다. 특히 임직원들의 출장을 줄여주고 불필요한 회의 소집 등으로 인한 시간 단축과 비용절감을 돕는다는 측면에서 화상회의 시스템 도입이 증가하고 있다.

두꺼운 인쇄물을 손에 들고 회의실을 찾지 않고도 그룹웨어에서 상대방의 이름만 클릭하면 프리젠테이션 자료를 공유하면서 화상회의를 진행 할 수 있다. 또 해외 지사들과의 실시간 화상회의를 통해 국내지사의 사업성장과 조직의 글로벌화에 필요한 협업 환경 구축을 위한 툴로 이용되고 있다. 특히 화상회의 시스템의 도입가격과 운용비용이 과거와 대비해 상대적으로 줄어들었고 네트워크 환경 또한 개선되면서 운영비용에 따른 문제점이 개선된 것도 구축 증가의 한 이유다.

화상회의시스템 기대효과

- 출장이동에 따른 시간절약
- 실시간 빠른 협업, 의사 전달 및 결정
- 직원들 간 활발한 업무교류 가능
- 경제적인 경영을 위한 제반 수반

■ 비용절감효과·그린IT 구현

기업들이 해외지점까지 연결하는 전사적 화상회의 시스템을 가동하는 방안을 검토 중이거나 구축하는 사례가 늘고 있다.

원격지 출장 및 이동에 따른 불편을 감소시키고 각종 회의에 소요되는 시간과 비용을 절감한다는 방침으로 업무 효율성 및 임직원들의 의사소통 기능 향상을 꾀하고 있는 것이다. 기업들은 이와 함께 화상회의시스템 도입으로 화상통화를 통한 커뮤니케이션 노하우를 향상시키고 일하는 방식과 소통문화 변화에 기여할 수 있을 것으로 기대하고 있다. 이처럼 화상회의는 출장비용과 시간을 절감시키는 것뿐 아니라 본사에서 현지 업무 진행사항을 파악하는 원격근무를 정착시키면서 업종별 다양하게 확산되고 있다.

대우건설은 작년 UC환경을 구축하면서 스마트 워크 환경을 지원한다는 방침 아래 건설업계 특성상 출장과 외근이 잦은 직원들 간 업무 협력 구축에 초점을 뒀다. 대우건설 측은 화상회의시스템에 업무효율성 증대와 업무 수행시간, 출장비, 통신비 등의 실제적인 비용절감 효과를 보이는 그린IT 구현을 함께 기대하고 있다. 고○○ 대우건설 부장은 "비즈니스 환경 변화에 민첩하게 대응해 업무 효율성과 창의성을 높이기 위한 방안으로 UC환경을 구축했으며 화상회의 시스템은 이에 핵심이 되는 솔루션중 하나"라고 말했다.

CJ그룹 역시 지난 2009년 그룹차원에서 영상회의 솔루션을 도입해 UC 환경 구축에 나선 후 현재 사용 중이다. CJ주식회사, CJ제일제당, CJ올리브영, CJ GLS, CJ헬로비전 등 15개 국내외 계열사를 거느린 CJ그룹은 경영층을 대상으로 데스크톱용 영상회의시스템을 구축했으며 11개의 해외 법인에도 동시 도입했다. CJ그룹의 IT부분을 책임지고 있는 CJ시스템즈 정○○ 대표는 "매주 한 번씩 화상회의를 통해 의사결정 속도와 효율성을 높이고 있다"며 "화상회의를 시작한 후, 회사그룹사들 간 신속한 커뮤니케이션이 이뤄지고 있으며 과거와 달리 비용이나 네트워크와 관련된 문제점들이 해소되면서 구축 부담도 별로 없었다"고 전했다.

르노삼성의 경우 문제가 발생할시 긴급대응 프로세스를 가동하기 위해 화상회의시스템을 구축했으며 기존 일주일 이상 걸리던 결함 대응 체제를 2일 내로 단축시키는 것을 목표로 했다. 공장에서 발생한 결함을 타 지역 연구소에서 영상회의를 통한 실물 영상으로 실시간으로 확인하고 물류회사까지 연계해 부품을 공급하는 대응 체계를 마련하게 된 것이다. 작년 화상회의시스템을 오픈한 르노삼성 관계자들은 화상회의를 통해 모든 중대형 차량의 개발 이슈와 문제점을 분석하는데 초점을 두고 있다.

자동차부품 전문 기업인 한라공조는 지난 2005년 모회사인 Visteon과의 영상회의 필요성이 대두되면서 이후 이사회 및 임원 회의용으로 사용하기 시작했다. 이후 2006년부터 본지사간(평택, 서울)으로 확대 적용 했으며 2007년 울산공장에 도입해 현재 사용 중이다. 김○○ 한라공조 상무는 "모회사 또는 해외고객들과의 신속한 소통, 대응 및 본 지사간 출장자 증가에 따른 경비와 시간의 절약을 통한 빠른 업무협업과 의사결정이 화상회의시스템 구축의 동기"라고 설명했다. 국내에서는 1시간의 회의라도 출장 당일 대부분 하루가 소요 되면서 업무 영속성의 유지가 힘들었다는 것이 한라공조 측의 설명이다. 또한 고유가 시대에 들어서면서 절약적이고 경제적인 경영을 위한 제반수단이 필요로 되면서 긴급사항 발생 시 출장 없이도 화상회의를 통해 대책을 마련하거나 대안에 대한 신속성을 확보한다는 방침이다.

한국화이자제약은 작년 미국 본사를 비롯해 스위스, 일본에 이어 네 번째로 화상회의시스템을 구축했다. 한국화이자제약 화상회의시스템은 한국지사의 사업성장과 조직의 글로벌화에서 필요한 협업 환경 구축을 위해 도입된 이유가 가장 크다. 이○○ 한국화이자제약 부장은 "각 사업부문과 글로벌 협업은 물론이고 해외출장비용의 절감과 시간 낭비를 줄여 비즈니스 생산성 향상 기여에 활용할 계획"이라고 밝혔다. 현재 한국화이자제약의 화상회의시스템은 주로 임원진들 위주로 사용되고 있지만 일반 임직원들에게까지 자연스럽게 필요성을 인지시킬 계획이며 부서장급 이상들에게 따로 사용교육을 숙지시킬 전망이다.

오비맥주 역시 작년 화상회의시스템을 구축했으며 4곳의 공장과 권역본부 등이 함께 연계해 사용하고 있다. 특히 아웃룩과 폴리콤이 연동됨에 따라 미팅룸 관리 시 미리 비디오 등 관련 장비들이 스탠바이 될 수 있게 연동시키고 있다. 박○○ 오비맥주 팀장은 "특이 영업부서에서 불필요한 시간 소비를 줄이게 되면서 전사적으로 봤을 때 IT비용절감과 시간단축에 많은 도움이 되고 있다"고 말했다.

■ 국내·외 기업들 경쟁시장 뛰어들어

국내 글로벌 기업들의 경우 신제품 출시와 이에 따른 지사 관련 인력들에 대한 지식 업데이트, 새로운 정책 설정 등을 위한 출장이 빈번하다. 이들 업체들은 출장비용을 줄이는 내신 화상회의솔루션을 도입해 사원들의 편의성을 제공하면서 출장과 관련한 경비도 절감할 수 있다. 초기 투자비가 다소 들어가더라도 기업들의 투자 단행 분위기가 조성됨에 따라 최근 화상회의시스템에 대한 더욱 다양한 솔루션들이 IT시장에 출시되고 있다. 특히 유선 네트워크 인프라 환경이 확산되면서 전용회선 위주의 화상회의 솔루션들이 인터넷 기반으로 바뀌면서 HD 지원이나 직접 대면 효과를 느낄 수 있는 제품까지 진화의 속도는 빠르다.

현재 화상회의 솔루션 시장은 폴리콤, 시스코, IBM, HP, MS 등이 경쟁구도를 이루고 있으며 이 외에도 국내외 중견기업 등 수많은 경쟁업체들이 등장하고 있다. 화상회의 솔루션 시장의 최근 특징은 전용 장비를 통한 고비용 구축보다는 저비용의 효율적인 구축을 제안하는 등 솔루션 제공 관련 기업들의 마케팅 행보도 다양해지고 있다는 점이다. 국내업체들 역시 순수 솔루션 기반의 화상회의 솔루션부터 장비 일체형 솔루션을 제안하는 업체 등 유선 네트워크 인프라를 활용하려는 고객들의 요구에 대해 다양하게 대응하고 있다.

HW와 SW 방식 화상회의시스템

HW 방식	SW 방식
• 리모콘 Control 사용·조작이 편리 • SW에 비해 화상회의 속도와 화질, 음성 등 우수 • 단점은 초기 구축비용이 SW에 비해 많이 발생	• PC이용으로 설치 쉽고 투자 비용 저렴 • 단점은 PC사양에 따라 서비스 품질 달라짐 • 각 개인 PC에 카메라 설치와 헤드셋 등 필요

■ 기술적 보완과 사용자 숙지가 과제

화상회의시스템 사용 해당 기업들은 의사 결정 시간을 단축하고 이동 비용을 줄여 업무 생산성을 높일 뿐 아니라 탄소 배출 절감 효과 등의 이유로 화상회의 환경을 조성하는 데에 관심을 갖기 시작했다.

하지만 초기 구축비용이 비싸다는 점과, 전용회선 사용으로 월별 통신비가 저렴하지 않다는 점, 무엇보다 품질이 낮아 동영상과 음성 간 전달 속도에 차이가 나는 까닭에 회의가 매끄럽지 않다는 점 등을 보완해야 할 점으로 지적해왔다. 특히 사용 기술적인 면에서 다수가 이용 시 화자에 대한 카메라 인식이 늦거나 기기의 조작이 다소 복잡한 점 등을 보완해야 할 점으로 꼽았다. 이외에도 데이터 공유를 위해 쌍방의 모니터화면에 전자게시판의 화이트 보드기능이나 동일한 응용 SW를 공유해 사용 할 수 있는 기능이 필요하다는 의견도 있었다.

이미 화상회의를 하고 있는 기업들은 고정된 화상회의장소가 아닌 개별 PC에서도 동시에 접속하고 통화할 수 있는 체계 마련에도 분주해 질것으로 예상하고 있다. 스마트폰 및 UC와의 연동이 가능해지는 등 누구나 사용할 수 있는 스마트워크(Smart Work)기능이 꾸준히 요구되고 있기 때문이다. 결국 화상회의시스템은 단순히 보고 듣는 일방적인 소통보다는 쌍방향으로 접근해 저장, 검토, 관리할 수 있는 시스템으로 개선되는 정도에 따라 기업 내 활용도가 좌우될 전망이다.

〈BizIT, 2011. 2.〉

CASE 1

빙그레 경영성과관리시스템: 신속한 의사결정, 현업 사용 극대화 끌어내

빙그레는 지난해 경영성과관리 시스템을 구축해 다차원 DB와 플래닝이 가능한 환경을 조성하면서 시스템 관리자 및 현업 사용자의 편리성을 증가시켰다.

구축 결과 기존 사업계획 수립을 위해 시스템상에서 소요되던 시간이 기존 14일에서 3일로 단축됐으며 과거에는 지원되지 않던 경영정보 시뮬레이션 기능으로 상황 대응 경영이 가능해졌다. 임원진들 역시 경영성과 관련 분석 결과를 직접 리포팅해 월별 회의에 활용하는 등 사용률이 증가하면서 경영성과관리시스템은 내외부환경변화에 능동적으로 대응할 수 있는 경영환경을 마련하는 초석으로 자리 잡았다.

특히 작년부터 한국채택국제회계기준(K-IFRS) 도입과 더불어 급변하는 비즈니스 환경에 대응하고 유연한 시스템 인프라로서 능동적으로 환경변화 대응이 가능한 시스템이라는 점에서 사내 핵심 역량 및 경쟁우위의 요소로 활용되고 있다.

빙그레는 지난 2000년 도입했던 오라클 기반의 전사적자원관리(ERP) 노후화에 따른 새로운 시스템의 필요성이 대두됐다. 그 결과 지난해 하반기 경영성과관리시스템을 구축해 사용자의 수준을 제고하고 편의성을 고려한 현업의 시스템 활용을 극대화한다는 방침을 세웠다.

특히 경영성과관리시스템 가동 이후 사업계획 수립에 따른 시스템 소요시간이 현저히 단축되고 데이터의 질이 향상됐다. 과거 시간에 쫓기며 아예 접근조차 하지 못했던 업무를 반영한 수행이 가능해졌으며 제품 수익성 배부 역시 레벨별로 다양한 차원을 설정해 재수행하고 있다.

특히 산업 특성상 계절적인 요인으로 월 배부와 누적 배부와의 차이가 제품별로 발생했으나 시스템 구축 이후부터는 월별로 요인들을 분석할 수 있게 되었다. 이러한 분석이 가능해진 것은 사업계획 수립 후 업무실수 등으로 인한 잘못된 데이터를 조기에 찾아 확인 대응하면서 피드백이 빨라졌기 때문이다.

또한 경영성과관리 시스템 구축으로 재무, 관리 등에 필요한 데이터를 한 번에 가공해 현업에 제공하면서 K-IFRS 등 회계 부서의 매월, 분기 등 필요한 리포트에 대한 만족도가 향상되었다. 경영성과 자료는 회사 전반에 걸쳐서 사용되고 기업설명회(IR) 등 대외적인 리포트에도 활용되고 있다.

■ 시스템 운영환경 개선

경영성과관리시스템은 업무처리시간을 대폭적으로 단축시키고 빠른 데이터의 제공이 가능하다는 점에서 기존보다 사용자들의 데이터 분석 및 조회와 경영정보에 대한 접근이 쉽고 다양해졌다.

웹 환경의 플래닝과 엑셀, 파워포인트 등 다양한 시스템의 연동으로 업무 필요성에 따른 정보 접근이 가능하며 임직원들 역시 기본분석 보고서 외에도 상황에 따른 제반 분석 보고서 작성과 접근이 쉬워졌다. 이로 인해 임직원들은 모든 보고서를 개인 폴더에 저장해 적시에 활용할 수 있게 되면서 상황대응 경영에 가까워졌다는 의견이다.

업무적 측면에서 역시 자료의 취합과 분석뿐 아니라 데이터 가공이 용이해지면서 담당자의 자료 작성이 고도화되어 경영진의 의사결정에 많은 영향을 끼치고 있다.

회사 전체와 조직, 제품별 수익성 분석이 이에 해당되며 다양한 통계적 기법을 활용한 손익 시뮬레이션과 원가, 조업도, 이익의 상호관계 분석 기법인 CVPC(Cost Volume Profit Chart) 시뮬레이션을 통해 비즈니스 상황에 적용할 수 있기 때문이다.

특히 빙그레는 직관적 분석 및 원인 추적이 용이한 대시보드를 활용해 경영관리 효율성 향상과 함께 셀프서비스가 가능한 분석 환경으로 임직원 개인별로 리포팅을 구성해 관리할 수 있게 했다.

각 사업부 담당 임원들은 재무적인 관점에서 핵심성과지표(Key Performance Indicators: KPI)를 개별적으로 만들어 쉐어드 리포트, 개인별 리포트로 저장하는 등 엔드유저가 직접 현안에 대해 리포팅하는 작업이 가능해졌다. 또한 기업성과관리(EPM)를 도입하면서 임원회의 시 대시보드 기능을 활용한 즉시 조회로 인해 신속한 회의 진행이 이뤄지고 있다.

임원회의뿐 아니라 사업부 회의 등에서도 EPM을 활용해 별도의 회의 자료를 준비하지 않아도 EPM 시스템 화면을 통해 경영성과 현황을 시공간에 상관없이 다차원적으로 보고 분석할 수 있는 '종이 없는 기업 문화'가 정착되고 있는 것이다.

사업부 관리팀의 경우 매달 성과 분석 등을 위한 수작업으로 엑셀을 많이 활용했지만 현재는 그 작업을 지양하면서 반복적인 리포트 작성 시간이 현저히 단축되었다는 의견이다. 이처럼 사업부별 경영성과 정보가 신속하고 다차원적으로 분석 공유·예측되면서 투명한 경영관리가 이뤄지고 있다. 빙그레 측은 이번 프로젝트를 통해 판매계획 수립에 있어 계획·입력·관리 및 추정 편의성을 통한 리드타임을 단축하고 과거 데이터 참조 및 계획 값을 일괄 조정해 효율성을 증대시켰다는 설명이다.

■ 사전교육과 관심 유도 중요

현재 경영성과관리시스템은 안정화 단계에 있으며 초기 경영진들에게 일대일 맞춤 교육과 함께 관심사에 대한 개인 리포트 작성으로 실제 업무에 직접 활용할 수 있도록 독려한 것이 특징이다. 각 부서별로 활용경진대회를 개최해 우수사례를 공유하면서 전사적으로 확대 적용해나간 작업도 사용자들에게 큰 호응을 얻었다.

빙그레 한 관계자는 "정보시스템 도입 시 시간이 흐르면서 관심도가 떨어지고 자연스럽게 유명무실해지는 경우가 많다"며 "경영진 및 사용자들의 지속가능한 시스템으로 변화시키기 위해서는 구축 단계부터 명확한 목표 설정이 요구된다"고 강조했다.

실제로 빙그레는 로드맵을 통한 단계별 구축 전략과 한 번에 프로젝트를 진행해 시스템적인 유기관계를 높여 사용자 만족도를 높이는 전략을 구분해왔다. 이후 비용과 시간의 적절한 배부로 사용자 중심의 시스템을 만들고 지속적인 교육 및 회의를 통해 꾸준히 진화시켜왔다.

〈BizIT, 2011. 8〉

CASE 2

S-OIL EPM/BI

■ 객관적 성과측정으로 전략적 목표 달성

S-OIL이 전사적 전략 목표달성과 객관적인 성과 측정을 위해 EPM/BI 시스템을 구축했다. S-OIL은 2009년 1월부터 본격적으로 시스템 구축을 시작해 2009년 6월 18일 오픈했으며 이후 올해까지 4차 EPM(Enterprise Performance Management) 고도화 및 BI(Business Intelligence)시스템 구축을 완료했다.

최근 고도화된 EPM 시스템은 S-OIL의 7대 전략과제를 중심으로 각 과제별 액션플랜과 약 2천 600여 개 항목에 달하는 KPI(Key Performance Index)가 연계돼 있다. 또한 이번 고도화 프로젝트에서는 BI 시스템을 추가해 성과 평가결과를 조직별 혹은 전략별로 분석, 가공해 월1회, 또는 비정기적으로 레포팅하게 된다. 바쁜 업무 중에도 BI 시스템의 이메일 자동전송을 통해 스마트폰이나 태블릿 PC에서 간편하게 성과 평가 분석 보고서를 확인할 수 있도록 모바일 기능을 탑재했다. S-OIL 측은 "이번 시스템 구축을 통해 객관적인 성과관리의 초석을 구축하게 됐고 궁극적으로 기업가치 증진과 더불어 성과와 연동된 공정한 보상체계의 기반이 마련됐다"고 설명했다.

▶ 객관적 성과평가 시스템 필요

국내 정유4사 중 하나인 S-OIL은 전사 전략적 목표달성에 직원들의 역량을 집중시킬 수 있는 성과지향적 조직문화를 배양하고 이를 뒷받침할 수 있는 객관적 성과 평가 및 공정한 보상체계를 확립하기 위한 성과관리 최적화 시스템 구축이 필수적이라고 판단했다.

아울러 빠르게 변화하는 비즈니스 경영 환경에서 경영진 및 직원 모두가 쉽게 접근할 수 있고, 단순 스코어카드 역할이 아닌, 가치 중심적 방향으로 직원들의 사고전환을 도모하도록 설계된 핵심 성과지표(KPI) 고도화 추세를 적절히 뒷받침해줄 수 있는 EPM/BI(Enterprise Performance Management/Business Intelligence) 시스템 구축이 필요하게 된 것이다.

프로젝트 개요

프로젝트명	구축기간	주요 도입효과	구축사업자
S-오일 EPM/BI 프로젝트	2011년 11월~2012년 1월	- 임직원 전략목표 의식 제고 향상 - 직무/보상 객관성 명확화 및 투명성 제고 - 사용자 위주 시스템 개발 - KPI 데이터 입력 자동화를 통한 데이터 신뢰성 및 생산성 향상 - KPI 통한 체계적인 성과관리 구현	오라클

▶ BI 통한 성과분석 레포팅

이번에 고도화한 EPM 시스템은 S-OIL의 7대 전략과제를 중심으로 설계돼 있다. 7대 전략과제는 각 과제별로 액션플랜이 있고 그와 관련된 KPI가 연계돼 있다.

EPM상에서 점검 및 평가하는 KPI 지표는 약 2천 600여 항목에 달하며, 개인평가 영역으로까지 내려가면 5천 개 이상의 관리 포인트를 내재하고 있어 세분화된 성과관리가 이뤄지고 있다.

이 지표들의 데이터 값은 대부분 기존 시스템으로부터 자동적으로 끌어오며 약 30% 정도는 설문조사 등을 통해 직접 입력되는 부분이다.

또한 이번 고도화 프로젝트에서는 BI 시스템이 추가됐다. EPM을 통해 도출된 지표는 BI 시스템을 통해 조직별 혹은 전략별로 분석, 가공돼 월1회, 또는 비정기적으로 레포팅된다. 면밀하게 성과에 대한 분석 및 처방을 해줌으로써 효율적인 성과관리에 기여하는 것이다.

S-OIL은 레포트에 대한 접근성을 높이기 위해 모바일 기능을 탑재해 스마트폰이나 태블릿 PC로도 성과분석 보고서를 확인할 수 있도록 했다.

그러나 모바일은 양날의 검이 될 수 있다고 백○○ S-OIL 상무는 경고한다. 접근성은 높아지지만 정보의 홍수 속에서 오히려 사용자들이 소화를 못할 수도 있기 때문이다. S-OIL은 성과분석 보고서를 한 눈에 확인할 수 있도록 최대한 간략한 형태의 이메일로 배포하고 있다.

또한 S-OIL은 BI시스템에 MDM솔루션을 탑재해 보안성 문제를 해결했다. 디바이스를 분실했을 시 원격으로 데이터 삭제가 가능하고 위치탐지를 통해 회수하거나 애플리케이션에 잠금을 걸어 기능을 마비시킬 수 있다.

■ 시스템 도입에 앞서 철저한 제도적 기반 마련

S-OIL은 EPM/BI 시스템을 성공적으로 구축하고자 본격적인 IT 시스템 구축에 앞서 2008년 1월부터 성과관리체계의 제도적 기반을 철저하게 준비했다. 우선적으로 성과관리제도의 목적, 중점 추진 방향 등을 명확하게 하고 이를 어떻게 시스템에 담을 것인지를 고심했다.

S-OIL의 시스템 구축방향은 우선 사용자 편의성 및 직관적 해석이 가능하도록 개발한다는 것이다. 이를 위해 ERP, PRM, HR시스템 등 기간계 시스템 데이터를 가능한 한 활용하고 사용자들이 시스템상에서 직관적으로 결과를 인지할 수 있도록 그래픽 기능을 강화했으며 클릭&고 기능으로 필요한 화면 전환 및 구성을 단순화했다.

아울러 시스템과 비즈니스 프로세스 간의 상호 유기적 연결을 구현했으며 임직원들에게 전략목표 달성 및 가치 중심 의식고취를 위해 시스템상 전략, 가치 중심 화면을 개발했다.

백 상무는 EPM/BI 시스템 구축에 있어 무엇보다 전 사원의 공감대 확립이 중요하다고 말했다. 이런 종류의 성과평가 시스템은 사용자들의 거부감이 크기 때문에 추진과정이 쉽지 않다는 것이다. 백 상무는 "임직원들에게 '이것은 나를 평가하는 성적표가 아니라, 내가 명확하게 전략을 이해하고 소통할 수 있는 툴이고, 회사의 핵심적인 성과를 관리하는 체계적인 툴'이라는 생각을 심어줄 수 있어야 한다"면서 "이를 위해 약 700회의 인터뷰와 회의를 통해 도입목적을 확립하고 공감대 형성을 추진했다"고 설명했다.

이 과정에서 경영진과 직원의 관점으로 나눠 각 요구사항을 파악했으며 경영진들은 주로 의사결정을 위한 것과, 효율적이고 통합적인 조직의 성과관리를 위해 전략과 연계된 관점에서 볼 수 있는 EPM을 요구한 반면, 직원들은 자신의 업무 프로세스가 어떻게 진행되고 또한 자신의 일이 전략과 어떻게 연계돼 회사의 가치창출에 기여하는지에 대한 확인을 요구했다. 이에 따라 요구사항이 성과에 어떻게 반영되는지에 대한 니즈가 반영됐다.

■ 사내포털 '앱스'에 EPM 탑재 예정

S-OIL은 2009년 6월 첫 시스템 오픈 이래 올해 초 고도화를 거쳐 현재는 안정화단계에 있다. 백 상무는 "본격적인 IT 시스템 도입에 앞서 철저하게 제도적 기반을 준비했기에 도입 초기부터 성공적으로 시스템을 운영해오고 있으며 객관적인 성과 평가를 진행하고 있다"고 말했다.

한편 S-OIL은 9월 중 오픈 예정인 사내 커뮤니케이션 포털 내의 '앱스'에 EMP/BI를 추가해 시스템에 접속할 필요 없이 매일 아침마다 성과를 체크할 수 있도록 할 예정이다. S-OIL이 NHN과 공동으로 개발한 커뮤니케이션 포털 내 '앱스'는 S-OIL이 사용하는 모든 애플리케이션이 들어가 있어 손쉽게 사용할 수 있고, 사용자 취향대로 모든 레이아웃 편집이 가능하다.

〈CIOCISO, 2012. 9.〉

Chapter

4 경영전략과 정보시스템

학습 내용

제1절 경쟁우위와 정보시스템
제2절 경쟁세력모형과 경영전략
제3절 가치사슬모형과 경영전략
제4절 업무프로세스 리엔지어링
MIS HIGHLIGHT 1 전략의 나침반, 경쟁정보를 확보하라
MIS HIGHLIGHT 2 불확실한 경영환경 속에서 더 강해지는 기업
CASE 1 GS홈쇼핑: 차세대 주문관리시스템
CASE 2 아시아나항공: 차세대 여객시스템

제1절 경쟁우위와 정보시스템

1. 전략정보시스템의 개념

전략정보시스템(Strategic Information Systems: SIS)은 기업 업무단위의 경쟁전략을 지원하거나 구체화하는 정보시스템이다. 전략정보시스템의 특징은 기업에서 업무가 수행되는 방식을 변화시키는 능력이며, 이러한 능력이 기업에게 경쟁우위(competitive advantage)를 제공한다. 조직의 전략적 목표에 미치는 정보시스템의 공헌, 업무성과와 생산성을 증가시킬 수 있는 정보시스템의 능력 등이 기업에게 경쟁우위를 제공한다. 예를 들어 한 기업이 우수

한 대리점서비스, 신속한 수송, 적시의 배달, 효과적인 부품교환프로그램, 전자적 거래처리 시스템 등 정보시스템을 지원하는 서비스를 제공한다면, 이러한 능력이 없는 경쟁회사보다는 경쟁우위에 있다.

전통적인 정보시스템들이 혁신적인 방식으로 활용되면 그러한 시스템 역시 전략정보시스템이 된다. 초기의 전략정보시스템은 동일 산업에서 경쟁회사와 직접 경쟁을 하기 위해서 외부지향적(outwardly)으로 활용되었다. 예를 들면 경쟁회사를 이기기 위해서 새로운 서비스를 고객과 공급자에게 제공한 것이다. 그러나 1980년대 후반부터 전략정보시스템은 내부지향적(inwardly)으로도 활용되었다. 조직구성원의 생산성 증가, 팀작업의 개선, 의사소통의 향상 등을 통해서 기업의 경쟁적 위치를 향상시키는 데 중점을 두었던 것이다. 이제 많은 기업들은 전략정보시스템을 외부지향적 및 내부지향적으로 활용하고 있다. 또한 내부지향 및 외부지향 접근방식에 추가해서 기업은 전략정보시스템을 전략제휴(strategic alliances)를 위해 활용한다. 여기서 전략제휴란 두 개 혹은 그 이상의 기업들이 전략정보시스템을 공유하는 것을 말한다. 예를 들면 많은 은행들이 동일한 현금자동인출기(ATM) 네트워크를 공유한다.

전략정보시스템은 기업환경에 대한 조직의 주요대응방안의 하나로, 정보시스템의 지원을 통한 성공적인 전략적 경영활동은 조직 업무 프로세스의 변화를 통한 경쟁우위와 전략우위를 제공한다. 그림 4-1에서 보여주는 바와 같이 기업환경(특히 경쟁)에 대응하기 위해

그림 4-1　기업환경과 전략정보시스템

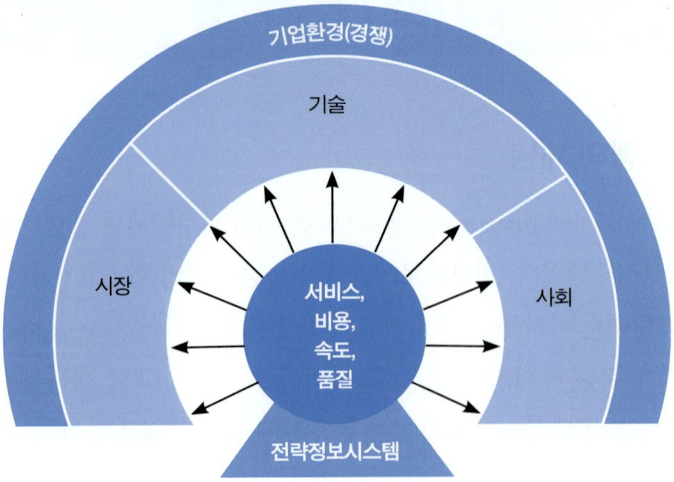

서 기업은 전략정보시스템을 활용하는데, 이러한 시스템은 서비스, 속도, 품질을 증가시킬 뿐만 아니라 비용을 감소시킨다.

2. 전략경영의 구성요소

전략경영(strategic management)이란 조직이 미래의 운영에 관한 전략을 수립하는 방식이다. 이는 장기계획수립과 밀접하게 관련되어 있으며, 오늘날의 전략경영은 그림 4-2에서 보는 바와 같이 장기계획수립(long-range planning), 대응관리(response management), 혁신(innovation)의 세 가지 보완적인 활동들을 포함한다. 이 활동 가운데 정보시스템의 전략적 활용과 직접적인 관련이 있는 혁신에 관하여 논의하고자 한다.

그림 4-2 전략경영의 요소

(1) 혁신

전략정보시스템은 대응시스템의 일부를 지원하지만, 대개는 경쟁우위를 제공하기 위한 수동적인 시스템이다. 혁신은 1990년대의 가장 중요한 기업경영의 개념으로, 사실상 한 기업이 주요한 성공적인 혁신을 도입한다면 동일 산업에 있는 다른 기업들도 이러한 위협에 대응할 필요가 있다. 혁신은 정보시스템과 밀접한 관계가 있는데, 이는 정보시스템이 창의성과 아이디어의 창출을 용이하게 하기 때문이다. 정보시스템은 새로운 제품의 창출, 제품기능의 확대, 제품의 차별화, 우수한 정보시스템, 고객용 단말기, 전자적 배달, 컴퓨터지원 판매, 도매상을 위한 웹사이트 등의 혁신을 제공한다.

(2) 정보시스템의 역할

① 정보시스템은 조직에게 직접적인 전략우위를 제공하는 응용시스템을 창출한다. 예를 들면, 페덱스(페더럴 익스프레스)는 각 우편물의 위치를 추적하기 위해서 정보시스템(COSMOS: Customer Operations Service Master On-line System)을 사용한 최초의 기업이다.

② 정보시스템은 리엔지니어링(reengineering)과 같은 전략적 변화를 지원한다. 예를 들면, 정보시스템은 초고속 통신라인을 제공함으로써 효율적인 분권화를 가능하게 하며, 컴퓨터지원 엔지니어링도구를 통하여 제품의 설계절차를 간소화하고 설계시간을 단축시킨다.

③ 정보시스템은 혁신, 시장, 경쟁회사, 환경변화 등에 관한 정보를 수집하고 분석함으로써 비즈니스 인텔리전스(business intelligence)를 제공한다. 이러한 정보는 전략우위를 확보하는 기회가 될 수 있다. 왜냐하면 경쟁회사보다 중요한 어떤 것을 먼저 알 수 있거나, 경쟁회사보다 먼저 정보에 관한 해석을 정확하게 할 수 있다면, 경쟁회사보다 먼저 변화를 도입하여 이로부터 혜택을 얻을 수 있기 때문이다.

(3) 경쟁정보

경쟁과 관련된 정보는 기업경쟁에서 승리와 패배를 결정하는 중요한 요인이다. 많은 기업들이 경쟁기업의 활동을 지속적으로 감시한다. 예를 들면, 중국의 대표적 감자칩 브랜드 프리토 레이(Frito Lay)는 상점에 제품을 배달할 때 경쟁회사의 어떠한 제품이 진열대에 있는지를 확인하고 휴대용 컴퓨터에 그 정보를 입력하여 자사의 데이터베이스에 매일 전송한다. 헤르츠(Hertz)의 중역정보시스템은 경쟁회사의 자동차 임대가격을 매일 감시하며, 크래프트(Kraft)의 중역정보시스템은 경쟁회사의 업무성과를 면밀히 감시한다. 이러한 활동들이 경쟁정보(competitive intelligence)의 일부분이다.

경쟁정보는 시장지식의 증가, 조직내부 관계의 개선, 전략계획 품질의 향상 등을 통하여 기업의 업무성과를 증진시킨다. 경쟁정보는 시장, 기술, 정부에 관한 정보도 수집한다. 이러한 정보를 수집하기 위해서 텍스트 검색(text retrieval)에서 광문자인식(optical character recognition)에 이르기까지 여러 정보시스템들이 사용된다.

경쟁정보에 의한 정보를 분석하고 해석하는 것이 이를 수집하는 것만큼 중요하다. 이를 위해서 기업은 스프레드시트에서 전문가시스템에 이르기까지 여러 정보시스템을 활용할 수 있다. 예를 들면, 뉴욕의 체이스 맨해튼(Chase Manhattan) 은행은 은행, 고객, 산업에 미치는 그들의 영향을 결정하는 데 필요한 정보의 여러 원천들을 추적하기 위해서 전문가시스템을 사용한다.

경쟁정보는 조직 내부의 원천을 통한 정보도 수집한다. 많은 비공식 정보와 지식이 수집되어서 "제도적 기억(institutional memory)" 혹은 "회사의 지식베이스"라는 곳에 저장된다. 경쟁정보는 지능에이전트(intelligent agents)를 포함한 여러 정보시스템에 의해서 향상된다. 경쟁정보를 지원하기 위해서 정보시스템을 사용하는 회사들은 지속적으로 증가하고 있는데, 이러한 증가의 주원인은 인터넷의 사용이다.

(4) 인터넷과 경쟁정보

인터넷은 경쟁정보를 지원하는 데 중요한 역할을 한다. 추(Choo) 등은 조직이 외부환경 변화에 효과적으로 대응하기 위한 전략으로서 환경조사 및 분석(environmental scanning)을 위한 인터넷, 특히 웹상에서의 정보탐색유형을 그림 4-3에서처럼 비목표적 찾아보기(undirected viewing), 조건적 찾아보기(conditioned viewing), 약식탐색(informal search), 정식탐색(formal search)의 네 가지로 제시하였다.

그림 4-3 환경조사 및 분석을 위한 정보탐색유형

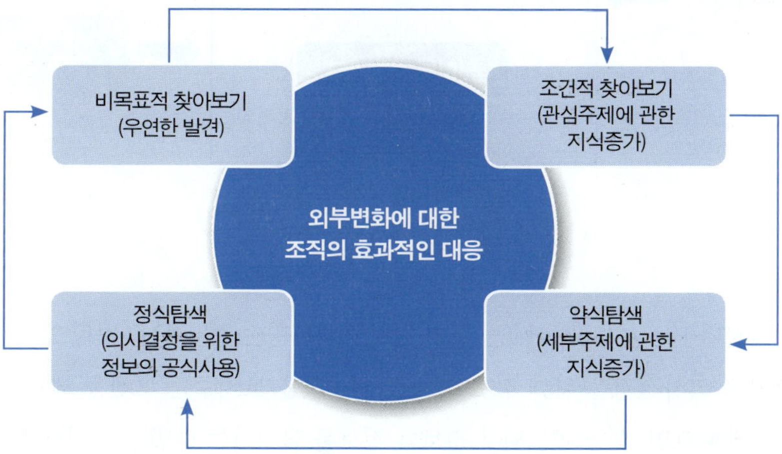

① 비목표적 찾아보기 유형에는 예를 들면 웹브라우저의 시작페이지나 자주 이용하는 사이트(예를 들면 신문 웹사이트나 잡지 웹사이트) 등에서 우연히 흥미로워 보이는 링크를 발견하고 읽어보기 위해 웹페이지를 열어보는 행위 등이 포함된다.

② 조건적 찾아보기는 전에 이용했던 사이트, 특별히 즐겨찾기에 등록해놓은 사이트, 또는 다른 사람이 추천한 사이트에서 목차 또는 사이트지도(site map)를 훑어본다든가, 주제목차 등을 통하여 특정한 관심사에 관한 내용을 찾아내고자 하는 유형을 일컫는다.

③ 약식탐색은 이미 알고 있는 사이트를 이용하는 것이지만 사이트 내에서 검색어를 입력함으로써 약식으로 정보를 탐색하는 유형을 지칭한다.

④ 정식탐색은 검색엔진을 사용하여 포괄적인 검색을 수행하는 경우를 가리킨다.

그림 4-4 인터넷-전략의사결정을 위한 정보의 원천

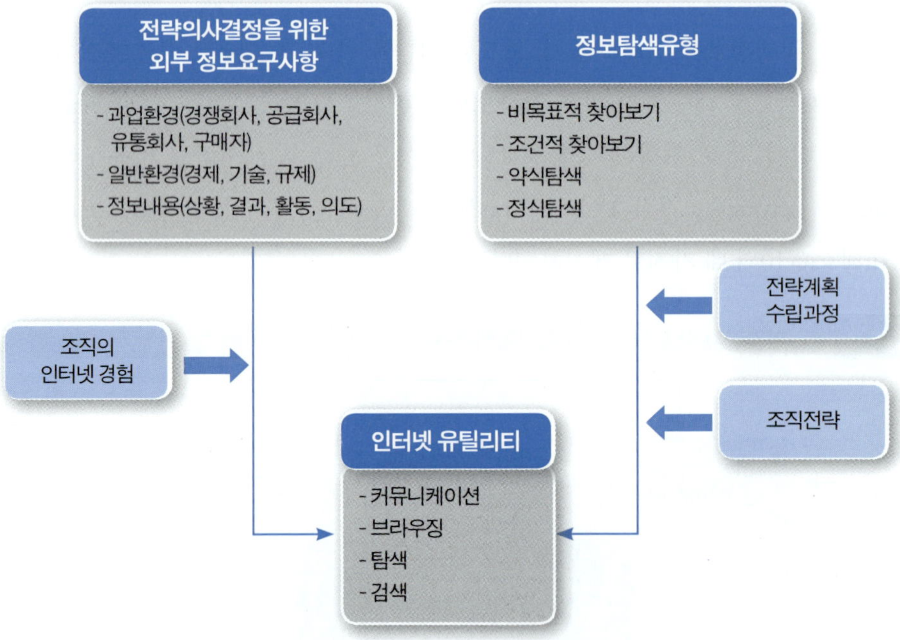

파와르와 샤르다(Pawar & Sharda)는 추의 정보탐색유형(그림 4-3)을 바탕으로 인터넷의 기능들이 전략적 의사결정을 위한 정보를 제공하는 것을 보여주는 모델을 제안하였다. 그림 4-4의 모델에 따르면, 요구되는 외부 정보와 정보를 탐색하는 방법은 조직의 인터넷활용

경험과 전략계획수립 등과 같은 과정을 통하여 인터넷 도구에 의해서 지원된다. 파와르와 샤르다는 인터넷의 다양한 도구들의 검색수행능력을 강조한다. 이러한 도구들을 이용하여 기업은 경쟁회사의 웹사이트 검색, 관련 뉴스그룹의 분석, 공개적으로 활용 가능한 재무문서의 검토, 자사의 웹사이트 방문객에 대한 상품 증정, 정보서비스회사의 활용, 회사연구기관의 활용 등과 같은 구체적인 검색전략을 실행할 수 있다.

(5) 경쟁전략과 지속적 우위

마이클 포터(Michael Porter)에 의하면 경쟁은 회사의 성공 혹은 실패의 핵심이다. 경쟁전략은 산업에서의 경쟁우위를 성취하기 위한 추구이며, 시장의 통제와 평균 이상의 수익을 가져다준다. 이러한 전략의 목표는 산업에서의 경쟁을 결정하는 세력들에 대항하여 수익이 있고 지속할 수 있는 기업의 위치를 수립하는 것이다. 전략정보시스템은 경쟁우위를 제공하기 위해서 혹은 경쟁전략을 지원하기 위해서 설계된다. 실제로 1970년대와 1980년대 동안 많은 전략정보시스템의 성공적인 구현들이 있었다. 21세기에 접어드는 지금은 정보시스템의 광범위한 채택의 결과로 장기간 경쟁우위를 지속하는 것은 점점 어려워지고 있다. 경쟁회사들이 몇 년에서 몇 달 안에 시스템을 모방할 수 있기 때문이다. 오늘의 새로운 기술혁신은 어제의 혁신을 쓸모없게 만들고 있다. 더욱이 정보시스템 자체만으로는 지속적인 경쟁우위를 거의 제공하지 않기 때문에 수정된 접근방식이 사용되고 있다.

전략정보시스템이 조직에서의 구조적 변화(structural changes)와 결합되면, 이 시스템은 지속 가능한 전략우위(strategic advantage)를 제공할 수 있다. 여기에서 전략적이란 장기적인 성격과 조직이 경쟁회사보다 상당한 규모의 우위를 가진다는 것을 의미한다. 예를 들면, 페더럴 익스프레스(FedEx)의 포괄적인 전략정보시스템인 PRISM(Personnel Records and Information System)은 인적자원의 관리와 운영업무의 효율성과 효과성을 증가시키기 위한 것이다. 이 시스템은 어떠한 회사와 직접적으로 경쟁하는 것이 아니라, 초일류의 인사시스템을 구축하여 유지함으로써 전략우위를 제공한다. 회사의 운영이 경쟁적 지향에서 전략적 지향으로 이동하고 있다.

제2절 경쟁세력모형과 경영전략

1. 경쟁세력모형

기업의 경쟁력을 분석하기 위한 분류체계(framework) 중 가장 잘 알려진 것은 마이클 포터(Porter)의 경쟁세력모형(competitive forces model)이다. 기업들은 그들의 경쟁력을 증가시키기 위한 전략을 개발하기 위하여 경쟁세력모형을 사용해왔다. 비록 경쟁세력모형의 세부적인 내용은 산업별로 차이가 있으나, 일반적인 구조는 그림 4-5와 동일하다.

또한 경쟁세력모형은 정보시스템이 회사의 경쟁력을 향상시킬 수 있는 방법을 시사하는데, 주어진 산업 내에서 회사의 위치를 위협하게 할 수 있는 다섯 가지의 주요세력들을 제시하고 있다.

- 새로운 경쟁기업의 진입 위협
- 공급자의 협상력
- 구매자(고객)의 협상력
- 제품 혹은 서비스의 대체재 위협
- 산업에서의 기존 기업들 사이의 경쟁

그림 4-5 경쟁세력모형

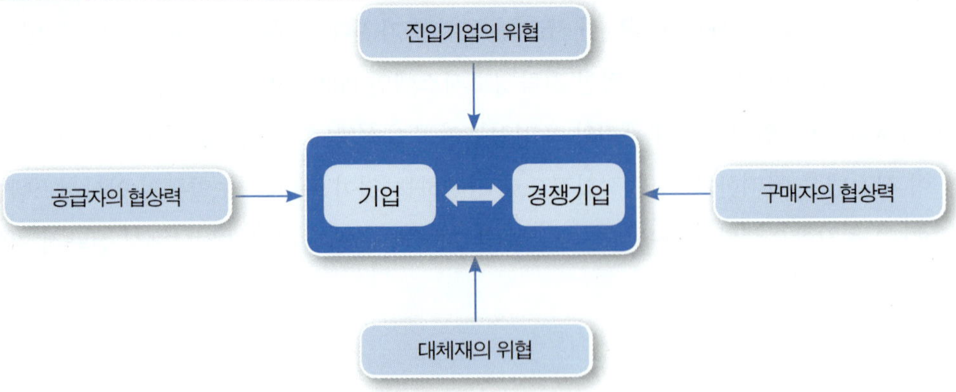

각 세력의 힘은 표 4-1에서와 같은 산업구조의 여러 요인에 의해서 결정된다. 1980년대 초에 파악된 대부분의 세력들과 이러한 세력을 결정하는 요인들은 여전히 타당하며 기업환경과 관련이 있다.

〈표 4-1〉 경쟁세력의 결정요인

경쟁세력	결정요소
기존 경쟁기업	산업성장, 고정비/부가가치, 제품차별화, 상표인식, 교체비용, 독점정보 및 균형, 정보의 복잡성, 경쟁자의 다양성, 각 기업 이해관계, 탈출장벽
진입기업의 위협	규모의 경제, 제품차별화, 상표인식, 교체비용, 소요자본, 유통경로저지, 절대적 비용우위, 정부정책, 보복
공급자의 협상력	투입물의 차별화, 공급자의 교체비용/기업 연륜, 대체 투입물의 유무, 공급자 독점정보, 공급자의 규모, 산업전체 구입액 대비 비용, 투입물이 비용 및 차별화에 미치는 영향, 산업내 기업 통합의 위협
구매자의 협상력	협상능력, 구매자 집중대비 기업집중, 구매자의 규모, 구매자 교체비용 대비 기업의 교체비용, 구매자의 정보, 수직적 통합 능력, 대체상품, 가격 민감도, 가격/총구입액, 제품차별화, 상표 인식, 품질/성과에 대한 영향, 구매자이윤, 의사결정자의 유인
대체재의 위협	대체재의 상대적 가격과 성능, 교체비용, 대체재에 대한 구매자의 성향

2. 대응전략

포터는 다섯 가지 경쟁세력에 대응하여 수익이 있고 지속할 수 있는 기업위치의 확보를 목표로 하는 전략을 개발하는 방법을 제안하였다. 기업은 경쟁회사와는 다르게 활동들을 수행하는 전략을 개발할 필요가 있다. 포터는 그림 4-6에서 보는 바와 같은 본원적 전략을 제안하였다.

그림 4-6 포터의 본원적 전략유형

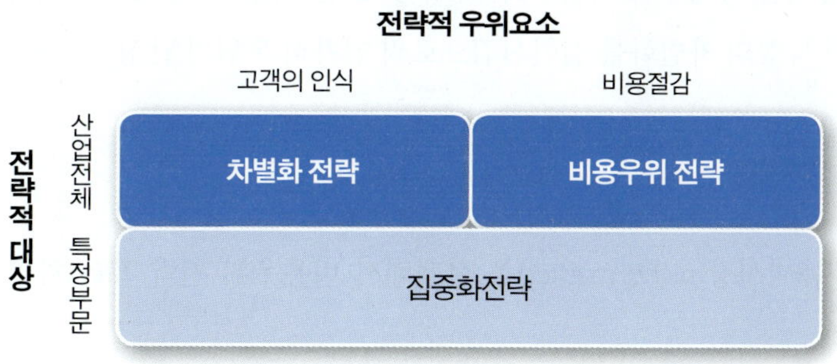

(1) 비용우위 전략

비용우위(cost leadership) 전략을 가진 기업은 경쟁회사보다 낮은 비용을 유지함으로써 높은 수익을 성취하려고 노력한다. 시장에서 결정된 가격하에 가장 낮은 비용으로 생산하는 기업은 산업에서 최고의 공헌 수익과 최고의 단위당 수익을 얻을 수 있다. 기업은 이러한 수익을 투자자에게 환원시켜 보다 많은 자본을 유인할 수 있고, 재투자하여 성장과 확장을 지원할 수 있으며, 경쟁을 제거하고 시장점유를 증가시키기 위해서 수익을 사용할 수 있다. 만약 제약회사인 화이자(Pfizer)가 이 전략을 선택한다면, 이 회사는 비용과 가격을 낮게 유지하고 판매량을 최대화하기 위해서 마케팅과 구매에서 규모의 경제(economies of scale)를 달성하는 데 의존할 것이다. 이러한 규모의 경제는 낮은 비용 선두주자의 낮은 비용 위치를 향상시키며 경쟁우위를 연장시킨다. 예를 들면 월마트(Wal-Mart)의 경우, 컴퓨터와 구매 및 재고관리시스템의 지원에 의한 기업제휴를 통하여 낮은 비용의 제품을 제공하고 있다.

(2) 차별화 전략

차별화(differentiation) 전략이란 한 기업이 제품과 서비스를 경쟁기업의 것과 구별되는 근거를 가짐으로써 경쟁우위를 모색하는 것이다. 만약 치약이나 샴푸처럼 생활필수품을 취급하는 기업이라면, 생활필수품의 경우 한계비용이 가격을 결정하는데, 이 기업은 수익률 혹은 시장점유율을 증가시키기 위해 경쟁기업의 제품과 어떤 특징을 차별화할 수 있을까? 이 기업은 제품의 물리적 특징(예: 크기, 모양, 스타일, 포장)뿐만 아니라 비물리적 특징(예: 품질, 특성, 선택사양, 내재된 서비스)에 대해서 차별화할 수 있다.

기업은 차별화 전략을 제품 혹은 서비스를 유통시키고 촉진시키는 방식에 적용할 수 있다. 정보시스템은 컴퓨터지원설계(CAD)의 경우를 제외하고는 제품의 물리적 특징을 차별화하는 데에는 제한된 능력을 가지고 있지만, 제품의 유통 및 물류, 품질, 판매 전후의 고객서비스 등과 같은 비물리적 특징의 차별화를 실현시킴으로써 전략적 우위의 달성을 가능케 한다.

(3) 집중화 전략

집중화(focus)란 틈새시장(niche market)을 선택해서 비용우위 전략 혹은 차별화 전략을 달성하는 것이다. 예를 들면 몇몇 칩(chip) 제조업체들은 특수한 산업이나 기업을 위한 고객맞춤형 칩을 생산한다. 정보시스템은 이러한 고객맞춤화(customization)를 지원한다. 항공사의 상용고객우대프로그램(frequent flier program)은 상용고객을 파악해서 특별한 인센티브를 제공한다. 프로그램에 등록된 수백만 명의 고객들은 정보시스템의 지원으로 효율적으로 관리된다.

3. 경쟁세력모형과 정보시스템

포터의 경쟁세력모형은 산업 내 기업의 위치를 보여주는 모형이다. 기업은 구체적인 활동들을 제안하기 위해서 정보시스템을 제외한 분야를 분석하는 데 경쟁세력모형을 사용할 수 있다. 그러나 대부분의 활동들은 정보시스템의 활용을 포함하고 있다. 월마트의 경우, 포터의 경쟁세력모형의 활용은 다음과 같은 단계로 이루어진다.

① 1단계에서는 각 세력을 구성하는 요소들을 나열한다. 예를 들면, 제품과 서비스의 대체재 위협이 전자쇼핑(electronic shopping)이며, 구매자는 도처에 있을 수 있다.

② 2단계에서는 그림 4-5에 나열된 각 경쟁세력에 대해서 표 4-1에서 제시하는 결정요인들과의 관련성을 분석한다. 예를 들면, 전자쇼핑에 관해서 구매자의 교체비용(switching cost), 대체재에 대한 구매자의 편향, 전자쇼핑의 가격 우위 등을 분석할 수 있다.

③ 3단계에서는 구체적인 세력 구성요소와 결정요인들을 기초로 경쟁세력들에 대항할 수 있는 월마트만의 전략을 수립한다. 예를 들면, 전자쇼핑에 대처하기 위해서 월마트는 어린이를 위한 놀이동산을 제공하거나, 제품의 무료 샘플을 나누어주거나, 단골고객을 별도로 관리할 수 있다. 또한 월마트는 경쟁세력을 모방해서 대응할 수도 있다. 실제로 월마트는 월마트 온라인(Wal-Mart Online)을 도입하였다.

④ 4단계에서는 경쟁전략을 지원할 수 있는 구체적인 정보시스템을 모색한다. 예를 들면, 단골고객을 관리하기 위해서는 그들의 활동을 정확하게 평가할 필요가 있는데, 이때 데이터베이스와 데이터베이스 관리시스템 및 분석능력을 가진 온라인 처리시스템이 그런 역할을 수행할 수 있다.

월마트의 경쟁회사가 경쟁세력모형을 사용한다면 그 과정 역시 유사할 것이다. 경쟁회사는 경쟁세력의 결정요인들을 파악하기 위해서 유사한 과정을 거쳐, 월마트에 경쟁압력을 증가시키기 위해 정보시스템을 모색할 수 있다. 따라서 경쟁회사의 경쟁압력에 대응하기 위한 정보시스템의 활용으로 지속적인 혁신이 필요하다.

포터가 제안한 다섯 가지 경쟁세력에 대처하기 위해 정보시스템을 활용하는 추가적인 예들을 보면 다음과 같다.

- 엑스트라넷(extranet)과 전자문서교환(EDI)시스템은 주문시간과 비용을 줄임으로써 공급업체의 수익성을 높이고 거래회사와의 관계를 증진시킬 수 있다. 제품의 설계단계에 참여함으로서 공급업체는 높은 품질의 혹은 낮은 비용의 부품을 설계하는 데 지원할 것이며, 단축된 시간 안에 부품을 공급할 것이다. 이러한 접근방식은 크라이슬러 회사가 부품 비용을 수십억 달러나 절감하고, 산업에서 경쟁우위를 갖고 우월한 협상력을 갖도록 지원하고 있다.
- 페더럴 익스프레스 회사는 인터넷 혹은 기타 통신네트워크를 통해서 우편물의 추적기능을 고객에게 제공함으로써 새로운 기업이 심야우편물배달사업에 진입하는 기회를 줄이고 있다.
- 자동차 제조회사는 철강 생산업체(공급업체)에게 품질의 중요성을 인식시키고 그들의 협상력을 줄이기 위해 전산화된 품질-통제시스템을 사용하고 있다.
- 금융기관이 자금 공급자(예금자, 투자자)에게 전자적으로 자금을 신속하고 쉽게 이체할 수 있도록 허용하는 것은 정보시스템의 활용을 통하여 공급자의 협상력에 영향을 주는 예이다.
- 많은 기업들이 그들의 고객에게 무료 소프트웨어 및 기타 컴퓨터 서비스를 제공함으로써 고객의 협상력을 줄이고 있다.
- 항공산업에서의 상용고객우대프로그램과 금융산업에서의 할인중개업무(discount brokering)는 기존의 경쟁방식을 변화시키고 있다.
- 경쟁회사에게 시장점유를 빼앗긴 도미노 피자는 고객을 유인하기 위해서 정교한 주문시스템을 사용하고 있다.

산업경쟁세력모형의 각 경쟁세력이 가지는 의미와 이들에 대한 정보시스템의 잠재적 영향을 요약하면 표 4-2와 같다.

〈표 4-2〉 경쟁세력의 영향과 정보시스템의 역할

경쟁세력	경쟁적 의미	정보시스템의 활용 방안
기존 경쟁기업	경쟁 : 가격, 제품, 유통경로 및 서비스	비용절감 시장진입 저지 차별화: 제품, 서비스, 기업
진입기업의 위협	새로운 설비 엄청난 자원 투자 가격인하 및 경쟁비용증대	진입장벽 구축 규모의 경제 거래처 교체비용 제품차별화 유통경로에의 진입 저지
공급자의 협상력	가격인상 품질과 서비스를 낮춤	선택 수직적 통합의 위협
구매자의 협상력	가격인하 품질향상 더 좋은 서비스 제공 경쟁 유도	고객선택 교체비용 차별화 진입장벽
대체재의 위협	대체재의 잠재수익 봉쇄 상한가격 설정	제품의 성능/가격 향상 제품과 서비스의 재규명

제3절 가치사슬모형과 경영전략

1. 가치사슬모형과 가치시스템

포터의 가치사슬모형(value chain model)에 따르면, 제조회사에서 수행되는 활동들은 주요활동(primary activities)과 지원활동(support activities)으로 구성되어 있다. 주요활동은 ① 입고물류(투입), ② 조업(제조와 검사), ③ 출고물류(저장과 유통), ④ 마케팅과 판매, ⑤ 서비스이다. 그림 4-7은 주요활동과 지원활동을 직관적으로 보여준다.

가치사슬모형에서 주요활동은 순서적으로 이루어지며, 다음과 같은 방식으로 작업이 진

그림 4-7 제조회사의 가치사슬모형

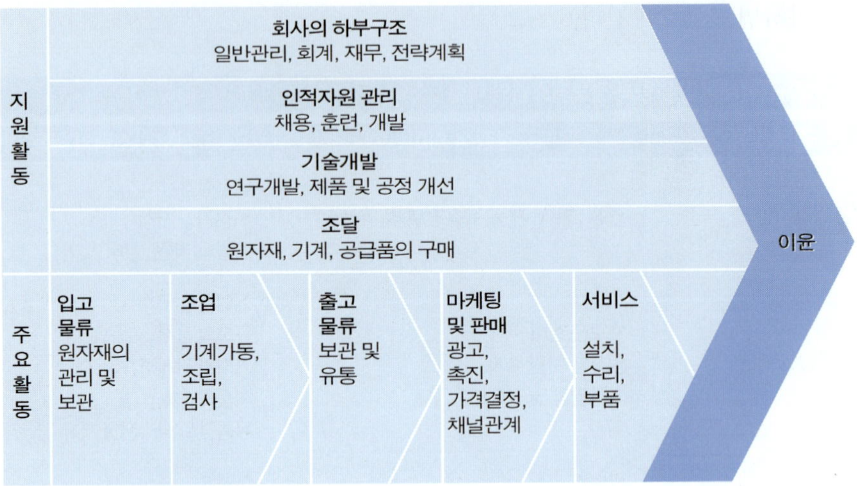

행되면서 각 활동에 가치가 추가된다. 들어오는 자재들은 인수, 저장 등으로 처리되면서 입고물류(inbound logistics)활동에서 그 가치가 추가된다. 그 다음 자재들은 조업(operation)에서 사용되는데 여기에서 제품화됨으로써 더 많은 가치가 추가된다. 제품들은 배달을 위한 준비(포장, 저장, 운송)가 필요하다. 그래서 출고물류(outbound logistics)활동에서 더 많은 가치가 추가된다. 그 다음 마케팅과 판매(marketing and sales)는 제품을 고객에게 전달한다. 마지막으로 판매 후 서비스가 고객(after-sales service)을 위해 수행된다. 결과적으로 이상의 모든 가치추가 활동들이 수익(profits)을 창출한다. 그리고 주요활동은 다음과 같은 지원활동에 의해서 지원을 받는다. 지원활동은 ① 기업의 하부구조(회계, 재무, 관리), ② 인적자원관리, ③ 기술개발(연구개발), ④ 조달업무이다.

한 회사의 가치사슬은 가치시스템(value system) 혹은 산업가치사슬(industry value chain)이라는 보다 큰 흐름의 일부분이다. 가치시스템은 회사에 필요한 투입물을 제공하는 공급회사들과 그들의 가치사슬들을 포함하고 있다. 회사가 제품을 생산하면 유통회사의 가치사슬을 통하여 최종적으로 구매자에게 전달된다. 경쟁우위를 확보하여 유지하고, 정보시스템을 수단으로 하여 이러한 경쟁우위를 지원하기 위해서는 그림 4-8에서 보는 바와 같이 전체의 가치시스템에 대한 이해가 필요하다.

산업가치사슬 혹은 가치시스템의 개념은 모든 조직의 제품과 서비스에 적용할 수 있다. 가

그림 4-8 가치시스템(산업가치사슬)

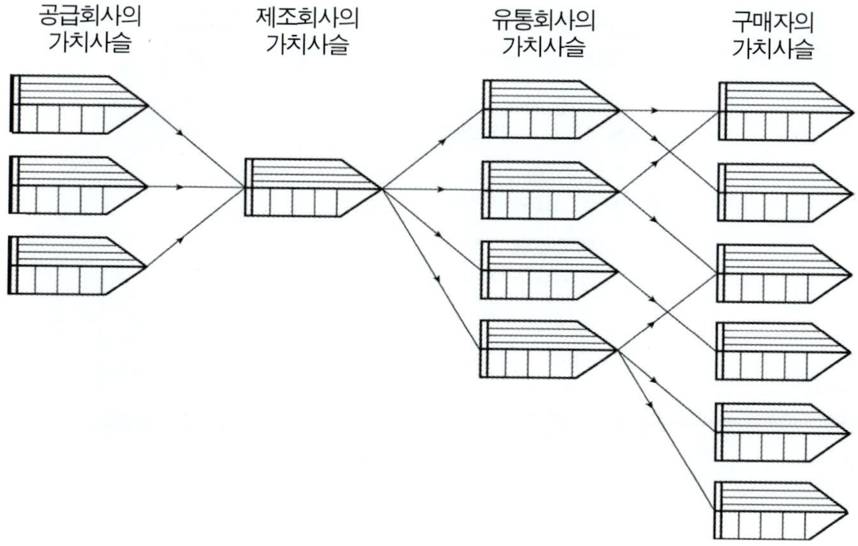

치사슬모형의 원래 목적은 회사의 효율성, 효과성, 경쟁력을 증가시키기 위한 조직의 내부적 운영을 분석하는 것이지만, 지금은 정보시스템이 제공하는 지원을 설명하는 기반으로 활용되고 있다.

2. 가치사슬모형과 정보시스템

가치사슬모형은 그림 4-9와 같이 여러 방법으로 정보시스템을 전략적으로 활용할 수 있는 분류체계를 제시한다.

첫째, 가치사슬모형은 기업의 핵심 업무과정(key processes)과 핵심역량(core competencies)의 체계적인 평가를 통하여 기업분석을 위해서 사용할 수 있다. 먼저 모든 활동은 강점과 약점 그리고 각 활동에서 추가되는 가치를 중심으로 분석될 수 있다. 보다 많은 가치를 추가하는 활동이 경쟁우위를 제공하는 활동이다. 그 다음에 정보시스템을 추가함으로써 보다 큰 가치를 창출할 수 있는지 그리고 어떤 활동에 정보시스템의 활용이 적절한지를 조사한다. 예를 들면, 기업은 자동JIT창고관리시스템과 온라인 POS 및 주문처리시스템을 활용해서 입고물류와 출고물류 활동에 가치를 추가할 수 있다.

그림 4-9 가치사슬과 전략정보시스템

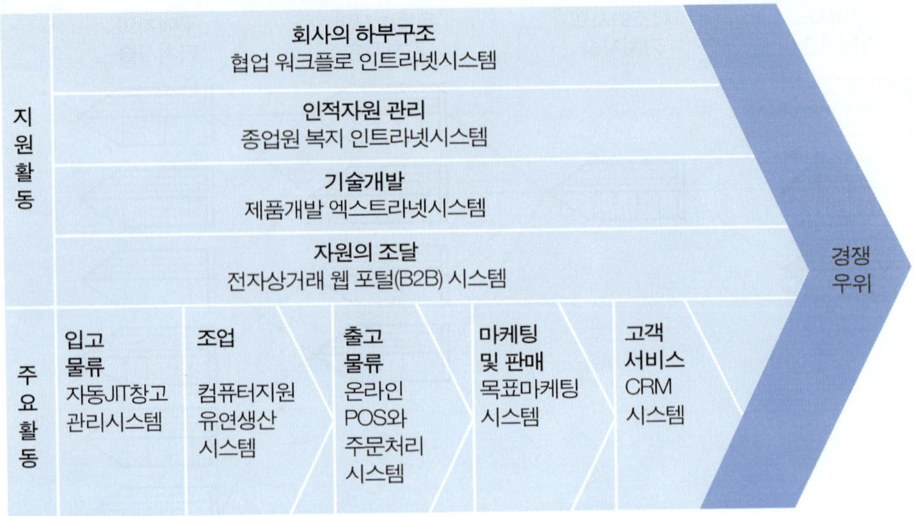

둘째, 가치사슬모형은 산업분석을 위해서 사용할 수 있다. 다양한 활동들을 파악한 다음에, 이러한 활동들이 용이하도록 구체적인 정보시스템을 모색하는 것이 가능하다. 예를 들면, 마케팅과 판매 활동을 위해서 인터넷을 이용하여 광고를 할 수도 있으며, 멀티미디어를 사용하여 영업사원을 교육할 수도 있다.

마지막으로, 가치사슬모형은 개별기업 혹은 개별 산업을 위해서 사용할 수 있다. 구체적인 활동을 지원하기 위해서 서로 다른 유형의 정보시스템을 구축하여 활용할 수 있다. 예를 들면, 전자상거래 웹 포털(B2B) 시스템은 입고와 출고 물류를 지원하는 반면에 가상현실(virtual reality) 시스템은 광고와 제품 개발을 지원한다.

제4절 업무프로세스 리엔지니어링

1. BPR의 기본개념과 중요성

오늘날의 조직은 산업혁명 이후 발전해온 원칙들에 의해서 관리되고 있다. 산업혁명은 1776년 애덤 스미스(Adam Smith)가 창안한 분업(division of labor)의 개념에 의해서 촉발되었다. 이 개념에 따르면 한 직공이 한 제품(예: 구두, 핀) 전체를 만드는 대신에 하나의 과업에 전문화되어 있는 여러 직공이 한 제품을 만든다. 각각의 과업은 비교적 단순해서 학습하기가 용이하므로 과정이 긴 도제(apprenticeship) 기간을 줄일 수 있고, 아울러 직공이 단순한 과업에 전문화되면 산출물을 증가시킬 수 있다. 이러한 상황은 저렴한 제품과 높은 수요를 창출하게 되었다. 또한 과업이 단순하기 때문에 기계를 도입했을 때 과업을 자동화하기가 용이하였다. 자동화는 제품의 가격을 한층 더 줄였으며 공장은 더욱더 대형화되었다. 주문이 발생한 후에 고객을 위한 제품을 생산하는 대신에, 제품은 대량으로 생산되어 시장에서 판매되었다. 이에 산업의 발전을 위한 여러 관리원칙과 방법들이 생겨난 것이다. 가장 중요한 관리원칙과 방법을 보면 다음과 같다.

- 노동의 전문화(specialization of labor)
- 대량생산(mass production)
- 하향식 권한을 가진 기능별 전문가에 따른 계급적 조직구조
- 언제든지 가능한 작업을 작업자에게 줄 수 있는 조립라인
- 기획 및 예산수립, 자원할당, 조정, 통제를 위한 복잡한 지원시스템

이러한 원칙과 방법은 세계 수준의 조직 개발, 선진국으로의 이동, 생활수준의 상당한 증가 등에 효력이 있었다. 그러나 세계시장이 예측할 수 없는 변화를 가진 경쟁적인 글로벌 환경으로 계속해서 이동하고 있기 때문에 이러한 원칙과 방법은 많은 회사들에게 더 이상 의미가 없어졌다. 환경 혹은 조직의 구성요소에서 중요한 변화는 조직의 불균형(disequilibrium)을 초래한다. 조직구조, 업무프로세스, 전략, 관리, 정보시스템이 조정되지 않으면 조

그림 4-10 BPR과 정보시스템

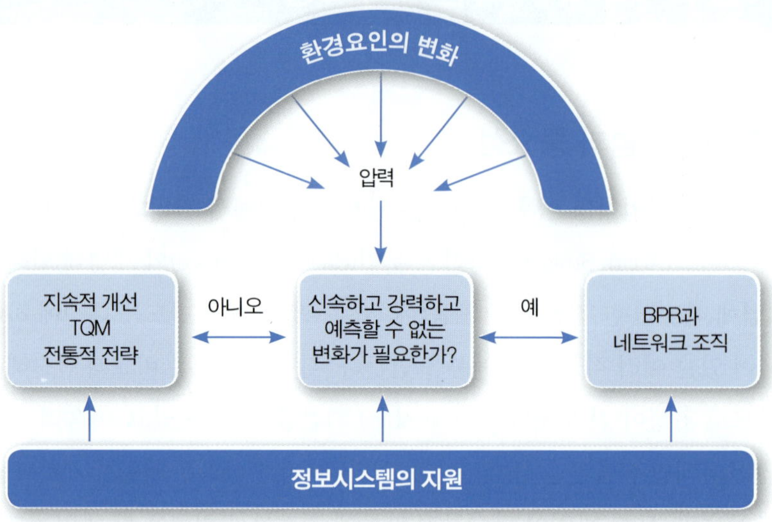

직은 제대로 기능하지 못할 것이다.

변화의 속도가 느린 경우에는 지속적 개선(continuous improvement) 프로그램을 통해서 변화에 대처하는 것이 가능하였다. 이러한 프로그램은 기존 업무프로세스의 자동화, 약간의 구조적 수정, 품질 및 생산성 개선, 관리절차의 수정 등을 포함한다. 그러나 기업환경의 압력 및 변화의 속도가 가속화되면 지속적 개선 프로그램은 효과가 떨어질 수 있다.

이러한 이유로 새로운 접근방식인 업무프로세스 리엔지니어링(Business Process Reengineering: BPR)이 필요하게 되었다. BPR이란 완전한 조직변환(organization transformation)과 안정(stabilization)에 이를 수 있는 전체적인(holistic) 프로세스이다. 그림 4-10에서 보듯이 정보시스템을 포함한 대부분의 정보시스템은 BPR 프로젝트를 실행 가능하게 만드는 요인(enabler)이다.

BPR은 품질, 비용, 속도, 서비스와 같은 업무성과 측정기준에서 극적인(dramatic) 개선을 성취하기 위해서 업무프로세스를 근본적(fundamental)으로 다시 생각하고 완전히 새롭게(radical) 설계하는 것을 의미한다. BPR은 하나의, 소수의 혹은 전체의 조직 프로세스를 대상으로 도입될 수 있으며, 그림 4-11에서 보는 바와 같이 조직의 리엔지니어링은 업무프로세스, 조직구조, 정보시스템, 조직의 가치 모두를 새롭게 다시 설계하는 것을 의미하며, 모든 변화를 조화롭게 하는 것(reorchestrating)이 중요하다.

그림 4-11 조직의 리엔지니어링 5Rs

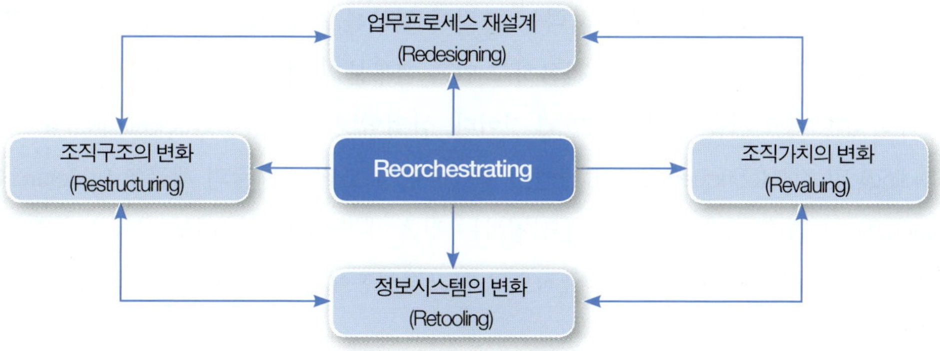

2. BPR이 필요한 시기

기업환경의 주요요소는 해머와 챔피(Hammer & Champy)의 고객(customers), 경쟁(competition), 변화(change)의 3C로 요약될 수 있다. 고객은 그들이 무엇을 원하는지, 무엇을 위해 기꺼이 지불할지 등 제품과 서비스를 자신의 조건에 따라서 구입하는 방법을 알고 있다. 경쟁은 가격, 품질, 선택, 서비스, 배달의 신속성 차원에서 계속적으로 증가하고 있으며, 무역장벽의 제거, 국제협력의 증가, 기술혁신의 창출 등으로 심화되고 있다. 변화는 시장, 제품, 서비스, 기술, 기업환경, 사람 등의 측면에서 종종 예측할 수 없을 정도로 중대하게 계속되고 있다.

구식의 방법이 항상 효력이 있는 것이 아니기 때문에 조직은 다음의 예와 같은 상황에 직면하게 된다. 보험회사의 경우를 보자. 만약 25년 동안 A도시의 B보험회사에 보험을 가입한 고객이 C도시로 이사를 하였을 경우에 C도시에 있는 동일 보험회사에 보험을 가입하기 위해서 필요한 모든 서류를 다시 작성한다면 고객은 매우 불편할 것이다. 결국 이 고객은 인터넷을 이용해서 경쟁가격을 검토한 후 새로운 D보험회사에 가입하게 되었다. 이처럼 고객을 유지하는 데 B보험회사는 실패하고 말았다. 한 연구에 의하면 기존의 고객을 유지하는 것보다 새로운 고객을 확보하는 데는 5~6배의 어려움과 비용이 든다고 한다. 기존의 고객을 유지하는 것이 새로운 고객을 확보하는 것보다 효율적인 것이다.

1980년대와 1990년대 초반에 기업은 거의 모든 분야에서 고객이 조직으로부터 받았던 서비스의 유형에 실망하고 있음을 발견하였다. 고객은 형편없는 품질과 서비스, 비대응성(unresponsiveness), 좁은 비전(tunnel vision), 비유연성(inflexibility), 비일관성(inconsistency), 간접비용-

등의 서비스에 대하여 불만족을 표출하였던 것이다.

오늘날 근본적인 조직 문제의 하나는 조직이 업무를 수행하고 있는 방식이 기술발전에 뒤처져 있다는 점이다. 조직이 사용하고 있는 대부분의 업무수행 접근방식은 컴퓨터기술, 특히 네트워크 기술 이전에 개발된 것이다. 산업혁명 동안 전문화(specilizing)와 "분할(dividing) 및 정복(conquering)"의 개념이 유행하면서 조직은 지금의 계급조직(hierarchical organization), 혹은 피라미드 구조라고 칭하는 것을 개발하였다. 이러한 계급조직 혹은 피라미드 구조에서 권한과 책임은 궁극적으로 최고경영층에 있으며, 조직계층을 따라서 조직의 하위집단으로 흐르게 된다.

(1) 스토브파이프의 문제

모든 조직은 수평적 및 수직적 차원을 가지고 있다. 조직의 계층(예: 최고, 중간, 감독 경영층)은 수평적 차원을 정의하며, 조직의 기능별 부서(예: 구매, 재무, 연구개발, 생산, 판매, 유통)는 수직적 차원을 정의한다.

기능별 전문화에 초점을 두는 조직의 수직적 차원은 조직이 정보기반경제(information-based economy)로 이동하고자 노력할 때 많은 문제에 직면하게 된다. 이러한 문제를 "스토

그림 4-12 업무프로세스와 조직경계

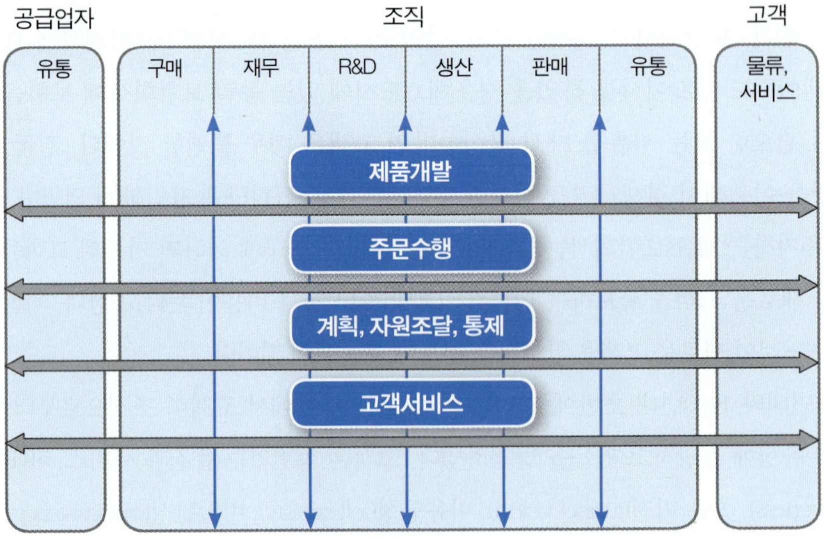

브파이프(stovepipes)"라고 하는데 그 이유는 기능영역 사이의 협력이 부족하기 때문이다. 수직적 기능들 사이의 상호작용은 효율적이고 효과적인 조직운영을 위해 매우 중요하다. 조직에서 기능부서의 의무와 업무프로세스 간의 차이점이 종종 혼동된다. 그림 4-12는 조직에서 수직적 기능과 부서의 경계를 초월하는 업무 프로세스가 어떻게 가능한지를 보여준다. 이러한 업무프로세스를 교차기능활동(cross-functional activities)이라 하며, 제품개발, 주문처리, 계획수립, 자원확보, 통제, 고객서비스 등은 유통, 구매, 연구개발, 생산, 판매 등의 기능별 경계를 초월하는 프로세스들이다.

스토브파이프 문제의 한 예를 보자. 고객이 판매부서에 주문을 하고 며칠 후에 주문의 상황을 알아보기 위해서 판매부서에 전화를 건다. 판매부서는 여러 부서에 전화를 걸기 시작한다. 그러나 주문의 상황을 추적하기는 어렵다. 직원들은 한 부서에서 다른 부서로 주문을 떠밀고 책임의식을 느끼지 못한다. 결국 판매부서는 시간 내에 고객에게 응답을 할 수 없거나 부정확한 응답을 하게 된다. 이러한 스토브파이프의 문제는 지원하는 정보시스템이 적절하지 못할 때 심화될 수 있다.

(2) 통합되지 않은 정보시스템

부적절한 조직구조와 부적합한 정보시스템 때문에 문제가 발생한다는 사실을 앞에서 논의하였다. 제2장에서 논의하였듯이 조직은 기능별 경계에 따라서 정보시스템을 구축하고 운영한다. 예산수립시스템의 경우, 조직의 모든 기능영역에서 예산수립을 하지만 주로 재무부서의 정보시스템으로 인식하고 있다.

수직적 기능과 이 기능의 업무를 지원하는 정보시스템에 중점을 둔다면, 이러한 정보시스템은 "왼손은 오른손이 무엇을 하는지 알지 못한다"는 방식으로 운영하는 통합되지 않은 단편적인 시스템이 되고 만다. 정보의 통합은 올바른 의사결정을 위해서 필요하다. BPR 목적의 하나가 정보의 통합을 달성하는 것이다. 델(Dell)은 확장공급사슬에서 고객의 정보와 즉시공급(just-in-time) 생산 및 부품 공급업자의 정보를 통합하는 데 성공하였다.

(3) 정보통합의 필요성

비효율적인 중복 생성 이외에도, 독립적인 하위시스템 구조는 의사결정 목적을 위해 요구되는 정보의 통합에서 어려움을 발생시킨다. 시스템과 파일은 전통적으로 부서별 혹은 기능별 경계를 따라서 개발되었다. 예를 들면, 고객의 은행 계정은 계정번호가 논리적으로 관련되어 있지 않아서 교차-참고(cross-referencing)하는 데 사용될 수가 없다. 이러한 문제는 보고서작성 기능을 제한시킨다. 일례로 대출담당자가 대출신청자의 저축계정을 검토하기를 원할 때, 대출시스템과 이러한 자료의 연결이 없을 경우 대출담당자는 대출신청자에게 저축계정을 보유하고 있는지 그리고 계좌번호가 무엇인지를 물어보아야 한다.

은행의 경영층이 대규모 저축예금을 활성화하기 위해서 담보대출의 활용방안을 내놓았다고 하자. 경영층은 은행을 통한 자금융자를 이용해서 집을 구입하려는 구체적인 고객에게 편지를 보내기로 결정한다. 이때 구체적인 고객으로는 다음과 같은 특징을 가진 최고의 고객을 선별하고자 한다.

- 현재 담보대출을 하고 있지 않거나 집의 가치에 비해 매우 적은 비율의 대출을 하고 있는 고객
- 신용이 좋은 당좌계정을 보유하고 있는 고객
- 집에 대한 할부지급을 위해 저축계정에 충분한 자금을 보유하고 있는 고객
- 은행과 다른 할부대출에 대해서 좋은 지불기록을 보유하고 있는 고객

이러한 고객을 파악하는 데 필요한 자료는 서로 다른 정보시스템의 상이한 파일에서 활용 가능하기 때문에 이를 통합하기 위한 편리하고 경제적인 방법은 없다. 데이터웨어하우스와 특별한 통합 소프트웨어와 같은 혁신은 유용성이 크지만 비용이 많이 든다. 따라서 그러한 정보요구를 만족시키키기 위해서 광범위한 프로그래밍과 사무작업이 필요하다. 경영층은 결국 실망하게 되고 목표를 효과적으로 달성할 수 없게 된다.

업무프로세스의 수평적 본질과 업무의 수직적·기능적 구조 사이의 갈등, 그리고 통합되지 않은 정보시스템이 BPR을 필요로 하는 조직문제들의 주요원인들이다. 통합은 부서별 경계뿐만 아니라 고객과 공급자를 연결하는 조직의 경계를 초월한다. 다시 말해서 통합은 확장공급사슬을 따라서 이루어져야 한다.

3. BPR의 원칙과 정보시스템의 역할

BPR 개념의 많은 부분은 수십 년 동안 알려져왔다. 그러나 이러한 개념은 "BPR"이란 용어가 탄생한 1980년 중반과 1990년 초반에 공식화되었다. 해머와 챔피는 BPR의 핵심은 현재의 업무프로세스에 적용되는 오래된 규칙을 버리고 아주 처음부터 다시 시작하자는 불연속적 사고(discontinuous thinking)에 있다고 주장하였다. 그러나 1990년 중반에는 BPR의 이러한 극단적인 견해가 다소 변화되었다. BPR이 모든 것을 파괴하고 처음부터 다시 시작하기 위한 의무로 고려되는 대신에 인정된 방법론과 원칙에 의해서 수행 가능한 유연적인 접근방식(flexible approach)으로 간주되고 있다.

리엔지니어링과 점진적 개선프로그램의 차이는 무엇인가? 데븐포트(Davenport)에 따르면 리엔지니어링은 프로세스 혁신(process innovation)의 일부이다. 프로세스 혁신이란 전체적인 업무 목표를 알아보기 위해서 프로세스에서 한 발 뒤로 물러나서 목표가 달성되는 방식으로 상당한(order-of-magnitude) 개선을 실현할 창의적이고 완전히 새로운(radical) 변화를 가져오는 것이다. 프로세스 혁신이란 용어는 새로운 작업 전략의 비전수립, 실제 프로세스 설계 활동, 모든 복잡한 기술적·인적·조직적 차원에서의 변화의 실행을 포함하고 있다. 프로세스 혁신과 점진적 개선과의 차이는 표 4-3에서 제시하고 있다.

〈표 4-3〉 프로세스 혁신과 점진적 개선

	프로세스 혁신	점진적 개선
변화의 수준	급진적, 순간적	점진적, 지속적
효과의 수준	즉각적, 극적인	장기적, 미미한
참여	소수의 옹호자	소수에서 다수
투자의 정도	높음 → 낮음	낮음 → 높음
지향	기술	인간
초점	이익	프로세스

(1) BPR의 특징

해머와 챔피에 의하면 업무프로세스 리엔지니어링에는 어떤 공통의 특징들이 존재하고 있으며, 대부분은 정보시스템과 정보시스템에 의해서 실현 가능하다. 주요특징들은 다음과 같다.

① 여러 직무들이 하나로 결합된다.
② 종업원이 의사결정을 한다(종업원의 권한부여). 의사결정이 직무의 일부가 된다.
③ 업무프로세스에서의 단계들은 자연적인 순서로 수행되며, 여러 직무가 동시에 이루어진다.
④ 프로세스는 여러 형태를 띠고 있다. 이러한 것이 대량생산에 따른 규모의 경제를 가능하게 하면서 제품과 서비스의 고객맞춤화(customization)를 허용한다.
⑤ 작업은 고객 혹은 공급자의 위치를 포함한 가장 의미 있는 곳에서 수행된다. 따라서 필요하면 작업은 조직 및 국제적 경계를 초월한다.
⑥ 통제 및 검사 그리고 다른 부가가치가 없는 작업은 최소화된다.
⑦ 외부적 접점(contact points)수를 줄임으로써, 그리고 다른 기업과 제휴함으로써 조정(reconciliation)을 최소화한다.
⑧ 혼합적인 중앙집중화/분권화 운영활동이 이루어진다.
⑨ "사례관리자(case manager)"와 같은 단일 접점(single point of contact)이 고객에게 제공된다.

(2) 정보시스템과 정보기술의 역할

정보시스템은 기존의 프로세스들을 자동화함으로써 생산성과 품질을 개선하기 위해서 수십 년 동안 활용되어왔다. 그러나 리엔지니어링에서는 문제를 먼저 조사하고 이를 위한 기술적 해결안을 찾는 전통적인 과정이 역진행될 필요가 있다. 지금은 BPR을 통해서 강력한 해결안을 먼저 인식을 한 다음에 이 해결안에 의해서 지원이 되는 프로세스를 찾는 방식으로 접근하고 있다. 이러한 접근방식은 연역적인(deductive) 사고보다는 귀납적인(inductive) 사고를 필요로 하며, 혁신을 요구한다. 왜냐하면 기업이 인식하지 못했던 문제를 찾을 수 있기 때문이다.

정보시스템과 정보기술은 작업이 수행되는 방식을 제한하는 옛날의 규칙을 깰 수 있다. 해머와 챔피에 의해서 정리된 전형적인 규칙들을 보면 표 4-4와 같다.

〈표 4-4〉 정보시스템과 정보기술에 의한 규칙의 변화

옛날 규칙	정보시스템/정보기술	새로운 규칙
정보는 오직 정한 시간에 한 장소에서 발생한다.	공유 데이터베이스 클라이언트/서버 구조 전자우편	정보는 필요한 장소에서 동시에 발생한다.
오직 전문가만이 복잡한 작업을 수행할 수 있다.	전문가시스템 신경망 컴퓨팅	초보자가 복잡한 작업을 수행할 수 있다.
업무는 중앙집중화 혹은 분권화되어야 한다.	통신 및 네트워크 클라이언트/서버	업무는 중앙집중화되고 동시에 분권화될 수 있다.
관리자가 모든 의사결정을 한다.	의사결정지원시스템 전사적 지원시스템 전문가시스템	의사결정은 모든 구성원 직무의 일부이다.
현장직원은 정보의 수신, 송신, 저장, 처리를 위한 사무실이 필요하다.	무선통신/휴대용 컴퓨터 정보 하이웨이 전자우편	현장직원은 위치에 상관없이 정보를 관리할 수 있다.
잠정 구매자와의 최고의 접촉은 개인적인 접촉이다.	상호대화식 비디오디스크 탁상 원거리회의 전자우편	최고의 접촉은 가장 비용 효과적인 접촉이다.
품목은 수작업으로 파악된다.	트레킹 기술, 그룹웨어 작업흐름소프트웨어 클라이언트/서버	품목은 자동으로 파악된다.
계획은 정기적으로 수정된다.	업무성과 관리시스템	계획은 필요한 시기에 즉시 수정된다.
사람은 함께 일하기 위해서 한 장소에 모여야 한다.	그룹웨어 및 집단의사결정지원시스템 통신, 전자우편 클라이언트/서버	사람은 상이한 위치에서 함께 일할 수 있다.
개별 고객을 위한 제품과 서비스는 비용이 많이 들고 개발하는 데 오랜 기간이 걸린다.	CAD/CAM, CASE 도구 JIT 의사결정을 위한 온라인 시스템 전문가시스템	개별 고객을 위한 제품과 서비스는 신속하게 개발할 수 있으며 비용이 적게 든다.
정보기반 조직과 프로세스	인공지능 전문가시스템	지식기반 조직과 프로세스

4. BPR과 조직의 리엔지니어링

(1) 프로세스의 재설계

프로세스 재설계의 가장 많이 알려진 사례가 포드자동차 회사의 미지급금(account payable)부서의 리엔지니어링이다. 과거의 처리절차에서 회계부서는 공급업자에게 물품대금을 지불하기 이전에 물품과 함께 도착한 물품인수서, 구매부서가 발행한 구매주문서, 공급업자가 발행한 송장 사이의 14개의 자료 항목들을 비교 검토하였다. 이러한 프로세스는 구매부서, 인수부서, 미지급처리부서에서 많은 서류작업으로 엄청난 시간을 소모하였으며, 각 부서 간에 주고받는 서류 때문에 많은 노력과 시간을 소모하였다. 또한 미지급금부서에서는 각 부서에서 받은 서류와 공급업자에게서 받은 서류를 비교 검토하는 데 많은 인력과 시간이 필요하다. 이를 개선하기 위해서 포드 회사는 "송장 없는 처리(invoiceless processing)"를 마련하였다.

새로운 방식에서 구매부서는 주문정보를 온라인 데이터베이스에 입력을 하고 누구에게도 구매주문서 사본을 보내지 않는다. 공급업자는 전자문서교환(EDI)을 통해서 구매주문 통보를 받는다. 물품이 인수부서에 도착하면, 인수부서의 직원은 물품이 구매부서의 주문과 일치하는지 데이터베이스를 체크한다. 일치하면 물품을 인수하고 거래를 컴퓨터시스템에 입력하고, 일치하지 않으면 물품을 공급업자에게 반송한다. 새로운 처리절차에서 미지급금부서는 구매주문서와 물품인수서 사이의 부품번호, 수량, 한도(unit of measure), 공급업자 코드 등 4개의 자료항목만을 온라인 데이터베이스에서 검토하고 일치하면 공급업자에게 물품대금을 지불하기 위해서 수표를 발행하거나 온라인으로 자금이체를 한다.

포드 회사는 새로운 방식을 통해서 변화와 극적인 개선을 달성하였다. 미지급금부서의 종업원을 75% 축소시켰고, 재무적 기록(financial record)과 물리적 기록(physical record) 사이에 불일치가 없기 때문에 자재통제가 보다 단순해졌으며, 물품인수가 보다 올바르게 되었고, 재무정보가 보다 정확해졌다. 포드 회사 미지급금부서의 리엔지니어링 이전과 이후의 프로세스는 그림 4-13과 같다.

그림 4-13 미지급금부서의 리엔지니어링

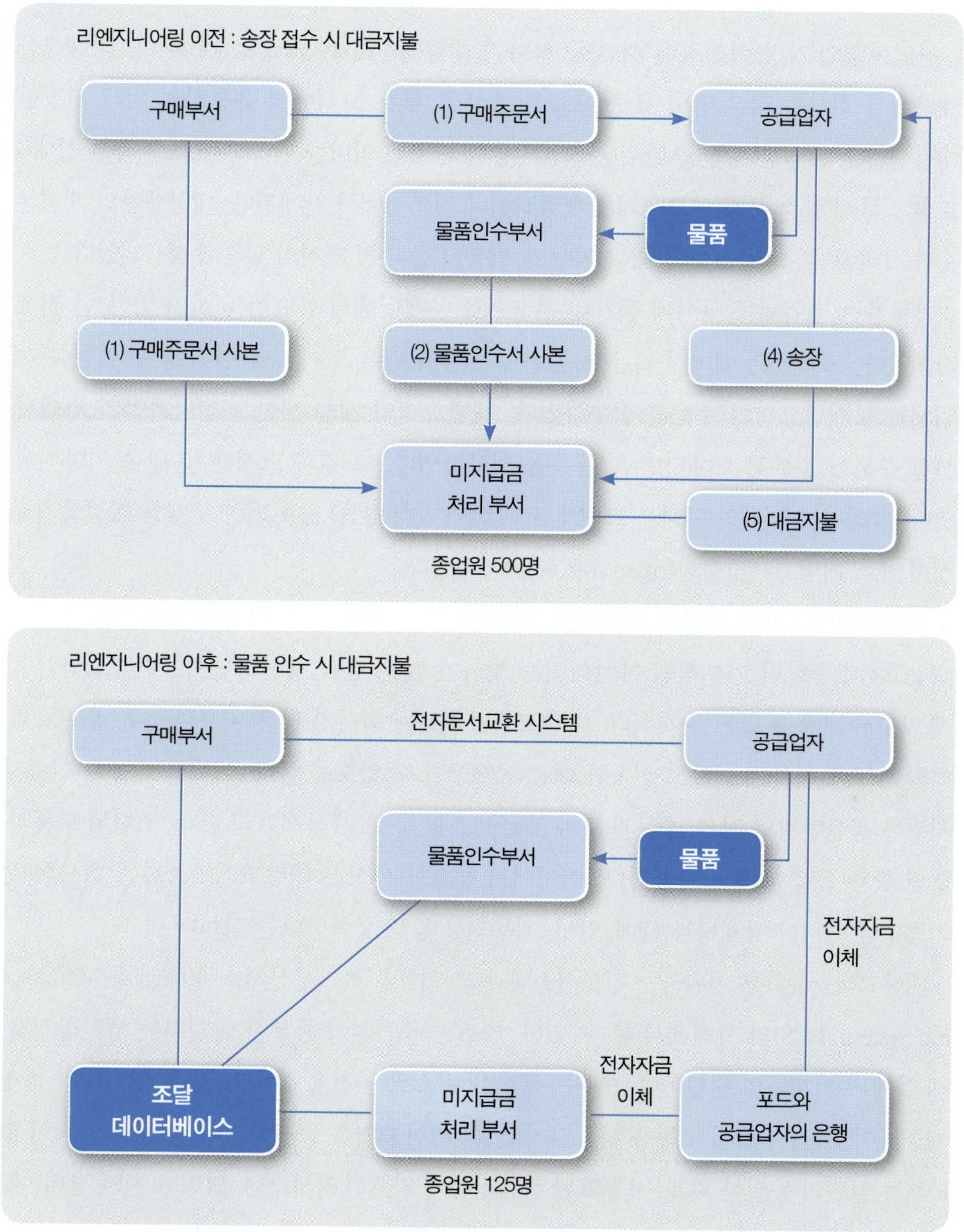

(2) 대량고객맞춤화

산업혁명의 가장 혁신적인 개념 중 하나가 대량생산(mass production)이다. 대량생산 체계하에서 회사는 많은 양의 표준 제품을 생산해, 많은 고객에게 유통하기 위해 저장한다. 대량생산은 개념상 생산물 단위당 평균비용의 감소를 의미한다. 그러므로 제품은 상대적으로 저렴하게 알지 못하는 고객에게 백화점이나 전문점에서 판매된다. 대량생산의 개념은 단순한 시계에서부터 주요 가전제품, 자동차, 컴퓨터 등 수천 가지의 제품에 적용되었다.

자동차 제조업체들 사이에 증가된 경쟁으로 마케팅에서 중요한 변화가 약 30년 전에 시작되었다. 고객들은 에어컨 혹은 자동변속기 등과 같은 "사양"을 선택할 수 있었다. 제조업체들은 개별고객의 주문을 접수하였다. 개별고객의 제품 생산을 정당화하기 위해서 유사한 주문이 충분히 모아지면 그 품목을 생산하였다. 그 결과 고객은 몇 달을 기다려야 하였다. 그러나 오늘날의 고객은 그렇게 오래 기다리지 않는다. 이러한 문제를 해결하기 위한 것이 바로 대량고객맞춤화(mass customization)이다.

대량고객맞춤화의 개념은 21세기에 진입하는 많은 회사들의 생존을 위해서 필수적이다. 대량고객맞춤화의 기본적인 아이디어는 회사가 많은 양을 생산하면서, 개별 고객의 사양에 맞도록 제품을 만드는 것이다. 대량고객맞춤화는 회사가 낮은 비용과 높은 품질로써 고객의 욕구에 대한 유연하고 신속한 대응을 제공할 수 있도록 한다. 이러한 대응은 신속하고 저렴한 생산변경의 허용, 주문과 판매 프로세스의 축소, 생산시간의 단축, 조립된 부품과 모듈의 활용 등을 통해서 가능하다. 여기에서 중요한 사항은 대량고객맞춤화는 회사의 운영기능뿐만 아니라 마케팅과 판매, 인사, 재무기능 등도 포함한다는 점이다.

대량고객맞춤화를 지원하는 정보시스템과 그 역할은 유연생산시스템(Flexible Manufacturing System: FMS)의 사례에서 볼 수 있다. FMS는 유연성이 풍부한 단일화된 생산공정을 위해 설계된 기계들의 집합이다. FMS는 생산에 필요한 공간을 줄이고, 높은 일관성과 품질을 제공하며, 거의 수작업 노동을 사용하지 않고, 생산능력을 증가시킨다. 실제로 인력이 없는 FMS는 일련의 동일한 기계, 자동화된 컴퓨터통제 자재관리시스템, 그리고 기타 장비(예: 조정측정기계, 로봇)를 포함한다. FMS는 작업장 컴퓨터에 의해서 감독되는데, 이 컴퓨터는 추가적인 자료가 필요하거나 자료를 공급하고자 할 때 중앙의 회사 컴퓨터와 인터페이스를 한다. FMS는 생산에서의 모든 신속한 변경에 대해 충분히 유연적이어서 대량고객맞춤화를 가능하게 한다.

(3) 주기시간단축

주기시간(cycle time)이란 하나의 프로세스를 시작에서 끝까지 완성하는 데 걸리는 시간을 의미한다. 앞에서 논의한 바와 같이 오늘날의 경쟁은 비용과 품질에 초점을 둘 뿐만 아니라 시간에도 두고 있다. 이렇듯 시간이 경쟁우위를 제공하는 중요한 요소로 인식되고 있어서 주기시간단축(cycle time reduction)은 중요한 기업의 목표이다.

예를 들면 페덱스(FedEx)의 성공은 유연적인 계획, 조직, 통제를 허용하는 복잡한 컴퓨터 지원시스템을 이용해서 우편물의 배달시간을 단축시킬 수 있는 능력에 기인하고 있다. 클라이슬러(Chrysler)의 회생과 1990년대의 성공은 "기술센터"에 주로 기인하고 있다. 이 기술센터는 자동차의 새로운 모형설계의 시작에서 자동차의 인도에까지 걸리는 시간 즉 시장출시시간(time-to-market)을 30% 이상 줄였다. 보잉(Boeing)은 항공기 설계의 완전 전산화로 리엔지니어링을 하였다. 이러한 방식으로 설계된 첫 항공기가 보잉777이었다. 보잉은 프로세스에 대한 근본적인 변화에 있어서는 물리적 원형(physical prototype)을 구축하지 않았다. 이러한 새로운 방식은 주기시간을 단축하였을 뿐만 아니라 품질을 개선하고 비용을 절감하였다. 이러한 효과 덕분에 보잉은 항공기산업에서 성공적으로 경쟁할 수 있었다. 크라이슬러와 보잉의 사례에서 변화는 근본적(fundamental)이고 극적인(dramatic) 것이다. 첫째, 컴퓨터의 역할이 도구에서 전체의 설계를 위한 기반(platform)으로 변화되었으며, 둘째, 단지 프로세스의 변경이 아니라 컴퓨터와 설계공학자의 역할에 관한 문화적 변화(cultural change)였다. 설계공학자는 컴퓨터기반 설계시스템의 일부가 되었으며, 컴퓨팅이 전체의 설계 프로세스에서 중요한 의사소통의 역할을 수행하게 되었다.

"시간이 돈이다"라는 명구가 있다. 그래서 시간을 줄이면 돈이 된다. 그런데 주기시간단축은 시간을 줄이는 것 이상의 효과가 있다. 만약 경쟁회사보다 새로운 제품, 제품의 개선, 혹은 새로운 서비스 등을 먼저 고객에게 제공할 수 있다면 상당한 시장점유를 달성할 수 있을 것이다. 예를 들면 제약회사는 새로운 약품의 주기시간을 단축하려고 노력할 것이다. 만약 성공한다면 시장에 약품을 먼저 제공할 것이며, 혁신에 대한 특허를 받을 것이고, 거대한 투자비용을 만회할 정도로 총수입을 올릴 수 있을 것이다.

그림 4-14 리엔지니어링 이전의 은행

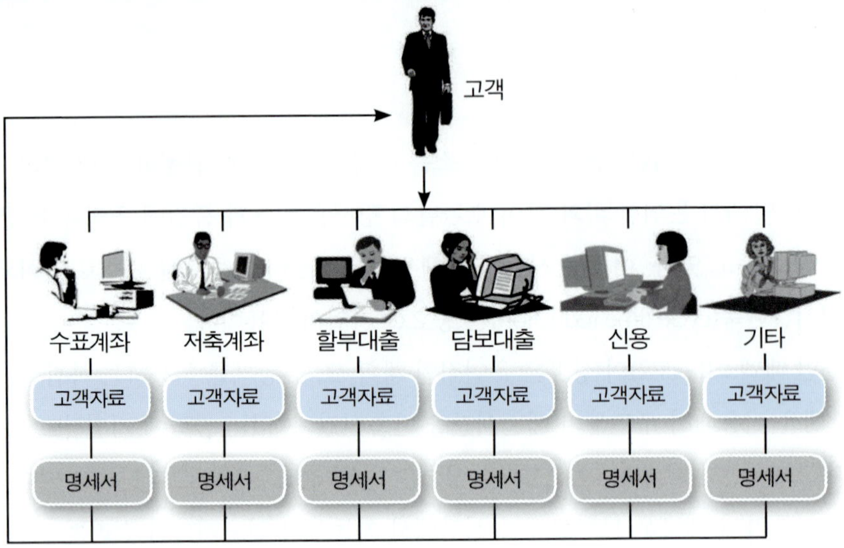

인터넷을 기반으로 한 인트라넷과 엑스트라넷의 활용은 의사소통시간을 줄임으로써 그리고 제품과 서비스의 설계와 운영에 있어서 공동협력을 허용함으로써 주기시간을 경제적으로 줄이는 수단이 된다.

주기시간단축은 매우 유익하다. 그러나 리엔지니어링 노력으로부터 최대의 결과를 얻기 위해서는 단지 하나의 혹은 소수의 프로세스보다는 전체 조직을 재구축할 필요가 있다.

(4) 조직의 리스트럭처링

현재 많은 조직이 가지고 있는 문제들 중 하나는 수직적 구조(vertical structures)이다. 올바른 조직구조는 다음과 같은 두 가지 차원에서 고려할 수 있다. 첫째, 경영이론들은 중요한 활동과 전략을 위한 리더십과 지원을 제공하는 조직구조를 강조하고 있다. 예를 들면 비용절감은 중간경영층 중 일부 계층이 제거될 때 달성할 수 있다. 둘째, 조직과 정보시스템 사이의 관계를 검토할 수 있다.

계층적 조직구조가 지닌 근본적인 문제는 의사결정이 필요할 때 조직의 계층을 오르락내리락 하여야 한다는 것이다. 만약 주요현안을 이해하지 못한 높은 계층의 한 개인이 "아니오"라고 말하면 나머지 사람들과 다른 계층에서 이에 따르는 식으로 의사결정이 이루어지

그림 4-15 리엔지니어링 이후의 은행

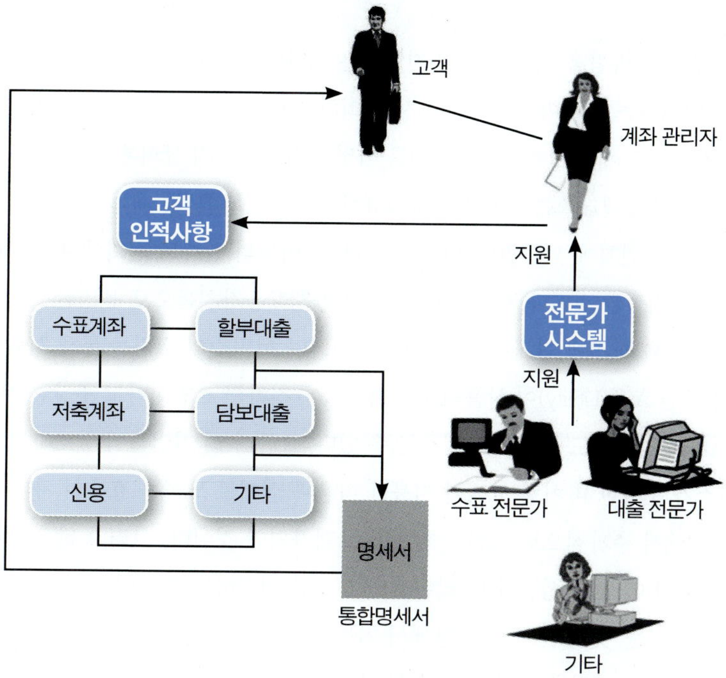

는 문제가 생길 수 있다. 또한 만약 의사결정에 필요한 정보가 여러 기능 부서들로부터 수집된다면 모든 정보를 조정하는 일은 종업원과 고객이 몫이 되고 이것은 시간 소모적이며 좌절감을 주는 프로세스가 될 수 있다.

리엔지니어링을 어떻게 수행하는가는 조직의 상황에 따라 다르다. 예를 들면 다음에 설명하게 될 은행의 경우, 각 고객에게 단일접점(a single point of contact)을 제공하는 것이 근본적인 문제 해결방법이 될 수 있다. 그림 4-14는 각 부서가 동일한 고객을 분리된 고객으로 간주하는 리엔지니어링 이전의 전통적인 은행을 보여준다.

그림 4-15는 리엔지니어링 이후의 은행을 보여준다. 고객은 계좌관리자(account manager)라는 하나의 접촉상대와 은행업무를 본다. 계좌관리자는 모든 은행서비스를 책임지고 있으며, 고객에게 모든 서비스를 제공한다. 고객은 모든 계좌에 대해서 하나로 정리 통합된 보고서를 받는다. 정보시스템의 역할은 대출과 같은 구체적인 업무에 관한 전문가의 충고를 제공함으로써 계좌관리자를 지원한다. 또한 상이한 데이터베이스에 접근을 허용함으로써 계좌관리자는 고객의 질문에 응답할 수 있으며 고객과의 업무를 계획하고 추진할 수 있다.

MIS HIGHLIGHT 1

전략의 나침반, 경쟁정보를 확보하라

시장에 불고 있는 변화의 바람을 헤쳐 나가며 기업들은 저마다 고객가치를 외치고 있다. 변화하는 고객가치를 선견해 대비하는 것이야말로 경쟁에서 승리하는 핵심 요소이다. 선진 기업들이 고객가치 선견을 위해 경쟁정보(Competitive Intelligence)를 어떻게 확보하는지 살펴본다.

그리스의 철학자 아리스토텔레스는 "한 재화가 필요한 정도는, 소비되는 재화 묶음에서 그 재화를 빼거나 더할 때 발생하는 변화에 의존한다"라고 말했다. 소비자의 만족도 변화에 따라 재화가치가 달라질 수 있다는 점을 지적한 것이다. 이는 19세기 후반 한계효용가치론으로 유명한 프랑스의 경제학자 레옹 발라스(Leon Walras)에 의해 구체화되었다. 재화나 서비스의 소비를 통해 사람이 느끼는 주관적인 만족의 정도인 효용(Utility)이 상품의 교환가치를 규정하는 요인이라고 주장한 것이다.

이러한 주장은 현재의 기업에도 동일하게 적용할 수 있다. 요즘 우리 기업들이 강조하고 있는 고객가치란, 레옹 발라스가 주장한 바처럼 고객이 지불한 비용과 실제로 느끼는 효용의 차이를 말한다. 즉, 고객이 들인 비용에서 추가적으로 느끼는 가치가 고객가치인 것이다. 그러나 많은 기업들이 이러한 고객가치를 단순히 더 높은 성능과 더 낮은 비용으로만 인식하는 경향이 있다. 이는 고객가치를 제대로 인식하지 못하는 것이다. 기업 입장에서 기능이라는 가치를 추가해도, 고객이 효용을 느끼지 못하는 한 그것은 고객가치가 아니다. 단순히 낮은 가격을 제시하는 경우에도 마찬가지다. 고객의 기본적인 니즈를 충족시키지 못한다면, 낮은 가격만으로는 고객이 아예 구매하지 않을 가능성이 크기 때문이다.

■ 고객가치 파악이 경쟁의 핵심

고객은 자신의 니즈에 부합하는 가치가 있는 제품이나 서비스를 선택한다. 따라서 기업 입장에서는 고객의 니즈를 얼마나 잘 파악하고, 그에 적합한 고객가치를 얼마나 잘 전달하느냐가 경쟁의 핵심이다. 최근 급격한 변화가 일어났던 리튬이온 2차 전지 시장을 보자. 2차 전지의 주요고객은 휴대폰과 노트북 등 휴대용 전자기기 제조업체들이다. 2000년을 전후하여 휴대폰과 노트북 시장이 급격하게 성장하던 시기에는 그들의 수요를 충족시킬 수 있는 공급 대응력이 2차 전지 제조업체가 제공할 수 있는 최우선적인 고객가치였다. 이후 휴대폰과 노트북 가격이 하락하는 한편 소비자들의 이들 기기의 이용 시간 향상에 대한 니즈가 커지면서, 2차 전지 시장에서는 가격 경쟁력과 함께 용량 우위가 새로운 고객가치로 떠오르게 되었다. 최근에는 2차 전지의 품질 문제가 불거지면서 안전성에 대한 니즈가 커졌고, 앞으로는 환경과 관련된 이슈도 부상할 가능성이 있다.

초기 공급 대응에서 앞서 나가고, 이후 가격 경쟁력과 용량, 안전성 등에서 종합적인 품질 우위를 유지한 Sanyo는 2차 전지 시장에서 부동의 1위 자리를 고수하고 있다. 반면 가격 경쟁력을 내세웠던 중국의 BYD와 용량 우위에 섰던 일본의 Sony는 품질 문제로 인해 시장지위가 크게 떨어진 상태이다. 2차 전지 시장에서 일어나고 있는 이러한 변화가 주는 시사점은 명료하다. 고객가치를 제대로 파악하여 충족시키는 기업이 경쟁우위를 확보한다는 것이다.

■ 경쟁정보(Competitive Intelligence)는 고객가치 파악의 출발

기업이 변화하는 고객가치를 파악하고 대응하기 위해서는 단기적으로 기업을 둘러싸고 있는 고객, 경쟁사 등을 지속적으로 모니터링해야 한다. 이는 기본적으로 기획과 마케팅 영역에 속한다. 뿐만 아니라 새로운 산업의 부상 여부를 판단하기 위해 보다 장기적인 트렌드와 환경에 있어서의 변화를 관찰할 필요가 있다.

그렇다면 앞서가는 기업들이 시장에서 보다 효과적으로 경쟁하기 위해 고객가치를 파악하는 수단은 무엇일까? 바로 경쟁정보(Competitive Intelligence: CI)이다. CI란 다양한 의사결정을 지원하는 경쟁환경에 대한 지식 및 통찰을 의미한다(아래의 그림 참조). 기업은 CI를 통해 신사업 기회 포착 및 리스크 최소화, 경쟁자의 움직임에 대한 조기 경보, 시장 및 고객지향성 강화 등을 이룰 수 있다. 또한, 이를 창출하고 활용하는 과정에서 고객가치를 파악하고 궁극적으로는 경쟁우위까지 확보할 수 있게 되므로, 기업 경영에서 CI가 차지하는 위상은 매우 크다고 할 수 있다.

Competitive Intelligence의 구성요소

그런데 이와 같은 중요성에도 불구하고 몇몇 선진 기업들을 제외한 대부분의 기업들은 제대로 된 CI를 확보하지 못하고 있다. 그 이유는 여러 가지이다. 우선 과거의 경영 프로세스를 답습해온 경영진들이 CI를 접해볼 기회가 적어 그 중요성을 느끼지 못하기 때문이다. 이로 인해 경영진들은 CI를 경쟁우위의 원천으로 인식하지 못하고, 이를 체계적으로 통합 관리할 기능을 구축하지 않은 것이다. CI 창출과 관련해 널리 알려진 사례가 적다는 것도 하나의 이유이다. 결국 기업들은 제대로 된 CI 창

출 프로세스를 구축하지 못해 필요한 결과물을 얻을 수 없게 된 것이다.

이미 대다수의 기업은 사업 환경변화를 파악하고 경쟁사보다 더 신속하게 대응하는 데에 사업의 성패가 달려 있다는 것은 알고 있다. 시장의 급격한 변화와 글로벌화로 인해 잠재적 기회와 위협이 더욱 커져가고 있는 지금, 기업들은 경쟁우위의 원천이 무엇인지 찾아 헤매고 있다. 특히, 최종 소비자들이 소비하는 물품이 아닌 중간재를 생산하는 B2B 업체들에 있어서는 이런 경향이 더욱 강하게 나타난다. B2C에 비해 상대적으로 고객 수가 적은 B2B 산업에서는 고객 기업과의 관계가 형성되지 않는 한 고객의 니즈를 파악하기가 더욱 어렵기 때문이다. 그렇다면 효과적인 CI를 창출하기 위해서는 어떻게 해야 하는가?

■ Competitive Intelligence 창출의 성공 요인

CI 창출은 지식경영과 궤를 같이한다. 제품, 고객, 경쟁자 등에 대한 정보(Information)를 획득하고, 분석을 통해 인사이트(Insight)를 도출한 후, 이를 전사적으로 공유하여, 필요한 부서에서 활용하고, 활용 후 피드백을 통해 CI를 다시 개선하는 과정이다(아래 그림 참조). 이러한 프로세스를 거쳐 나오게 된 결과물을 사업에 활용할 수 있는 경우에만 CI라 한다. 또한, CI 활동은 산업스파이 활동이 아니기 때문에 합법적이고 도덕적 문제가 없는 수단을 사용해야 하고, 내부가 아닌 외부 경영환경에 초점이 맞춰져 있어야 한다. 이제부터는 성공적으로 CI를 창출하기 위해 취해야 할 구체적인 사항들을 살펴보도록 하자.

Competitive Intelligence 창출 프로세스 및 성공요인

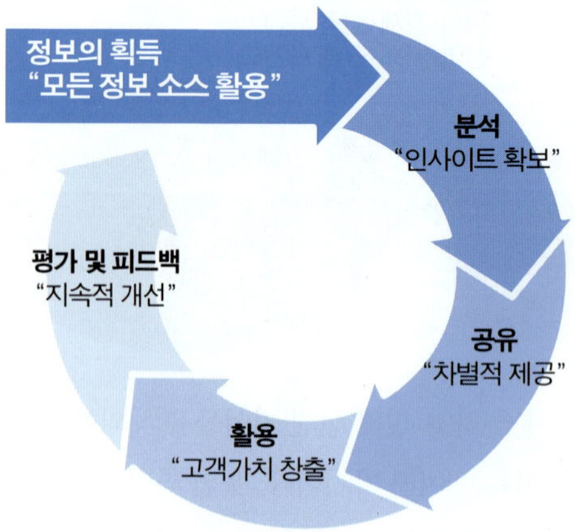

① 가능한 모든 정보 소스를 활용하라

CI 창출에 필요한 정보는 출처에 따라 기업의 이해관계자들과 기업을 둘러싼 환경으로부터 얻을 수 있다. 가장 기본적으로는 고객, 공급자, 경쟁사, 정부 등으로부터 직접적으로 획득한다. 또한, 시장 및 기술 트렌드, 경제 및 환경변화 등으로부터도 얻을 수 있다.

GE는 'ACFC(At the Customer, For the Customer)'라는 방식을 활용해 정보를 수집한다. 이는 사업상 문제가 있는 고객 기업과 접촉하여 고객의 사업성과를 제고할 수 있는 것이라면, GE의 지식자산을 포함해 무엇이든 제공한다는 발상에서 출발한다. 고객이 GE의 식스 시그마 품질관리 교육 및 실행 스킬로부터 가치를 얻을 수 있다면, GE의 고객들은 이를 모두 제공받을 수 있다. Southwest Airlines의 경우, GE Aircraft Engines로부터 식스 시그마 프로그램을 제공받았다. 이를 통해 GE는 다른 공급업체로 인해 끊임없이 발생하던 Southwest Airlines의 품질 이슈를 규명하고, 문제해결 과정을 통해 새로운 정보와 지식을 획득할 수 있었다. GE는 직접적인 관계가 없는 모든 잠재 고객들에게까지 전략적으로 지식을 개방하고, 그들의 문제를 해결하는 과정에서 새로운 정보와 지식을 얻을 수 있었던 것이다. GE는 이렇게 획득한 정보와 지식을 다시 전사적으로 공유하여 GE 자체 사업을 포함해 유통, 영업, 마케팅 등의 파트너들을 위한 새로운 가치를 창출하는 데 활용한다.

GE의 사례에서 보듯이, 기업이 원한다면 기본적인 자료를 획득할 수 있는 소스는 사실상 무한정하다. 하지만 효율적으로 CI 프로세스를 진행시키고, 효과적인 CI를 얻기 위해서는 정보 획득에 대한 기본 원칙을 정해야 한다. 첫째, 모든 구성원과 기능을 위한 것이 아닌 소수의 핵심적인 주제에만 집중해야 한다. 둘째, 과유불급이란 말이 있듯이 정보 획득 양도 어느 정도의 수준을 정해야 한다. 셋째, 신뢰할 수 있는 한정된 소스를 활용해 정보를 획득해야 한다.

② 치밀한 분석으로 인사이트를 얻어라

기업이 획득한 정보로부터 Intelligence를 도출하기 위한 방법론은 매우 다양하다. 가장 쉽게 접근할 수 있는 회귀분석(Regression Analysis)과 기회분석(Opportunity Analysis)에서부터 경쟁사에 대한 기존의 시각을 폐기하고 새로운 관점으로 접근하는 급소분석(Linchpin Analysis), 공통점 및 일탈 행위들을 부각시키는 사건분석(Event Analysis), 다양한 분석적 판단이나 설명을 가능하게 하는 가정분석(Analysis of Competing Hypotheses), 그리고 미래에 일어날 가능성이 있는 대안들을 기술하는 시나리오분석(Scenario Analysis) 등 다양한 기법을 활용할 수 있다. 물론 산업적 특성이나 필요에 따라 이러한 분석기법들을 병행해서 사용할 수도 있다.

그중에서도 미래의 가능성에 대한 통찰력을 반영하는 시나리오 분석은 전략기획에 있어서 중요한 역할을 차지한다. 시나리오 분석의 가장 유명한 사례는 Shell이다. Shell은 1973년 오일쇼크가 발생하기 전에 이미 석유가격이 극적으로 오른다는 것을 가정하여 어떤 행동을 취할 것인가에 대한 시나리오를 개발했다. 그 결과 Shell은 오일쇼크에서 성공적으로 살아남은 유일한 기업이 되었다. 또한 독일계 화학회사 BASF도 시나리오를 기반으로 전략을 수립하고 있으며, 항공업계의 선두주자인 Boeing 역시 전략 수립에 시나리오 분석을 활용하고 있다. 시나리오 분석은 전반적인 전략의 오류와 사업 포트폴리오의 허점을 드러나게 함으로써 이에 대한 대책을 마련하게 하는 데 목적을 두고 있다. 따라서 이들 기업은 사업에 영향을 미칠 수 있는 중요한 변수라면 시장에 나타나는 미약한 신호까지도 변화의 방향을 파악하기 위해 시나리오 분석을 실시한다.

③ 필요한 곳에 차별적으로 제공하라

IT의 발달에 따라 대부분의 기업들은 정보 공유를 위해 인트라넷과 같은 웹기반의 기술을 활용한다. 정보 공유에 있어 언제나 문제가 되는 것은 누구에게 어느 정도까지 정보를 개방할 것인가이다. 이는 기업이 속한 산업의 특성과 기업의 특성을 반영해 상황에 따라 선택해야 할 사안이다.

Air Products & Chemicals(APC)는 사내 인트라넷 'Intelligence Web'을 구축하여 모든 CI를 전사 차원에서 공유하고 있다. 이곳은 자료나 단순 정보를 저장하기 위한 공간이 아니라, APC의 임직원들이 분석을 통해 정보에 새로운 가치를 부가하여 회사가 사용 가능한 형태로 CI 리포트를 만들어 공유하는 공간이다. Intelligence Web은 커뮤니티 기반으로 구성되어 있고, 커뮤니티는 주제, 지역, 프로젝트 등의 다양한 기준에 따라 구분되어 있다. 모든 형태의 CI 리포트는 이곳에 게시되고 각각의 CI는 출처 및 정보의 신뢰성, 정보의 난이도 등으로 구분되어, APC의 임직원이라면 원하는 정보만을 이메일로 받아볼 수 있게 하였다. 이를 통해 불필요한 정보의 유통을 막고, 필요한 정보가 필요한 곳에 전달될 수 있도록 하였다.

Shell 역시 인트라넷상에 'CI KnowledgeHouse'를 구축하여 CI를 공유하고 있다(John Prescott & Stephen Miller, 『Proven Strategies in Competitive Intelligence』 참조). 이는 크게 세 가지 주요구성요소로 이루어져 있다. 기본요소는 사용자들이 CI에 대한 지식을 입수할 수 있는 영역으로 CI와 용어에 대한 지식을 제공한다. 두 번째로 리서치 요소에서는 100여 개 이상의 정보 소스에 대한 리서치나 출판된 정보들이 담겨 있다. 마지막으로 지식경영 요소는 핵심 사용자가 CI 및 관련 지식을 공유하는 공간으로 활용된다. CI KnowledgeHouse에는 경쟁사의 제품 및 서비스, 강약점, 영업 방식 등의 경쟁사 프로파일과 Shell 자체적으로 생성한 시장에 대한 깊이 있는 정보들을 갖추고 있다. 이러한 정보들은 민감한 사안이기에, Shell은 CI팀에 정보 관리 권한을 부여해 필요한 곳에만 정보 공유를 허용하는 정책을 쓰고 있다.

④ 가치창출이 가능한 모든 곳에 활용하라

앞서 고객가치를 파악하고 이를 충족시키기 위해서는 CI가 필요하다고 하였다. 왜냐하면, CI를 통해 고객의 니즈나 트렌드 변화에 효과적으로 대응할 수 있기 때문이다. 기업이 고객에게 제공하는 상품이나 새로운 시장 개척, 전략 기획 및 마케팅 등에 활용되는 경우가 일반적인 사례이다. Avnet은 고객가치를 제고하기 위한 경영기획뿐만 아니라 특이하게도 주주가치를 극대화하는 데 역점을 두고 CI를 활용한다.

전자부품, PC 하드웨어 및 주변기기, 기타 서비스 등을 제공하는 Avnet은 'Business Information Office(BIO)'라는 CI팀을 운용하고 있다. BIO의 역할은 전략기획 단계에서 사업부문장들이 전략적으로 중요하게 생각해야 할 것들이 무엇인지를 명확하게 하는 것이다. 또한, Avnet의 직간접적인 모든 경쟁사를 모니터링하여 이들로부터 발생하는 경쟁 이슈를 도출한다. 보다 구체적으로 BIO의 CI 활동은 주당이익률(EPS) 제고에 초점을 맞추고 있다. 왜 EPS가 상승하는가? 경쟁사대비 성장률은 어떤가? 자본회수율은 어떤가? 주주가치와 관련된 질문들에 대답하는 CI를 활용해, BIO는 자본시장에서 Avnet의 성과를 설명하고 주가와 주가수익비율 배수(PE Multiple)를 높이는 데 기여한다.

효과적인 CI를 창출하기 위해서는 이를 단순히 공유하는 것만으로는 불충분하다. CI의 목적은 어디까지나 최고경영진에게 행동의 지침을 제시하여, 다양한 의사결정에 기여하는 것이다. 즉, 조직의 의사결정권자가 CI를 기반으로 경영활동을 하게 될 때, CI를 성공적으로 창출했다고 말할 수 있다.

⑤ 항상 평가하고 개선하라

현대 경영학의 거장 피터 드러커(Peter Drucker)는 다음과 같이 말했다. "측정할 수 없으면 관리할 수 없고, 관리할 수 없으면 개선할 수 없다." 기업 내 어떤 업무 프로세스라도 산출물이 있기 마련이다. 피터 드러커의 말처럼, 산출물을 개선하기 위해서는 관리를 해야 하고, 관리하기 위해서는 측정이 필요하다. CI도 예외는 아니다. CI 자체의 품질만이 아니라 CI 프로세스 개선을 위해서라도 이에 대한 평가는 장기적 관점에서 매우 중요한 부분이라 할 수 있다.

1998년 BP와 합병한 석유회사 Amoco는 CI팀의 성과를 자체평가하기 위해 세 가지 평가 방법을 사용했다. 우선, 데이터 품질 평가를 통해 외부나 공공서비스에서 나오는 데이터를 외부의 네트워크로부터 수집된 정보와 비교하여 정확도를 검증한다. 다음으로, 영업 및 마케팅팀의 CI에 대한 피드백을 수집해 해당 CI에 대해 정성적으로 평가한다. 마지막으로, CI팀은 Amoco에 납품하는 기업들의 제품 품질을 자체적으로 평가한다. CI를 통해 납품업체를 선정했기 때문에, 내부적인 평가로 그 유효성 측정이 가능한 것이다. CI팀은 제품에 대한 사용자 의견 청취, 네트워킹, 비공식적인 분석, 리서치 등의 다양한 방법을 활용한다. 이러한 평가 과정을 통해 Amoco는 CI팀과 사용자 간의 관계를 강화하고,

CI 자체의 품질과 프로세스를 개선하기 위해 노력한다.

■ 체계적으로 미래를 준비해야

현재 우리는 기술의 범용화, 사회적 가치의 변화, 무역장벽의 제거, 환경 재난 등 경쟁 환경의 지각 변동을 일으킬 수 있는 다양한 움직임들과 마주하고 있다. 거대한 변화는 준비하지 못한 자에게는 재앙이지만, 준비한 자에게는 기회로 다가온다.

변화가 일어나면 기업들은 이에 대응하기 위한 방안을 마련하지만, 대부분 유사한 전략을 펼치는 경향이 있다. 기업들이 접하고 있는 상황이 유사하기 때문에 어찌 보면 당연한 현상이다. 그러나 그런 와중에도 남들과 다르게 행동하며 차별적 고객가치를 제공하는 기업은 언제나 있기 마련이다.

모든 기업들이 절실하게 찾고 있는 차별적 고객가치는 하루아침에 만들 수 있는 것이 아니다. 꾸준한 준비를 통해 경쟁우위를 확보한 기업만이 가능하다. 기업의 성공을 담보하는 경쟁우위, 그것의 원천은 바로 경쟁정보(CI)이다.

〈LG주간경제, 2007. 7.〉

MIS HIGHLIGHT 2

불확실한 경영 환경 속에서 더 강해지는 기업

■ 점점 더 불확실해지는 경영 환경

기업에게 불확실성은 관리하기 어려운 위협요인이다. 기업이 당면한 불확실한 상황을 얼마나 빠르고 효과적으로 통제할 수 있는지를 알 수 있는 위기관리 능력은 경영자들이 반드시 갖추어야 할 역량이다. 기술의 발전, 많은 카피캣들의 등장, 업종의 경계가 사라진 경쟁, 그리고 파악하기 힘든 고객의 니즈 등 때문에 기업이 느끼는 불확실성에 대한 위기감은 점점 더 높아지고 있다.

① 기술의 발전, 모방의 시대

증기기관으로 대표되는 산업혁명 이후, 기술은 급속도로 발전하기 시작했다. 100년의 기술 발전의 역사 속에 비행기, 자동차, 컴퓨터, 인터넷 등이 인류의 역사 속에 등장하였다. 특히 IT는 기술을 한 단계 더 높이 발전하도록 기여하였고 인터넷은 다양한 비즈니스를 창조하고 세계를 하나로 만들었다. 미디어, 인터넷 및 SNS 등의 발달로 사람들은 경제, 정치, 사회 이슈들을 언제 어디서나 쉽게 접할 수 있게 되었다. 기술의 발전은 인류의 상상을 뛰어넘어, 인류의 생활 방식을 완전히 새롭게 바꾸어 놓았다. 전문가들은 기술의 발전 속도가 앞으로 더 빨라질 것이라고 예상하고 있다.

기술의 발전과 함께 기술의 이전 속도 역시 빨라졌다. '카피캣'의 저자 오데드 센카 교수는 오늘날을 '모방의 시대(Age of Imitation)'라고 강조한다. IT의 발전, 인터넷 보급, 글로벌화로 기술과 지식은 체계화 되었고 그 이전 속도는 더욱 빨라졌다. 전략적 제휴, 모방 클러스터 확산 등으로 대규모 모방이 가능해졌다. 이러한 변화들은 모방의 속도를 가속화시켰고 카피캣들은 급증했다. 1980년대 크라이슬러가 개발한 미니밴이 모방되는 데는 9년이 소요됐지만, 최근 GM이 개발한 소형차를 중국 기업이 모방하는 데는 겨우 1년이 걸렸다.

② 업종에 관계없는 경쟁자의 위협

나이키는 1994년부터 1998년까지 5년 연속 3배 이상의 높은 성장률을 기록하다가 98년부터 성장률이 둔화되었다. 시장점유율(Market Share)에는 큰 차이가 없었다. 위기 의식을 느낀 나이키는 성장률 둔화의 원인을 분석하기 시작하였다. 그리고 기존의 경쟁자로 인식한 타 스포츠 의류업체가 아닌 닌텐도와 같은 게임 때문이라는 결론을 내리게 된다. 사람들이 여가 활동으로 운동 대신 실내에서 닌텐도 게임을 즐기다보니 나이키 운동화를 신고 운동하는 시간이 줄어든 것이다. 나이키는 산업의 경계와 상관없이 경쟁자가 될 수 있다는 새로운 전략적 사고를 하게 된다. 이러한 시장의 변화는 업종

안에서 치열하게 펼쳐졌던 '시장점유율(Market Share)' 경쟁은 물론 업종간 경계가 사라진 환경 하에서 '고객의 시간점유율(Time Share)' 경쟁 또한 기업을 위협할 수 있다는 점을 의미한다. 업종 간 경계가 허물어지는 경영 환경은 기업들에게 누가 나의 친구인지, 누가 나의 적인지 알 수 없게 만드는 무한경쟁 시대임을 말해준다.

③ 파악하기 힘든 고객의 니즈

노키아 글로벌 컨설팅 부서장을 역임했던 토미 에이호넌은 국내 한 일간지와의 인터뷰에서 "모바일 제품의 경우 시장평균사이클이 15개월임에 반해 모바일 제품 하나 만드는데 걸리는 시간은 18개월이다" 라며 제품 개발 과정에서 고객 니즈를 파악하기 위한 충분한 시간 확보에 대한 기업의 어려움을 이야기한 적이 있다. 고객의 니즈를 파악하기 어려운 것은 부족한 시간 때문만은 아니다. 하버드 대학의 제럴드 잘트만 교수는 "말로 표현되는 고객의 니즈는 5%에 불과하다. 95%는 숨겨져 있다"고 말했다. 기업은 드러나지 않은 95%의 고객의 니즈를 파악해야 한다. 신제품 실패 사례는 대부분 고객의 니즈를 제대로 파악하지 못하는데서 비롯된다. 고객의 생각을 그대로 표현한 제품이 나온다고 해도 이는 말 그대로 고객의 생각에서 나온 제품이다. 이러한 방법으로는 고객의 기존 생각을 뛰어넘는, 잠재적인 욕구를 발현할 수 있는 제품이 나올 가능성은 지극히 낮다. 많은 기업들이 막대한 비용과 고도의 조사 기법을 동원하여 고객의 니즈를 철저하게 조사하여도 경쟁사의 혁신제품의 등장으로 인해 크나큰 실패를 경험하는 이유이다. 고객 자신들도 모르지만 분명히 내재하는 그 무엇인가를 읽어내어 제품으로 만들어 고객의 손에 전달하는 것이 선도기업의 역할이다.

■ 불확실성 속에서 강해진 기업들

① '고객을 재정의'하여 경쟁자도 성공의 수단으로, 나이키

"중국 송나라에 엄동설한에도 손이 얼지 않는 약을 만드는 비법을 알고 있는 사람이 있었다. 사람들은 이 약을 사서 겨울에 비단을 찬물에 헹굴 때 사용했다. 소문을 들은 나그네 둘이 은전 백 냥을 주고 이를 구입하여 오나라 왕에게 바쳤다. 왕은 이 약을 전쟁에 나선 군사들의 동상 방지제로 사용했다. 오나라 군사는 겨울 전투에서 월나라에 대승을 거둔다. 오나라 왕은 크게 기뻐하며 두 나그네에게 많은 봉토와 높은 지위를 내렸다. 똑같은 '얼지 않는 약'이지만 이 두 나그네는 '고객'을 바꿔 동네 부자에 그치지 않고 한 나라의 제후가 될 수 있었다."

고객을 재정의하여 성공한 기업이 있다. 바로 나이키다. 나이키는 닌텐도를 계기로 산업의 경계와 상관 없이 누구나 자사의 경쟁자가 될 수 있다는 새로운 전략적 사고를 하게 된다. 이에 따라 고객 또한 새롭게 정의한다. 단순히 스포츠용품을 이용하는 사람이 아니라 여가를 활용하는 모든 사람으로 확장하게 된 것이다. 나이키가 충족시켜야 할 고객의 욕구 역시 확장하게 된다. 단순히 좋은 품질의 제품을 사용하고 싶어하는 욕구가 아닌 건강하고 싶은 인간의 근원적인 욕구로 새롭게 정의한다.

고객과 고객의 욕구를 재정의한 나이키는 직원들의 창의를 활용하여 혁신제품을 만들어내기 시작한다. 창의라고 하는 것은 어느 날 갑자기 뚝 떨어지는 것이 아니라 그 사안에 대해 풍부하게 경험하고 치열하게 고민하는 사람들의 머리 속에서 나온다. 기업의 내부 인력만큼 자사 제품, 경쟁사, 관련 기술, 고객가치, 시장 동향에 대해 연구하고 생각하는 사람은 없다. 이런 점에서 내부 인력들이야말로 미래 지향적 제품을 만들어낼 수 있는 최고의 자산이다. 나이키의 R&D센터인 이노베이션 키친(Innovation kitchen)은 직원들의 단순하고 엉뚱한 상상들을 발전시켜 혁신적인 아이디어 제품들로 만드는 곳으로 유명하다. 탄력 있는 밑창을 만들기 위해 와플 기계에 고무를 부어 넣는 무모함(나이키 와플 시리즈), 날 수 있는 신발을 만들기 위해 밑창에 스프링을 달아 보겠다는 직원의 엉뚱함(나이키 샥스), 직원들의 무모하고 엉뚱한 아이디어를 기꺼이 수용하는 창의적인 조직 문화에서 나이키의 혁신제품은 탄생한다. 2012년 성공적으로 진행된 혁신적인 실험인 '플라이니트 레이서(Flyknit Racer)'와 '퓨얼밴드(Fuel Band)' 역시 직원들의 작고 엉뚱한 상상에서 시작된 것이다. '모든 불필요한 부분을 없앤 혁신'인 플라이니트의 시작은 '고무 밑창을 붙인 양말'의 형태였다. 그러나 이노베이션 키친은 이 무모하고 엉뚱한 제안을 받아들여 '갑피와 밑창이 하나로 이루어진 플랫폼'이라는 혁신 제품을 탄생시켰다. 퓨얼밴드 역시 하나의 아이디어로, 한 순간에 만들어진 것이 아니다. 최초 아이디어였던 '테니스용 머리띠'에서 최종적으로 '팔찌' 형태의 상품화가 되기까지 2년이라는 시간이 걸렸다. '어디에 착용할 것인가?', '어떤 색깔, 어떤 재질로 할 것인가?' 등의 고민 속에서 수많은 아이디어들과 프로토타입들이 만들어지고 실패했다. 이러한 기다림의 바탕에는 직원들의 아이디어를 존중하고, 실패를 창의로 가는 하나의 과정임을 받아들이는 나이키의 조직문화가 있었다. 이러한 문화 속에서 직원들은 경쟁자, 기존 산업이나 제품이라는 제약 없이 자유롭게 아이디어를 제공한다.

2007년, 나이키는 '고객의 시간점유율(Time Share)'에서 더 강력한 경쟁자인 스마트폰을 만나게 된다. 스마트폰의 등장은 고객과 고객의 욕구를 재정의한 나이키에게 위협이 아니라 기회가 되었다. 나이키는 앉아서 스마트폰으로 검색, 오락, SNS를 즐기는 사람들을 스마트폰과 SNS를 적극 활용하여 나이키와 함께 운동하도록 만들고 있다. 잠재적 경쟁자를 성공의 수단으로 만든 것이다.

나이키는 조깅을 하는 소비자들이 항상 음악을 듣는다는 점에 착안하여 '나이키+아이팟 키트'를 출시하여 대성공을 거둔다. 더 나아가 '나이키 플러스'를 통해 나이키 운동화 밑창에 센서를 달아 이를 아이팟에 연동시켜 아이팟에 운동량이 기록되도록 하였다. 운동화 밑창에 센서를 달아 얼마나 달렸는지 SNS를 통해 사람들과 공유하게 하여 친구들과 온라인 게임을 하듯 경쟁하는 시스템을 구축하였다. 2012년에는 손목에 차는 '나이키 플러스 퓨얼밴드'를 출시하였다. 나이키의 혁신을 대변하는 퓨얼밴드는 하루 동안의 활동량을 측정하는 팔찌로서 걷거나 뛰는 모든 움직임이 운동거리 및 시간, 칼로리 소모량 등으로 측정되어 팔찌의 LED 화면에 표시된다. 아이폰과 동기화하면 운동량을 그래프로 볼 수 있고, 페이스 북과 트위터로 다른 이용자와 운동량을 비교할 수도 있다. 이러한 노력들을 바탕으로 나이키는 미국 경영 월간지 패스트 컴퍼니 (Fast Company)가 선정한 '2013년 50대 글로벌 혁신 기업(The World's 50 Most Innovative Companies 2013)'에 1위로 선정되었다.

잠재적 경쟁자인 스마트폰을 활용하여 디지털 집단으로 성장한 사례에서 볼 수 있듯이 나이키에서는 경쟁자도 직원들의 상상을 실현시키는 도구가 된다. 나이키는 직원들의 창의를 바탕으로 단순한 스포츠용품 업체가 아닌 '기술, 데이터, 서비스' 기반의 디지털 집단으로 나아가고 있다.

② 골리앗을 이긴 다윗, '선도기업들을 위협'하는 넷플릭스

정보통신기술의 급속한 발전과 함께 주요영상매체나 고객의 콘텐츠 소비행태는 급격하게 변하고 있다. 이처럼 영상콘텐츠사업은 불확실성이 높다. 이러한 불확실한 환경 하에서 넷플릭스는 선도기업들에 도전해가며 비즈니스 모델을 발전시켜가고 있다. 넷플릭스는 온라인 DVD 대여업체에서 콘텐츠 유통기업으로 변신하였고 이제는 콘텐츠를 직접 제작하며 콘텐츠 제작업체로 그 비즈니스 모델을 진화시켜가고 있다.

넷플릭스의 CEO 리드 헤스팅즈는 어느 날 대여한 DVD를 늦게 반납했다가 연체료를 40달러나 물게 되었다. 연체료에 기분 나빠하던 그는 '기존 DVD 대여 체계의 불편함을 해소해보면 어떨까?'는 생각을 하게 되었다. 이것이 넷플릭스의 '온라인으로 DVD 대여 신청을 하고 우편을 통해 배달 받는 비즈니스 모델'의 시작이었다.

당시 블록버스터가 DVD 대여산업을 독점하고 있었다. 1985년 설립된 블록버스터는 2000년대 중반까지 25개국에 9,000개 매장을 두고 4,000만 회원을 보유한 초대형 DVD 대여업체로서 2002년 시장 가치는 50억달러(약 5조 3,000억원)에 달했다.

1997년 헤스팅즈는 새로운 방식의 DVD 대여업체인 넷플릭스를 설립하였다. 사업모델은 다음과 같다.

"가입자가 매달 배송 받고 싶은 DVD 개수만큼 정액 요금을 지불한다. 온라인 사이트에서 대여목록을 선택해두면 하루 뒤에 우편을 통해 DVD와 반송봉투가 배송된다. 비디오를 본 후 반송 봉투에 DVD를 담아 반환하면 대여 목록에 예약되어 있는 다음 차례의 DVD가 배송된다."

넷플릭스는 오프라인으로 운영하기에 피할 수 없는 약점들을 개선하여 오프라인 비디오 테이프 대여에 익숙한 고객을 온라인 DVD 대여시장으로 끌어들였다.

첫째, 연체수수료를 없애 버렸다. 기존 대여 시장에서 연체수수료는 전체 매출의 15~20%를 차지하고 있었다. 기업 입장에서는 매력적인 수입원이었다. 그러나 연체수수료는 고객들에게는 분명 유쾌하지 못한 경험이다. 넷플릭스는 연체수수료라는 불쾌한 경험 대신 먼저 빌린 DVD가 도착해야만 예약한 다른 DVD를 보내주는 방식으로 고객들의 빠른 반납을 유도했다. 빠른 반납에 대한 가치 있는 인센티브를 부여하여 고객들의 행태를 바꾼 것이다. 연체수수료로 인한 수익을 포기하는 대신 별도의 매장이 필요 없는 온라인 마켓으로 운영비를 낮췄다.

둘째, 다양한 장르의 작품을 구비하였다. 영상매체를 이용하는 고객들은 다양한 콘텐츠를 즐기고 싶어하는 욕구를 가지고 있다. 그러나 오프라인의 블록버스터는 콘텐츠가 다양할수록 재고비용이 높아지기 때문에 콘텐츠의 양을 무작정 늘릴 수는 없었다. 인기작 위주로 대여하는 블록버스터와는 달리 재고비용에서 좀더 자유로운 온라인의 넷플릭스는 다양한 장르의 작품을 구비하여 고객들을 만족시켰다.

2000년대 중반 DVD 사업이 사양산업으로 접어들자 넷프릭스는 온라인 스트리밍 서비스 사업을 계획했다. 인터넷의 보급으로 DVD를 대여하는 것보다 실시간으로 원하는 콘텐츠를 보려는 수요가 급증했기 때문이다. 넷플릭스는 기존 가입자에게 추가 비용 없이 자사의 스트리밍 서비스인 'Watch Instantly'를 함께 제공하여 기존 DVD를 이용하던 고객들이 자연스럽게 온라인 스트리밍 서비스로 넘어올 수 있게 하였다. 신규 서비스 제공 시 발생하는 비용을 고객에게 전가하지 않아 소비행태를 바꿀 수 있도록 유도한 것이다. 기업 입장에서는 고객의 이탈을 막고 고객 입장에서는 새로운 트렌드에 자연스럽게 따라갈 수 있는 효과를 가져왔다.

넷플릭스는 고객의 기호에 맞는 콘텐츠를 추천해주는 서비스를 시도하여 인기를 끌었다. 고객이 홈페이지에서 어떤 메뉴를 클릭했으며 과거에 어떤 영화를 빌렸는지 등을 바탕으로 데이터베이스를 제작, 취향에 맞는 영화를 골라주는 '씨네매치' 서비스를 제공하였다. 고객의 80% 가량은 추천 목록에서 본인이 볼 영화를 고르는 것으로 나타났다. 또한 고객이 즐겁게 콘텐츠를 소비할 수 있도록 교류의 장을 제공하였다. 이처럼 인터넷을 기반으로 한 디지털 콘텐츠 구매 서비스가 일반화되면서 골리앗과도 같은 존재였던 블록버스터는 2010년 기업회생절차에 들어갔다. 월스트리트저널은 "세상이 디지털로 달라졌지만 블록버스터는 전통적인 오프라인 가게를 뜻하는 '벽돌과 시멘트 반죽(brick and mortar)'을 고수했다"며 "결국 역사 속으로 사라지게 됐다"고 전했다.

현대 미국 정치의 내막을 다루는 정치 드라마로 넷플릭스가 직접 제작하였다. 제65회 에미상에서 최우수 감독상을 비롯한 3관왕을 차지하면서 세간의 관심이 집중되었다. 콘텐츠도 훌륭하였지만 이 드라마는 고객들의 이용형태를 파악하여 방영하였다는 점에 주목할 만하다. 기존 방송사들처럼 시간을 정해두고 한 편씩 공개하며 방영한 것이 아니라 전편을 온라인에 모두 공개하였다. 바쁜 현대사회에서는 많은 시청자가 심야나 주말에 시리즈물을 몰아서 시청한다는 점을 고려한 것이다. 넷플릭스는 광고가 없고 모든 수입을 가입자의 월 이용료에 의존하기 때문에 시청자들의 시청 형태를 반영한 전략을 구사하는 것이 가능하였다. 이는 기존의 방송과는 전혀 다른 방식이었다. 넷플릭스는 인터넷 스트리밍 업체 역시 기존 방송 채널과 같은 채널로의 역할을 할 수 있으며 더 나아가 자체 콘텐츠의 경쟁력이 충분할 수 있다는 것을 보여 주었다. 시작에 불과하지만 세계 최대의 동영상 사이트 '유튜브' 역시 콘텐츠에 투자해 유료채널을 만들고, '아마존' 역시 프라임 회원을 상대로 스트리밍 서비스를 하고 있는 등 콘텐츠를 직접 제작을 하기 시작했다. 넷플릭스는 새로운 트렌드를 만들어가며 미디어 기업의 변곡점이 되고 있다. 이러한 움직임들은 기존 방송사들에 대한 상당한 위협으로 작용할 것으로 보인다.

〈LG Business Insight, 2013. 12.〉

CASE 1

GS홈쇼핑: 차세대 주문관리시스템

GS홈쇼핑이 지난달 17일부터 차세대 주문관리시스템 가동에 들어갔다. 주문관리시스템은 상품·고객·벤더 관리, 프로모션 등 다양한 대고객서비스와 제품관리를 포괄하는 시스템으로 홈쇼핑 비즈니스의 근간이 되는 부분이다.

이번 신규 시스템은 마스터 데이터와 기본업무 등 공통기능과 채널별 특화된 차별적 기능으로 구분해 변화에 신속하고 유연하게 대응할 수 있는 구조로 설계됐으며, 특히 공통기능을 완벽히 구축하는 데 초점을 두었다.

GS홈쇼핑은 기존 오라클 시벨 패키지 기반으로 구축한 주문관리용 시스템을 걷어내고 자체적으로 개발한 차세대 주문관리시스템이라는 점에서 업계의 주목을 받고 있다.

GS홈쇼핑 차세대 주문관리시스템의 주목적은 인터넷 비즈니스의 발전에 따른 모바일과 태블릿 PC이용에 대한 업그레이드와 상품·고객을 통합하는 데 있다.

이 시스템은 홈쇼핑 비즈니스의 근간이 되는 프로젝트로 인터넷과 모바일, 카탈로그 등을 통합한 통합 채널 마케팅 주문시스템이다.

GS홈쇼핑 측은 기존 사업 영역의 확장과 온라인 쇼핑몰 등의 확대에 따른 유연성을 갖추기 위해 오픈소스를 적극 활용했다고 밝히며 자체 개발을 통해 기존 IT인프라의 구조적 한계를 뛰어넘는다는 전략이다.

GS홈쇼핑 차세대 주문관리시스템 구성도

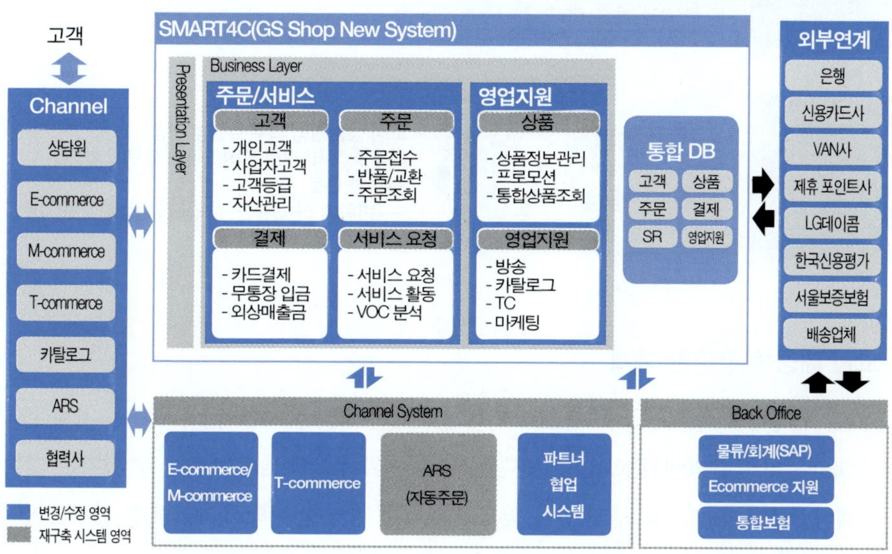

■ 공통 기능과 차별적 기능 명확히 구분

지난 2002년 오픈한 주문관리시스템을 최근 재구축한 GS홈쇼핑은 기업의 전략적 변화를 반영하기 위한 시도에 주력했다. 홈쇼핑 사업의 정보시스템은 크게 기업공통관리로 시너지를 강화할 수 있는 공통 기능과 채널별 특성 또는 차별화로 유연성을 높일 수 있는 차별적 기능으로 나뉜다. 공통 기능이 홈쇼핑업의 본질과 관련된 즉 근간이 되는 업무 영역이라면, 차별적 기능은 환경 및 고객 니즈의 변화로 개별 요구사항이 필요한 업무 영역이다.

GS홈쇼핑은 통합 DB 모델링과 공통 기능의 모듈화를 통한 홈쇼핑 사업의 주요기능을 성공적으로 구축하면서 공통관리를 통한 전사 시너지 창출 기반을 마련했다.

또한 고객 상담원의 업무 효율성 향상과 채널 확장 및 새로운 비즈니스 요구에 맞춰 확장이 용이한 구조로 재구축했다. GS홈쇼핑 측이 이번 신규 시스템 구축을 통해 공통 기능과 차별적 기능을 명확히 구분한 이유는 홈쇼핑 사업의 중심인 공통 기능을 완벽하게 추구하기 위해서이다. 공통 기능의 시너지와 차별적 기능의 유연성이 제대로 발휘되면서 변화대응 한계를 뛰어넘을 수 있기 때문이다.

요약하면 전략적 방향성에 연계되는 업무 프로세스 설계와 원활한 업무 실행을 위한 IT 인프라 설계가 이번 차세대 주문관리시스템의 근간이라고 볼 수 있다.

GS홈쇼핑 차세대 주문관리시스템 기대효과

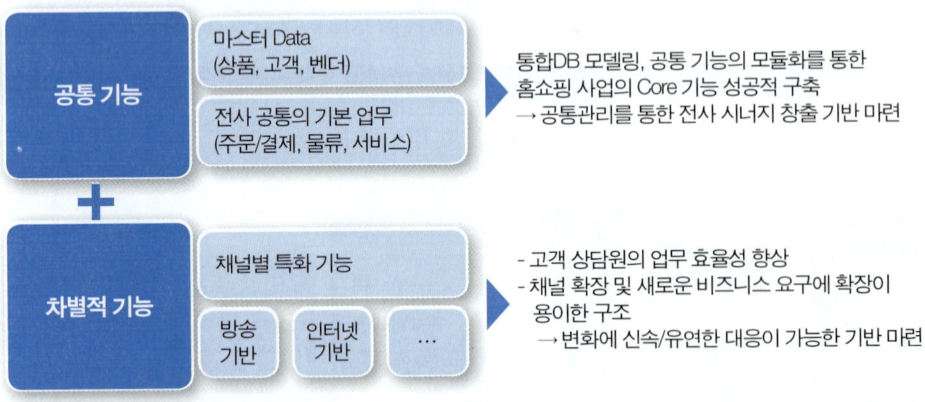

■ 보안 대응은 꾸준한 과제

GS홈쇼핑이 차세대 주문관리시스템으로 기대하고 있는 효과는 크게 두 가지이다. 첫째, 향후 증대될 통합 고객서비스 관점에서 고객이 원하는 상품을 정확하고 빠르게 제공할 수 있다는 것이다. 홈쇼핑 기업의 초석이 되는 시스템인 만큼 앞으로 나아갈 방향을 정확히 제시해줄 것이란 평가이다.

둘째는 채널 확장 시 프로세스혁신(PI)이 용이해진다는 점으로 시스템을 무조건 추가하는 것보다 불필요한 작업들을 정리하는 데에 용이할 것이라는 전망이다.

한편 이번 차세대 주문관리시스템 구축 과정에서는 보안에 대한 미비점들도 함께 점검했다. GS홈쇼핑 측은 통제와 암호화, 권한·계정관리 등과 함께 오는 9월부터 시행되는 개인정보보호법에 대응해서도 지속적인 노력을 기울일 방침이다.

〈BizIT, 2011. 7.〉

CASE 2

아시아나항공: 차세대 여객시스템

■ 글로벌 도약을 위한 고객 중심 여객시스템 구축

아시아나항공은 1988년 '최고의 안전과 서비스를 통한 고객 만족'이라는 경영이념으로 통해 글로벌 항공사로 성장했다. 이를 통해 업계 최고 1등의 기업가치를 창출하는 기업으로서의 역할을 다하고자 끊임없는 노력을 기울이고 있다.

이를 위해 아시아나항공은 항공사 동맹인 스타 얼라이언스(STAR Alliance)의 세계 28개 항공사와 함께 비즈니스 시너지를 극대화하기 위한 준비가 한창이다. 아시아나항공은 지난 2013년 11월에 항공권 예약, 발권, 좌석관리 등에 사용되는 PSS시스템(Passenger Service System)을 스타 얼라이언스 주요 항공사들이 사용하는 차세대시스템인 아마데우스 알테아(Amadeus Altea, 이하 알테아 시스템)로 전환했다. 아시아나항공은 고객들에게 다양한 노선을 제공하고 마일리지의 적립과 공유, 라운지 이용 등 서비스의 품질 향상을 예상하고 있다. 아시아나항공은 향후 2차 알테아 프로젝트를 진행하며 공항관리시스템까지 확장할 계획이다.

■ 비즈니스 성장에 따른 차세대 여객시스템 구축

아시아나항공은 기존의 운용 시스템인 'Core'를 1995년부터 브리티시항공에서 도입해 사용해 왔었다. Core가 구축된 1995년 당시, 아시아나항공의 보유 항공기는 20여 대에 불과했다. 그러나 현재 아시아나 항공은 83대(13년 11월 기준) 항공기를 보유하고, 차세대 항공기인 에어버스 A380 기종을 2017년까지 총 6대를 도입하기로 결정했다. 또한 국내 12개, 도시 14개 노선과 24개 국가, 73개 도시, 93개의 노선이 운항되며, 국제화물 운송또한 14개 국가, 29개 도시, 27개 노선을 운항하며 꾸준한 성장을 이뤄왔다. 또한 유나이티드항공, 루프트한자 등 세계적인 28개 항공사와 전략적 제휴를 추진해 글로벌 네트워크를 강화하고자 노력을 기울이고 있다.

프로젝트 개요

프로젝트명	구축기간	주요 구축목적	구축사업자
아시아나 항공 '차세대 여객시스템'	2011년 12월~2013년 11월	· 비즈니스 규모에 맞는 여객시스템 필요 ·공용플랫폼을 통한 스타얼라이언스 항공사 간 비즈니스 시너지 창출 ·인터넷, 모바일, 항공사 간 연계성 강화 ·시스템 자동화로 신속한 서비스 제공 ·프로세스 표준화를 통해 서비스 품질 향상	아시아나 IDT

항공사 규모가 커지고 스타 얼라이언스로 활동함에 따라 3년간 1억 달러 투입, 총 250여 명이 참여하는 창사 이래 최대 규모의 IT 프로젝트를 진행했다. 아시아나항공은 대형 시스템 전환에 따른 위험성을 고려해 시스템 전환을 2단계로 나눠 준비했다. 1단계로 도입된 이번 프로젝트는 예약/발권/좌석관리 등 여객시스템을 우선적으로 적용했다. 또한 2014년 5월, 탑승수속 및 화물탑재관리 등 공항시스템을 오픈해 알테아 시스템을 확대 적용할 계획이다. 또한 인천공항을 시작으로 아시아나항공이 취항 중인 전 세계 공항에 순차적으로 적용하고 있다.

고○○ 아시아나IDT 항공인프라담당 상무는 "지난해 11월 가동된 여객시스템의 안정적인 오픈을 위해 프로젝트 'Cut over' 위험대응팀을 가동해 수시로 진행사항을 점검하고 있다"며 "'Intensive Support' 및 'Extend Support'팀으로 구성된 전담팀을 구성해 운영 중에 있으며, 고객불만 처리, 긴급 대응 등을 위한 고객전담팀도 구성한다"고 말했다.

■ 스마트 여행자에 맞춘 서비스 제공돼

아시아나항공은 항공이용을 보다 편리하고 사용자가 만족을 느낄 수 있는 정보를 제공하고자 노력하고 있다. 특히나 승객이 직접 공항에 방문하지 않고도 웹 상에서 사전에 공항을 이용할 수 있는 'Cyber Airport'를 구축해 일 300여 명 이상의 이용객이 이용하고 있다.

아시아나항공은 알테아 시스템의 도입으로 이러한 최신 기술을 활용하는 능동적인 이용객을 대상으로 보다 합리적인 서비스를 제공할 계획이다. 특히나 온라인, 소셜 네트워크, 모바일 등 다양한 채널을 통해 여행에 필요한 최적의 요소(여정, 요금, 편의성 등)을 비교해 선택하는 스마트 여행자(Smart Travelers)가 증가하게 될 것으로 예측하고 이에 대한 준비를 하고 있다. 아시아나항공이 스마

아시아나항공 차세대 여객시스템 구성도

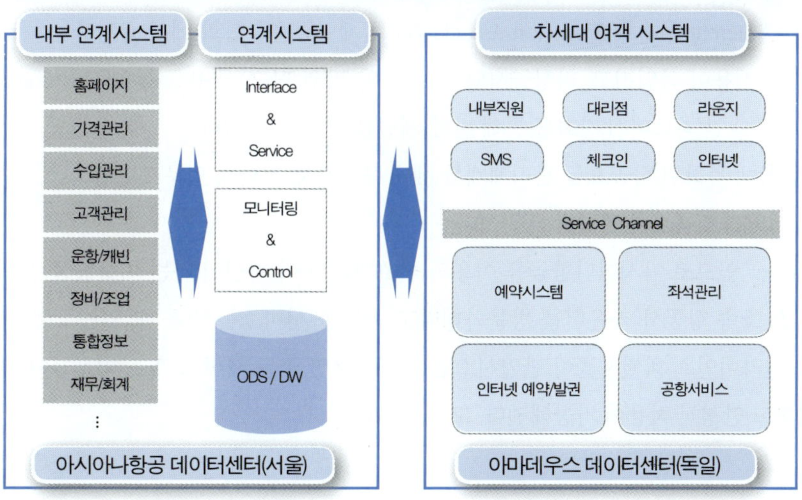

트 여행자에게 최적의 항공사로 선택될 수 있도록 'Multi-Channel Contact Point'를 제공하고 있다.

기존의 호스트 기반의 PSS에서 오픈 시스템인 알테아 시스템을 도입한 결정적인 계기가 됐다. 기존의 항공편 중심에서 고객 중심의 예약데이터를 축적해 맞춤형 고객 서비스가 가능해진 것도 알테아 시스템 도입으로 인한 장점이다.

아시아나항공은 알테아 시스템과 CRM 구축을 통해 핵심고객 및 스마트 여행자에 대한 서비스와 마케팅을 점차 강화시킬 계획이다. 또한 트렌드에 맞게 환경변화에 적응할 수 있는 오픈 시스템인 알테아 시스템을 통해 고객이 만족할 수 있는 최상의 서비스를 제공할 수 있도록 노력을 기울 것이라고 아시아나항공 측은 전했다.

아시아나는 단기적으로 스마트 여행자나 핵심고객을 젊은 이용자으로 타깃으로 삼고 이에 대한 전략을 수립한다고 전했다. 특히나 온라인 뿐만 아니라 최근 보편화된 모바일 기기 등 새로운 디바이스를 통해 다양한 콘텐츠를 개발하고, 모든 항공사 스케줄 속에서도 아시아나를 선택할 수 있는 킬러콘텐츠를 확보해 나갈 계획이다.

고○○ 상무는 "스마트폰, 인터넷, 온라인 등 다양한 분야에서 환경변화가 급격하게 추진되고 있고, 고객의 수준은 점점 높아져 가고 있다"며 "이러한 변화와 경영전략에 부응하는 IT 전략과 비즈니스 모델혁신을 통해 경쟁우위를 확보하는 방안이 무엇보다 중요하다"고 말했다.

■ 글로벌 표준 프로세스 지원

아마데우스 알테아 시스템은 글로벌 항공사가 공통으로 사용하는 업계 시장점유율 1위의 항공 여객시스템이다. 또한 스타 얼라이언스(STAR Alliance)의 세계 28개 항공사 중 18개사가 사용 중이다. 아시아나 측은 전 세계어디서나 알테아 시스템이 구축된 곳에서 마일리지의 적립과 공유, 라운지 이용 등 서비스 품질 향상을 할 수 있을 것으로 예측하고 있다.

특히나 IATA (International Air Transport Association: 국제항공운송협회)에서 규정하는 새로운 국제 표준 및 규약의 적용이 쉬워지고, 타항공사와 정보(예약/발권/탑승) 공유를 통해 'Codeshare' 파트너 및 'Interline' 항공사 간 파트너십 강화를 통해 판매 채널을 확장할 수 있다.

이외에도 한국에 특화된 항공요금 관리체계를 세계 표준으로 전환해 업무프로세스를 표준화하고, 글로벌 고객 서비스 만족도를 향상할 계획이다.

고○○ 상무는 "앞으로 아시아나항공을 이용하는 고객은 굳이 자신이 타는 비행항공사가 아닌 스타 얼라이언스 소속 항공사 카운터를 방문하더라도 동일한 서비스를 받을 수 있는 기반이 마련됐다"며 "스타 얼라이언스 회원사들이 단일시스템을 사용하면 공통 서비스 프로젝트 참여 기회가 확대되고 신속하고 안정적 적용이 가능해진다"고 설명했다.

〈CIOCISO, 2014. 1.〉

제2부

정보시스템의 활용과 e-비즈니스

Chapter 5. 데이터웨어하우스와 데이터마이닝

Chapter 6. 전사적 비즈니스 시스템

Chapter 7. 지식경영과 지식관리시스템

Chapter 8. 전자상거래

Chapter 9. 모바일상거래

Chapter

5 데이터웨어하우스와 데이터마이닝

학습 내용

- **제1절** 데이터 관리
- **제2절** 데이터웨어하우스
- **제3절** 데이터마이닝
- **MIS HIGHLIGHT 1** DW, 빅데이터 시대 속에서 진가를 발휘하다
- **MIS HIGHLIGHT 2** '어떻게'보다 '무엇이' 더 중요
- **CASE 1** 동부제철: EDMS·BI로 정보자산 효율적 관리 방안 마련
- **CASE 2** 국민건강보험공단: 국민건강주의알람시스템

제1절 데이터 관리

1. 데이터 관리의 어려움과 프로세스

(1) 데이터 관리의 어려움

데이터웨어하우징은 데이터 관리의 한 측면이며 다음과 같은 이유들로 인하여 매우 어려

운 업무 중 하나이다.

① 기하급수적으로 늘어나는 데이터 양: 과거의 데이터는 장기적으로 보관되어야 하고 새로운 데이터는 신속하게 추가되어야 한다.
② 데이터는 조직 전체에 의해 이용되고, 많은 사람들에 의해 여러 방법과 장치를 이용하여 구축된다.
③ 일부분의 조직 데이터만이 특정 의사결정과 관련되어 사용된다.
④ 전사적 의사결정에 있어 고려되어야 할 외부 데이터가 지속적으로 증가한다.
⑤ 원시데이터는 서로 다른 컴퓨터 시스템, 데이터베이스, 형식, 그리고 인간과 컴퓨터 언어 등에 의해 저장되어 있을 수 있다.
⑥ 데이터와 관련한 법적 요구 사항이 국가별로 다르고 자주 변화한다.
⑦ 수많은 제품들이 시장에 나와 있기 때문에 데이터 관리 도구의 선택이 큰 문제가 될 수 있다.
⑧ 데이터 보안, 품질, 그리고 통합은 매우 중요하면서도 쉽게 위험에 빠질 수 있다.

이러한 데이터 관리의 어려움들과 함께 시간에 따른 정확한 정보의 필요성은 조직들로 하여금 보다 효율적이고 효과적인 데이터 관리 해결책을 추구하게 하였다. 역사적으로 데이터 관리는 데이터를 구조적(계층적) 형식으로 정리하여 거래 처리를 지원하는 데 이용되어왔다. 이러한 형식은 많은 양의 데이터를 효율적으로 처리하지만 데이터의 추출이나 다른 특수목적을 위해 사용되는 애플리케이션에는 비효율적이다. 따라서 관계형 데이터베이스가 추가되어 최종사용자의 의사결정을 지원하기 시작하였다. 클라이언트/서버 환경이 소개된 이후로는 데이터베이스의 사용이 보다 확장되었으나, 데이터를 빠르고 쉽게 사용하는 부분에서 문제가 발생하기 시작했다. 이러한 문제점이 데이터웨어하우스를 개발하게 된 동기였다.

현재, 데이터는 양적인 측면에서 해결해야 할 이슈로 인식되고 있다. 그러나 정보와 지식의 측면에서 데이터는 대단히 유용한 것으로 인식되고 있다. 적절한 데이터 관리의 목적은 부담을 최소화하고 유용성을 최대화하는 데 있다.

그림 5-1 데이터-지식의 전환

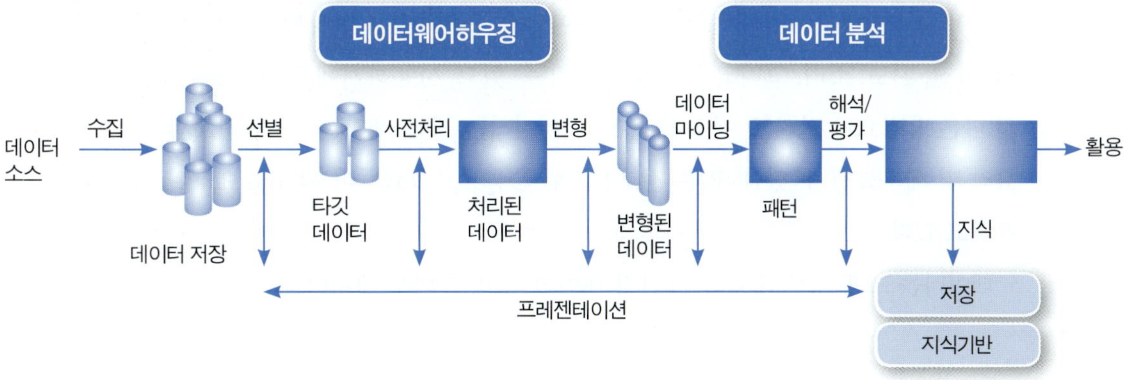

(2) 데이터-지식 전환 프로세스와 지식발견

데이터와 지식의 관리를 보다 쉽게 이해하기 위해서는 조직 내의 데이터 흐름을 알아야 할 필요가 있다. 기업의 경쟁력은 데이터를 정보와 지식으로 전환하여 어떻게 성공적으로 사용하는가에 달려 있다.

지식은 결과를 뒷받침한다. 혁신적인 제품 디자인에서부터 뛰어난 경쟁적 활동에 이르기까지 모든 것은 지식을 기반으로 한다. 그러나 지식이라는 것이 오늘날같이 빠르게 변화하는 세계에서 언제나 구비되어 있지만은 않다. 대부분의 지식이 데이터에 의해 지속적으로 생성되지만 앞에서 소개한 여러 가지 어려움들에 의해 그리 쉽지 않다는 것을 알 수 있다.

데이터를 지식으로 전환하는 프로세스는 그림 5-1에서 보는 바와 같이 여러 가지 과정에 의해 이루어진다. 일반적으로 이러한 과정은 여러 가지 자료들로부터 데이터를 추출하는 것부터 시작된다. 추출된 데이터는 데이터베이스에 저장되고, 다시 적절하게 사전 처리되어 데이터웨어하우스에 저장된다. 지식을 파악하는 것은 처리된 데이터를 분석이 가능하도록 변형하는 과정을 통해 이루어진다. 분석은 데이터마이닝 도구와 지능 시스템으로 수행하며, 각각 데이터의 패턴과 해석을 지원한다. 이런 일련의 작업들에 대한 결과로 지식이 생성되고, 지식 베이스에 저장된다. 사용자는 데이터와 지식의 처리 과정마다 프레젠테이션 도구를 이용하여 확인할 수 있다.

2. 데이터 자원과 수집

데이터의 생명주기는 자료들로부터 데이터를 추출하면서 시작된다. 여기서 데이터는 문서, 사진, 지도, 소리, 그리고 동영상이라 할 수 있고, 사용하기에 앞서서 또는 사용 이후 서로 다른 방법으로 정리 및 저장된다. 또한 데이터는 개념, 생각, 의사 등을 포함하기도 하며, 요약 및 세분화될 수 있다. 많은 정보시스템 응용프로그램들이 이렇게 요약된 데이터를 사용하고 있다.

데이터는 크게 내부 데이터, 개인적 데이터, 그리고 외부 데이터로 구분할 수 있다.

(1) 내부 데이터

조직의 내부 데이터는 한곳 또는 여러 곳에 저장된다. 이 데이터는 사람, 제품, 서비스 그리고 프로세스에 관한 것들이다. 예를 들어, 장비나 기계에 관한 데이터는 유지보수 부서의 데이터베이스에 저장될 수 있고, 판매에 관한 데이터는 여러 곳에 저장될 수 있다. 전체적인 판매 데이터는 전사차원의 데이터베이스에 저장될 수 있고, 상세한 데이터들은 각 지역의 데이터베이스에 저장되어 있을 수 있다.

(2) 개인적 데이터

정보시스템 사용자 또는 다른 인력들은 자신의 전문 분야에 대한 개인적 데이터를 작성하는 경우가 있다. 이러한 데이터에는 목표한 판매량, 경쟁자에 대한 의견, 사용자가 개발한 특정한 규칙이나 공식 등이 있을 수 있으며, 사용자의 PC 또는 데이터베이스 및 지식 베이스에 저장될 수 있다.

(3) 외부 데이터

외부 데이터에는 상용 데이터베이스에서부터 인공위성에 이르기까지 다양한 데이터 소스가 있다. 데이터는 CD-ROM, 인터넷 서버, 필름, 그리고 음악 또는 음성 등으로 보급될 수 있다. 그중 정부 보고서는 주요한 외적 데이터 소스 중 하나로 볼 수 있다. 수천 개의 조직에서 공개하는 데이터들은 그 양이 감당하기 힘들 정도로 많지만 대부분이 특정한 애플리케이션에서는 필요 없는 것들이다. 그럼에도 불구하고 외부 데이터에 대한 지속적인 관찰 및 수집을 통해 중요한 것을 놓치지 않도록 하여야 한다.

(4) 인터넷과 상용 데이터베이스 서비스

몇몇 외부 데이터는 EDI 또는 조직 간 채널 같은 일정한 흐름을 통해서만 접근할 수 있다. 하지만 대부분의 데이터는 인터넷을 통해 접근할 수 있다.

① 인터넷 : 현재 우리는 인터넷을 통해 전 세계적으로 수천 개에 달하는 데이터베이스에 접근할 수 있다. 사용자는 거래처, 고객, 그리고 경쟁자의 홈페이지에 접근할 수 있다. 또한, 사용자는 접근해 있는 동안 필요한 정보를 얻거나 다운받을 수 있다. 인터넷은 많은 의사결정 상황에서 중요한 외부 자료의 하나가 되어가고 있다.

② 상용 온라인 출판 : 온라인 출판은 차별화된 데이터베이스, 신문, 잡지, 참고 목록, 그리고 보고서에 대한 접근을 통해 판매된다. 이러한 수천 개의 서비스들은 사용자들에게 적절한 비용을 받고 인터넷을 통해 제공되고 있다.

(5) 원시데이터의 수집방법

다양하고 방대한 데이터의 수집 작업은 품질과 통합성에 대한 문제로 인해 대단히 복잡해진다. 많은 경우 현장에서 직접 수집해야 할 경우도 발생한다. 이러한 원시데이터(Raw Data)는 수작업 또는 기계적인 방법을 이용하여 수집된다. 수작업에 의한 데이터 수집을 위해서 통시적 연구, 서베이, 관찰, 그리고 전문가 참여 등의 방법을 이용한다. 비록 데이터 저장, 통신, 그리고 데이터의 표현을 위한 다양한 하드웨어 및 소프트웨어가 존재하지만, 복잡하고 불안전한 데이터를 수집하기 위한 소프트웨어 도구 개발 환경은 아직까지 빈약한 편이다. 따라서 특정한 데이터를 취급해야 하는 상황에서는 정보시스템 개발과 사용에 대한 제약이 따른다.

다양한 외부 자료에서 데이터 수집은 더욱 복잡한 작업이 될 수 있는데, 이러한 문제를 개선하기 위해, 롤런드(Roland)는 데이터 흐름 관리(Data Flow Manager: DFM) 애플리케이션을 활용할 것을 권하고 있다. DFM 애플리케이션은 외부자료로부터 정보를 가져와 필요한 장소와 필요한 시간에 사용 가능한 형식으로 만드는 역할을 한다. DFM 애플리케이션은 다음으로 구성되어 있다.

① 의사결정시스템(DSS)
② 중앙 데이터 요청 프로세서(Central data reguest processor)
③ 데이터 무결성 컴포넌트(Data integrity Component)
④ 외부 데이터 공급자들과의 연결(Links to External Data Suppliers)
⑤ 외부 데이터 공급자들이 사용하는 프로세스(Processes used by External Data Suppliers)

데이터는 어떻게 수집되든 유효성을 가지고 있어야 한다. 이러한 상황을 "Garbage In, Garbage Out(GIGO: 유용한 결과를 얻으려면 유용한 자료를 사용해야 한다는 자료처리 원리)"라는 표현으로 설명할 수 있다. 따라서 데이터의 품질 향상은 데이터가 가지고 있는 문제들을 방지하는 데 있다고 할 수 있다.

3. 데이터 품질 수준

데이터 품질(Data Quality: DQ)은 데이터의 사용성과 그 데이터를 사용한 의사결정의 수준과 관련되어 있기 때문에 매우 중요한 이슈 중 하나이다. 데이터는 완전하지 못한 경우가 있다. 이것을 경제 및 사회적 피해로 환산하면 수백억 원의 낭비가 발생하기도 한다. 예를 들어 표 5-1은 데이터가 가지는 일반적인 문제와 그 해결책을 보여준다. 스토롱(Strong) 등은 데이터 품질문제를 연구하고 이들을 다음의 네 가지로 분류하였다.

① 본질적 데이터 품질(Intrinsic DQ): 정확도, 목적성, 신용성, 평판
② 접근적 데이터 품질(Accessibility DQ): 접근성과 접근 보안
③ 문맥적 데이터 품질(Contextual DQ): 적합도, 가치 부여성, 시기성, 완전성, 그리고 데이터의 양

④ 표현적 데이터 품질(Representation DQ): 설명력, 이해의 용이성, 표현의 간결함, 표현의 일관성

〈표 5-1〉 데이터의 문제점

문제점	전형적인 원인	가능한 해결책
데이터가 정확하지 않다.	• 원시데이터가 정확하게 입력되지 않았다. • 개별적으로 얻은 데이터가 부주의하게 생성되었다.	• 원시데이터의 정확성을 보장하기 위한 구조적 방법을 개발하고, 자동화한다(스캐너와 센서를 활용). • 데이터 값과 데이터가 생성되는 방식을 주의 깊게 모니터하고, 수집절차를 정확하게 준수하는지 체크한다.
데이터가 시기적절하지 않다.	• 데이터 생성방법이 데이터에 대한 요구를 충족할 만큼 신속하지 않다.	• 데이터를 생성하는 시스템을 변형시킨다. • 클라이언트/서버 시스템으로 이전한다. • 자동화한다.
데이터가 적절하게 측정되지 않거나 목록화되지 않는다.	• 원시데이터가 분석 목적과 일치하지 않는 로직이나 주기에 따라 모아진다.	• 부적절하게 목록화된 데이터를 재설계하거나 재결합하기 위한 시스템을 개발하고, 지능형 탐색 도구를 활용한다.
필요한 데이터가 간단하게 존재하지 않는다.	현재 필요한 데이터를 아무도 저장해두지 않았다. • 요구한 데이터가 존재하지 않는다.	• 현재 유용하든 그렇지 않든 추후의 활용을 위해 데이터를 저장한다. 유사한 데이터를 탐색하기 위해서는 인터넷을 활용하고, 전문가를 활용한다. • 데이터를 만들어 그것들을 측정하도록 노력하고, 패턴 인식을 위해서는 신경망 컴퓨팅을 활용한다.

스토롱 등은 일단 주요변수와 각 영역들 간의 관계를 파악한다면 보다 우수한 데이터 관리를 위한 시도가 이루어질 수 있다고 보았다. 예를 들어, 그림 5-2에서 접근성과 관련된 데이터 수준에 대한 문제를 살펴볼 수 있다.

데이터 수준의 주요이슈 중 하나는 데이터 무결성에 관한 것이다. 이전에 구축된 저장 시스템은 통합성에서 부족한 면이 있을 수 있다. 다시 말하면, 한 저장소에 저장되어 있던 파일을 변경해도 다른 저장소나 다른 부서의 파일은 변화하지 않을 수 있다는 것이다. 이러한 결과에 의해 데이터 간의 충돌이 발생하기도 한다.

데이터는 주기적으로 수집되거나 특정한 애플리케이션을 위하여 산발적으로 수집된다. 이러한 수집과 관계없이 데이터는 사용하기 전 정리 및 저장될 필요가 있다. 이것은 특히 사진, 복잡한 그래픽, 또는 지도 등의 데이터인 경우에는 매우 어려운 작업이 될 수도 있다.

그림 5-2 접근적 수준의 문제 패턴

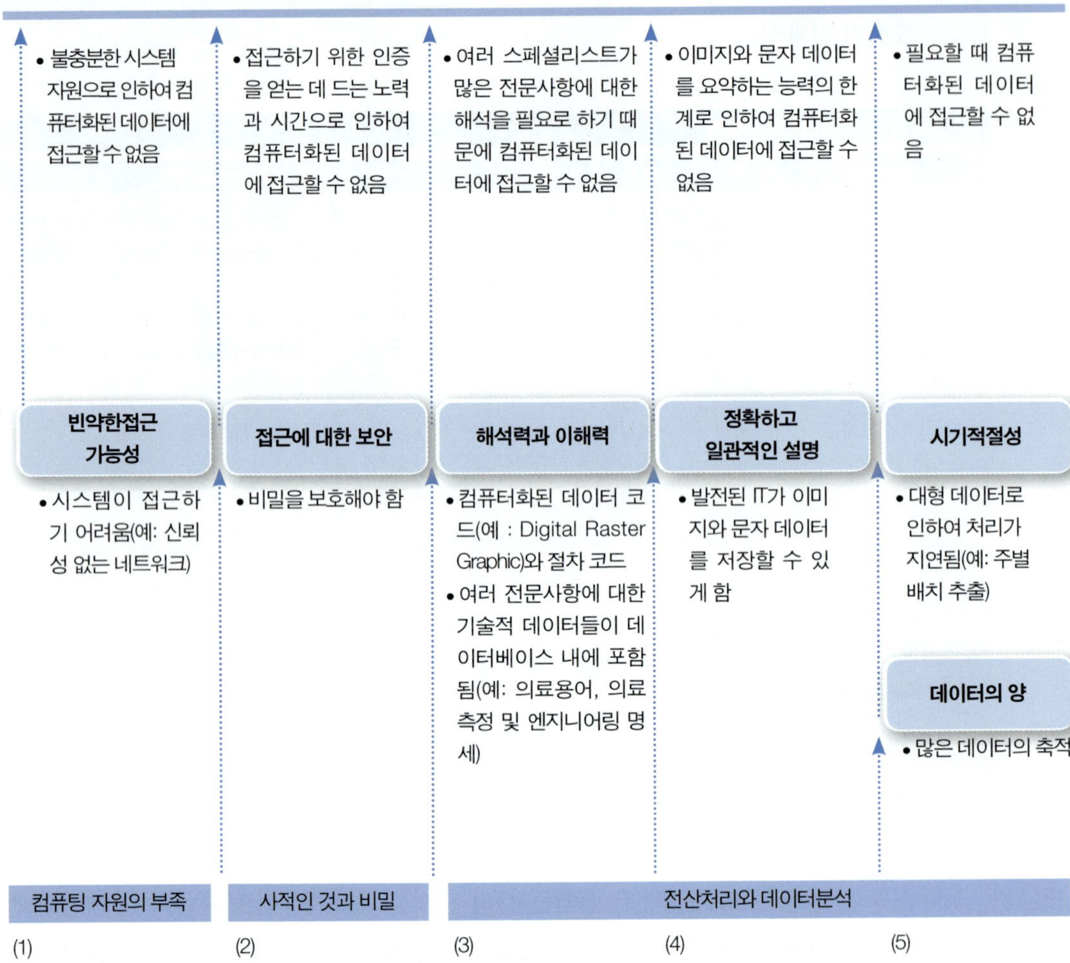

4. 멀티미디어와 객체지향 데이터베이스

데이터 수집과 사용 목적은 데이터의 구조와 저장 형식을 판가름한다. 데이터는 파일과 데이터베이스에 정리되고, 저장된다. 전통적, 논리적인 주요데이터 구조에는 계층형, 네트워크, 그리고 관계형 데이터 구조가 있다. 데이터 구조의 새로운 방법으로 객체지향 데이터베이스(Object-Oriented DB: OODB)가 가장 많이 사용된다.

객체지향 데이터베이스는 객체지향적 패러다임의 한 부분으로서 객체지향 프로그래밍, 운영 시스템, 그리고 모델링을 포함한다. 이것은 사진, 설계도, 그리고 다른 이미지의 접근성이 요구되는 컴퓨터 생산 시스템과 같은 복잡한 애플리케이션에 사용된다. 객체지향 데이터베이스는 "멀티미디어 데이터베이스"라고도 하며, 특별한 멀티미디어 데이터베이스관리시스템에 의해 관리된다. 이 시스템은 일반적인 텍스트뿐만 아니라 다양한 형식의 데이터를 관리한다. 그 형식에는 디지털 사진 또는 비트맵 그래픽 형식의 이미지 등이 포함된다.

많은 양의 조직 정보가 컴퓨터 이외에도 문서, 지도, 사진, 이미지, 그리고 비디오테이프의 형식 등으로 되어 있다. 이러한 다양한 데이터 형식의 이점을 살려서 애플리케이션을 만들기 위해서는 조직에서 멀티미디어 데이터베이스관리시스템을 사용하여야만 한다. 데이터베이스 공급자들은 멀티미디어 데이터를 관리 및 조작할 수 있는 기능을 포함하여 제품을 공급하고 있다.

5. 문서관리

일반적인 문서는 몇 가지의 문제점들을 가지고 있다. 예를 들어, 문서의 유지에 있어 몇 가지 의문을 가질 수 있다. ① 모든 사용자들이 현재의 버전을 가지고 있는가? ② 얼마나 자주 수정, 보완되어야 하는가? ③ 문서의 보안성은 어느 정도인가? ④ 문서가 제시간에 적임자에게 제대로 전달되는가에 대한 문제를 얼마나 잘 관리하고 있는가? 문서가 전산시스템을 통하여 전달될 경우라면, 그 문서는 항상 최근의 버전일 것이다. 또한 보안은 권한을 가진 사람만이 문서를 확인할 수 있게 한다. 문서관리 기술은 점점 향상되고, 효율적인 문서관리와 경쟁우위를 위한 문서관리시스템 보급이 증가하고 있다. 이것을 전자문서관리라고도 한다.

문서관리시스템(Document Management System: DMS)은 의사결정권자에게 전산화된 형식의 정보를 제공한다. 일례로, Thomas Cook Company는 문서관리시스템을 사용하여 여행 환불 업무를 처리한다. 이 시스템은 개인 컴퓨터에서 업무가 이루어지며, 업무의 흐름은 완전 자동화되어 단지 33%의 인력을 추가했음에도 불구하고 두 배의 업무량을 소화하고 있다. 다른 예로, Massachusetts Department of Revenue에서는 이미지 시스템을 사용하여 세금 반환 프로세스 생산력을 80%까지 증가시켰다.

문서관리시스템은 조직 내의 모든 전자 문서, 페이지 이미지, 스프레드시트 및 워드프로세스 문서, 그리고 복잡한 문서를 관리한다. 문서관리시스템은 조직으로 하여금 높은 수준의 문서 생산, 저장, 분배, 정보 재활용, 업무 흐름 프로세스를 통해 문서 통제, 그리고 제품 수명주기를 감소하도록 유도한다. 문서관리시스템의 다른 기능으로는 문서 인식, 저장, 및 복구·추적·버전 조정·업무 흐름 관리, 그리고 문서의 표현 등이 있다.

많은 조직에서 이제는 문서를 멀티미디어 객체로서 보여주고 있다. 웹이 문서의 정보에 쉽게 접근할 수 있도록 지원하고 있고, 문서관리시스템은 이러한 기능에서 뛰어난 성능을 보이고 있다. 웹기반 문서관리시스템이 기존의 문서들을 HTML형식의 문서로 바로 전환할 수 있는 기능을 제공함에 따라 인트라넷에서의 정보 접근이 용이해졌다. 미국의 통신회사 벨 사우스(Bell South)의 경우 인트라넷에서 기능을 수행할 수 있는 관리시스템을 구축함에 따라 연간 약 1,700만 달러의 절감효과를 보았다.

미국의 항공기 제조기업 맥도넬 더글러스(McDonnell Douglas)는 전 세계에 걸쳐 인터넷을 사용하는 소비자에게 비행기에 관한 서비스 안내문을 배포하였다. 매년 400만 페이지 분량의 안내문을 200개의 항공사에게 배포해왔다. 그러나 지금은 일련의 일을 웹에서 수행하고 있고, 기업과 소비자에게 시간 및 금전적인 절감을 가져왔다.

모토로라(Motorola)는 문서관리시스템을 문서의 저장과 추출을 위해 사용할 뿐만 아니라 연구소 단위의 작은 그룹에서부터 전사적인 차원까지 지식의 공유를 위한 도구로도 사용하고 있다. 모토로라는 웹기반의 문서관리시스템을 통해 제공되는 정보에 대해 어느 곳에서나 논의할 수 있는 가상 공동체를 발전시키고 있다.

6. 비즈니스 인텔리전스

비즈니스 인텔리전스(Business Intelligence: BI)란 개선된 의사결정을 지원하기 위해 데이터를 추출·변환·통합·분석·표현하는 데 필요한 애플리케이션, 실무, 그리고 기술의 집합체이다. BI에서 사용되는 데이터는 다양한 데이터베이스에서 가져오며, 내부 혹은 외부에서 발생한다. 대부분의 조직은 방대한 양의 데이터를 이용하여 BI 애플리케이션에서 사용되는 데이터웨어하우스 혹은 데이터마트를 구축한다. 사용자(예: 관리자, 종업원, 고객, 공급회사, 업무파트너)는 웹, 인터넷, 인트라넷, 그리고 모바일기기(예: 스마트폰)를 통해서 데이터와 BI 애플리케이션에 접근할 수 있다. 그림 5-3은 BI가 어떻게 진행되는가를 보여준다.

① 회사의 운영 데이터베이스는 회사운영에 따라 발생하는 거래 데이터를 지속적으로 수집한다.

② 운영 데이터베이스는 데이터웨어하우스에 데이터를 공급한다.

그림 5-3 비즈니스 인텔리전스

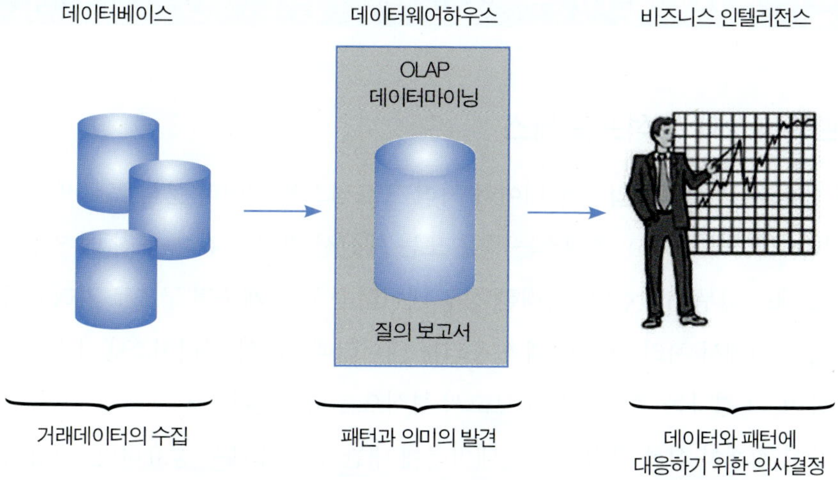

③ 사용자는 데이터 속에 있는 패턴과 의미를 찾기 위해서 BI 도구들을 사용한다.

④ 사용자는 데이터의 분석을 통해 학습한 것을 바탕으로 보다 유능하고 지능적인 의사결정을 한다.

그림 5-4는 BI 사용자에게 주요기업정보와 분석도구를 제공할 수 있는 개인맞춤형 웹기반의 BI 애플리케이션의 주요구성요소를 보여준다.

그림 5-4 웹기반 비즈니스 인텔리전스 애플리케이션

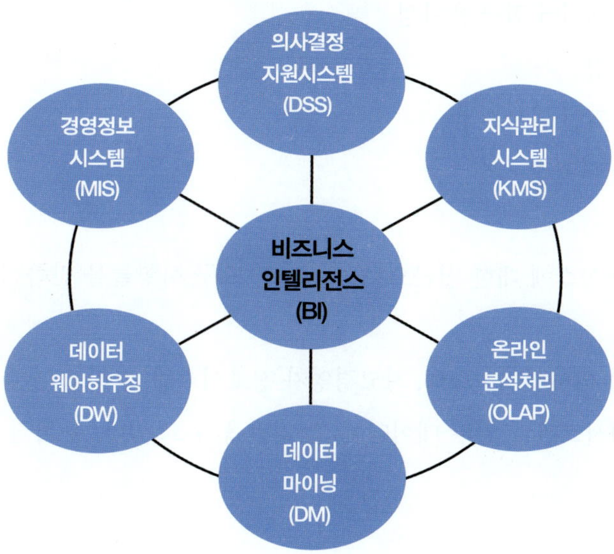

제2절 데이터웨어하우스

1. 처리프로세스와 분석프로세스

조직 내의 데이터 프로세스 업무는 데이터 처리 프로세스와 데이터 분석 프로세스로 나누어볼 수 있다. 데이터 처리 프로세스는 주문 또는 계산서 발급과 같은 조직 내 일상적인 거래 처리 프로세스 업무를 말한다. 이러한 경우 데이터는 주로 계층적 구조로 정리되어 있고 정보시스템 부서에서 처리된다. 이때 사용되는 데이터베이스와 처리시스템이 운영시스템으로 작용하며, 그 결과는 주로 요약과 보고서 형식으로 나타난다.

오늘날과 같이 경쟁이 심한 환경에서는 데이터에 대한 접근이 매우 중요하다. 가장 성공적인 조직은 시장 변화와 기회에 따라 신속한 대응과 유연성을 가진 조직이라 할 수 있다. 여기서 효과적이고 효율적으로 데이터와 정보를 사용하는 것은 신속한 대응에 대한 중요한 내용이라고 할 수 있다. 따라서 처리 프로세스만으로는 불충분하며 이를 보완하기 위해 최종사용자에 의해 분석적 프로세스라는 부수적 활동을 수행한다. 전략적 정보를 의사결정자가 직접 다룰 수 있으므로 생산성 향상에 도움이 되고, 동시에 사용자로 하여금 보다 나은 의사결정을 할 수 있는 기반을 제공한다. 최종사용자가 조직의 데이터에 직접 접근할 필요성이 높아짐에 따라 좋은 데이터 전송시스템은 다음과 같은 지원을 할 수 있어야 한다.

① 최종사용자의 데이터 접근 용이성
② 신속한 의사결정
③ 정확하고 효과적인 의사결정
④ 유연성 있는 의사결정

전통적인 데이터베이스에 대한 접근으로는 이러한 요구 사항들을 만족시킬 수 없다. 왜 그럴까?

분석적 프로세싱은 의사결정시스템, 최고경영자 정보시스템, 그리고 다른 최종사용자 활동을 포함하고, 운영시스템과 외부 데이터에 그 기반을 두고 있다. 분석적 프로세싱을 수행하기 위한 방법은 크게 두 가지로 나뉜다. 하나는 운영시스템을 소프트웨어 도구와 전위(front-end) 도구 및 미들웨어라고 알려진 요인들과 함께 사용하여 작업을 수행하는 것이다. 이 방법은 운영시스템을 대상으로 추출이나 분석 업무를 수행하는 인력이 적은 조직에 이상적이라 할 수 있다. 다른 하나는 부서 내의 사용자가 특정 보고서를 작성하거나 분석을 직접 다루는 전문적 기능을 가진 인력인 경우이다. 이것은 "4세대 언어(4GL)" 도구 등을 위주로 사용하는 경우를 말한다. 물론 4세대 언어를 추출과 보고서 도구로 사용하는 것은 적당한 방법이 아니다.

가장 최근에는 운영 데이터베이스에서 직접 데이터 요청이나 보고서 작성을 가능하게 하는 전위(front-end) 도구들이 사용되기 시작했다. 이것은 정보시스템 인력의 참여 없이 또는 적은 참여만으로도 최종사용자가 업무를 수행할 수 있게끔 한다. 하지만 최종사용자가 높은 수준의 데이터베이스 지식을 보유해야 한다는 점이 문제점으로 작용하는 한계를 가지고 있다. 따라서 정보시스템 인력은 여전히 특정 보고서 작성과 분석적 지원을 위해 많은 시간을 소모한다. 이러한 환경으로 인해 더 나은 해결책이 요구된다.

다음은 향상된 분석적 프로세싱에 정의된 개념이다.

① 최종사용자를 위한 경영 데이터의 표현
② 사용자에게 데이터 요청과 보고서 작성 능력을 제공하는 클라이언트/서버 환경
③ 데이터의 중앙제어와 보안을 위한 서버 기반의 저장소(repository): 데이터웨어하우스

2. 데이터웨어하우스의 개념

데이터웨어하우스의 주요장점은 ① 데이터가 한곳에 위치하기 때문에 빠른 접근이 가능하며, ② 데이터에 대해 최종사용자가 쉽게 자주 접근할 수 있다는 것이다. 그렇다면 데이터웨어하우스가 무엇인지 살펴볼 필요가 있다.

데이터웨어하우징은 의사결정지원, 중역정보시스템, 그리고 최종사용자의 애플리케이션과 같은 분석적 프로세싱을 위해 언제나 준비된 형태의 운영 데이터를 제공하는 데이터 저장소를 확립하는 과정이다. 이것의 한 부분으로 정밀한 수준의 운영 데이터는 분석적 프

그림 5-5 비즈니스 인텔리전스의 구현

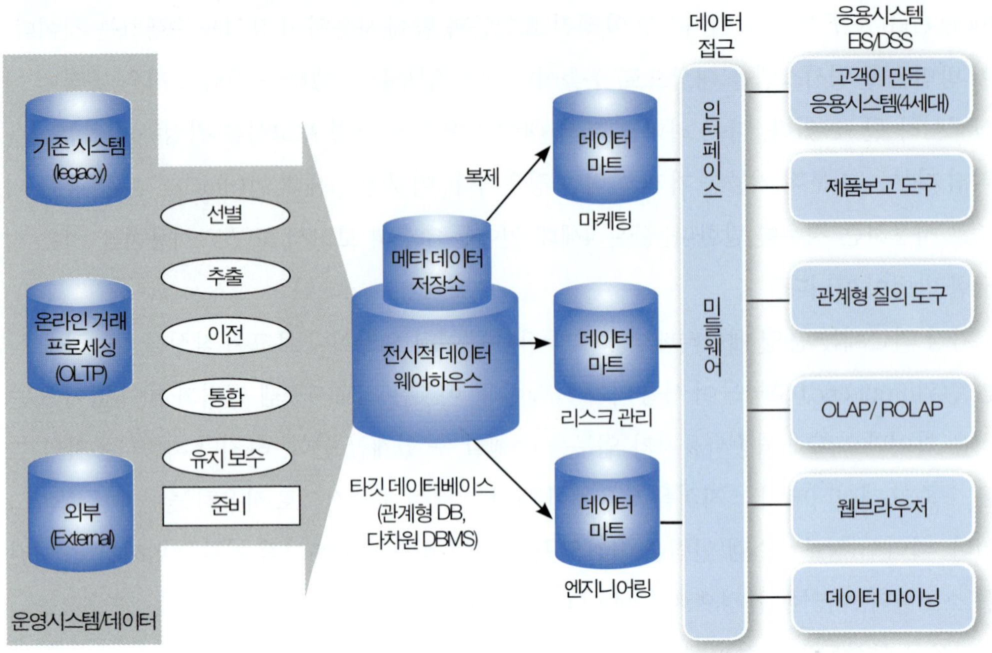

로세싱을 위해 적절하게 사용될 관계형 데이터로의 전환하는 작업이 필수적이다. 따라서 데이터웨어하우스는 그 자체로 하나의 개념이 아니라, 데이터 접근, 추출, 분석 그리고 최종 사용자에게 데이터를 보여주는 작업과 함께 상관관계를 이루고 있는 개념이다.

그림 5-5는 데이터웨어하우스의 구축 및 사용에 관한 프로세스를 나타낸 것으로, 비즈니스 인텔리전스(BI)의 구현 방법을 보여준다.

그림의 왼쪽에서와 같이 데이터가 운영시스템에 저장된다. 모든 데이터가 데이터웨어하우스로 전송되는 것은 아니고, 종종 데이터의 요약만이 전송되는 경우가 있다. 데이터는 기존 사용자가 사용하기 편리하도록 관계형 데이터베이스로서 데이터웨어하우스 내에서 정리된다. 또한 데이터는 기능 영역, 공급자, 또는 제품과 같은 주제별로 정리된다. 반면에 운영 데이터는 운송, 구매, 또는 제고관리와 같은 경영 프로세스에 의해 정리되는 것이 보통이다.

데이터웨어하우스는 특별히 웹 도구로 쉽게 인덱스를 이용하거나 검색할 수 있도록 요약된 메타데이터를 저장하는 기능을 보유하고 있다. 부가적인 배열 과정으로 데이터마트를 구축할 수 있다.

데이터마트(Data Mart)는 데이터웨어하우스를 대체하는 하위부분으로 특정분야를 위한 것이다. 예를 들어 많은 회사들이 마케팅 데이터마트 또는 해외 업무를 위한 데이터마트를 가지고 있다. 데이터마트는 데이터웨어하우스의 대체 역할이나 데이터웨어하우스의 데이터 내용의 일부분만을 보유한 부가적인 기능을 수행할 수 있다. 많은 경우, 사용자들은 데이터웨어하우스 또는 데이터마트를 많은 애플리케이션(예: 데이터 요청, 중역정보시스템/의사결정시스템, 보고서 작성, 온라인 분석 프로세싱(OLAP), 지식 탐색, 데이터마이닝) 등에 사용할 수 있다. 최종사용자들은 스프레드시트와 데이터베이스 관리시스템, 그래픽 도구 등의 애플리케이션을 위해 다양한 4세대 언어를 사용하고 있다.

현재 소매업이나 보험업과 같이 각각의 산업을 위한 데이터마트는 이 분야에서 선도적인 공급자들을 통해 이미 구입이 가능하기 때문에 직접 구축해야 할 필요는 없다. 아울러, 미들웨어 도구들을 이용하여 데이터웨어하우스에 접근할 수도 있다.

(1) 데이터웨어하우스의 필요성 및 목적

데이터웨어하우스(DW)란 일반적으로 기업 내의 각종 데이터를 적절히 뽑아내고 조합해 다양한 사업목적에 맞는 정보로 바꾸어주는 데이터베이스이다. 기존의 데이터베이스 처리 방식이 아닌 의사결정을 위한 데이터 저장소라 보면, 데이터웨어하우스는 기존 정보를 활용해 더 나은 정보를 제공하고 데이터의 품질을 향상시키며 조직의 변화를 지원하고 비용과 자원관리의 효율성을 향상시키는 것을 주목적으로 하고 있다.

(2) 데이터웨어하우스의 정의

데이터웨어하우스란 일반적으로 의사결정과정을 위한 것으로 주관적이고 시기에 따라 변화하는 종합적인 데이터 수집방법이다. 이는 기존의 방대한 데이터베이스 시스템들을 효율적으로 통합하여 조정, 관리하며 효율적인 의사결정지원시스템(DSS)을 위한 기초를 세우는 것이다.

기업에서 많은 구성원 또는 사용자들이 전산실이나 전산부서에 의존하지 않고 정보를 필요한 형태로 분석할 수 있도록 하는 것을 기본으로 한다. 데이터웨어하우스는 기업운영에 직접적으로 적용되는 운영시스템을 방해하지 않고 제조, 영업, 마케팅 등 기업 내 각 부문에 흩어져 있는 데이터를 모아 적절히 활용해보자는 의도에서 출발한 것이다.

그러나 별도의 정보저장소를 두고 정보를 모아놓은 것만으로는 기존의 시스템을 활용하는 것과 차이가 없기 때문에 이 정보를 여러 도구를 사용해서 구미에 맞게 분석하고 활용하는 방법을 발전시키게 된 것이다.

(3) 데이터웨어하우스의 특성

① 조직성(Organization)

데이터는 세분화된 주제별로 정리되어 있고 의사결정지원에 적당한 정보만 포함하고 있다. 즉 기업에서 주문 처리나 급여 데이터와 같은 업무 영역 또는 기능별 분야에 따라 구성된다는 것이다.

제품이나 고객 또는 종업원 등과 같은 특정 주제별 데이터는 여러 개의 상이한 데이터베이스에 별도로 분리되어 유지되므로 데이터 간에 서로 불일치하는 경우가 빈번하다. 데이터웨어하우스에서는 데이터를 주제별로 구성함으로써 데이터 간에 주고받기 쉬운 형태로 제공된다.

② 일관성(Consistency)

서로 다른 운영 데이터베이스의 데이터는 서로 다르게 표현되어 있을 수 있다. 예를 들어 하나의 성별데이터에 대하여 "0"과 "1"로 표현한 데이터베이스도 있고 "m"과 "f"로 표현한 데이터베이스도 있을 수 있다. 데이터웨어하우스 내에서는 일관성 있게 표현될 수 있다.

③ 시변성(Time-Variancy)

시변성이란 데이터웨어하우스에 있는 데이터는 일정 기간 정확성을 유지하여 과거의 데이터와 현재의 데이터를 동시에 유지한다는 것이다. 다시 말해 데이터웨어하우스는 데이터를 5년에서 10년 동안 저장하기 때문에 경향, 예측, 그리고 비교가 용이하다.

④ 비휘발성(Nonvolatilization)

비휘발성이란 데이터웨어하우스에 한 번 입력된 데이터는 변화하지 않는다는 데이터의 장기지속성을 말한다. 데이터웨어하우스에 일단 데이터가 적재되면 주기적인 일괄처리(발생한 데이터를 기간 또는 저장소 같은 어떤 단위마다 처리하는 것)작업에 의한 갱신 이외에는 정보계 데이터베이스에 대한 삽입(Insert)나 삭제(Delete) 등의 변경이 수행되지 않는다. 따라서 데이터웨어하우스에 다시 데이터를 적재하든지 혹은 주기적인 작업을 통해 운영 데이터베이스로부터 새로이 변환된 데이터를 추가시켜야 한다.

⑤ 관계형(Relational)

일반적으로 데이터웨어하우스는 관계형 구조를 사용하고 있다.

⑥ 클라이언트/서버(Client/Server)

데이터웨어하우스는 최종사용자의 사용 편리성을 위해 클라이언트/서버를 주요구조로 한다.

(4) 데이터웨어하우스의 구축효과

① 정보시스템 전략을 재구성할 수 있는 기회 제공

데이터웨어하우스는 새로운 형태와 형식을 가진 애플리케이션 데이터를 개발하고 최종사용자로 하여금 보다 높은 수준의 분석 활동을 할 수 있게 한다. 또한 조직의 데이터를 전체적인 시각으로 볼 수 있게 한다. 예를 들어 서로 다른 생산시스템이 판매량과 쿠폰 발송에 대해 그 내역을 각각 추적할 때, 각각의 시스템을 통합함에 따라 분리된 시스템에서 제공되는 각각의 산출물에서는 발견할 수 없는 기회(예: 판매쿠폰 판촉에 관한 비용의 효율성을 파악)가 제공된다.

② 정보처리의 편리성

데이터웨어하우스를 구축하면 운영 데이터베이스가 설계된 메인프레임으로부터 정보계 업무를 훨씬 저가의 개방형 서버기종으로 분리 수용할 수 있다. 더욱이 비전문가들이 필요로 하는 그래픽 도구기능이 포함되어 데이터웨어하우스에 저장된 데이터를 적절히 사용할 수 있다.

③ 데이터 분석·예측의 용이성

데이터에 대한 변화 추이를 예측하거나 여러 경우를 가정하여 분석할 수 있다. 즉 기업에서는 고객의 구매동향을 사전에 예측하여 보다 적은 비용으로 시장점유율을 확대할 수 있으며, 신상품에 따른 기회비용을 줄일 수 있다.

④ 데이터웨어하우스가 기업의 데이터 인프라

이 말은 데이터웨어하우스의 효과로 기업의 통합정보시스템이 자리 잡는다는 것을 의미한다. 데이터웨어하우스는 단순히 업무에 대한 자료를 만들어내고 분석하는 시스템이 아니라 기업에서 다양한 정보의 통일화, 일체화를 이룩할 수 있는 "데이터 인프라"인 것이다.

데이터웨어하우스를 사용하는 계층은 경영기획팀에 한정되지 않고 정착 단계에 이르면 각 대리점, 영업소, 일반 외판원까지 확대될 수 있다. 더 중요한 것은 많은 사람들이 하나의 데이터에 접근하여 기업의 의사결정에 도움이 된다는 점이다. 즉 데이터웨어하우스가 일관된 정보를 제공할 수 있다.

(5) 데이터웨어하우스의 적합성

데이터웨어하우스는 다음과 같은 조직에 가장 적합하다.

① 최종사용자가 다수의 데이터에 대한 접근을 필요로 한다.
② 운영 데이터가 다른 시스템에 저장되어 있다.
③ 정보를 기반으로 한 관리가 이루어지고 있다.
④ 다수의 다양한 고객을 보유하고 있다(예: 은행).
⑤ 같은 데이터가 각기 다른 시스템에서 달리 표현된다.
⑥ 높은 수준의 기술 형태로 데이터를 저장해야 하고, 이런 데이터를 읽어 오기 어렵다.
⑦ 최종사용자의 컴퓨터 활용 범위가 넓다.

표 5-2는 데이터웨어하우스를 전략적으로 사용한 성공적인 사례를 요약한 것이다.

〈표 5-2〉 데이터웨어하우스의 전략적 활용

산업	활용의 기능적 영역	전략적 활용
항공	운영과 마케팅	승무원 지정, 항공기 배치, 요금 혼합, 항로에 대한 이윤 분석, 상용고객우대제도(FFP) 촉진
의류	유통과 마케팅	효과적인 판매촉진 및 보충
은행	제품 개발, 운영 및 마케팅	고객 서비스, 추세 분석, 제품과 서비스 촉진, IS 비용 절감
신용카드	제품 개발과 마케팅	고객 서비스, 요금에 대한 새로운 정보 서비스, 부정수단으로부터의 보호
건강서비스	운영	운영비용 절감
투자·보험	제품개발, 운영 및 마케팅	위험 관리, 시장 이동 분석, 고객의 동향 분석, 포트폴리오 분석
건강보조	유통과 마케팅	유통 결정, 제품 촉진, 판매 결정, 가격 책정
공공부문	운영	지능형 수집
소매유통	유통과 마케팅	추세분석, 구매 패턴 분석, 가격책정, 재고 관리, 판매촉진, 최상의 유통 채널
철강	생산	패턴분석(품질관리)
통신	제품개발, 운영 및 마케팅	신제품과 서비스 촉진, IS 예산 절감, 이윤분석

제3절 데이터마이닝

1. 지식 발견, 분석 및 추출

데이터로부터 유용한 지식을 추출하는 프로세스를 "데이터베이스 속의 지식발견(Knowledge Discovery in Database: KDD)" 또는 "지식발견(Knowledge Discovery: KD)"이라고 하며, 현재 많은 연구에서 사용되고 있다. KDD의 목적은 데이터의 유효성, 새로움, 잠재적 사용성, 그리고 이해하기 쉬운 패턴을 파악하는 것이다. KDD는 데이터웨어하우스 내에서 고려대상이 될 데이터가 어떤 것인가를 파악하는 프로세스로부터 시작하여, 파악된 데이터를 분석이 가능하게끔 처리하는 프로세스이다.

(1) KDD의 기반

KDD기법은 ㄴ오랫동안 수행해온 프로세스 연구와 제품개발의 결과라고 할 수 있다. 이것은 경영 데이터가 컴퓨터에 처음으로 저장되고 활용되는 것에서 시작되었다. KDD는 다음의 성숙된 기술들로 인해 그 사용가치가 있다고 할 수 있다.

① 대량 데이터 수집
② 강력한 컴퓨터 프로세스 능력
③ 데이터마이닝 알고리즘

(2) KDD의 도구와 기술

KDD는 1960년대부터 시작되었고, 이것을 수행하는 기술들은 나날이 발전해왔다. 그리고 그때마다 다양한 명칭들과 다른 특성들을 보여주었다. 이러한 KDD 도구의 진보는 크게 4단계로 나눌 수 있다. 각 단계들은 표 5-3에 나타나 있다. 더 높은 단계로 나아가면서, KDD는 경영과 관련한 복잡한 의문에 대해 답을 제시할 수 있게 되었다.

〈표 5-3〉 지식발견의 발전단계

진화단계	사업상의 의문점	가능한 기술	특징
데이터 수집 (1960년대)	지난 5년간 나의 총수입은 얼마인가?	컴퓨터, 테이프, 디스크	회귀적, 정적 데이터 전송
데이터 접근 (1980년대)	지난 3월 New England에서의 단위 판매는 얼마인가?	관계형 데이터베이스(RDBMS), 구조적 질의언어(SQL)	레코드 수준에서의 회귀적·동적 데이터 전송
데이터웨어하우징 & 의사결정 지원 (1990년대)	보스턴의 세부사항은?	온라인 분석 프로세싱(OLAP), 다차원 데이터베이스, 데이터웨어하우스	다차원 수준에서의 회귀적·동적 데이터 전송
지능형 데이터마이닝 (1990년대 후반)	다음 달 보스턴에서 발생할 단위 판매는 얼마이고, 왜 그렇게 되는가?	발전된 알고리즘, 멀티프로세서 컴퓨터, 대형 데이터베이스	미래지향적이고 사전적인 정보 전송

데이터의 수집과 접근 기술들의 문제점은 많은 양의 데이터에는 적합하지 않기 때문에 최종사용자가 효과적으로 사용할 수 없다는 것이다. 비록 SQL(Structured Query Language)

의 사용이 보다 원숙한 환경을 제공하지만, 여전히 여러 제약을 가지고 있다. 따라서 보다 나은 도구의 개발이 항상 요구되고 있다.

(3) 온라인 분석처리

온라인 분석처리(OnLine Analytical Processing: OLAP)는 의사결정시스템 모델과 같은 최종사용자들의 활동들을 말한다. 온라인 거래처리(OnLine Transaction Processing: OLTP)의 애플리케이션과는 달리, OLAP는 복잡한 관계를 갖는 많은 데이터 항목을 포함하고 있다. OLAP의 목적 중 하나는 관계를 분석하고 패턴, 경향 및 예외적인 상태를 찾는 것이다.

OLAP 데이터베이스는 지역, 제품종류, 그리고 판매채널과 같이 구분된 판매 데이터를 포함하기도 한다. 일반적으로 OLAP에서의 데이터 요구는 다음과 같이 이루어진다. 먼저 오랜 시간에 걸쳐 축적된 대용량의 판매 데이터베이스를 각 제품종류 및 지역별 제품 판매를 알기 위하여 접근할 수 있다. 그리고 결과를 살펴본 이후에는, 분석자가 지역 또는 제품분류에 따른 판매 채널별 판매량을 파악하기 위해 그 요구를 상세화할 수 있다. 마지막 단계에서 분석자는 판매 채널을 통한 연도별, 분기별 비교를 수행할 것을 요구할 수 있다. 이와 같은 전체 프로세스가 온라인상으로 빠르게 수행되려면 분석 프로세스의 지속적인 지원이 필요하다. OLAP은 다음과 같은 이유로 온라인 데이터를 필요로 한다.

① 매우 큰 데이터양의 접근: 다년간에 걸친 판매 데이터
② 판매, 제품, 지역, 채널과 같은 다양한 경영 요소들의 관계분석
③ 판매 규모, 비용과 같은 집합적 데이터를 포함
④ 월별, 분기별, 연도별과 같이 집합적 데이터에 대한 통시적 비교
⑤ 지역별 판매와 제품별 판매의 비교, 또는 각각의 지역 안에서 제품에 의한 판매 데이터 비교 등 다른 시각에 의한 데이터 비교
⑥ 데이터 요소 간의 복잡한 계산이 필요한 경우
⑦ 사용자의 요구에 신속하게 반응하므로 사용자는 시스템의 방해 없이 분석적 사고 프로세스를 추구하는 게 가능

다음은 OLAP이 데이터 요구를 어떻게 수행하는가를 보여준다. 최종사용자는 자연어에 의해 요구를 하고 그에 대한 데이터 요구는 SQL형식으로 전환된다. 이 데이터 요구는 네트워크를 통해 데이터베이스나 데이터웨어하우스를 관리하는 데이터베이스 관리시스템으로 전송된다. 데이터베이스 관리시스템은 데이터 요청에 대한 적절한 값을 찾고, 최종사용자에게 이를 전송한다. 이때 사용자는 사용자에게 맞는 보고서나 원하는 형식에 따라 전송받을 수 있도록 설계한다. 오늘날 OLAP은 웹이나 사내 인트라넷을 통해서도 사용이 가능하다.

비록 많은 경우에 OLAP이 유용하지만, 이것의 성격상 데이터마이닝 기술과 같은 자동적인 지식발견 기능을 제공하지 못한다.

2. 데이터마이닝의 개념

(1) 데이터마이닝의 배경

최근 정보산업 분야에서 데이터마이닝이 주목을 받는 가장 큰 이유는 데이터의 양적 팽창과 그러한 데이터를 유용한 정보와 지식으로 바꿔야 하는 시급한 필요성에 있다. 그리고 이러한 대용량 데이터베이스의 활용도를 높이기 위한 방편이 데이터웨어하우스의 구축이다.

이러한 정보시스템의 발전으로 기업은 고객과 상품, 경쟁사 관련 데이터, 매일 발생하는 거래 데이터 등을 보다 손쉽고 효과적으로 관리할 수 있게 되었다. 획득된 정보와 지식은 기업경영, 생산관리, 그리고 시장분석에서부터 공학설계와 과학탐구에 이르기까지 광범위한 분야에 응용될 수 있다.

즉 다양화·개성화되는 고객의 요구에 대한 적절하고 빠른 대응이 기업 간 경쟁력의 척도가 되고 있는 가운데, 지속적인 경쟁우위를 확보하기 위해서는 효과적이고 신속한 전략과 의사결정이 중요하게 되었다.

이러한 상황에서 데이터를 잘 쌓아두는 단계를 넘어서 데이터라고 하는 거대한 창고에서 보다 가치 있는 정보를 효과적으로 찾아내는 것이 중요하다. 이에 이미 알려져 있는 정보뿐만 아니라 전혀 예상치 못했고 쉽게 드러나지도 않는 정보를 데이터베이스나 데이터웨어하우스로부터 찾아내기 위하여, 즉 정보추출방법으로서 데이터마이닝이 등장하게 되었다.

(2) 데이터마이닝의 정의

IT전문 시장조사업체 메타그룹(Meta Group)의 Aaron Zornes에 따르면, 데이터마이닝(Data Mining)이란 대용량 데이터베이스에서 알려져 있지 않은 실행 가능한 정보를 추출하는 지식발견 과정이라고 할 수 있다. 또한 가트너그룹(Gartner Group)의 Erick Brethenoux는 통계 및 수학적인 기법뿐만 아니라 패턴 인식 기술을 이용하여 많은 양의 데이터에서 의미 있는 상관관계, 연관성 또는 패턴 및 트렌드를 발견하는 과정이라고 보다 구체적으로 정의한다. 혹은 투크로즈(Two Crows)의 Robert Small은 보다 나은 비즈니스 결정을 위해 패턴 및 관계를 발견하는 행위로 정의한다.

이를 종합해볼 때 많은 양의 데이터 속에서 의미 있는 정보를 캐는 과정으로 데이터마이닝을 이해할 수 있다. 여기에서 간과할 수 없는 사실은 데이터마이닝이 프로세스라는 것이다. 즉 단순히 데이터마이닝 도구를 가지고 있다는 것은 끝이 아니라 시작에 불과하다는 것이다. 데이터마이닝을 도입하려는 기업은 그들의 비즈니스를 파악하고, 데이터를 이해하는 초기 단계를 거친 후, 현업전문가와 마이닝 전문가들이 같이 장시간의 노력을 기울여야만 진정으로 유용한 정보를 발견할 수 있으며, 이후에도 구축된 모델을 지속적으로 갱신하는 작업이 뒤따라야만 한다.

(3) 데이터마이닝의 구조 및 구성요소

데이터마이닝의 대표적인 구조는 그림 5-6과 같으며, 다음과 같은 구성요소를 가진다.

① 데이터베이스, 데이터웨어하우스 또는 그 밖의 정보 저장소

하나의 데이터베이스 또는 데이터베이스들의 집합, 데이터웨어하우스, 또는 그 밖의 다른 종류의 정보 저장소로서, 데이터 정제와 통합 기법들이 이들에 적용된다.

② 데이터베이스 또는 데이터웨어하우스 서버

데이터베이스 또는 데이터웨어하우스 서버는 사용자의 데이터마이닝 요구를 토대로, 관련된 데이터를 가져오는 역할을 한다.

그림 5-6 데이터마이닝의 구조

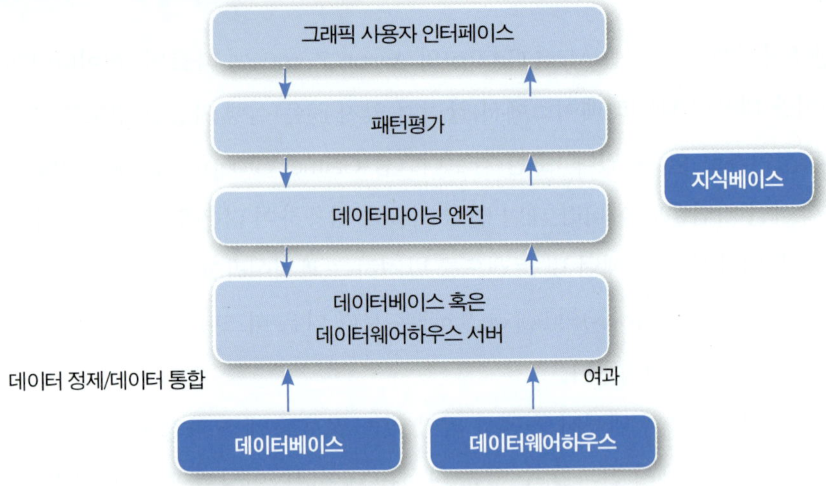

③ 지식베이스

탐색을 안내하거나 결과 패턴들의 관심도를 평가하는 데 이용되는 도메인 지식을 말한다. 이러한 지식에는 개념 계층이 포함될 수 있는데 속성이나 속성 값들을 단순 수준의 추상화 단계로 체계화하는 데 사용된다. 의외성에 기초한 패턴의 흥미도를 평가하는 데 이용될 수 있는 사용자의 신념과 같은 지식도 포함될 수 있다.

④ 데이터마이닝 엔진

데이터마이닝 시스템의 필수 요소로, 특성화(characterization), 연관(association), 분류(classification), 군집 분석(cluster analysis), 그리고 진화와 편차 분석(evolution and deviation analysis) 등과 같은 마이닝 작업들을 위한 함수 모듈의 집합으로 구성된다.

⑤ 패턴평가 모듈

이 부분은 흥미척도를 이용하여 흥미로운 패턴 쪽으로 탐색의 초점이 맞추어지도록 데이터마이닝 모듈과 상호작용하며, 흥미도 임계값(threshold value)을 사용하여 발견되는 패턴들을 걸러내기도 한다. 사용되는 데이터마이닝 기법을 어떻게 구현하느냐에 따라서, 패턴평가 모듈은 마이닝 모듈과 통합되기도 한다. 효율적인 데이터마이닝을 위해서는 패턴 흥미도에 대한 평가를 가능한 깊이 마이닝 과정 속에 내장시켜, 흥미로운 패턴에만 탐색이 국한되도록 하는 것이 좋다.

⑥ 그래픽 사용자인터페이스

마이닝 시스템 사이의 교통을 담당하여, 사용자로 하여금 데이터마이닝 질의나 작업을 명세하여 시스템과 상호 작용할 수 있도록 하고, 탐색에 초점이 맞춰지도록 정보를 제공하며, 데이터마이닝 중간결과물에 기초하여 데이터마이닝 탐사를 수행한다. 또한 이 모듈은 사용자가 데이터베이스 또는 데이터웨어하우스 스키마나 자료 구조를 브라우징하고 채굴된 패턴들을 평가하고, 다른 형식으로 패턴을 시각화하는 것을 돕는다.

(4) 데이터마이닝의 목적과 특성

데이터마이닝의 주요 목적과 특성은 다음과 같다.

① 데이터는 종종 몇 년이 지났음에도 데이터웨어하우스와 같이 큰 데이터베이스에 깊숙이 저장되어 있다.
② 어떤 경우에는 데이터웨어하우스나 데이터마트와 같이 데이터가 통합이 되어 있다. 다른 경우에는 인터넷이나 인트라넷의 서버에 저장되어 있다.
③ 데이터마이닝은 보통 클라이언트/서버 구조의 환경으로 되어 있다.
④ 데이터 마이닝 도구는 이전에 찾지 못했던 조직 내 또는 외부 기록의 데이터를 찾아낸다.
⑤ "miner"는 종종 최종 사용자를 말하며, 프로그래밍에 대한 능력을 갖지 않고도 "데이터 드릴(data drills)"과 다른 추출 도구 등을 이용하여 특정 의문에 대한 답을 빠르고 쉽게 찾을 수 있다.
⑥ 종종 전혀 예상하지 못했던 가치 있는 결과를 가져온다.
⑦ 데이터마이닝 도구들은 스프레드시트와 다른 소프트웨어들과의 통합이 용이하다. 따라서 추출된 데이터는 빠르고 쉽게 처리될 수 있다.
⑧ 방대한 양의 데이터로 인하여, 데이터마이닝 처리를 위해 동시에 업무를 수행하는 프로세싱 방식을 사용할 필요가 있다.

⑨ 데이터마이닝은 5가지 종류의 정보(결합, 연속, 구분, 집단, 예측)를 산출한다.

⑩ 데이터마이너들은 여러 가지 도구와 기술(예, 사례기반추출, 신경망컴퓨팅, 지능 에이전트, 상관분석)을 사용할 수 있다.

(5) 데이터마이닝의 효과

① 동향과 행위에 대한 자동 예측

데이터마이닝은 자동화된 프로세스를 통해 예측력을 가진 정보를 대형 데이터베이스에서 찾는다. 따라서 수작업으로 하던 전통적인 분석에 비해 보다 빠르고 직접적으로 해결책을 제시할 수 있다. 일례로 마케팅 타깃을 예측하는 문제를 살펴볼 수 있다. 데이터마이닝은 과거에 사용했던 판촉메일의 반응을 근거로 하여, 앞으로 가장 적절한 반응이 기대되는 대상을 파악하는 데 사용할 수 있다. 다른 예로는 부도의 예측 등이 있을 수 있다.

② 이전에 알지 못하던 패턴의 자동인식

데이터마이닝 도구들은 이전에 겉으로 드러나지 않던 패턴을 파악한다. 예를 들어 아기 기저귀와 맥주 같은 전혀 관계가 없어 보이면서도 함께 판매되는 제품의 패턴을 찾는 것이다. 다른 예로는 불량 신용카드 거래 파악 또는 잘못된 입력으로 인해 발생하는 오류 데이터 파악 등이 있다.

데이터마이닝 도구가 동시에 여러 가지의 업무수행 프로세스를 진행하는 시스템에 적용될 때, 거대한 양의 데이터베이스는 간단히 분석될 수 있을 것이다. 데이터를 빠르게 처리하는 것은 사용자로 하여금 복잡한 데이터를 이해하는 데 여러 가지의 모델을 사용하여 시험할 수 있도록 한다는 것을 의미한다. 빠른 속도는 사용자로 하여금 많은 양의 데이터를 분석할 수 있게 하고, 대형 데이터베이스를 처리하는 능력은 보다 나은 예측력을 부여할 수 있게 한다.

(6) 데이터마이닝의 적용분야

조직에서 데이터마이닝 기술의 활용도가 증가하고 있는 가운데, 데이터마이닝을 유용하게 적용할 수 있는 분야를 보면 표 5-4와 같다.

〈표 5-4〉 데이터마이닝의 활용

분야	적용
소매와 판매	판매 예측 정확한 재고 수준과 물류 스케줄 파악
은행업무	대출 및 신용 카드 사용의 불량 수준 예측 새 고객들의 지출 예상 및 고객들에 알맞은 대출 상품 예측
생산·제조	기계고장 예측 최상의 생산 능력을 제어하는 주요요소 파악
중계 및 증권 거래	채권 가격 변화 예측 및 특정 이슈에 대한 주식과 전체 시장변화 예측 주식 거래 시기를 예측
보험	청구 금액과 의료 보상 범위 예측 및 의료 보상 범위에 가장 큰 영향을 미치는 요소 구분 새로운 상품 구매자 예측
컴퓨터 하드웨어와 소프트웨어	디스크 드라이버 고장률 예측 및 새로운 칩 생산기간 예측 잠재적으로 보안을 위반하는 것에 대해 예측
경찰 업무	범죄 패턴, 위치 그리고 범죄 양식 분석 사건 해결 지원
정부와 방위	군사 장비 이동 비용 예측 및 잠재적 군사 행동에 대한 전략 시험 자원 소비량 예측
항공	고객의 목적지 데이터를 수집하고, 이것을 이용하여 고객의 성향 파악 및 새로운 항로 개설의 가능성을 분석
의료	심각한 증세가 있는 환자들에 대해 통계를 내고, 증세, 원인, 그리고 처방을 보다 자세히 알 수 있음
방송	주요시간대의 방송 주제 예측 및 광고 수익의 최대화 방법 모색
마케팅	고객 데이터를 분석하여 특정 판촉이나 제품에 반응하는 고객 예측

MIS HIGHLIGHT 1

DW, 빅데이터 시대 속에서 진가를 발휘하다

■ 다양한 산업 분야에서 꾸준히 증가

소셜네트워크(SNS)와 클라우드 컴퓨팅, 모바일 스마트 환경에서 빅데이터가 쏟아져 나오면서 기업들에게 데이터는 관리의 대상임과 동시에 새로운 비즈니스 기회를 창출할 수 있는 기회를 제공하는 매개체가 되고 있다. 이러한 빅데이터의 증가는 데이터웨어하우스(DW)의 중요성을 증가시키고 있으며 실시간 동시다발로 발생하는 데이터들을 분석해 채널판매뿐만 아니라 정보 분석 기능 강화를 돕고 있다.

DW를 통해 고객과 비즈니스 데이터의 체계적인 저장과 다양한 고객 분석 및 DB 마케팅 인프라를 제공하는 기업들이 증가하는 가운데 최근 제조업에서의 DW 운영 현황과 기대효과 등에 대해 살펴봤다.

DW 등장배경

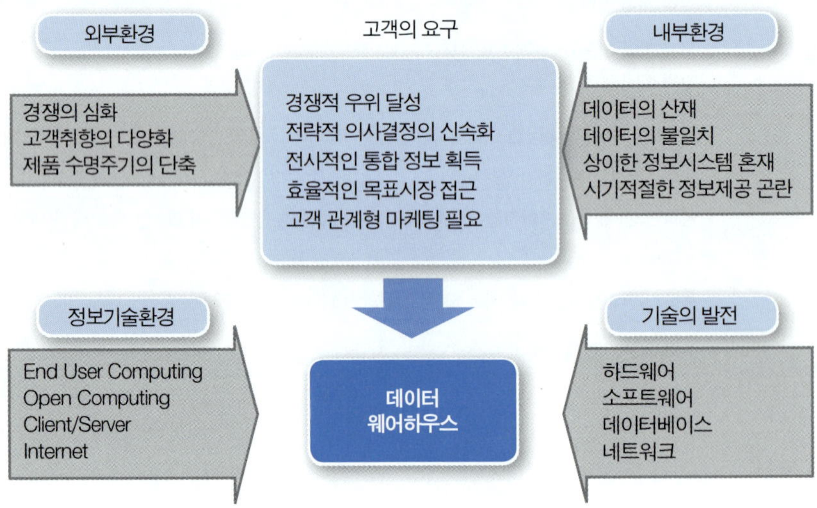

DW는 과거 사용자들에게 대규모 기업에만 주로 적용되던 IT 시스템으로 인식되어왔다. DW의 가격이 상대적으로 고가에 속했고 초기 도입 규모가 컸기 때문이다. SI성 프로젝트라는 인식도 강해 대기업을 제외한 일반 기업들은 도입을 다소 꺼리면서 저렴한 데이터 솔루션을 구축하거나 일반 엑셀과 오피스 프로그램 등을 이용해 분석 기능을 대체해왔다.

하지만 최근 DW솔루션 관련 기업들의 경쟁으로 인한 가격인하와 비정형화된 데이터의 폭증으로 인해 DW를 도입하거나 업그레이드하는 기업들이 늘고 있다. 특히 고객과의 접촉 경로가 다양하고 동일한 고객들이 복합적으로 상품을 구매하는 경향이 많은 산업군일수록 구축이 활발해지고 있다.

DW는 고객 분석과 고객 구매 패턴 등의 분석이 가능하고 고객관계관리(CRM)와 연계해 시너지 효과를 내고 있다. 또한 IT 환경에서 데이터 자체의 증가와 함께 의사결정을 위해 분석해야 하는 데이터 종류가 다양해지면서 사용자들은 DW의 용량 확대와 속도 개선을 요구하고 있다.

■ DW 구축은 필수사항

DW는 성능·확장성·신속성에 초점을 맞춰야 한다. 모든 데이터에 대한 실시간 분석 결과와 다양한 측면의 고급 분석가능성을 고려해야 하기 때문이다.

과거 DW의 회의론이 팽배할 때 가장 화두가 되었던 것은 투자수익률(ROI) 측면이다. 여러 기업들이 2000년대 초중반까지 앞 다퉈 구축했지만 성공 사례를 쉽게 찾지 못하면서 도입했던 기업들이 회의론에 빠지는 경우가 많았다.

DW를 도입하기만 하면 마치 황금알을 낳는 거위와 같다고 생각한 것과 고객 충성도 향상과 신규 마케팅 기법 등의 사업이 이를 기반으로 이뤄질 것처럼 생각했던 경향이 컸던 것도 또 다른 이유이다.

최근에는 이와 같이 극단적으로 생각하는 사용자는 줄었지만 기업의 DW 구축이 과거 선택사항에서 현재 필수사항으로 옮겨가고 있다는 데에는 대다수가 공감하고 있다.

중요한 것은 DW가 성능과 확장성, 신속성에 초점을 맞추면서 기업의 거시적인 목표를 구체적이고 정확히 설정할 때 성공적인 솔루션으로 자리매김할 수 있다는 것이다.

처음부터 무리하게 많은 비용과 시간을 쏟아붓기보다 현재 가장 시급한 분야에 우선 적용해 향후 얼마나 유연하게 확장할 수 있고 성능을 보장받을 수 있는지 살펴봐야 한다. 또한 업계 관계자들은 DW구축 시 IT가 주도하는 프로젝트는 현업이나 의사결정권자의 요구를 쉽게 반영할 수 없기 때문에 현업과 임원진의 참여를 적극 유도해야 한다고 조언한다.

■ 체계적인 정보 분석과 활용

인터넷 쇼핑몰 이용자가 확산되는 가운데 고객의 상관관계와 판매 경향 분석은 생산성 향상에 영향을 끼치고 있다.

2001년 말 홈쇼핑 업계의 후발주자로 시장에 진입한 후 빠르게 성장하고 있는 현대홈쇼핑은 명확한 손익관리와 영업·고객·상품에 대한 과학적이고 체계적인 분석을 위해 DW를 구축했다. 실무자에게는 업무 부하 경감을, 임원진에게는 빠르고 다양한 의사결정 정보를 제공한다는 방침 아래 구축한 사례이다.

현대홈쇼핑 측은 채널과 브랜드·단품·D코드·상품 분류코드 등을 통합 표준화하는 등 전사적 차원에서 기준용어를 통일했다. 기초코드 관리를 통해 기준을 명확하게 함으로써 소통상의 오류를 줄이고 사내 임직원들의 원활한 의사소통을 돕기 위한 전략이다. 또한 기존 진행된 상품과 주문 및 고객에 대한 히스토리 데이터를 DW에서 관리하면서 다년간 쌓인 데이터에 대한 분석 정보를 얻기 위해 시스템 부하요인을 경감시켰다.

결국 빠른 시간 안에 업무 처리가 가능하도록 운영과 분석시스템을 독립시켰다는 평가이다. 고객분석의 활성화와 캠페인의 효율을 분석하는 작업 역시 구축 과정에 중점을 둔 부분이다. 이를 통해 고객과 채널·상품·출고 등 연관분석을 지원하고 고객 등급을 관리했으며, 클러스터링(군집), 이익률, 매체 간 시너지 효과를 분석해 타깃 캠페인의 활성화와 신속한 효율분석을 지원했다.

현대홈쇼핑 관계자는 DW 구축으로 업무 담당자가 직접 다량의 데이터를 빠르게 추출·가공·분석할 수 있어 원하는 정보를 빠르게 획득해 업무에 즉시 반영할 수 있게 됐다고 설명했다. 또한 조직과 코드, 실적에 대한 용어와 계산 로직의 통일로 각 부서 간 의사소통의 명확성이 증대됐다. 또한 대량 데이터 집계 및 분석 업무를 DW로 이관함으로써 운영시스템의 업무 부하가 대폭 줄었다.

국내 대표 유통 물류 업체인 GS리테일 역시 점포 증가에 따른 데이터의 증가와 적재 처리 시간의 지연을 극복할 수 있는 방안을 마련하기 위해 고객관계관리(CRM), 슈퍼, 편의점 등 3개 DW를 통합한 엔터프라이즈 데이터웨어하우스(EDW)를 통한 고객 상품 간 연결 분석과 같은 고급화된 정보제공 기반을 마련했다. EDW는 데이터 보관기간의 확대 및 대용량 데이터 분석과 빠른 시간 안에 사용자 요구를 수용하기 위한 방안이다.

GS리테일은 지난 4월 통합 전사적 EDW를 오픈한 후 현재 2차 기능 개선 과정을 진행하고 있다. 데이터 분산과 적재시간 단축뿐 아니라 매주 월요일마다 밀려들었던 최종사용자의 동시처리 요구를 수용하기 위해 사용패턴 분석과 튜닝을 통한 응답시간 단축이 중점사항이었다.

또한 GS리테일의 운영 환경에 처음 적용되는 리눅스 OS, DB2, TSA(이중화 소프트웨어)와 같은 기술 역시 위험요소를 식별해 관리해야 할 문제점으로 정해 사내 교육과 효과적인 노하우 전달에 총력을 기울였다. GS리테일은 EDW 구축 후 데이터 적재시간은 기존 대비 60% 이상 단축됐으며 장애 시 재작업을 통해 정해진 시간 내에 서비스를 제공할 수 있게 됐다고 밝혔다. 기존 3개의 DW가 하나의 데이터베이스관리시스템(DBMS)으로 통합돼 상호 연결성이 높아지면서 고객과 상품 간 연결 분석으로 최종사용자에게 고급화된 정보를 제공할 수 있게 된 것이다.

GS리테일 측은 사용자들의 엑셀 사용 빈도 감소와 정형/비정형 화면에서 제공하지 못했던 대용량 분석이 가능해지면서 운영 담당자들의 수작업 공수도 줄어들 것으로 전망하고 있다. GS리테일의 한 고위 담당자는 "DW 어플라이언스는 성능시험(BMT) 결과에서 보이는 것과 같이 전환만 하면 바로 몇 배씩 빨라지는 마법 상자가 아니다"며 "오히려 접근 관점에서 원하는 데이터를 찾기 위해서 데이터 서버의 위치를 한 번 더 찾아가야 한다는 점에서 높은 차원의 관리가 필요하다"고 설명했다.

DW어플라이언스를 적용하는 작업은 인프라 측면의 단순한 장비 교체뿐만 아니라 분석, 설계, 튜닝 등 모든 프로세스가 수반돼야 한다. 또한 GS리테일 측은 구성 측면에서는 서버, OS, DBMS, 스위치, 스토리지 등 통합된 기술이 적용돼 있기 때문에 많은 기술자들과 협업할 수 있는 체계가 마련돼야 한다고 강조했다.

■ 고객접점 극대화 방안

SK에너지의 DW는 크게 ERP 베이스로 분석계를 제공하는 부분과 사업을 지원하기 위한 부분 두 가지로 나뉜다. SK에너지는 고객관리시스템 등 영업시스템 고객정보를 DW를 통해 속성을 파악하고 매출 분석으로 이어지게 하는 동시에 다양한 캠페인을 지원하는 데 중점을 두었다.

지난 1998년도 첫 DW 구축 당시 엔크린 보너스 카드와 관련된 사업이 핵심이었고 그 이후 제휴카드와 경유 전용 서비스를 시작하면서 트랜잭션이 대거 추가되었다. 현재는 크게 엔크린 보너스 카드, 제휴카드, 경유 전용 서비스(Netruck) 등 세 가지 트랜잭션이 하나의 DW 안에서 분석 처리되어 고객 마케팅과 캠페인을 지원하고 있다.

한편 SK에너지의 DW 하드웨어에 대한 개편은 지난 2005년과 2010년 두 차례에 걸쳐 진행됐다. SK에너지는 DW를 통해 SK엔크린 주유고객관리시스템 중 마케팅 활용을 위한 추출대상 데이터를 선정해 고객서비스 강화에 나섰다. 또한 영업시스템으로부터의 데이터 추출·변환·적재 작업과 월 마감작업 퍼포먼스에 중점을 두었으며 분석기능을 위해 정기 분석보고서 이외의 맞춤형 보고서 기능을 강화했다.

고객접점에서의 CRM 활동을 위한 캠페인 시스템 구축을 통해 과거 결과와 대비해 볼 수 있는 환경을 구축한 것도 DW 도입 후 변화점이다. SK에너지는 초기 정형화된 분석보고서를 위주로 개발해 운영했으나 변화하는 시장 환경에 맞춰 영업에 필요한 실시간 맞춤형 보고서 기능을 강화했다. 초기 유류 고객 대상의 DW에서 Netruck 등 물류 유통 사업 확장에 따른 DW 지원 사업대상 확대도 업그레이드된 점 중 하나이다.

SK에너지의 한 관계자는 "DW를 통한 고객·비즈니스 데이터의 체계적인 저장으로 다양한 고객 분석 및 DB 마케팅 인프라 제공이 가능하다"며 "통합 고객 데이터의 체계적 분석을 통한 기존 사업의 CRM을 성공적으로 추진하는 배경이 될 뿐 아니라 신규 사업 지원 및 제휴사 DB 마케팅 활성화를 통해 새로운 가치를 창출할 수 있다"고 말했다.

DW 성공요소

DW의 성공적인 활용을 위해서는 전사적인 관점에서 구체적인 활용방안을 토대로 장기적인 계획 수립 후 시급한 부분부터 단계적으로 구축하여야 함

	비즈니스 측면	기술적 측면
계획	데이터, 사용자, 업무영역의 확장성을 고려한 장기적인 계획수립 전사적인 관점 견지 성공요소 및 측정기준의 사전 정의 요구분석을 통한 활용방안을 사전에 고려, 적절한 구축영역 선정	타 시스템 및 정보기술(CTI, Web, ERP 등)들과의 연동을 고려 데이터 확보방안 확충 Best Practice 및 선진모델 적용
구현	전사적인 지원/협조 협력업체 간 작업 조정 및 관리 활용정도 및 영역의 평가, 반영 시급한 부분부터 단계적 구축	DW 구성요소들의 시스템적 통합 데이터 무결성, 정확성 효율적인 데이터 추출/통합/정련
활용평가	DW활용에 대한 사용자 교육	최적 성능 유지를 위한 지속적 튜닝

■ 최근 이슈 고려해야

기업들이 DW를 구축할 때 주의해야 할 점은 대상 사업관리시스템의 변경이 발생할 때 DW에 즉시 반영할 수 있는 구조로 설계해야 한다는 점이다. 또한 대상 사업관리시스템의 데이터 추출 시 사전 데이터 검증을 통한 데이터의 정합성을 유지하면서 DB 모니터링 시스템을 함께 구축해 사용빈도가 낮은 데이터들을 지속적으로 정리하는 작업이 필요하다.

고객정보 보호 관련 법률 준수에 따른 고객정보 DB 암호화 적용도 최근 보안 이슈와 함께 불거지고 있다. 최근에는 DW 시스템의 활용을 극대화하기 위한 사내 캠페인 및 리포팅 등 최적화된 활용 애플리케이션을 구현하는 작업도 기업의 과제로 떠오르고 있다. 한편 DW를 구축·업그레이드한 기업들의 경우 지속적인 유지관리를 강조했다. 현재 상황을 객관적으로 면밀히 분석하고 목표를 정립하는 노력과 준비가 필요하다는 것이다. 또한 이에 따른 의사결정권자, 영업, IT 담당자들의 협업도 강조되고 있다.

〈BizIT, 2011. 6.〉

MIS HIGHLIGHT 1

'어떻게'보다 '무엇'이 더 중요

■ 빅데이터 활용 방안은 천차만별… 내 몸에 맞는 옷 선택이 관건

빅데이터의 일반적으로 규모(Volume), 다양성(Variety), 속도(Velocity) 등 세 가지를 특성으로 손꼽는다. 업계 전문가들은 빅데이터를 활용하는 데 있어 가장 중요한 것은 '어떻게'보다 '무엇'에 있다고 강조한다. 산업별로, 기업 환경에 따라 비즈니스가 다른 만큼 특정 활용 방법을 일률적으로 적용할 수 없기 때문이다.

제조업의 경우는 이론에 머물러 있던 것을 구체화하려는 움직임이 일기 시작했다. 고객에 대한 이해에서부터 데이터 분류 및 분석, 신속한 의사결정 등 구체적인 방안이 나오고 있다. 올해 빅데이터 관련 이슈는 전문 인력 양성, 비즈니스인텔리전스(BI)와 분석, SNS와 기업 내 데이터의 통합분석, 클라우드, 예측분석 등이 핵심을 이룰 것으로 전망이 일반적이다. 산업군으로 보면 제조, 유통, 서비스 등을 시작으로 금융, 통신 분야에서 빅데이터에 대한 관심이 많은 편이다.

또 빅데이터를 활용하려는 기업들은 빅데이터에 대한 이해, 추세 분석, 미래 예측, 계획 수립, 예측의 타당성 검증 등을 통해 정확한 결론을 도출하는 것을 중요하게 생각하고 있는 것으로 나타났다. 또 이 같은 결론을 얻기 위해 비즈니스 분석 기법을 활용한 문제 해결, 성과 개선, 기술 혁신을 통한 지속 성장 등의 전략에 관심이 많았다.

■ 빅데이터 분석 성공 조건은 IT·현업 '협공' 시스템 퍼포먼스와 미래예측 기능 가미돼야

전 산업에 걸쳐 지능형 이동통신기기가 널리 쓰이고 이들 간 통신이 크게 늘어나면서 다양하고 막대한 양의 데이터가 증산하고 있다. 기존 데이터 처리로는 소화해 내기 어려운 수준에 이르며 이전과는 다른 유형의 데이터가 생산되는 것이다.

데이터양과 특성이 기존 정보관리 및 분석 방식만으로 실시간 소화·해석하기 어려워지면서 많은 기업들은 과거와는 다른 해법에 몰두하고 있다. 오랜 기간 이론 영역에만 머물렀던 데이터 해석 기법이 '빅데이터'라는 명 아래 통합돼 실용화되기 시작하면서 관리 방안역시 산업군별로 다양해지고 있다.

다양한 형태의 데이터를 거의 실시간으로 해석해 얻어낸 지식을 활용하기 위해서는 비즈니스 인텔리전스(Business Intelligence) 능력이 요구된다. 산업 전반에 걸쳐 정보 생성에서 소멸에 이르는 정보관리 기술 전 분야들이 새롭게 전환되는 가운데 최근 다양한 스마트 기기들의 폭증, 디지털 콘텐츠 유통의 확산, 소셜 네트워크 서비스의 일상화 등으로 더욱 팽창하고 있는 추세다. 이에 따라 각 기업의 IT 담당자들은 새로운 데이터의 원천으로부터 지속적으로 생성·유입되는 대규모 비정형 데이터의 시의성을 고려해 실시간에 맞게 분석해야 하는 과제를 안고 있다. 또한 해석된 결과를 사용자나 현업이 이해하기 쉬운 형태로 제공해야 하는 점 등, 기존 사용자들의 요구수준을 맞춰야 하고 있는 추세다.

■ 아모레퍼시픽: 고객 바로 알기 위한 경영 측면 접근

아모레퍼시픽은 최근 경영 측면에서 빅데이터를 재정의해 '고객 바로알기'를 위해 IT적으로 지원하는 작업들이 한창이다.

과거 전사적자원관리(ERP)가 회사의 경쟁력 강화를 판가름하는 도구였다면 현재는 빅데이터 분석이 경쟁 우위를 정해줄 수 있는 요건이 됐기 때문이다.

조○○ 아모레퍼시픽 팀장은 "빅데이터는 단순 데이터양의 증가뿐 아니라 처리 속도와 종류 등을 고려해야 할 요소"라며 "과거 프리즘이란 고객 분석 툴을 사용했으나 두 가지 문제점을 발견하게 됐다"고 말했다.

바로 퍼포먼스 이슈와 너무 정형화 되어 있어 미래예측을 반영하지 못했다는 점이다. 내부 데이터양은 연간 40% 이상 증가하는 가운데 관리해야 할 데이터는 정형뿐 아니라 비정형까지 감당해야 하기 때문이다.

특히 상담센터 등에 들어오는 비정형 데이터들을 분석할 수 있는 툴이 전무해 이를 내부 인프라에서 관리해야 할지 클라우드를 접목시켜야 할지를 가르는 '빅데이터 아키텍처'를 셋업 하는 것도 과제이다.

아모레퍼시픽은 작년 고객 고급 분석을 통해 미래 예측 측면을 강화하는 한편 IBM 네티자 솔루션을 적용해 퍼포먼스 이슈를 해결한다는 방침이다.

영업 사원들이 보다 고객의 다양한 요구 측면을 분석하는데 용이하도록 보장하는 기반으로 올해는 네티자에 대한 성능 보장의 고도화가 이뤄질 계획이다.

조 팀장은 "이러한 모든 일련의 과정들은 궁극적으로 고객을 바로 알기 위함이며 고객이라 함은 당사와 연관돼 행하는 모든 행위와 일련의 패턴들을 의미한다"고 설명했다.

고객을 단위 단위의 활동을 하는 개체가 아닌 경험관리라는 측면에서 접근해 마케팅과 세일즈, R&D분야에서도 기업 생산성 향상이 영향을 받기 때문이다.

아모레퍼시픽은 2010년 BAO(Business Analytics Optimization)를 시범 도입한 뒤 작년부터 운영해오고 있다. 소셜 네트워크 붐과 관련해서도 디지털 마케팅을 목표로 개별 브랜드 매니저들의 고객소통을 위한 회사 통합계정을 한 개씩 보유하고 있다.

아모레퍼시픽은 동일 산업군의 다른 기업보다 빅데이터 분석 작업에 한 발짝 빨리 움직인 사례에 속한다. 좀 더 많은 정보원천을 지니고 처리 분석 속도와 양의 측면에서도 접근하고 있기 때문이다.

아모레퍼시픽 측은 향후 수요예측은 물론 세일즈와 고객 알기를 위한 전체 풀 셋 도구로 활용되고 있는 빅데이터 분석을 위해 어떤 대상을 정의하는 수준을 넘어서 방법론에 대한 전략을 수립한다는 계획이다.

■ 현대홈쇼핑: 생명주기 고려한 데이터 분류 작업 진행

오픈한지 10여 년이 넘는 현대홈쇼핑은 지난 2008년부터 운영데이터와 정보계 데이터, 즉 데이터 웨어하우스(EDW)를 운영 중이다. 또한 시스템 퍼포먼스 측면에서는 오래된 데이터들을 선별해 저장하는 작업을 진행하고 있다.

이 작업은 연 단위로 분할해 분류하는 작업이며 분류 데이터들을 정보계로 옮겨 분석한 후 의사결정에 도움이 될 수 있는 시스템을 구축하기 위해서다.

실제 데이터들을 모두 저장 분석하는 것이 아니라 필요한 정보들만 남긴 후 나머지는 백업으로 내려놓는 방식으로 운영하고 있는 것이다.

실제 운영 중인 데이터는 사용되는 테이블 중 분할해 쓸 수 있는 것과 아닌 것으로 나눠 후자의 경우 저가용 스토리지로 옮기는 작업이다.

오○○ 팀장은 "데이터베이스 측면에서는 위와 같은 방식으로 빅데이터를 관리중이며 비정형은 쇼핑몰(Hmall)에 대한 데이터는 유지하고 있으나 향후 새로운 방안을 도출할 수도 있다"며 "데이터 생명주기가 이슈가 됨에 따라 당사는 일 년 이상 지난 데이터에 대한 운영은 거의 이뤄지지 않고 있다"고 말했다.

분석용 데이터 역시 대부분 현업의 요청에 의해 생성되는데 이때 생명주기를 고려해 요약 위주의 작업을 진행 중이다.

현대홈쇼핑의 데이터 분석 작업은 주로 영업기획팀에서 이뤄지며 IT 부서는 분석 작업이 원활이 이뤄지도록 데이터를 유지시키고 화면제공 등의 가시성을 제공하는데 주력하고 있다.

오 팀장은 "올해는 데이터 구분 작업이 진행될 예정으로 자동으로 특정 스토리지를 내려놓고 필요시 접속할 수 있는 솔루션을 찾고 있다"고 설명했다.

한편 현대홈쇼핑은 고객 주문에 대한 연관성 분석을 진행 중이나, 누적된 데이터는 매출에 대한 예측이나 상품 판매 예측이 강하기 때문에 개인화된 서비스는 다소 떨어지고 있다는 입장이다.

특히 약 6개 업체의 경쟁구도를 이루고 있는 국내 홈쇼핑에서 노출되는 상품군은 브랜드에 별다른 차이가 있을 뿐 유사한 상품이 많아 고객 충성도가 높지 않기 때문이다.

오 팀장은 "데이터의 양이 많아 빅데이터가 아니라 고객 행위를 유지가면서 마케팅이 잘 활용될 수 있도록 하는 측면에 중요하다"며 "현재 수준에서는 무작정 쌓아놓은 데이터 중 효용성이 강한 데이터만 선별해 운영관리 측면에서 슬림화가 이뤄지게 하는 것이 목표다"라고 강조했다.

한편 현대홈쇼핑은 온라인 산업군 특성상 즉시성이 요구되고 있어, 어떠한 데이터들도 바로 반응해 비즈니스로 연결해야 하는 응답 대응 퍼포먼스가 뒷받침돼야 한다는 입장이다.

▶ GS리테일: EDW 구축으로 실시간 의사 결정 속도 높여

GS리테일은 매장 데이터 증가와 소비자 다양화에 대응하기 위해 상품과 고객 간 연계 분석 기능을 강화하는 한편 기존 분리된 DW를 대신해 통합된 전사 데이터웨어하우스(EDW)를 구축했다.

이로 인해 기존 온라인 업무 수행시간의 절약과 많은 정보를 안정적으로 활용해 의사결정을 내리고 데이터 보관 주기가 늘어났다.

특히 기존 업무 처리 대비 몇 십 배에 가까운 시간 절약과 장애에 대한 가용성, 온라인 트랜잭션 처리(OLTP) 업무뿐 아니라 배치 업무를 원활하게 수행하기 위한 워크 로드 밸런싱 기능이 가미됐다.

왕○○ 상무는 "소셜 네트워크의 비정형데이터를 분석하는 작업이 중요해지면서 작년 상반기 시범운영을 진행했다"며 "편의점 캠페인 진행시 소셜 네트워크에서 발생하는 데이터에 대한 패턴 분석 작업으로 이때 주의해야 할 점은 로직을 디자인하는 작업"이라고 말했다.

로직을 디자인하는 작업 자체가 많은 경험치와 노하우를 지녀야 하며 절대적으로 현업의 도움이 필요한 부분이기 때문이다.

왕 상무는 "하지만 비즈니스에 도움이 되는데도 불구하고 초기 투자비용으로 현업에서 선뜻 결정을 내리지 못하고 있다"며 "정형 데이터뿐 아니라 비정형 데이터까지 합쳐 분석하는 방법은 더욱 필요할 것"이라고 전망했다.

GS리테일 측은 소셜과 모바일의 대두로 인해 환경 변화에 따른 의사결정이 갈수록 타이밍을 요구해, 매 순간 분석에 대한 니즈충족이 중요하다고 내다봤다.

왕 상무는 "빅데이터 분석으로 인해 궁극적으로 고객관리가 이뤄져야 하는데 고객관계관리(CRM) 분석 역시 비즈니스 분석을 위한 전초"라고 설명했다.

향후 빅데이터 분석은 상품개발 및 조립비용의 절감, 연구개발(R&D)과 디자인 영역에 적용시 전체 공급사슬에 일관성 있고 상호 운용 가능한 협업 체계 구축을 도울 것으로 전망되고 있다.

또한 가상 협업 사이트를 통한 데이터 공유 및 아웃소싱과 공급망관리 영역에서 공급과 외부 변수를 활용한 수요 예측과 공급 계획뿐만 아니라 제품, 마케팅 및 영업, 사후 서비스에도 빅데이터 분석 적용이 붐을 일으킬 것으로 예상이 되는 바 빅데이터 처리 분석에 대한 기업의 움직임 역시 증가할 것으로 예상되고 있다.

〈BizIT, 2012. 2.〉

CASE 1

동부제철: EDMS·BI로 정보자산 효율적 관리 방안 마련

동부제철이 최근 통합정보공유시스템(EDMS)과 사내경영정보포털(BI)을 순차적으로 오픈하며 기존 경영자정보시스템(EIS)을 포함한 정형 리포팅 및 비정형 분석시스템을 대폭 업그레이드했다. 이로써 사용자가 원하는 데이터를 적시에 제공해 공유할 수 있게 하고, 분석시스템의 성능 및 활용도를 고도화시킴으로써 한층 더 신속한 의사결정이 가능한 환경을 구현한다는 방침이다.

동부제철의 EDMS와 BI 구축은 사내 중요한 자산인 정보에 대한 관리강화와 이를 바탕으로 한 업무생산성 향상이 주목적이다.

이를 위해 크게 데이터베이스 내에 존재하는 정형정보와 개인 PC에 존재하는 문서파일 중심의 비정형정보로 정의하고, 두 가지 정보자산의 효율적인 관리를 위해 EDMS와 BI를 추진하게 되었다.

EDMS는 PC에 산재돼 있는 각종 보고서 및 업무 산출물을 모아 관리하고 검색을 통해 전사적으로 공유 및 활용이 활성화되는 것에 초점을 맞췄다. BI 역시 기존의 EIS에 머물러 있던 데이터 정보의 활용을 현업 실무자의 분석을 강화하는 단계로 끌어올린다는 방침이다.

EDMS 구성도

파일서버 및 개인PC에서 관리하고 있는 문서들을 통합하여 EDMS에서 관리하고 문서를 통합검색할 수 있다.

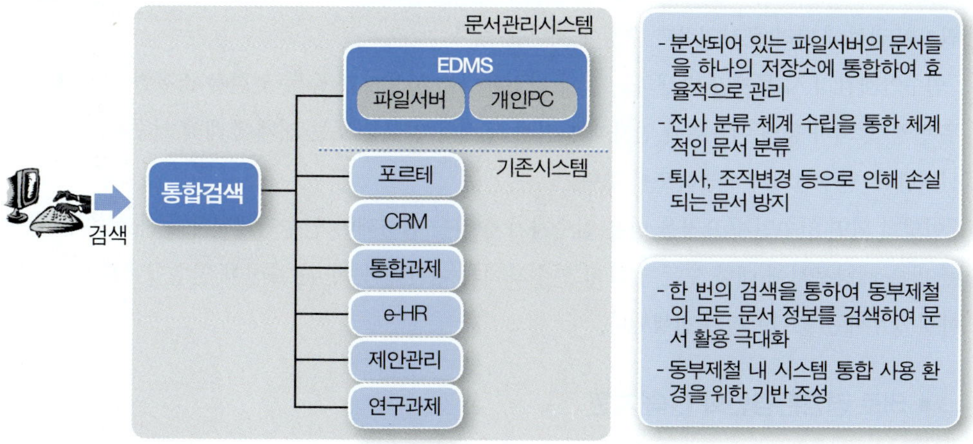

■ 손쉽게 활용할 수 있는 EDMS

동부제철의 EDMS는 이미 사내 파일서버 등을 통해 일부 공유가 이뤄지고 있었지만 전사적인 정보의 공유 및 관리가 효율적으로 가능한 인프라가 없다는 판단 아래 구축됐다.

EDMS 기반 인프라를 구축해 현업 사용자들이 자발적으로 시스템에 정보를 등록하고 활용할 수 있는 환경을 도입하고자 했으며, 등록 역시 최대한 간편하게 하고 검색엔진을 통해 사용자들이 손쉽게 활용할 수 있도록 하는 것이 주목적이다.

EDMS가 구축되면서 분산되어 있는 파일서버의 문서들이 하나의 저장소에 통합되어 효율적인 관리가 이뤄졌으며, 전사분류 체계 수립을 통한 체계적인 문서분류와 사용자의 퇴사 또는 조직변경 등으로 인해 손실되는 문서들을 방지할 수 있게 되었다.

동부제철은 사내 모든 문서에 대한 저장소가 마련되면서 기존 기록들의 지식창고를 EDMS로 이관해 사용자의 편의성과 개선 및 사용 활성화를 도모한다는 계획으로, 추후 필요성에 따라 모든 형태의 문서에 대한 수용이 가능해질 것으로 내다봤다.

이번 EDMS 구축 시 중점을 둔 부분은 사용자 검색 편의성을 위해 네이버(Naver)식 검색과 카테고리식 검색 등 다양한 검색방법의 제공이다. 이와 관련해 일반 사용자들이 문서 및 동영상 등 모든 종류의 자료를 등록하고 공유가 가능해지도록 했으며 문서등록을 통한 기본 제목 입력 등 문서등록의 편의성을 제공했다.

또한 문서 등록 1일 후에 검색엔진을 통한 문서 활용이 가능해짐과 동시에 기존 문서의 개정 시 사용자 편의성을 높였다.

동부제철은 간편 분류체계를 통해 복잡한 전체 분류체계를 쉽게 활용할 수 있는 기능을 함께 제공했다. 문서정보보호 시 이슈가 되는 보안에 대비해 로그인 보안 적용 및 문서별 보안레벨 설정이 이뤄지며 권한에 따라 문서열람과 수정에 제한을 뒀다.

인수인계관리 시 문제가 발생하는 점과 관련해서는 사용자가 등록·권한을 소유한 문서에 대해 업무 변경 및 퇴사 등의 이유로 후임자에게 인계 시 사용 일부분 또는 전체에 대해 인수자(받을 사람)를 선택한 후 인수인계가 가능하도록 했다.

이렇게 되면 인수인계 요청을 받은 인수자가 승인을 진행해야 인수인계절차가 완료되며 인수인계를 받은 해당문서에 대한 모든 권한이 인수자에게 이관된다. 한편 자신이 인수인계를 받을 문서가 아닐 경우에는 승인반려가 진행된다.

■ BI로 경영환경변화 신속 지원

동부제철은 시시각각 변하는 경영환경에 대응함과 동시에 고객요구 사항에 따른 원료가격, 제품가격 변동으로 인한 수요와 공급의 조건의 변동을 BI 구축배경으로 꼽았다.

경영환경의 변화를 신속히 지원할 수 있도록 안정된 기반에 빠른 정보 분석 및 보고서 개발환경이 필요했다는 것이 동부제철 측의 설명이다.

BI 구성도

경영정보포털은 ① 정형보고서(임원정보, 일일동향, 정형보고), ② 비정형 보고서, ③ DataWarehouse 구축, ④ 연결데이터 추출 및 취합의 4가지 영역으로 구축했다.

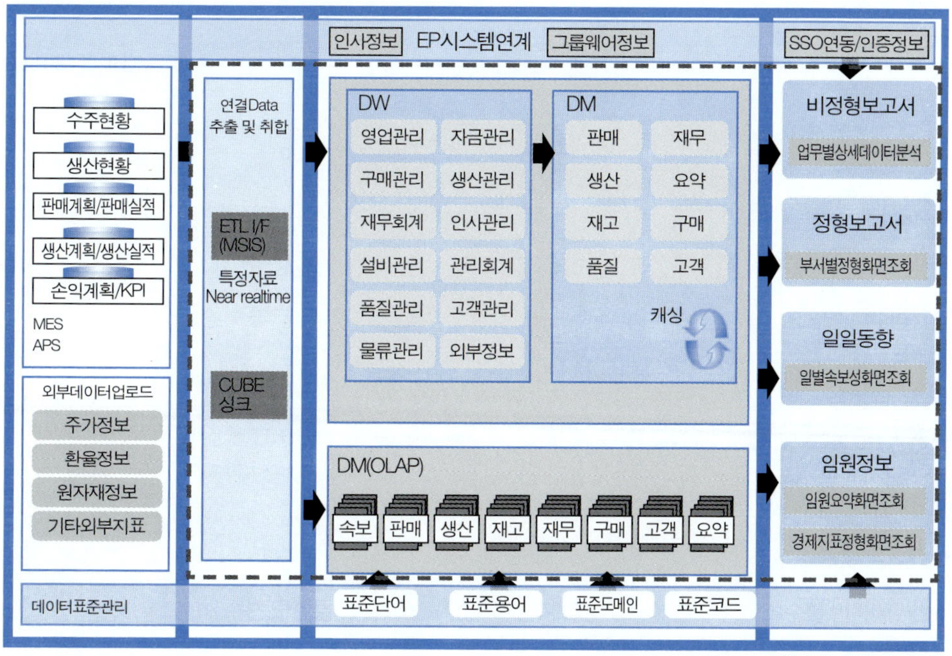

동부제철의 BI는 크게 정형 보고서(임원정보, 일일동향, 정형보고), 비정형 보고서, 데이터웨어하우스(DW) 구축, 연결데이터 추출 및 취합 등 크게 네 가지 영역으로 구현된다.

동부제철은 BI 구축에 있어 전략성과 모니터링, 실시간 비정형 분석, 맞춤형 포털 시스템 구축 등 세 가지에 초점을 맞췄다.

전략성과 모니터링을 통해 핵심지표 및 임원 대시보드 보고서를 개발하며, 사용자 간의 정보공유 환경을 구축했다.

또한 전사 표준보고서와 회의시스템 개선방안을 제시했으며, 실시간 비정형 분석을 통해 현업 사용자의 데이터 분석시간을 단축하고 분석정보를 실시간으로 공유할 수 있는 환경을 구현한다는 방침이다.

기존 동부제철의 시스템에서는 경영자를 위한 임원정보시스템과 실무자를 위한 분석시스템이 나뉘어 있어 데이터의 정합성이 떨어지고 활용도가 낮았지만 새로 구축된 BI는 별도의 프로그램 없이 포털 내에서 정형분석 및 비정형분석을 수행할 수 있다.

별도의 배포 과정 없이 웹기반의 포털 내에서 이뤄져 분석 리포트에 대한 현업 사용자의 활용도가 높아질 것으로 기대하고 있다.

이에 대해 동부제철 관계자는 "각자 업무 특성에 따라 개인화된 초기 포털 화면을 설정할 수 있는 맞춤형 포털 기능을 통해 사용자의 편의성을 높였다"고 설명했다.

〈BizIT, 2011. 4.〉

CASE 2

국민건강보험공단 : 국민건강 주의 알람 시스템

■ 빅데이터로 질병을 예측한다

국민건강보험공단이 빅데이터 분석기술을 기반으로 질병의 확산 추이를 예측하여, 대국민 알람서비스를 제공한다는 취지로 "국민건강 주의 알람 시스템"을 구축했다. 지난 5월 16일부터 건강IN 사이트(http://hi.nhis.or.kr/)에서 개시됐으며, 4개의 질병(인플루엔자, 눈병, 식중독, 알레르기성 피부염)에 대해서 지역과 연령을 구분하여 4단계(위험, 경계, 주의, 관심)로 알람을 서비스를 제공하고 있다.

■ 융합을 통한 모델 구축

국민건강보험공단은 미래창조과학부에서 주관한 '빅데이터를 활용한 스마트서비스 시범사업'에서 (주)다음소프트와 컨소시엄으로 참여했다. 공익형 알람 서비스인 '국민건강 주의 알람'은 정부 3.0의 핵심가치인 정보공개 및 협업을 반영한 사업이다. 국민건강보험공단의 진료정보와 다음소프트의 소셜 정보를 융합하여 질병발생 예측 모델을 구축함으로서 국민 의료비 절감과 건강 증진을 기대하고 있다.

프로젝트 개요

프로젝트명	구축기간	주요 도입목적	구축사업자
국민건강 주의 알람 시스템	2013년 6월~12월	빅데이터 분석기술을 기반으로 질병의 발생과 확산 추이를 예측하여, 대국민 알람서비스를 제공함으로써 국민의 편익을 증진	국민건강보험공단, (주)다음소프트

"사람들은 SNS데이터가 쓰레기일 수도 있다고 한다. 하지만 한 두 개가 아닌 십만 건, 백만 건이 모이면 의미를 갖는 데이터가 된다"

국민건강보험공단 빅데이터실 신○○ 실장은 비정형데이터 활용에 대해 긍정적인 입장을 밝히며 '빈도'가 핵심이라고 설명했다. 감기가 유행한다고 하면, 트위터에 감기에 대한 이야기가 많이 있을 것이라는 전제이다. 트위터에 돌아다니는 텍스트의 빈도수를 확인하고, 과거 진료 건수를 확인한 결과 날짜에 따라 등락폭이 비슷한 그래프를 그렸다. 이것은 SNS데이터가 진료 동향과 융합해서 사용될 수 있음을 검증한 것이다.

이러한 빅데이터 분석기술은 질병의 감염신고에 의한 역학 조사를 수행하지 않아도 질병을 예측할 수 있다는 점에서 기대가 크다.

이러한 분석을 통한 예측은 질병의 발생과 유행을 조기에 감지하여 확산을 방지하기 위함이다. 예방을 하기 위해서는 전염병처럼 등락폭이 있는 것들이 효과가 있다. 고혈압처럼 만성질환은 예방보다는 관리의 개념을 적용시켜야 맞을 것이다. 국민건강보험공단은 다빈도 상병 500개를 분석하여 등락폭이 있던 55개 질병 후보군을 선정하고, 진료과별로 의사선생님들의 자문을 받아 여러 번의 회의 끝에 최종 5개의 질병을 선정했다. 그런데 천식이 등락폭은 있는데 SNS상에서 데이터가 많이 돌아다니지 않는다는 것을 발견했다. SNS상은 문제의 크기보다는 새로운 발현에 대해 더욱 관심을 가진다는 것. 사스로 죽는 사람이 얼마 되지 않아도 신문에서 도배를 하는 것처럼 말이다.

■ 산학 협력의 시너지 효과

국민건강보험공단은 국민 건강에 관련된 자료가 많았지만 개인정보이고 민감 정보이기 때문에 개방이 어려웠다. 소수의 연구자들에게만 개방을 하곤 했지만 특별히 외부자에게 서비스하는 조직이 없었기에 많은 도움을 줄 수 없었다. 정책용으로 공단이나 정부가 발주했을 때만 도와줄 수 있었는데 이제는 개방정책의 흐름으로 정규조직이 생겨났다. 융합기술부와 정보분석부가 신설되었는데, 이 팀들이 새로운 서비스를 개발하고, 다양한 외부자료를 어떻게 링크할 것인지 등을 고민하는 역할을 담당하고 있다.

전문가 그룹과 심층면접을 통해 개인정보와 관련해서 크게 문제되지 않는 부분에 대하서 서비스 모델을 개발하는 사업을 추진 중에 있다. 개인의 정보이기 때문에 동의를 받아야 하는데 서비스에 대한 동의를 위해서는 개인들이 생각하기에 위험보다 편익이 크다고 생각될 때 수용이 된다.

최근에 국민건강보험공단은 당뇨병 학회와 골대사질환 학회와 협력하고 있다. 두 질병 다 사전에 예방하는 것 자체가 중요하기 때문이다. 공단에서만 환자들에게 열심히 교육하고 설명하는 것보다 학회가 나서서 진료현장부터 시작해서 지역사회, 일상생활까지 연계하면 관리가 수월해질 것으로 보고 있다.

당뇨병의 경우, 우리나라 환자들이 약을 잘 먹는 것도 중요하지만, 약만 잘 먹는다고 해결될 문제가 아니다. 생활습관이 변해야 하는데 알면서도 행동하지 않는다. 공단이 이것저것 말하는 것보다 의사가 직접 말하는 게 동기부여도 되고 신뢰도가 높아 효과가 있다. 그런 측면에서 학회는 진료 가이드라인을 설정하고, 공단은 데이터를 가지고 학회에 정보를 제공해주며, 함께 논리적이고 합리적인 프로그램을 만든다는 것 자체가 상당한 의미를 가진다.

■ 통찰력을 주는 빅데이터

최근 데이터를 돌려보니 임신성 당뇨병이 급격히 증가했다는 것을 알아냈다. 임신 중에 생긴 당뇨병은 아이를 낳고 나면 없어진다고 생각하는데, 출산 후 없어진 경우는 얼마 되지 않았고 대부분 그

시스템 세부 구성도

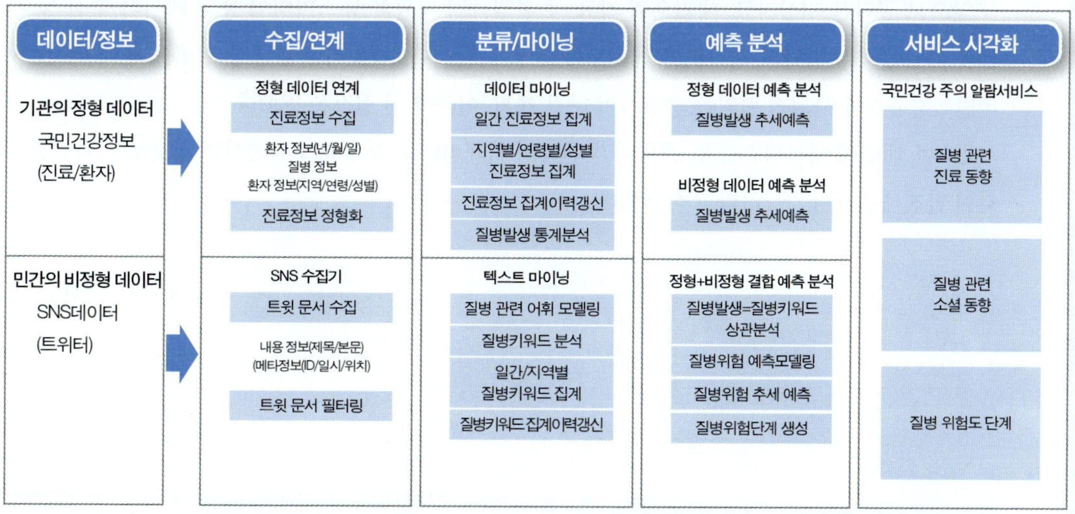

시스템 개념도

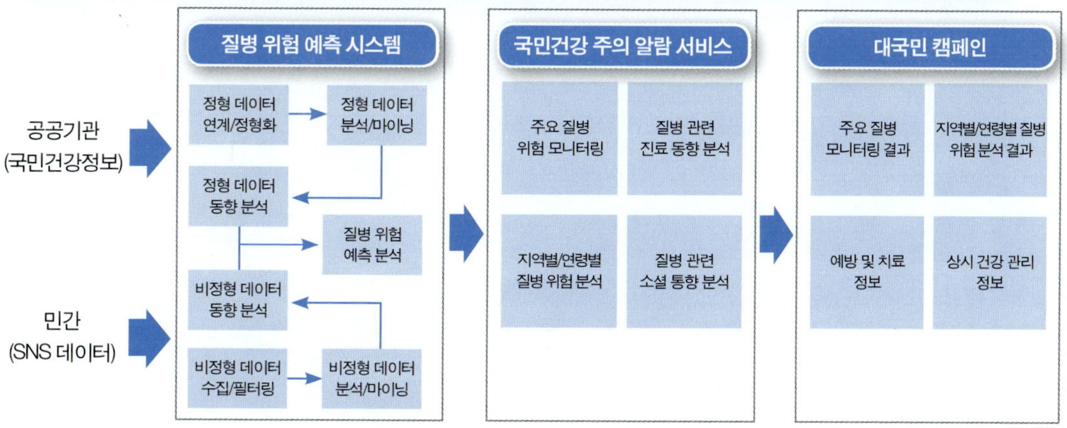

냥 당뇨병으로 진행됐다. 임신했을 때는 산부인과에서 관리해주지만 출산 후에는 따로 내분비과나 내과에 가서 당뇨병을 치료해야 하는데 중단되어버리니까 문제가 생겼다.

신 실장은 진료현장에서 보면 요즘 임산부들이 왜 이렇게 당뇨병이 많지? 하는 감은 있는데, 문제의 크기가 얼마나 심각한지, 트렌드가 얼마나 급격히 증가하는지에 대한 실질적인 데이터가 없다고 전했다. 그렇지만 빅데이터는 통찰력을 준다며 말을 이었다.

비만도를 예를 들면 우리나라 전체를 봐서는 어느 계층이 증가하는지, 개인으로 봐서는 10년 전과 비교하여 지금 현재 상태는 어떤지 알 수 있다. 이처럼 결과를 평가할 수 있는 데이터로 추세를 살펴보면서 미래를 예측하고 계획을 수립할 수 있게 해주는 것이 빅데이터며, 빅데이터 자체가 문제를 해결해 주는 것은 아니지만 전체 틀에서 생각할 수 있게 해주는 통찰력을 준다는 것이다.

"앞으로 공단은 기상자료, 대기오염 자료 등 환경측정 자료와 뉴스미디어 등의 데이터 수집 등 채널을 다양화하여 알람의 정확도와 신뢰도를 높일 생각이다. 아울러 알람대상 질병을 확대함으로써 국민건강증진과 사회적 편익을 향상시켜 나갈 계획"이라고 신 실장은 전했다.

덧붙여, 내년에 앱서비스를 할 계획이라 전하며 빅데이터를 공개하기 위해서는 정보보호 기술들이 같이 발전해줘야지 가능하다고 설명했다.

〈CIOCISO, 2014. 7.〉

Chapter 6 전사적 비즈니스 시스템

학습 내용

제1절 전사적자원관리
제2절 고객관계관리
제3절 공급사슬관리
MIS HIGHLIGHT 1 고객관계관리(CRM)에서 고객경험관리(CEM)로
MIS HIGHLIGHT 2 SCM 2.0
CASE 1 SPP조선 ERP시스템
CASE 2 오비맥주 모빌리티 CRM

제1절 전사적자원관리

1. ERP의 개념

전사적자원관리(Enterprise Resource Planning: ERP)란 기업활동을 위해 사용되는 기업 내의 모든 인적·물적 자원을 효율적으로 관리하여 궁극적으로 기업의 경쟁력을 강화시키는 역할을 하는 통합정보시스템을 말한다. 기업은 경영활동의 수행을 위해 여러 개의 시스템 즉 생산, 판매, 인사, 회계, 자금, 원가, 고정자산 등의 운영시스템을 갖고 있는데 ERP는 이처럼 전 부문에 걸쳐 있는 경영자원을 하나의 체계로 재구축함으로써 생산성을 극대화하려는

그림 6-1 업무프로세스와 ERP

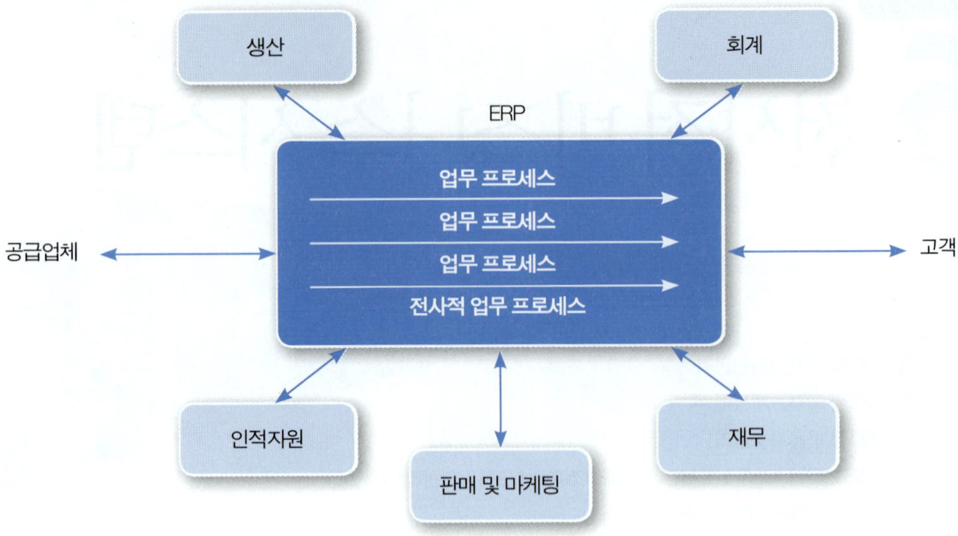

대표적인 기업 리엔지니어링 기법이다. 과거의 경영지원을 위한 각 하위시스템은 해당 분야의 업무를 처리하고 정보를 가공하여 의사결정을 지원하기도 하지만, 별개의 시스템으로 운영되어 정보가 타 부문에 동시에 연결되지 않아 불편과 낭비를 초래하였다. 이러한 문제점을 해결하기 위해 그림 6-1에서처럼 ERP는 어느 한 부문에서 데이터를 입력하면 회사의 전 부문이 동시에 필요에 따라서 정보로 활용할 수 있게 한다.

최근 들어 ERP는 크게 두 가지의 의미로 쓰이고 있다. 하나는 넓은 의미로서, 기업 전체의 경영자원을 유효하게 활용한다는 관점에서 생산, 회계, 재무, 판매 및 마케팅, 인적자원 등의 업무기능 전체의 최적화를 도모하면서, 경영의 효율화를 추구한다는 개념을 가리킨다. 또 하나는 좁은 의미로서, ERP개념을 실현하기 위한 "통합형 업무 패키지 소프트웨어" 자체를 가리킨다. 요즈음 "ERP"라고 할 경우는 ERP 패키지 소프트웨어를 가리키는 경우가 많다.

2. ERP의 출현배경

ERP가 최근에 급속히 기업의 주목을 받는 이유는 기업경영과 정보기술의 환경변화 때문이다. 기업경영으로부터의 니즈와 정보기술 발전의 행보가 최근 들어 발을 맞추게 되어 드디어 기업 정보시스템의 변혁이 현실적으로 절실히 요구된 것이다.

(1) 치열한 경쟁시대의 도래

기업 경쟁은 "대경쟁(mega-competition)" 시대로 돌입했다. 기업 경쟁은 이제 국경을 넘어 세계를 무대로 하고 있다. 국경이 없는 대경쟁 시대에 활약하는 기업은 생산과 판매에 대한 글로벌한 관점을 지녀야 한다. 어떤 제품은 생산공정의 어느 부분은 태국에서 이루어지고 다른 부분은 중국에서 이루어진다. 해외에서 모든 제품을 생산하는 기업도 드물지 않으며 생산뿐만 아니라 설계도 해외에서 하려는 기업이 생겨나고 있다. 현재 기업은 글로벌 네트워크로 활동하는 것이 당연시되고 있다.

(2) 성숙된 경제에서의 기업과 리엔지니어링

대경쟁 시대에 경쟁은 성숙된 경제의 경쟁을 의미한다. 성숙된 경제의 경쟁은 고도성장을 기대할 수 없기 때문에 지금까지보다 기업자원의 효율적인 운용이 더욱 중요해진다. 시장점유율의 확대보다 이익률 향상에 우선을 두지 않으면 안 되기 때문이다. 기업의 업무 프로세스에 있어서도 복잡화되어 있는 비즈니스 프로세스를 본래의 목적에서 다시 살피고 단순화하려는 것도 그래서이다. 리엔지니어링의 제창자인 마이클 해머와 제임스 챔피 교수는 『리엔지니어링의 기업혁명』에서 리엔지니어링을 "혁신적이고 근본적으로 업무 프로세스를 재검토하여 극적 효과를 올리는" 방법이라고 말하고 있다. 리엔지니어링 실현에는 IT가 중요한 역할을 한다. 그 가운데서도 ERP는 리엔지니어링과 표리일체의 관계를 갖고 있는 기업정보시스템으로서 기대되고 있다.

(3) 오늘의 기업활동이 내일의 기업활동

기업이익과 고객이익을 양립시키는 기업의 효율화는 기업활동 전체를 살피면서 수행하는 것이 바람직하다. 원재료의 조달에서부터 생산과 유통, 상품을 소비자에게 판매하는 데 이르기까지 공급체인 전체에 걸친 기능 통합과 경영자원의 최적화가 요구되기 때문이다. 로지스틱스라는 말은 물류를 중심으로 한 제품의 움직임을 의미하지만 그 범위가 원부자재 조달에서부터 생산과 물류와 판매에 이르기까지 공급체인(supply chain) 전체의 최적화로 확대되었다. 또한 현재의 글로벌한 경제 환경에서는 공급체인의 각 단계가 여러 나라에 걸쳐질 가능성이 있다.

(4) 비즈니스 속도와 정보시스템의 속도 문제

기업활동에서 또 하나의 중요한 요소는 비즈니스 스피드이다. 부품 조달기간의 단축, 제품의 생산리드타임 단축, 개발기간의 단축, 상품의 납입에 요구되는 기간의 단축, 그리고 고객의 문의에 응답하는 업무 스피드 향상이 모두 실현된다면 비용 절감과 매출액의 증대, 고객 만족도의 향상에 공헌할 것이다. ERP를 채용하고 있는 배경의 하나로 한 일본 기업은 "스피드야말로 최고의 경쟁우위"라고 꼽고 있다. 정보시스템도 구축 스피드와 업무 스피드 그리고 정보기술과 경영 노하우의 발전에 대한 적응 스피드가 요구되고 있다.

3. ERP의 발전과정

1960년대 생산과 재고관리 기법인 MRP(Material Requirements Planning: 자재소요계획)가 ERP의 시초이다. MRP는 "미국 IBM회사의 Joseph Orlicky에 의해 고안, 제기된 기법"으로 "경제적 발주량과 주문점 산정을 기초로 하는 전통적인 재고통제방법의 여러 약점을 보완"하기 위한 "자재관리 및 재고 통제기법"으로, 기준 생산계획(마스터 스케줄)과 부품표, 재고정보의 세 가지를 기반으로 구체적인 제조일정과 자재생산, 조달 계획을 계산한다. 그 후, 1980년대 MRP를 기반으로 하는 정보시스템은 생산계획의 주변 업무를 다루는 방향으로 발전해나가면서 MRP II(Manufacturing Resource Planning II: 생산자원계획) 기법으로 확장되었다. MRP II는 MRP에서 얻은 제조일정 계획이나 부품조달 계획이 실시 가능한가

그림 6-2 ERP의 발전과정

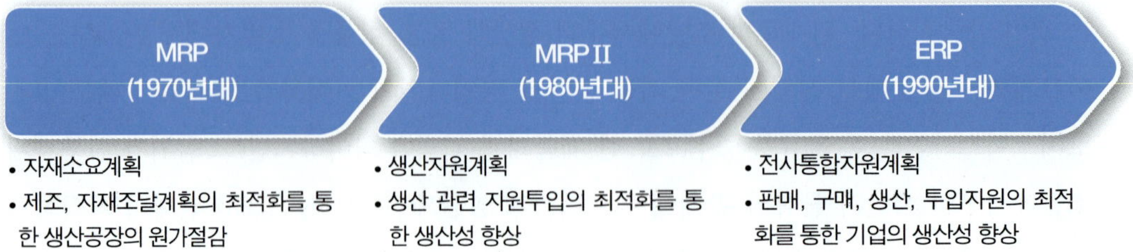

를 외주처나 사내의 생산능력까지 확대 검토한다. 생산능력계획과 기준생산계획의 피드백, 조달예산계획, 설비구입계획, 재고예산계획 등 제조재무계획 전반, 판매계획과 연동되어 있다.

ERP는 그림 6-2와 같이 생산관리에 국한된 MRP II를 모태로 하여 MRP II의 기능을 기업의 전 분야로 확대 적용한 것이다. 이것은 기업활동 전반에 걸친 경영자원을 관리 대상으로 한다. 기업의 원자재 조달에서 생산품의 판매에 이르는 공급의 전 영역뿐 아니라 인사, 재무, 회계, 영업 등 기본관리 및 경영지원 기능까지 포함하는 통합시스템이다. 즉 MRP가 지향한 제품 제조를 위한 자재 투입의 최적화라는 목표가 ERP에 이르러 기업 운영과 이익 확보를 위한 경영자원의 투입의 최적화라는 목표로 재설정된 것이다.

4. 기존 시스템과 ERP시스템의 비교

ERP시스템은 표 6-1에서 보듯이 여러 관점에서 기존의 정보시스템과 다르다. 기존 정보시스템은 기능별로 따로 시스템을 구축하여 사용해왔다. 예를 들면, 기존 정보시스템은 회계시스템, 판매시스템, 생산시스템 등이 각각 존재하여 독립적으로 운영되었다. 반면에 ERP시스템은 회계, 판매, 생산 등 모든 기능이 하나의 시스템으로 묶여 있는 통합시스템으로 여러 관점에서 기존 시스템과 구별된다.

〈표 6-1〉 기존 시스템과 ERP시스템의 비교

구분	기존 시스템	ERP시스템
사용 이유	단순 업무 전산화	기업 전략 강화
사용 고객	중소/대기업 구분	중소/대기업 모두
지역적 전개	Local	Global
소프트웨어 범위	업무의 일부	전체 업무 통합
도입결정의 특징	상향식(Bottom-Up)	하향식(Top-Down)
도입방법의 결정	소스코드 수정	파라미터 설정
버전 갱신	어렵다	쉽다
비용	커스터마이징	소프트웨어 라이선스

사용 이유 관점에서 보면, 기존 시스템이 단순히 전산화를 통해 업무의 스피드 향상에 목적을 두었다면, ERP시스템은 단순한 업무의 전산화가 아니라 기업의 경쟁력을 향상하기 위한 전략으로 도입되었다. 사실 많은 사용자들이 ERP시스템은 리엔지니어링을 위한 도구이고, ERP 시스템을 도입하면 선진기업의 최고 경영사례(best practices)를 도입하는 전략적 효과가 있다고 주장하지만, 실제 프로젝트를 수행하다 보면 ERP시스템을 구축하는 데 급급해 전략적 접근이 매우 힘들다. 전략적 접근을 어렵게 만드는 또 하나의 요인은 비즈니스 통합자로서 기업의 업무프로세스 전체를 통합된 관점에서 이해하고, ERP 패키지가 제공하고 있는 업무프로세스와의 연계를 파악하여 적용할 수 있는 전문컨설턴트가 거의 없다는 것이다.

사용고객의 관점에서 보면, 기존 시스템이 중소기업을 위한 패키지와 대기업을 위한 패키지를 구별하여 개발된 데 반해, ERP시스템은 중소/대기업 구분 없이 모든 곳에 적용가능하다. 사실 최근에는 많은 국내 소프트웨어업체들이 대기업보다는 중소기업에 보다 적합한 ERP 패키지를 개발하여 적용하고 있으므로 사용고객에 따라 기존 시스템과 ERP시스템을 구분하는 것이 부적합할 수도 있다.

지역적 전개의 관점에서 보면, 기존 시스템은 특정 국가 및 지역에 맞게 개발된 데 반해, ERP시스템은 어느 국가 혹은 어느 지역이라도 구분 없이 모든 곳에 적용될 수 있다. 예를 들어 한국에 있는 삼성전자를 위해 시스템이 개발되었다면, 이 시스템은 미국에 있는 삼성전자에는 언어, 법제, 세제 및 관습의 차이 때문에 적용이 무척 힘들 것이다. 그러나 ERP 패키지는 지역화(localization)를 통해 여러 언어, 법제, 세제 및 관습에 맞게 프로세스를 제공하므로 지역적 구분 없이 적용가능하다.

소프트웨어 적용범위를 살펴보면, 기존 시스템은 회계시스템, 생산시스템, 판매시스템처럼 업무의 일부를 커버하는 특성화된 시스템인 반면, ERP시스템은 회계, 생산, 판매 등 기업의 전체업무가 통합된 통합패키지이다.

도입결정의 특징을 보면, 기존 시스템은 업무의 일부를 담당하기 때문에 시스템 자체가 크지 않아 보통 중간경영자가 필요하다고 느끼면 상부에 보고하여 도입을 결정한다. 반면에 ERP시스템은 기업전체의 업무를 커버하는 패키지로서 전략적으로 도입되어야 하기 때문에 도입결정이 최고경영자에 의해 이루어진 다음 시스템의 도입을 지시하는 하향식 의사결정 형태이다.

도입방법을 보면, 기존 패키지는 현재의 업무에 맞게 소스코드를 수정하여 적용하는 반면, ERP시스템은 파라미터(parameter) 설정을 통해 현재의 업무를 ERP시스템에 맞게 변경한다. 사실 ERP시스템도 커스터마이징(customizing) 유형과 논커스터마이징(non-customizing) 유형으로 구분되기도 한다. 예를 들면 "Baan IV" 같은 ERP시스템은 커스터마이징이 용이한 타입으로 고객의 요구에 맞게 프로세스 변경이 가능한 반면, "SAP R/3"와 같은 ERP시스템은 커스터마이징이 힘들어서 고객의 업무를 시스템에 맞추는 타입이다.

버전 갱신 관점에서 보면, 기존 시스템은 경영환경의 변화에 따라 새로운 기능을 추가하거나 시스템이 확장될 때 소스코드 자체가 수정되어야 하므로 버전 갱신 자체가 무척 어려운 반면, ERP시스템은 ERP시스템 공급업체들이 항시 경영환경의 변화에 맞게 시스템을 업그레이드하기 때문에 버전 갱신이 무척 쉽다. 또한 ERP시스템은 파라미터 수정에 의해 시스템을 적용하므로 정책 및 프로세스의 변경에 대처하기가 용이하다.

비용 측면에서 보면, 기존 시스템에서는 커스터마이징하는 데 많은 비용이 드는 반면, ERP시스템에서는 소프트웨어 라이선스를 계약하거나 컨설팅을 받는 데 많은 비용이 든다.

5. ERP의 기능적 특성

ERP를 이용하면 생산활동을 위한 자재투입의 최적화는 물론, 기업활동을 위한 경영자원 투입의 최적화를 이룰 수 있다. 현재 많은 기업들이 ERP시스템을 도입하여 많은 효과를 보고 있고 이에 대한 앞으로의 수요도 많을 것이라 기대된다. 이렇듯 기업들의 관심을 끌고 있는 ERP시스템의 기능적 특성은 다음과 같다.

(1) 원장형 통합 데이터베이스

ERP의 업무프로세스는 그림 6-3에서 보듯이 원장형 통합 데이터베이스라고 하여 중앙집중형 데이터베이스를 매개로 기업활동 전반에 걸쳐 통합되어 있다. 원장형 통합 데이터베이스는 하나의 정보는 한 번만 입력하고 입력된 정보는 가공하지 않은 데이터로 어느 업무에서나 참조할 수 있도록 데이터베이스에 보관된다. 예를 들면 고객의 주문을 받은 상품의 상품코드와 개수는 입력을 한 번만 하고 그 정보는 확인과 승인을 받은 시점에서 관련된 모든 부문이 참조할 수 있도록 한다.

그림 6-3 ERP의 원장형 통합 데이터베이스

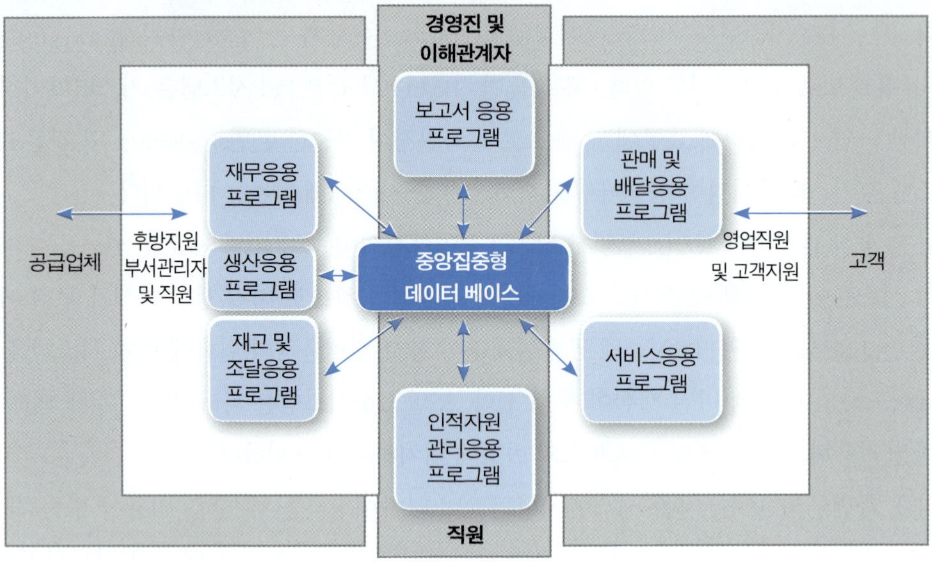

(2) 통합업무시스템

ERP시스템은 영업, 생산, 구매, 재고, 회계, 인사 등 회사 내의 모든 단위업무가 상호 긴밀한 관계를 가지면서 실시간(real time)에 통합적으로 처리된다. 이러한 업무통합을 통하여 기존 MIS에서의 부분최적화가 전체최적화로, Task중심적인 업무처리 방식이 고객지향적인 프로세스 중심으로 전환되었다. 또한 모든 시스템이 통합되어 있기 때문에 어떠한 정보라도 두 번, 세 번 중복적으로 처리할 필요 없이 거의 한 번의 입력으로 처리가 끝나게 되었다. 그림 6-4는 ERP에 의해서 지원되는 업무프로세스의 흐름과 고객 및 공급자 정보의 흐름을 보여준다.

(3) 세계적인 표준 업무프로세스

ERP시스템은 첨단 경영기법을 연구하고 세계 초일류 기업의 선진 프로세스를 벤치마킹하여 프로세스를 구성하였기 때문에 ERP 패키지에서 구현된 프로세스 자체가 세계적인 표준 업무프로세스라고 할 수 있다. 이러한 표준 업무 프로세스의 도입을 통해 기업들은 별도의 투자 없이 자동적으로 BPR을 하게 되는 효과를 얻을 수 있다. 또한 ERP시스템은 특정 국

그림 6-4 업무프로세스와 고객 및 공급자 정보의 흐름

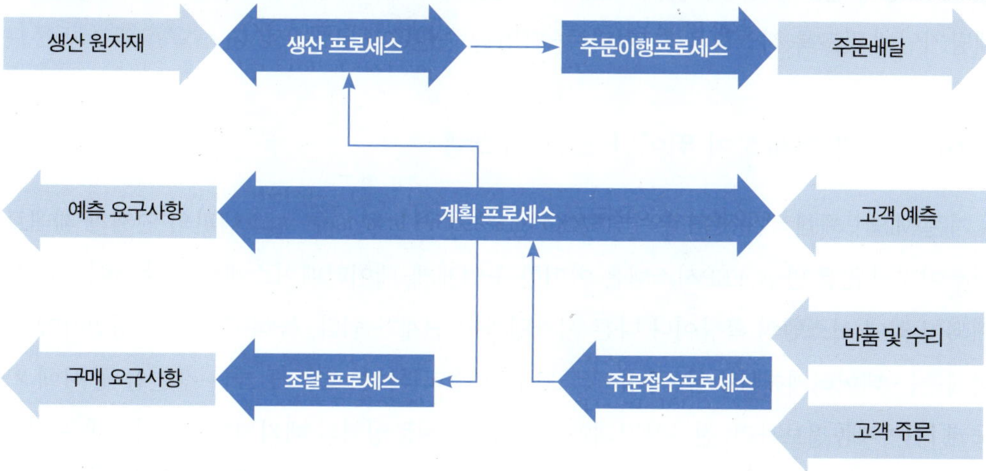

가의 특정 기업 표준 프로세스가 아니라 각 사업별 유형(templet)에 따라 세계적으로 가장 모범적인 프로세스를 구현해놓은 것이라 글로벌 대응이 가능하다.

(4) 그룹웨어와 연동이 가능

그룹웨어는 다수의 사람이 서로 협력하면서 공동으로 진행하는 지적인 작업을 지원하기 위한 소프트웨어이다. 일반적으로 그룹웨어에서는 전자메일, 전자게시간, 공용 데이터베이스, 전자 결재, 워크플로(작업의 흐름을 관리하는 기능) 등의 기능이 제공된다. 이러한 그룹웨어기능과 영업, 생산, 구매, 자재, 회계 등 기간업무시스템의 연동은 필수적이라고 할 수 있다. ERP시스템의 경우 패키지 자체 내에서 이러한 그룹웨어기능들을 내장하고 있으나 자체 내에 내장되어 있지 않은 경우에도 외부 그룹웨어시스템과의 연계를 통해 그룹웨어기능을 제공하고 있다.

(5) 파라미터 지정에 의한 개발

ERP시스템은 패키지 개발 시 해당 업무프로세스와 관련하여 상정할 수 있는 대부분의 거래유형을 포함해놓고 있다. 따라서 업종별, 기업규모별로 천차만별인 세계 도처의 기업에 적용이 가능할 뿐만 아니라, 구축시간을 단축시킬 수 있고, 유지보수 비용을 크게 줄일 수

있다. 이렇게 필요한 기능을 전부 내장하고 있는 ERP 패키지는 파라미터 지정을 이용하여 해당기업에 맞도록 시스템을 최적화하는 작업을 수행한다.

(6) 확장 및 연계성이 뛰어난 오픈 시스템

기존 MIS가 폐쇄적인 구조로 설계되어 시스템의 확장 및 다른 시스템과의 연계가 제대로 이루어지지 않은 반면, ERP시스템은 어떠한 운영체제·데이터베이스에서도 잘 돌아가게 설계되어 있어 시스템의 확장이나 다른 시스템과의 연계가 쉽다. 특히 데이터를 정밀하게 분석해주는 데이터웨어하우징, 경영분석 도구인 중역정보시스템, 설계와 생산을 동시에 가능케 하는 제품정보관리, 전자상거래와 같은 응용·전문영역의 패키지와 ERP시스템은 쉽게 조화를 이룰 수 있어 고도화되고 복잡해지며 급변하는 경영환경에 적극 대응할 수 있다. 기업 내에서 거래되고 발생되는 모든 활동은 기업 내에서만 그치는 것이 아니라 외부기업체와의 연계가 필수적인 사항이라 할 수 있다. 외부와의 연계업무 중 대표적인 것이 전자문서교환(EDI)이라 할 수 있다. ERP시스템에서 EDI를 연계시킨다면 거래처와 주고받는 모든 문서가 EDI를 통해 접수됨과 동시에 자동적으로 ERP시스템으로 연계되기 때문에 업무처리의 신속성과 정확성, 표준화를 이룰 수 있다.

6. ERP 모듈의 구성

ERP시스템은 기업에서 수행하는 일상적인 업무활동들을 관리하기 위한 모듈들로 구성되어 있다. 예를 들면 제조회사의 ERP 패키지는 생산일정수립, 재고관리, 판매주문입력, 운송계획, 그리고 판매 후 서비스의 제공 등과 같은 활동들을 처리하는 모듈들을 포함하고 있다. ERP 패키지를 구성하고 있는 모듈에의 접근은 단일 인터페이스를 통해서 이루어진다. 대표적인 ERP 모듈들은 그림 6-5와 같다.

(1) 회계 및 재무 모듈

① 총계정원장

회사의 전체 재무 상태와 회계계정별 거래를 기록한다.

그림 6-5 전사적 자료·정보·지식과 ERP

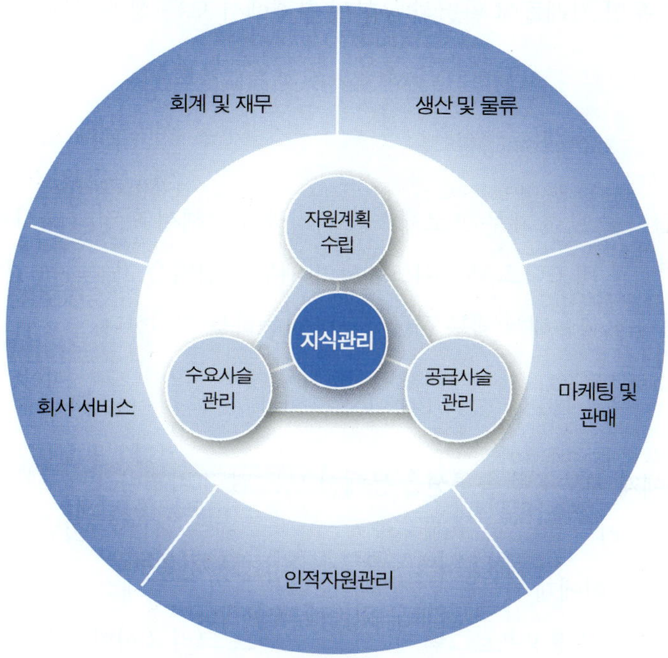

② 외상매출관리

고객의 지불만기를 추적한다.

③ 고정자산관리

건물, 토지 그리고 장비와 같은 유형자산과 관련된 감가상각과 비용을 관리한다.

④ 자금관리

현금보유, 금융거래, 그리고 투자위험을 감시하고 관리한다.

⑤ 원가통제

간접비, 제품, 그리고 생산주문과 관련된 회사비용을 분석한다.

⑥ 재무회계

금융적으로 관련된 거래에서 발생하는 모든 가치들을 실시간 감시한다.

⑦ 관리회계

회사 전체의 모든 운영 거래들이 완전히 통합된 환경에서 모든 성과-관련 정보를 최적하게 감시하고 통제한다.

⑧ 재무 SCM

모든 고객 및 공급사슬 관련 재무 프로세스를 처리하기 위해서 확정된 회사정책과 공유서비스를 통해서 기업과 비즈니스 네트워크에서의 재무적 협업을 가능하게 한다. 웹과 새로운 전자서비스 모델을 이용해서 재무 공급사슬의 자동화를 지원한다.

⑨ 관리자서비스

비즈니스 관리자에게 재무포털 솔루션을 통해서 모든 관련 비즈니스 정보와 관련 서비스에 접근할 수 있도록 한다. 인적자원 콘텐츠와 프로세스는 재무, 관리, 그리고 인적자본에 관해 의사결정을 수행하는 이에게 권한을 부여한다. 포털은 과업, 프로세스, 혹은 비즈니스 의사결정에 중요한 내부 및 외부 응용프로그램, 비즈니스 콘텐츠, 그리고 서비스에 편리한 웹 기반 접근을 제공한다.

⑩ 기타

활동 기반 관리, 균형성과표, 재무분석, 경비관리, 위험관리

(2) 생산 및 물류 모듈

① 생산계획관리 및 통제

생산능력계획을 수행하고 회사의 생산공장을 위한 매일의 생산일정을 수립하며, 전사적 생산프로세스를 계획하고 통제한다.

② 자재관리

제품생산에 필요한 원자재의 구매를 통제하고 재고비축을 관리한다.

③ 창고관리

창고에 있는 재화의 기록을 보존하며 창고를 통한 제품의 이동을 처리한다.

④ 수송관리

트럭, 기차 그리고 기타 수단을 통해서 고객의 제품 배달을 위한 일정을 수립하고 감시한다.

⑤ 프로젝트관리

프로젝트별 비용과 작업일정을 감시한다.

⑥ 고객서비스관리

고객과의 서비스 약속을 관리하고 고객이 지원을 요청할 시 계약과 보증기간을 체크한다.

⑦ 운영관리

회사는 구매, 판매, 생산, 그리고 변경관리 환경으로부터 나온 모든 주문의 최적 수행을 위한 물류운영을 효율적으로 간소화할 수 있다.

⑧ 구매주문관리

전체 물류프로세스에 통합된 구매주문의 효율적인 처리와 수행을 할 수 있다.

⑨ 재고관리

회사에게 통합된 운영환경에서 통합된 비축과 재고를 허용한다.

⑩ 유지보수 및 품질

회사 내에서 공장유지보수와 품질-통제 프로세스를 효율적으로 처리할 수 있다.

⑪ 배달관리

판매환경을 효율적으로 지원하기 위해서 배달과 수송 프로세스를 수행한다.

⑫ 기타

제품수명주기관리, 공급사슬계획 및 관리, 조달

(3) 마케팅 및 판매 모듈

① 판매주문관리

판매주문이행 프로세스를 가능하게 하며, 고객판매주문의 신속하고 효율적인 수행을 할 수 있다.

② 주문입력 및 처리

고객주문의 자료입력을 자동화하고 주문 상태를 추적한다.

③ 판매유인관리

판매유인을 생성하고 평가하고 그리고 추적한다.

④ 광고 및 촉진관리

최고의 판매촉진운동과 대상목표를 파악하고, 결과를 측정하며 거래촉진을 계획한다.

⑤ 판매관리

현장판매를 계획하고 콜센터를 자동화하고, 판매 인센티브를 관리한다.

(4) 인적자원관리 모듈

① 인적자원관리

채용, 비즈니스 출장, 그리고 휴가수당을 포함한 인사관리 프로세스를 자동화한다.

② 급여관리

종업원 월급, 임금, 보너스와 관련된 수표의 준비와 회계를 처리한다.

③ 인적자원서비스

근로자가 인적자원부서에 양식을 보낼 필요 없이 온라인으로 인사정보를 변경할 수 있으며 복지혜택을 받을 수 있다.

④ 인적자원관리분석

인적자원정책과 의사결정을 지원하기 위해서 자료 분석 및 보고서 도구뿐만 아니라 전략적 기업관리능력을 제공한다. 이 솔루션은 현재의 노동력을 분석하여 최적화하고, 회사의 전략을 구현하고 감시하며, 상이한 시나리오가 비즈니스 목표에 미치는 영향을 지속적으로 평가할 수 있다.

⑤ 기타

복지관리, 학습 및 훈련, 노동관계

(5) 회사서비스 모듈

① 부동산관리

부동산 포트폴리오 수명주기의 각 단계를 지원할 수 있는 능력을 제공하며, 비즈니스 프로세스를 간소화한다. 부동산 자산을 최적으로 활용하고 관리할 수 있다.

② 인센티브 및 수수료 관리

종업원, 판매직원, 그리고 동업자를 위한 인센티브, 수수료, 중개비 등과 같은 다양한 보상을 처리한다.

③ 출장관리

출장프로세스를 지원하고 최적화하는 비즈니스 출장관리를 위한 응용프로그램을 제공한다. 출장서비스의 조달을 지원하는 출장전문회사의 시장을 포함한다. 지출보고서의 완벽한 통합으로 전체 비즈니스 출장주기를 최적으로 관리한다.

앞에서 논의한 다양한 모듈들로 구성되는 ERP시스템은 글로벌 기업전체에 흐르는 정보의 일관성을 제공하며 다음과 같은 사항들을 통합한다.

① 자원계획수립

예측 및 계획, 구매 및 자재관리, 창고 및 유통관리, 제품유통, 그리고 회계 및 재무를 포함한다. 이러한 영역들에 관해서 적시에 정확하고 완벽한 자료를 제공함으로써, ERP시스템은 신속하게 회사의 자원을 활용할 수 있도록 하며, 조직의 우선순위를 결정할 수 있도록 한다.

② 공급사슬관리

수요 및 생산능력의 이해, 수요를 충족하기 위한 생산능력의 일정수립을 포함한다. 기업의 분리된 부분들과 ERP시스템을 연결함으로써 기업의 욕구를 최적으로 만족시켜주는 효율적인 생산 일정을 수립할 수 있다. 이는 주기시간과 재고수준을 단축시키고 회사의 현금흐름을 개선시킨다.

③ 수요사슬관리

제품구성, 시세, 가격결정, 계약, 판매촉진, 수수료 등의 처리를 포함한다. ERP와 정보를 정리 통합함으로써 계약의 협상이 용이하고, 전사적 입장에서 가격결정이 이루어질 수 있으며, 판매담당부서의 접근과 보상 그리고 관리가 용이하다.

④ 지식관리

전사적 자료의 중앙저장소인 데이터웨어하우스의 구축, 이 자료를 이용한 비즈니스 분석의 수행, 전사적 리더십을 위한 의사결정지원의 제공, 미래 고객 기반 전략의 수립 등을 포함한다.

이러한 활동들은 경영정보시스템을 구성하여 적절한 비즈니스 의사결정이 용이하도록 한다. 이러한 능력에 있어 ERP시스템은 거래처리시스템에서 정보여과시스템으로 발전한 것이다. 데이터웨어하우징은 일관성, 신뢰성, 즉시성을 갖춘 자료를 제공하는 데 매우 강력한 도구이다. 그림 6-6에서 보여주듯이 ERP시스템은 기업의 전체목표를 달성하기 위해서

그림 6-6 전사적 자료·정보·지식과 ERP

모든 내부 정보자원을 효율적이고 효과적으로 관리한다.

제2절 고객관계관리

1. 고객관계관리의 개념과 필요성

고객관계관리(Customer Relationship Management: CRM)란 신규고객의 획득, 기존 고객의 유지와 고객에 대한 수익성을 증대시키기 위해 고객과의 지속적인 커뮤니케이션을 통해 고객행동을 이해하고 관리하는 전략이다. 세계화의 물결 속에서 경쟁이 심화됨에 따라서 성공적인 고객관계관리는 기업이 생존하는 데 중요해졌다. 다음과 같은 사실은 고객관계가 얼마나 중요한지 알려준다.

① 현존하는 고객에게 판매하는 것보다 한 사람의 새로운 고객에게 판매하는 것이 여섯 배의 비용이 지출된다.

② 한 사람의 불만족한 고객이 8명 내지 10명의 다른 사람들에게 자신의 경험을 이

야기 할 것이다.

③ 한 해에 5%의 고객이탈만 막아도 수익을 85% 증가할 수 있다.

고객관계관리는 업무프로세스에 정보기술을 활용하여 고객이 누구인지, 무엇을 하는지, 그리고 무엇을 좋아하는지 이해하는 것이다. 최고의 고객을 유지하기 위해 경영자는 새로운 상품을 개발하거나 새로운 배송채널(channel)을 신속하고 효율적으로 마련해야 하며, 많은 고객 데이터를 수집하고 분석하여 고객에게 최적의 경험을 제공하도록 노력해야 한다. 고객관계관리는 아래 내용을 추구한다.

① 수익을 창출하기 위해 기존 고객과의 관계를 활용한다. 최고 고객을 식별하고, 확보하며, 유지함으로써 수익성(profitability)을 향상시킨다.

② 우수한 서비스를 제공하기 위해 통합된 정보를 이용한다. 고객들에게 더 나은 서비스를 제공하기 위해 조직 내에 흩어져 있는 정보를 통합하여 이용한다.

③ 판매 프로세스와 절차에 있어서 일관성을 유지한다. 전화, e-mail, 우편 등 고객 접촉 방법이 다양해지더라도 고객계좌관리와 판매에 있어서 일관성 있는 처리가 필요하다.

④ 고객의 욕구와 요구를 잘 충족시켜 고객의 충성심을 얻는다. 고객만족을 증진시키고 고객의 충성심을 얻는 것은 회사의 경쟁력 향상에 기여한다.

⑤ 보다 전향적인 해결책을 도입한다. 전체 기업에 적용할 수 있는 고객 중심적 비즈니스 해결책(solution)을 채택하여 위기단계에 이르기 전에 미리 대처해야 한다.

고객관계를 향상시키기 위해서 고객 관련 업무를 담당하는 모든 종업원은 각 고객과 관련되는 데이터나 거래 상황을 한눈에 파악할 수 있어야 한다. 또한 고객이 보았을 때 회사에 대해 관심을 가지고 있는 부분이 한눈에 완전히 파악될 수 있어야 한다.

고객 서비스 관련 업무 프로세스를 통합하고 자동화하는 교차 기능적 전사적 시스템을 생성할 필요가 있다. 고객에게 신속하고, 편리하며, 믿을 수 있고, 일관성 있는 서비스를 제공하기 위해 공급되는 CRM시스템이 있다. 그림 6-7은 CRM시스템의 주요애플리케이션 구성요소를 예시한다. 각각의 구성요소를 설명하면 다음과 같다.

그림 6-7 CRM시스템의 주요애플리케이션

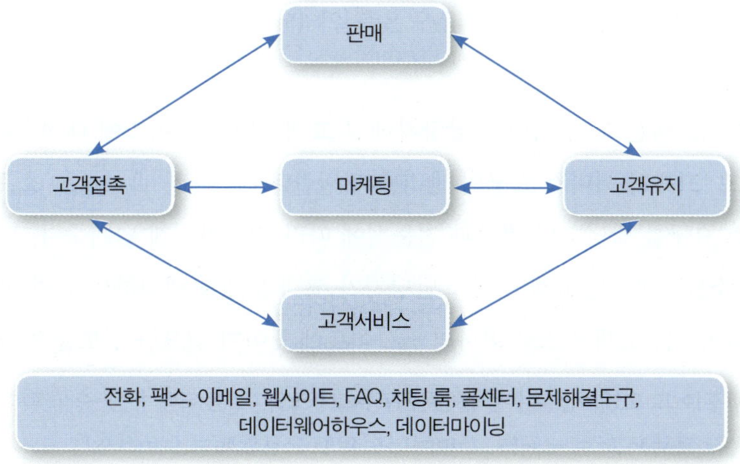

(1) 고객접촉

CRM시스템을 통해 판매, 마케팅, 서비스 전문가는 잠재 고객 및 현재 고객과의 접촉에 관한 데이터를 획득하고 추적할 수 있다. 전화, 팩스, 이메일, 회사 웹사이트, 소매상점, 키오스크(kiosk), 개인적 접촉과 같은 모든 고객 접촉점으로부터 정보를 획득한다. CRM시스템은 그 데이터를 회사 고객 데이터베이스에 저장하여 전체 직원이 이용할 수 있도록 한다.

(2) 판매

CRM시스템은 판매원들이 판매활동을 하는 데 필요한 소프트웨어 도구를 제공한다. 또한 판매원은 판매예측, 제품정보, 제품구성 등에 관한 데이터를 데이터베이스에서 이용할 수 있다. CRM시스템은 고객에 대한 데이터를 실시간 접근할 수 있도록 한다. 즉 고객 계좌의 상태와 거래기록을 포함하는 모든 정보를 체크할 수 있다.

(3) 마케팅

CRM시스템은 마케팅 담당자가 고객을 상대로 직접 마케팅 캠페인을 수행할 수 있도록 도와준다. CRM시스템은 마케팅 전문가가 CRM 데이터베이스에서 고객의 반응을 획득하고 관리할 수 있도록 도와준다. 고객이 필요로 하는 정보를 즉시 검색하여 제공하도록 한다.

(4) 고객서비스

CRM시스템은 고객 서비스 담당자에게 고객 데이터베이스에 대한 실시간 접근을 가능케 하고, 고객의 서비스 요구의 관리를 지원한다. 콜센터(call center) 소프트웨어는 고객의 서비스 요구를 담당자의 권한과 전문성에 따라 적임자에게 넘겨준다. 도우미 데스크(help desk) 소프트웨어는 고객 서비스 담당자가 고객 문제를 해결하도록 지원해준다. 웹 기반의 셀프서비스는 고객 스스로 회사의 웹사이트에 찾아가 필요한 정보를 얻을 수 있도록 한다.

(5) 고객유지

아래 나열된 사실이 고객유지가 왜 중요하며 경영전략으로서 고객관계관리의 주요목표가 되는지 가르쳐준다.

① 기존 고객에게 판매하는 것보다 새로운 고객에게 판매하는 것이 여섯 배 이상 비용이 많이 소요된다.
② 상품을 새로운 고객에게 판매할 확률은 15%이다. 반면에 상품을 기존 고객에게 판매할 확률은 50%이다.
③ 불평하는 고객의 70%는 그 불만을 신속하게 해소시키면 거래를 다시 할 것이다.

CRM시스템은 회사가 가장 충성스럽고 이익을 가져다주는 고객을 식별하고, 보상을 해주고 판매할 수 있도록 한다. CRM의 분석적 소프트웨어는 데이터마이닝 도구와 기타 분석적 마케팅 소프트웨어를 포함하고 있어서 회사에 이익을 많이 가져다주는 수익성 있는 고객을 파악하고 관계적 마케팅 프로그램을 평가하는 데 사용된다.

2. 고객관계관리의 단계

오늘날 기업 간의 경쟁은 치열해지고 소비자가 선택할 수 있는 대상 기업의 수는 많아졌다. 경영자는 이러한 상황 속에서 고객을 확보하고, 그 관계를 강화하고 유지해야 한다. 고객과의 관계를 관리하는 CRM에는 그림 6-8과 같이 세 단계가 있다. CRM은 고객관계의 각 단계와 관련된 업무 프로세스를 지원하는 웹 기반의 소프트웨어 도구와 데이터베이스가 통합된 시스템이다. 고객관계관리의 세 단계를 각각 설명하면 다음과 같다.

그림 6-8 CRM의 3단계

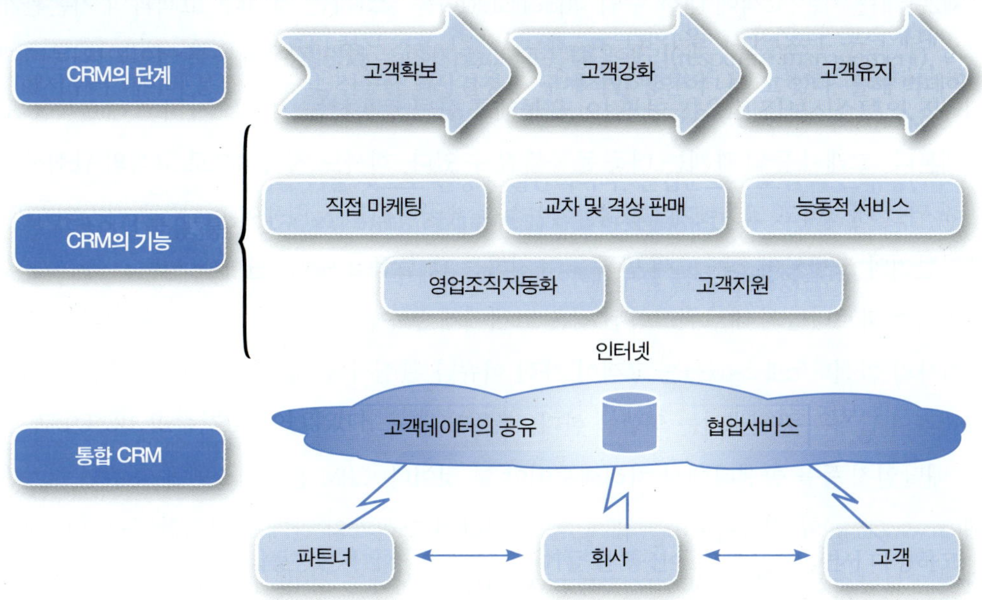

(1) 고객확보

제1단계는 신규고객을 확보하는 것이다. 혁신적인 제품은 새로운 고객을 끌어들인다. 우수한 서비스와 함께 경쟁력 있는 제품을 고객에게 제공할 필요가 있다. CRM 소프트웨어 도구와 데이터베이스는 새로운 고객을 획득하는 업무와, 고객접촉, 판매, 직접 마케팅, 주문처리 업무를 지원한다.

고객과 새로운 비즈니스 관계를 시작하는 것은 첫 데이트를 하는 것과 같다. 서로에 대한 기대와 조금의 두려움, 불안과 초조감이 있을 수 있다. 고객이 웹서핑을 하다가 한 쇼핑몰을 방문하여 상품 정보에 관심이 있어서 클릭하고 계속 쇼핑몰을 둘러보고 있다고 하자. 곧 전화가 걸려와 판매원이 그 상품에 대한 정보를 주고 상품에 대한 온라인 데모를 해줄 수 있다. 이러한 즉각적인 고객의 요구에 대한 반응이 바로 판매로 이어질 수 있다. 가능성이 있는 웹 방문자에 대한 신속하고 정확한 반응이 구매고객으로 자연스럽게 전환시킬 수 있는 것이다.

(2) 고객강화

제2단계는 기존 고객에 대한 수익성(profitability)을 강화하는 것이다. 고객과의 기존관계를 증진시키는 단계이다. 개인 간에 좋은 관계를 가지고 있는 경우에는 무엇인가 뒤틀리게 되더라도 그냥 헤어지지 않는다. 적어도 문제를 한번 토론하는 기회를 가지고 해결책을 모색해본다. 그래서 둘의 관계는 더욱 돈독해질 수 있다. 회사도 지속적으로 고객의 관심사에 대해 귀를 기울이고 그들에게 필요한 서비스를 제공하려고 노력해야 한다. 웹 기반의 CRM 계좌관리와 고객서비스는 고객 만족을 유지하는 데 도움을 준다. 판매와 서비스 전문가 및 비즈니스 파트너들의 네트워크화된 팀은 고객에게 우수한 서비스를 제공할 수 있다.

회사의 콜센터(call center)는 고객이 가진 이슈나 관심사를 해결하여 고객만족을 높이고 고객과의 관계를 증진시키는 역할을 한다. 컴퓨터 판매의 경우라면 고장수리, 반환요구, 할인, 배달일정 등을 콜센터에서 처리해주어야 할 것이다. CRM 응용시스템을 갖추면 교차판매(cross-selling)와 격상판매(up-selling)를 실행하여 고객과의 관계를 강화할 수 있다. 교차판매는 보완적인 상품(complementary product)을 제시하는 것이다. 예를 들면 카메라를 사는 고객에게 삼각대도 추천하는 것이다. 격상판매는 더 좋은 품질의 비슷한 상품을 추천하는 것이다. 또한 한 번 방문하여 필요한 모든 상품을 구매할 수 있도록 하는 전략(one-stop shopping)으로 고객이 가능한 낮은 비용으로 보다 큰 편의성을 추구할 수 있어야 한다.

(3) 고객유지

제3단계는 우수고객을 평생 동안 거래하도록 유지하는 것이다. 고객유지(retention)는 서비스 적응성(adaptability)에 초점을 두며, 시장이 원하는 것을 제공하는 것이 아니라 고객이 원하는 것을 제공하는 것이다. 고객의 이해관계에 맞는 전향적 관계(proactive relationship)를 고객과 유지해야 한다. 오늘날 선도기업들은 신규고객을 끄는 것보다 기존고객의 유지에 초점을 둔다. 수익을 원한다면 우수고객을 붙잡아두는 데 관심을 가져야 한다. 그러나 좋은 고객관계를 유지하는 것은 그리 쉬운 일이 아니다. 개인과 개인의 관계처럼 인내와 이해를 필요로 한다. 고객유지를 위해서는 고객의 욕구(needs)를 충분히 이해하고 노력해야 한다. CRM 분석적 소프트웨어와 데이터베이스는 회사가 충성 고객을 식별하고 보상을 줄 수 있도록 도와준다.

State Farm이라는 보험회사는 고객유지를 주된 목표로 삼고 있다. 그래서 신규고객을 선택하는 기준이 있다. 과거 5년 동안 사고 경험이 있다면 State Farm의 고객이 될 수 없다. 이 회사는 우수고객을 식별하고 그들이 평생 동안 회사와 관계를 유지하기를 원하다. 2년 이상 계속 보험계약을 유지하는 고객들에게 큰 폭의 할인 혜택을 주고, 신규 고객을 유치하는 보험 대리점에게 인센티브를 주는 것은 물론 기존고객을 유지시키는 경우에는 더 많은 인센티브를 지불한다.

CRM의 모든 단계는 서로 연결되어 있으며, 모든 단계의 활동을 다 잘한다는 것은 어려운 일이다. 셋 중에서 어느 한 단계를 선택하여 집중하는 편이 좋다. 왜냐하면 어느 단계를 선택하느냐에 따라 요구되는 기술적 인프라가 다르기 때문이다. 물론 어느 한 단계를 택하더라도 다른 두 단계를 무시해서는 안 된다.

3. CRM의 유형

CRM 활동의 유형으로는 그림 6-9에서 보는 바와 같이 운영 CRM, 분석 CRM, 협업 CRM, 그리고 포털 기반 CRM이 있다.

(1) 운영 CRM

운영 CRM(operational CRM)은 그림 6-10에서와 같이 고객 서비스, 주문관리, 송장처리와 대금청구, 판매 및 마케팅 자동화를 포함하는 전형적인 비즈니스 기능과 관련된다. 여러 채널을 통해 편리하게 고객과 상호작용할 수 있도록 한다. 여기서 채널이란 팩스, 이메일, 전화, 기타 모바일 기기 등을 말한다. 운영 CRM은 회사가 보다 쉽게 비즈니스를 하도록 도와준다.

그림 6-9 CRM의 유형

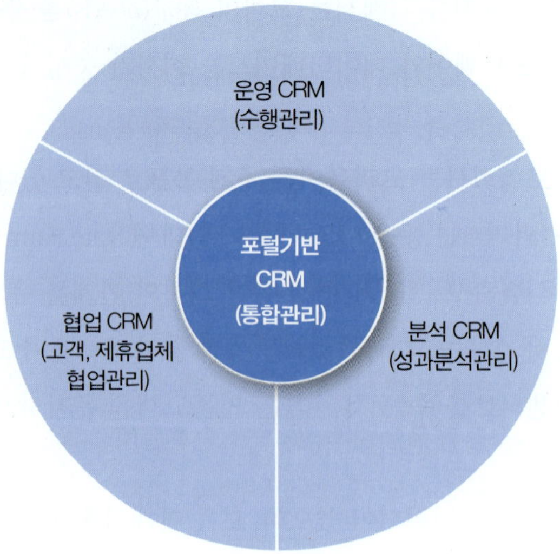

그림 6-10 운영 CRM

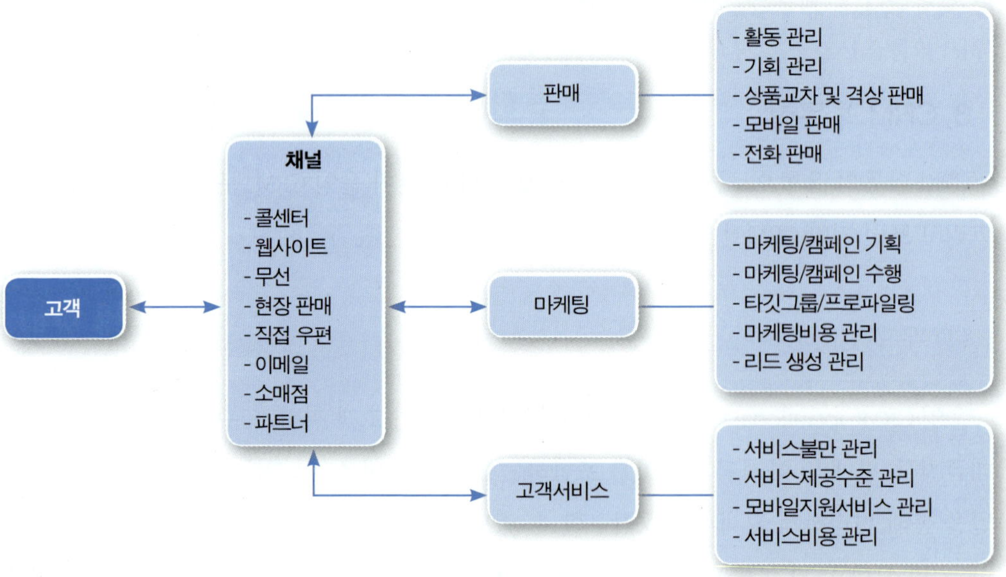

(2) 분석 CRM

분석 CRM(analytical CRM)은 그림 6-11에서와 같이 고객 데이터를 획득, 저장, 추출, 처리,

그림 6-11 분석 CRM

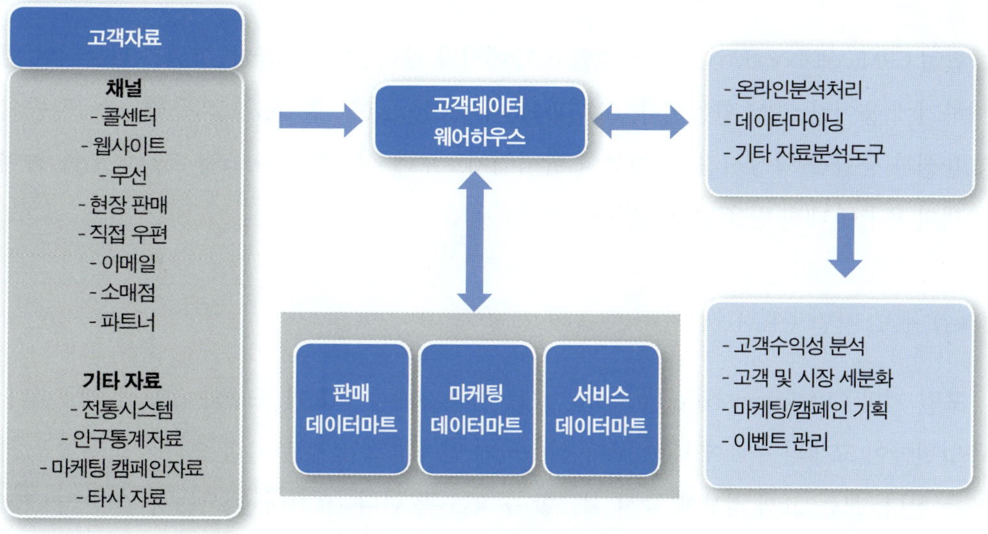

그림 6-12 협업 CRM

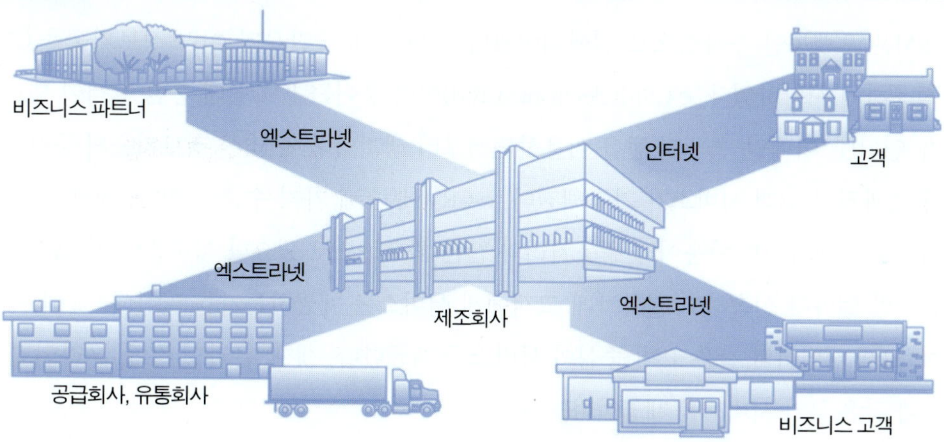

해석, 그리고 보고하는 활동과 관련이 있다. 데이터웨어하우스와 기타 데이터베이스로부터 고객 히스토리, 고객 선호도, 수익성 정보를 추출한다. 고객의 가치와 행동을 분석하고 예측할 수 있도록 하고 수요예측을 도와준다.

(3) 협업 CRM

협업 CRM(collaborative CRM)은 그림 6-12에서와 같이 고객, 공급자, 그리고 파트너와 협력하기에 용이한 CRM 활동이다. 고객과의 의사소통, 조정, 협업을 도와준다. 공급사슬의 효율성과 통합을 향상시킨다. 기업의 협력업체로부터 상품과 서비스를 조달하도록 하여 고객의 욕구에 대한 반응성을 높인다.

(4) 포털기반 CRM

포털 기반 CRM(portal-based CRM)은 모든 사용자에게 필요한 도구와 정보를 제공한다. 종업원들이 고객의 수요에 대해 보다 신속하게 반응하고 실제로 고객 중심적인 행동을 하도록 한다. 모든 고객 정보에 즉시 접근할 수 있도록 한다. 요컨대, 회사는 웹 기반의 CRM 포털을 고객 정보를 얻는 관문으로서 그리고 운영, 분석, 협업 CRM 도구를 이용하는 수단으로서 구축하고 있다.

CRM은 오랫동안 수작업으로 실행되어왔다. 1990년대 중반부터 여러 정보기술을 CRM에 활용하기 시작하였다. e-CRM(electronic CRM)이란 용어는 1990년대 중반 고객이 웹브라우저, 인터넷, 이메일, 콜센터 등을 이용하면서부터 생겨났다. 이러한 정보기술의 등장으로 보다 효과적인 고객 서비스가 가능해졌다. e-CRM에는 세 가지 수준이 있다. 첫째, 기초적 서비스로서 웹사이트 반응이나 주문처리와 같은 최소한으로 필요한 서비스이다. 웹사이트 반응이란 얼마나 신속하고 정확하게 고객에게 서비스를 제공하는가를 말한다. 둘째, 주문 추적, 고객 개별화와 같은 고객 중심의 서비스를 제공한다. 셋째, 온라인 경매, 온라인 훈련 개발과 같은 부가 서비스를 제공한다.

웹상의 고객서비스는 여러 형태를 띤다. 고객 질의에 답하는 것, 탐색과 비교 기능의 제공, 고객에게 기술적 정보를 제공하는 것, 고객으로 하여금 주문 상태를 추적하도록 하는 것, 고객의 온라인 주문을 받는 것과 같은 서비스는 CRM의 중요한 부분이다. 이러한 웹 기반 고객 서비스를 아래에 상술하였다.

① 탐색과 비교기능 제공

고객은 그냥 상품이 아니라 원하는 상품을 찾는다. 그러나 수많은 온라인 상점에서 원하는 것을 찾기란 그리 쉽지 않다. 회사는 인터넷 상점 내부에 상품 검색 기능과 비교 사이트를 만들 수 있다.

② 무료 상품과 서비스 제공

회사가 다른 회사와 차별화하는 전략으로 고객에게 무엇인가를 무료로 제공할 수 있다. 인터넷으로 무료 샘플을 줄 수도 있고 무료 오락과 소비자 교육 등을 제공할 수도 있다.

③ 기술정보와 기타 정보 제공

전자 제품의 경우 웹에서 생산이 중단된 모델에 대한 부품을 판매하고 기술과 유지보수에 대한 정보를 제공할 수 있다. 이러한 부품이나 정보를 오프라인에서 찾는 것은 쉽지 않다. 매뉴얼이나 문제해결책을 언제라도 다운로드 받아 사용가능하도록 할 수 있다.

④ 고객 개별화된 상품과 서비스의 주문

고객으로부터 맞춤 주문을 인터넷으로 받아 제공할 수 있다. 컴퓨터, 자동차, 구두와 같은 제품에 대해 고객의 선택사항에 맞추어 제조하고 배달할 수 있다.

⑤ 계좌와 주문 상태 추적

고객은 은행의 잔고를 볼 수 있고, 상품의 배송 상태를 체크할 수 있다. 주식 포트폴리오 상태를 볼 수 있고, 대출 신청의 처리 상태를 조회할 수 있다. 부산에서 인터넷 교보문고를 방문하여 도서를 구매신청하고 대금을 지불하면 집책된 곳과 경유지, 도착예정일 등을 배송조회를 통해 알 수 있다.

4. CRM 정보기술

기업이 CRM을 보다 효과적으로 수행하는 데 필요한 정보기술에는 개인화된 웹페이지, FAQ, 채팅 시설, 이메일, 콜센터 등이 있다.

(1) 개인화된 웹페이지

많은 기업들은 고객에게 개인 웹페이지를 제공하여 고객의 선호를 직접 입력하고 구매 내용을 볼 수 있도록 한다. 고객이 판매자의 웹사이트에 접속하였을 때 고객에게 상품과 보증에 관한 맞춤 정보가 효율적으로 전달될 수 있다.

(2) FAQ

웹사이트에 마련된 FAQ(Frequently Asked Questions)는 고객들이 공통적으로 가진 궁금증을 해결하는 데 도움을 줄 수 있다. 반복적으로 들어오는 고객의 질문에 대해 미리 응답을 준비하여 웹사이트에서 제공하므로 효율적이다. 그러나 개별 고객이 개인적으로 원하는 응답을 주지 않는다는 한계점도 있다.

(3) 채팅 룸

고객에게 서비스를 제공하고 새로운 고객을 끌어들이는 다른 도구는 채팅 룸(chat room)이다. 쇼핑하면서 다른 사람의 상품 이용 경험을 듣거나 서로 정보를 교환할 수 있다.

(4) 이메일

가장 흔한 고객 서비스 방안은 이메일을 이용하는 것이다. 저렴하고 신속하게 정보를 전달할 수 있다. 예컨대, 인터넷 상점에서 주문을 받은 사실을 고객에게 이메일을 보내어 확인시켜줄 수 있다. 상품 정보를 고객에게 보낼 수도 있고, 질의에 대한 답변을 이메일을 통해 보낼 수도 있다.

(5) 콜센터 및 웹사이트

콜센터는 고객 접촉(customer contact)의 주요방법 중의 하나로서 성장하고 있다. 콜센터의 직원들과 음성반응장치는 고객들의 질문에 대해 답할 수 있고 거래도 처리할 수 있다. 콜센터가 제품 판매와 고객 서비스 채널로서 발전하는 것처럼, 웹사이트에서도 고객에게 상품에 관한 정보를 제공하여 직접 상품을 판매하거나 주문처리상태, 환불, 사후서비스 신청접수 등을 처리할 수 있다.

(6) 문제해결 도구

소비자가 구매한 상품과 관련한 문제를 해결하기 위해 고객서비스센터의 담당자를 찾는 경우가 많다. 만약 소비자가 스스로 문제를 해결할 수 있다면 회사는 많은 시간을 절약할 수 있다. 따라서 회사가 웹사이트에 소비자를 도와줄 수 있는 소프트웨어를 설치하여 고객이 고객 서비스 전문가 없이 문제를 해결하도록 할 수 있다.

(7) 무선 CRM

많은 CRM 도구와 애플리케이션이 무선으로 운영되고 있다. 판매원들이 무선으로 상품 정보를 얻어서 소비자에게 설명해줄 수 있다. 종업원들이 출장 중에 무선으로 상사에게 보고할 수 있다.

(8) 데이터웨어하우스

데이터웨어하우스(data warehouse)는 기업 관리자들이 관심을 가질 수 있는 현재 및 역사적 데이터를 저장하는 데이터베이스이다. 데이터웨어하우스에 저장되는 데이터는 여러 운영시스템으로부터 추출된 것이며, 여러 가지 형태의 데이터 모델을 가진 시스템으로부터 모아진 것으로 관리적 분석과 보고가 용이하다.

관리자들은 현재의 기업운영, 추세, 그리고 변화에 관한 신뢰성 있는 정보를 필요로 한다. 데이터베이스에서 흔히 검색되는 데이터는 대상에 대한 현재 데이터 값이고, 추세 자료 혹은 역사적 데이터(historical data)는 장시간 작업하여 하나의 특별보고서를 작성하여야 얻을 수 있다. 또한 데이터가 생산이나 판매 등 별도의 여러 운영시스템(operational system)에 분할 저장되어 있어서 통합된 보고서를 작성하기가 어려운 경우도 있다. 이러한 문제를 해결하기 위해 데이터웨어하우스는 기업 내에 분산되어 있는 운영 데이터를 일관성 있고, 신뢰성 있으며, 쉽게 이용할 수 있는 형식으로 통합한다.

(9) 데이터마이닝

데이터마이닝(data mining)은 데이터베이스에 저장된 데이터를 분석하여 데이터 간의 숨겨진 패턴(pattern)과 관계를 찾아내는 프로세스이다. 발견된 데이터 간의 관계나 추론된 규칙은 관리자의 의사결정을 지원하는 데 이용된다. 예컨대, 고객의 구매패턴을 파악하는 경우를 생각해보자. 데이터마이닝의 결과 칠성사이다를 구입하는 고객의 80%가 해태의 포테이토칩도 같이 구입한다는 사실을 알게 되었다고 하자. 이 결과로부터 마케팅 관리자는 칠성사이다 선반 옆에 포테이토칩 선반을 배치하고, 사이다가 잘 팔리고 있을 때에는 포테이토칩의 가격을 할인할 필요가 없다는 것을 알 수 있다.

제3절 공급사슬관리

1. SCM의 개념과 목표

공급사슬(supply chain)이란 원재료 공급업자로부터 제조업자, 유통업자, 소매업자, 그리고 고객에 이르기까지 원재료, 정보, 지불, 그리고 서비스의 흐름을 의미한다. 공급사슬은 제품이 창조되고 고객에게 전달되는 과정으로서 여러 조직이 참여하므로 하나의 확장된 기업(extended enterprise)으로 생각할 수도 있다. 공급사슬은 원재료, 반제품, 완제품이 획득되고, 변환되고, 창고에 저장되고, 판매되는 시설을 포함하며 수송 수단에 의하여 연결된다. 여러 개의 회사가 공급사슬을 구성하지만 하나의 회사인 것처럼 효율적 그리고 효과적으로 운영되어야 한다.

공급사슬관리(Supply Chain Management: SCM)는 제품생산에서 유통에 이르는 전체 프로세스에 걸쳐 협력업체와의 정보공유, 협업 등을 통해 재고관리 등 공급사슬 관련 의사결정에 있어 최적화를 추구하는 경영기법이며, 그림 6-13에서와 같이 공급, 물류, 수요 3대 부문을 중심으로 협력업체와의 의사소통(정보공유) 및 협업을 통한 의사결정이 핵심이다.

그림 6-14에서와 같이 SCM은 참여기업 간의 자재흐름, 정보흐름, 그리고 재무흐름을 조

그림 6-13 공급사슬관리의 개념

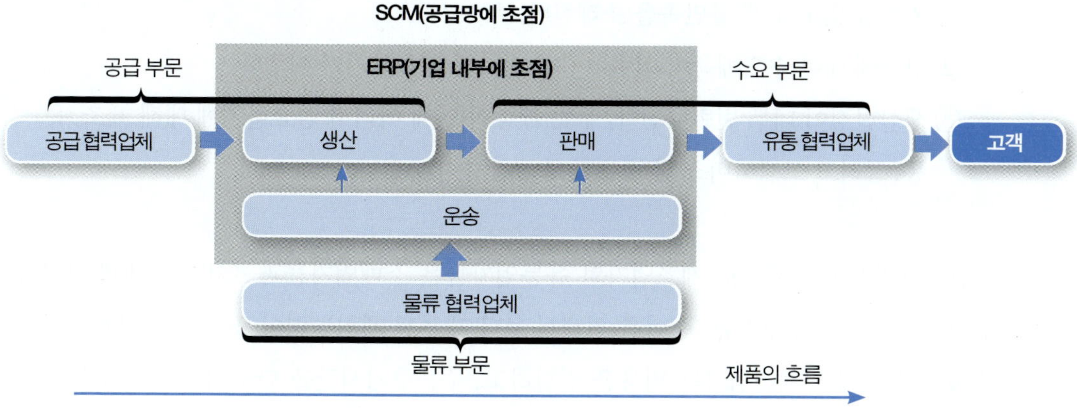

그림 6-14 참여기업 간의 공급사슬관리

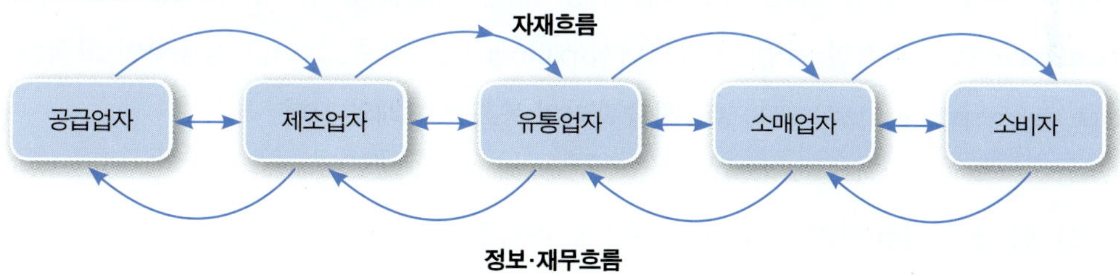

정하는 것이다. 서비스 산업에 있어서도 공급사슬은 존재하며 자재흐름은 없더라도 정보와 재무흐름은 있다.

- 자재흐름(materials flow)이란 주로 공급자에서 소비자에 이르기까지 물리적 제품 혹은 원재료의 흐름을 의미한다.
- 정보흐름(information flow)은 수요, 주문, 배송, 반품 등과 관련된 데이터의 전송을 말한다.
- 재무흐름(financial flow)은 신용카드정보, 신용조건, 대금 등의 이전 혹은 전달을 말한다.

공급사슬관리가 잘못될 경우 아래와 같은 문제가 발생할 수 있다.

① 재고가 너무 많아서 재고비용이 과다하게 지출되거나 재고가 너무 적어서 판매 기회를 잃고 고객 불만족을 초래한다.
② 상품에 대한 수요예측이 어렵고 수요변화에 대응하기가 어렵다.
③ 생산변경이 너무 빈번해진다. 무슨 제품이 언제 어디서 필요한지에 대해 제조, 유통, 그리고 고객서비스 담당자 간에 공감하지 못한다.

전자상거래의 출현으로 제조업자와 유통업자들은 소매업자들과 소비자들에게 보다 반응적(responsive)이어야 한다. 이를 위해서 보다 개선된 계획능력이 필요하다. 또한 치열한 경쟁환경 속에서 제조업자는 비용을 절감하고, 주문주기시간을 단축시키고, 생산성을 향상시켜야 한다. 그래서 제조업자들은 변화하는 시장상황과 고객수요에 반응하면서 공급사슬을 보다 잘 관리해야 하고 제조 생산성을 향상시키고 물류를 개선시켜야 한다. 공급사슬 관리에서 관심을 가지는 것은 공급사슬에 참여하는 기업들 간의 활동 조정(interenterprise coordination), 효과적인 기업 간 파트너십(partnership) 구축, 그리고 성공적인 고객반응(customer responsiveness)이다. 공급사슬관리의 목표는 아래와 같다.

① 제품을 적절한 장소에 최소의 비용으로 배달한다.
② 재고를 최소한으로 유지하면서 고객에게 만족스러운 서비스를 제공한다.
③ 공급사슬의 시간주기(cycle time)를 단축한다. 고객의 주문이 처리되어 배달되는 과정과 원재료를 구매 주문하여 제조공장에 도착하는 과정을 단순화하고 가속화하는 것을 추구한다.

2. 공급사슬의 구성과 정보기술의 지원

SCM시스템은 제조, 재고관리, 생산일정계획, 수송 등과 같은 공급사슬 활동을 지원한다. 공급사슬을 웹 기반 소프트에어를 이용하여 전자적으로 관리할 때 e-공급사슬이라 한다. 공급사슬은 상향공급사슬, 내부공급사슬, 그리고 하향공급사슬로 구성되어 있다.

(1) 상향공급사슬

상향공급사슬(upstream supply chain)은 제조업자와 부품이나 원재료 공급업자들 그리고 그들의 공급업자들과의 연결을 말한다. 현대자동차가 완성차를 제조한다면 한국타이어는 타이어를 현대자동차에 공급할 수 있고 타이어 제조업자는 타이어 부품들을 공급자들로부터 구매하여야 한다. 그래서 상향 공급사슬에 있어서 주요활동은 구매이다. 전자조달(e-procurement)이 상향공급사슬의 활동을 지원한다.

(2) 내부공급사슬

내부공급사슬(internal supply chain)은 공급자들로부터 구매한 원재료나 부품을 이용하여 상품으로 전환하는 조직 내부 과정을 말한다. 내부공급사슬은 주로 생산과 재고관리에 관한 것이다. 회사 내부의 거래처리시스템이 내부공급사슬의 활동을 지원한다.

(3) 하향공급사슬

하향공급사슬(downstream supply chain)은 상품을 최종 고객에게 전달하는 데 관련되는 유통, 창고, 수송, 서비스 등의 활동을 포함한다. 고객의 주문을 받고 배송하고 사후 서비스를 지원하는 정보시스템이 하향공급사슬을 지원한다.

그림 6-15 공급사슬기능을 연결하는 인트라넷

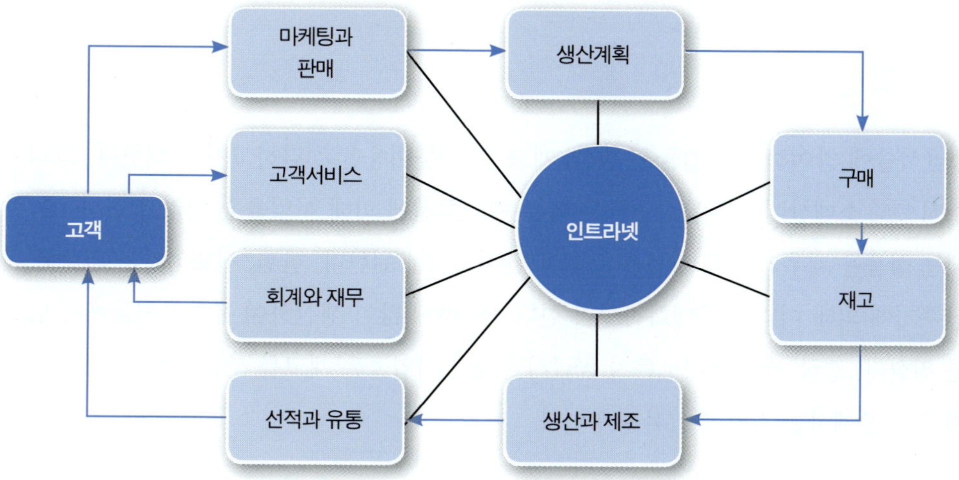

인터넷이 없는 환경에서는 공급사슬을 연결하는 각 부분 간에 정보의 원활한 흐름이 어려웠다. 그러나 그림 6-15에서와 같이 인트라넷이 기업 내부의 공급사슬 과정의 조정을, 엑스트라넷이 기업 파트너와의 공급사슬 과정의 조정을 개선할 수 있다.

공급사슬관리의 한 사례로 크라이슬러 회사의 시스템을 소개하고자 한다. 크라이슬러의 공급업자 파트너 정보 네트워크(Supplier Partner Information Network: SPIN)는 공급업자들로 하여금 인트라넷에 접근하여 최근의 설계변경, 부품재고, 송장에 관한 정보를 얻을 수 있도록 한다. 크라이슬러는 고객에 대한 제품배달을 개선하고 공급업자와 설계변경에 대해 의사소통하는 시간을 단축하여 여러 가지 비즈니스 프로세스를 수행하는 데 걸리는 시간을 20~50% 단축하였다. 중요 부품을 추적하는 시스템은 그 부품이 없어서 제조 공정이 지체되는 것을 방지한다. 송장을 추적하는 시스템은 공급업자가 송장문제로 전화하는 노력을 줄여준다. 이러한 공급사슬 응용시스템의 사용은 비용 절감뿐만 아니라 기업 경영이 보다 고객의 수요에 따라 움직이도록 한다.

3. SCM과 기업 간 통합

기업 간 통합(interenterprise integration)은 SCM의 핵심이다. 그림 6-16에서와 같이 SCM은 현재의 기업 중심적 모형(e.g., Nabisco)에서 보다 협동적인 파트너십 중심적 모형(e.g., Proctor & Gamble, Wal-Mart)으로 발전하고 있다. Intel이나 Dell과 같은 고도기술 산업의 선도기업은 대량고객맞춤화(mass customization)와 소비자에 대한 직접판매능력을 갖춘 개선된 공급사슬모형을 택하고 있다.

(1) 기업 중심적 모형

공급사슬에 참여하는 기업들은 생산, 재고 및 유통비용을 절감하고자 노력한다. 그러나 현실적으로 소매상이나 유통상인들은 빠른 재고회전에 의해 이익을 높이려고 한다. 즉 판매되는 상품을 채우기 위해 상품을 자주 배달해주기를 원한다. 한편, 제조업자는 되도록 긴 생산주기에 의해 이익을 극대화하고자 한다. 한 번에 많이 생산하여 유통상인들에게 넘기기를 원한다. 결국 어떤 형태로든지 공급사슬상의 기업들은 재고를 부담하게 된다. 이것이 현재 흔히 존재하는 기업 중심적 모형이다.

그림 6-16 공급사슬전략

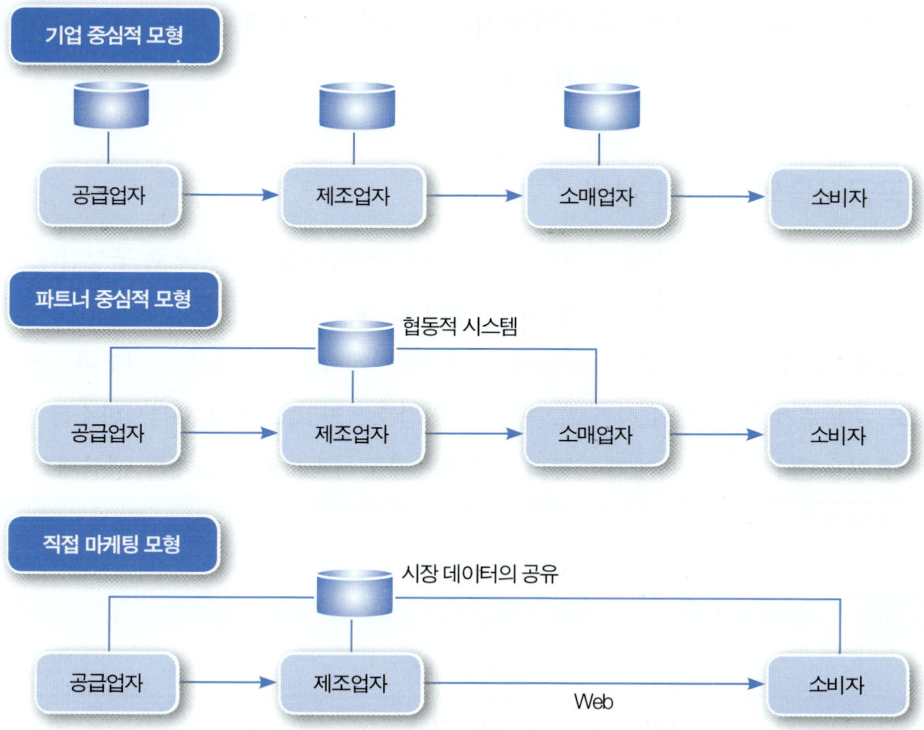

(2) 파트너 중심적 모형

공급사슬상의 유통상인들과 소매상들은 제품소비와 보다 인접해 있고 판매 데이터를 이용할 수 있다. 이 데이터를 재고보충을 위한 소프트웨어와 더불어 이용할 때, 공급사슬에 있어서 필요한 재고보충 수량을 추정할 수 있고 제조업자는 생산계획에 필요한 정보를 얻을 수 있다. 이것이 바로 협동적 파트너 중심적 모형에서 가능한 일이다.

(3) 직접 마케팅 모형

고객마다 다른 제품사양을 요구하고 같은 고객이라도 주문마다 선택사항이 달라질 수 있다. 예측하기 어려운 고객의 제품에 대한 요구의 다양성에도 불구하고 기업은 불필요한 재고를 감소시키고자 노력한다. 실제 재고수준을 거의 두지 않고 운영하는 것을 추구한다.

Dell과 같은 회사는 주문생산방식에 따라 컴퓨터를 판매한다. 수요예측에 따라 생산계획을 수립하고 제조하는 전통적 방식은 이제 적절하지 않다. 수요에 대한 예측이 어렵고 고객요구에 대해 민첩하게 대응해야 하기 때문이다.

4. 공급사슬의 계획과 실행

SCM을 지원하는 정보시스템은 여러 개의 응용시스템(applications)으로 구성된다. 이들 응용시스템들은 그림 6-17과 같이 계획과 실행의 두 가지 종류로 구분된다. 공급사슬의 계획 프로세스는 수요예측의 정확성을 높이고, 생산일정계획을 최적화하고, 재고비용을 감소시키고, 주문주기시간을 감소시키고, 수송비용을 감소시키고, 그리고 고객서비스를 향상시키는 데 활용된다. 공급사슬계획 활동의 요소에는 주문이행계획, 수요계획, 생산계획, 유통계획, 수송계획이 포함된다.

그림 6-17 공급사슬관리의 계획과 실행

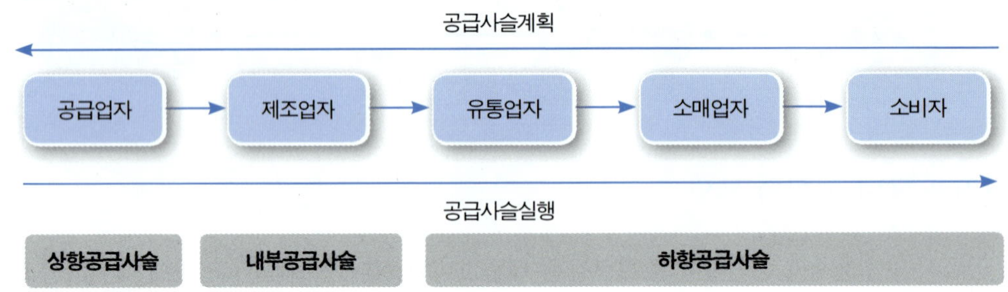

① 주문이행계획모듈(order commitment module)은 공급자들이 고객들에게 배달날짜를 계산하여 알려줄 수 있도록 한다.

② 생산계획모듈(manufacturing planning module)은 개별고객주문에 대하여 모든 제조 및 공급노력의 자세한 조정을 가능하게 하는데, 특히 생산일정계획을 수립할 수 있도록 한다.

③ 수요계획모듈(demand planning module)은 조직 내의 여러 사업단위의 수요예측을 생성하고 결합할 수 있도록 한다. 통계 도구와 예측 기법의 이용을 지원한다.

④ 유통계획모듈(distribution planning module)은 수요와 생산계획모듈과 통합되어

주문이행을 위한 운영계획을 작성할 수 있도록 한다.

⑤ 수송계획모듈(transportation planning module)은 계획된 일정에 따라서 최저의 비용으로 적시에 적절한 장소로 원재료와 완성품이 전달될 수 있도록 자원을 배분하고 실행할 수 있도록 촉진한다.

공급사슬실행은 제품과 서비스에 대한 고객의 욕구를 적시에 효율적으로, 그리고 비용-효과적인 방식으로 충족시키는 과정이다. 공급사슬의 실행 프로세스(execution process)는 가치사슬을 따라서 제품을 조달, 제조, 유통하는 것을 가리킨다. 공급사슬실행을 지원하는 응용시스템은 유통센터와 창고를 통한 제품의 흐름을 관리하는 데 이용된다. 공급사슬실행에 포함되는 활동으로는 주문처리계획, 생산, 보충, 유통관리, 그리고 역유통이 있다.

① 주문처리계획(order planning)은 수송, 제조와 관련된 제약조건(트럭의 용량, 선택 가능한 수송수단 등)하에서 소비자의 기대를 가장 잘 만족시킬 수 있는 방안을 선택한다.

② 생산(production)은 생산일정계획에 따라 각 제품을 만드는 데 필요한 자재의 수량을 결정하고 조달하여 제품을 조립하고 포장하는 것을 말한다.

③ 보충(replenishment)은 공급사슬에 참여하는 기업들의 재고를 최소화하고 당사자 간에 상품을 이전하는 과정을 조정하는 것이다. 고객은 재고가 없어서 구매하지 못하는 상황을 좋아하지 않으므로 창고에 상품을 적시에 보충하는 것이 중요하다.

④ 유통관리(distribution management)는 상품을 제조업자로부터 유통센터로 그리고 최종소비지까지 전달하는 과정을 관리하는 것이다.

⑤ 역유통(reverse distribution)은 구매한 상품에 대한 고객의 불만족 때문에 상품을 고객으로부터 기업으로 돌려보내는 과정을 말한다.

5. 공급사슬의 유형

초기의 공급사슬 관리는 제품에 대한 수요예측에 기초한 생산일정계획에 의해 추진되었다. 즉 수요예측에 따라 제품을 만들어서 재고로 가지고 있다가 고객이 주문을 하면 팔

그림 6-18 푸시-기반과 풀-기반 공급사슬

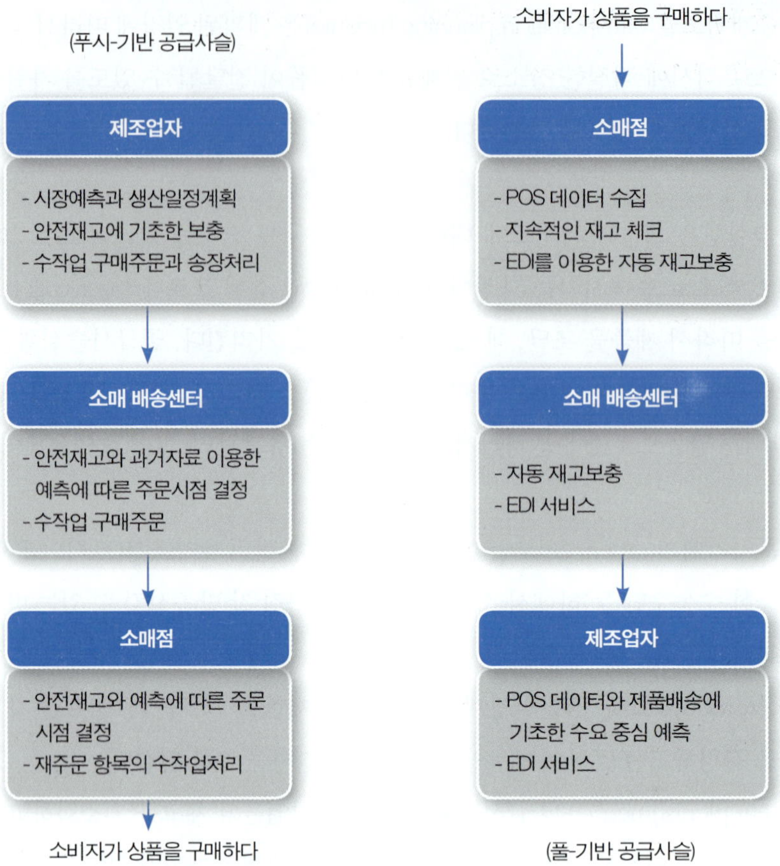

고 남는 것은 재고라는 생각이다. 이러한 사고방식은 그림 6-18에서 푸시－기반 공급사슬(push-based supply chain)을 의미한다. 그러나 인트라넷과 엑스트라넷에 의해 가능해진 새로운 정보의 흐름으로 공급사슬관리는 수요 중심 모델(demand-driven model)로 발전할 수 있다. 이것은 풀－기반 공급사슬(pull-based supply chain)로, 고객의 주문에 따라서 재고가 채워지고 생산 활동이 전개된다는 사고를 내포하고 있다.

고객이 슈퍼마켓에서 상품을 구매하면 스캐너(scanner)가 구매내용을 컴퓨터 시스템에 전달하여 재고수준을 갱신한다. 그러면 배송센터에서 적절한 시기에 상품을 슈퍼마켓에 배달한다. 배송센터에서 재고가 감소하면 제조업자가 이것을 알고 적절한 시기에 배송센터의 재고를 채운다. 배송센터에 대한 상품 배달 계획에 따라 제조업자의 상품 생산계획이

자동으로 갱신된다. 생산계획의 변경으로 부품 구매계획이 조정되고 부품 공급업자는 이에 따라 자신의 배달계획을 변경한다. 이 모든 과정이 조직 간 전자상거래로 인하여 순식간에 이루어진다. 풀-기반 공급사슬관리는 POS(Point Of Sale)시스템과 EDI와 같은 전자상거래시스템을 이용하여야 가능하다.

한편, 공급사슬의 유형을 공급사슬이 발전하고 있는 방향에 따라 구분하면 통합된 생산-재고 모형, 계속적 보충 모형, 주문생산모형, 그리고 채널조립모형이 있다.

(1) 통합된 생산-재고 모형

통합된 생산-재고(integrated make-to-stock) 모형은 전통적 공급사슬로 대량생산 환경에서 특히 유용하다. 개별 고객의 요구에 관계없이 생산일정과 생산량을 결정하여 제품을 생산한다. 고객의 주문을 받으면 보유하고 있는 완성품 재고에서 배송해준다. 이 모형의 자원 이용도는 크지 않다. 그 이유는 비효율적인 부품구매, 저조한 공장시설 이용도, 과다한 재고, 비효율적인 유통 때문이다. 이러한 문제를 해결하고 공급사슬의 조정을 향상시키기 위해 정보기술을 활용한다.

생산 프로세스가 완성품 재고를 효율적으로 보충할 수 있도록 실시간으로 고객 수요를 추적하여야 한다. 생산계획과 일정계획을 수립하고 수정하기 위해서는 정보시스템으로부터 수요에 관한 정보를 얻어야 한다.

(2) 계속적 보충 모형

유통문제를 완화하고 여러 회사에 연결되는 고객수요견인 시스템을 구축하기 위해 효율적 고객반응(efficient customer response), 신속반응(quick response) 혹은 계속적 보충(continuous replenishment)이라 불리는 새로운 방법이 소개되었다. 이러한 방법은 공급자가 소비자에 대한 매출에 맞추어 상품을 적시에 공급하는 것이다. 공급자가 소비자의 구매행동에 신속하게 대응하기 위해서는 판매데이터가 공급사슬의 참여자들 간에 공유되어야 한다.

공급자와 밀접하게 협력하면서 재고를 지속적으로 보충한다는 것은 많은 배송이 일어난다는 의미이며 잦은 배송으로 그 비용이 높아질 수 있다. 그러므로 주문처리 프로세스와 생산 프로세스 간에 매우 밀접한 통합이 필요하다. 수요 변화에 대한 실시간 정보를 얻을 수 있으면 원하는 보충 일정과 수준을 지킬 수 있다. 이 모델은 수요 패턴이 안정적인 환경에서 적용하는 편이다.

(3) 주문생산모형

전통적인 대량생산 방식에서 대량고객맞춤화(mass customization)의 방식으로 점차 바뀌는 추세에 있으므로 공급사슬에 대한 요구 또한 변화한다. 주문생산(build-to-order) 방식이 대량고객개별화가 요구되는 상황에서 더 적절한 공급사슬모델이 될 수 있다. 정보시스템을 갖추어 정보를 잘 이용하면 회사가 재고를 적게 보유하여도 된다. 기술발전으로 새로운 부품이 계속 소개되는 고도 기술 산업에서 그 예를 찾아볼 수 있다. 컴퓨터 부품의 경우 새로운 것이 계속 나오므로 기존의 부품으로 조립된 컴퓨터를 대량생산하여 재고로 보유하고 있는 것은 진부화에 따른 손실을 초래할 위험이 크다. 따라서 고객의 주문에 맞추어 조립하고 즉시 배송하는 방식이 바람직하며, 이를 지원하기 위한 정보시스템을 갖출 필요가 있다.

(4) 채널조립모형

주문생산모형의 변형은 채널조립 공급사슬모형이다. 이 모형에서는 제품의 유통경로를 따라서 이동하면서 부품들이 수집되고 조립된다. 이 방식은 제3자 로지스틱스(third-party logistics: 3PL) 회사와의 전략적 제휴를 통해 구현될 수 있다. 3PL의 시설에서 제품의 조립이 이루어지거나 고객에게 전달될 완성 부품들의 수집이 이루어진다. 컴퓨터 조립의 경우 키보드나 모니터는 공급자가 직접 제3자 물류회사의 시설로 배송할 수 있다. 그래서 부품재고를 최소한으로 유지할 수 있다.

6. 공급사슬의 문제와 해결방안

(1) 공급사슬의 문제점

공급사슬을 따라 가치가 부가되는 것은 바람직하지만 가치의 부가를 제한하는 문제가 있다. 재고를 너무 많이 보유하거나 재고비용이 너무 크면 회사의 수익성이 떨어진다. 고객

그림 6-19 채찍효과

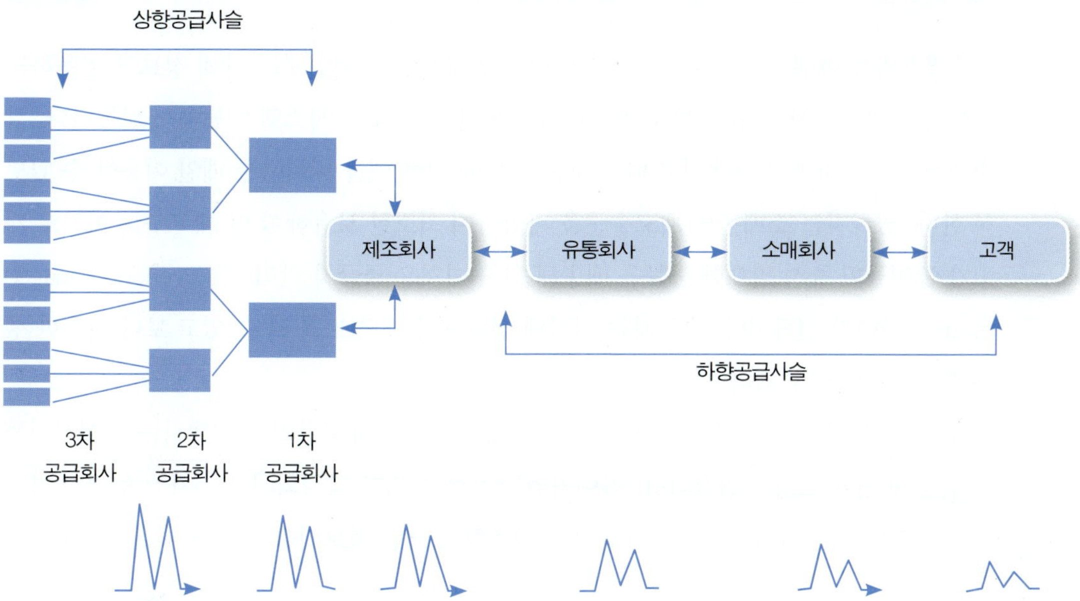

주문을 받았을 때 납품할 재고가 없는 것도 매출 기회의 상실이다. 공급사슬에 문제가 생기면 고객이 원하는 때에 원하는 장소에 상품을 배달하지 못하게 된다.

공급사슬의 문제는 불확실성과 조직 내부 부서들과 비즈니스 파트너들과의 조정 때문에 발생한다. 공급사슬의 불확실성은 수요예측, 배송시간에 관한 것이다. 날씨나 교통문제로 배송이 늦어질 수도 있고 고객의 수요가 어떻게 변화할지 정확하게 예측하기가 어렵다는 것이다. 물론 가장 보편적인 불확실성 해소 방안은 적절한 재고를 유지하는 것이다. 그러나 얼마나 보유하는 것이 최적인지가 문제이다.

불확실성과 관련된 가장 고질적인 공급사슬관리의 문제는 그림 6-19에서와 같이 채찍효과(bullwhip effect)이다. 채찍효과란 최종소비자의 수요에 있어서의 작은 변동이 소매점, 도매상, 제조업자를 따라서 올라가면서 확대되어 전달되는 현상을 말한다. 소매점에서의 실제 매출은 상당히 안정적이고 예측 가능하지만 유통업자로부터 제조업자에 주문이 전달될 때는 변동 폭이 커진다. 가격변동이나 수요 예측의 부정확성 등의 이유로 유통업자의 주문이 크게 확대된다는 것이다. 이러한 문제는 공급사슬상에 불필요한 재고를 발생시킨다.

(2) 공급사슬문제의 해결방안

채찍효과를 해결하기 위한 한 가지 방안은 공급사슬 참여업체들 간에 정보를 공유하는 것이다. 그러한 정보공유는 EDI, 엑스트라넷과 같은 조직 간 시스템을 통해서 가능하다. 각 소매점은 공급자에게 판매되고 있는 모든 품목에 대한 매출 데이터를 매일 이용할 수 있도록 한다. 공급자는 소매점의 재고수준을 파악하여 최소한 보유해야 할 재고수준 이하로 재고가 줄어들면 즉시 필요한 품목을 배송해준다. 이것은 공급자 관리 재고(Vendor-Managed Inventory: VMI) 전략이다. 공급자는 적시에 정확한 수요 정보를 알 수 있고 보다 정확한 생산계획을 수립할 수 있다.

참여기업들의 목표가 똑같지 않기 때문에 공급사슬의 재고관리를 위해서는 참여기업들의 활동에 대한 조정이 필요하다. 참여기업들 간에 신뢰가 형성되어야 전자적 협력이 가능하다. 아래에서는 공급사슬관리의 문제를 해결하기 위한 정보기술 활용을 나열하였다.

① 공급사슬에서 업무를 촉진하기 위하여 무선기술을 이용한다.
② 최적의 배송 계획을 수립한다. 의사결정지원시스템(DSS)과 지능형 시스템을 활용한다.
③ 공급자들과 전략적 파트너십을 형성한다.
④ JIT(Just-In-Time) 접근법을 이용한다. 부품이나 자재에 대한 요구가 있을 때마다 소량씩 배송한다.
⑤ 수요가 많을 때 아웃소싱을 한다. DSS를 이용하여 무엇을 언제 아웃소싱할 것인지 결정한다.
⑥ CRM이나 PRM(Partner Relationship Management) 소프트웨어를 이용하여 공급자-구매자 관계를 개선한다.
⑦ 공급자와 밀접하게 협력하면서 수요예측을 정확도를 높인다. 온라인으로 협력할 수 있는 도구를 이용한다.

7. 공급사슬관리의 추세

공급사슬관리의 추세는 그림 6-20에서와 같이 세 단계로 진행되고 있다.

그림 6-20 공급사슬관리의 이용단계

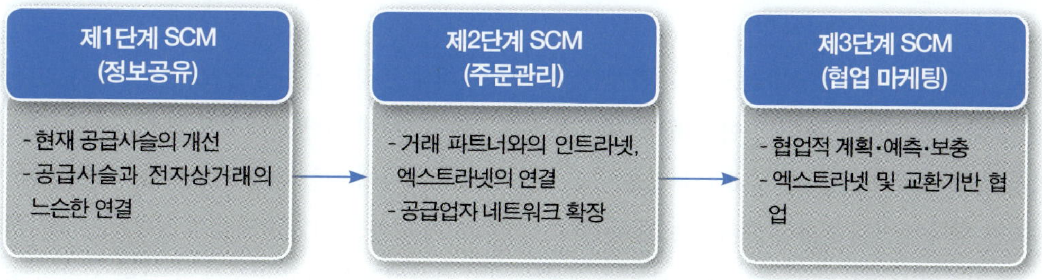

(1) 제1단계 SCM

제1단계는 내부 공급사슬 프로세스와 외부 공급사슬 프로세스의 향상에 초점을 두고 있다. 웹사이트에 온라인 카탈로그를 두고 거래처와 고객에게 정보를 제공하며 제한된 온라인 거래를 지원한다.

(2) 제2단계 SCM

제2단계에서 회사는 조직 내부와 외부에 공급사슬관리 소프트웨어를 이용하여 상당한 애플리케이션을 갖춘다. 공급업자와 유통업자와는 엑스트라넷을 통해 연결되며 거래 파트너와의 웹기반 비즈니스 네트워크가 확장된다.

(3) 제3단계 SCM

제3단계에서는 최신 SCM 소프트웨어, 엑스트라넷, 그리고 전자상거래 교환을 통해 협업적 공급사슬관리 애플리케이션을 개발하고 구현한다. 예를 들면, 협업적인 제품설계와 배송, 협업적인 계획·예측·보충(collaborative planning, forecasting, and replenishment)을 실행한다.

MIS HIGHLIGHT 1

고객관계관리(CRM)에서 고객경험관리(CEM)로

최근 국내 CIO나 IT담당자들 중 고객관계관리(CRM)에 대해 부정적인 반응을 보이는 경우가 있다. '투자 대비 효과를 못 봤다', '이미 유행 지난 솔루션' 등이 CRM에 대한 부정적인 반응의 이유이다. 과거 CRM 붐이 일었을 때 국내 금융권을 중심으로 CRM 패키지에 대한 대규모 투자가 진행되었다. 하지만 투자에 비해 별다른 효과를 보지 못했다는 게 CRM에 대한 국내 사용자들의 일반적인 평가이다. 그렇다면 동일한 CRM에 대해 다른 나라에서는 어떤 상황이 벌어지고 있을까. 글로벌 시장의 최근 CRM 관련 동향을 짚어봤다.

CRM은 과연 유행이 지난 솔루션일까. 답은 그렇지 않다는 것이다. 해외시장에서 CRM 시장은 아직 견고한 성장세를 유지하고 있다. 골드만삭스의 최근 보고서에 따르면 전 세계적으로 CRM 소프트웨어 라이선스 시장은 올해 160억 달러 규모를 형성하고 2014년까지 210억 달러에 이를 것으로 예상되고 있다. 이는 경제위기 이후에 매년 평균 5.8%씩 성장하고 있는 수치이며 전 세계 기업의 IT투자 금액 순위로 보면 비즈니스 인텔리전스(BI)에 이어 2위의 투자 대상이다. 이러한 글로벌시장 상황으로 봤을 때 CRM이 국내에서 느끼는 대로 유행이 지났다거나 기존의 실패한 경험만을 가지고 더 이상 투자의 대상이 아닌 것으로 치부할 수는 없다.

국내 기업들이 CRM에 대한 관심을 잃고 대고객 프로세스의 운영적인 측면에서 IT환경을 구축하는 것에 집중하고 있을 때 글로벌 기업들은 지속적으로 자사에 대한 고객 경험을 극대화하고 충성도를 높이기 위한 전략을 수립했으며 프로세스 개선 및 시스템 구축에 많은 투자와 정성을 쏟고 있다.

CRM 1.0과 CRM 2.0 시대의 고객과의 관계

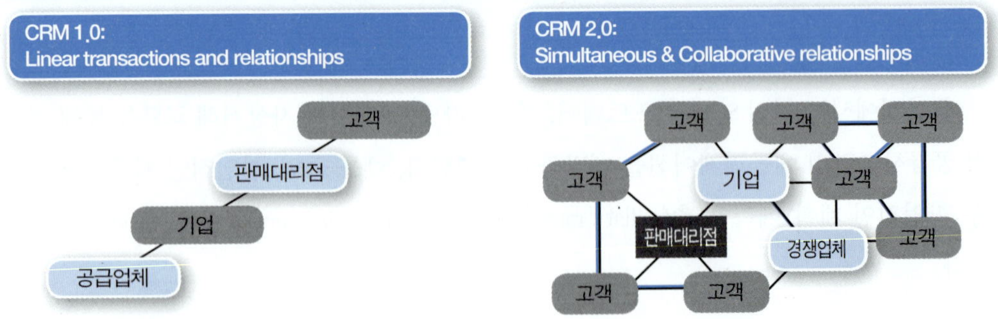

■ 고객에 대한 글로벌 트렌드 변화

글로벌 기업들은 왜 CRM, 아니 고객에 대한 솔루션에 이토록 지속적으로 투자를 하고 있을까. 이는 고객에 대한 생각, 고객에 대한 전략의 본질적인 변화에 기인한다. 글로벌 경제위기를 거치고 시장의 안정성이 무너지면서, 그리고 인터넷이 극도로 발달하여 다양한 커뮤니케이션 채널이 생기고 고객의 기대 수준이 높아지면서 기업과 고객 간의 관계에 큰 변화가 일어나기 시작했다.

기존에는 기업이 고객에게 일방적으로 메시지를 전달하고, 고객이 이에 반응하거나 혹은 고객이 기업에게 요청을 전달하고, 기업이 반응하는 양방향 커뮤니케이션이 주된 관계였다. CRM도 이런 프로세스에 맞는 영업, 마케팅, 서비스의 프로세스를 수립하고 시스템을 구축하는 것이 주된 임무였다. 지금은 스마트폰이 대세가 되고 인터넷이 발달하면서 블로그, 트위터, 페이스북 등 각종 커뮤니티가 활성화되고 커뮤니케이션 채널이 다변화되면서 고객은 반드시 기업과만 의사소통하지 않는다.

치명적인 제품 결함이 트위터를 통해서 짧은 시간에 퍼지며, 블로그 및 커뮤티니에 올라온 사용후기를 보고 구매 여부를 결정한다. 여기에는 기업의 이미지에도 영향을 미치는 글들이 난무하며 이 모든 것들이 스마트폰 환경하에서 실시간으로 이루어진다. 고객의 기대치는 더할 나위 없이 높다. 국내에서도 디지털카메라나 휴대전화 제품의 결함이 서비스센터를 통해 해결되는 것이 아니라 관련 커뮤니티에서 단체로 클레임을 제기하고 언론화하는 등 각 고객의 경험이 모여서 표출되는 경우를 많이 볼 수 있다.

결국 이제는 기업과 고객의 관계를 관리하는 수준을 뛰어넘어서 고객의 경험을 관리하는 고객경험관리(Customer Experience Management: CEM) 영역으로 나아가 마케팅, 영업, 서비스 등 모든 프로세스에 걸쳐 일관된 고객경험을 설계하고 제공할 수 있어야 한다. 이에 경영학의 대가 톰 피터스(Tom Peters)는 "모든 기업의 부가가치는 고객에게 제공되는 경험의 품질에 따라서 결정된다"고 역설한 바 있다.

■ 새로운 기술이 이끄는 비즈니스 혁신

물론 높아진 고객 기대에 부응하고 복잡해진 시장환경에 대응하기 위하여 새로운 기술을 활용하여 비즈니스 혁신을 이끌어내야 하는 것은 필수적이다. 최근 화두가 되고 있는 CRM과 관련된 새로운 기술은 다음과 같다.

고객중심 기업으로의 여정

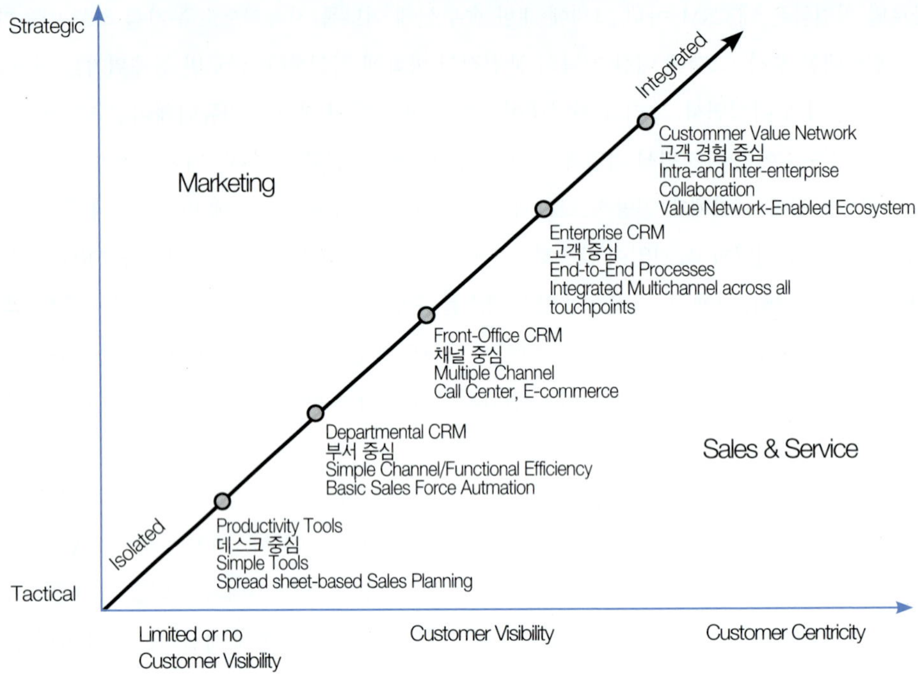

① 자연어 검색 및 반응 분석 플랫폼: 웹, SNS로부터 고객 반응을 수집하고 분석

② 모바일 플랫폼: 스마트폰의 이동성 활용, 아이폰/안드로이드 등 다양한 OS 지원

③ 분석 대시보드: 사용자 친화적인 인터랙티브 사용자 인터페이스(UI)로 사용자의 편의성 극대화

④ 인메모리(In-Memory): DB를 메모리상에 띄워서 데이터 처리능력과 성능 향상

⑤ 온디맨드 서비스: IT자산을 서비스 제공업체에서 관리. 미국에서 인기

이와 같은 다양한 기술들이 현재 각광을 받고 있고, 아이폰의 새로운 사용자환경(UI)과 기능들이 핸드폰 산업에서의 다양한 혁신을 이끌어냈듯이 고객과의 경험 극대화가 새로운 혁신 요소로 작용할 것임에는 틀림없다. 하지만 가장 중요한 것은 고객에 대한 전략과 통합된 대고객 프로세스가 정의되고 이에 따라 세부 기술이 검토되고 적용되어야 한다는 점이다. 예를 들어, 온디맨드 서비스와 같이 새로운 기술은 최근 클라우드 기술 활성화에 따라 많은 각광을 받고 있지만 각 기업의 고객전략, IT아키텍처 및 보안 전략에 따라 온디맨드, 온프레미스, 하이브리드 방식 등 다각도로 검토되고 결정되어야 하는 사항이다.

■ 고객 경험 중심 기업으로 가는 길

고객이 느끼는 경험의 질을 높이고 일관된 대응을 하기 위해서는 고객에 대한 전략이 명확히 수립되고 그에 따른 프로세스와 시스템이 '통합'되어 어우러져야 한다. 현재의 운영프로세스 위주의 시스템 구축, 신기술 및 신 아키텍처의 맹목적인 적용, 불명확한 전략하에서의 개발 접근 방식 등은 고객에 대한 통합적인 시각을 놓치게 되고 고객의 경험이 아니라 기업의 고객담당자의 시선으로 시장을 바라보고 비즈니스를 전개하게 될 가능성이 크다. 고객 경험을 최고의 가치로 놓고 다시 한 번 고객에 대한 우리의 전략, 프로세스와 시스템을 점검해야 할 때이다.

〈CIO, 2010. 12.〉

SCM 2.0

■ 클라우드시대 SCM의 진화… 고객의 속마음까지 읽어라

아이폰, 아이패드, 맥북에어, 아이클라우드…. 잇따른 히트상품을 내놓으며 수년간 IT업계의 선두를 놓치지 않고 있는 기업 애플. 이 회사는 소비자들의 요구를 한발 앞서 파악해 구미에 맞는 제품을 제공함으로써 소비자들의 눈과 마음을 사로잡았다. 직관적인 제품 조작법이나 눈길을 끄는 디자인 등 애플의 성공요인은 다양하다. 하지만 애플의 성공 뒤에는 무엇보다도 아이튠스(iTunes)라는 공신을 빼놓을 수 없다. 아이튠스는 애플이 제품 사용자들을 위해 운영하는 온라인 장터이다.

애플이 지난해 아이튠스에서 벌어들인 매출은 17억 8,000만달러(약 2조원). 큰 금액 같지만 애플의 1년 매출인 650억달러(약 70조원)의 2.5%에 불과하다. 콘텐츠 원작자에게 비용을 지불하고 애플의 최종 수익으로 들어가면 수치는 더욱 줄어든다.

그렇다면 왜 매출 수치에 큰 도움도 주지 못하는 아이튠스를 막대한 비용을 들여가며 유지하고, 운영하고 있을까. 이는 애플이 여기에서 얻는 정보의 가치가 어마어마하기 때문이다. 이들은 아이튠스를 통해 오가는 정보의 흐름을 분석해 아이폰, 아이패드의 수요를 관리하고 예측한다. 이를 바탕으로 정확한 수요를 예측해 세계 각지의 부품공급자에게 정보를 전달하면 부품제조업체는 수량에 맞춰 제품을 생산해 완제품을 세계 각국에 직배송한다.

애플은 아이튠스라는 디지털 콘텐츠의 활용과 기존 공급사슬관리 시스템을 적절히 융합해 미국 시장조사기관인 가트너가 선정한 '올해의 최고 SCM(Supply Chain Management: 공급사슬관리)기업'에 7년 연속 선정되는 기염을 토했다. 아이튠스는 바로 애플 SCM의 핵심축인 셈이다.

정보기술 발전과 디지털 시대를 맞아 공급사슬관리의 중요성이 더욱 커지면서 SCM이 진화하고 있다. 과거의 SCM이 주로 재고관리나 비용절감에 초점이 맞춰져 있었다면 현재의 SCM은 기업 활동 전반으로 확장됐다. 학자들은 2008년 이후 변화된 SCM의 새로운 트렌드를 'SCM 2.0'이라 명명했다.

SCM의 사전적 정의는 '생산·유통 등 모든 공급사슬 단계를 최적화해 수요자가 원하는 제품을 원하는 시간과 장소에 제공하는 것'이다. 하지만 SCM 2.0에는 여기에 더 살이 붙었다.

삼성경제연구소는 다음 그림에서와 같이 SCM 2.0을 설명하며 기존 SCM의 정의에 '위험에 빠지더라도 신속하게 복구할 수 있는 위기관리 능력'과 '공급사슬관리 과정 중 에너지 낭비를 줄이고 이산화탄소를 절감하는 환경적인 측면', '공급자가 아닌 고객 중심의 접근'이라는 세 가지 축을 더한 것이라고 언급했다.

SCM 범위는 더 커지고, 영향력은 더 강해지고 있는 것이다. 스마트폰의 강자 삼성이 내놓은 '갤럭시S'가 후발주자임에도 불구하고 금세 애플의 뒤를 따라잡을 수 있었던 것도 기술력보다는 SCM 때문이라는 분석이다. 지난해 영국의 경제전문지 파이낸셜타임스는 "삼성전자의 성공요인은 기술적

SCM 2.0의 3대 트렌드: 탄력-그린-고객지향

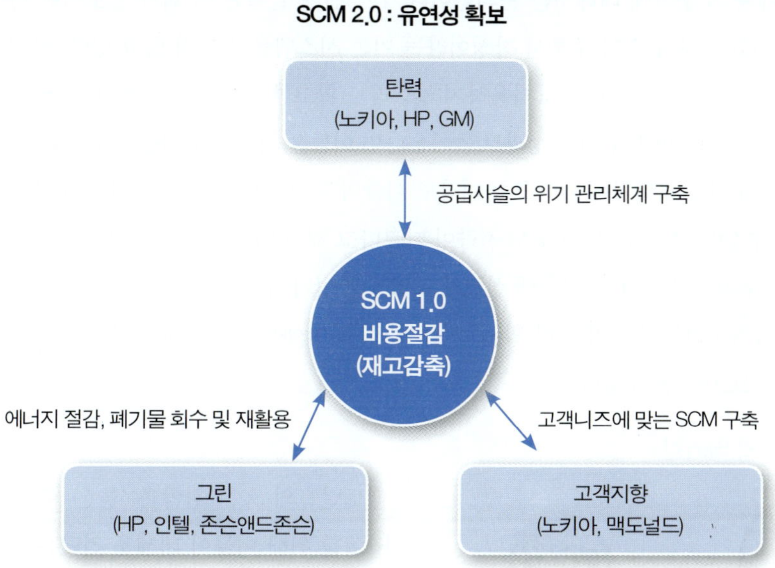

인 리더십보다 수요에 대한 반응, 즉 속도와 민첩성에 있다"고 보도한 바 있다.

삼성은 꾸준한 SCM 전략을 통해 전 세계에서 유일하게 신제품 글로벌 동시 출시가 가능한 기업이 되었다. 창의력이나 기술력이 경쟁사보다 뒤처지더라도 잘 갖춘 SCM 프로세스로 인해 변화에 빠르게 적응하고 고객과의 거리를 좁혀나간 것이 삼성의 성공 비결이라는 분석이다. 삼성 역시 가트너 선정 '올해의 SCM 기업'에서 인텔, IBM, 마이크로소프트 등 쟁쟁한 경쟁사를 제치고 10위에 이름을 올렸다.

삼성과 애플은 모두 세계적인 SCM 기업으로 인정받고 있지만 이들의 전략은 전혀 다르다. 그러나 이들에게도 공통점은 있다. 바로 'SCM을 대하는 자세'이다. 이들은 SCM을 하나의 도구나 시스템으로 보지 않는다. 선진 SCM 전략을 구축하고 있는 기업에 관심을 기울이지만 이를 그대로 보고 따라 하기만 한다고 효과가 나지 않는다는 사실도 잘 알고 있다. 이들에게 SCM은 기업 활동 전반을 아우르는 '철학'이며, 기업이 가지고 있는 '문화'이며, 기업이 탄탄하게 설 수 있는 '기초체력'이다.

이들뿐만 아니라 모든 기업이 생각하는 SCM은 이래야 한다. 지금 주시해야 하는 SCM은 '기업이 추구하는 가치를 소비자에게 적시에 올바로 전달하기 위해 조직 전반이 공유하는 목표'이다.

SCM은 시스템 아닌 철학

도쿄에 근무하는 일본 직장인들 중 다마고야(玉子屋)를 모르는 이는 없다. 시간에 쫓기는 이들은 점심시간만 되면 도시락 업체인 다마고야를 찾는다. 다마고야의 점심도시락을 이용하는 사람은 매일 7만명, 이 정도 규모면 배달 시스템에 정보기술(IT)을 어느 정도 활용해야 한다는 생각을 할 법도 한데 다마고야는 이 분야에 대해서는 문외한이다. 1975년에 설립된 이 회사는 도시락 사업을 시작한 이후부터 전화 주문과 수기 주문서 작성이라는 기존 시스템을 버리지 않고 있다. 하지만 이들의 배달 성공률은 99.7%에 달한다. IT를 사용하지 않더라도 확고한 기업철학을 가지고 공급사슬관리를 하고, 이것이 결국 고객만족과 회사 성과로 돌아온다면 이들은 최고의 SCM을 하고 있다는 설명이다. 마찬가지로 업계 최고의 위치에 있다고 하더라도 이들의 SCM 전략이 모든 기업이 벤치마킹할 수 있는 정답은 될 수 없다. 1등과 2등의 SCM 전략이 다르다고 해서 어느 전략이 맞는다고 이야기할 수도 없다. 그들은 '우리만의 SCM'을 구축해 실천하고 있을 뿐이기 때문이다. 각자의 철학에 맞는 SCM 전략을 통해 승승장구하는데 누가 뭐라 할 수 있을까. 각 분야에서 1등을 하는 업체 뒤에는 업종 특성에 맞는 특별한 SCM이 숨어 있다.

① 맥도날드와 버거킹

맥도날드

햄버거 45초면 완성
고객 대기시간 최소화

버거킹

고객이 원하는 맛 선택
속도 느려도 만족도↑

맥도날드의 SCM 철학은 '높은 효율성 달성'이다. 이를 위해 이들이 내세운 전략은 표준화였다. 매장과 메뉴, 서비스 등 소비자와 접점에 있는 부분을 표준화해 고객이 주문 후 햄버거를 받을 수 있을 때까지 기다리는 대기시간을 줄였다. 시간대별 정확한 수요 예측을 통해 매장 내 제품의 수량을 관리했다. 새로운 주방 동선을 도입해 햄버거를 만드는 시간도 줄였다. 현재 맥도날드에서 햄버거 하나를 만드는 데 걸리는 시간은 45초에 불과하다. 재고회전율은 4.2일로 버거킹(7일)에 비해 빠르고 고객의 주문대기율도 2.51%로 버거킹(5.26%)에 비해 월등하다. 패스트푸드 업계에서 맥도날드의 점유율은 45%로 버거킹(14%)보다 높다.

하지만 버거킹보다 맥도날드의 SCM이 항상 더 좋은 평가를 받는 것은 아니다. 가치가 다르기 때문이다. 버거킹이 두는 가치는 '맛'이다. 버거킹을 방문한 고객들은 햄버거를 구입하기 위해 맥도날드에 방문한 고객보다 두 배 이상 기다려야 한다. 하지만 이들은 조금 더 기다리는 대신 자신들의 입맛에 맞는 햄버거를 먹을 수 있다. 이런 전략으로 버거킹 점유율은 경쟁사인 맥도날드보다 낮지만 더 높은 수익성장률(9.1%)을 자랑한다. 버거킹의 캐치프레이즈는 "Have it your way(네 마음껏 해라)"이다. 고객이 원하는 대로 햄버거를 즐기라는 말이다. 버거킹의 미국 홈페이지에는 '당신의 샌드위치 직접 만들기'라고 해 본인이 원하는 취향대로 가상으로 햄버거를 만들어보고 조합한 재료의 칼로리 총합과 모양을 볼 수 있게끔 했다. 버거킹은 실제 매장에서도 햄버거 패티, 양상추, 치즈 등을 자신이 원하는 대로 넣고 뺄 수 있는 서비스를 제공해 고객 접점에서의 'SCM'을 강조해왔다.

② 나이키와 뉴발란스

나이키	뉴발란스
동남아·중국 아웃소싱 현지 업체 철저히 관리	Made in USA 강조 맞춤식 직접생산 주력

사람들은 나이키를 신발을 만드는 회사라고 생각한다. 하지만 나이키는 더 이상 신발을 만들지 않는다. 설계, 디자인, 마케팅을 할 뿐이다. 나이키는 1970년대 중반부터 동남아시아, 중국, 한국에 아웃소싱하여 신발을 만들기 시작했다. 아웃소싱 업체들은 파트너의 자격으로 주인이 되어 자재를 구매하고 신발을 생산한 후 유통하는 전 과정을 철저하게 나이키에서 관리를 받는다. 아웃소싱 업체들은 최소 6개월 전에 얼마의 수량을 얼마의 가격에 언제까지 제조할 것이라고 나이키에 보고해야 하고 보고 내용의 90%가 실행되지 않을 경우 더 이상 나이키와의 파트너 관계를 유지하지 못한다.

반면 뉴발란스는 아웃소싱을 멀리한다. 이들이 추구하는 바는 '미국의 노동력에 의해' 만들어진 신발이다. 1938년 미국에서 처음 신발을 제조한 뉴발란스는 '메이드 인 USA(Made in USA)'를 전략적으로 활용한다. 제조뿐 아니라 가능하면 신발 제조에 필요한 물품들도 미국 내에서 조달하려고 하며 70% 이상 국내 생산이어야만 'Made in USA'라는 레이블을 붙인다. 70% 이하의 노동력이나 재료만 미국 내에서 조달되었을 경우 'Made in USA' 레이블을 붙이지 않는다. 최근에는 고객들이 자신들의 취향에 맞게 색상 배합을 한 '맞춤식' 신발을 주문하면 미국 내 공장에서 제조해 4~8일 안에 고객에게 배달되는 시스템을 도입해 직접 생산의 최고점을 보여줬다.

③ 스타벅스와 월마트

예전에는 스타벅스 커피만 비싸다고 생각한 사람들이 많았다. 하지만 이제는 커피 전문점 중에 스타벅스가 양심적이라고 생각하는 사람들이 많아졌다. 공유하는 행성(Shared Planet)이라는 슬로건을 내건 스타벅스는 좋은 원두를 높은 가격에 구매해 커피 농가의 생계 안전을 돕고 있다. 가격과 품질 사이에 직접적인 연관이 있다고 믿는 스타벅스는 공정한 수익성에 따른 품질관리를 강조하며 커피 농가 신용 지원과 원산지에 대한 사회시설 투자, 농가 지원센터 운영 등으로 전 세계 18만 5,000여 농가들과 파트너십을 맺고 있다. 또한 윤리 구매 방식을 강조하며 공정무역 인증을 받아 전 세계 커피 농가의 경제적 자립을 지원하고 지역사회와 환경을 보호한다는 목표를 실천하고 있다. 이런 가치 경영으로 사람들은 스타벅스를 더욱 신뢰하고 같은 커피 한 잔을 사 마시더라도 스타벅스에서 사

스타벅스	월마트
좋은 원두 고가 구매 농가 돕고 고객신뢰↑	가장 싼 가격에 제조 최저가에 대량 판매

마시게 된다.

반면 월마트는 저렴한 물건을 대량 판매하는 기업이다. 중국산(Made in China)이 주류인 월마트의 최대 경쟁력은 저렴한 가격이다. 그들은 고객들에게 최저가 제공을 약속했다. 최저가를 지향하다 보니 월마트는 직접 물건 제조에도 나섰다. 같은 물건이라도 월마트 브랜드 상품은 전 세계 가장 저렴한 곳에서 제조되어 타사 제품보다 경쟁력 있는 가격으로 고객을 찾아간다. 이 또한 누구의 전략이 우월하다고 평가할 수 있는 것은 아니다. 각자 나름의 가치관을 갖고 그 가치관에 비추어 볼 때 고객에게 최대의 이익을 가져다준다고 믿는 방식대로 행동할 뿐이다.

〈매일경제, 2011. 6. 18.〉

CASE 1

SPP조선 ERP시스템

2002년 설립한 SPP조선. 연간 40척 이상을 건조하면서 연매출 1조 4,000억원 규모의 중형 조선사로 성장했다. 12년 간 급속도로 성장하면서 SPP조선에 문제가 발생했다. 선박 건조량이 많아짐에 따라 업무가 복잡해졌지만 프로세스가 표준화돼 있지 않아 효율성이 떨어지기 시작한 것이다. 재무와 물류가 별도 정보시스템으로 운영돼 데이터 통합성과 신뢰도도 낮아졌다. 복잡한 공정·자재·협력사 관리에도 문제가 발생했다.

SPP조선은 문제가 발생되기 시작하자 즉각적인 해법 찾기에 나섰다. 내부 논의를 거쳐 전사 프로세스혁신(PI) 기반 전사자원관리(ERP) 시스템 구축이라는 칼을 뽑아 들었다. 많은 시간과 비용이 들지만 일류 조선소로 도약하기 위해 정면 돌파를 하겠다는 경영진의 의지가 반영됐다.

SPP조선 ERP시스템 구성도

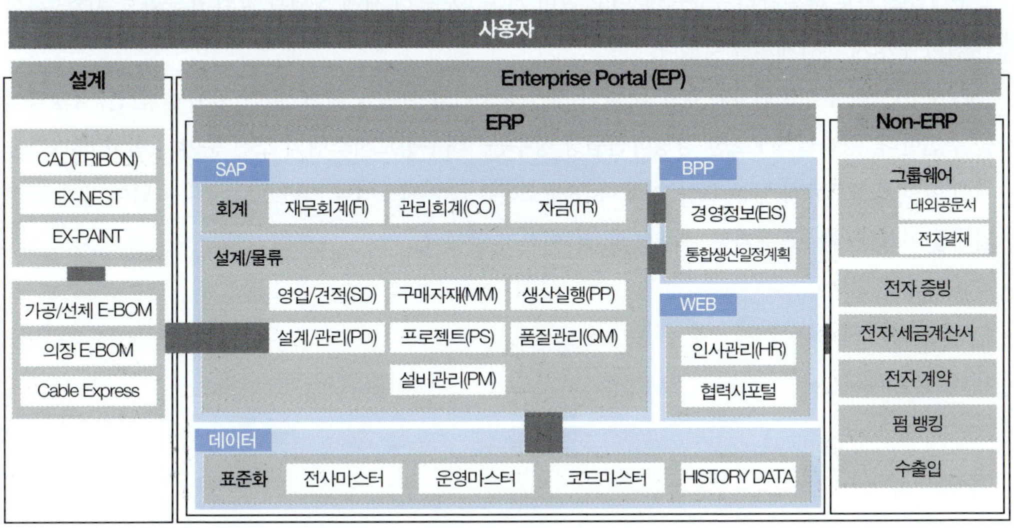

선박 건조는 많은 공정을 거치는 특수 분야다. 설계와 생산이 동시에 이뤄지는 가변적 환경, 수십만개의 자재와 다양한 생산요인을 관리해야 한다. 제한된 일정에 공정을 마쳐야 하기 때문에 정확하고 효율적인 자원 운영도 필수다. 이를 위해 ERP가 반드시 필요하다는 판단이었다.

SPP조선은 지난해 7월 대우정보시스템을 PI 기반 ERP 구축 사업자로 선정, 프로젝트를 시작했다. SPP조선 네비게이션 브릿지 시스템 구축으로 명명된 이번 사업은 일년 동안 진행됐다. 네비게이션 브릿지 시스템은 ERP·그룹웨어·인사(HR) 등 모든 시스템을 통합한 SPP조선의 새로운 통합정보 시스템이다.

SPP조선과 프로젝트 수행업체인 대우정보시스템은 ERP 구현 효과를 극대화하기 위해 빅뱅 방식을 선택했다. 주요 핵심 업무는 SAP ERP 표준기능을 활용하고 조선 분야 특화업무는 ERP와 연계, 개발했다. 생산계획과 공정관리는 SAP 기반 원 플랫폼 BPP를 비롯해 모바일·웹 등 기술을 적용했다.

변○○ 대우정보시스템 ES사업본부 전무는 "데이터 정합성이 떨어지는 기존 시스템을 고려해 데이터 마이그레이션 전략을 조기 수립했다"며 "데이터 변환 룰을 최대한 활용해 프로젝트를 진행했다"고 말했다.

SPP조선 ERP 구축 프로젝트는 착수한지 만 1년이 지난 7월 완료됐다. 각종 보고와 분석 프로세스를 단축, 업무효율을 증대했다. 예산관리 프로세스를 정립함에 따라 데이터 관리가 투명해져 기존 시스템이 산출하지 못했던 프로젝트별 원가집계와 차이분석이 가능해졌다. 데이터 신뢰도 향상으로 경영분석자료 활용 가치도 높아졌다.

오프라인으로 진행했던 협력사 견적업무도 웹 포털로 이뤄져 간편해졌다. 체계적 검사시스템과 품질문제 코드화로 품질관리 수준을 높이고 설비 기준정보관리 체계 정립과 작업 표준화로 365일 24시간 설비 무정지 지원체계를 갖췄다.

SPP조선은 지속적인 변화와 창조적 혁신 기반 강소기업 실현을 위해 '비전 2020'을 선언, 경영혁신을 추진한다. 황○○ SPP조선 경영혁신팀장 상무는 "대우정보시스템의 조선 분야 경험과 ERP 기술력이 이번 프로젝트의 성공 요인"이라며 "SPP조선은 ERP 시스템을 기반으로 국내를 넘어 세계 조선업계를 이끄는 새로운 강자로 재탄생 할 것"이라고 말했다.

〈전자신문, 2014. 10. 21.〉

CASE 2

오비맥주 모빌리티 CRM

■ 데이터안에 숨겨진 가치를 찾는다

오비맥주는 기존에 구축한 영업지원시스템에서 핵심기능만을 추출해 모바일로 활용 가능한 UX(User Experience)를 개발해 영업방식의 패러다임을 바꾸고 있다. 오비맥주가 도입한 르네상스 프로젝트는 영업사원이 개인용 모바일 디바이스를 통해 더 쉽고, 더 빠르게 시장 변화에 대응하고 업무를 처리할 수 있다는 것이 핵심 골자이다.

르네상스 프로젝트는 모빌리티 영업시스템을 구축해 유통채널/주요상권/영업사원 실적 정보의 가시성을 확보한다. 또한 임원과 영업사원 간의 유기적 소통창구로 활용, 시장정보 공유와 영업코칭 강화로 활용된다. 특히 하이브리드 주류시장의 강화로 현장에서 즉각적이고 정교한 영업과 마케팅을 위해 르네상스 프로젝트를 적극 활용하게 한다는 방침이다. 오비맥주 모빌리티 CRM 구축 배경과 기대효과 및 계획에 대해 살펴봤다.

■ 현장 UX 적극 반영한다

오비맥주는 지난 2월부터 6월까지 영업사원들의 현장 활동 강화 및 BYOD를 적극 활용해 비즈니스 기획도출에 활용할 수 있도록 르네상스 프로젝트를 마무리했다.

프로젝트 개요

프로젝트명	구축기간	주요 구축목적	구축사업자
오비맥주 르네상스 프로젝트(mPOCs)	2013년 2월~2013년 6월	영업분야 UX -기획 - 즉각적이고 정교한 영업 효과 기대 - 임원·사원 간의 소통창구 활용 - 사내·외 정보의 가시성 확보	유비원

우선 오비맥주는 프로젝트를 통해 기존의 웹 CRM에 모빌리티를 강화해 시장 환경 변화에 능동적으로 대처할 수 있게 준비했다. 영업사원의 사내 근무 최소화를 통한 현장 활동 강화 및 효율성을 제고했으며, 전채널 거래처 관리 표준화와 입력을 최소화할 수 있도록 지원하고 있다. SFA(영업자동화) 대신에 FFA(현장업무자동화)를 도입해 현장 업무에 대한 전문성을 높이고 안정성마저 확보했다. 현장에서의 사용자 경험(UX)을 바탕으로 영업에 최적화된 모빌리티 CRM을 구축한 것이다. 박ㅇㅇ 오비맥주 정보전략팀 팀장은 "한번에 두 마리의 토끼를 잡을 수는 없는 일"이라며 "누가 사용하는지를 파악하고 구축 방향을 잡는 것이 무엇보다 중요하다"고 전했다.

■ 맵 대시보드를 통한 가시성 확보

이번 프로젝트는 웹그룹웨어 POCs의 모바일버전인 mPOCs도 구축해 현장에서도 간편하고 빠르게 업무를 처리할 수 있도록 제공한다. 사무실에서 업무를 결제해야하는 시간마저 절약해 현장활동에 집중할 수 있는 것이다.

또한 mPOCs는 모바일 애플리케이션 형태로 제작, 각자가 보유하고 있는 모바일 디바이스를 이용해 디바이스 운영비용을 대폭 절감했다.

mPOCs는 채널 및 상권/영업사원의 실적, 현장 정보 실시간 맵 대시보드를 통해 직관성과 가시성을 극대화시켰다. 이를 통해 영업사원들이 유통담당자, 업체정보, 점유율 등 주요지표를 바로 파악할 수 있는 등 영업에 필수적인 요소를 제공한다. 특히 최근 주류시장에서 크게 성장하는 하이브리드 주류업체의 트렌드를 잡기 위해서 각 상권에서 어떤 주류제품이 점유하고 있는지에 대한 정보수집과 분석을 한 눈에 볼 수 있다. 또한 26만 개에 이르는 주요 주류 소비처를 파악해 맵 대시보드로 구축한 것도 이번 프로젝트의 성과이다.

mPOCs 맵 대시보드

■ '봉화', 정보통합 시스템으로 활용

오비맥주는 이번 프로젝트의 최대 성과로 '봉화'시스템을 꼽는다. (시장)현장에 있는 영업사원과 회사 내부에 있는 임원 간의 커뮤니케이션 창구가 열린 것이다. 영업사원은 급변하는 시장에서 일어나는 자사제품의 마케팅, POP 광고는 물론, 경쟁사 현황 등 시황정보를 사진을 찍거나 텍스트를 통해 본사로 송신할 수 있다. 이를 본사의 정보처리 중앙본부에서 정보의 가치를 판단하고 등급을 차

등적으로 적용해 전사 직원에게 전달한다. 임원들은 이 정보를 통해 현장에 대한 상황을 즉각적으로 파악할 수 있고, 파악된 정보를 토대로 영업사원에게 영업코칭을 전달할 수 있다.

오비맥주는 기존의 사무실업무를 Top-Down형식으로 처리하던 것을 Honeycomb 프로젝트(웹 CRM 시스템)을 도입해 Bottom-Up 형식으로 정보와 결제를 처리했다. 그러나 르네상스 프로젝트는 기존의 소통방식을 한 단계 나아가 임·직원간의 상호보완적인 소통창구를 마련하며 유기적인 의사결정을 이루도록 했다. 봉화시스템을 통해 임직원의 더 많은 소통과 정보공유, 결제가 일어날 수 있게 실현한 것이다.

■ **빅데이터를 활용한 BI고도화 진행**

오비맥주는 영업지원을 위해 1단계로 백엔드 시스템을 통합·구축한 Honeycomb 프로젝트, 2단계로 모빌리티를 지원한 르네상스 프로젝트, 영업지원 마지막 단계로 수요예측 프로젝트(가칭)를 9월에 완료할 계획이다. 르네상스 프로젝트에서 얻어진 내적 축적 정보와 함께, 주류 소비처에서 얻어지는 외적 정보를 통합하여 데이터 관계성을 구축하는 것이 주요 목표이다.

박 팀장은 "오비맥주의 영업정보와 블로그나 SNS에서 작성된 맛집정보는 아무런 연관성이 없는 것처럼 보일 수 있다"며 "그러나 맛집이라고 생각한 곳에 오비맥주가 아닌 경쟁사의 제품이 납품되고 있다면 그 정보를 통해 새로운 시장을 개척할 수 있다"고 설명했다.

그는 Honeycomb 프로젝트, 르네상스 프로젝트도 현장에서 니즈(요구)가 새로운 프로젝트의 원동력이 됐다고 말하며, 수요예측 프로젝트에서 새로운 니즈가 새로운 프로젝트로 이어질 것으로 내다보고 있다.

〈CIOCISO, 2013. 9.〉

Chapter

7 지식경영과 지식관리시스템

학습 내용

제1절 지식경제
제2절 지식경영
제3절 지식관리시스템
MIS HIGHLIGHT 1 지식경제 시대 가고, 아이디어경제 시대 온다.
MIS HIGHLIGHT 2 창조경제의 이해와 대응방안
CASE 1 국민건강보험공단-지식관리시스템: 조직 비전 달성의 초석
CASE 2 포스코 지식경영

제1절 지식경제

전통적인 산업사회에서 기업은 주로 기술혁신이나 비용절감 등을 통해 경쟁우위를 획득하려고 노력해왔다. 그러나 기술혁신에 의한 차별화전략은 기술의 범용화, 기업 간 기술격차의 축소 등으로 시장 내 후발주자들에 의해 더 쉽게 대체되고 모방되면서 지속적인 경쟁력 유지의 한계에 직면하고 있다. 그리고 신흥국가들이 저원가전략에 따른 인건비를 기반으로 연구개발(R&D)이나 생산에서 차별화를 내세우고 있기 때문에 비용절감을 통한 고객가치를 제고한다는 것은 더욱 어려워지고 있다.

그렇다면 자사만의 차별적인 가치를 유지하고 발전시키는 전략은 없는 것인가? 21세기는 모든 것이 네트워크로 연결되는 세계, 즉 많은 정보와 지식이 네트워크를 통해 공유되는 이른바 네트워크사회이다. 이러한 사회는 독특한 아이디어와 창의력에 기반을 둔 창조적인 지식이 힘이 되고 경쟁력이 된다. 따라서 조직은 혁신적인 아이디어를 창출하는 조직구성원의 지식을 수렴하고 이것이 조직지식으로 축적될 수 있는 전략을 모색해야 한다.

특히 오늘날 오픈 네트워크를 통해 쌍방향 커뮤니케이션을 가능하게 하는 위키(Wikis), 블로그(Blogs), 팟캐스트(Podcasts), RSS(Rich Site Summary) 필터, 사회네트워크(Social Network), 폭소노미(Folksonomy: 대중분류법), 매시업(Mashup), 크라우드소싱(Crowdsourcing) 등과 같은 웹 2.0 기술들은 지식경영, 협업 및 커뮤니케이션, 혁신 측면에서 조직에게 많은 영향을 미치고 있다. 웹 2.0은 이용자가 적극적으로 참여하여 정보와 지식을 생산·공유·소비하는 열린 인터넷을 의미한다.

웹 2.0의 대표적인 폭소노미는 "folk"와 "order", "nomous"의 합성어로 사람들에 의한 분류법이란 뜻이다. 예를 들어 한 개인이 블로그에 글을 올리면서 자신의 글이 쉽게 검색되도록 "태그(tag)"를 붙인다. 이런 태그와 같은 키워드 중심의 분류 체계를 폭소노미라고 한다. 하지만 PC 중심의 웹에서 스마트폰이나 태블릿PC의 애플리케이션으로의 진화는 사람들로 하여금 단순한 검색이 아닌 편집에 직접 참여하게 하고 있다.

따라서 웹 2.0의 기술과 이의 지속적인 발전을 통해 개인은 창의적인 지식과 아이디어에 의한 인터넷 기반의 생활방식이 더욱 강화될 것이며, 조직은 온·오프라인의 경계가 약화된 환경에서 새로운 형태의 제품과 서비스를 제공하게 될 것이다. 예컨대 웹 2.0 기술은 고객 접점을 확산시키기 때문에 조직은 고객의 요구를 충족시키기 위한 다채널 전략을 고수하면서 더욱 개인화된 제품과 서비스를 제공해야 한다.

즉 웹 2.0 기술들은 고객이 쇼핑경험을 맞춤화하고 통제할 수 있도록 하기 때문에, IT분야의 시장조사 및 컨설팅업체 가트너(Gartner)는 현재와 같은 채널과 제품 중심의 비즈니스 모델로는 더 이상 고객충성도를 유지할 수 없다고 지적하고 있다. 어떠한 조직이라도 높은 기업성과를 달성하기 위해서는 극적인 변화가 필요한데 이러한 시점을 전략적 변곡점(strategic inflection points)이라 한다. 변곡점은 새로운 경쟁자, 기술 등의 등장으로 산업 환경이 근본적으로 변화하는 시기에 주로 발생하는데 최근에 이를 가속화한 것이 인터넷이다.

세계경제에 엄청난 변화를 일으킨 인터넷의 영향으로는 글로벌 경쟁의 심화, 조직형태의 변화, 가상기업의 생성, 산업전반의 가치사슬해체, 기업 간 기술의 격차 감소, 제품수명주기의 단축, 고객중심의 산업과 시장출현, 지식근로자의 탄생 등이다. 또한 인터넷의 등장으로 제품과 서비스, 생산자와 소비자, 고용주와 종업원, 자본과 인력, 현실세계와 가상세계, 기업과 기업 등 양자 간에 존재했던 경계가 모호해지는 불투명 경제가 함께 나타나고 있는데, 이는 속도(speed), 상호연결(connectivity), 무형자산(intangibles) 등에 기인한 것이다.

① 속도

정보기술의 발달로 정보의 신속한 전달과 공유가 가능해지면서 경영정보의 발생-전달-의사결정이 시차 없이 동시에 이루어지는 실시간(real time) 경영과 시간 중심의 경쟁이 불가피해지고 있다.

② 상호연결

인터넷의 등장으로 소비자와 생산자, 제품과 소비자, 소비자와 정보 등 경제시스템을 구성하는 모든 요소들이 네트워크를 매개로 연결되고 있다.

그림 7-1 지식경제의 개념

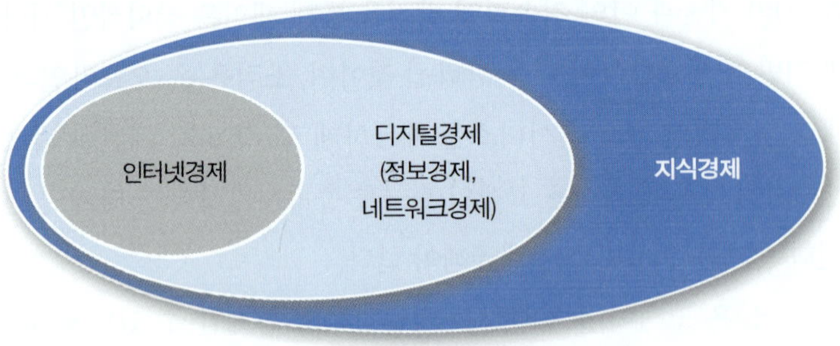

③ 무형자산

서비스, 정보, 제품에 부가되는 서비스, 이미지(브랜드 충성도, 기업 이미지, 고객과의 관계 등) 등의 중요성이 증가하고 있다.

21세기는 한마디로 창조적인 지식이 기업의 핵심역량이 되는 "지식기반 경제(knowledge-based economy)" 또는 "지식경제(knowledge economy)"라고 할 수 있다. 그림 7-1에서처럼 "지식경제"는 정보통신 혁명 이외에 다양한 기술과 지식을 포괄한다. 일례로 독일의 실리콘 제조업체 바커(Wacker)는 반도체용 칩 재료인 초순도 실리콘웨이퍼를 비롯해 부가가치가 높은 액상실리콘, 에멀전, 수지, 실리콘 고무 등을 주력품으로 다루는 회사이다.

이 회사가 세계적인 기업이 될 수 있었던 것은 내부 정보 분석뿐 아니라 소비자를 비롯한 외부의 요구를 적극적으로 반영할 수 있는 시스템을 구축하고, 신제품 개발을 위해 주 고객인 거래기업과의 밀접한 협의에서 나온 아이디어를 지식제품으로 전환한 데 있다. 이렇듯 지식경제는 대량생산경제와는 다르며 수확체증의 법칙을 통한 지식의 상품화로 형성된 무형자산의 가치가 매우 높은 사회이다.

1. 사회와 경제 패러다임의 변화

급변하는 환경과 치열한 경쟁 속에서 기업경쟁력을 좌우하는 요인은 지식이다. 지식은 제품이나 기술에 비해 경쟁기업이 쉽게 모방할 수 없기 때문에 노나카 이쿠지로(Nonaka Ikujiro)는 지식을 제5의 자원이라고 하였다. 현 세계의 패러다임은 공업사회에서 산업사회를 거쳐 지식사회에 머무르고 있다. 지식사회로의 이행을 가속화한 원동력은 정보기술의 발전과 무관하지 않은데 그림 7-2는 시대 구분에 따른 사회와 경제 패러다임의 변화를 나타낸 것이다.

그림 7-2 사회와 경제 패러다임의 변화

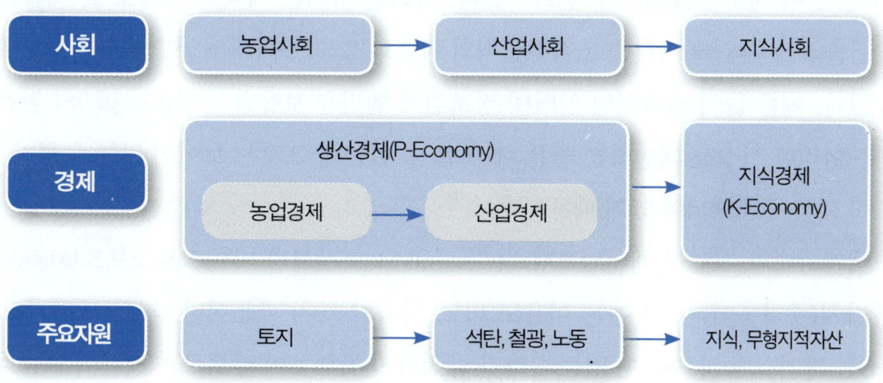

그림 7-3 생산경제와 지식경제 사이의 매개요인

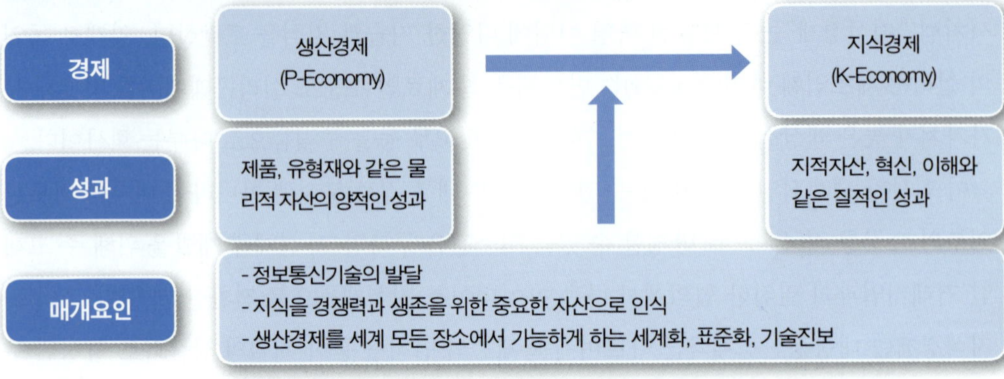

언제나 그렇듯 새로운 정보기술의 등장과 발전은 놀라운 속도로 세상을 변화시키고 생존을 위한 기업 간 경쟁을 심화시키는데 그림 7-3은 생산경제에서 지식경제로의 전환에 영향을 미치는 중요한 요인들을 보여준다.

지식경영은 어느 날 갑자기 등장한 새로운 경영혁신이 아니다. 이는 인간의 질적인 삶이 가능해진 농업사회에서부터 지속적으로 이어져온 산물이다. 그런 의미에서 농업사회에서의 지식경영은 보다 많은 농산물을 얻기 위한 농경기술의 개발이며, 이때의 지식은 수많은 시행착오에 따른 경험이라고 볼 수 있다. 반면 산업사회에서의 지식경영은 양질의 값싼 제품을 대량생산할 수 있는 기업능력을 확립하는 것으로, 기계화된 생산방식을 통한 프로세스 혁신이 주된 지식이었다.

하지만 오늘날 지식사회는 산업혁명과 정보혁명이 몇 백 년에 걸쳐 바꿔놓은 세상을 불과 수십 년 만에 새로운 모습으로 변화시켰다. 이러한 사회는 지식을 매개로 한 제품과 서비스를 산출하기 때문에 지식을 조직생산력의 극대화 및 고부가가치창출의 원천으로 부각시키고 있다. 예를 들어 세계적인 인터넷 정보검색 엔진을 보유한 구글(Google)의 높은 주식가격은 이러한 사실을 대변하는 좋은 예라 할 수 있는데 그것은 보이지 않는 무형자산의 가치가 이 회사에 내재되어 있기 때문이다.

또한 세계최대의 기업인 제너널모터스(General Motors)보다 마이크로소프트(Microsoft)의 시장가치(주가총액)가 더 높은 이유도 바로 지식의 가치 때문이다. 피터 드러커(Peter Drucker)는 과거 노동과 자원이 없는 나라가 발전하지 못했듯이 앞으로는 지식이 없는 국가와 사회는 망할 것이라고 단언하였다. 즉 현재의 최첨단 기술혁명이 과거의 산업혁명을 능가할 것이며 경제의 중심이 지식을 생산·분배하는 지식관련 산업으로 변화한다는 것이다. 이와 같은 관점에서 지식사회가 갖는 특징을 간단하게 살펴보면 다음과 같다.

(1) 경계(Boundary)가 사라지고 경쟁이 치열하다

오늘날 환경변화의 속도는 과거에 비해 6~7배 이상 빨라졌다. 또한 정보기술의 발달로 지식과 정보는 과거 그 어느 때보다도 이동이 쉬워졌으며 인터넷이나 이메일 등을 통해 개인, 기업, 지역, 국경의 경계 없이 전 세계로 확산된다. 예를 들어 고객은 각 기업별 제품품질과 가격을 실시간으로 비교해볼 수 있으며 책, 꽃, CD, 심지어 짜장면 배달까지도 인터넷을 통해 거래가 이루어지고 있다.

(2) 사회적 신분과 부(富)는 지식을 따라 이동한다

지식은 상속할 수 없으며 지식사회에서는 누구나 쉽게 교육을 받을 수 있기 때문에 개인이 가지고 있는 독특한 지식과 능력에 따라 개인의 가치가 달라진다. 그로 인해 신분제사회나 산업사회보다 훨씬 신분의 수직 이동이 쉬워졌다.

(3) 지식근로자의 출현

지식사회는 전문적인 능력을 가진 직업이 요구되며 각 개인에게 있어서는 무한 경쟁사회가 되었다. 협의의 지식근로자는 특정 분야에 대한 전문지식을 가지고 있는 사람이며, 광의의 지식근로자는 쓸모 있는 지식 혹은 행동하는 지식을 보유한 사람으로서 대체 불가능하다. 지식근로자는 일반근로자보다 범조직인(cosmopolitan)의 성향이 높기 때문에 조직은 이들에 대한 체계적인 관리와 육성이 필요하다. 범조직인은 조직 내부에서의 승진보다는 자신의 전문분야에서 성공하는 것을 더 중시 여기는 사람이다.

2. 지식사회의 경쟁과 시장 패러다임

경쟁이 비교적 치열하지 않았던 1990년대 이전에는 제품개선과 규모의 경제를 통해 시장점유율을 확보하는 것이 기업의 수익성과 직결되었다. 그러나 지식사회는 고객중심의 경

그림 7-4 경쟁 및 시장변화와 고객과의 관계

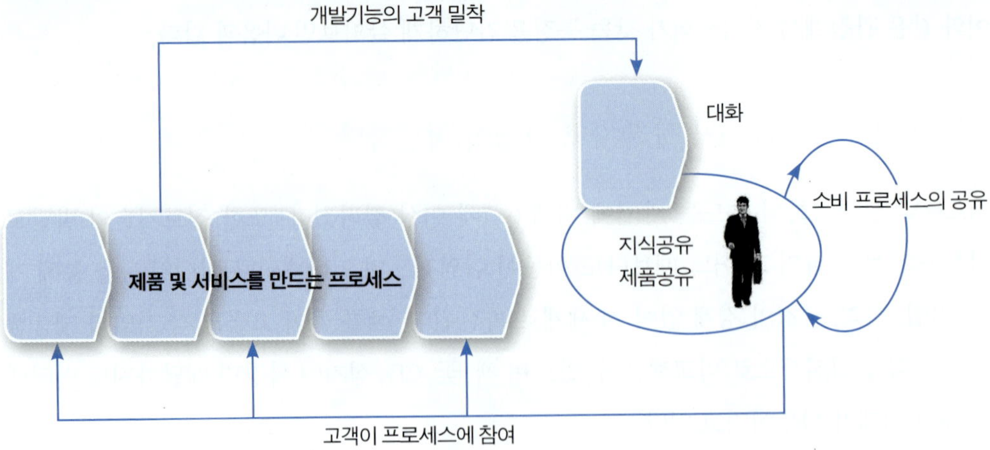

영이 기업의 수익성과 직결된다. 즉 고객을 기업경영의 중심에 두고 고객의 속성을 재정의하여 새로운 사업을 끊임없이 발굴해가는 것이 수익영역(profit zone)이 된다. 1990년대 경영위기에 처해 있던 IBM은 각 제품 사업부를 분리 매각하는 대신 통합 제품과 솔루션을 제공함으로써 재기할 수 있었다. IBM이 위기에 처하게 된 가장 큰 배경은 제조와 판매 중심의 기업문화 때문인데, IBM은 연구개발을 통해 컴퓨터에 대한 지식은 풍부했지만 고객이 진정으로 원하는 것이 무엇인지는 간과하고 있었다. 즉 IBM의 고객은 하드웨어만 요구하는 것이 아니라 하드웨어와 소프트웨어를 결합한 솔루션을 원했던 것이다. 이렇듯 과거 전통적인 기업들은 철저하게 제품 및 서비스의 개발과 생산을 담당한 반면, 고객은 기업이 제공하는 제품 및 서비스를 구매하는 것에 주안점을 두었다. 하지만 최근 들어 고객은 구매만을 전담하던 역할에서 벗어나 기업 비즈니스 과정의 전반적인 활동에 참여하여 가치를 창출하는 파트너로서의 역할을 하고 있다.

앨빈 토플러(Alvin Toffler)는 『제3의 물결』이라는 저서를 통해 이러한 고객을 "프로슈머(Prosumer: 생산소비자)"라고 하였다. 이는 고객 자신이 기업의 생산과정에 직접 참여하는 것으로 "producer(생산자)"와 "consumer(소비자)"를 합성한 말이다. 즉 제품 및 서비스도 이제는 소비자가 원하는 방향으로 만들어져야 경쟁력이 있다는 것을 말해준다. 그림 7-4는 지식사회에서 경쟁 및 시장변화와 고객과의 새로운 관계를 나타낸 것이다.

지식사회는 생산과 소비의 재융합이 이루어지고, 라이프사이클과 시간에 대한 가치의 관계가 변화하며, 고객과의 지식공유로 인해 기업과 고객이 새로운 관계를 형성한다. 생산과 소비의 관계변화는 결국 라이프사이클에 대한 재고(再考)로 연계되는데 프로슈머가 제안된 이후 파생용어들이 다양하게 언급되는 것은 그만큼 고객에 대한 중요성이 크기 때문이다. 그 예로 LG경제연구원이 2007년 New 소비코드 5를 통해 "크리슈머(Cresumer: 창조적 소비자)"를 언급하였다. 이는 "creative"와 "consumer"의 합성어로 크리슈머의 경영참여는 소비자와의 커뮤니케이션을 통해 기업이 경영에 필요한 지식과 아이디어를 소비자로부터 직접 얻는 추세가 늘고 있음을 시사한다.

특히 인터넷의 발달에 힘입어 소비자가 더욱 똑똑해지고 있는 가운데 스마트 소비가 보편화되고 있다. 소비자는 기업의 일방적인 커뮤니케이션에 순응하지 않고 직접 제품정보를 수집하여 품질을 확인하고자 하며, 가격비교사이트에서 가격을 철저하게 비교하고 구전효과가 있는 리뷰를 통해 보다 신중한 구매의사결정을 내리려 한다. 이러한 행위는 소비자로 하여금 주체적이고 능동적인 소비를 지향하게 하고 나아가 기업에 적극적으로 아이디어를 제안하고 참여하는 수준을 높이기도 한다.

고객참여의 핵심이 상호작용이라는 점을 감안하면 고객참여의 효과적 구현에 있어 기업 내 지식의 흐름과 공유가 중요한 이슈가 된다. 즉 고객의 가치를 어느 접점을 통해 어떻게 전달하고 어떻게 고객을 평생고객으로 남게 할 것인가를 종합적으로 분석할 필요가 있는데 이를 위해서는 기업의 일방적인 의사결정과 생산방식이 전면 개선되어야 한다. 예를 들어 지식경영을 통해 "고객만족"을 실천하려는 한 기업이 고객을 최전선에서 접하는 생활건강 설계사부터 시작한다고 하자. 설계사는 먼저 고객과의 만남에서 제품에 대한 평가와 불만사항, 신제품 요구 등을 파악해 대리점에 보고한다. 이는 "고객－설계사－대리점-본사"의 상향식(Bottom-Up) 지식공유를 가능하게 하고 개선사항에 대해서는 "본사－대리점－설계사－고객"의 하향식(Top-Down) 지식공유도 이루어지게 한다. 결국 제품에 대한 평가와 요구, 브랜드 인지도, 지역별 판매실적 등 고객에 관한 모든 정보를 회사 전체 조직이 공유하는 소중한 지적자산으로 활용하고 그 결과 전체 매출액이 증가하게 된다. 궁극적으로 이 모든 과정은 앨빈 토플러가 주장한 "시간적 동시화"를 달성하며 미래의 경쟁에 반드시 필요한 역량의 기초를 제공한다.

최근 기업경쟁의 한 패턴은 고객중심과 함께 자연스럽게 나타난 가치창출이다. 동일한 제품과 서비스라도 고객이 느끼는 가치는 다르다. 이는 기업의 경영목표가 고객과 가치창출에 맞춰져야 하고 고객이 느끼는 가치를 극대화할 수 있는 혁신활동을 전개해야 함을 말한다. 그러기 위해서는 무엇보다 고객에게 잠재되어 있는 니즈(needs)와 지식을 찾아야 한다. 왜냐하면 고객은 더 이상 제품이나 서비스를 공급하는 대상이 아니라 지식을 공유하는 대상이며 지식 경제와 사회에서는 지식이 기업의 최고 자산이기 때문이다. 세계적인 정보기술업계의 불황에도 불구하고 지속적으로 성장하고 있는 델 컴퓨터(Dell Computer)의 성공비결이 좋은 예라 할 수 있다.

제2절 지식경영

1. 지식경영의 필요성

피터 드러커는 지식이 경제의 가장 중요한 자원이며 지배적인 경쟁우위의 요소라고 하였다. 지식경영은 시장의 변화와 기업 간 경쟁의 심화, 기술발전과 같은 외부환경의 변화에 대응하려고 노력하는 기업의 한계에서 비롯되었다. 그동안 다운사이징, 아웃소싱, 경제적 부가가치, 벤치마킹, 업무프로세스 리엔지니어링, 전사적 품질관리 등 많은 경영 기법들은 기업의 성과와 핵심역량을 높이고 경영전략을 달성하기 위한 도구로 이용되어 왔으며 실제로 가시적인 성과를 이루기도 하였다.

그러나 이와 같은 경영기법들은 기업의 인적자산을 중요하게 여기지 않고 복잡한 인적시스템을 단순화하려는 경향이 강했으며, 그 결과 급변하는 환경에 더 이상 기업의 목표를 충분히 충족시키지 못하는 현실에 직면하게 되었다. 그 가운데 최근 지식사회가 도래하면서 그동안 간과되어왔던 기업의 인적자원과 무형자산이 기업의 성과로 직결되는 현상이 나타났다. 과거 물질적인 유형자산을 중심으로 이루어지던 경제 및 산업구조가 지식사회로 접어들면서 인간의 창의적 아이디어와 지식으로 무게중심을 옮겨가고 있는 것이다. 예를 들어 Microsoft, Netscape, Yahoo 등의 성공사례는 지식경영의 대표적인 예라고 할 수 있다. 조직이 지식경영을 해야 하는 배경은 다음과 같다.

(1) 정보기술의 발달과 지식의 중요성으로 인한 무형자산 인식의 제고이다

최근 인터넷의 등장으로 가상공간에서의 네트워킹은 자신에게 필요한 정보를 시공간을 초월하여 실시간으로 획득하게 하며 새로운 지식창출의 공간을 만들어냈다. 이는 나아가 가상 커뮤니티를 넘어 개인 블로그에서 손수제작물(User-Created Contents: UCC) 동영상에 이르기까지 개인의 적극적인 참여를 통해 지식을 생성·저장·공유·활용하는 열린 인터넷 시대를 제공하고 있다.

(2) 치열한 글로벌 경쟁사회에서 조직구성원이 보유한 창조적 지식이 중요하다

창조적 지식은 기업이 지속적으로 성장·발전하고 차별적인 경쟁우위를 확보하는 원천이 된다. 또한 이 지식은 기업의 핵심역량이 되며 생존과 변화에 대한 적응·경쟁 능력을 결정한다. 조직의 경쟁력은 오랜 기간 다양한 현장체험을 통해 획득한 전문지식이나 노하우를 가진 지식근로자로부터 나온다.

(3) 학습조직에 대한 반동으로 지식경영이 등장하다

다른 경쟁사보다 빠르게 학습할 수 있는 능력이야말로 21세기 성장과 발전의 가장 중요한 원천이다. 그러나 학습조직이 그 구체적인 방법론을 제시하지 못하고, 학습조직에 대한 이해부족과 가시적인 결과만을 기대했던 점이 오히려 부정적인 원인이 되었다. 즉 학습조직에 대한 정확한 평가를 위한 기준과 도구가 부족하고, 세부사항에 대한 철저한 조사나 경쟁조직과의 정확한 비교작업 없이 너무 성급하게 성과를 기대했다는 것이다.

(4) 기업의 자산 가치를 재무적인 자산 중심으로 산출하는 방식에 근본적인 문제가 있다

기업의 경쟁력이 브랜드 가치나 지적자산으로부터 유래한다는 인식이 확산되면서 기업이 보유하고 있는 무형자산, 특히 지적자산을 객관적이고 과학적으로 규명하고자 하는 노력이 많은 관심을 끌고 있다. 쉐브론 텍사코(Chevron Texaco), 다우케미컬(Dow Chemical), 선마이크로시스템(Sun Microsystems), 스틸케이스(Steelcase) 등과 같이 지식경영을 실천하고 있는 기업들은 엄청난 생산성 증가를 보이고 있다. 생산성 증가는 지식경영을 통한 비용 절감이나 수익증가로 인한 것이다.

직접적인 측정이 어렵기 때문에 계산에 포함되지 않은 간접효과까지 고려하면 생산성은 훨씬 더 증가한다. 이처럼 지식경영은 기업 간 경쟁우위의 차별화를 위한 강력한 효과를 제공하고 많은 IT기업과 서비스시장의 촉매제가 되며, 기업들로 하여금 배타적인 틈새시장을 개발하게 하는 동시에 기존에 판매하고 있는 제품과 서비스의 가치를 향상시키고 있다.

지식경영은 경영의 기본적인 원칙을 강조하고 지식을 전략적으로 활용하게 함으로써 경쟁력을 확보하려는 조직으로 하여금 경영의 본질을 되돌아보게 한다는 점에서 중요하다. 특히 지식이 기업의 경쟁력 제고에 결정적인 요인으로 작용하기 때문에 지식경영이 기업에게 제공하는 잠재적인 기회는 다음과 같다.

① 조직의 정보를 획득·분석하고 그 정보를 데이터웨어하우징과 데이터마이닝, 의사결정지원시스템과 중역정보시스템을 통해 전략적으로 응용하게 한다.
② 전 세계적으로 정보에 접근할 수 있는 프로세스를 만들어주며 조직구성원이 인트라넷, 그룹웨어, 그룹의사결정시스템을 통해 보다 빠르고 합리적인 의사결정을 내릴 수 있게 한다.
③ 조직 전반의 과거 경험에서 축적된 지식을 활용하게 한다.
④ 스피드, 민첩성, 안정성을 향상시켜 과업을 완수·전개하게 한다.

2. 지식경영의 정의

글로벌 경쟁의 가속화와 끊임없는 기술의 발전은 지식사회로의 패러다임을 창조했고 이러한 변화는 조직의 경제활동 전반에 걸친 혁신과 경쟁력을 위한 지식경영을 필연적이게 하였다. 혁신과 지식경영은 조직의 경쟁우위를 증가시키고 관리하는 데 있어 핵심적인 역할을 수행하는데, 최근 포스코가 지식기반의 핵심역량을 활용하여 "파이넥스공법" 개발이라는 새로운 비즈니스를 성공적으로 수행하게 된 점은 바로 지식경영의 전략적 역할이 컸음을 보여주는 실례이다.

또한 세계최고의 철강경쟁력 유지와 핵심지식을 기반으로 전후방 및 관련 부문으로의 기

그림 7-5 지식경영과 조직성장

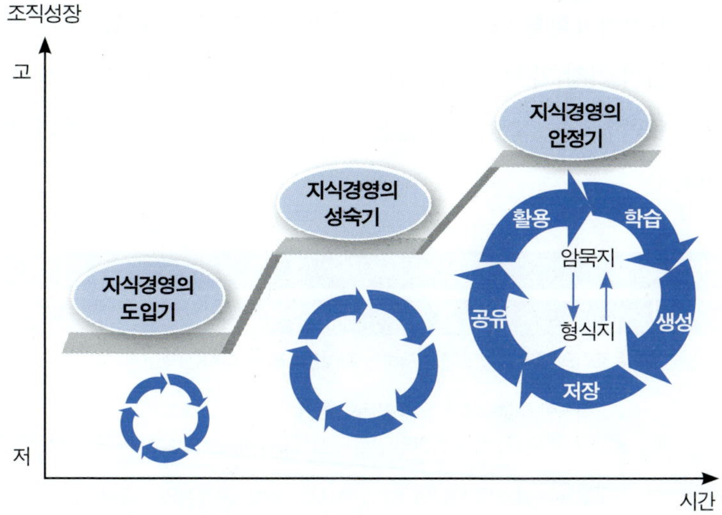

업가치 확장을 위해 지속적으로 혁신을 추진하였는데 이를 지원한 인프라 또한 지식경영이다. 이렇듯 지식경영은 조직의 지식자원을 효율적으로 개발하고 활용하여 기업의 창조적인 능력을 개선시키는 경영혁신이다.

칼 위그(Karl Wiig)는 조직의 가치창출을 위해 지식을 창출·조정·공유·사용하는 일련의 지식과 관련된 활동이 지식경영이라고 하였다. 지식경영은 지식이 생성되고 전이되어 가치를 창출하고 이를 통해 다시 새로운 지식을 창출하고 관리하는 광의의 개념이다. 따라서 여기에는 새로운 환경변화 인지와 차별화된 전략 및 프로세스, 기술하부구조, 조직문화, 조직지식관리 등 조직의 전반적인 변화가 요구된다.

특히 오늘날 기업의 경쟁패턴이 고객 중심과 동시에 가치 중심으로 옮겨가는 상황에서 조직이 경쟁우위를 획득하기 위해서는 가치를 창출하는 창의적인 아이디어와 지식이 무엇보다 중요하다. 아이디어와 지식은 조직 내부 및 외부에서 획득 가능하지만 문제는 이러한 지식을 어떻게 활용하느냐이다.

다시 말해 지식경영을 통해 체계적으로 어떻게 지식을 관리하고 활용하는가에 따라 조직의 성공이 좌우된다. 그림 7-5와 같이 조직은 시간이 지남에 따라 지식의 생성－저장－공유－활용을 통해 새로운 지식을 학습하고, 계속해서 반복과정을 거치는데 이 과정에서 순환되는 원의 크기는 시간이 지남에 따라 점점 커진다. 그 결과 조직 내 구성원들의 지속적인 지식관리와 활용으로 조직의 지식경영은 안정되고 조직은 계속 성장하게 된다.

지식경영이 오늘날 지식사회를 대변하는 중추적인 용어가 되기까지는, 대표적으로 피터 드러커가 21세기 기업의 가장 가치 있는 자산이 지식과 지식근로자라고 역설한 데에는 지식경영의 중요성을 뒷받침하는 그 이전의 많은 연구들이 있었다. 지식경영의 정의를 요약하면 표 7-1과 같다.

〈표 7-1〉 지식경영의 정의

연구자	지식경영의 정의
Awad와 Ghaziri	• 조직의 프레임워크에 존재하는 지식을 다루는 다자간 학문 비즈니스 모델
Beckman	• 조직역량 창출과 혁신적인 활동의 추진 • 고객가치 제고 및 구성원의 경험과 지식공유화
Bergeron	• 구성원의 성과 및 기업의 경쟁력을 개선시키는 체계적인 비즈니스전략
Berkeley	• 조직지식의 모든 측면을 다루는 다자간 학문 비즈니스 모델
Boyettd와 Boyett	• 지식을 구현하기 위한 정보 수집·배열·저장·접근·공유하는 과정
Dalkir	• 조직의 인적, 기술, 프로세스 및 조직구조에 대한 체계적인 조정
Davenport 등	• 사람, 기술, 지식을 통해 조직목적 달성 • 지식 창조·수집·분배·사용을 위한 체계적인 시도
Malhotra	• 기업의 생존과 경쟁, 적응에 대한 이슈 제공 • 자료 및 정보 가공능력과 인간의 창조적·혁신적 능력 통합
Nonaka	• 암묵지와 형식지의 선순환 과정을 통해 경쟁우위를 획득하는 조직의 창조적인 활동
O'Dell 등	• 과거 경험을 기반으로 지식을 향상시키기 위한 프레임워크 및 경영 사고방식
Petrash	• 정확한 시간에 올바른 사람에게 올바른 지식 제공
Snowden	• 조직의 지적자산에 대한 규명·최적화 및 활동관리
Speck와 Spijkervet	• 기업목표 달성을 위한 조직지식의 통제 및 관리
Sveiby	• 조직의 무형자산에서 가치를 창출하는 예술
Taft	• 정보와 사람을 분류·분배·범주화하는 과정
Wiig	• 지식창출·갱신·적용의 체계적이고 명시적인 활동
Zhang과 Zhang	• 비즈니스 정보를 획득·선택·조직·공유 및 활용하기 위한 전략, 프로세스, 기술에 대한 연구

지식경영의 정의를 살펴본 결과 연구자들마다 초점을 어디에 두느냐에 따라 정의가 조금씩 다른데, 이 책은 통합적인 관점에서 지식경영을 다음과 같이 정의한다.

- 지식경영은 조직의 이질적이고 상호보완적인 자원을 기반으로 기존의 지식과 새로운 지식을 차별적인 전략을 통해 관리하여 조직경쟁력을 위한 혁신적인 가치를 창출하는 활동이다.

3. 지식경영의 구성요소

지식경영의 핵심 구성요소는 그림 7-6과 같이 지식경영 인프라와 지식경영 프로세스이다. 지식경영 인프라는 경영 인프라와 기술 인프라로 구성되어 있으며, 경영 인프라에는 ① 전략, ② 사람, ③ 조직문화, ④ 조직구조/프로세스 등이 포함된다. 그리고 기술 인프라는 ① 지식생성기술, ② 지식저장기술, ③ 지식검색기술, ④ 지식공유기술 등으로 이루어져 있다.

그림 7-6 지식경영의 구성요소

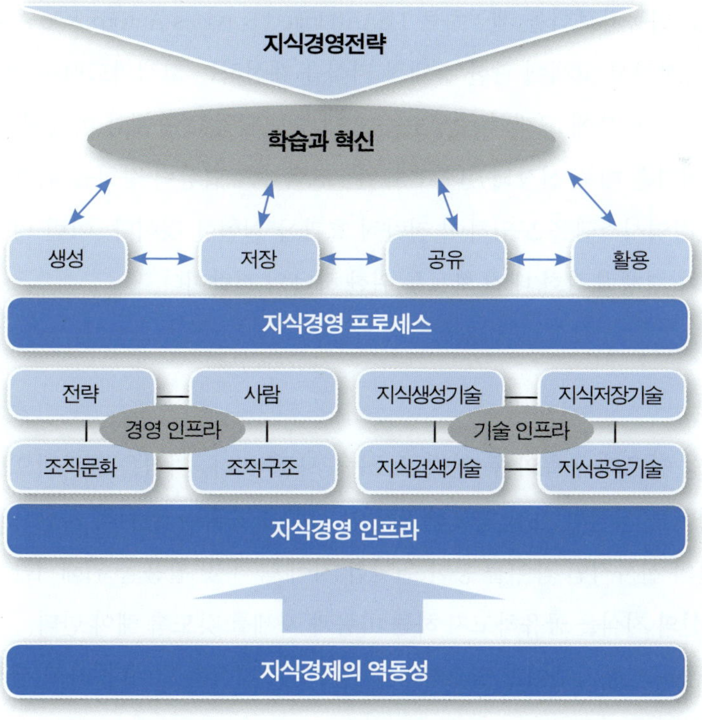

기술 인프라는 기존에 존재하거나 발전과정상에 있는 것들로서 비교적 도입하기가 쉽다. 또 많은 시스템 제공업체들로부터 구입할 수도 있다. 문제는 이와 같은 기술적 요소보다 구성원들이 자신의 지식을 흔쾌히 내놓고 그것을 잘 활용할 수 있도록 하는 협력문화와 조직적 인프라가 선행되어야 한다는 점이다. 기술은 많은 시스템 제공업자들이 앞다퉈 개발하고 있으며, 현재 이용 가능한 것으로도 충분하기 때문이다. 따라서 지식경영의 방향을 어떻게 설정하고, 사람으로부터 어떻게 지식을 얻어낼 것인가, 그리고 어떻게 지식을 활용하도록 촉진할 것인가가 중요하다.

(1) 전략

성공적인 경영 인프라 구축의 첫 번째 요소는 "전략"이다. 기업의 전략이란 그 기업이 어떤 제품으로 시장에서 경쟁우위를 가지고 어떻게 승부할 것인가를 결정하는 것이다. 그러므로 경쟁력 강화를 통한 가치창출을 지향하는 지식경영은 경영전략과의 연동하에 추진되어야 한다. 전략과 연동되지 못할 경우, 지식경영은 방향성과 일관성을 상실하여 그 효과를 기대하기 어렵고, 나아가 지식경영의 불용론마저 나타나 꽃도 피워보지 못하고 끝날 수 있다.

군인을 상대로 자동차보험을 제공하는 USAA(United Services Automobile Association)는 고객정보를 계량화하고 고객에 관한 총체적 지식을 개선하는 고객피드백시스템을 구축했다. 이와 같은 노력 덕분에 고객의 충성도는 크게 증대되었고 판매와 마케팅 비용은 대폭 삭감되었으며 이익은 대폭 신장되었다. USSA는 고객과의 협상력 강화를 위한 차별화전략과 연계한 지식경영시스템을 도입하여 전략적 효과를 실현한 것이다. 이런 의미에서 지식경영은 그 자체가 경쟁력 강화 내지 확보를 위한 하나의 전략이다.

(2) 사람

성공적인 경영 인프라 구축의 두 번째 요소는 "사람"이다. 지식을 효과적으로 관리하기 위한 중요한 테마는 지식의 가장 중요한 원천인 사람을 중요한 조직적 자산으로 이해하는 것이다. 구성원의 전사적인 참여를 통한 원활한 지식 축적 및 활용을 위해서는 무엇보다도 구성원들이 자신의 지식을 공유하고자 하는 마음과 자세를 갖도록 해야 한다.

이러한 지식공유는 동기부여가 필요하다. 사람들은 "지식은 힘이다"라고 생각하지만 지식창출은 어렵고 힘든 일이기 때문에 어떤 보상 없이 지식을 공유(제공)한다는 것을 달가워하지 않는다. 따라서 사람들로부터 지식을 얻기 위해서는 확실한 동기부여가 필요한 것이다. 지식을 많이 만들어낸 사람, 다른 사람에게 지식을 많이 전달해 준 사람, 결국 조직의 가치창출에 크게 기여한 사람에게는 그에 상응하는 보상을 해주어야 하는 것이 당연하다.

(3) 조직문화

가장 어려운 지식경영의 성공요인은 바로 지식 친화적인 문화의 창조이다. 성공적인 지식경영 기업은 대부분 긍정적인 지식문화를 가지고 있으며 프로젝트와 조직문화가 잘 조화를 이루고 있다. 긍정적인 지식문화란 지적 호기심, 지식에 관한 토론 향유, 상부상조의 기쁨과 같은 문화를 말하며 조직구성원들의 개인특성, 가치관, 규범이 잘 반영된 조직문화를 기반으로 한다. 만약 불신풍조, 회사에 대한 원망, 태만한 작업분위기, 조직변화에 대한 저항 등의 부정적인 문화가 만연하다면 이는 반드시 개선되어야 한다. 특히 지식프로젝트에서 조직문화를 선도적으로 이끌어주는 리더들의 추진 의지는 매우 중요한 성공요소가 된다.

(4) 조직구조/프로세스

지식경영의 궁극적인 목적은 새로운 지식을 생성하여 고객의 욕구를 충족시킬 새로운 제품과 서비스를 공급하는 것이다. 새로운 지식의 창출은 조직 내외부의 지식창고로부터 지식을 습득하고 지속적으로 학습함으로써 이루어진다. 따라서 지식경영의 성공은 지속적으로 학습하는 학습조직을 필요로 한다. 조직구조를 고려할 때 지식관리 조직을 신설하는 것도 한 방법이다. 특히 지식의 효율적인 관리 및 활용을 위해서 지식관련 업무를 책임지는 최고지식경영자(Chief Knowledge Officer: CKO) 제도를 도입하고 있다.

(5) 지식생성기술

성공적인 기술 인프라 구축을 위한 지식생성기술로는 데이터웨어하우스(Data Warehouse), 데이터마이닝(Data Mining), 전자문서관리시스템(EDMS), 하이퍼링크관리시스템 등이 있다. 전통적인 정보시스템으로서 임원진들을 위한 의사결정지원시스템(DSS)이나,

중역정보시스템(EIS), 그리고 중간 및 하위 관리자들을 위한 경영지원시스템(MSS) 등이 지식의 효율적 이용과 창출에 이용되기도 한다.

① 데이터웨어하우스와 데이터마이닝

데이터웨어하우스는 차원 높은 데이터 분석업무를 통하여 만들어진 고급 분석정보를 의사결정자의 판단 근거 자료로 제공하기 위하여, 사용자들의 의사결정에 필요할 정보들을 한곳에 저장해놓고, 이를 필요로 하는 사람에게 적시에 적절한 형태의 데이터를 제공하는 저장창고이다. 데이터마이닝은 데이터웨어하우스에 저장되어 있는 각 데이터의 상관관계를 인공지능기법을 통해 자동적으로 밝혀준다. 예를 들어 비를 좋아하는 사람에 대한 자료가 있고, 색깔에 대한 선호도와 관계된 자료가 있다면, 이 둘의 관계를 밝혀내는 기능을 수행한다. 즉 정확히 수치화하기 힘든 자료 사이의 연관성을 찾아내는 역할을 한다. 전문 데이터마이닝은 관리자가 조직의 데이터베이스에 있는 자료를 기반으로 경쟁분석, 시장세분화, 추세분석, 민감도분석, 예측 등을 할 수 있도록 지원한다.

② 전자문서관리시스템

전자문서관리시스템(EDMS)은 문서 자체를 종이에 기록된 형태가 아닌 컴퓨터 기반의 전자문서 형태로 관리하는 시스템을 말한다. EDMS에서 모든 문서는 문서를 생성할 때 즉시 데이터베이스를 이용해 문서의 색인정보를 저장하고 파일 자체는 어디에 있든지 상관없이 자유롭게 찾을 수 있도록 지원한다.

③ 하이퍼링크관리시스템

하이퍼링크(hyperlink)란 특정 데이터 항목과 연관이 있는 하이퍼텍스트(hypertext) 문서를 연결하여 보기 위한 개념으로서 URL(Uniform Resource Locator)에 의해서 다른 문서로 지정해놓은 것을 말한다. 따라서 하이퍼링크관리시스템이란 하이퍼텍스트와 관련 데이터 항목 간의 관계를 설정하고 이를 사용 시 연결해주는 기능을 하는 소프트웨어를 말한다.

(6) 지식저장기술

지식저장 지원기술로는 기존의 정보시스템을 지원하는 데이터베이스와는 구분되는 데이터베이스를 관리하는 데이터베이스관리시스템(DBMS)이 활용된다. DBMS는 데이터베이스를 관리하는 데 필요한 데이터의 추가, 변경, 삭제, 검색 등의 기능을 집대성한 소프트웨어 패키지로, 데이터의 정의, 처리, 출력을 용이하게 하는 일종의 고급 프로그래밍 언어를 제공한다. 대표적인 예로는 퍼스널 컴퓨터의 마이크로소프트 액세스(MS Access) 프로그램이나 워크스테이션, 메인프레임 환경에서의 오라클(Oracle) 등을 들 수 있다.

(7) 지식검색기술

지식검색기술로는 GUI(Graphic User Interface), 하이퍼링크시스템, 지능검색 에이전트(Agent) 등이 있다. 에이전트란 일반적으로 사용자를 대신하여 어떤 업무를 대행할 권한이 부여된 사람을 뜻하므로, 검색 에이전트란 사용자를 대신해서 검색을 대행해주는 소프트웨어라고 정의할 수 있다. 지능형 에이전트는 데이터베이스에 축적된 수많은 지식 중에서 어떤 지식을 필요로 하는지 사용자의 욕구를 반영하여 원하는 지식을 검색해주는 역할을 한다. 오늘날 인터넷과 같은 정보와 지식의 바다에서 필요한 지식을 찾아내는 일이란 광활한 바다에서 원하는 고기를 낚는 것보다 더 어려운 일이기 때문에 지능형 에이전트 소프트웨어는 매우 유용한 검색 도구이다.

(8) 지식공유기술

지식공유기술로는 구성원들이 이용하기 편리한 GUI 환경을 지원하는 인트라넷, 메타서버(meta server), 네트워크화된 가상환경(Networked Virtual Environment: NVE), 그룹웨어와 전자우편, 토론데이터베이스(Discussion Data Base: DDB) 및 데이터 컨퍼런싱(Data Conferencing) 등이 있다.

제3절 지식관리시스템

1. 지식관리시스템의 정의

지식관리시스템(Knowledge Management Systems: KMS)은 조직지식을 관리하기 위해 활용되는 정보시스템의 유형을 의미한다. 즉 KMS는 지식의 창조·저장·공유·활용의 지식 프로세스를 지원하고 개선하기 위해 개발된 정보기술기반시스템이다. 모든 지식경영 도입이 정보기술의 구현을 포함하지는 않으나, 지식경영의 사회 및 문화적인 측면을 무시하고 정보기술을 강조하는데 대한 충고에도 불구하고 많은 지식경영 도입은 여전히 정보기술에 의존하고 있다. 다시 말해 정보기술은 지식경영의 모든 이슈에 적용되지는 않지만 다양한 방식으로 지식경영을 지원할 수 있다. 예를 들어 정보기술은 다음과 같은 역할을 한다.

- 온라인 디렉토리의 이용과 데이터베이스 검색을 통해 전문가를 찾거나 지식의 기록된 원천을 찾는 것
- 가상 팀에서 지식을 공유하고 공동 작업을 하는 것
- 과거 프로젝트에 관한 정보에 접근하는 것
- 거래 자료의 분석을 통한 고객욕구와 행동을 이해하는 것

실제로 KMS을 구성하는 단일 기술이 없는 것처럼 지식경영에서 정보기술의 단일 역할도 없다. 조직의 지식경영 도입에서 정보기술의 활용은 다음과 같이 세 가지 영역에서 이루어진다.

① 우수사례의 성문화와 공유

첫 번째 활용은 최고 내부운영방식을 공유할 목적을 가진 내부 벤치마킹이다. 예를 들어 시장의 일반화와 수익 감소에 직면한 한 보험회사는 KMS가 지원하는 새로운 보험가입 프로세스를 통하여 최고의 의사결정 전문지식을 활용하였으며 아울러 수익성이 있는 틈새시장의 진입과 수입 증가도 가져왔다.

② 조직의 지식디렉토리의 생성

두 번째 활용은 조직의 지식디렉토리 작성으로, 내부 전문지식의 매핑(지도 작성)이라고도 한다. 조직의 대부분이 지식을 성문화하지 않고 있기 때문에 내부 전문지식의 매핑은 지식경영에서 유용하게 활용될 수 있다. 한 조사에 의하면 응답자의 74%가 조직의 최고지식에 접근할 수 없다고 믿고 있으며, 응답자의 68%는 실수는 반복해서 발생할 수 있는 것으로 생각하고 있었다. 조직의 지식을 활용하지 못한다는 지각은 내부 전문지식의 매핑을 위한 동기유발요인이 된다.

③ 지식 네트워크의 생성

세 번째 활용은 지식 네트워크의 생성이다. 예를 들어 다임러AG는 기능별 조직단위에서 자동차의 차대(platform) 기반 조직단위로 재조직하였을 때 완충장치 전문가가 차대 유형에 따라서 서로 의사소통을 할 수 없다면 전문지식이 약화될 것이라고 인식하였다. 그래서 신속하게 “Tech Cul”을 구축하였으며 구성원은 가상 대면을 통해 전문분야의 총체적인 지식을 교환하게 되었다. 이 경우에 지식경영의 노력은 전문지식의 매핑이나 벤치마킹보다는 중요한 지식의 공유와 활용을 위해 전문가를 함께 모이게 하는 데 더 많은 중점을 두고 있다.

의사소통과 토론을 위한 온라인 포럼의 제공은 지식 네트워크를 형성한다. 버크만연구소는 온라인 상호포럼을 이용하고 있는데 여기에서 사용자의 의견은 대화의 순서대로 기록이 되어 주제별, 저자별, 날짜별로 분류된다. 이러한 과정은 버크만연구소가 단순한 제품판매에서 고객의 화학치료 문제해결로 전개되는 경쟁변화에 대응하게 하였다. 포드는 지식공유를 통해 자동차개발 기간을 36개월에서 24개월로 단축하였으며 대리점과의 지식공유를 통해 배달지연을 50일에서 15일로 단축하였다.

2. 지식관리시스템의 역할

지식관리시스템을 이용하여 문제를 해결하는 일반적인 과정은 그림 7-7과 같다. 지식관리시스템의 필수적인 사항은 다음과 같다.

그림 7-7　지식관리시스템의 역할

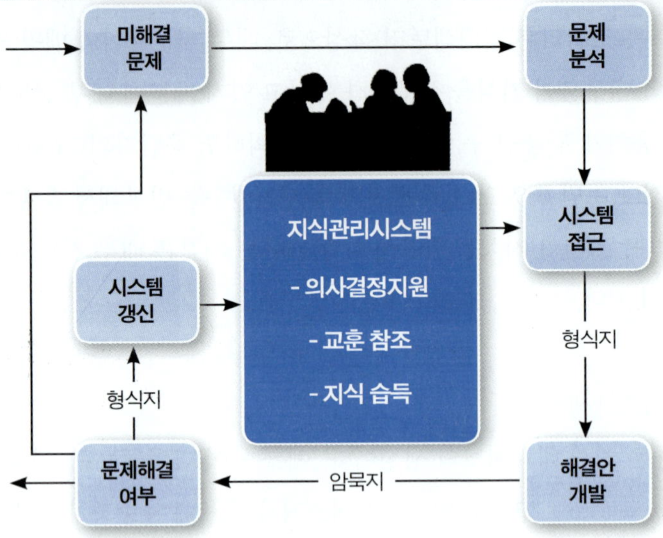

① 지식은 의사결정자가 문제발견(예: 현재 문제의 해결뿐만 아니라 미래 문제의 발견과 해결 및 구현을 위한 기회의 확인)에 착수하는 데 기반 역할을 한다.

② 정보 하부구조를 보완하는 적절한 지식 하부구조의 개발이 탐구되어야 한다.

③ 정보를 포함한 지식 수집과 조직구성원에게 전달하는 방법으로 인터넷과의 연결뿐만 아니라, 인트라넷과 엑스트라넷을 포함하는 전사적인 네트워크 아키텍처가 논의되어야 한다.

④ 적절한 소프트웨어의 활용은 조직전체뿐만 아니라 조직의 기능별 부분에 관한 지식을 개발한다는 관점에서 논의되어야 한다. 정보와 지식공유를 통해 얻은 종합적인 지혜는 조직의 수익성에 상당한 변화를 가져올 수 있다. 때문에 오늘날 정보와 지식은 급변하는 환경변화 속에서 실시간으로 활용돼야 한다.

3. 지식관리시스템의 차원과 속성

(1) 구조, 목적, 기능에 의한 분류

가이슬러(Geisler)는 세 가지 기준(구조, 목적, 기능)을 바탕으로 지식의 계층적 분류를 제

그림 7-8 구조-목적-기능 차원의 지식관리시스템 분류

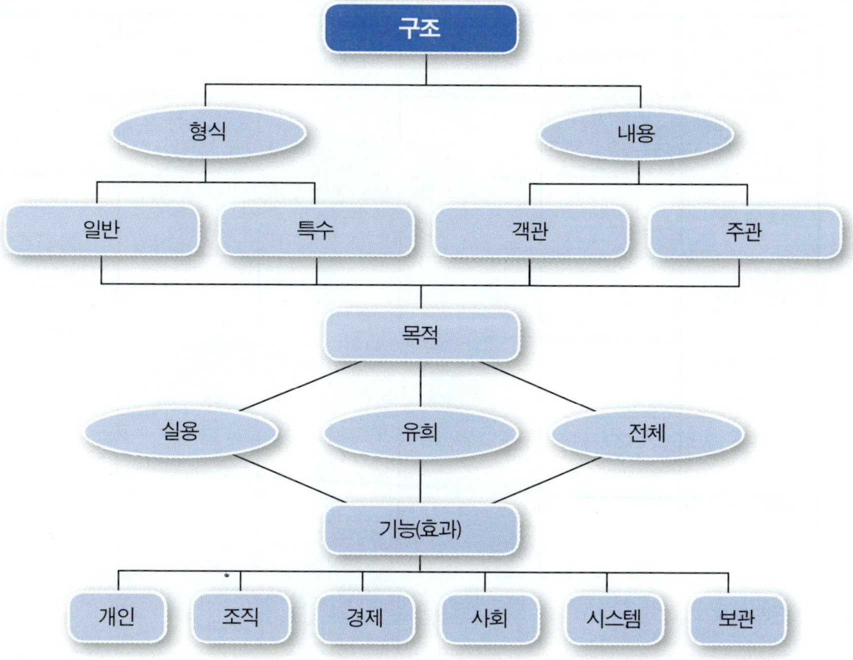

안하였다. 첫 번째 범주인 구조는 지식관리시스템이 어떻게 설계되어야 하고, 무엇을 포함할 것인가를 설명한다. 두 번째 범주인 목적은 무엇을 위하여 지식관리시스템이 설계되어야 하는가를 설명한다. 세 번째 범주인 기능은 무엇이 지식관리시스템의 영향과 효과를 받는가를 설명한다. 따라서 조직은 설계에서 활용 그리고 이에 수반된 영향 차원에서 지식관리시스템을 구축할 수 있다. 그림 7-8은 세 범주에 따른 지식관리시스템의 분류체계를 보여준다.

(2) 부서와 프로세스에 의한 분류

지식관리시스템은 조직의 부서와 프로세스에 따라 분류될 수 있다. 두 차원의 상호작용 영역은 지식관리시스템이 포함하고 있는 것과 조직의 지식저장소에 관한 전사적인 관점을 제공한다. 그림 7-9는 두 차원에 따른 지식관리시스템의 분류체계를 제시한다. 그림에서 셀은 부서와 프로세스의 상호작용 영역을 의미하며, 상호작용이 이루어진 지식을 포함하고 있다.

그림 7-9 부서와 프로세스 차원의 지식관리시스템 분류

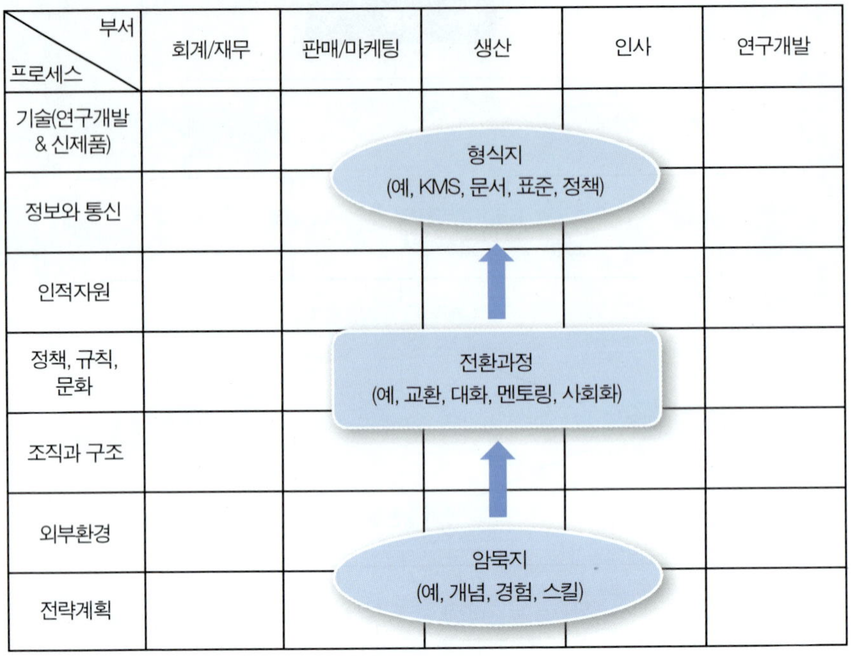

또한 그림 7-9는 조직의 구성원이 알고 있는 것을 지식관리시스템에 성문화된 지식으로 저장하는 과정을 보여준다. 그림에서 부서와 프로세스 매트릭스의 상호작용을 나타내는 각 셀은 지식관리시스템의 설계를 위한 지침을 제공한다. 예를 들어 기술 프로세스와 마케팅 부서의 상호작용 셀은 기술 혹은 연구개발 담당 구성원과 마케팅 담당 구성원이 저장한 형식지를 의미한다. 지식관리시스템의 사용자가 이 셀에 접근하면 셀은 주제에 관한 다음과 같은 지식을 제공한다.

① 기술이 판매와 마케팅에 어떻게 사용되었는가? (예: 판매촉진기법, 인터넷 등과 같은 하이테크의 사용)
② 신제품과 혁신이 어떻게 시장에 출시되었는가?

4. 지식관리시스템의 아키텍처

지식관리시스템의 아키텍처는 그림 7-10에서 보듯이 정보기술이 지원하는 세 가지의 구

그림 7-10 지식관리시스템의 아키텍처

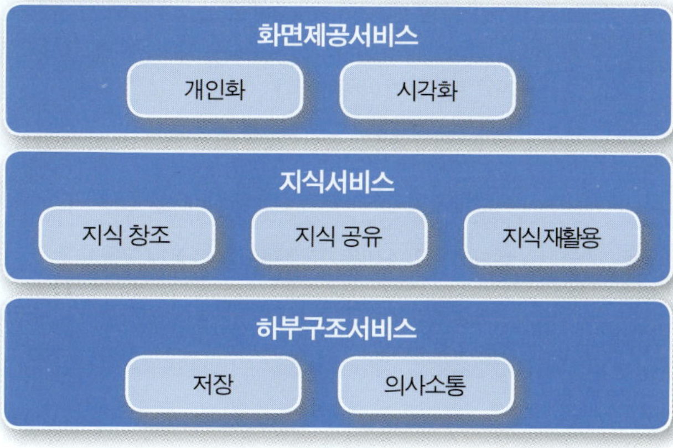

별된 서비스인 하부구조서비스, 지식서비스, 화면제공서비스로 구성되어 있다.

(1) 하부구조서비스

KMS 아키텍처 모형의 첫 번째 계층은 하부구조서비스로 이루어져 있다. 하부구조서비스는 지식경영 구현을 위해 필요한 기본적인 기술 플랫폼과 특징을 포함한다. 정보기술이 제공하는 두 가지의 하부구조서비스는 저장과 의사소통이다.

① 저장

지식저장소라고 알려진 기술로 구현되는 저장은 콘텐츠와 구조에 의해 정해진다. 콘텐츠는 저장되는 실제 지식을 의미하며, 구조는 각 지식단위가 구체화되는 방식, 지식이 표현되는 양식, 인덱스 체계, 각 지식단위가 다른 것과 연결되는 방식을 의미한다. 지식저장소의 중요한 두 가지 형태는 데이터웨어하우스와 지식서버이다.

② 의사소통

정보기술이 제공하는 두 번째 중요한 하부구조서비스는 의사소통이다. 정보기술은 적어도 세 가지로 구별되는 유형(사용자 간의 의사소통, 사용자 간의 협업, 워크플로 관리)의 의사소통서비스를 지원한다.

하부구조서비스를 위한 기술과 방법을 요약하면 표 7-2와 같다.

〈표 7-2〉 하부구조서비스의 기술과 방법

서비스	기술과 기법	내용
지식 저장소	데이터웨어하우스	• 조직 내의 여러 원천에 있는 방대한 양의 자료를 정리, 통합한다. • 자료 분석을 용이하게 한다.
	지식서버	• 콘텐츠를 구축하고 참조를 생성하고 문서 사이의 연결을 수립한다.
의사 소통	사용자 간 의사소통	• 파일공유 및 전자우편과 같은 유틸리티를 통해 구현한다.
	사용자 간 협업	• 동기식 회의와 비동기식 토론포럼을 통해 구현한다.
	워크플로 관리	• 워크플로의 온라인 수행과 통제 지원으로 사용자가 워크플로 프로세스를 관리하도록 허용한다.

(2) 지식서비스

KMS 아키텍처 모형의 두 번째 계층은 지식서비스로 구성되어 있다. 지식서비스는 지식경영의 목표를 달성하는 데 직접적으로 도움을 주는 정보기술로 지원된다. 주요목표는 새로운 지식생성을 위한 프로세스를 강화하는 것, 조직구성원 사이에 지식의 흐름을 장려하는 것, 지식저장소의 접근을 용이하게 하는 것 세 가지이다. 세 가지 지식경영 목표를 위한 기본적인 지식프로세스에는 지식창조, 지식공유, 지식재사용이 있다.

① 지식창조

지식은 활용, 탐구, 성문화에 의해 창조된다. 활용은 효율성과 효과성을 개선하기 위해 기존의 지식을 새로운 지식으로 정제하는 것을 의미한다. 탐구는 발견과 실험을 통해 지식을 창출하는 것이다. 성문화는 암묵지를 다른 구성원이 이해하고 접근 가능한 문서, 매뉴얼, 공식과 같은 형태로 명확하게 표현한 것이다.

② 지식공유

지식공유는 조직의 한 부분에서 다른 부분으로 지식이 흐름을 의미한다. 만일 이 프로세스가 제대로 관리되지 않으면 조직에서 지식의 귀중한 원천이 지역적 혹은 단편적으로 적체되고, 내부 전문지식은 제대로 활용되지 못한다. 그래서 지식경영의 중요한 목표의 하나가 조직구성원 사이에 지식의 흐름을 촉진하는 것이다. 이를 위해 사회네트워크 분석도구와 협업도구를 사용한다.

③ 지식재활용

지식경영에서 "지식재활용"은 정보관리에서의 "정보검색"과 유사하다. 지식재활용 프로세스는 네 가지의 단계로 설명할 수 있다. 즉 지식수집, 지식포장, 지식분배, 지식활용이다. 지식재활용을 위해 개발된 두 가지의 기술은 콘텐츠관리와 개념 매핑(mapping)이다.

KMS 아키텍처 모형의 지식서비스를 위한 기술과 방법을 요약하면 표 7-3과 같다.

〈표 7-3〉 지식서비스의 기술과 방법

서비스	기술과 방법	내용
지식 창조	활용	• 아이디어 생성 능력을 보유하고 있다. • 사고와 암시를 자극한다. 다시 말해 사용자가 자료의 산더미에서 패턴을 탐지하고 실체 사이의 관계를 발견한다.
	탐구	• 모의실험 능력을 보유하고 있다. • 정량적 및 정성적 정보가 모형화되도록 허용한다. • 그래픽 표현, 동영상, 흐름도표를 통해 시나리오를 파악하고 복잡한 아이디어를 효과적으로 전달한다.
	성문화	• 전문가에 의해 지식을 수집하고 성문화하는 능력을 가지고 있다.
지식 공유	사회 네트워크 분석도구	• 조직경계 안에서 교차하는 지식흐름의 패턴을 발견한다. • 단편지도(snapshot map)를 통해 사회네트워크를 분석한다. • 신진전문가, 의견리더, 지식흐름의 장애물과 고장을 파악하기 위해 네트워크의 중심과 최단거리와 같은 다양한 지표를 계산한다.
	협업도구	• 지식공유를 위한 플랫폼을 제공한다. • 주요특징은 공유 공간, 일정처리, 작업관리서비스이다
지식 재활용	콘텐츠 관리	• 문자, 이미지, 비디오 형식에서 상이한 유형의 콘텐츠를 생성하고 유지하기 위한 구조를 수립한다. • 미래에 검색이 용이하도록 콘텐츠를 분류하고 색인을 작업한다.
	개념매핑	• 주어진 주제 혹은 상황 안에서 여러 관련된 개념들을 연결한다. • 상호 학제적 관점에서 교차참조를 용이하게 한다.

(3) 화면제공서비스

매일 증가하는 정보의 양을 처리하고 의사결정을 지원하기 위해 다양한 원천으로부터 나온 정보를 통합하는 과업은 매우 성가신 일이다. 정보과부하란 필요 이상의 많은 정보를 검토하기 위한 시간과 노력을 낭비한 결과로 의사결정의 품질이 나빠지는 증후군이다. 이 증후군은 KMS 아키텍처의 마지막 계층인 화면제공 서비스에서 어느 정도 제거된다. 화면제공 서비스를 제공하는 정보기술은 사용자와 정보·지식 원천 사이의 인터페이스를 강화한다. 화면제공서비스에 대한 두 가지 일반적 특징은 개인화와 시각화이다.

① 개인화

개인화는 사용자의 정보수집과 구체적인 욕구를 충족시키는 적절한 콘텐츠와 서비스의 전달을 포함한다. 이것은 사용자 프로파일, 콘텐츠, 비즈니스 상황 등 세 요소의 조화로 구현된다. 사용자는 관심과 선호를 나타내는 프로파일을 가지고 있다. 때문에 사용자 프로파일은 속성과 할당된 가치의 집합에 의해 정의된다. 이와 마찬가지로 콘텐츠는 속성과 가치의 집합을 기초로 윤곽을 그린다. 비즈니스 상황 역시 사용자의 속성과 가치를 기반으로 사용자와 콘텐츠를 일치시키는 것을 의미한다. 개인화 해결안은 독립적인 것이 거의 없고 전자우편과 같은 다른 응용시스템에 내재되어 있다. 예를 들어 지능형 에이전트는 사용자가 콘텐츠, 출처, 기타 특징을 바탕으로 전자우편 메시지를 자동적으로 처리하는 규칙을 개발하게 하는 개인화 해결안의 유형이다. 이러한 개인화 기술에는 형식적인 사용자구성, 암시적인 사용자구성, 협업필터링 등이 있다.

② 시각화

화면제공서비스의 두 번째 특징은 시각화이다. 시각화의 목적은 주제 기반 브라우징과, 사용자가 검색을 쉽게 해서 활용 가능한 정보와 지식을 잘 이해하도록 도와주는 것이다. 시각화를 위한 기술에는 텍스트 기반 범주구조, 그래픽 인터페이스, 2차원 혹은 모조 3차원 기법 등이 있다.

화면제공서비스를 위한 기술과 방법을 요약하면 표 7-4와 같다.

〈표 7-4〉 화면제공서비스의 기술과 방법

서비스	기술과 기법	내용
개인화	형식적 사용자 구성	• Look & Feel 편집과 같은 인터페이스를 구성하도록 사용자에게 허용한다. • 전달되는 콘텐츠를 선택하도록 사용자에게 허용한다.
	암시적 사용자 구성	• 사용자의 활동을 추적해서 사용자의 특이한 흥미에 따라 자동적으로 인터페이스를 구성한다.
	협업필터링	• 유연단체 필터링이라고 알려져 있다. • 유사한 프로파일을 가진 다른 사용자에게 관심이 있는 콘텐츠를 추천하기 위해 여러 사용자의 선호에 관한 지식을 활용한다.
시각화	텍스트 기반 범주구조	• 관련이 있는 개념을 공유하는 문서와 텍스트를 연결하기 위해 하이퍼텍스트를 사용함으로써 검색에 용이하다
	그래픽 인터페이스	• 다양한 원천에서, 그리고 방대한 양의 비구조적인 텍스트로부터 중요한 주제를 추출한다. • 정보의 상호적인 인쇄 지도를 작성한다.
	2차원, 모조 3차원 관점	• 2차원 혹은 모조 3차원으로 주어진 관점을 통하여 대형분류에서 문서의 시각화를 허용한다.

MIS HIGHLIGHT 1

지식경제 시대 가고, 아이디어경제 시대 온다

지식경제가 본격화되면서, 정보와 지식의 빠른 범용화라는 예기치 못했던 현상이 나타나고 있다. 이에 따라 정보와 지식 대신 아이디어가 새로운 경쟁 우위 요소이자 부의 창출 원천으로 부상하는 아이디어 경제 시대가 열리고 있다.

■ 정보와 지식이 빠르게 범용화

앨빈 토플러가 정보화 시대를 예견한 지 25년이 지난 현재, 정보와 지식의 빠른 범용화라는 예기치 못했던 새로운 현상이 나타나고 있다. 일반적인 정보는 이미 범용화된 지 오래이다. 인터넷과 통신 기술의 보급 확산, 정보 공개의 확대, 정보 매체의 다양화 때문이다. 검색 엔진, 블로그, 전문 정보 포털, 온라인 커뮤니티, 각종 서적 등을 활용하는 약간의 수고만 기울인다면, 누구라도 특정 주제에 대해 광범위한 정보를 흡수할 수 있게 되었다.

지식 또한 점점 범용화되고 있다. 컨설팅 회사, 시장조사 기관, 공공기관 등 다양한 지식 생산 주체로부터 수많은 전문 보고서들이 매일 쏟아져 나온다. 사회적 이슈가 불거지면 언론에서는 깊이 있는 심층 분석 기사를 양산해낸다. 지식의 홍수 시대가 열리고 있는 것이다. 또한 각 분야별로 암묵지(경험적/체험적 지식으로 개인의 머릿속에 있는 지식)가 서적이나 시스템의 형태로 활발하게 지식화되고, 다양한 형태의 지식 교육 기관이 번성하고 있다. 약간의 시간과 노력만 들인다면 누구라도 쉽게 특정 분야에 대한 지식과 식견을 갖춘 전문가가 될 수 있는 세상이 된 것이다.

■ 아이디어의 중요성이 부각

이처럼 정보와 지식이 희소성을 잃고 범용화되면서, 정보 분석이나 지식 창조 업무가 유망 전문 직종이라는 것도 점차 옛말이 되어가고 있다. 사무직이라면 누구나 수행하는 일상 업무가 된 것이다. 예를 들어 금융 데이터 분석, 회계, 소프트웨어 설계 등의 업무는 빠르게 보편화되고 부가가치가 낮아져, 점차 아웃소싱되거나 전산화되는 추세이다. 수치 분석만이 아니다. 로이터 등의 대형 통신사는 기업의 실적 보도 등 단순 정보성 기사 작성을 인도로 아웃소싱하고 있다. 심지어 톰슨 파이낸셜에서는 정형화된 금융/기업 분석 기사를 1~2초 만에 작성하는 프로그램마저 도입했다. 단순히 정보와 지식만으로는 차별적인 경쟁 우위를 창출하기가 점점 힘들어지는 것이다.

그렇다면 정보와 지식 이후에 무엇으로 경쟁 우위를 창출할 수 있을까? 결론부터 말하자면 답은 '아이디어'와 '창의성'이다. 아이디어와 창의성의 중요성에 대해서는 굳이 멀리서 사례를 찾을 필요도 없다. 수시로 열리는 내부 회의를 생각해보자. 정보와 지식은 이미 쉽게 찾을 수 있는 범용재가 되었다. 회의 참가자들은 대부분 관련 정보나 지식은 잘 알고 있다. 정말 희소한 것은 현안 난제를 멋지게 해결할 수 있는 아이디어이다. 놀랄 만한 신사업 아이디어, 시대의 흐름을 먼저 읽어내는 심층 기획 기사 아이디어, 새로운 미래 지평을 열 수 있는 정책 아이디어 등 이미 우리는 아이디어에 목말라하는 세상에 살고 있다. 다음 그림은 자료, 정보, 지식, 그리고 아이디어의 특성을 제시하고 있다.

자료, 정보, 지식, 아이디어란?

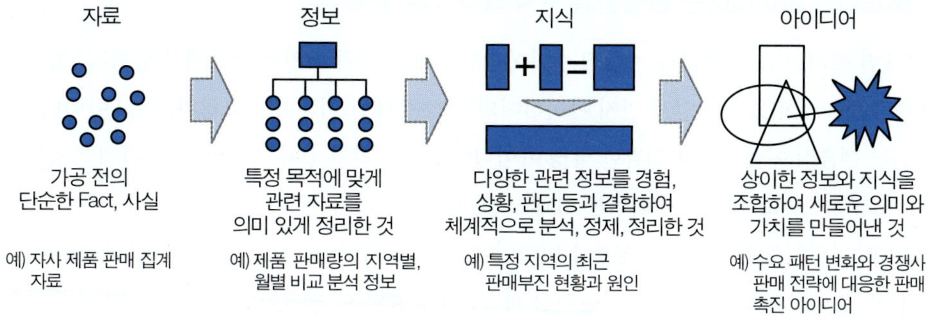

■ 지식경제 시대는 가고 아이디어경제 시대가 온다

이처럼 지식경제가 정점에 도달하고 정보와 지식이 폭증하면서, 축적된 지식을 효과적으로 활용하는 아이디어와 창의성이 앞으로는 새로운 경쟁우위와 부의 원천으로 부상할 것이다. 그렇다면 아이디어와 창의성이 보다 중요해지는 아이디어경제 시대에는 어떤 변화가 나타날까? 결론부터 말하자면 아이디어경제 시대에는 아이디어 격차의 사회 이슈화, 재조합적 혁신의 활성화, 아이디어 기반형 경쟁 우위의 부상 등이 나타날 것이다.

무엇보다 정보 격차 대신 아이디어 격차가 사회적 이슈가 될 가능성이 크다. 창의적 계급, 즉 풍부한 아이디어와 창의성을 가진 사람들이 사회를 주도하는 반면, 정보나 지식은 많아도 아이디어는 부족한 아이디어 문맹은 몰락할 가능성이 크다. 끊임없이 새로운 아이디어를 창출해내는 '아이디어 창조자'나 아이디어로 신사업을 창출하는 '아이디어 기업가'와 같은 말도 생겨날지 모른다. 기업 내에서도 아이디어를 계속 만들어내는 직원들은 승승장구하겠지만, 기존 업무 관행에 안주하는 직원들의 운명은 장담할 수 없게 된다.

기술 분야에서도 아이디어를 활용한 재조합적 혁신이 활성화될 것이다. 재조합적 혁신은 없는 것을 새로 만드는 것이 아니라, 기존의 기술 요소들을 조합하여 새로운 혁신을 만들어내는 것이다. 오랜 개선과 혁신으로 많은 산업에서 기술은 소비자가 요구하는 수준을 이미 넘어섰다. 추가적인 기술의 성능 개선이 가져다줄 효익 증가는 그리 크지 않다. 이에 따라 기존의 혁신 요소들을 어떻게 결합하여 소비자 니즈의 유행 변화에 한발 앞서 대응할 것인가와 관련된 아이디어가 중요해질 것이다.

기업 간 경쟁에서도 변화가 예상된다. 전통적인 생산 요소인 노동, 자본, 기술, 정보의 독점적 소유에 따른 경쟁우위는 점차 힘을 잃게 될 것이다. 글로벌화와 정보화로 인해, 보다 저렴한 해외의 생산 요소를 활용할 수 있게 되었기 때문이다. 이에 따라 기업 외부의 생산 요소들을 효과적으로 결합하는 아이디어 기반형 경쟁 우위가 중요해질 것이다.

■ 비즈니스 아이디어는 현실성과 수익 창출력이 중요

그렇다면 이처럼 많은 변화가 예상되는 아이디어경제 시대에 어떻게 대응해야 할까? 기업이나 국가의 대응책을 살펴보기에 앞서 먼저 아이디어의 특성에 대한 이해가 필요하다. 흔히 아이디어라면 톡톡 튀는 예술적 아이디어나 기발한 발명 아이디어를 떠올리기 쉽다. 그러나 21세기에 기업이나 산업에서 요구되는 비즈니스 아이디어는 이와 크게 다르기 때문이다.

예술적 아이디어의 특징은 독창성과 심미성이다. 과학적 아이디어는 학문적 체계성과 파급력이 중요하다. 반면 비즈니스 아이디어는 '현실성'과 '수익 창출력'이 중요하다. 현실에 제대로 적용되고, 돈이 되는 아이디어라야 기업이나 산업에서 환영받을 수 있다. 따라서 비즈니스 아이디어는 그 내용상 한계 돌파적, 위기 역전적, 시장 창조적이어야 한다. 직면한 현안 과제나 한계를 해결하거나, 위기를 기회로 전환시키거나, 사업 환경의 변화 속에서 새로운 신사업 기회를 찾아낼 수 있어야 한다는 것이다.

비즈니스 아이디어를 제대로 창출, 활용하려면 아래의 그림처럼 '창의성+정보/지식 ⇒ 아이디어 ⇒ 혁신'이라는 아이디어 프로세스가 중요하다. 현실성 있는 아이디어를 얻으려면 공상 대신 다양한 Fact, 정보, 지식들을 치밀하게 분석하고 창의적으로 재조합해야 한다. 복잡해진 수요, 경쟁, 규제, 기술 환경들을 세부적으로 이해하고 이를 기반으로 새로운 돌파구를 마련해야 비즈니스 아이디어라 말할 수 있다는 것이다. 또한 아이디어가 수익 창출력을 가지려면, 아이디어가 혁신으로 연결되어 현저한 가치창출을 가져올 수 있어야 한다.

아이디어 프로세스

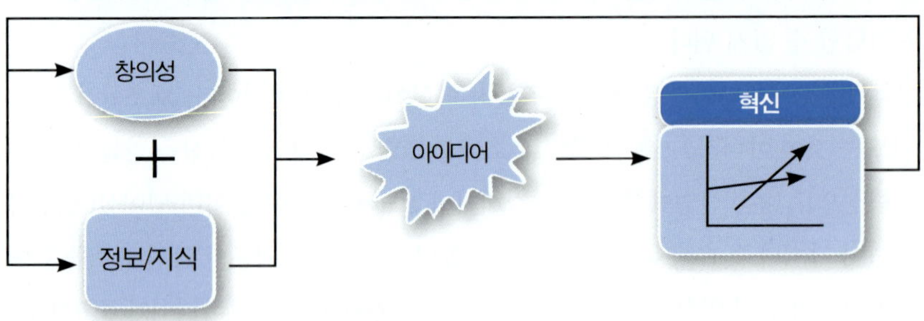

■ 전뇌적 인재 확보와 아이디어 프로세스 정착 필요

아이디어경제 시대에 기업들이 제대로 대응하려면 사업 패러다임의 변화가 필요하다. 특히 제조업은 기존의 기술 및 제조 역량에 아이디어를 결합하여 '창조업'으로 진화해야 한다. 사업 전략의 무게중심을 제품의 효율적 제조 대신, 새로운 제품/서비스 카테고리, 소비자 경험과 가치, 게임 룰의 창조로 옮기라는 것이다. 그렇다면 사업 패러다임을 창조업으로 진화시키려면 어떻게 해야 할까? 앞서 언급한 비즈니스 아이디어의 개념을 감안할 때, 다음 세 가지가 중요한 과제가 될 것으로 보인다.

① 전뇌적 인재의 확보 및 육성에 노력해야 한다.

전뇌적 인재란 우뇌적 발상과 좌뇌적 발상을 동시에 할 수 있는 인재이다. 우뇌적 발상은 종합, 직관, 새로운 관점을 강조한다. 그러나 우뇌적 사고에만 머물면 아이디어에 현실성과 환금성이 결여될 가능성이 크다. 반면 좌뇌적 발상은 분석, 논리, 인과관계를 강조한다. 그러나 좌뇌적 사고에만 머물면 기존의 고정관념에서 벗어나기 힘들다. 지금까지 기업에서는 좌뇌적 인재, 즉 분석력, 논리력이 강한 인재를 육성하는 데 무게중심을 두어왔다. 그러나 진정한 비즈니스 창의성은 우뇌적 발상과 좌뇌적 발상이 결합될 때 비로소 가능하다. 우뇌적 발상을 통해 다양한 각도에서 새로운 사업 아이디어를 창출하고, 좌뇌적 발상을 통해 고객가치, 비즈니스 모델, 가치사슬, 투자 및 수익성 등 다양한 측면에서 조목조목 따져보고 생각을 발전시켜야 진정한 비즈니스 아이디어를 얻을 수 있다.

② 아이디어 프로세스를 조직 내에 정착시키고 집합적 창의성을 극대화해야 한다.

많은 경우 지식시스템의 구축에만 만족한다. 물론 인프라로서 지식의 생산 및 축적도 중요하다. 그러나 더욱 중요한 것은 축적된 지식을 조직 구성원들의 창의성과 결합시켜 새로운 발상을 창출하는 것이다. 예를 들어 GE는 최근 조직의 창의성 제고를 위해 CECOR(Calibrate, Explore, Create, Organize, and Realize)라는 방법론을 확산시키고 있다. 나아가 구성원들의 창의성이 시너지를 창출하도록, 창의적인 조직문화 조성에도 많은 관심을 기울여야 한다. 일본의 닛산 자동차는 금년 4월 CCO(Chief Creativity Officer), 즉 최고 창의성 책임자라는 직책까지 만들어 조직 내 창의력, 디자인, 브랜드력과 같은 무형의 경쟁력을 강화하려 하고 있다.

③ 아이디어의 모방에 대비해야 한다. 정보나 지식과는 달리 아이디어는 철저한 보안으로도 유출을 막을 수 없다.

경쟁자가 개략적인 콘셉트만 눈치채도 아이디어를 모방할 수 있기 때문이다. 대표적인 아이디어 산업인 영화 산업에서는 콘셉트가 유사한 영화가 비슷한 시기에 개봉되는 경우가 많다. 기획 단계에서 아이디어가 입소문을 통해 유출되기 때문이다. 그러나 콘셉트는 비슷해도 흥행 실적은 대부분 크게 차이가 난다. 디테일과 시스템의 차이 때문이다. 다른 산업도 마찬가지이다. 아이디어는 쉽게 베낄 수 있어도 세부적으로 배치한 전략적 노림수나 전체적인 수익 창출 노하우는 모방하기 힘들다. 따라서 이러한 아이디어의 속성을 감안하여 정교한 수익창출시스템을 구축하고 보완적 자산을 활용하여 모방자와 차별화를 시도해야 한다.

〈LG주간경제, 2006. 11.〉

MIS HIGHLIGHT 2

창조경제의 이해와 대응방안

■ '배아픈 경제' 극복할 수평적 융합이 답

"창조경제 발전을 위해서는 수직적 차원과 수평적 차원의 융합이 모두 활발히 일어나야 한다."

일자리 창출과 경제민주화라는 두 과제를 함께 해결하기 위한 묘책으로 정부가 내세운 경제정책의 큰 그림 '창조경제'. 정부는 물론 여러 공공·민간 기관에서 창조경제 관련 연구가 진행 중인 가운데 정부 정책 방향에 의문을 제기하고 해결 방안을 내놓은 보고서가 나와 관심을 모으고 있다.

경제 패러다임의 변화

구분	산업경제	지식경제	창조경제
시기	1970~1980년대	1990년대	2008년~
성장 패러다임	산업화	정보화	창조화
생산요소	노동·자본	지식·정보	집단 창의성 및 상상력
주력산업	중화학공업	IT 및 디지털 산업	융합 및 창조산업
성공신화	조선·철강·석유화학	반도체·정보통신	스마트폰·자동차 산업·한류 콘텐츠

(자료 :창조경제 연구원)

창조경제연구원은 최근 '창조경제의 이해와 대응방안' 보고서에서 "정부가 강조하는 과학기술에 기반한 성장동력 및 일자리 창출 등 정책은 주로 수직적 차원 융합을 의미한다"며 "다른 분야 간, 기업 간, 지역 간 수평적 융합이 결합돼야 국가 차원의 창조화가 지속적으로 가동될 수 있다"고 밝혔다.

창조경제연구원장은 정부는 '배아픈 경제'를 이겨내야 하는 상황에 놓여 있다"며 "이를 위해선 온 국민의 창조활동 참여를 유도하는 수평적 융합이 필요하다"고 강조했다.

그렇다면 수평적 융합은 수직적 융합과 어떻게 다를까. 보고서는 수직적 융합을 '기초과학 → 응용과학 → 응용기술 → 상업화를 통한 혁신적 제품 개발' 단계로 구분했다. 기초과학을 기반으로 부가가치가 높은 상품을 만들어내는 것을 뜻한다. 핵심은 과학기술이다.

하지만 보고서는 수직적 융합에만 의존하는 창조경제는 1% 소수 엘리트와 대규모 조직에 의해서만 굴러가는 한계가 있다고 지적했다. 연구·개발(R&D) 지원을 늘려 혁신을 일으키자는 주장도 더 이상 신선하지 않다는 게 보고서의 주장이다. 요즘 불고 있는 '이스라엘 배우기' 열풍도 사실 과거에

창조경제를 위한 융합 형태

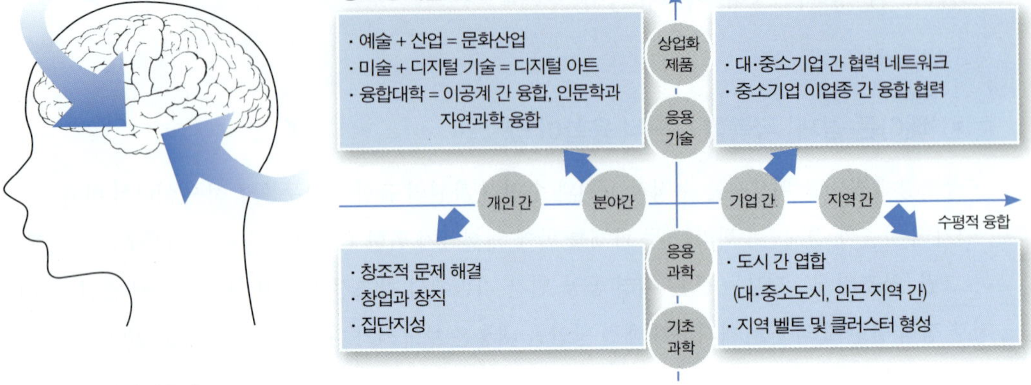

(자료 :창조경제 연구원)

이미 몇 차례 불었던 바람이라는 얘기다.

보고서는 수평적 융합은 범위가 훨씬 넓고 집단적이라는 면에서 수직적 융합과 분명히 차별화된다고 강조했다. '디지털 아트'처럼 서로 다른 2개 이상의 분야가 결합해 새로운 영역과 가치를 만든다. 지속적인 협력관계를 구축함으로써 공유 가치를 창출하는 행위도 수평적 융합 범주에 포함된다. 남양유업 사태를 계기로 이슈가 되고 있는 '갑을(甲乙) 관계' 문제도 기업 간 수평적 융합 부재 때문에 벌어졌다는 게 보고서 분석이다.

수평적 융합이 되면 99%의 일반 개인이나 작은 조직도 창의성만으로 세상을 바꿀 만한 획기적 성과를 얻을 기회가 주어진다.

그 밖에 지역 간, 국가 간 융합도 수평적 차원으로 이뤄진다. 가수 조용필의 19집 '헬로'를 떠올리면 된다. 이 앨범에는 마티 도드슨, 스콧 크리페인(이상 미국), 마리아 마커스(스웨덴), 이언 쿠퍼(영국), 히로이즘(일본) 등 다국적 뮤지션들이 참여했다.

'배 아픈 경제'로부터 벗어나는 것을 목표로 하는 창조경제 핵심은 '집단 지성'과 '국민 참여'라고 보고서는 거듭 강조한다. 그러면서 △중산층 확대 △보수성 및 지속성 확보 △독창적 한국 모델 구축 등을 액션플랜으로 제시한다.

중산층 확대 중심에는 창의성을 발휘하는 부문에 대한 지식재산권 보호와 공정한 소득 배분이 필수적이다. 국민 대다수가 창조인력으로 편입돼 지속 가능한 중산층 삶을 영위하도록 하자는 것이다.

중산층 참여 정책의 대표적인 예로 '오디션'이 있다. 행정상 편의를 이유로 쉽게 실천하지 못했던 방식이다.

오디션은 100만분의 1이 넘는 높은 경쟁률을 보인다 하더라도 참여 기회가 주어지는 것만으로 모든 지원자들을 만족시킬 수 있다. 다만 누구나 참여할 수 있어야 하고, 해당 분야 최고 전문가라 할 수 있는 멘토를 만난다는 전제조건이 충족돼야 한다고 창조경제연구원은 설명한다.

창조경제 하면 정부 부처 가운데 과학기술 및 정보통신기술(ICT) 정책을 주관하는 미래창조과학부가 먼저 떠오른다. 하지만 보고서는 "세계적인 혁신기업들도 전체 조직의 70~80%는 보수적인 활동을 하고, 이를 기반으로 조직의 20~30%가 혁신적 도전을 한다"며 "국가 안보, 교육 기반, 윤리 문화 등 하부 구조를 튼튼히 하고 확장하는 데에도 노력을 기울여야 한다"고 주장한다. 그 밖에 '한국형 창조경제 모델'을 만드는 것에 대해 보고서는 "수출제조업·한류 콘텐츠·스마트폰과 ICT라는 한국만의 기반을 주목할 필요가 있다"고 조언했다.

〈매일경제, 2013. 5. 15.〉

CASE 1

국민건강보험공단-지식관리시스템: 조직 비전 달성의 초석

국민건강보험공단 정보관리실은 국민건강보험업무를 지원하는 부서로서 모든 업무를 전산화하고 정보시스템을 활용해 효율적으로 업무를 처리할 수 있도록 지원하고 있다. 지난 4월에는 지식관리 시스템을 오픈하고 지식경영 선포식을 통해 조직의 비전과 미션 달성에 직결되는 핵심지식을 창조·공유·활용함으로써 구성원의 일하는 모습을 바꾸고 고객 가치를 높이는 데 역량을 집중하고 있다.

국민건강보험공단은 2005년 9월부터 지난해 10월까지 차세대 통합정보시스템 구축 사업을 실시했다. 그 결과 현재 공단의 업무가 대부분 정보시스템에 의해 처리되고 있으며, 업무 생산성 향상을 위한 프로그램 개선과 시스템 용량 보강을 지속적으로 추진하고 있다.

정보관리실장은 "행정자치부로부터 주민변동자료를 전송받아 본부에서 자격관리 데이터베이스를 일괄 갱신함으로써 지사직원들의 업무량 감소와 능동적인 업무 처리가 가능하게 되었다"며 "또한 소득이 있는 직장 피부양자 연계시스템 개발로 보험료 부과대상 누락 방지를 지원하고 있으며 근로복지공단과는 산업재해자료의 전산 연계를 통해 업무처리의 정확성을 확보했다"고 설명했다.

그는 이렇게 전산 연계된 자료를 급여사후업무에 활용하는 등 23개 기관 80여 종의 자료와 연계해 업무의 효율성을 증대시켰으며, 가입자 편의 제공을 위해 인터넷 지로사이트를 활용한 전자고지 및 수납, 금융기관의 현금 입출금기기 수납, 자동 이체 신청을 통한 자동납부, 가상계좌 수납방식을 통한 납부 등 다양한 형태의 수납방식을 개발했다고 전했다.

My-office 구성도

시스템명	세부업무명	비고
myOffice	전 임직원이 사용하는 사내 포털 시스템으로 전자결재, 전자우편, 전자문서, 자료관, 메신저, 커뮤니티 및 게시판 등으로 구성	PKMS를 기반으로 한 통합 지식관리 구현
BPM	업무연동(Paperless환경 구축) 사업(주요업무) 진행관리 결재시스템	
지식관리	지식관리, 제안제도, 업무도우미	
법령/규정관리 시스템	국민건강보험공단과 관련된 법령, 규정, 업무처리요령 및 업무매뉴얼을 제공하는 시스템임	
ACUBE 그룹웨어 + ACUBE 자료관 + ACUBE BPM + ACUBE KM(지식관리)로 구성		

자동응답시스템을 전산 데이터베이스와 직접 연결해 서비스를 제공하는 것도 정보관리실이 이룬 성과 중 하나이다. 한편 내부직원의 정보 공유와 자유로운 의사소통, 의견개진을 위한 그룹웨어인

My-office를 구축해 전자결재, 전자문서관리, 전자메일, 전자게시판, 사내개인정보연계, 의사결정정보 등의 통합 지원이 가능하게 되었으며 내부 업무 효율화를 통한 생산성 향상과 종이문서의 전자화로 행정업무 처리도 획기적으로 변화되었다.

지난해에는 공공기관 최초로 사이버 통합자금관리시스템인 HI-bank(Health-Insurance-bank)를 개발해 e-비즈니스 추진을 통한 업무의 효율성과 대국민 서비스를 강화했다. 이런 공적을 인정받아 지난해 보건복지부 주관 '2006 보건복지부 혁신우수사례경진대회 최우수상'과 올해 '제11회 대한민국 e비즈니스 대상' 최우수상을 수상한 바 있다.

■ 지식관리 활성화 사업 꾸준히 추진

지식관리시스템을 주축으로 하는 국민건강보험공단의 그룹웨어 구축 사업은 우선 전국적으로 분포된 178개 조직 1만여 명의 임직원 간 의사소통 장애 극복을 위해 실시됐다. 또한 조직 간 인사이동에 따른 업무노하우 전달체계를 정례화해 업무에 효율적으로 활용하고자 했으며 분산된 지식정보 통합서비스를 통한 창조적 지식활용성 제고의 필요성을 절감하게 됐다. 한편으로는 전자결재, 전자문서, 업무 노하우, 업무처리요령 등의 분산관리를 통합시스템화해 지식 찾기 등 신속한 활용체계를 보완코자 했다. 이를 위한 준비 과정은 지난 2002년으로 거슬러 올라간다. 공단은 우선 전자결재시스템(삼성SDS ACUBE)을 도입했고 2004년에는 그룹웨어시스템(ACUBE) 구축, 2005년에는 지식바다 시스템을 구축해 운영해왔다.

재작년 9월부터 기본계획을 수립하고 지식관리 컨설팅과 구축 및 시범운영, 연동결재시스템 구축, 지식 검증자와 지식 전문가 교육실시 등의 과정을 거쳐 올 4월 지식경영시스템이 오픈됐다. 국민건강보험공단 지식관리시스템 명칭은 공모를 통해 Know-多地로 최종 확정됐다. 정보관리실장은 "지난 7월 직원들의 지식관리 활성화를 유도하기 위해 추진했던 활동의 결과에 대해 2,051명에게 지식 마일리지 포상을 실시했다. 또한 6월부터 지난달까지 지식 골든벨 이벤트를 실시해 연말에 포상을 하는 등 끊임없이 직원들의 관심과 참여를 유발했다"고 전했다.

■ 지식경영은 업무와 하나다

정보관리실장은 "지식경영은 업무와 별개라는 구성원의 인식 부족은 경영진의 의식 표명으로 극복해야 할 과제로서 다양한 곳에서 지식경영에 대한 CEO의 의지 표명을 반영하고 선진사례와 타 기관 벤치마킹을 통해 지식경영의 필요성에 대한 이해 증진을 유도할 것"이라고 밝혔다. 그는 "지식관리 활성화 참여가 저조한 문제는 적절한 인센티브와 홍보가 해결할 수 있다고 생각한다. 지식활동에 대한 적절한 인센티브 부여로 참여 활성화 유도와 전 직원 홍보메일 발송, 지속적인 퀴즈 이벤트 실시로 지속적인 참여를 유도할 계획"이라고 전했다.

건강보험공단의 그룹웨어는 업무시스템에서 기능키를 이용해 화면에 해당하는 업무처리를 요령, 법, 규칙, 전산업무처리요령, 통합검색, 지식등록을 별도 화면으로 이동하지 않고 팝업 화면으로 제공해 업무시스템과 연계기능을 구현한 것이 특징이다. 그룹웨어에 등록된 모든 자료에 대해 검색이 가능한 강력한 통합검색 기능을 구축했으며 업무에 필요한 처리요령과 법, 규정 등을 관리하는 업무도우미 시스템을 구축했다. 또한 전자결재에서 결재가 완료된 기안문이나 추진계획서 등 지식으로서의 관리가 필요한 자료를 결재가 완료되면 지식관리에 자동 등록될 수 있도록 구현한 것이 특징 중 하나이다. 정보관리실 실장은 그룹웨어 구축을 통해 종이 없는(paperless) 환경 제공으로 문서관리의 효율성을 높이고 조직의 미션 달성을 위한 핵심지식 확보와 핵심 지식의 확대 재생산을 통한 경쟁력 강화, 지식창조와 공유 활동을 통한 전 구성원의 지식인화 및 사용자 관점의 정보시스템 서비스 제공을 할 수 있게 됐다고 설명했다.

그룹웨어 도입 전에는 게시판 형태의 지식관리, 전자결재, 전자문서, 업무노하우, 업무처리요령 등을 분산 보관하였기 때문에 관리에 어려움이 있었고 조직 간 인사이동에 따른 업무 노하우 전달체계가 부재했으며 업무처리 결과에 대한 종이문서의 결재관리로 별도의 관리비용이 발생했다. 하지만 그룹웨어를 도입함으로써 이런 사항들이 해결됐다. 그룹웨어의 통합관리 기능으로 관리의 효율성과 업무효율성을 확보했고 정적인 지식관리에서 동적인 통합 지식관리로 창조적 지식 활용성을 제고할 수 있었다. 또한 지식경영의 기반 구축으로 지식경영 공감대를 형성하고 업무처리 정보시스템과 그룹웨어 시스템의 연동체계 구성으로 효율적인 정보시스템 가용성과 활용성을 확보했다.

〈CIO, 2007. 11.〉

CASE 2

포스코 지식경영

■ 포스코 용광로엔 세 가지 녹아있다

포스코 광양제철소 제2코크스 공장은 철광석을 제련하는 데 쓰는 코크스를 만드는 곳이다.

코크스를 만들려면 유연탄을 오븐에서 섭씨 1290도로 가열해 18시간 동안 쪄야 한다. 이때 장입차(유연탄 운반차)는 레일을 따라 공장 내외부를 오가며 오븐에 계속 유연탄을 집어넣는다.

그런데 문제는 비오는 날이다. 장입차에서 오븐으로 유연탄을 옮길 때 빗물이 들이치면 유연탄이 여기저기 들러붙어 못 쓰게 되고 오븐에서 유연탄을 찌는 과정에서 유해 가스 발생량도 늘어난다.

이 같은 문제를 해결하기 위해 지난해 4월 제2코크스 공장 조업부서와 정비부서 직원 123명은 '2코크스 오븐 학습 동아리'라는 지식학습동아리(CoP·Community of Practice)를 결성했다. 동아리에 참여하는 직원 숫자가 많은 데다 4교대로 근무하기 때문에 이들이 모두 한자리에 모이기는 어려웠지만 포스코 지식경영시스템(KMS·Knowledge Management System)을 통해 토론을 계속하며 아이디어를 모았다. KMS에 각자 올린 문제 해결책에 댓글이 늘어날수록 문제 해결의 실마리가 서서히 보이기 시작했다.

수많은 아이디어에 대한 검증을 거친 결과 CoP를 개설한 지 8개월 만인 지난해 12월 해결책을 찾아냈다. 장입차가 움직이는 속도에 맞춰 자동으로 위쪽에서 덮개를 씌우는 장치를 고안해 빗물이 유입되지 못하도록 한 것이다. 누구 한 사람의 아이디어가 아니라 관련 부서의 '집단지성'으로 찾아낸 해결책이었다.

사실 포스코는 국내 기업 중 지식경영이 가장 잘 뿌리 내린 기업으로 손꼽힌다. 2003년 온라인을 기반으로 한 KMS를 도입한 지 7년이 지난 지금, 포스코 지식포털에 하루 평균 직원 7,600명이 접속하고 있다. 매일 200건의 지식이 올라오고, 하루에 활용되는 지식건수는 평균 5만 7,420건에 달한다. 3월 현재 운영되고 있는 CoP 숫자만 962개다. 직원 1인당 4.9개의 CoP에서 활동한다.

포스코 CoP에는 다른 기업 CoP와 다른 특징이 있다. CoP 3개 중 1개는 부서 단위가 아닌 상호 협업(Cross-functional) 지식학습동아리다. 포스코가 상호 협업 지식동아리에 무게중심을 두는 이유는 주로 부서 단위로만 이뤄지는 지식동아리 활동에서 벗어나 부서 벽을 허물고 부서 간 지식 협업과 소

業 사업영역 진화시킨다

場 활동무대 더 넓힌다

動 업무방식 혁신한다

통을 이끌어내기 위해서다. 2코크스 오븐 학습동아리도 부서를 넘어선 상호 협업 지식동아리다.

또 포스코는 지식 생태계를 협력사까지 확대하는 지식경영 3.0을 야심차게 추진하고 있다. 포스코 지식경영에 외부 업체까지 참여시키는 오픈 지식경영 활동을 통해 더 큰 시너지 효과를 창출할 수 있다고 보기 때문이다. 이와 관련해 협력사가 참여하는 새로운 형태의 글로벌 CoP를 활성화시키고 있다. 포스코 외주 파트너나 출자사와 함께하는 글로벌 CoP가 이미 전체 CoP의 38%(365개)에 달한다.

포스코 인재혁신실 혁신기획그룹 KM팀장은 "포스코 지식경영은 이제 외부 협력사 지식까지 하나로 아우르는 지식경영 3.0 단계로 진화하고 있다"며 "업(業·사업영역)은 진화시키고, 장(場·활동무대)은 넓히고, 동(動·업무방식)은 혁신하자는 취지"라고 설명했다. 외부 업체와 함께하는 지식경영을 위해 포스코는 기존 지식경영 시스템보다 한 단계 업그레이드된 새로운 KMS를 10월 말까지 구축할 예정이다. 새로운 KMS는 완벽한 검색과 정보 보안 기능을 갖추게 된다. 유 팀장은 지식경영을 고민하는 기업에 지식경영 도입 초기에는 학습 동아리에 비용을 지원하거나 획일적인 인센티브를 줄 필요도 있지만 결국은 성과 보상 중심으로 시스템을 개편해야 한다고 조언했다.

포스코는 2004년 407개였던 CoP가 2006년 무려 2,988개로 늘어났다. 그러나 활동 실적이 없거나 명목상 만들어 놓은 CoP가 상당수에 달하는 등 부작용이 적지 않았다. 결국 활동 실적이 부진한 CoP를 없애기 시작해 지금은 962개의 정예 CoP만 남겨 놓은 상태다. CoP 활동을 장려하는 방식도 바꿨다. 기존에는 매년 8개의 CoP를 선정해 사례를 발표하고 포상도 했다. 그러나 지금은 따로 포상하지 않는다. 불필요한 경쟁을 없애는 대신 서로의 장점을 벤치마킹하는 기회로 활용하고 있다.

■ 포스코에는 그들만의 '119'가 있다.

위급 상황에 직면하면 119에 전화를 걸 듯 포스코 직원들은 업무를 보다가 어려움이 생기면 지식경영시스템(KMS)의 '지식 119' 코너를 찾는다. 지식 119는 마케팅·경영·행정·인사노무·재무 등 11개 업무 영역에 대한 지식을 축적해 특정 업무와 관련된 노하우와 지식이 필요한 직원들이 쉽게 찾아볼 수 있도록 돼 있다. 포털사이트 핵심 서비스인 `지식인`의 포스코 버전인 셈이다.

인재혁신실 대리는 "KMS 도입 초기부터 회사 업무에 대해 질의 응답하는 코너가 있었지만 활성화되지 못했다"며 "2008년 10월 지식 119로 이름을 바꾸면서 활용도가 크게 높아졌다"고 설명했다.

포스코 지식경영의 또 다른 강점은 막강한 사내 지식전문가 그룹을 육성해 보유하고 있다는 점이다. 현재 포스코에는 업무·기술 전문가 202명, ERP(Enterprise Resources Planning·전사적자원관리)

전문가 233명, 지역 전문가 330명 등 모두 765명이 지식 전문가로 선정돼 활동하고 있다. 사측은 질문자 답변 만족도, 답변 신속성, 지식 전문가 검증 등 3가지 항목을 합산해 마일리지를 차등 부여한다. 질문한 지 4시간 내에 답변을 올리면 5점 만점을 주지만 만약 72시간을 초과하게 되면 신속성 항목에서는 점수를 못 받는 식이다.

매월 우수 질문·답변을 선정해 50~200마일리지를 추가 부여하기도 한다. 매월 말 포스코 직원이 마일리지에 대한 현금 보상을 신청하면 1마일리지당 현금 100원을 급여에 합쳐 지급한다. 500마일리지를 쌓게 되면 5만원을 받게 된다.

〈매일경제, 2010. 5. 19.〉

Chapter

8 전자상거래

학습 내용

제1절 전자상거래의 기초
제2절 기업 대 소비자 전자상거래
제3절 기업 대 기업 전자상거래
제4절 전자상거래의 보안과 전자지불시스템
MIS HIGHLIGHT 1 소셜커머스: 이제 소비자를 기업의 동반자로
MIS HIGHLIGHT 2 제품만 잘 만들면 되던 B2B기업, 이젠 시장도 잘 만들어야
CASE 1 한국투자증권: 고객 관점 HTS로 다시 태어났다
CASE 2 미래에셋증권: 스마트 맵스(Smart Maps)

제1절 전자상거래의 기초

1. 전자상거래의 개념

전자상거래(Electronic Commerce: EC)란 인터넷을 포함하는 컴퓨터 네트워크를 통해 제품, 서비스, 그리고 정보를 판매하고 사는 거래를 말한다. 다시 말해서, 인터넷을 통해 회사와 제품을 소개하고, 주문과 대금을 받고, 제품을 적송하거나 소프트웨어나 정보를 온라인으로 전달하는 것을 전자상거래라 한다. 전자상거래는 기업과 소비자 간의 상거래, 기업 내부 상거래, 그리고 기업과 기업 간의 상거래로 구분한다.

그림 8-1 전자상거래 프레임워크

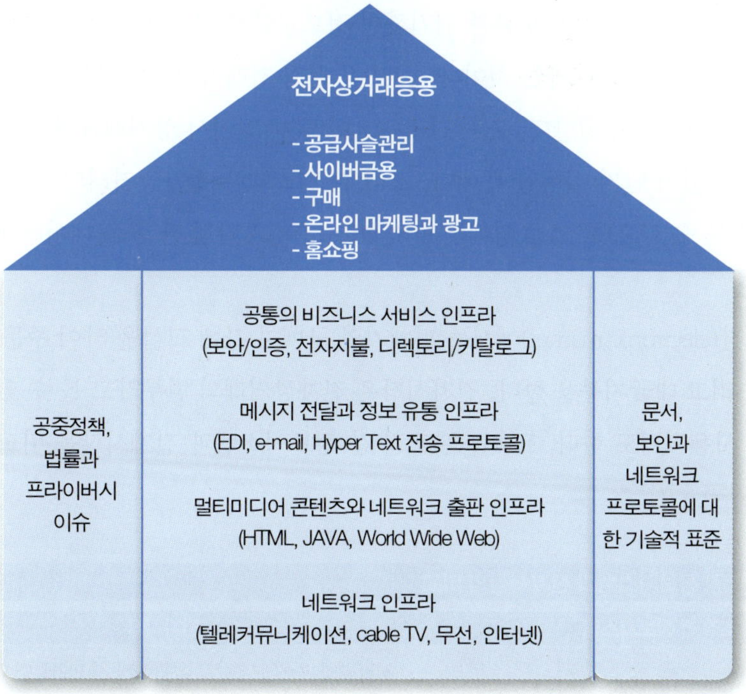

전자상거래의 응용으로서 1970년대에 은행 간의 전자자금이체(Electronic Funds Transfer: EFT)가 나타났고, 1980년대에 기업 간의 전자문서교환(Electronic Data Interchange: EDI)이 소개되었고, 그리고 1990년대에 월드와이드웹(World Wide Web: www)의 등장으로 광고, 경매, 증권거래 등 많은 분야에서 실현되었다.

그림 8-1은 하나의 전자상거래 프레임워크이다. 전자상거래 응용들은 전자상거래 인프라구조 위에서 가능하다. 또한 전자상거래가 성장하기 위해서는 관련 공공정책, 법률적 문제, 프라이버시 이슈가 해결되어야 하고, 문서, 보안, 그리고 네트워크 프로토콜에 대한 기술적 표준이 발전하여야 한다.

2. 조직 간 정보시스템과 전자시장

전자상거래를 이해하기 위해 조직 간 정보시스템과 전자시장을 비교해보기로 한다. 조직 간 정보시스템(Interorganizational Information System: IOS)은 두 개 이상의 조직 간의 정보흐름을 원활하게 하여 효율적인 거래처리를 하는 것이다. 조직 간 시스템의 목적은 일상적 기업거래의 비용을 절감하고, 오류를 제거하여 정보교환을 개선하고, 거래 속도를 증진시키며, 그리고 종이 없이 거래하는 것이다. 두 조직 간의 거래처리에는 보통 EDI를 통하여 주문, 대금청구와 지불을 수행한다. 조직 간 정보시스템에 있어서 상거래관계는 미리 결정되어 있어서 협상 없이 단지 실행할 뿐이다. 조직 간 시스템은 전자상거래의 기업 대 기업(B2B) 응용이라 볼 수 있으며, 그 유형에는 EDI, EFT, 그리고 기업 간 공유 데이터베이스 등이 있다.

한편, 전자시장(electronic market)에서는 판매자와 구매자 간에 교섭을 하여 주문을 하고, 납품을 하고, 그리고 대금지불을 한다. 전자시장은 전자상거래의 일부라고 볼 수 있으나 때때로 동의어로 사용되기도 한다. 표 8-1은 조직 간 정보시스템과 전자시장을 비교 정리한 것이다.

〈표 8-1〉 조직 간 정보시스템과 전자시장의 비교

조직 간 정보시스템	전자시장
• 고객-공급업자 관계는 지속되는 거래들에 대해 미리 정해져 있다.	• 각각의 거래에 대해 고객-판매자 간의 연결이 이루어진다. • 판매자가 제품이나 서비스를 고객에게 정해진 기간 내에 전달하기로 함으로써 고객-판매자 간의 협약이 성립된다.
• 사용 혹은 공용 네트워크를 기반으로 하여 구축된다.	• 전자시장은 공용 네트워크를 기반으로 구축된다.
• 외부 정보통신회사가 개입될 경우 전형적으로 부가가치통신망(VAN)이다.	• 외부 정보통신업자가 개입될 경우 전형적으로 온라인 서비스 제공자(시장 조성자)이다.
• 교환될 문서의 성격과 양식은 미리 정한다.	• 판매자가 시장조성자와 함께 무슨 거래들을 할 것인지 결정한다.
• 어느 통신망을 사용할 것인지 미리 정한다.	• 고객과 판매자가 독립적으로 어느 통신망을 사용할 것인지 결정한다. 거래마다 통신망이 다를 수 있다.
• 시스템을 어떻게 사용할 것인지에 대한 공동의 지침과 기대가 있다.	• 시스템을 어떻게 사용할 것인지에 대한 공동의 지침과 기대가 없다.

그림 8-2는 전자시장을 나타낸다. 전자시장은 판매자와 구매자가 만나는 네트워크상의 장소로서 대금결제를 포함하는 모든 거래 사항을 처리한다. 전자시장에 참여하는 거래 조

그림 8-2 전자시장

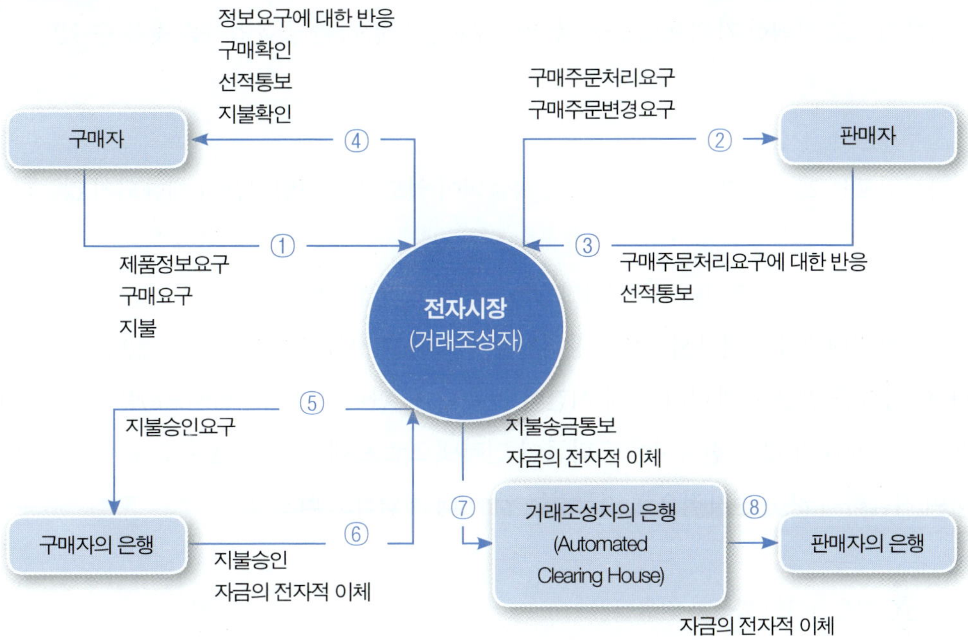

성자(transaction handler), 중개인(broker), 구매자, 판매자들은 서로 다른 지역에 있으며 서로 모르는 경우가 많다.

3. 전자상거래의 효과와 한계

전자상거래의 효과를 기업에 대한 효과, 소비자에 대한 효과, 그리고 사회적 효과로 구분하고, 전자상거래의 한계점을 기술적 한계점과 비기술적 한계점으로 구분하여 아래에 설명한다.

(1) 기업에 대한 효과

① 세계시장의 고객을 확보

전통적인 기업활동에서는 시장이 대체로 좁은 지역의 고객에 한정되나, 전자상거래에서는 전 세계를 대상으로 하므로 시장이 확대된다.

② 국제적으로 공급업자 확보

국제적으로 저렴한 가격으로 높은 품질의 부품을 납품하는 공급업자를 찾을 수 있다.

③ 무제한 영업시간

가상점포는 24시간 7일간 지속적으로 개설되어 있으므로 영업시간이 제한되지 않는다.

④ 종이서류의 배제로 인한 거래시간의 단축, 비용절감과 정확성의 향상

전자상거래에서는 전자서류를 사용하므로 신속하고 정확하게 전달될 수 있다. 즉 주문을 한 후 상품을 받을 때까지의 거래 시간이 단축된다. 판매자가 송장(invoice)을 프린트하여 우편으로 보내지 않고 전자서류로 만들어 인터넷으로 보내고, 또한 종이로 된 수표를 발행하여 지급하지 않고 전자적으로 지급하는 것이 더 저렴하고 빠르다.

⑤ 공급사슬관리의 향상과 비용절감

전자상거래에서는 "풀(pull)" 유형의 공급사슬관리(supply chain management)를 할 수 있으므로 재고 비용을 절감할 수 있다. "풀" 유형에서는 소매점에서의 판매데이터가 POS(Point Of Sale) 시스템에 의해 즉시 처리되어 배송센터(distribution center)로부터 재고가 자동으로 채워지고, 제조업자의 생산계획에 반영된다.

⑥ 전자상거래의 비즈니스 프로세스 혁신 효과

전자상거래로 인하여 업무처리 프로세스가 개선되면 기업의 생산성이 향상된다.

⑦ 신속한 경매

잉여 자원이나 진부화된 상품을 적은 비용으로 신속하게 경매할 수 있다.

(2) 소비자에 대한 효과

① 보다 효율적인 구매

전자시장에는 많은 판매자가 다양한 제품을 24시간 판매하므로, 직접 실물시장에 갈 필요 없이 집에서 혹은 어느 곳에서나 사이버 몰을 방문하여 제품을 비교하고 더 좋은 품질의 제품을 더 저렴하게 구매할 수 있다.

② 상품정보와 아이디어의 교환

전자시장에서 상품에 관한 정보를 빠른 시간 내에 얻을 수 있고, 다른 소비자와 구매경험과 상품정보를 교환할 수 있다.

③ 제품가격의 인하

판매업자 간의 경쟁강화와 중간상인의 배제로 인하여 어떤 제품에 대해서는 가격이 인하될 것이다.

(3) 사회적 효과

① 교통 혼잡 해소와 공해방지에 기여

홈뱅킹, 홈쇼핑, 사이버교육으로 사람들은 집에서 많은 일을 할 수 있으므로 자동차 운전을 할 필요가 없고 공해도 줄어든다.

② 시골지역 주민들에 대한 쇼핑기회 증진

시골은 비교적 교통이 불편하여 실제 시장에 방문하기가 어렵다. 그러나 전자시장을 이용하면 쇼핑이 편리해진다.

(4) 전자상거래의 기술적 한계

① 시스템 보안, 신뢰성, 표준, 그리고 통신 프로토콜이 부족하다.

② 전자상거래 시스템 개발 도구는 여전히 발전하고 변화하고 있다.

③ 기존의 응용시스템과 데이터베이스를 인터넷과 전자상거래 소프트웨어와 통합하는 것이 어렵다.

④ 네트워크 서버 외에 웹서버가 필요하다.

⑤ 상호운영성(interoperability)의 문제가 있다. 어떤 전자상거래 소프트웨어는 다른

하드웨어나 운영시스템(OS)과 비호환적이다.

⑥ 인터넷 접근이 아직 비싸고, 많은 잠재 고객들에게 불편하다.

(5) 전자상거래의 비기술적 한계

① 많은 법률적 문제가 아직 해결되지 않고 있다.

② 정부규제와 표준이 정비되어 있지 않다.

③ 웹 광고와 같은 전자상거래의 효과를 측정하기가 어렵다.

④ 전자상거래는 아직 발전 중이며 급속하게 변화하고 있다. 많은 사람들은 전자상거래를 시작하지 않으면서 안정화될 때까지 기다리고 있다.

⑤ 고객이 변화에 대해 저항한다. 사람들은 종이가 없고, 대면접촉이 없는 거래를 충분히 신뢰하지 않는다.

⑥ 전자상거래는 아직 비싸고 안전하지 못하다는 인식이 있다.

⑦ 전자상거래를 하는 데 필요한 충분한 수의 판매자와 소비자가 아직 없다.

⑧ 전자상거래는 인간관계를 저해할 우려가 있다.

4. 전자상거래의 과정

전자시장에서 구매자와 판매자 간에 하나의 거래가 진행되는 과정은 그림 8-3과 같다. 구매자가 조직이거나 반복해서 구매하는 고객이면 어떤 단계는 변경되거나 생략될 수 있다.

(1) 구매 전 상호작용

• 1단계

소비자가 인터넷상에서 상인의 웹사이트를 방문한다. 소비자가 상인의 상점(storefront)으로 들어가서 상품 진열을 본다.

• 2단계

만약 소비자의 관심을 끌만한 것이 없거나 다른 상품을 찾기를 원하면, 다른 상인의 가게로 가서 상품을 비교한다.

그림 8-3 소비자 구매활동

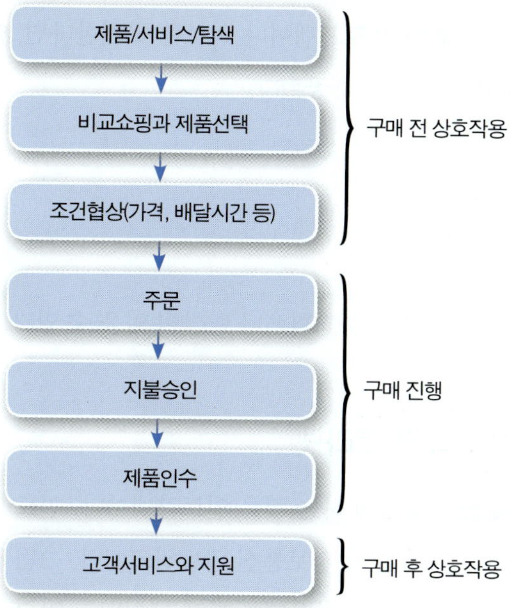

• 3단계

소비자가 관심이 있는 것을 찾으면 온라인으로 구매하기로 한다. 최종 결정을 내리기 전에 웹페이지에서 혹은 e-mail을 통해 정보를 더 얻는다. 소비자가 필요로 하는 정보는 보증, 반품과 교환 방침, 가격 협상의 가능성 등이다. 고정된 가격이 아니면 e-mail을 통해 가격을 협상한다. 구매를 고려하는 품목은 장바구니에 저장한다. 이 품목에 대해서는 아직 지불하지 않았다. 방문하고 있는 가게의 다른 품목을 구경하든지 다른 가게에 가본다.

(2) 구매진행

• 4단계

언제든지 소비자는 쇼핑 바구니에 있는 품목에 대해 수량을 변경하거나 품목 자체를 삭제할 수 있다. 구매할 최종 품목 리스트가 결정될 때까지 계속 검토한다.

• 5단계

소비자가 지불할 준비가 되었을 때, 지불 선택을 할 수 있다. 지불방법을 선택하고 지불정보(예: 신용카드번호)를 제공한다. 지불요구가 승인되거나 혹은 거절된다. 거절되면 다른 지불방법을 택한다. 만약 승인되면 거래가 실행된다.

• 6단계

상품이 배송된다. 만약 소프트웨어 프로그램이나 정보를 구매한다면, 인터넷을 통해 다운로드 받을 수 있다. 상품에 대한 보증이 제공된다.

(3) 구매 후 상호작용

• 7단계

고객은 사후 서비스를 받을 수 있고, 상품교환이나 반환이 있을 수 있다.

5. 기업 내부 전자상거래와 인트라넷

현재 기업 내부 전자상거래를 가능하게 하는 것은 인트라넷이다. 인트라넷(intranet)은 웹의 사용자 인터페이스를 사용하는 기업 내 정보통신 네트워크이다. 그림 8-4의 인트라넷에서 클라이언트 컴퓨터는 보통 PC로서 웹브라우저를 통해 데이터를 입력할 수 있다. 방화벽(firewall)이란 소프트웨어는 인트라넷 외부의 인터넷 사용자가 회사의 데이터에 비합법적으로 접근하지 못하도록 막는다.

인트라넷은 기업 내부의 의사소통과 전자상거래를 촉진시킨다. 인트라넷을 통해 종업원이 회사의 제품을 구매할 수 있고 기업 내부 사업단위들 간에 거래할 수 있다. 특히 인트라넷을 다음과 같은 분야에 활용할 수 있다.

① 작업그룹 커뮤니케이션

E-mail, 비디오 컨퍼런스(video conferencing), 전자게시판(electronic bulletin boards)을 사용하여 관리자는 종업원과 의사소통할 수 있다. 이러한 기술을 이용하면 정보를 보다 빠르고 정확하게 종업원들에게 전달할 수 있다.

② 전자출판

조직의 방침, 규칙과 절차, 매뉴얼, 제품명세서 등을 조직 내에 쉽게 배포할 수 있다. 문서를 프린트해서 배포하는 비용을 절감하고, 정보를 보다 신속하게 전달하고, 진부화된 정보를 줄일 수 있다.

그림 8-4 인트라넷 아키텍처

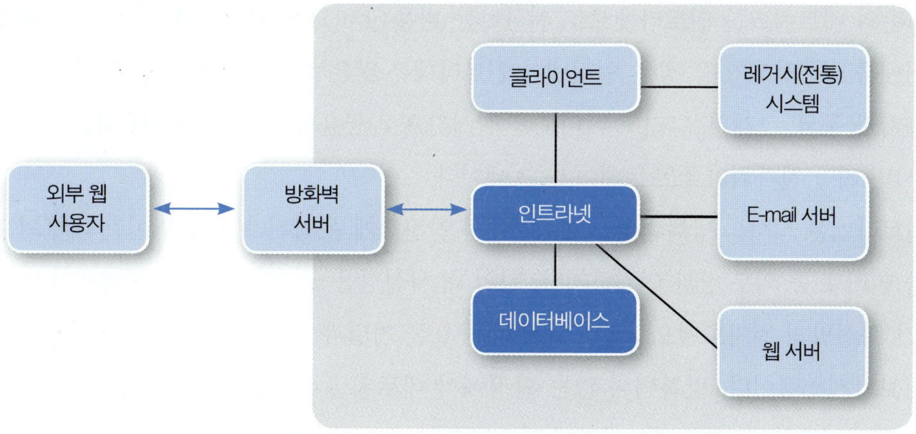

③ 영업조직 생산성

생산과 판매, 기업과 고객 간의 정보의 흐름을 개선한다. 마케팅 관리자와 고객 및 조직의 다른 부분과의 정보 교환을 원활하게 하여 시장경쟁력을 강화할 수 있다.

인트라넷(intranet) 혹은 내부 웹(internal web)이란 웹의 개념과 도구를 사용하고 있는 회사에서 내부적으로 필요한 정보를 제공하기 위하여 설계하는 네트워크 아키텍처이다. 인트라넷은 쉽고 저렴한 브라우징, 커뮤니케이션, 그리고 협업과 같은 인터넷 기능들을 제공한다. 관리자는 웹브라우저를 이용하여 종업원의 이력서, 비즈니스 계획서, 회사의 규정과 절차를 볼 수 있으며, 매출 자료를 검색할 수 있고, 원하는 문서를 검토할 수 있으며, 회의를 소집할 수도 있다. 종업원은 데이터베이스에 있는 원자재의 검색을 신속하게 하기 위해 하이퍼링크(hyperlinks)를 사용하여 특별한 과업을 수행하기 위한 소프트웨어의 활용가능성을 체크할 수 있으며, 자신의 워크스테이션에서 소프트웨어를 테스트할 수 있다.

인트라넷은 종종 인터넷과 연결되어서 회사가 전자상거래 활동(예: 고객과 공급자와의 협력, 운송 이전의 고객의 재고 수준 체크 등)을 수행할 수 있도록 한다. 엑스트라넷(extranet)은 이러한 활동에 더욱 용이하다. 인트라넷은 화면공유시스템과 기타 그룹웨어 도구를 사용하여 그룹의 작업을 원활하게 수행할 수 있도록 한다. 회사는 인트라넷을 통하여 종업원에게 뉴스레터를 발간하고 뉴스를 전달한다.

기존의 네트워크를 인트라넷으로 전환하는 비용은 비교적 저렴하다. 특히 회사가 이미 인터넷을 이용하고 있을 경우, 인터넷과 인트라넷은 많은 컴퓨팅 설비들을 공유할 수 있다. 사용자가 문서, 그래픽, 그리고 비디오를 실시간으로 공유할 수 있도록 지원하는 클라이언트/서버-기반 전자회의 소프트웨어가 그 예이다.

인트라넷은 회사의 방화벽(firewall) 내에서 안전하게 운영된다. 방화벽이란 내부의 전산망을 인터넷 등 외부 망과 연결하거나, 기업 내 사설망을 구축할 경우 외부 사용자 또는 기업 간 사설망의 전자도청으로부터 내부의 중요한 기밀과 정보를 보호하기 위해 구축하는 전자보안시스템이다. 방화벽이 없는 환경에서 네트워크 보안은 호스트 시스템의 보안에 전적으로 의존하게 되며, 네트워크에 연결된 모든 호스트가 일정하게 역할을 분담한다.

제2절 기업 대 소비자 전자상거래

기업 대 소비자(B2C) 전자상거래의 응용으로서 광고, 금융, 경매, 주식거래, 여행, 부동산 등 많은 분야가 있다. 여기서는 소매업, 광고 및 출판에 대한 응용만 살펴보기로 한다.

1. 전자소매업

(1) 전자소매업과 사이버몰의 개념

전자소매업(electronic retailing)은 전자상점(electronic storefront)을 통해 소비자에게 직접 제품이나 서비스를 판매하는 것이다. 최근 웹(web)에서 번성하고 있는 전자소매에는 단독상점과 사이버몰의 두 가지 형태가 있다.

단독상점(solo storefront)은 자체적인 인터넷 이름과 웹사이트를 가지고 있으며 사이버몰에 가입되어 있는 경우도 있고 그렇지 않은 경우도 있다. 예를 들면, 포도주를 파는 Virtual

Vineyards(www.wine.com)이나 과거의 대형 서점인 아마존(www.amazon.com)은 인터넷 상에서 성공한 소매상이다.

사이버몰(cybermall) 혹은 전자 몰(electronic mall)은 하나의 인터넷 주소를 가지고 모인 상점들의 집합이다. 사이버쇼핑몰이라는 하나의 장소에서 여러 가지 혹은 한 종류의 제품과 서비스를 판매한다. 쇼핑몰이 인기가 있고 상점의 주인도 마케팅을 잘해야 성공할 수 있다.

(2) 고객 중심 전자소매업

인터넷을 통한 소매업을 하면 중간상인(middleman or intermediary)의 개입 없이(disintermediation) 고객에게 직접 제품이나 서비스를 판매할 수 있다. 제조기업은 유통업자나 소매점 없이 직접 고객의 주문을 받아서 택배할 수 있다. 그림 8-5에서처럼 중간상인을 거치지 않으므로 유통비용이 절약되어 가격이 인하될 수 있고, 판매가 증가하여 제조업자는 더 많은 이익을 올릴 수 있다.

그림 8-5 중간상인 배제의 효과

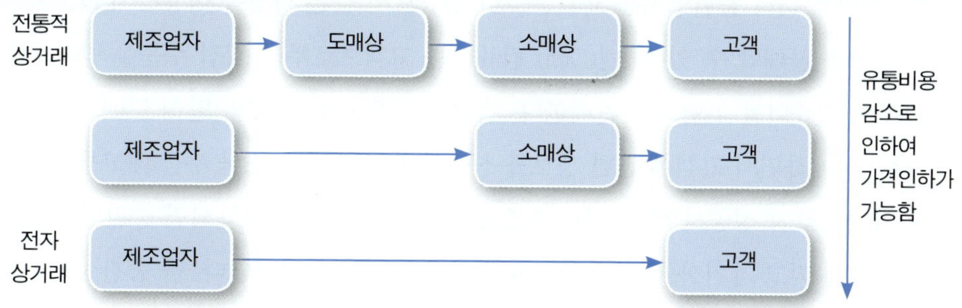

그림 8-6은 항공회사에 있어서 어떻게 중간상인이 배제될 수 있는지 보여준다. 첫 번째 방법에서는 고객이 항공회사의 비행기 일정을 보유하고 있는 여행사를 찾아간다. 여행사는 좌석이 있는지 알아보고 예약을 하기 위해 각 항공회사에 연락을 해야 한다. 이것은 이제 진부화된 방법이다.

두 번째 방법에서는 여행사가 비행기 일정에 관한 여러 항공회사의 컴퓨터 데이터베이스에 접속할 수 있다. 세 번째 방법에서는 여행사나 항공회사 직원을 거치지 않고 웹을 이용하여 고객이 항공회사에 직접 예약하고 표를 산다. 이 방법은 점점 많이 사용되고 있다. 따

그림 8-6 항공 예약

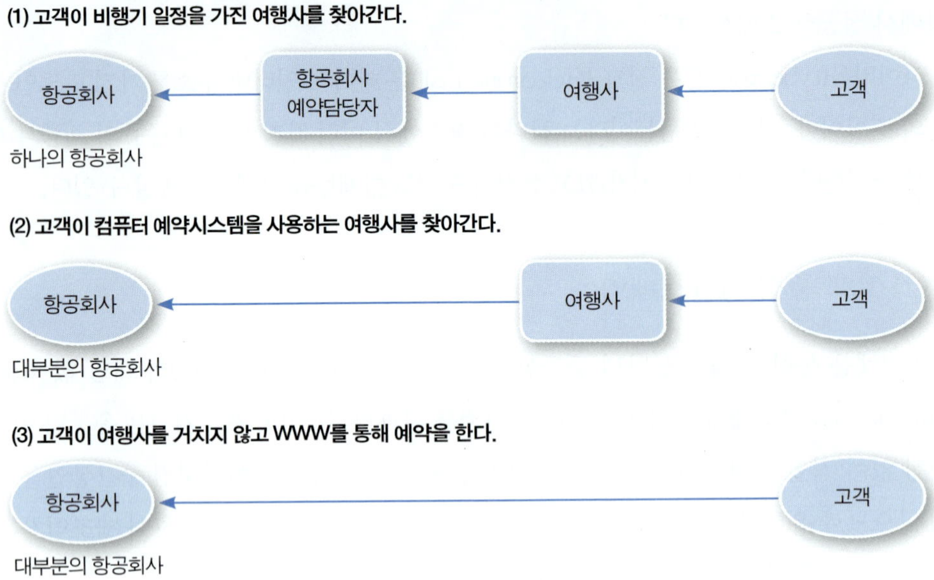

라서 여행사는 고객으로부터 커미션을 받을 기회를 잃게 된다.

항공회사뿐만 아니라 출판업자는 교보문고나 영광도서 같은 서점을 이용하지 않고 직접 독자에게 서적을 판매할 수 있다. 델(Dell) 컴퓨터는 고객으로부터 직접 주문을 받아 주문 내용에 맞추어 컴퓨터를 조립하여 판매한다. 컴팩과 같은 다른 회사와 달리 도매상을 거치지 않고 직접 판매하면서 고객에 관한 정보를 신속하게 파악하고, 또한 부품 재고를 줄이고 가격을 인하함으로써 성공하였다. 이런 식으로 전자상거래가 활성화되면 중간상인은 그 존속을 위협받게 되고 가치사슬(value chain)에 있어서 변화가 일어난다. 즉 중간상인이 제조업자가 담당하던 사업을 개시하여 경쟁업체로 바뀔 수 있다.

전자소매에 있어서는 상호작용적 마케팅을 할 수 있다. 고객의 관심을 끌기 위해 혹은 고객의 관심이나 선호에 관한 정보를 수집하기 위해 웹페이지의 상호작용적 성격을 이용할 수 있다. 홈페이지를 방문하는 고객에게 온라인으로 등록하도록 하여 고객에 관한 정보를 얻을 수 있다. 방문하는 고객이 웹사이트의 무슨 웹페이지를 찾고 어느 하이퍼텍스트 링크를 사용하는지에 관한 정보를 수집해 고객의 선호도를 추정할 수 있는 것이다. 예를 들면 하얏트(Hyatt) 호텔 체인은 이런 식으로 정보를 수집해 일본인 사용자는 휴양지의 골프시설에 가장 관심이 있다는 것을 알아냈다. 이러한 정보는 마케팅 전략을 수립하는 데 도움이 된다.

(3) 소매 웹사이트의 성공요인

전자 소매업에 있어서 웹사이트는 어느 고객에게나 같은 거리에 있다고 볼 수 있다. 통신 속도가 빠르다면 지리적으로 멀리 있는 것은 문제되지 않는다. 그러므로 고객이 자사의 웹사이트를 다시 찾도록 하는 것이 무엇보다 우선이다. 고객이 다시 찾는 소매 웹사이트를 만들려면 아래 요인을 고려해야 한다.

① 성능과 서비스

고객은 가상상점에서 제품 리스트를 보고, 선택하고, 지불하는 데 기다리는 것을 싫어한다. 서버(server)의 성능이 좋고 통신망의 속도가 빨라서 쉽게 접근하고 구매할 수 있어야 한다. 주문과 고객 서비스 과정이 간단하고 빨리 진행되어야 한다.

② 개인화

고객 개인의 취향에 맞게 운영되어야 그 고객이 다시 찾는다. 많은 가상상점이 방문자에게 고객으로 등록하도록 유도하고 개인의 관심사항을 입력하도록 한다. 그래서 다시 그 고객이 방문하면 관심을 가지고 있는 웹페이지로 인도한다.

③ 사회화

취향이나 관심사가 비슷한 고객에게 하나의 동질성을 가진 그룹이라는 소속감을 준다. 예컨대, 고객 토론장과 채팅방, 전자게시판, 관련 웹사이트에의 연결, 그리고 뉴스그룹 서비스를 제공할 수 있다.

④ 외양과 느낌

가상상점이 매력적이어서 쇼핑이 재미있어야 한다. 예를 들면 백화점은 깔끔하고 좋은 음악이 있고 친절한 것처럼 가상상점도 음악, 동작, 그림 등으로 꾸며지고, 가상 장바구니를 가지고 구경을 하면서 사고자 하는 상품을 담고 가상 점원에게 지불할 수 있도록 한다.

⑤ 인센티브

다시 방문하도록 하고 구매하는 데 대한 인센티브가 있어야 한다. 예컨대, 쿠폰(coupon)이나 할인 혜택을 제공할 수 있다.

⑥ 보안과 신뢰성

가상상점에서 거래해도 신용카드, 개인정보, 거래내역 등이 비합법적으로 노출되지 않는다는 신뢰를 주도록 해야 한다. 고객이 주문한 대로 원하는 시간에 전달하는 것은 신뢰성 있는 가게가 되기 위한 필수 사항이다.

2. 광고와 전자출판

(1) 광고

사이버 쇼핑몰에서는 흔히 제품에 관한 광고를 볼 수 있다. 광고는 인터넷상에서 흔히 볼 수 있는 상업적 활동이다. 회사는 자신의 웹사이트에서 혹은 다른 웹사이트에서 광고를 할 수 있다. 인터넷상의 광고는 상호작용적인 면이 있으며 멀티미디어 광고를 낼 수 있어서 좋다. 잠재고객들은 광고에 대해 궁금한 사항이 있으면 e-mail로 질문을 할 수 있다.

인터넷상의 전자 카탈로그는 가상상점에서 판매하는 제품이나 서비스에 관한 정보를 소비자에게 제공한다. 전자 카탈로그는 쉽게 최근 정보로 갱신할 수 있어서 항상 정확한 정보를 제공할 수 있고, 인터넷 사용자들에게 우편으로 카탈로그를 보낼 필요가 없다.

인터넷상의 광고는 오락과 결합될 수 있다. 웹사이트로 사람들을 끌기 위해 방문자들에게 게임을 할 수 있고, 채팅을 할 수 있고, 퀴즈에 참여하여 상을 탈 수 있는 기회를 제공한다. 그러나 오락까지 제공하면 광고 관련 비용이 증가하며, 광고효과를 정확하게 측정하여 광고에 대한 비용－효과 분석을 하기가 쉽지 않다.

(2) 전자출판

전자출판(electronic publishing)이란 신문, 잡지, 뉴스, 책 등을 인터넷을 통해 전달하는 것이다. 인터넷을 통해 멀티미디어 문서를 만들어 배포할 수 있다. 또한 스크롤 바(scroll bar),

문서 내부 간의 연결, 그리고 다른 전자문서와의 연결을 포함하는 사용자 컨트롤(user control)이 문서에 포함될 수 있다.

신문, 잡지와 같은 정기간행물을 출판하는 회사는 웹사이트에서 현재 팔리고 있는 간행물에 실린 내용의 일부를 제공할 수도 있고, 과거 간행물에 실렸던 내용을 키워드(keyword)를 이용하여 검색 가능하게 할 수도 있다. 예컨대, 신문을 구입하지 않더라도 신문사 웹사이트(예: www.mk.co.kr)를 검색하면 뉴스나 필요한 정보를 얻을 수 있다. 또한 경영 매거진 동아비즈니스리뷰(www.dongabiz.com)와 같은 잡지의 웹사이트를 방문하면 과월호에 실린 내용을 볼 수 있다.

푸시 기술(push technology)은 사용자가 원하거나 필요로 하는 정보만 전달하는 기술이다. 웹에서 e-mail이나 특별한 클라이언트 소프트웨어를 이용하여 실행될 수 있다. 사용자는 최근 정보를 찾기 위해 많은 시간을 소비할 필요가 없다. 푸시 서버(push server)가 사용자가 필요로 하는 정보를 지속적으로 보내줄 수 있다. 맞춤 신문(News On Demand: NOD) 서비스는 개인이 원하는 뉴스만 전달해준다.

제3절 기업 대 기업 전자상거래

전자상거래에서 가장 큰 규모를 차지하는 분야는 개인에 대한 소매업이 아니고 기업 간의 상품 매매에 대한 자동화일 것이다. 수년간 전자자료교환(EDI)이 특정 조직 간 시스템으로서 사용되어왔으나 이제 웹과 엑스트라넷을 통해 상거래가 처리되고 있다. 먼저 전자도매업에 대해 설명하고, 전자자료교환에 대해 살펴보고자 한다.

1. 전자도매업

전자도매업(wholesale electronic commerce)은 인터넷, 인트라넷, 그리고 엑스트라넷에서 구현될 수 있는 정보기술을 활용한다. 이러한 정보기술에는 e-mail, 전자 비즈니스 양식, 전

그림 8-7 www에서의 도매업자 전자상거래의 단계

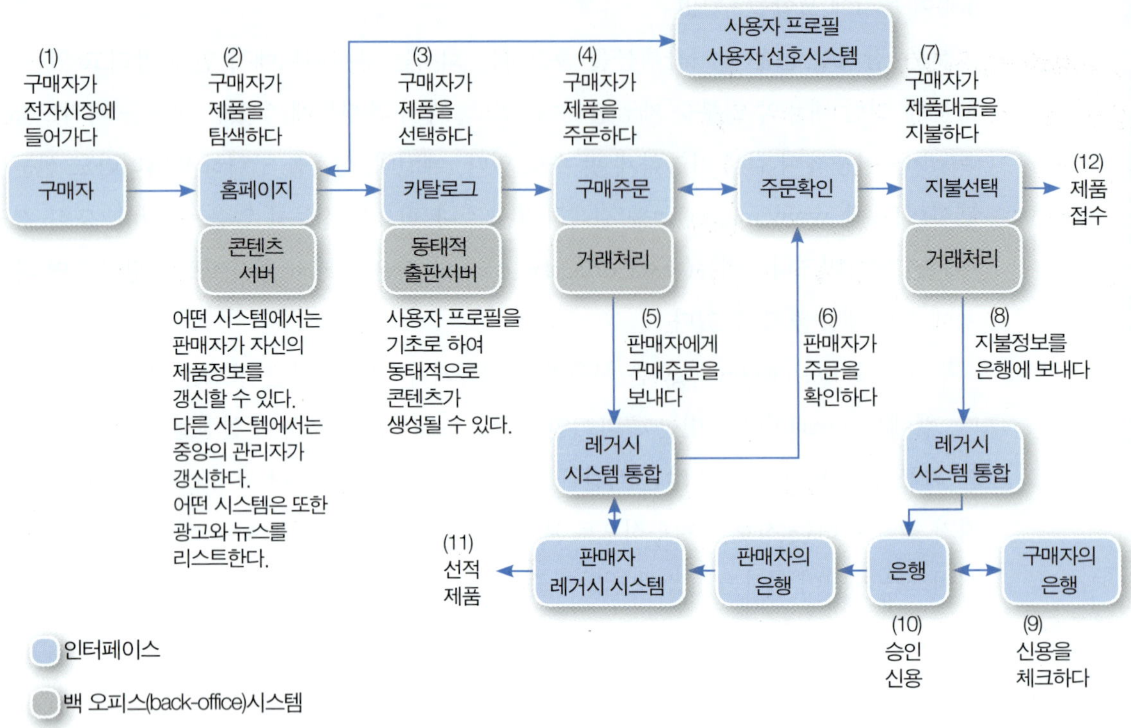

자게시판, 전자자료교환, 그리고 전자자금이체가 있다. 제품 카탈로그, 주문처리 등 전자 소매업과 비슷한 요소를 전자 도매업에서도 가지고 있다. 그림 8-7은 웹에서 가능한 도매업 전자상거래의 단계를 예시하고 있는데, 전자 소매업의 거래과정과 유사하다.

도매업 전자상거래 시스템은 전통적인 정보시스템과 연결된다. 그래서 웹에서의 모든 전자상거래 활동은 기업의 데이터베이스의 지원을 받고, 웹에서의 판매는 데이터베이스의 갱신으로 이어진다. 예를 들어 제품의 가격과 재고 정보를 데이터베이스에서 검색하여 웹사이트를 방문하는 고객에게 제시해줄 수 있고, 고객에게 제품을 판매하면 해당 제품의 재고가 감소되도록 데이터베이스를 갱신한다.

그림 8-8 EDI의 이용과 주문-배달 주기

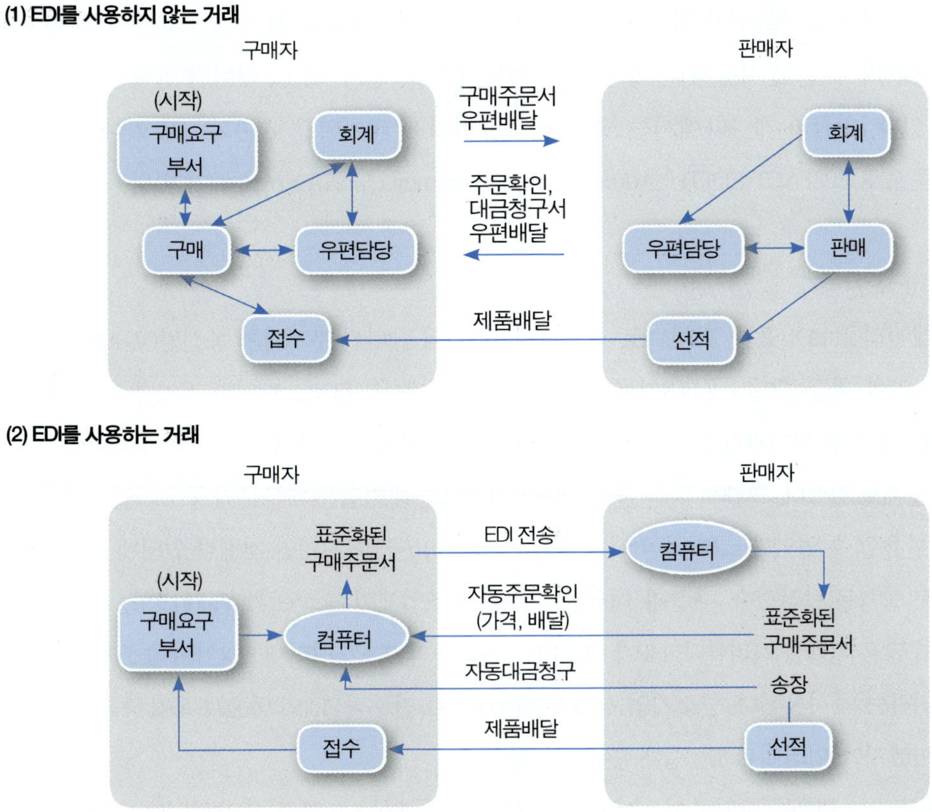

2. 전자문서교환

전자문서교환(Electronic Data Interchange: EDI)은 그림 8-8에서와 같이 거래 당사자 간에 주고받는 주문서나 대금청구서와 같은 문서를 표준화하여 컴퓨터 통신망을 통해 전자적으로 교환하는 시스템이다. EDI는 e-mail과 같이 송신자의 컴퓨터와 수신자의 컴퓨터 간에 메시지의 송수신이 있으나, 특히 다음과 같은 특성을 가지고 있다.

① 기업 거래문서

EDI는 주로 반복적인 기업 거래문서를 전자적으로 전달하기 위해 사용된다. 이러한 거래문서는 구매주문서, 송장, 선적통보 등을 포함한다.

② 데이터 포맷 표준

메시지가 표준화되지 않은 e-mail과 달리, EDI 메시지는 반복적이기 때문에 포맷 표준을 사용한다. 표준을 사용하면 메시지의 길이를 단축시킬 수 있고, 데이터 입력 오류를 제거할 수 있다. 미국과 캐나다에서는 ANSI X.12에 따라서 데이터를 표준화하고 있다. UN의 국제 표준으로 EDIFACT(EDI For Administration, Commerce and Transport)가 있다.

③ EDI 번역기

데이터를 EDI 표준 포맷으로 전환한다. 과거의 값비싼 부가가치 통신망(VAN)을 이용하는 EDI 외에, 최근에 인터넷 EDI가 소개되어 중소기업에서도 EDI를 도입하고 있다. VAN에 기초한 EDI는 충분한 보안과 용량을 가지고 있으나 주로 대규모 교역 당사자들 간에 사용되었고 호환성의 문제도 있었다. 그래서 많은 중소기업과 거래하는 대기업은 대부분의 중소기업 거래처와 EDI를 활용할 수 없었다. 그러나 비교적 성능(capability)은 떨어지지만 저렴한 인터넷 EDI를 사용하면서 상황은 달라졌다. 예컨대, 대규모 컴퓨터 제조업체인 Hewlett-Packard(HP)는 EDI를 이용하여 수많은 거래를 처리한다. HP가 사용하는 대부분의 EDI는 인터넷 EDI이며 중소기업과 거래를 처리하는 데 사용된다. 중소기업 거래처들은 대체로 전통적 EDI의 비용과 복잡성을 감당하기 힘들어했지만, 인터넷 EDI는 쉽게 수용하고 있다.

표 8-2는 EDI를 도입하여 사용함으로써 얻을 수 있는 효과를 요약하였다. EDI는 여러 개의 양식을 가지는 문서를 프린트하고, 우편 발송하고, 대조하고, 그리고 처리하는 작업을 제거시킨다. 표준 문서 양식을 사용하기 때문에 문서의 의미를 확인하기 위해 전화하고 연락하는 시간으로 거래처리를 지체하는 것도 상당히 없어진다. 그래서 종이, 우표와 노동력을 절감할 수 있다. 거래의 흐름을 가속화하고 동시에 오류를 감소시킨다. JIT(Just-In-Time) 재고 정책을 지원하고, 재고수준을 감소시킨다. 또한 고객, 공급업자와 같은 교역 파트너와의 전략적 관계를 증진시키는 데 기여할 수 있다.

〈표 8-2〉 EDI 사용의 효과

	효과	이유
직접효과	· 거래비용의 절감 · 현금흐름의 개선 · 재고수준의 감소 · 더 좋은 품질의 정보	· 종이서류 작업의 제거: 노동력 절약 · 정보의 신속한 처리와 교환 · 더 짧은 주문주기: 주문비용의 감소 · 정보의 적시성, 정확성, 접근성 향상
간접효과	· 운영 효율성의 향상 · 더 좋은 고객 서비스 · 개선된 교역 파트너 관계 · 경쟁능력 향상	· 시간과 비용 절감, 향상된 정보관리에 기인한 내부운영의 개선 · 더 짧은 대기시간: 거래 상태에 대해 보다 적시에 정보를 제공 · 정보의 공유를 증가시켜 신뢰성을 높임: 오류의 감소, Just-In-Time 프로그램에 참여할 능력 증가 · 새로운 시장에 접근할 능력 향상: 더 낮은 비용으로 더 좋은 서비스를 제공할 능력 향상

그러나 EDI를 도입하여 사용하는 데에는 한계점도 있다. EDI 번역기를 사용해야 하고 VAN 서비스에 대한 비용을 지출해야 한다. 인터넷 EDI가 높은 비용과 다른 교역자의 시스템과의 호환성 문제를 어느 정도 해결할 수 있지만, 보안 문제는 여전히 해결되지 않고 있다.

3. 엑스트라넷

엑스트라넷(extranet)은 그림 8-9에서와 같이 인터넷을 회사 인트라넷과 결합하여 비즈니스 파트너들을 서로 연결하는 네트워크이다. 엑스트라넷이라는 용어는 확장된 인트라넷(extended intranet)이라는 의미를 가진다. 엑스트라넷은 조직 간의 협동을 촉진시키기 위한

그림 8-9 엑스트라넷

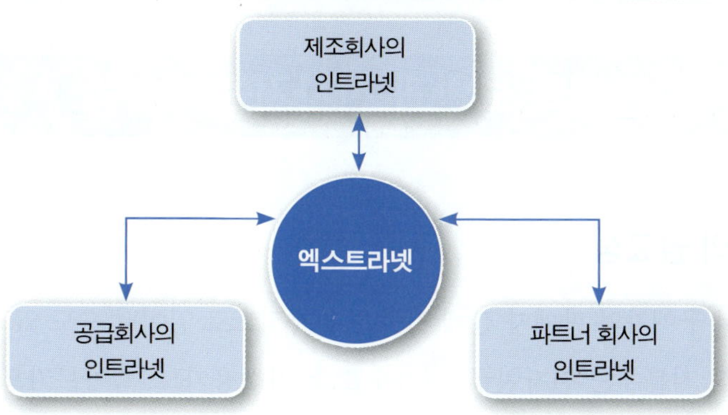

것으로서 인터넷과 같은 하부구조 요소들을 가진다. 즉 인터넷 하부구조인 서버, TCP/IP, e-mail, 웹브라우저 등을 하부구조로 가진다. 엑스트라넷은 인트라넷처럼 보통 방화벽에 의해 보호되며 일반 대중과 더 밀접하다.

엑스트라넷은 파트너 회사의 인트라넷에 제한된 접근뿐만 아니라 인터넷 기술을 이용하여 조직 간 필요한 커뮤니케이션을 가능하게 한다. 커뮤니케이션 비용의 상당한 절감 때문에 엑스트라넷의 이용이 급속하게 증가하고 있다. 엑스트라넷은 전자상거래를 위한 혁신적인 응용시스템을 가능하게 하며, 공급사슬에서의 커뮤니케이션 개선과 밀접한 관계가 있다.

엑스트라넷은 회사의 인트라넷을 공급업자, 고객, 기타 거래 당사자와 연결시킨다. 엑스트라넷을 통해 고객이 원하면 회사가 재고를 보유하고 있는지 알 수 있고, 주문을 한 후 주문처리 상태를 추적할 수 있다. 엑스트라넷을 사용하는 전자상거래의 구체적 사례로 대규모 전자부품 유통업자인 Avnet이 있다. 이 회사의 웹사이트(www.avnet.com)는 수주와 발주의 전 과정을 자동화하는 가상 유통 환경을 지원한다. 고객은 웹사이트의 검색엔진을 이용하여 온라인 카탈로그에서 원하는 제품을 신속하게 찾을 수 있고, 제품의 가격과 설명을 검토하고 주문을 입력할 수 있다. 고객이 주문하면 Avnet의 전자상거래 시스템은 가격과 수량을 검증하고 실시간으로 신용 허가와 거래 승인절차에 들어간다. 주문이 승인되자마자 자동적으로 창고에 선적을 요구한다. 시스템은 고객에게 주문이 처리되었다는 통보와 함께 UPS(United Parcel Service)의 선적정보를 보낸다. 고객은 Avnet의 웹사이트에서 UPS에 연결하여 주문한 제품의 선적여부를 추적할 수도 있다.

제4절 전자상거래의 보안과 전자지불시스템

1. 전자지불의 필요성

전자상거래에서 구매자와 판매자 간에 지불은 전자적으로 일어날 수도 있고 그렇지 않을 수도 있다. 전자적 지불에는 전자현금, 전자수표, 전자신용카드, 스마트카드, 그리고 전자

자금이체가 있다. 비전자적 지불이란 전자적 주문을 하면서 신용카드번호를 전화로 불러주거나 수표를 발행하여 지불하는 것을 말한다. 아직 전자적 지불이 많이 이용되지 않는 이유는 아래와 같다.

① 안전성의 문제

안전한 시스템은 복잡하고 비싸다. 그리고 인터넷에서 거래의 안전을 위한 표준들이 많아서 고객과 상인들에게 혼돈을 준다.

② 소액지불의 처리

전자상거래에는 소액거래가 많아서 비싼 지불시스템을 도입하지 않는다.

③ 불편

구매자가 거래가 간편하다고 생각해야 한다. 고객은 신용카드를 사용하는 것이 편리하다고 생각하겠지만 소액을 처리하는 데에는 너무 비싼 편이다.

④ 비호환성

지불의 방법과 표준에 관해 구매자와 판매자 간에 호환성이 있어야 한다. 만약 고객이 전자현금으로 지불하기를 원하면 판매자가 그것을 수용할 수 있어야 한다.

그러나 전자상거래에서 전통적인 비전자적 지불방법을 사용하면 여러 한계점이 있다. 만약 수표를 우송한다면 분실될 우려가 있고, 거래처리가 지연될 수 있다. 현금으로 지불한다면 거래 당사자가 만나야 한다. 신용카드번호를 인터넷으로 암호화하지 않고 보내면 보안 위험이 있다. 즉 해커가 신용카드번호를 식별할 수 있으므로 보안 수단을 강구하여야 한다.

2. 전자상거래의 보안

암호화(encryption)는 데이터를 변환하여 복호키(decryption key)로 풀지 않으면 이해할 수 없는 형태로 만드는 것을 말한다. 공개키 암호화(public key encryption)는 공개키(public

그림 8-10 공개키 암호화

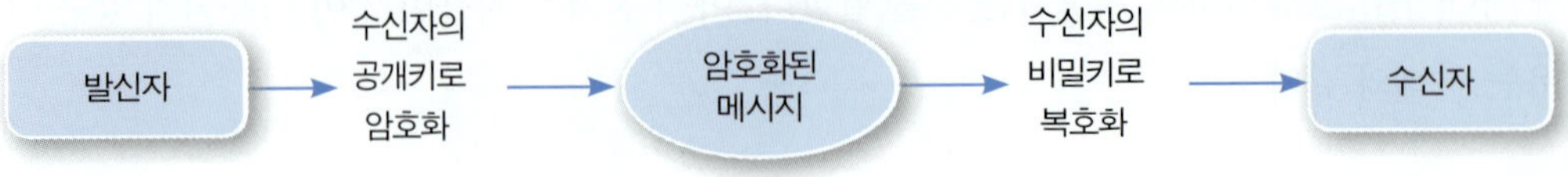

key)와 비밀키(private key)를 사용한다. 한 개인이 하나의 비밀키와 하나의 공개키를 가진다. 만약 공개키로 암호화하면 비밀키로 복호화하여야 하고, 비밀키로 암호화하면 공개키로 복호화하여야 한다. 갑이라는 개인은 자신의 비밀키를 가지고 있고 다른 사람에게는 비밀키를 알리지 않는다. 갑과 통신하는 사람들은 갑의 비밀키에 상응하는 공개키를 가지고 있다. 가장 잘 알려진 공개키 암호화 알고리즘의 하나는 RSA(Rivest-Shamir-Adleman)이다. 공개키를 사용하는 한 방법은 그림 8-10에서처럼 발신자가 수신자의 공개키로 암호화하고, 암호화되어 전송된 메시지를 수신자는 자신의 비밀키로 복호화한다.

공개키 암호화 방식은 흔히 전자서명과 전자인증과 함께 사용되는 경향이 있다. 전자서명(digital signature)은 보안을 강화하기 위해 발신자가 메시지 끝에 전자적으로 사인(sign)을 하는 것이다. 발신자는 자신의 비밀키로 암호화한 전자서명을 생성하여 암호화한 메시지와 함께 수신자에게 보낸다. 수신자는 발신자의 공개키로 전자서명을 복호화함으로써 발신자 본인으로부터 온 메시지임을 확인한다. 수신자의 공개키로 메시지를 암호화하는 것은 메시지의 비밀(privacy)을 유지하고, 전자서명은 발신자 본인이 보낸 것임을 확인하는 것이다.

그러나 또 다른 문제가 있다. 발신자가 메시지를 암호화하는 데 사용한 수신자의 공개키가 정말로 수신자의 것인지를 어떻게 발신자가 확신할 수 있는가? 또한 수신자가 전자서명을 확인하기 위해 사용한 발신자의 공개키가 정말로 발신자의 것인지를 어떻게 수신자가 확신할 수 있는가? 이러한 문제를 해결해주는 것이 전자인증서이다.

전자인증서(electronic certificate)는 특정 공개키가 특정 개인의 것이라는 사실을 증명하기 위해 인증기관(Certificate Authority: CA)이라 불리는 신뢰할 수 있는 제3자가 발행하는 전자문서이다. 전자인증서는 공개키 소유자의 이름, 나이, 성별 등을 알려준다. 만약 인증기관 자체를 신뢰할 수 없다면 그 인증기관을 인증해주는 다른 인증기관을 찾는다. 전자인증서에는 인증기관의 사인이 있고 유효기간이 명시된다. 인증기관의 예로 VeriSign(www.verisign.com)회

그림 8-11 SET의 개념적 다이어그램

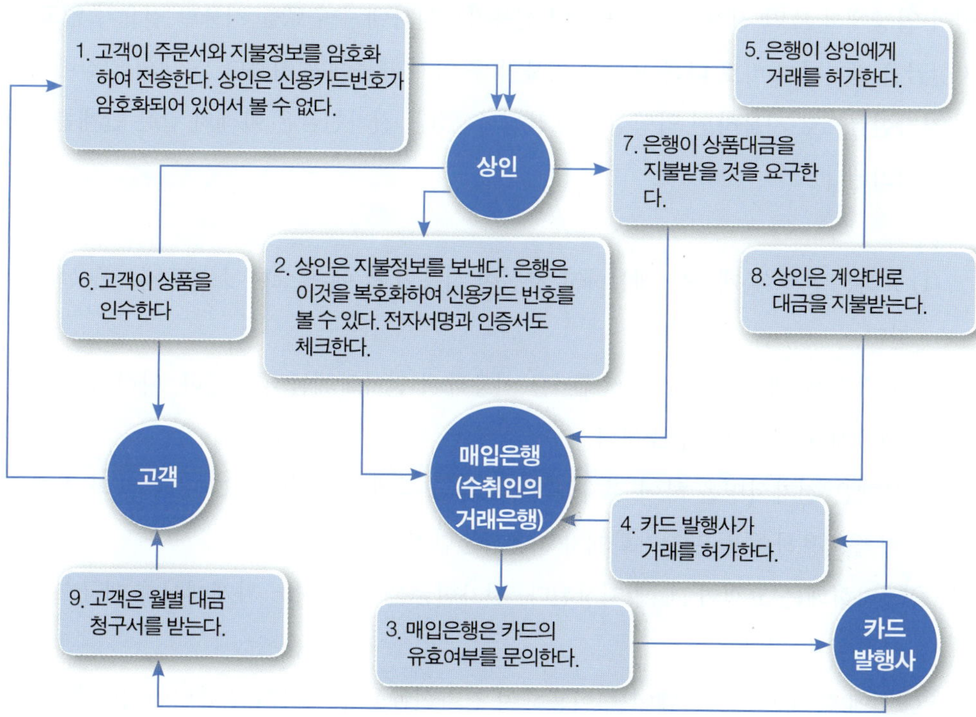

사가 있다.

인터넷을 통해 온라인으로 구매할 때 은행 신용카드를 많이 사용한다. 은행 신용카드에 의한 지불을 전 세계 어느 곳에서나 수용할 수 있도록 하기 위해서는 표준 혹은 프로토콜(protocol)이 필요하다. SET(Secure Electronic Transaction) 프로토콜은 안전한 은행 신용카드의 처리를 위한 표준으로서 VISA, MasterCard, IBM, Microsoft, Netscape 등이 동의하고 있다. 이 표준은 암호화, 인증, 전자서명 등을 포괄하며, 인터넷을 통한 안전한 전자지불을 위한 지배적인 표준이 될 것으로 기대된다. SET의 개념을 표현한 그림이 그림 8-11이다.

3. 전자지불시스템의 유형

(1) 전자현금

수표, 신용카드 혹은 기타 지불수단이 있는데도 전자현금으로 거래하는 경우가 많다. 상인의 입장에서 보면 전자현금을 받으면 신용카드회사에 수수료를 지불할 필요가 없고, 전자현금을 받자마자 바로 다른 용도로 지불할 수 있기 때문에 편리하다. 고객의 입장에서 보면 전자현금으로 지불하면 익명성이 보장될 수 있다. 전자현금은 아래와 같은 단계를 거치면서 처리된다.

① 고객은 은행에 계좌를 개설하고 자신이 사용할 PC에 필요한 소프트웨어를 설치한다.
② 고객은 PC에 설치한 소프트웨어를 이용하여 전자화폐를 구입한다. 따라서 은행 예금계좌의 잔고는 감소한다.
③ 은행은 전자서명을 하여 전자화폐노트를 고객에게 보낸다. 고객은 은행의 공개키를 이용하여 받은 전자화폐가 이용가능한지 조사한다.
④ 전자화폐는 고객의 PC에 저장된다. 전자현금을 받는 어느 가게에서나 대금으로 지불할 수 있다.
⑤ PC에 설치된 소프트웨어를 이용하여 전자현금을 판매자의 컴퓨터에 전송할 수 있다. 판매자는 은행과 고객의 공개키를 이용하여 받은 전자현금이 그 고객의 것인지 확인한다.
⑥ 판매자는 전자현금을 은행에 예금할 수 있다. 혹은 다른 용도로 지불할 수 있다.

(2) 전자신용카드

전자신용카드는 암호화하지 않고 사용하거나, 암호화하거나 혹은 제3자를 이용하는 지불로 구분할 수 있다. 첫째, 구매자가 신용카드번호를 암호화하지 않고 인터넷으로 판매자에게 전송하는 방법이다. 간편하고 저렴한 방법이지만 해커가 신용카드번호를 중간에서 가로챌 염려가 있고 송신자의 본인 확인이 어렵다. 둘째, 공개키 암호화방법을 사용하여 신용카드의 내용을 암호화하여 송신하는 방법이다. 예를 들면, PayPal(www.paypal.com) 회사의 공개키 암호화방법을 사용하는 안전한 인터넷 신용카드 지불의 여섯 단계는 그림 8-12와 같다.

그림 8-12 사이버캐시 인터넷 신용카드 지불시스템

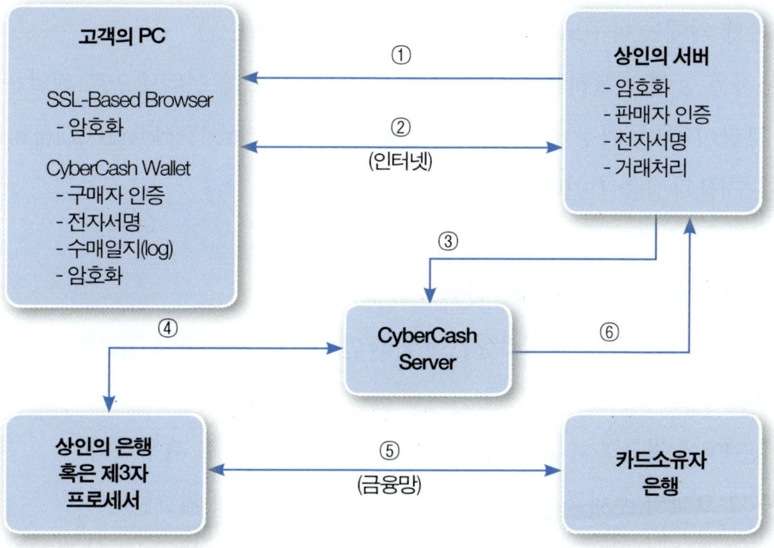

① 고객이 상인의 전자상점에서 상품항목을 선택하여 신용카드로 대금을 지불하기로 한다. 고객이 지불정보와 선적정보를 상인의 웹사이트에서 입력하여 구매과정을 시작한다(고객은 SSL-based browser 혹은 secure CyberCash Wallet을 이용할 수 있다). 상인은 구매요구를 받아서 주문내용의 요약을 고객에게 돌려보낸다. 주문내용의 요약에는 선택한 상품항목, 가격, 신용카드번호, 선적주소, 그리고 주문번호가 포함된다.

② 고객은 주문내용의 요약을 확인한 다음 "Pay" 단추를 눌러 주문내용 요약을 상인에게 돌려보낸다.

③ 상인은 고객이 확인한 주문정보를 받아서 전자서명을 하고 암호화하여 CyberCash 서버에 보낸다. 상인은 고객의 신용카드 정보를 볼 수 없다.

④ CyberCash 서버는 지불정보를 받아서 방화벽 안의 안전한 곳에서 정보 패킷(packet)을 풀고 다시 포맷하여 상인의 은행에 보낸다.

⑤ 상인의 은행은 지불허가요구(authorization request)를 카드소지자의 은행(발행은행)에 보낸다. 지불승인 혹은 거절코드는 다시 CyberCash에 보낸다.

⑥ CyberCash는 지불승인 혹은 거절코드를 상인에게 보낸다. 상인은 다시 그 정보를 고객에게 보낸다.

이상의 여섯 단계를 실행하는 데 걸리는 시간은 15~20초이다. CyberCash Wallet을 사용하면 고객과 은행 외에는 아무도 신용카드번호를 보지 않는다.

셋째, 제3자를 통해 지불하는 방법으로서 신용카드정보를 인터넷으로 전달하지 않으므로 비교적 보안이 좋다. 가장 잘 알려진 공급업자는 First Virtual Holdings Company(FV)로서 다음과 같은 지불과정을 거친다.

① 고객은 FV에 은행계좌를 개설한다.
② 고객은 상품항목을 구매하고 상인에게 FV번호와 FV의 계좌에 접근할 수 있는 권한을 준다.
③ 상인은 FV에 접근하여 고객계좌에서 자금을 인출할 것을 요구한다.
④ FV는 그 고객의 존재를 확인하고 충분한 잔고가 있는지 체크한다.
⑤ FV는 전자 메시지를 고객에게 전송하여 상인에게 지불해도 되는지 문의한다.
⑥ 만약 고객이 승인하면, FV는 상인이 거래를 진행하도록 한다.
⑦ 거래가 완료되었을 때, 고객의 계좌 잔고는 감소한다.

LG유플러스 전자결제서비스(ecredit.dacom.co.kr)는 인터넷상의 상점 및 서비스 판매업체가 상품과 서비스를 판매하고 그 대금을 신용카드를 이용하여 결제할 수 있도록 지원하는 인터넷 전문 대금결제대행 서비스이다. 이 전자지불서비스는 웹 기반의 전자지불서비스로서 SET 프로토콜을 적용하고 있다.

(3) 전자수표

전자수표(e-check)는 공개키 암호화 방식을 사용하며 소액지불에도 적당하다. 전자수표의 지불과정은 아래와 같다.

① 고객은 은행에서 수표를 발행할 수 있는 계좌를 개설한다.
② 고객은 상인으로부터 상품을 구매하고 암호화한 전자수표를 전자우편으로 보낸다.

그림 8-13 NetCheck의 지불과정

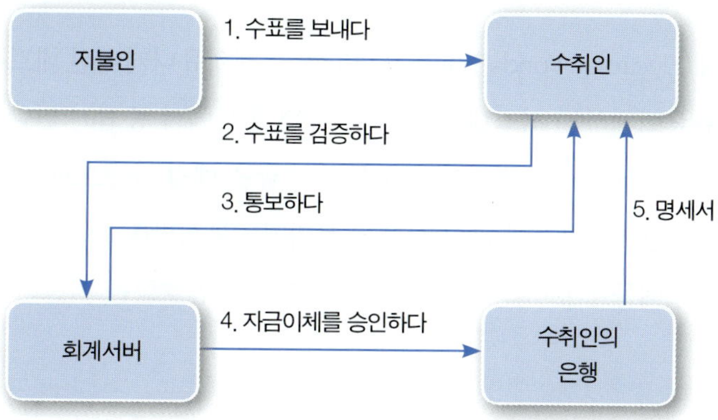

③ 상인은 수표를 자신의 계좌에 입금한다. 예금이 고객의 계좌에서 인출되어 상인의 계좌에 예금된다.

NetCheck(www.netcheck.com)는 프로토타입 전자수표시스템이다. NetCheck가 회계서버(accounting server) 소프트웨어를 제공한다. 그림 8-13에서처럼 지불인이 대금청구서를 수취인으로부터 받으면 전자수표를 발행하여 수취인에게 전송한다. 전자수표는 종이수표와 비슷하다. 전자수표에는 지불인의 이름, 지불인의 계좌번호, 수취인의 이름, 금액, 그리고 지불인의 전자서명이 있다. 수취인은 받은 전자수표를 회계서버에 제시하여 발행인을 확인한다. 회계서버는 수표에 있는 발행인의 전자서명을 확인한 후 그 결과를 수취인에게 알려주고 수취인의 은행에 지시를 보내어 지불인의 계좌에서 금액을 인출하도록 한다.

(4) 전자지불카드

우리 주위에서 흔히 볼 수 있는 지불카드는 복사카드나 전화카드이다. 일정금액을 미리 지불하고 구입한 카드로서 사용할 때마다 그 금액이 차감된다. 스마트카드는 마이크로프로세서를 내장하고 있는 카드로, 카드소지자에 대한 정보를 저장할 수 있고 잔액이 부족하면 금액을 더 저장할 수 있다. 전자지갑(electronic purse)은 대금지불을 위해 사용하는 하나의 스마트카드로서 카드판독기(card reader)가 있는 곳에서 소액지불에 편리하다. 인터넷에서 혹은 인터넷과 별도로 사용할 수 있는 스마트카드로 Mondex가 있다.

(5) 전자자금이체

전자자금이체(Electronic Funds Transfer: EFT)란 텔레커뮤니케이션 네트워크를 통해 금융기관 간에 자금을 이체하는 시스템이다. 예를 들면 회사에서 종업원 월급을 계좌에 입금하는 것, 은행 간에 송금하는 것, 전화료나 PC통신 요금을 매월 자동으로 지불하는 것 등이다. 전자자금이체는 인터넷 이전에 많이 사용된 부가가치통신망(Value-Added Network: VAN)을 주로 이용하기 때문에 보다 안전하고 빠르다. 그러나 암호화는 여전히 필요하다.

MIS HIGHLIGHT 1

소셜커머스: 이제 소비자를 기업의 동반자로

검색엔진이 대세였던 기존의 온라인 시장에서 SNS(Social Network Service)가 큰 반향을 일으키고 있다. 확연한 성장세를 이어가고 있는 SNS는 단순한 커뮤니케이션 도구를 넘어 광고, 게임, 커머스 등 다양한 서비스를 아우르는 플랫폼으로 진화하고 있다. 특히 소셜네트워크를 활용하는 소셜커머스(Social Commerce) 시장은 단기간에 큰 폭의 성장을 이어가며 많은 기업들의 주목을 받고 있다.

SNS는 말 그대로 사람과 사람을 연결해주는 서비스를 뜻한다. 2004년 설립된 SNS 대표업체 Facebook의 사용자 수는 최근 6억 명을 넘어섰으며 2006년 설립된 Twitter도 이미 2억 명에 가까운 사용자를 확보한 것으로 알려졌다. 아래의 그림에서와 같이 시장조사업체 TNS의 2010년 10월 조사에 따르면 주당 이용시간에서 SNS가 이메일마저 넘어서면서 SNS는 '유행'이라는 말이 무색할 만큼 사람들의 새로운 커뮤니케이션 수단으로 빠르게 자리매김하고 있다.

SNS 업체들은 거대한 유저를 기반으로 기존의 광고 수익 이외에 새로운 수익모델을 발굴하기 위해 다양한 노력을 기울이고 있다. Facebook은 자체 결재수단인 'Facebook Credit'을 선보인 이후 'Facebook Deals'까지 출시하며 위치 기반 소셜커머스 시장에 출사표를 던졌고, Twitter 역시 'Promoted Tweet' 서비스를 시작하며 검색 기반 광고플랫폼을 선보였다. 이처럼 SNS 업체들이 수익원 다각화에 적극적으로 나서면서 SNS와 기존의 e-commerce가 결합한 소셜커머스가 새로운 패러다임으로 주목받고 있다.

온라인 활동 유형별 이용빈도와 시간

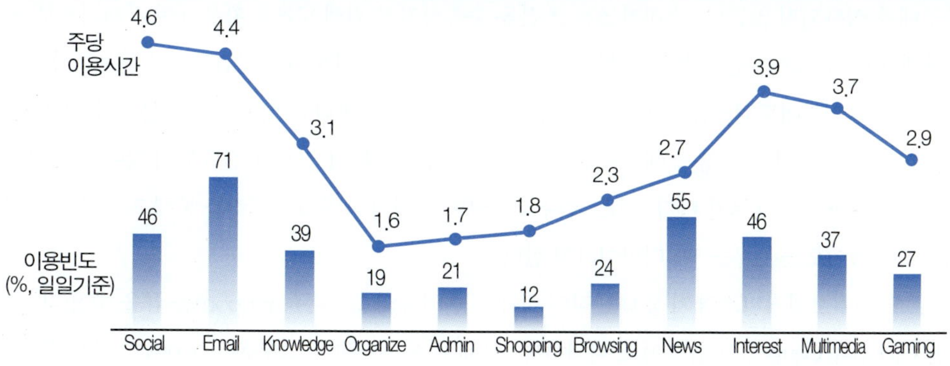

■ 전자상거래와 SNS의 결합, 소셜커머스

국내 대부분 사람들은 소셜커머스를 '공동구매' 또는 '소셜쇼핑' 정도로 이해한다. 그러나 소셜커머스란 넓은 의미에서 전자상거래와 SNS가 결합한 형태로, 즉 전자상거래를 위해 SNS를 활용하는 것을 뜻한다.

소셜커머스라는 용어는 2005년 11월 야후(Yahoo)가 처음 사용하면서 확산되기 시작하였다. 야후는 당시 장바구니, 평점 등을 공유하는 서비스를 제공하면서 이를 소셜커머스라고 불렀다. 다시 말해서 초기에는 소비자들이 각자의 경험을 공유하는 것을 의미했다. 그러나 그 후 Facebook, Twitter와 같은 SNS 업체들이 빠르게 성장하면서 소셜커머스의 의미는 더욱 확대되었다. 현재 소셜커머스라는 의미는 상거래 서비스에 소셜적인 요소가 있거나 판매 자체를 SNS 내에서 하는 등 전자상거래를 위해 SNS를 활용하는 것을 의미하게 되었다. 최근 가장 활발하게 활용되는 대표적인 소셜커머스의 유형에 대해 살펴보자.

① 공동구매 방식

최근 가장 활발하게 활용되는 소셜커머스의 유형은 공동구매이다. '반값할인', '원어데이 쇼핑', '소셜 쇼핑' 등으로도 알려진 '공동구매' 형태의 소셜커머스는 국내에서도 큰 관심을 일으키며 최근 급성장하고 있는 분야이다. 국내에서는 공동구매가 소셜커머스를 뜻한다는 인식이 지배적이지만 사실 공동구매는 소셜커머스의 한 형태일 뿐이다. '공동구매' 방식은 하루에 제한된 수량의 제품 및 서비스를 판매하고 일정의 조건이 충족될 경우 구매 단가를 대폭 할인해주는 방식이다. 예를 들어 특정 상품을 1,000명 이상이 구매하면 50%를 할인해주는 것이다. 이러한 특정 조건이 충족되지 않을 경우 구매가 성사되지 않는다. 소비자들은 조건을 충족시키기 위해 SNS를 활용하여 자체적으로 홍보를 하게 된다. 국내에서는 공동구매 형태의 소셜커머스 업체들이 SNS를 직접적으로 활용한다기보다 구매자들의 소셜네트워크를 통해 입소문이 저절로 퍼지기를 바라는 형태가 대부분이다. 또한 구매의 조건이 크게 까다롭지 않기 때문에 굳이 소셜네트워크를 통해 정보가 전파되지 않아도 예정된 수량이 모두 판매되는 경우가 많다. 최근 국내 소셜커머스 업체에 따르면 SNS를 통해 자사 소셜커머스 사이트에 들어오는 경우는 5% 미만이라고 한다.

공동구매 형태 소셜커머스의 가장 대표적인 사례로는 미국의 그루폰(Groupon)을 꼽을 수 있다. 그루폰은 Group과 Coupon의 합성어로 직역하면 '단체 쿠폰'이 된다. 그루폰은 2008년 10월 시카고의 자사 사무실 1층에 위치한 레스토랑의 피자 가격을 50% 할인하여 제공하면서 서비스를 시작했다. 그루폰은 현재 세계 35개 국가의 300여 개 도시에 진출해 있으며 최근에는 국내 소셜커머스 벤처 업체인 '딜즈온'의 지분 80%를 인수하며 국내 시장에도 진출했다. 창업한 지 약 1년 6개월 만에 3억

5,000만 달러의 매출을 올린 그루폰은 2010년에는 5억 달러의 매출을 올린 것으로 추정된다. 최근에는 구글(Google)이 무려 60억 달러의 인수를 제안하면서 세간의 큰 관심을 받기도 했다.

이렇듯 그루폰은 창업과 동시에 엄청난 성과를 올리고 있지만 사실 그 비즈니스모델은 아주 단순하다. 그루폰은 지역별로 하루에 단 1개의 상품을 판매한다. 비교적 원가가 차지하는 비중이 높은 공산품보다는 좀더 유연하게 가격을 할인할 수 있는 서비스 제품의 판매가 주를 이룬다. 그루폰에 참여하는 업체들은 대부분 지역 소매업체들이다. 앞서 언급한 대로 특정 요구조건이 충족되면 큰 폭의 할인을 해주고 만약 조건이 충족되지 않으면 모든 거래는 취소된다. 이 조건은 사실 별것 아닌 것처럼 보이지만 공동구매 형태의 소셜커머스에 있어 핵심적인 것이다. 이용자들은 좋은 딜을 공유하고 본인이 구매한 상품의 조건을 충족시키기 위해 자신들의 소셜네트워크나 이메일을 통해 자체적으로 주변에 딜에 대한 홍보를 하게 된다.

대부분 상품의 할인 폭은 50% 이상으로 워낙 크고 그루폰에 적게는 20%에서 많게는 50%까지 수수료를 지불해야 하기 때문에 쿠폰 판매 자체는 대부분의 소매업체에 별로 이익이 되지 않는다. 최근 한 조사에 따르면 그루폰에 참여한 업체의 32%는 쿠폰 판매를 통해 전혀 수익을 올리지 못했거나 오히려 손해를 본 것으로 드러났다. 그럼에도 불구하고 그루폰에서 너도나도 상품 판매를 원하는 이유는 바로 광고효과 때문이다. 그동안 지역 일간지나 잡지 이외에 마땅한 광고수단이 없었던 지역 소매업체들은 그루폰에서 쿠폰을 판매함으로써 적어도 하루 동안은 엄청난 주목을 받을 수 있다. 또한 딜이 성사될 경우 기존의 광고처럼 단지 정보를 알리는 것을 넘어 쿠폰을 구매한 소비자들은 쿠폰을 소진하기 위해 매장을 방문하게 된다. 이로써 소비자들은 실제로 제품 및 서비스를 경험하게 된다. 그런 다음 매장을 찾았던 소비자들이 좋은 인상을 받았다면 자신의 소셜네트워크 등을 통해 구매 후기를 남기게 되고, 그렇게 될 경우 쿠폰 판매 이후에도 상당기간 광고효과를 지속할 수 있는 장점을 노리는 것이다.

② 기존 웹과 연계하는 방식

소셜커머스의 또 다른 유형은 기존의 e-commerce 사이트와 SNS를 연계시키는 방식이다. 이 방식은 공동구매 방식과는 달리 SNS를 보다 더 적극적으로 활용한다는 특징을 지니고 있다. 다시 말해서 특정 사이트에서 이루어진 구매, 평가, 리뷰 등의 활동이 구매자의 소셜네트워크와 직접 연동되어 공유되는 방식이다. 단순히 e-commerce 사이트에 Facebook이나 Twitter로 이동할 수 있는 링크 버튼을 삽입하기도 하고 Facebook Plugin 등을 통해 구매 활동이 자동적으로 자신의 SNS에 반영되어 지인들과 공유하는 형태를 띠기도 한다. 기존의 e-commerce 사이트에 소셜적인 요소를 가미한 것이다.

기존의 e-commerce와 SNS를 연계한 소셜커머스가 주목받는 이유는 다름 아닌 구전효과 때문이다. 이는 단순한 구전이 아닌 자신이 알고 지내는 지인들의 구전이기 때문에 더욱 효과적이다. 최근 Harris Interactive의 조사에 따르면 응답자들의 71%가 가족이나 친구들의 의견이 특정 브랜드를 선택하는 데 영향을 미쳤다고 응답했다. 또한 Econsultancy의 조사에서도 응답자의 90%가 지인들의 추천을 신뢰한다고 응답했다.

청바지로 유명한 의류 브랜드 리바이스(Levi's)는 2010년 4월 자사 홈페이지에 Friends Store를 열었다. Friends Store는 Facebook과 연계되어 'Like' 버튼과 Facebook Connect 등을 쉽게 이용할 수 있다. 이를 통해 소비자들은 일반 대중들은 물론 자신의 지인들이 어떠한 옷에 관심이 있는지 쉽게 알 수 있다.

이에 대한 소비자들의 반응은 열광적이었다. 출시 후 1주일 만에 무려 4,000여 개의 'Like'를 기록했고 현재까지 약 6만여 개의 제품이 최소한 1개 이상의 'Like'를 받았다. 뿐만 아니라 Facebook 내에서도 Levi's 브랜드를 좋아하는 사람들이 크게 늘고 있는 것으로 나타났다.

기존의 e-commerce 사이트와 SNS가 연계될 경우 방대한 SNS의 유저 기반을 통한 구전효과뿐만 아니라 어떠한 제품에 사람들이 반응하는지를 즉각적으로 파악할 수 있다는 장점도 있다. 리바이스의 디지털 부문과 소셜 마케팅을 담당하고 있는 임원(Digital and Social Marketing Director) 메간 오코노(Megan O'Connor)는 Facebook과 연계하여 전통적인 시장조사에서는 불가능했던 소비자들의 실시간 피드백 정보를 확보할 수 있었고, 이를 판매 전략 등 주요의사결정에 활용하고 있다고 한다. 또한 그녀는 가까운 미래에 Friends Store에서의 고객반응 정보를 심지어 신제품 개발에 적극 활용할 수 있을 것이라고 예상했다.

③ SNS 내 직접 입점하는 방식

가장 최근에 나타나고 있는 소셜커머스의 유형은 SNS 내에 직접 입점하여 판매하는 방식이다. 공동구매의 형태가 간접적으로, 웹과의 연계 형태가 적극적으로 SNS를 활용했다면 직접 입점하는 방식은 아예 탭 또는 애플리케이션의 형태로 SNS 내 쇼핑몰을 추가하는 것이다. 최근에는 페이브먼트, 알벤다와 같은 쇼핑몰 빌더를 활용하여 Facebook 내에 쇼핑몰을 오픈하는 업체들이 늘어나고 있으며 이러한 빌더를 사용하면 상품등록, 장바구니, 리뷰 등의 기본적인 구매 기능은 물론 공동구매나 이벤트와 같은 추가적인 기능도 활용할 수 있다.

Facebook 내에 입점하여 쇼핑몰을 여는 형태가 주목받는 이유는 무려 6억 명 이상의 잠재고객이 공존하고 있기 때문이다. Facebook의 회원이 쇼핑몰의 팬이 되는 순간 쇼핑몰이 제공하는 새로운 정보들은 팬에게 자동으로 전달된다. 전달된 정보는 팬으로 등록된 회원들의 친구들도 열람할 수 있다. 1인당 평균 130명의 친구를 보유한 것으로 알려진 Facebook의 회원들의 네트워크를 통해 팬 베이스를 빠르게 늘려갈 수 있는 것이다.

이러한 장점 때문에 해외에서는 이미 P&G, 베스트바이, 스타벅스 등과 같은 대기업들이 Facebook 내에 쇼핑몰을 개설해 운영하고 있다. 작년에는 디즈니(Disney)가 자사의 인기 애니메이션영화 「토이 스토리 3」의 티켓을 Facebook에서 사전판매 하는가 하면 델타 항공사는 최근 항공권 예매 서비스까지 시작했다. 이처럼 Facebook을 통해 활발하게 활용되는 직접판매 형태의 소셜커머스는 f-commerce라는 신조어까지 탄생시켰다. Facebook 사용자 수가 360만 명 정도로 추산되는 국내에서는 아직 이러한 유형의 소셜커머스가 활발하게 활용되지는 않고 있지만 공동구매 형태의 소셜커머스가 서비스를 시작한 지 1년도 안 되어 폭발적인 성장을 이룬 것을 보면 직접판매 형태의 소셜커머스도 SNS 이용자 수의 증가와 함께 곧 활성화될 것으로 예상된다.

■ 소셜커머스 활용 포인트

앞서 언급한 다양한 형태의 소셜커머스의 성공 포인트는 무엇일까? 먼저 공동구매의 경우 할인의 폭이 워낙 크기 때문에 공산품 판매보다는 서비스 상품을 판매하는 업체에 더 효과적이다. 최근 국내에서 소셜커머스에 참여한 한 음식점 운영자는 공동구매 방식의 쿠폰 판매로 손해만 보고 손님이 특별히 늘지 않았다고 말했다. 공동구매 방식의 소셜커머스에 참여할 업체들은 큰 폭의 할인율을 감당할 수 있는지, 단기간에 몰려오는 소비자들에 대응이 가능한지, 구매를 한 소비자들을 어떻게 지속적인 고객으로 유지할 수 있는지 등을 신중히 검토하고 준비해야 한다. 이러한 준비 없이 단순히 경쟁사가 실시한다고 해서 소셜커머스 시장에 뛰어들 경우 실패할 확률이 매우 높다. 공동구매 방식의 소셜커머스의 경우 이미 폭넓은 고객을 확보한 대형업체보다는 향후 성장가능성이 점쳐지는 산업의 신생 업체들에 좀더 매력적일 수 있다.

기존 e-commerce 사이트와 연계하는 방식의 소셜커머스의 경우 공동구매 방식에 비해 보다 적극적으로 SNS를 활용한다. 따라서 소규모의 유저 기반을 이미 확보한 중견 업체가 진출하는 것이 효과적일 수 있다. 연계형 소셜커머스 시장에 진출하는 업체들이 바라는 것은 다름 아닌 구전효과이다. 참여를 고려하는 업체들은 자사가 소비자들의 대화를 촉진할 수 있는 콘텐츠를 보유하고 있는지, 또 이것이 긍정적인 구전효과를 일으킬 수 있는지에 대한 검토가 필요하다. 당연히 소비자들이 원하지 않는 콘텐츠를 만들어낸다면 소비자들의 외면을 받거나 오히려 부정적인 구전효과가 생길 위험이 있기 때문이다.

SNS 내에 직접 입점하여 판매하는 방식의 소셜커머스는 인지도가 있는 대형 업체에 유리할 수 있다. 일단 소비자들을 자사의 팬으로 만드는 것이 중요하기 때문이다. 이러한 형태의 소셜커머스에 참여를 고려하는 업체들은 고객들의 정보를 축적하고 좀더 개인화되고 세분화된 커뮤니케이션을 할 수 있는 준비가 필요하다. 이를 통해 브랜드 로열티를 제고하고 충성고객을 확보하여 자발적인 브랜드 전도사를 다수 확보하는 것이 중요하다.

〈LG Business Insight, 2011. 2. 16.〉

MIS HIGHLIGHT 2

제품 잘 만들면 되던 B2B 기업, 이제 시장도 잘 만들어야

B2B 기업의 사업 환경 변화로 고객사 요청에 대응하며 사업을 영위하던 기존 사업 방식에 빨간 불이 켜지고 있다. '잘 만드는 것'에 집중하는 차별성이 사라지면서 상품 컨셉을 발굴하여 상품화하는 상품기획 역량이 주목받고 있다. 시장 판세를 읽고 이를 적시에 제품화하는 상품기획 역량을 쌓아간다면 B2B 기업의 시장 선도 가능성은 더욱 높아질 것이다.

■ B2B 기업의 사업 환경 변화

지금까지 B2B 기업 대부분의 성공방정식은 특별한 것이 아니었다. 고객사가 원하는 대로 성실하게 만들어서 전달해주면 되었다. 고객사의 구미에 맞춘 품질로 차별성을 확보하고, 꾸준한 생산성 향상으로 박하지만 안정적인 이익을 누렸다. 고객사의 판가 인하 압력에는 꾸준한 원가 개선 활동으로 대응했다.

그런데 사업 환경 변화로 고객사 요청에 충실히 대응하며 사업을 영위하던 B2B 기업의 기존 사업 방식에 빨간 불이 켜지고 있다. 고객사 GM의 요청에 성실히 대응했던 델파이는 고객사의 사업성과가 나빠질 때 시장에서 지위를 잃었다. '잘 만드는 것'에 집중한 차별성이 희석되면서 새로운 경쟁력이 필요한 것이다. 구체적으로 B2B 기업의 사업 환경에 어떤 변화가 생기고 있는지 살펴보자.

우선 수요 불확실성이 높아졌다. 고객사가 속한 산업이 성숙기에 접어들면서 고객사의 전략 자체가 매우 유동적으로 바뀌고 있다. 고객사의 주문에 맞추어 안정적으로 생산만 하면 되었지만, 이제는 수시로 변하는 주문량을 생산 계획에 그대로 반영하다가는 큰 코 다치기에 십상이다.

닛산의 전기차 리프는 출시 당시 연간 50만 대 판매를 목표로 한 모델이다. 닛산은 리프 생산을 위해 설비를 공격적으로 확충할 계획까지 발표했었다. 당연히 부품 기업들도 이에 맞추어 선행 투자를 선언했다. 하지만 최근 리프의 월평균 판매량은 2천~3천 대에 불과하다. 리프에 배터리를 독점 공급하는 AESC는 리프를 대체할 만한 수요처를 뒤늦게 찾고 있다.

한때 연간 870만 대가 판매되었던 소니의 바이오 PC가 일본 산업 파트너스(JIP)에 매각되면서 바이오에 대응하던 대만의 부품업체들은 아직도 사업 지속 여부를 놓고 갈팡질팡하고 있다. 판매량 감소로 막대한 재고 부담을 지니게 된 것은 물론이고, 소니 브랜드가 사라진 바이오 PC가 시장에서 생존할 것인가에 관해 판단을 못하고 있는 것이다.

두 번째로 B2B 기업이 싸워야 할 대상이 확대되었다. 보수적으로 공급망을 유지하며 협력 업체와 상생을 도모하던 고객사가 조금이라도 저렴하고 빠르게 대응하는 부품기업을 찾아 발 벗고 나서고 있다. 우리나라의 경우 중국 IT 부품 경쟁력이 높아지면서 부품소재 분야에서 중국산 부품의 비중이 커지고 있다. 고객사의 글로벌 통합 구매가 일반화되면서 기존 기업 간 형성된 경쟁의 틀이 무너지고 있다.

세 번째로 기술 경쟁의 과열로 제품 수명 주기가 짧아지고 있다. 종전 전자시장의 주력 제품이었던 TV와 백색가전의 경우 소비자들의 제품교체주기가 10년 이상이 되는 경우도 많았지만 요즘 IT시장을 주도하고 있는 스마트폰의 교체주기는 1~2년에 불과하다. 휴대폰 기업들은 거의 1년이 멀다하고 새로운 기능을 선보이며 시장에 신모델을 출시하고 있고, 관련된 부품 생태계도 해마다 바뀌고 있다.

■ B2B 기업에 적합한 상품기획의 특성

상품기획이란 시장성이 있는 상품 컨셉을 발굴하거나 제안하여 개발과 생산과정을 거치면서 상품화하는 과정을 의미한다. B2C 기업과 다른, B2B 기업에 맞는 상품기획의 특성을 살펴보자.

먼저, 컨셉 발굴을 위해 분석해야 할 대상이 다르다. B2C 기업은 목표 시장의 최종 고객만을 고려하면 된다. 경쟁기업 동향도 고려하지만 소비자 니즈 동향과 변화 방향을 우선으로 살펴본다.

하지만 B2B 기업은 고객사와 고객사의 고객 모두 고려해야 한다. 시장이 호황이어도 거래관계에 있는 고객사가 지지부진한 경우가 있고 반대로 시장이 매력적이지 않아도 고객사는 빠르게 성장하는 기업인 경우도 있다. 스페인의 의류 브랜드 '자라'의 창업자 오르테가가 '사양산업은 있어도 사양기업은 없다'고 했듯이 시장이 정체기라도 성장하는 고객사는 분명히 존재한다. B2B 기업의 시장에 대한 이원화된 접근이 필요한 이유다.

두 번째로, 제품 아이디어를 발굴하는 과정이 다르다. B2C는 최종 소비자 대상의 설문조사, 인터뷰 등을 활용하여 고객의 니즈를 지속해서 알아보고, 치밀하게 분석하여 아이디어를 발굴하는 경우가 많다. 소비자의 특성이 무엇인지, 알려진 니즈와 숨겨진 욕구 등을 간파하여 신제품 컨셉의 실마리를 찾는다.

B2B 기업은 기술 동향과 전망, 고객사와 밀접하게 형성된 관계 등을 통해 아이디어를 찾는다. B2C 기업이 전체 시장 수요의 크기 등 객관적 전망에 상대적으로 많이 의존하는 반면 B2B 기업은 독자적 논리로 수요를 예측하는 경우가 많다. 중국 자동차 시장 진출을 준비하는 글로벌 자동차 B2C 기업이 중국 자동차 시장의 규모와 고객의 니즈에 맞는 아이디어를 찾으려 하는 반면에 중국 자동차 기업에 부품을 공급하는 B2B 기업은 중국의 자동차 시장 수요와 자동차 구매자 선호도 뿐 아니라 중국내 자동차 기업 동향과 이들 기업과의 관계, 중국 정부의 산업 정책 방향 등을 종합하여 형성한 독자적 논리를 기반으로 신제품을 기획한다. 따라서 B2B 기업의 신제품 아이디어는 주로 자사만의 준비 과정을 통해 도출되는 경우가 많다.

■ B2B 기업의 상품기획 프로세스

B2B 기업의 통상적인 상품개발 프로세스는 고객사 요청사항을 입수하고, 이에 따라 개발과 생산을 하는 것이다. 물론 환경 분석, 아이디어 도출, 제품 사양 확정 및 사업성 분석, 시제품 개발 및 검증 과정을 거쳐야 하지만, B2B 기업의 상품개발 프로세스에서는 새로운 제품 개발보다는 안정적 공급 대응에 무게중심이 실렸던 것이 사실이다. 하지만 환경 변화로 아이디어 발굴 과정이나 개발 효용성 확대를 강조하는 상품기획 모델을 적용하는 B2B 기업이 늘고 있다.

① Stage Gate 모델: 개발 효용성 및 성공 가능성 향상에 집중

미국의 Robert Cooper 교수가 개발한 Stage Gate 모델은 개발 과정의 효용성과 성공 확률을 높이는 데 집중하여 고안된 프로세스로 B2C 기업에도 적용 가능하지만 B2B 기업에 더 적합하다고 여겨지는 모델이다. Stage Gate 모델은 아이디어를 도출하고 제품 개발 및 성능을 검증하는 Stage 과정과 다음 단계로 진행 여부를 결정하는 Gate 과정으로 구성되어 있으며, 총 5단계로 나뉘어 있다.

Stage Gate 모델의 5단계

1단계는 개발 범위를 규정하는 단계다. 기회 관점에서 제품의 강점과 약점을 분석하고 이에 수반되는 위협도 분석한다. 1단계를 마치면 제품의 구체적 개념은 어느 정도 확정된다. 2단계는 제품 개발 계획서를 작성하는 단계다. 제품 개념을 반영하여 실제 개발 프로젝트를 계획한다. 다양한 개발 시나리오를 분석하여 최적 개발 방안을 선정하고 사업 타당성도 검토한다. 3단계는 제품 개발 단계다. 실제 제품을 디자인하고 개발을 진행하여 시제품까지 개발하는 단계다. 관련 특허를 검토하고, 개발 과정 일부 또는 전체를 외주하는 과정도 3단계에서 검토한다. 시제품을 고객사에 제안하여 고객사의 요구 사항을 추가로 반영하기도 한다. 4단계는 개발된 제품의 시험을 수행하여 최종 제품 사양을 확정하는 단계다. 주변 부품과 결합성, 양산성 등도 확인한다. 투자 계획 등을 반영한 재무성과도 이번 단계를 통해 분석한다. 마지막 단계는 출시 단계이다. 출시 시기 및 생산 규모를 결정하고 고객사와 마케팅 협력 모델, 유통 채널 확보 방안 등을 검토한다.

Stage Gate 프로세스

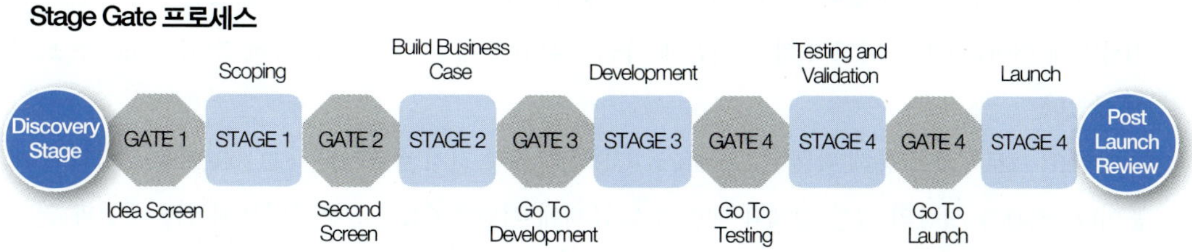

(자료: Product Development Institute Inc.)

Stage Gate 모델의 특징은 단계별로 성공 여부를 엄격하게 관리하는 의사결정 Gate가 존재한다는 점이다. 다양한 부문의 구성원이 관여하는 Gate 과정을 통해 실수를 미리 방지할 수 있고, 기준에 미달하는 과제는 더 이상의 자원이 투입되기 전에 제거도 가능하다.

실제로 1986년 소개된 이래 미국 기업의 70% 이상이 Stage Gate 모델을 사용하고 있다고 할 정도로 보편적으로 적용되는 프로세스이다. 다만 정보통신 산업 등 시장의 변화가 빠른 산업에서는 한 발자국씩 조심해서 움직이는 Stage Gate 모델이 적합하지 않을 수 있다.

② CECOR 모델: 마케팅의 중요성에 집중

CECOR(Calibrate-Explore-Create-Organize-Realize) 모델은 GE가 고안한 신제품 개발 방법론으로 상품기획 과정에서 마케팅의 중요성에 역점을 둔 것이 특징이다. 새로운 기술이나 아이디어를 상품화하는 CECOR 모델은 시장 관점으로 새로운 기술에 마케팅을 결합한 점이 주목할 만하다.

5단계로 구성된 CECOR 모델은 배움 단계와 실행 단계로 구성된다. 1단계는 시장 변화 및 기술 트렌드를 파악하고 고객사의 동향을 분석하는 측정(Calibrate) 단계다. B2B 기업이 관심을 가져야 하는 시장과 고객사에 대한 이원화된 접근이 강점이다. 2단계는 기업이 목표로 하는 세분 시장을 선정하여 기회를 발굴하는 탐구(Explore) 단계이며, 3단계는 새로운 아이디어를 발굴하여 시장에서의 가치를 추정해보는 창조(Create) 단계다. 잠재 고객의 평가를 가설적으로 수행해보고 필요하다면 다시 1단계로 돌아가서 반복할 수도 있다. 여기까지가 배움 단계로서 신제품의 컨셉을 발굴하고 상업화 전략을 수립하는 과정이다.

실행 단계는 실제 상업화를 시행하는 단계인 조직화(Organize) 단계와 실현(Realize) 단계로 구성된다. 발굴된 컨셉을 제품으로 구현하고 이를 고객사에 효과적으로 전달하는 방법을 수립한다. 마케팅 활동을 구체적으로 명기하고 성과를 평가하기도 한다.

미래 에너지 사업의 유망 분야로 손꼽히는 에너지저장시스템 영역에서 GE는 출하량 기준으로 5위이다. 주목할 만한 점은 1위부터 4위까지는 전지 사업을 전문으로 수행하는 기업으로 적어도 10년 이상의 사업 경험을 보유했다는 점이다. 2007년 Beta R&D라는 영국계 전지 연구소를 인수하면서 전지사업에 뛰어든 GE는 비교적 짧은 기간에 사업을 본궤도에 올려놓았고, 그 배경에는 CECOR 모델이 있었다.

GE의 IB 프로젝트를 통해 발굴된 Durathon (GE의 대용량 전지 브랜드)은 CECOR 모델로 기획된 제품이다. 기관차 시장의 성장 정체와 배출가스 규제에 직면한 GE의 교통사업부에서는 엔진과 전기모터를 번갈아 사용하는 하이브리드 기관차 개발을 IB 프로젝트로 제안했다. 하이브리드 기관차는 제동할 때 발생하는 에너지를 회수해서 배터리를 충전하고, 이를 필요 할 때 재활용하여 연료 소모를 낮추고 배출가스도 줄이는 친환경 기관차이다. 실제로 연료 절감량은 15%로 추정되었고, 배출가스는 50%나 감축할 수 있다는 장점이 있었다. 1970년대까지 기관차를 직접 생산한 GE에게 하이브리드 시스템 개발은 그리 어려운 과제는 아니었다. 문제는 기관차에 사용할 수 있으면서 메가와트급의

CECOR 프로세스

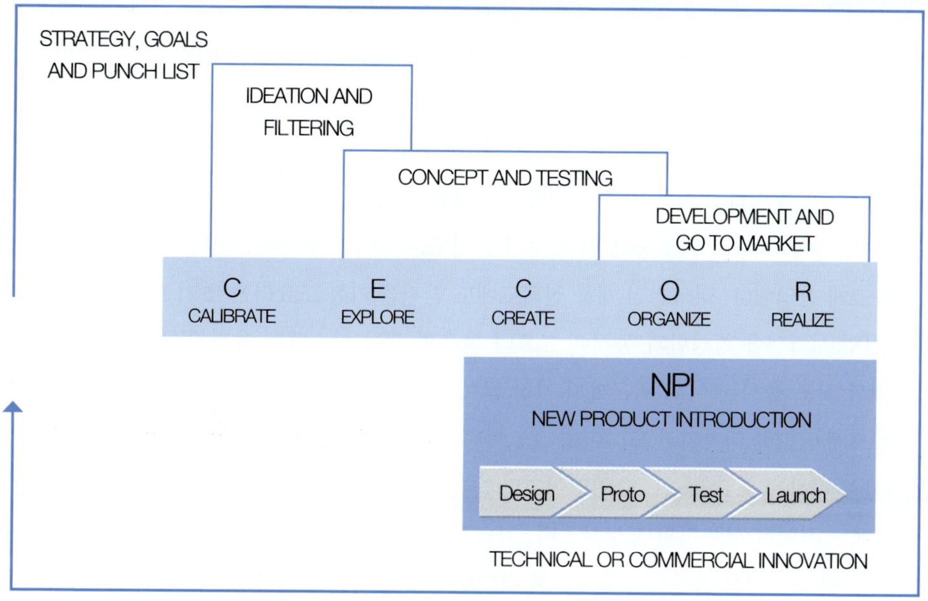

(자료: GE)

거대한 에너지를 저장할 만한 대용량 저장장치를 구할 수 없다는 점이었다.

고민 끝에 GE는 대용량 전지를 직접 개발하기로 한다. CECOR 모델을 통해 컨셉과 구체적 사양도 도출했다. 실행 단계에서 GE는 원천 기술을 보유한 기업을 먼저 탐색했다. 전지 사업의 핵심인 화학적 소재의 개발과 생산 역량을 GE가 단기간에 육성하기는 어렵다고 판단했기 때문이다. 마침내 영국에 근거지를 두고 1980년대부터 대용량 전지를 연구해 온 Beta R&D라는 기업을 발굴한 GE는 인수와 함께 본격적인 사업화에 돌입한다. 우수한 원천 기술과 1억 달러에 달하는 설비 투자, 그리고 식스시그마 방법론을 적용한 Durathon은 이제 GE의 핵심 사업 영역이 되었다.

CECOR 모델은 이제 GE만의 노하우가 아니다. 시장에서 기회를 발굴하여 창의적 아이디어를 조기에 사업화 하는데 관심이 있는 B2B 기업이 적용할 만한 상품기획 프로세스로 자리 잡았다.

③ 순환형 개발 모델: 직관적 아이디어를 사업화

순환형 개발 모델은 시장의 빠른 변화로 차분히 단계를 밟다가는 기회를 놓치기 쉬운 경우에 적합한 프로세스다. 일단 만들어보고 시장의 반응과 작동의 문제점을 반복적으로 반영하고 개선하여 빠르게 사업화 하는 것이 특징이다. 도요타가 렉서스와 관련 부품을 개발할 때 적용한 방식이다.

가격 경쟁력이 있는 보급형 자동차를 넘어서 프리미엄 고급차 시장에 진입하기로 한 도요타는 구체적 사양을 확정한 이후 개발을 진행하는 기존 프로세스를 적용해서는 도저히 경쟁이 되지 않는다는 것을 깨닫게 된다. 결국, 도요타는 제품에 필수적으로 필요한 기술적 목표를 먼저 정해놓고 이에 맞추어서 시제품 개발을 진행하기로 한다. 당시 렉서스의 개발 총책임자인 이치로는 프리미엄 고급차의 필수 요소를 우선하여 정의하고 구체적 개발에 착수한다. 높은 조정 안정성과 동시에 승차감도 좋을 것, 빠르고 부드러우면서 연비도 우수할 것, 디자인이 고급스러우면서도 공기저항은 낮을 것 등으로 개발 목표를 정하고 이에 맞추어 부품을 개발한 것이다.

도요타는 순환형 개발 모델을 통해 비록 초기 완성도는 낮아도 변화하는 시장의 목소리를 낮은 비용으로 빠르게 반영했다. 렉서스의 제품 신뢰도에도 만전을 기한 도요타는 초기 개발 단계부터 관련 부서 간 협업 시스템을 형성함과 동시에 도요타 고유의 생산 시스템도 차질 없게 적용하였다. 1989년 미국에서 처음 출시된 이후 최근까지 가장 많이 팔린 고급차 브랜드인 렉서스의 강점은 시장의 변화를 빠르게 반영한 디자인과 드라이빙 성능이며, 그 배경에는 순환형 개발 모델이 있었다.

자동차를 판매하는 도요타는 B2C 기업이지만 순환형 개발 모델은 빠른 제품화가 필요한 영역이면 B2B 기업에도 적합한 상품기획 프로세스다. 기술적 차별성보다 시장에 대한 색다른 시각으로 제품을 빠르게 구현하고 핵심 성공요소에 집중한 것으로 산요의 사례를 들 수 있다.

지금은 파나소닉에 흡수되어 그 명맥을 찾기도 힘든 산요는 세계 최고의 휴대폰 기업이었던 노키아의 핵심 협력업체로 번성했었다. 피처폰의 차별 포인트가 디자인이었던 2000년대에는 대부분의 휴대폰 기업이 휴대폰 외부 장착형 배터리팩을 선호했다. 모델별 맞춤형 디자인으로 원가가 높았지만, 휴대폰 디자인의 차별적 구현이 가능했기 때문이다. 하지만 산요는 표준 사이즈의 내장형 배터리팩을 기획하여 노키아에 제안하였고 그 후 몇 차례의 적용-수정 과정을 거친 후 다양한 노키아 휴대폰 모델에 공용으로 적용되었다. 이것은 노키아의 핵심 경쟁력이었던 원가 우위를 굳건하게 지켜주는 힘이 되었다.

〈LG Business Insight, 2014. 5.〉

CASE 1

한국투자증권: 고객 관점 HTS로 다시 태어났다

한국투자증권 차세대 HTS(Home Trading System)의 핵심 목표는 고객 요구의 수용이었다. 고객의 관점에서 편리하고 안전하게 사용할 수 있는 HTS를 구축하겠다는 것이었다. 이런 관점에서 한국투자증권은 과감히 과거 시스템을 버렸다. '새 술을 새 잔에' 담기 위한 노력을 통해 지난 10월 1차적으로 전문가용과 파생상품용을 장애 없이 오픈하는 데 성공했다. 한국투자증권의 새로운 HTS 구축 성과를 살펴봤다.

한국투자증권의 HTS인 e프렌드(eFriend)가 지난 10월 오픈해 관련 시장에서 주목받고 있다. 새롭게 구축했음에도 장애 없이 서비스를 실시하고 있기 때문이다. 한국투자증권의 HTS는 분기별 HTS 평가 때마다 상위 순위에 꾸준히 이름을 올릴 정도로 고객들이 사용하기 편리한 HTS로 각광받아왔다.

그런 HTS를 이번 프로젝트로 인해 머리부터 발끝까지 모든 것을 바꿨다. 서버 플랫폼, 네트워크 플랫폼, 클라이언트 플랫폼 등 기존 시스템을 과감히 버리고 새롭게 구축한 것이다. 이는 개발과 SW 구입비용이 약 50억 원, 제반 인프라 구축과 연간 유지보수에 20억 원이 소요된 것에서도 짐작할 수 있다.

총 70억 원에 달하는 이번 프로젝트는 2010년 상반기부터 기획되었다. 정확히 말하면 아직 한국투자증권의 HTS 구축 사업은 끝난 것은 아니다. 전문가용인 e프렌드 프로(eFriend Pro)와 파생상품용인 e프렌드 포스(eFriend Force)만 먼저 오픈이 되었고, 일반용인 e프렌드 플러스(eFriend Plus)는 내년 초 오픈을 앞두고 있다.

■ 모든 것을 다 바꿔라

한국투자증권은 지난 2000년(당시 동원증권) 홈넷과 초이스업이라는 두 가지 버전의 HTS를 사용했다. 홈넷은 50 ~ 60대층, 초이스업은 20 ~ 40대층을 위한 버전이었다. 당시 두 가지를 운용하면서 비용과 관리에 비효율적인 문제가 발생했다. 유지보수가 힘들고 관련 제도가 변경되면 두 버전을 모두 반영해야 하는 어려움이 있었다. 또한 버전별 관리 인력도 각각 7 ~ 10명 정도가 필요했다.

이런 문제로 지난 2004년 이 두 가지 버전을 통합해 트루프렌드넷을 오픈했다.

그러나 이듬해 동원증권과 한국투자신탁이 합병되면서 한국투자증권이 새롭게 탄생했다. 당연히 HTS도 변화를 맞게 되었다. 한국투자신탁 HTS와 동원증권의 HTS를 합쳐 e-프렌드를 만들어 사용했다. 이것이 지금까지 한국투자증권의 대표적 HTS였다.

이후 한국투자증권은 당시의 틀을 유지한 채 새로운 기능을 추가하는 방식으로 HTS 업그레이드를 진행했다.

그러나 이런 업그레이드만으로는 최근 흐름을 따라가는 데 한계가 있었다. 또한 최근 증권에 관심을 가진 고객층이 연령별 및 관심 시장별, 거래에 대한 숙련도에 따라 스펙트럼이 다양화되고 세분화되어 이에 따른 고객 맞춤별 시스템이 필요했다.

이런 필요성에 부합하기 위해서는 새로운 HTS를 통해 아키텍처 수준의 변혁이 필요했다. 또 현재 한국투자증권이 진행하고 있는 차세대 프로젝트와 관련해 모든 IT 시스템이 고객 관점으로 진행되고 있어 이에 부합하는 HTS를 만들자는 여론이 일었다.

이로 인해 한국투자증권은 하드웨어부터 소프트웨어까지 모든 것을 바꾸는 신(新)HTS 구축 사업을 진행하게 됐다.

■ 첫째도 둘째도 '고객'

프로젝트 돌입 전 한국투자증권은 '고객들이 바라는 것은 무엇일까'가 가장 큰 화두였다. 또 이것을 어떻게 시스템에 녹여낼 수 있는가도 고민이었다. 이를 위해 지난해 10월부터 매주 전체 주간회의를 열어 이 문제를 토론했다. 또한 프로젝트를 진행하기 전 부서장그룹의 대표와 팀장그룹의 대표, PM그룹의 대표 등이 모여 일주일간 워크숍을 진행하면서 열띤 토론을 벌였다. 이때 도출된 내용이 HTS 매체의 세분화와 각 매체별 개인화 기능 강화였다.

이로 인해 한국투자증권은 '중장기 투자자를 위한 e프렌드 플러스', '전문 투자자를 위한 e프렌드 프로', '파생상품 투자자를 위한 e프렌드 포스'를 만들게 되었다.

e프렌드 플러스는 한국투자증권의 대표적인 종합 HTS 버전이다. 초보자부터 전문가까지 모든 사용자가 사용할 수 있도록 개발되었다. 이 시스템을 통해 주식 및 선물옵션, 해외주식, 상품선물, 온라인 증권 업무 등 증권 관련 모든 업무를 처리할 수 있다. e프렌드 플러스와 함께 제공되는 시스템으로 초보자용의 e프렌드 이지(eFriend Easy), 화면구성을 최소화한 e프렌드 스피드(eFriend Speed), 영문 시스템인 e프렌드 영문이 있다.

전문가용인 e프렌드 프로는 다양한 주문 설정 기능을 통한 개인화 기능이 제공되고, 최대 10개의 가상화면을 제공한다. 또 여러 대의 모니터를 사용하는 고객을 위해 멀티 디스플레이 기능 및 듀얼 모니터 자동 맞춤 기능과 복수 계좌를 운용하는 고객을 위해 다양한 설정 기능이 제공된다. 그 밖에도 다양한 특화주문(장바구니 주문, 테마 주문, 자동취소 주문 등) 등을 통해 최대한 빠른 주문이 가능하도록 했으며, 해킹에 대비해 3중 보안장치를 갖췄다.

파생상품 전용인 e프렌드 포스는 국내 선물옵션, 야간 선물옵션, 상품선물, 해외선물, FX마진 거래 등 국내외 거래가 가능한 모든 파생상품을 처리할 수 있도록 구축한 시스템이다.

■ 빠르게, 편하게, 안전하게

이번 HTS를 새롭게 만들 때 강조한 세 가지가 '빠르게, 편하게, 안전하게'이다. 주문 및 시세 조회 등의 처리속도를 빠르게 하고, 고객이 증권 거래를 할 때 편할 수 있도록 기능을 최적화하며, 키보드 보안과 메모리보안, 개인방화벽 등 3중 보안을 갖춰 고객이 안전하게 거래를 할 수 있도록 하는 것이 이번 프로젝트의 중요한 과제였다.

이로 인해 주문은 30%, 차트조회는 8.4%, 잔고조회 8.5% 등 주문과 조회속도가 향상되었다. 또 최대 10개의 멀티모니터를 지원하며 PC에 저장되는 화면 설정 값까지도 암호화 처리가 되는 등의 효과가 나타나고 있다.

이런 효과를 위해 개발팀은 수많은 테스트를 실시했다. 테스트를 해야 하는 화면이 무려 1,000개가 됐다. 한 화면당 100~200개 정도 되는 테스트를 매일 반복해야 했다. 이 때문에 개발 인력들의 피로도도 상당했다. 그러나 이런 반복 테스트 덕분에 시스템 오픈 후 한국투자증권은 큰 사고 없이 HTS를 운영하고 있다.

또 이번 프로젝트의 특징 중 하나는 메인 사업자가 없다는 것이다. 프로젝트를 실시하게 되면 SI기업이 앞에서 진두지휘하는 것이 일반적이지만 한국투자증권은 메인 사업자를 두지 않고 직접 프로젝트를 관리하고 지휘했다.

이번 프로젝트를 책임졌던 최○○ 고객시스템부장은 "HTS 프로젝트는 메인 사업자를 두면 비효율적이라고 생각한다"며 "각각의 분야의 특성과 개성이 강하기 때문이다"라고 말했다. 한국투자증권은 채널, 플랫폼, 차트, 화면, 온라인지점업무, 일반투자정보업무 등에 개별적으로 사업자를 선정해 연합군을 구성했다. 전체적인 프로젝트 컨트롤은 한국투자증권이 맡았다.

최 부장은 "이렇게 별도로 사업자를 선정해 프로젝트를 진행하려면 관리가 매우 중요하다"며 "한국투자증권은 개발 부서인 고객시스템부가 전담하긴 했지만, IT전략부 내에 별도의 PMO 조직과 테스트 조직이 있어서 더욱 철저한 관리가 가능했다"라고 말했다.

보안 강화 방안

고객PC 3중 보안	서버영역 암복호화
• 키보드 보안: 키보드를 통한 고객 입력값에 대한 해킹 방지 • 메모리 보안: PC 윈도우 OS에서 관리하는 메모리에 로딩된 고객 정보에 대한 해킹 접근방지 • 개인방화벽: 외부에서 고객 PC로 접근하는 악의적인 해킹 프로그램 방지	• 암호키 조합에 의한 복호화: 고객 요구 처리를 위해 암호화된 데이터 패킷 복호화 • 암호화 리턴: 데이터 처리 후 클라이언트로 값 전송 시 암호화 전송

■ 내년 차세대 시스템에 맞춰 도약

한국투자증권의 새로운 HTS 구축은 내년 초 e프렌드 플러스가 오픈하면 완전히 마무리된다. 현재는 e프렌드 플러스의 막바지 테스트가 한창이다. 이후 한국투자증권의 차세대 시스템과 연동되는 작업을 하게 된다. 최 부장은 "온라인 매체인 HTS와 차세대시스템과의 완벽한 어울림으로 고객을 위한 증권 서비스를 제공할 수 있을 것"이라며 "서비스 확장 및 개선 작업으로 고객에게 더욱 효과적인 시스템이 될 수 있도록 지속적으로 노력할 것"이라고 밝혔다.

〈CIO, 2010. 12.〉

CASE 2

미래에셋증권: 스마트 맵스(Smart Maps)

■ Windows 8 태블릿 PC로 고객을 찾아가는 원스탑 자산 관리 서비스 실현

증권사들이 치열이 경쟁하고 있는 아웃도어세일즈 분야에서 2013년 초 Windows 8이 초미의 관심사로 떠올랐다. 미래에셋증권이 선보인 전자 영업 시스템인 '스마트 맵스(Smart Maps)'를 위한 모바일 기기로 Windows 8 기반 태블릿 PC가 제공된다는 것이 화제가 된 것이다. 미래에셋증권은 계좌 개설 등 아웃도어세일즈 전용 모바일 기기가 아니라 고객 앞에서 전원을 켜는 순간 지점 못지 않은 폭넓은 자산 관리 서비스 제공이 가능한 기기를 원했다. 하지만 시장에 나와 있는 태블릿 PC들은 휴대성과 편의성만 강조하다 보니 지점에 있는 데스크톱 앞에서 고객을 응대할 때처럼 풍부한 서비스 제공에 한계가 있었다. 이런 고민을 하던 차에 미래에셋증권은 Windows 8을 접하였고, 데스크톱과 태블릿 PC 모두 동일한 Windows 환경을 제공할 경우 장소와 기기 구분 없는 업무 연속성 보장이 가능함을 직감하였다. 그리고 당초 계획했던 안드로이드 태블릿 PC 도입을 전면 백지화 하고 삼성전자 ATIV Smart PC Pro 모델을 스마트 맵스용 사용자 기기로 선정했다. 미래에셋증권의 빠른 결단은 스마트 맵스의 경쟁력을 더욱 높이는 계기가 되었다. Windows 8 태블릿이 마치 하나하나 가상 지점처럼 쓰이면서 계좌 개설에 그치는 것이 아니라 고객 밀착형 투자 정보 제공과 금융 상품 추천과 가입 지원까지 신규 앱 개발 없이 가능해 장기적 관점에서 찾아가는 자산 관리 서비스 전략을 추진해 가는 데 유리한 고지를 점했기 때문이다. 미래에셋증권은 스마트 맵스를 지속적으로 업그레이드 하여 자산 관리 상담과 계좌 개설, 상품 가입을 한자리에서 해결할 수 있는 진정한 원스톱 자산 관리 서비스를 제공할 계획이다.

■ Situation

2013년 초 금융투자협회가 '금융투자상품 계좌 개설 및 매매를 위한 전자 문서 관리 모범 규준'을 발표하면서 증권사 간 아웃도어세일즈(Outdoor Sales) 경쟁이 후끈 달아오르고 있다. 증권사들이 외부 영업 활동 강화에 적극 나서는 이유는 경기 침체가 장기화되면서 브로커리지 영업 수익이 감소세를 이어가고 있기 때문이다. 이런 상황 속에서 새로운 수익원으로 자산 관리 영업에 관심이 쏠렸고, 때마침 금융 당국이 모바일을 이용한 계좌 개설을 허용하자 증권 업계는 기다렸다는 듯이 고객이 지점을 방문하지 않고도 자산 관리를 받을 수 있는 찾아 가는 서비스 제공에 총력을 기울이고 있다.

2013년 4월 현재 아웃도어세일즈 서비스 부문에서 선두 그룹을 형성하고 있는 증권사로 미래에셋증권, 한화투자증권, 신한금융투자, NH농협증권 등을 꼽을 수 있다. 이들 증권사들이 제공하는 서비스는 내용만 놓고 보면 대동소이하다. 영업 사원이 태블릿 PC를 들고 고객을 찾아가 전자 문서와 전자 서명을 통해 계좌 개설을 돕는 서비스란 점에서 크게 다를 바 없다. 하지만 IT 기술을 어떻게 활용했는지 방법론 차원에서 비교해보면 유독 한 업체가 돋보인다. 그 주인공은 바로 미래에셋증권이다.

대부분 안드로이드 기반 태블릿 PC를 영업 사원들에게 나누어 주고, 아웃도어세일즈를 위한 앱을 개발해 배포하는 것이 일반적인 접근 방식이라면 미래에셋증권이 택한 방법은 Windows 8을 활용한다는 점에서 큰 차이를 보인다. 사실 미래에셋증권도 처음부터 Windows 8을 염두에 둔 것은 아니었다. 2012년 하반기 미래에셋증권은 아웃도어세일즈 경쟁력을 높이기 위해 '스마트 맵스(Smart Maps)'라 명명된 전자 영업 시스템 개발을 기획하고 관련해 제안요청서(RFP)를 발표했다. RFP 발표를 할 때만 해도 미래에셋증권은 스마트 맵스를 위한 영업 사원용 모바일 기기로 안드로이드가 설치된 태블릿 PC 모델까지 선정한 상태였다.

스마트 맵스 개발에 대한 여러 전자 문서 전문 업체의 제안을 검토하던 미래에셋증권은 Windows 8의 공식 출시를 접하고 사용자 기기 도입을 원점부터 재검토하였다. 이와 관련해 미래에셋증권 업무혁신팀 박○○ 팀장은 "사무실에서는 데스크톱을 쓰고 밖에서는 태블릿 PC나 스마트폰을 쓰는 등 너무 많은 기기와 운영체제 환경 속에서 영업 사원들이 업무를 보는 것보다 기기 간 구분 없는 사용자 경험을 제공하는 것이 업무 효율 면에서 더 유리하다고 보고 Windows 8 기반 태블릿 PC 도입으로 계획을 수정했다"고 설명했다.

■ Solution

미래에셋증권은 2012년 11월 아웃도어세일즈를 위한 사용자 기기로 Windows 8 태블릿 PC 도입을 최종 결정하였다. 기기 선정은 수월이 진행되었다. 시장에 Windows 8 기반 태블릿 PC들이 봇물 터지듯 출시되던 시점이었고, 금융투자협회가 발표한 '금융투자상품 계좌 개설 및 매매를 위한 전자문서 관리 모범 규준'에 명시된 기기의 사양에 맞는 제품들도 적지 않았다.

여러 업체의 제품 중 미래에셋증권이 고른 것은 삼성전자의 ATIV Smart PC Pro 모델이었다. 증권업계에서 외부 영업용 태블릿 PC를 도입할 때 가장 선호되는 모델은 안드로이드 기반의 삼성전자 갤럭시탭 10.1 모델이다. 전자 문서 작성과 전자 서명을 함에 있어 고객 편의를 위해 터치와 키보드 외에 펜 입력 수단이 필요한데, 갤럭시탭 10.1의 S펜 필기감은 증권사들의 눈 높이를 맞추기에 모자람이 없다. 이처럼 입력 수단으로 펜의 중요성이 크다 보니 자연스럽게 S펜이 지원되는 ATIV Smart PC Pro가 도입 기종으로 선정되었다.

한편 미래에셋증권이 인텔 i5가 탑재된 삼성전자 ATIV Smart PC Pro 모델을 택한 것은 고객이 전자문서 작성과 서명 등을 함에 있어 쾌적한 사용자 경험을 제공하기 위해서였다. 박 팀장은 "고객 앞에 태블릿 PC를 놓고 상담이나 계좌 개설 등 서비스를 제공하는 데 시스템 성능이 딸려서 전자 문서 처리 속도가 느리거나 하는 사소한 고객 불편까지 없애기 위해 높은 사양의 제품을 골랐다"고 말했다.

기기 선정을 마친 미래에셋증권은 스마트 맵스 프로젝트에 참여한 전자 문서 전문 업체와 함께 전자 영업 시스템 구현 및 클라이언트 애플리케이션 개발과 기기 관리 전략을 구체화 하였다. 시스템 구현의 경우 클라이언트 기기의 운영체제가 달라진다고 해서 비즈니스 로직이 바뀌는 것이 아니기 때문에 계획 데로 프로젝트를 진행하면 되었다. 클라이언트 부문의 경우는 운영체제가 바뀌는 것이기 때문에 개발에 대한 전반적인 계획을 다시 짜야 했다. 하지만 이에 대한 부담은 없었다. 지금껏 경험해보지 않은 플랫폼용 소프트웨어를 개발하는 것이 아니라 평소 업무 시스템을 만들 때마다 해오던 Windows용 애플리케이션을 개발하는 것이었기 때문이다.

기기 관리 전략 수립의 경우도 순조롭게 진행되었다. Windows 8을 선택한 덕에 기존 데스크톱 관련 보안 정책, 헬프데스크 지원 등을 이용하면 되어 새로 뭔가 도입하거나 따로 정책을 세울 필요가 없었던 것이다. 일반적으로 업무용으로 태블릿 PC를 보급할 경우 보안과 헬프데스크 처리를 위해 모바일 기기 관리(MDM: Mobile Device Management) 솔루션을 쓰게 된다. 미래에셋증권은 데스크톱과 똑같은 Windows 운영체제가 설치된 기기를 쓰다 보니 별도의 관리 포인트로 태블릿 PC를 구분하지 않고 전사 데스크톱 보안 및 관리 정책과 도구를 그대로 쓰면 되는 이점을 누릴 수 있었다.

시스템 구현과 클라이언트 애플리케이션 개발을 성공리에 마친 미래에셋증권은 2013년 2월 아웃도어세일즈 시장 공략을 위해 야심 차게 준비한 전자 영업 시스템인 스마트 맵스를 공식 발표했다. 스마트 맵스가 실제 외부 영업에 활용되면서 미래에셋증권은 데스크톱과 태블릿 PC 등 기기간 경계 없이 동일한 운영체제 환경을 제공하는 것이 갖는 효과를 또 한번 실감하였다. 변화 관리 차원에서 볼 때 데스크톱과 같은 환경을 모바일에서도 이용할 수 있다 보니 사용자들이 느끼는 낯섦이 적었던 것이다.

한편 미래에셋증권의 스마트 맵스는 증권 업계 IT 관계자들 사이에 새로운 시도이자 또 하나의 참조 모델로 회자되고 있다. 실제로 서비스 개시 후 증권 업계 IT 관계자들로부터의 문의가 줄을 이었다. 박ㅇㅇ 팀장은 "Windows 8 기반 태블릿 PC를 가지고 어떻게 계좌 개설 서비스를 제공하는 지에 대한 시연을 보고 시스템 구현과 클라이언트 개발에 대해 설명을 듣길 원하는 곳이 많았다"라며 "이 중 우리처럼 안드로이드 기기를 선정했다가 Windows 8 태블릿 PC로 방향을 선회한 증권사도 있었다"라고 말했다.

■ **Benefits**

● 찾아가는 '원스탑' 서비스

스마트 맵스를 쓰기 전과 후 가장 큰 차이를 보이는 것은 아웃도어세일즈의 업무 절차다. 미래에셋증권은 지점을 찾기 어려운 바쁜 고객들을 위해 직접 찾아가는 계좌 개설 방문 서비스를 제공해왔다. 스마트 맵스가 없던 시절 고객을 찾아가는 방문 서비스를 통해 계좌를 개설하려면 긴 절차를 따라야 했다.

고객이 지점으로 전화를 해 계좌 개설을 위해 방문을 요청하면, 영업 사원은 관련 문서를 출력해 고객을 찾아 갔다. 고객에게 받은 계좌 개설 문서 양식을 받아 지점으로 영업 사원이 돌아가면 시스템 입력 작업이 이루어졌다. 이후 고객에게 확인서를 보내고 관련해 전화 통화를 하고 계좌가 생성된 후 다시 안내 연락을 하는 등 찾아가는 방문 서비스는 시간이 꽤 걸릴 뿐 아니라 상당히 많은 업무 부하를 주는 일이었다.

그러던 것이 스마트 맵스 오픈 후에는 고객을 찾아가 현장에서 모든 업무가 처리되는 원스탑 체제로 절차가 간소화 되었다. 계좌 개설부터 홈트레이딩시스템(HTS)이나 모바일트레이딩시스템(MTS) 설치, ID 등록, 공인인증서 발급 등을 그 자리에서 바로 서비스 할 수 있게 된 것이다. 박 팀장은 "스마트 맵스는 종이 없는 방문 서비스를 가능하게 만들었다"라며 "문서 작성 따로 시스템 입력 따로 업무를 처리할 필요가 없어져 계좌 개설에 드는 시간이 크게 짧아졌고, 그 결과 영업 사원과 고객 모두 귀중한 시간을 절약할 수 있게 되었다"고 말했다.

● 언제나 함께 하는 Windows 영업 성과 개선 기대

미래에셋증권의 전국 지점에 근무하는 영업 사원들은 스마트 맵스가 신규 계좌 개설 실적을 높여줄 것으로 기대하고 있다. 지점에서 고객을 맞이할 때나 직접 찾아가서 응대할 때나 고객에게 제공할 수 있는 서비스에 제약이 없어졌기 때문이다. 이는 기존 데스크톱용으로 개발된 업무 시스템들을 모바일 앱으로 신규 개발하지 않고 그대로 활용이 가능하기 때문에 가능한 것이다.

박 팀장은 "외부에서 영업 활동을 할 때 Windows 8 기반 태블릿 PC는 두 가지 관점에서 유용하게 활용될 수 있다"라며 "영업 사원 입장에서 보면 고객 상담을 위해 사내 업무 시스템들에 담긴 필요 정보를 조회하는 데 태블릿 PC를 사용할 수 있다. 다음으로 계좌 개설이나 상품 안내 등 고객과 화면을 함께 보며 상담 서비스를 제공하는 데에도 태블릿 PC가 유용하게 쓰일 수 있다"고 말했다. 즉, 지점을 방문한 고객을 대할 때나 직접 찾아가 이야기 하거나 고객에게 필요한 정보를 바로 참조할 수 있다 보니 단순 계좌 개설 방문 서비스가 아니라 자산 관리라는 보다 큰 개념의 서비스 실현이 가능해진 것이다.

● 시간, 장소 가리지 않는 이동형 지점으로 태블릿 PC의 쓰임이 확대

미래에셋증권은 태블릿 PC의 쓰임이 계좌 개설뿐 아니라 다양한 부문까지 확대될 수 있도록 지속적인 서비스 보강을 해 나아갈 계획이다. 미래에셋증권은 Windows 8 태블릿 PC를 선택하면서 당초 계획했던 스마트 맵스의 기능과 역할의 폭을 넓혀 잡았다. 일반적으로 증권 업계에서 계좌 개설 등 제한적 기능만 하는 아웃도어세일즈 전용 기기로 태블릿 PC를 활용하는데 비해 미래에셋증권은 Windows 8을 선택하여 영업 사원들의 손에 들린 태블릿 PC가 증권사 이동 지점처럼 쓰일 수 있는 가능성을 열어 놓았다.

박 팀장은 "스마트 맵스 개발 목표는 고객을 방문해 자산 관리 상담과 계좌 개설, 상품 가입을 한 자리에서 해결할 수 있는 원스톱 자산 관리 서비스 인프라를 구축하는 것"이라며 "앞으로도 지속적인 개발과 업그레이드를 통해 서비스 범위를 대리인에 의한 개인 및 법인 고객까지 확대하고 다양한 금융 상품 가입과 매매, 부가 서비스 등을 제공할 것"이라고 밝혔다. 이런 목표를 향해 가는 데 있어 미래에셋증권은 큰 비용과 시간이 들지 않을 것으로 예측하고 있다. 기간계 업무를 태블릿 PC 환경에서 이용할 수 있도록 하기 위해 일일이 재개발 할 필요가 없기 때문에 모바일로의 전환 비용과 기간에 대한 부담이 다른 증권사에 비해 상대적으로 덜하다고 보는 것이다.

〈Microsoft 고객 성공사례, 2013. 4.〉

Chapter

9 모바일상거래

학습 내용

제1절 모바일상거래의 개념
제2절 모바일상거래 인프라와 애플리케이션
제3절 위치 기반상거래
제4절 유비쿼터스
MIS HIGHLIGHT 1 모바일로 기업가치 높인다
MIS HIGHLIGHT 2 '스마트', 기능이 아니라 가치로 결정된다
CASE 1 GS리테일: 정확한 고객요구 파악, 재미도 함께 제공
CASE 2 국립공원관리공단 QGIS

제1절 모바일상거래의 개념

1. 기본 용어

컴퓨터를 사용하기 위해서 사무실 책상 앞에 앉아서 키보드를 통해 데이터를 입력하지 않아도 되고, 컴퓨터 간에 통신 케이블로 연결하지 않아도 데이터를 전송할 수 있고, 이동근무 하는 판매원, 기술자, 종업원들이 작업 현장에서나 기차나 비행기를 타고 이동하면서 컴퓨터를 이용할 수 있다면 편리할 것이다. 한 가지 방안은 휴대할 수 있는 정도의 소형 컴퓨

터를 만들어 이용하는 것이다. 노트북 컴퓨터보다 작은 PDA와 같은 매우 작은 컴퓨터를 모바일 기기(mobile device)라고 한다. 모바일 기기는 더 가벼워지고 더 좋은 성능의 것이 등장하고 있다. 모바일 기기와 데스크톱 컴퓨터 간에 데이터를 보내고 받고 할 수 있다.

모바일컴퓨팅(mobile computing)이란 조직 외부에서 활동하는 작업자를 위한 컴퓨팅 패러다임이다. 판매원은 고객 사무실에서 회사 정보시스템에 접속하여 필요한 정보를 얻고 판매제안을 할 수 있다. 여행자는 비행기를 타고 가면서 그날의 이메일을 읽어볼 수 있다. 배터리 파워가 있는 한 모바일 기기를 가지고 작업을 할 수 있다.

무선 모바일컴퓨팅(wireless mobile computing)이란 무선 환경에서 모바일 기기를 이용하는 것을 말한다. 즉 모바일 단말기와 컴퓨터 시스템을 실시간으로 연결하여 원하는 작업을 하도록 하는 것이다. 모바일 컴퓨팅이란 무선 모바일 컴퓨팅을 의미하며 이러한 기술은 언제 어디서든지 컴퓨팅이 가능하다는 편재성(ubiquity)을 특징으로 하는 시대를 가능하게 한다. 모바일 컴퓨팅을 촉진시킨 한 가지 기술적 발전은 인텔이 2003년에 출시한 센트리노 칩(centrino chip)으로, 무선 LAN에 대한 연결 능력을 갖고 있으며 전기를 적게 사용하여 배터리 수명이 오래간다. 또한 제3세대 및 제4세대 무선 환경이 모바일 컴퓨팅을 촉진시키고 있다.

모바일상거래(mobile commerce)는 m-commerce 혹은 m-business라고도 하며 특히 인터넷을 통한 무선 환경에서 수행되는 전자상거래(e-commerce) 혹은 e-비즈니스이다. 전자상거래처럼 모바일상거래는 인터넷뿐만 아니라 사적 통신망이나 스마트카드 등을 통해서도 수행된다. 다음은 모바일 컴퓨팅에서 자주 이용되는 용어들이다.

① GPS(global positioning system) : GPS 단말기의 위치를 결정하도록 해주는 위성 기반 추적 시스템이다.
② PDA(personal digital assistant) : 작은 휴대용 컴퓨터이다.
③ SMS(short messaging service) : 휴대폰(cell phone)으로 짧은 텍스트 메시지를 전송하는 기술이다.
④ EMS(enhanced messaging service) : SMS의 확장으로서 간단한 애니메이션, 작은 그림, 짧은 멜로디를 전송할 수 있다.
⑤ 블루투스(bluetooth) : 휴대폰, 컴퓨터, PDA에 사용되는 근거리 무선통신 표준이다. 모바일 기기 간에 자료를 보내고 받도록 한다.

⑥ WAP(wireless application protocol) : 무선 단말기를 통해 인터넷에 접속하도록 하는 기술이다. 무선응용통신규약으로서 휴대폰을 사용해서 인터넷상의 정보를 신속하게 검색하여 표시할 수 있도록 하는 통신규약이다.

⑦ 스마트폰(smartphone) : 모바일 애플리케이션을 지원하는 인터넷이 가능한 휴대폰을 말한다. 스마트폰은 인터넷 접속을 위한 WAP 마이크로프로세서와 PDA 기능도 포함한다.

⑧ Wi-Fi(Wireless Fidelity) : 대부분의 무선 LAN을 실행할 수 있는 표준이다.

⑨ WLAN(wireless local area network) : Ethernet 통신망의 무선 표준이다.

2. 모바일상거래의 특성

전자쇼핑, 전자은행, 전자주식거래, 전자게임이 무선 B2C에서 인기를 얻고 있다. B2B에서 무선을 이용한 협동적 상거래가 나타나고 있다. 전자상거래는 대체로 무선 환경에서 가능하지만 모바일 환경에서만 가능한 응용도 있다. 모바일상거래를 다른 형태의 컴퓨팅과 구분해주는 주요 특성으로 이동성과 광역성이 있다.

① 이동성(mobility)

모바일상거래는 사용자가 어디에 가든지 휴대폰 혹은 다른 모바일 단말기를 소지할 수 있다는 것을 전제로 한다. 이동성은 휴대성을 의미한다. 그러므로 사용자는 어디에 있든지 무선 통신망에 접속할 수 있다면 정보시스템을 실시간으로 이용할 수 있다.

② 광역성(broad reach)

모바일상거래를 하면 사람들은 어느 때라도 연결될 수 있다. 사용자가 특정 시간대에 대화하거나 어떤 종류의 메시지를 수신하는 것을 거부할 수 있지만 일반적으로 시간에 관계없이 연결할 수 있다.

이러한 두 가지 특성은 지리적 장벽과 시간적 장벽을 무너지게 하며 모바일상거래의 상업적 개발을 유도하는 아래와 같은 다섯 가지 특성을 창출한다.

① 편재성(ubiquity)

편재성은 어떤 주어진 시간에 어떤 위치에서든지 이용가능하다는 속성이다. 스마트폰 혹은 PDA와 같은 모바일 단말기가 있으면 실시간으로 정보를 얻을 수 있고 사용자 위치에 관계없이 커뮤니케이션할 수 있다.

② 편의성(convenience)

무선 환경에서 작동하는 것은 사용자를 위해 매우 편리하다. 무선 인터넷으로 웹에 접속하여 보다 쉽고 빠르게 정보를 얻을 수 있을 것이다.

③ 즉시연결성(instant connectivity)

모바일 단말기는 사용자에게 쉽고 빠르게 인터넷이나 인트라넷, 다른 모바일 단말기, 그리고 데이터베이스에 접근할 수 있도록 한다.

④ 개인화(personalization)

개별 소비자에게 맞추어진 정보를 제공하는 것을 말한다. 예를 들면 사용자가 여행을 좋아하는 사람으로 식별되면 여행 관련 정보와 광고를 그 개인에게 보낼 수 있다.

⑤ 제품과 서비스의 위치성(localization of products and services)

사용자가 어느 특정 시간에 물리적으로 어디에 위치해 있는지를 파악하는 것이 필요한 서비스를 제공하는 데 적절하다. 이러한 서비스는 위치 기반 전자상거래 혹은 l-commerce로 잘 알려져 있다. 정확한 위치 정보는 GPS가 사용자의 무선 단말기에 장착되어 있으면 알 수 있다. 예를 들면 현재 위치하고 있는 곳에서 가장 가까운 ATM 혹은 우체국을 찾기 위해 모바일 단말기를 이용할 수 있다. GPS는 단말기 소지자가 어디에 있는지 다른 사람에게 알려준다. 개인은 위치와 선호에 따라서 특정 메시지를 받을 수 있다. 만약 당신이 일식을 좋아하고 일식집 근처에 있다면 그 식당으로부터 할인쿠폰을 모바일 단말기로 받을 수 있다.

3. 모바일상거래의 영향요인

모바일상거래의 확산에는 여러 요인들이 영향을 준다. 모바일상거래의 특성뿐만 아니라 아래 요인들이 관련되어 있다.

① 모바일 기기의 이용가능성

휴대폰으로 인터넷 접속이 가능해짐에 따라서 의사소통, 협동, 모바일상거래가 가능해졌다.

② PC의 필요성 감소

스마트폰이나 기타 무선 단말기를 통해 인터넷 접속이 가능하므로 PC의 필요성이 줄어든다.

③ 가격 인하와 향상된 기능

시간이 흐름에 따라 무선단말기의 가격이 인하되고 기능은 향상되고 있다.

④ 공급자 마케팅

모바일 기기 공급자들은 그들의 상품을 판매하기 위해 많은 광고를 하므로 소비자들이 수용하는 경향이 있다.

제2절 모바일상거래 인프라와 애플리케이션

1. 모바일상거래 하드웨어와 소프트웨어

모바일상거래를 위한 데이터 입력, 인터넷 접속, 애플리케이션 장비의 예를 들면 아래와 같다.

① 셀룰러폰(모바일폰): 인터넷이 가능한 스마트폰이 필요하다. 멀티미디어 메시지 전달이 가능하고 자바 애플리케이션을 지원하며 주소록 등을 가진 폰이 이용가능하다.

② 부착 가능한 키보드: 셀폰에 키보드를 부착할 수 있다.

③ PDA: 인터넷 접속이 가능한 PDA 성능이 향상되고 있다.

④ 스크린폰(screen phone): 컬러화면, 키보드, 이메일, 인터넷 접속이 가능한 전화가 무선 환경에서 이용될 수 있다.

⑤ 무선 WAN 모뎀, 무선 LAN 어댑터, 무선 MAN 어댑터

⑥ 무선 지원이 있는 웹서버, WAP 게이터웨이, 커뮤니케이션 서버

⑦ 애플리케이션 혹은 데이터베이스 서버

모바일 컴퓨팅에 필요한 소프트웨어의 예를 들면 아래와 같다.

① 마이크로브라우저

② 모바일 클라이언트에 대한 OS(예: Win CE)

③ 블루투스(bluetooth)

④ 레거시 애플리케이션 소프트웨어

⑤ 애플리케이션 미들웨어

⑥ WML(Wireless Markup Language)

2. 무선 광역망

모바일컴퓨팅 애플리케이션의 핵심에는 모바일 네트워크가 있다. 모바일 네트워크에는 두 가지 유형이 있는데 무선 광역망(Wireless Wide Area Network: WWAN)과 무선 지역망(Wireless Local Area Network: WLAN)이다. 모바일 핸드셋(mobile handset)은 두 부분으로 되어 있는데 애플리케이션을 가지는 터미널(예: PDA)과 모바일 네트워크와 연결하는 터미널(예: cell phone)이다. WWAN 커뮤니케이션에는 4세대의 기술이 있다.

① 1G : 제1세대 무선기술로서 1979년부터 1992년까지 사용되었고 아날로그 기반의

기술이었다.

② 2G : 제2세대 디지털 무선기술로서 현재 이용되고 있다. 이것은 디지털 라디오 기술에 기반을 두고 있고 주로 텍스트(text)를 이용한다.

③ 2.5G : GPRS(General Packet Radio Services)와 EDGE(Enhanced Data Rates for Global Evaluation)를 토대로 한 중간 기술로서 그래픽을 제한적으로 수용할 수 있다.

④ 3G : 제3세대 디지털 무선 기술로서 멀티미디어를 지원한다. 2001년 일본에서 시작되어 유럽과 미국으로 확산되고 있다.

⑤ 4G : 3G 이후의 것으로서 멀티미디어 화면을 보다 빠르게 제공할 것이다.

3. 모바일 재무 애플리케이션

모바일 재무 애플리케이션은 모바일상거래의 가장 중요한 요소일 것이다. 이 애플리케이션은 모바일 뱅킹과 대금 지불 서비스, 모바일 자금 이전, 모바일 소액 지불 등을 포함한다. 이러한 서비스로 인하여 ATM이나 신용카드 대신에 모바일 단말기를 비즈니스 도구로 활용할 수 있다. 그림 9-1은 모바일 결제를 통한 마케팅이 이루어지는 과정을 보여준다.

그림 9-1 모바일 결제

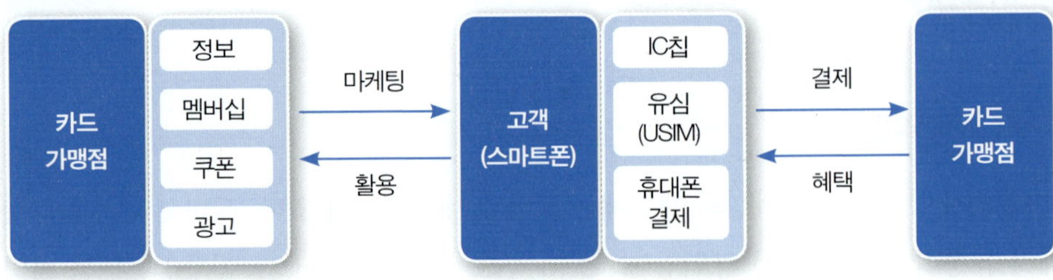

① 모바일 뱅킹

아시아, 유럽, 미국에서 점점 많은 은행들이 모바일 뱅킹 서비스를 제공하고 있다. 고객은 모바일 핸드셋을 통해 계좌잔고를 조회하고, 여러 가지 요금을 지불하고, 자금을 이체할 수 있다. 휴대폰을 이용한 은행거래도 가능하다.

② 무선 전자지불시스템

모바일폰을 이용하여 상품과 서비스의 구매 대금을 지불할 수 있다. 자동차 세차 대금 지불이나 자동판매기의 대금 지불을 위해 모바일폰을 이용할 수 있다.

③ 소액지불

만원 이하의 구매와 같은 소액 구매에 대한 전자적 지불을 말한다. 예를 들면 모바일 단말기는 근거리 무선 네트워크를 이용하여 자동판매기와 통신하여 구매 품목에 대한 소액지불을 할 수 있다.

④ 무선 지갑

웹에서 전자지갑(e-wallet)을 이용하여 재무거래를 할 수 있다. 전자지갑은 온라인 쇼핑객들의 신용카드 번호와 기타 개인적 정보를 저장한 소프트웨어로, 온라인 구매를 할 때마다 그러한 정보를 다시 입력할 필요가 없도록 한다. 모바일지갑(m-wallet)은 카드소지자가 무선단말기에 한 번의 클릭을 하여 구매 대금을 지불할 수 있도록 한 무선 지갑이다. 예를 들면, 노키아의 핸드셋(handset)에 내장된 가상의 신용카드를 이용하여 구매대금 지불을 할 수 있다. 블루투스 기술을 사용하여 핸드셋은 점포 내의 지불 단말기와 통신한다.

⑤ 대금 지불

전화요금이나 가스요금을 휴대폰으로 지불할 수 있다.

4. 모바일 마케팅 애플리케이션

모바일상거래 B2C 애플리케이션으로 소매 쇼핑, 광고, 그리고 개별화된 고객 서비스가 있다.

(1) 무선 단말기를 이용한 쇼핑

수많은 판매업자들은 고객들이 무선 단말기를 이용하여 쇼핑하도록 한다. 예를 들면 인터넷이 준비된 휴대폰을 사용하는 AT&T 고객들은 buy.com과 같은 사이트에서 쇼핑할 수

그림 9-2 스마트쇼핑

있다. 무선 단말기를 이용하는 쇼핑은 고객들에게 빠른 검색을 수행할 수 있게 하고, 가격비교와 주문을 하고, 그들의 휴대폰을 사용해서 주문의 상태를 볼 수 있게 한다. 무선 쇼핑객들은 유선 쇼핑객이 이용가능한 서비스와 동등한 서비스를 제공받는다. 예를 들면 사용자가 제품 검색과 가격 비교 도구뿐만 아니라 쇼핑 카트를 이용할 수 있다.

스마트폰 하나면 무거운 카트를 끌고 다니지 않고도 쇼핑할 수 있는 스마트쇼핑 시대가 열렸다. 소비자들은 매장에서 물건을 살펴보고 애플리케이션을 통해 스마트폰으로 바코드를 스캔하기만 하면 계산대에 줄을 서지 않고도 쇼핑이 가능하다. 제품의 크기, 수량과 상관없이 매장 내 배치된 바코드를 스마트폰으로 스캔하기만 하면 해당 상품이 매장과 연계돼 구매할 수 있는 것이다. 이 기술을 통해 소비자들은 매장에 도착해 카트를 빌리는 시간과 매장 내에서 카트를 끌고 다녀야 하는 부담에서 해방되는 셈이다.

또한 식품, 생활용품 등 재구매율이 높은 상품의 경우 고객이 집에 보관 중인 상품이나 이미 사용한 상품의 포장 바코드를 스캔하면 반복 구매할 수 있는 "간편 재구매 서비스"도 가능하다. 특히 주기적으로 구매하는 상품 목록은 "마이 리스트"에 저장한 후 불러오기를 통해 바로 결제까지 가능하다. 그림 9-2는 고객이 스마트폰으로 바코드를 스캔해 상품을 주문하고 있다.

(2) 타깃 광고

무선 서비스에 의해 수집된 인구통계학적 정보를 이용하여 무선 웹페이지에 보다 개인화된 서비스와 향상된 사용자 인터페이스를 제공할 수 있다. GPS를 이용하여 모바일 사용자의 현재 위치를 알아내고 그들의 기호 혹은 서핑 습관(surfing habit)을 알면, 마케팅 담당자는 그 고객에게 맞추어진 광고 메시지를 보낼 수 있다. 광고는 고객의 현재 위치에서 가장 가까운 몰이나 식당의 할인 행사에 관한 정보를 제공해준다. 이러한 유형의 광고는 간단한 문자 메시지를 휴대폰에 보내는 형태로 수행될 수 있다.

(3) 고객과 비즈니스 파트너의 지원

인터넷에 접속할 수 있는 휴대폰을 가진 고객은 비교쇼핑 대리인의 도움을 받아 쇼핑하고 있는 상점의 상품 가격과 다른 상점의 가격을 비교할 수 있다. 음성 포털 기술과 레거시(legacy) 시스템을 연결함으로써 향상된 고객 서비스를 제공하거나 종업원의 데이터 접근을 개선할 수 있는데 그 예를 들면 아래와 같다.

① 외출 중인 고객들이 판매자의 음성 포털을 이용하여 주문 상품의 배달 상태를 체크할 수 있다.
② 서비스 기술자가 진단 정보를 제공받아서 보다 어려운 문제를 진단할 수 있다.
③ 판매원이 판매를 위해 고객을 만나는 동안 재고 상태를 체크할 수 있다.

야후와 같은 인터넷 포털과 비슷한 모바일 포털이 있다. 모바일 포털(mobile portal)은 모바일 사용자를 위하여 콘텐츠와 서비스를 종합한 고객 상호작용 채널이다. 모바일 포털은 서비스 이용에 대해 요금을 부과할 수 있다. 예컨대, 휴대폰을 이용하여 주말 날씨를 조회하면 300원을 지불해야 한다. 혹은 매달 정해진 수수료를 지불하고 모바일 서비스를 이용하는 경우도 있다.

5. 모바일 인트라비즈니스와 기업 애플리케이션

B2C 모바일상거래가 널리 이용됨에 따라서 많은 애플리케이션이 조직 내에서 이용되고 있다. 모바일 종업원에는 판매원, 여행 중인 관리자, 원격근무자, 회사 창고와 같이 사무실 외부 근무자, 고객의 사업장에서 업무를 수행하는 수선이나 설치 담당 종업원 등이 있다. 이런 종업원은 사무실 내부에서 근무하는 종업원과 같은 데이터를 필요로 한다. 그러나 유선 장치는 사무실 외부에서는 사용하기가 불편하다. 그래서 스마트폰이나 자동차 내부의 정보시스템과 같은 작은 무선 장비를 이용하게 된다.

많은 무선기기들은 휴대가 가능하다. 여러 장비를 갖추고 접근하기 힘든 장소에서는 착용가능 기기(wearable device)라고 하는 특별한 형태의 모바일 무선 장비를 이용한다. 모자에 장치된 컴퓨터 화면을 통해 작업자가 필요로 하는 정보를 얻을 수 있다. 또한 모자에 장치된 카메라를 이용하여 사진을 찍고 그 파일을 컴퓨터로 보낼 수 있다. 키보드를 이용하기 어려운 상황에서는 언어 번역기를 착용하여 이용할 수 있다.

모바일 기기는 그룹웨어와 워크플로(workflow) 애플리케이션의 중요한 부분이 되어가고 있다. 비음성 모바일 서비스는 직무할당(job dispatch)을 돕는 데 사용될 수 있다. 여기서 직무할당이란 모바일 종업원들에게 일을 할당하는 것이다. 모바일 배달과 직무할당 서비스가 응용되는 분야로는 수송(음식, 신문, 짐의 배달), 현장서비스(컴퓨터, 사무기기, 집수리), 보안(순찰, 경고 시설 설치) 등이 있다. 이러한 모바일 애플리케이션은 적은 자원으로 보다 개선된 고객 서비스, 작업자에 대한 실시간 추적, 직무할당의 효율성 증진을 가능하게 한다.

판매지원과 고객서비스 분야에서의 모바일 종업원을 위한 무선 애플리케이션의 예를 아래에 제시하였다.

(1) 판매지원

판매원 철수는 날마다 고객에게 전달할 상품을 트럭에 싣고 나간다. 그리고 전달 완료 때마다 고객명, 판매상품의 종류와 수량, 할인을 회사에 알려야 한다. 과거에는 이 일을 수작업으로 하였으나 많은 오류가 있었다. 회사는 laptop 컴퓨터에 투자하기를 꺼렸으나 철수는 자동화의 속도와 정확성을 원했다. SAP의 도움으로 이 회사는 저비용이지만 강력한 성능을 가진 무선 장비를 구현할 수 있었다. mysap.com을 통해 접근되는 모바일 판매를 이용하여 철수의 작업팀은 신제품과 판촉에 대한 정보를 판매현장에서 알 수 있게 되었다. 철수는 지연 없이 상품을 주문할 수 있게 되었고, 상품의 재고현황과 배달 시간을 알 수 있게 되었다. 그래서 수작업에 수반되는 많은 오류를 제거하였다. 현장에서 송장처리를 시작하고 영수증을 프린트할 수 있게 되었다.

(2) 고객서비스지원

영희는 서비스 관리자로서 고객사의 전자기계제어시스템에 대한 적시 유지보수 지원에 대한 책임을 지고 있다. 그는 언제 고객의 시스템에 문제가 생겼는지 무엇이 잘못되었는지 무슨 종류의 서비스를 제공하고 대금청구를 할 수 있는지를 즉시 알 필요가 있다. 모바일 서비스를 이용하면 이 모든 정보를 기억하고 있을 필요가 없다. 무선 단말기를 가지고 다니면서 mysap.com에 접속하여 다음에 방문해야 할 고객, 설비사양, 부품재고 데이터 등을 알 수 있다. 일단 업무를 완수하고 나면 영희는 사용한 물품을 보고하고 바로 대금청구를 할 수 있도록 한다. 회사는 영희가 무슨 일을 얼마나 진행하고 있는지 감독할 수 있다. 그래서 영희와 그의 회사는 정보 접근이 보다 용이해지고 고객 서비스를 보다 잘 제공할 수 있다.

제3절 위치 기반상거래

위치 기반 상거래(location-based commerce, l-commerce)는 제품과 서비스의 위치화를 말한다. 위치 기반 서비스(Location-Based Service: LBS)는 기업과 소비자 모두에게 매력적이다. 첫째, 안전을 제공한다. 모바일 단말기로 긴급 서비스를 요청할 수 있으며 서비스를 제공하는 기관이 서비스를 필요로 하는 사람의 정확한 위치를 알 수 있다. 둘째, 편리성을 제공한다. 디렉토리, 전화번호부나 지도를 찾지 않고도 근처에 무엇이 있는지 알아낼 수 있다. 셋째, 생산성이 향상된다. 근처에 소재하는 관심의 대상을 알아내어 여행 일정을 최적화할 수 있다. 비즈니스 공급자의 관점에서 보면 위치 기반 상거래는 고객의 욕구에 맞는 서비스를 제공하는 기회를 제공한다. 개인용 모바일 정보기기인 스마트폰을 활용해 위치

〈표 9-1〉 LBS 1.0과 LBS 2.0

구분	LBS 1.0		LBS 2.0	
위치정보	실외 (GPS 또는 이동통신망)		실외 + 실내(GPS + WiFi망)	
결과물 표현	전자지도		전자지도 + 증강현실(카메라영상)	
이용자와의 상호작용	수동적 반응	이용자가 목적지 제시 ⇒ LBS는 위치와 경로 탐색	능동적 제안	이용자의 현재 및 방문예상 위치 ⇒ LBS는 유용한 인근장소 발굴
이용자 간 연계	단일 이용자 중심		연관된 다수 이용자를 상호 연계	

정보에 이용자정보, 증강현실, 소셜네트워크를 결합함으로써 위치 기반 서비스(LBS)는 표 9-1에서와 같이 고도화되고 있다.

1. 기본적인 위치 기반 상거래의 영역

① 위치(location) : 사람과 자동차나 보트와 같은 사물의 위치를 결정한다.

② 항해(navigation) : 하나의 장소에서 다른 장소로의 길을 제시한다.

③ 추적(tracking) : 사람과 사물의 이동을 추적한다.

④ 지도 작성(mapping) : 특정 지리적 위치의 지도를 만든다.

⑤ 시간 결정(timing) : 특정 장소의 정확한 시간을 결정한다.

2. 위치기반 서비스 제공을 위한 기술

① 위치결정설비(Position Determining Equipment: PDE) : GPS나 가까운 기지국을 통해서 모바일 기기의 위치를 식별한다.

② 모바일 위치결정 센터(Mobile Positioning Center: MPC) : MPC는 PDE로부터 보내온 위치 정보를 관리하는 서버이다.

③ 위치 기반 기술 : 위치정보와 지리적 혹은 지역 특유의 콘텐츠를 결합하는 기술이다. 예컨대 고객의 위치, 지도, 비즈니스 디렉토리를 이용하여 고객이 원하는 위치의 병원 주소를 제시한다.

④ 지리적 콘텐츠 : 거리, 도로, 주소, 역사적 기념물 등의 지리적 콘텐츠가 전달될 수 있어야 한다.

3. GPS와 GIS

GPS(Global Positioning System)는 지구상에 어디에 있든지 사용자가 자신의 위치를 알 수 있도록 하기 위해 위성을 이용하는 무선 시스템이다. GPS는 항공기와 선박의 항해 경로 또는 트럭과 버스의 위치를 알기 위해 많이 사용되어왔다.

GPS가 제공하는 위치는 위도와 경도로 표현된다. 이러한 정보가 기업과 소비자에게 유용하려면 어떤 장소와 주소로 대체되어야 한다. 이것은 위도와 경도 데이터를 지리정보시스템(Geographical Information System: GIS)라고 불리는 전자지도에 넣으면 가능하다.

자동차 제조업자들은 GPS/GIS를 활용하는 자동차를 제공하고 있다. 그래서 어떤 자동차는 운전자가 주유소, 식당 혹은 관심이 있는 장소로부터 얼마나 떨어져 있는지 가르쳐주는 항해시스템을 갖추고 있다. 그림 9-3에서처럼 GPS가 특정 시간에 자동차가 어디에 있는지 알려준다.

그림 9-3 GPS

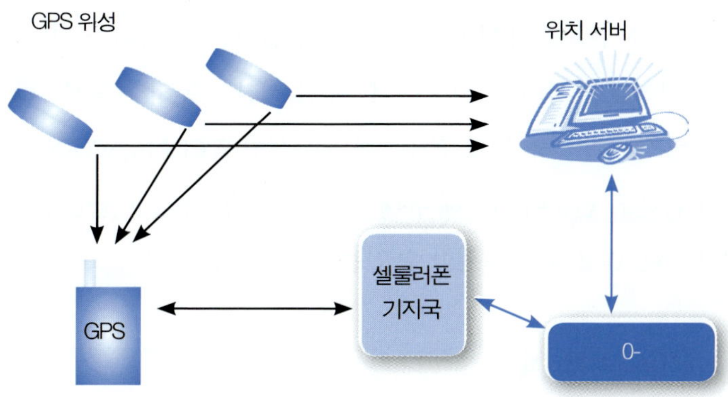

4. 위치 기반 광고

스타벅스 근처를 걷고 있을 때 그곳이 샌드위치와 커피를 판매하는 곳인지도 모르고 있다고 하자. 갑자기 핸드폰이 울리면서 스타벅스에서 10% 할인 가격으로 서비스한다는 메시지가 도착한다. 물론 싫으면 이런 식의 광고를 거절할 수도 있다. 그러나 그날 할인 가격에 맛있는 식사를 할 기회도 있는 것이다. 만약 커피를 전문적으로 판매하는 스타벅스가 당신이 커피를 좋아하지 않는다는 정보를 가지고 있다면 그러한 메시지를 무선으로 보내지 않을 것이다.

위치 기반 광고의 또 다른 예로 택시를 타고 반 시간 정도 달린다고 하자. 택시 위에 광고가 나타나는데 어디를 지나가느냐에 따라서 광고 내용이 바뀔 수 있다. 해운대를 지날 갈 때에는 일류 한식집의 광고가 나타나고 민락동을 지나갈 때에는 유명한 횟집 광고가 나타나는 식이다.

5. 휴대폰 긴급전화

일상적인 유선 전화를 사용하면 전화를 거는 사람의 위치를 쉽게 알 수 있다. 이제는 화재나 구급 때문에 휴대폰으로 119에 전화를 했을 때 문제가 있어서 전화를 거는 사람이 자신의 위치를 말하지 않더라도 발신자의 위치를 알아낼 수 있다. 또한 자동차 충돌 사고가 났을 때 자동적으로 경찰에 사고 위치를 알리는 장치를 자동차 내에 둘 수 있다. 그림 9-4는 휴대전화로 자동차를 제어할 수 있는 모바일 텔레매틱스 서비스를 보여준다. 모바일 텔레매틱스는 ① 엔진, 제동기 등 구동장치의 이상 유무와 유류정보를 확인하고, 도어·트렁크·전조등·후미등 등 각종 부속을 제어할 수 있는 차량 진단 제어 서비스, ② 차량 감시와 도난 시 추적할 수 있는 안전보안 서비스, ③ 휴대전화로 실시간 교통정보를 전송받아 빠른 길을 찾아주는 길 안내 서비스가 가능하다. 또 휴대전화의 무선망(WCDMA, WLAN, 블루투스)을 통해 모바일-자동차 간 콘텐츠 연동이 가능해 휴대전화에 저장된 음악과 영상을 차량에 별도로 내려받을 필요 없이 차량 AV를 통해 재생할 수 있는 엔터테인먼트 서비스도 가능하다.

그림 9-4 휴대전화의 자동차 제어

6. 텔레매틱스

텔레매틱스(telematics)는 컴퓨터와 무선통신기술을 통합한 것으로, 차량·항공·선박 등 운송장비에 내장된 컴퓨터와 정보를 주고받을 수 있는 무선 데이터 서비스이다. 특히 자동차 텔레매틱스 서비스는 이동통신기술과 위치추적기술을 자동차에 접목시켜 운전경로 안내, 교통 정보 등을 실시간으로 제공한다. 목적지를 입력하면 가는 길과 도로 상태를 알려주는 차량 항법

그림 9-5 스피드메이트 법인차량 관리서비스

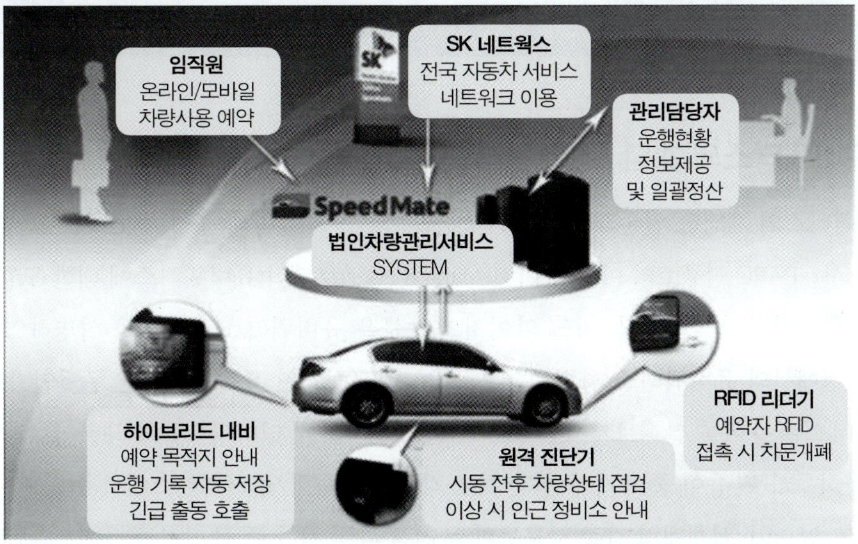

장치가 텔레매틱스의 시발점이다. 이 시스템으로 차내에서 뉴스도 보고 주식투자나 전자상거래, 금융거래도 할 수 있다. 운전 중에 동승한 사람이 인터넷으로 호텔을 예약하거나 게임을 즐길 수도 있다.

SK네트웍스의 종합 자동차 서비스 브랜드인 스피드메이트가 개발한 스피드메이트 법인차량 관리서비스는 그림 9-5에서 제시하듯이 차량 무선인터넷 서비스인 첨단 텔레매틱스(telematics) 기술과 렌터카·주유·운행관리·정비·사고관리·카쉐어링 서비스를 결합한 것이다. 이 서비스는 첨단 내비게이션과 원격진단기기와 같은 시스템 장비들을 차 안에 부착, 전국의 SK네트웍스 직영주유소와 스피드메이트 정비점, 렌터카 지점, 긴급출동센터와 실시간으로 연결해 차량 구매, 운영, 관리, 매각 등을 원스톱으로 제공한다. 특히 이 서비스가 제공하는 "적정 보유차량 산출 프로그램"은 시간대별 차량 가동현황을 분석해 해당 기업이 운행 가능한 최적의 차량 대수를 알려주므로 불필요한 차량 운행을 획기적으로 조절할 수 있다. 또 운행 이력이 자동으로 관리되므로 별도의 운행일지를 기록할 필요가 없으며, 무선인식 전자태그(RFID) 카드나 휴대전화로 차 문을 여닫는 원격제어 기능도 제공되므로 키 분실 염려도 없다.

제4절 유비쿼터스

1. 유비쿼터스의 개념

유비쿼터스의 개념은 일본의 사카무라 켄 교수의 연구를 통해 주창되었으며, 그 후 미국의 Palo Alto PARC 연구소의 마크 와이저(Mark Weiser)로부터 유비쿼터스에 대한 모호한 개념이 정형화되기 시작하였다. 마크 와이저의 논문은 유비쿼터스의 개념을 설명하였고, 사무실 환경에서의 유비쿼터스 환경을 제시하였다. 그렇다면 유비쿼터스란 무엇인가? 일단 유비쿼터스란 용어를 살펴보자. Ubiquitious란 "모든 곳에 있다"는 뜻의 라틴어로의, 오늘날 가장 화두가 된 용어 중의 하나이다. 최근 각종 IT전시회 및 컨퍼런스에서 주요한 주제로 다뤄지고 있으며, 실세계의 각종 사물들과 물리적 환경 전반 즉 물리적 공간에 걸쳐 컴퓨터들이 편재되도록 하되 사용자에게는 겉모습이 드러나지 않도록 환경에 효과적으로 통합하다는 것을 의미한다.

즉 언제 어디서나 지원할 수 있는 장치들로 하여금 사람들과 상호작용을 하게 하는 세상이 바로 유비쿼터스 시대이다. 각종 장치들이 사람을 인지하고 상호작용하기 위해서는, 장치들에 칩을 달아 그들만의 지식정보를 갖고, 사람도 그 장치에 대하여 인지할 수 있어야 한다. 이러한 칩들은 아주 작아 어디에나 장착 가능하다. 무엇보다 중요한 사실은, 유비쿼터스 시대는 정보화 시대와 달리 컴퓨터와의 1대1 의사소통보다 다중기기들이 한 사람을 지원하는 시대이다. 그러므로 인간은 컴퓨터 앞에서 기술적인 면 때문에 소외당하지 않게 될 것이다.

2. 유비쿼터스의 역사

컴퓨터의 역사를 보면 크게 네 가지 뚜렷한 패러다임이 존재했는데 메인 프레임, PC, 인터넷, 유비쿼터스 컴퓨팅 시대로 요약할 수 있다.

(1) 메인 프레임 시대

메인 프레임(mainframe) 시대라 불리는 첫 번째 시기에는 폐쇄된 공간에서 전문가들에 의해서만 수행되는 컴퓨터와 사람의 관계였다. 언제나 컴퓨터 자원이 모자랐고, 그래서 다른 사람들과 공유하고 협상해야만 했다. 오늘날에도 메인 프레임 컴퓨팅은 존재한다. 공유된 사무 PC, 날씨부터 여러 가지 시뮬레이션을 위한 컴퓨터들은 일반적으로 공유되기 어려운 한정된 자원이다. 만약 많은 사람들이 하나의 컴퓨터를 공유하면, 메인 프레임 컴퓨팅인 것이다.

(2) 개인용 컴퓨터 시대

두 번째 큰 흐름은 개인용 컴퓨터(PC)이다. 1984년에 PC를 사용하는 사람들의 수가 메인 프레임을 사용하는 사람들의 수를 넘어섰다. PC와의 관계는 지극히 개인적이다. 개인은 자신의 컴퓨터에 자신만의 자료를 저장하고, 컴퓨터와 직접적으로 깊이 있게 작업한다. PC 작업을 하고 있는 동안 개인은 다른 일을 할 수가 없다.

PC는 특별하고, 다소 비싼 물건이고, 원하는 곳은 어디든지 가져가고, 작동하는 데 특별한 주의가 필요하다. 즉 여러 개의 PC를 소유할 수 있다. 예를 들어서 집에서, 회사에서, 길에서. 개인과 특별한 관련이 있거나, 사용할 때 개인 혼자 점유하여 사용하는 컴퓨터는 모두 PC이다.

(3) TRANSITION－INTERNET

인터넷은 경제와 기술의 응용 측면에 큰 영향을 끼쳤다. 수백만의 새로운 사람들과 그들의 정보가 서로 연결되어 있다. 재미있는 것은 인터넷이 메인 프레임 시대와 개인용 컴퓨터(PC) 시대의 요소를 결합한 것이라는 점이다. 그 결합은 대규모 클라이언트-서버 컴퓨팅(Client-Server Computing)으로 인터넷상의 클라이언트는 PC들이고, 서버(Server)는 메인 프레임이다. 향후 10년 이내에 개인, 회사와 정부 사이의 대규모 상호 정보 교류의 결과가 새로운 분야와 새로운 미디어를 생성할 것이다.

(4) 유비쿼터스 컴퓨팅 시대

컴퓨팅의 네 번째 조류는 유비쿼터스(Ubiquitous Computing)이다. PC 사용자와 유비쿼터스 사용자의 교차점은 대략 2005~2020년 사이가 될 것이다. 유비쿼터스 시대에는 사람들 사이에 공유되는 대량의 컴퓨터가 있다. 이런 컴퓨터 중 일부는 인터넷을 브라우징(browsing)하는 수분 동안에 접속하는 수백 개의 컴퓨터이다. 다른 종류의 컴퓨터들은 벽, 의자, 옷, 스위치, 차 등 도처에 스며들어 있다. 유비쿼터스는 컴퓨터를 통해 세상의 물건과 접촉하는 것을 특징으로 한다. 이것은 아주 작은 것부터 거대한 것까지를 포함한 다양한 규모로써 다른 것들을 대신하게 될 것이다.

3. 유비쿼터스의 적용

유비쿼터스는 일상생활에서 다양하게 적용된다. 주변 환경의 여러 사물에 컴퓨터가 내장되어 있어 사용자가 그것을 의식하지 않고 보통의 사물을 대하듯이 사용함으로써 컴퓨터를 이용하게 되고, 삶의 편리함을 추구하게 된다.

(1) 휴대폰

우리 생활에서 없어서는 안 될, 이미 생활의 필수품이 되어버린 휴대폰은 유비쿼터스 생활에서도 핵심적인 역할을 하게 될 것이다. 휴대폰 하나만 가지고 다니면 언제, 어디서나 필요한 정보 서비스를 제공받을 수 있다. 예를 들어서 위급한 상황에 처했을 때, 혹은 신상에 위협을 느낄 때 신속하게 119나 경찰에 신고할 수 있다. 또한 주식거래 및 은행업무 같은 계좌이체나 금융업무도 휴대폰으로 가능하다. 이동통신 업체는 은행과 제휴하여 모바일 뱅킹 상용 서비스를 제공하고 있다.

휴대폰의 위치 기반 서비스는 그 활용성이 상당히 크고 성장가능성이 큰 비즈니스 모델로도 평가되고 있다.

휴대폰은 음성통화 기능은 물론 카메라 센서의 내장으로 영상 기능까지 기본이 되어버렸다. 집 안에서는 리모컨을 대신하여 텔레비전과 같은 가전제품을 제어하는 단말기 기능까지 겸하게 될 것이다. 온도센서, 맥박센서 등과 같은 여러 가지 부가장치를 통해 휴대용 건강검진기의 역할도 하게 될 것이다. 휴대용 개인 이동 수신이 가능한 DMB(Digital Multimedia Broadcasting)는 걸어 다니거나 차를 타고 다니면서 휴대폰을 이용하여 방송을 서비스 받을 수 있는 시스템이다. 이렇게 휴대폰은 카메라, PDA, DMB 기능을 통합하여 언제 어디서나 사용이 가능한 멀티미디어 및 개인 정보단말기로서 중추적 역할을 하고 있다.

(2) 교육

주요 대학들이 유비쿼터스 캠퍼스 구축에 나서고 있다. 스마트폰, GPS, 이어폰, 마이크 등이 내장된 재킷을 입고 교내 곳곳을 돌아다니며 바코드의 일종인 코드를 이용하여 캠퍼스의 정보를 제공받을 수 있다. 또한 교내에 설치된 무선 랜을 이용하여 교내 어디에서든 인터넷을 사용할 수 있다.

해외에서는 UCLA, MIT와 같은 대학 등에서 스마트 유치원에 관한 연구를 진행하고 있다. 전자종이를 이용하여 멀티미디어를 교과와 연계함으로써 저렴하면서도 효율적인 학습도구를 제공한다. 숫자, 사물 등에 대한 개념을 이해하기 시작하는 어린이들을 대상으로 사물에 갖가지 센서 및 칩을 내장하여 어린이들이 장난감처럼 가지고 놀면 소리, 빛 등으로 반응하여 학습이 즐겁고 재미있게 이루어지도록 하는 것이다.

스마트폰과 태블릿PC가 몰고 온 모바일 혁명이 교육출판 시장의 판도를 바꾸고 있다. 종이책이 모바일 애플리케이션(앱)으로 옷을 갈아입고 다양한 재미 요소를 추가해 책 속의 지식을 보다 입체적이고 살아 움직이는 형태로 전달할 수 있게 되면서 높은 인기를 누리고 있다. 전문가들이 특히 주목하는 분야는 유아·아동 콘텐츠 부문이다. 읽기만 하던 책이 만지고 흔들며 가지고 놀 수 있는 대상이 되면서 아이들의 흥미를 유발해 교육 효과를 극대화할 수 있다는 점에서 다른 앱과 차별되는 경쟁력을 갖추고 있기 때문이다. 이 같은 맥락에서 웅진씽크빅, 교원, 대교, 한솔교육 등 교육 출판 업체들은 스마트폰과 태블릿PC 시장을 겨냥한 그림 9-6에서와 같은 전자책을 위한 앱을 앞다퉈 개발하고 있다.

(3) 가정

홈 네트워크라는 기술로도 유비쿼터스를 접할 수 있다. 광고에서 흔히 볼 수 있는 장면처럼 외부에서 집 안의 가전제품을 가동시킬 수 있다. 집 안의 모든 제품들이 네트워크 되어

그림 9-6 전자책

교원 「꼬잉꼬잉 이솝극장」 대교 「쉿! 조용히 해주세요」 웅신씽크빅 「모두 떨어져요」

있어서 거실의 TV를 보면서 세탁기나 에어컨 동작 상태를 모니터링하거나 제어할 수 있다.

유비쿼터스 아파트는 인터넷과 가전이 융합된 신개념 주거환경이다. TV로 전자상거래를 하고 인터넷으로 가전제품을 제어한다. 홈 네트워크로 구성된 이러한 유비쿼터스 아파트는 국내 많은 건설업체들이 통신업체와 제휴하여 시공 중에 있다.

홈 네크워크가 구축이 되면 원격교육, 재택근무, 원격검침, 원격제어 등 그동안 영화 속에서나 볼 수 있었던 미래의 생활모습이 실제로 가능해진다.

무선으로 작동되는 스마트 디스플레이는 집, 사무실 등 실내 어느 곳에서나 PC를 자유롭게 사용할 수 있도록 해준다. PC와 무선 랜으로 연결해 이용하므로 자유롭게 집 안을 돌아다니며 채팅이나 게임을 즐길 수 있다. 사무실에서는 복잡하게 얽혀 있는 선을 최소화하고 회의 등을 할 때 장소를 마음껏 옮겨 다닐 수 있다.

(4) 의학

고령화사회를 앞두고 노인들의 건강관리도 사회문제로 대두되고 있다. 건강관리 시스템을 구축함으로써 실버타운 실내 곳곳에 설치된 카메라와 초음파 센서로 노인들의 동작 관찰만으로 건강 체크가 가능하게 된다. 또한 거울 뒤 카메라로 일상 생활 중에 얼굴 상태를 관찰함으로써 병원에 가서 종합검진을 받지 않아도 손쉽게 건강상태를 파악할 수 있게 된다.

세포가 몸속에서 움직이는 모습을 영상으로 나타내는 "바이오이미징" 기술이 국내 연구진에 의해서 개발되었다. 이 영상은 실험실에서 멀리 떨어진 곳에서 스마트폰이나 스마트패드로도 볼 수 있어 향후 원격진료 등에 활용될 전망이다. 기술의 핵심은 세포와 결합해

그림 9-7 모바일 팍스 시스템

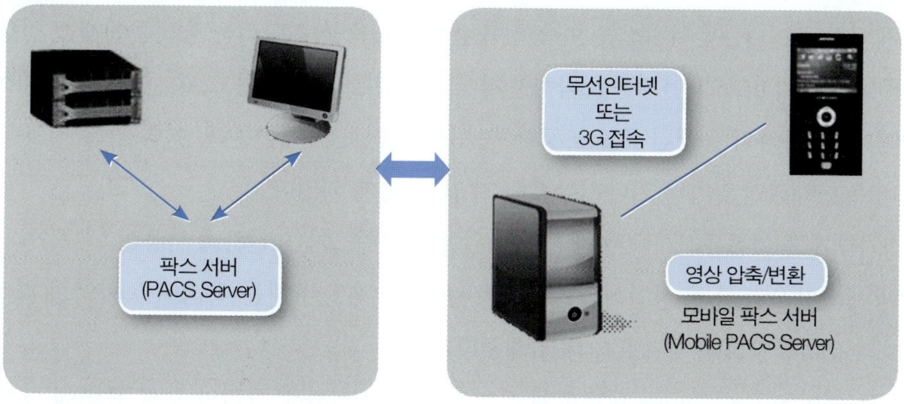

영상신호를 내보내는 나노 크기 물질인 "나노프로브"이다. 이 바이오이미징 기술을 이용하면 환자가 집에서 혼자 약을 복용해도 멀리 있는 병원의 의사가 그 약물이 환자의 몸에서 어떻게 반응하는지 확인할 수 있다. 이런 식으로 치료제가 타깃 세포로 정확하게 접근하면 약물의 효능을 극대화하고 부작용을 줄일 수 있을 것이다.

의료 현장에서 스마트폰이나 태블릿PC를 활용해 실시간으로 의료영상을 볼 수 있는 시스템이 상용화될 전망이다. 식품의약품안전청은 X-ray, CT 등 의료 데이터를 실시간으로 스마트폰을 통해 주고받을 수 있는 그림 9-7의 "모바일 팍스 시스템"에 대한 허가·심사 가이드라인을 마련했다. 식약청의 가이드라인에는 모바일 팍스 시스템(PACS: 의료용영상저장전송장치)을 구성하고 있는 "모바일 팍스 서버"와 "모바일 팍스 앱"에 대한 내용이 담겨 있으며, 그 내용에 따르면 의료기관 내에서 X-ray, CT 등을 통해 진단된 의료영상을 디지털로 변환·저장하고, 그 판독과 진료기록을 각 단말기로 전송하고 검색하는 데 필요한 기능을 통합적으로 제공한다. 이번 가이드라인 마련에 따라 앞으로 의사나 환자는 자신의 진단결과를 손안의 스마트폰을 활용해 실시간으로 조회하거나 공유할 수 있게 돼 보다 효과적인 진단과 치료가 가능해질 것으로 기대된다.

(5) 교통

버스를 이용하여 출퇴근하는 사람이라면 일부 노선을 운행하는 버스에서 라디오 교통정보 사이사이에 버스의 운행간격을 알려주는 안내음성을 들어본 경험이 있을 것이다. 바로

GPS와 무선 송수신기로 구성된 버스정보관리시스템(Bus Management System: BMS) 서비스를 체험한 것이다. 이 서비스는 버스 정류장에서 버스를 기다리는 승객들에게는 전광판, 휴대폰을 통하여 버스가 언제쯤 도착하는지에 대한 정보를 제공하고, 운전하는 운전자에게는 앞차 및 뒤차와의 운행간격을 조정할 수 있도록 정보를 제공한다. 이와 같은 정보를 가지고 버스를 타려면 얼마나 기다려야 하는지 알 수 있게 되었다.

운전자에게는 이동통신사에서 제공하는 길안내 서비스가 요긴하게 사용이 되고 있다. 운전에 방해되지 않도록 음성인식을 통하여 사용자가 가고자 하는 목적지를 파악한 다음에 사용자의 운행방향을 음성으로 안내를 해준다.

스마트 웨이(Smart Way)는 도로변에 설치된 도로기상 관측 장비와 도로 표면에 박힌 습도·온도센서로부터 기상정보를 제공받아 차량 운전에 위험이 되는 기상상황을 운전자에게 미리 통보해주어 안전 운전을 하도록 도와준다. 도로결빙방지시스템은 센서를 이용하여 도로에 결빙 조짐을 감지하면 도로 주위에 설치된 장비를 이용하여 결빙 방지액을 자동으로 뿌림으로써 결빙을 사전에 예방한다.

(6) 유통, 물류

대형 할인마트에서는 재고를 최대한 줄이기 위해 유비쿼터스를 사용할 수 있다. 과일, 채소의 수량을 파악하고 필요할 때 바이어가 산지에서 무선발주단말기를 통해 상품을 매입할 수 있도록 한다. 광우병 파동 이후 산지정보와 식품의 가공 및 유통경로가 담긴 RFID(Radio Frequency Identification) 칩을 부착함으로써 식품에 대한 신뢰성을 확보하려는 노력이 이루어지고 있다. 유통은 물론 매장에서의 재고 파악이 순식간에 이루어짐으로써 관리비용 절감 효과를 기대할 수 있다.

국내의 사례로 부산항만공사(BPA)는 "부산항 항만물류정보시스템(BPA-NET) 구축사업"에 착수하였다. 이 사업은 국가 물류망과 BPA, 컨테이너 터미널 같은 관련기관과 업·단체에 흩어져 있는 항만 물류정보를 하나로 통합·연결하는 정보화 작업이다. 이 사업이 끝나면 부산항 환경에 최적화된 항만운영정보시스템(Port-MIS)이 구축되어 선사, 운송사, 화주, 하역사, 유관기관 등 다양한 항만 이해관계자들이 필요한 물류정보를 한곳에서 실시간으로 얻을 수 있다. 선사는 민원신고 서비스가 통합돼 선박 스케줄 예약을 보다 편리하게 할 수 있다. 운송사는 화물 반·출입 정보 등을 실시간으로 받을 수 있다. 화주는 화물의 위치와 상태를 정확하게 파악할 수 있고 하역사는 화물 반·출입, 도착 예정시간을 제때 알 수 있다. 또 선박 스케줄 정보 공유 등으로 컨테이너 반·출입과 환적 시간이 단축되는 효과와 함께 물류 처리 효율성도 높아질 것이며, 스마트폰으로 항만관련 정보 검색과 업무 처리가 가능해질 것으로 기대된다.

4. 유비쿼터스 컴퓨팅

(1) 생활 속의 컴퓨팅

사실상 모든 객체가 유무선 통신망에 연결되어 프로세싱 파워를 가지는 것을 유비쿼터스 컴퓨팅(ubiquitous computing)이라 한다. 다시 말해서 자동차, 가전용품, 벽, 휴대폰 등 우리 주위의 모든 객체가 비가시적으로 어디에서나 컴퓨팅 가능하다는 것이다. 여기서 비가시적이란 의식적으로 느끼지 않는다는 의미이다. 마치 안경을 끼고 일하는 사람이 자신이 안경을 끼고 있다는 것을 의식하지 않고 작업을 하는 것과 같다. 그래서 컴퓨터가 제품에 장착되어 있더라도 그것을 어떻게 이용하는지 고려할 필요가 없다. 시스템이 자동적으로 작업을 도와주기 때문이다. 옷을 전문적으로 판매하는 몰에서 쇼핑을 하고 있다고 가정하자. 옷에는 RFID(Radio Frequency Identification) 태그(tag)가 부착되어 있다. 태그에는 프로세서와 안테나가 장착되어 있다. 관심을 가지고 알고자 하면 그 옷을 디스플레이 화면으로 가져간다. 디스플레이는 자동적으로 그 옷을 식별하고 여러 가지 정보와 함께 그 옷을 입은 사람의 모습을 비디오로 보여준다.

액티브 배지(active badge)는 종업원이 ID카드로서 소지할 수 있다. 회사 내에서 다른 사람의 연락을 언제든지 받는 데 이용된다. 그 배지에는 마이크로프로세서가 장착되어 있는데 그것을 소지한 사람의 위치를 빌딩의 센서에 전송하고 센서는 그 정보를 컴퓨터에 보낸다. 그래서 누군가 그 배지를 가진 사람과 연락하고자 하면 통화할 수 있는 전화를 자동적으로 식별해낸다.

아래에는 유비쿼터스 컴퓨팅 관련 용어를 설명하였다.

① 유비쿼터스(ubiquitous)

원래 라틴어에서 유래한 단어로 "언제 어디에나 존재한다"는 뜻이다. 정보기술 용어로 사용되기 시작한 것은 1991년 미국의 마크 와이저 박사가 기술이 배경으로 사라진다고 주장하며 "유비쿼터스 컴퓨팅(ubiquitous computing)"이란 말을 사용하면서부터이다. 와이저 박사는 당시 논문을 통해 복잡한 컴퓨터가 미래에는 소형화되면서 모든 제품(사물) 속으로 들어가 사람들이 컴퓨터의 존재를 전혀 의식하지 못할 것이라고 예언했다. 전기모터가 소형화되면서 자동차와 카세트플레이어 속에 들어가 사람들이 모터의 존재를 느끼지 않고도 모터의 혜택을 입는 것과 같은 이치이다. 즉 컴퓨터 기술이 일상생활 속으로 녹아들 것이라는 설명이다. 그는 2010년쯤 우리는 수많은 컴퓨터에 둘러싸일 것이지만 우리는 이를 알지 못할 것이라고 주장했다. 유비쿼터스 컴퓨팅과 비슷한 개념으로 생활 속의 컴퓨팅(pervasive computing), 눈에 보이지 않는 컴퓨팅(invisible computing), 끊김 없는 컴퓨팅(seamless computing) 등 여러 개념이 사용되고 있다.

② 무선주파수 인식기술(Radio Frequency Identification: RFID)

RFID 안에는 정보 저장 공간인 태그가 있다. 또 초소형 안테나가 있어 라디오 주파수를 이용하여 외부 정보 판독기 정보를 내보내고 받는다. 이 시스템이 갖춰지면 재고관리와 도난방지, 상품주문에 사람의 손길이 필요 없다. 제품을 보낼 때 위치추적도 가능하다. 크기가 작아 옷에 붙일 수도 있다.

③ 디지털 멀티미디어방송(Digital Multimedia Broadcasting: DMB)

걷거나 차로 이동하면서 볼 수 있는 고품질 차세대 멀티미디어 방송이다. 위성 DMB와 지상파 DMB로 나뉜다. SK텔레콤 자회사인 TU미디어는 위성 "한별"을 띄웠다.

④ 홈 네트워크(home network)

PC와 TV, 냉장고, 에어컨 등 가전제품과 통신제품을 한 네트워크로 연결하여 쌍방향 통신을 가능하게 한 시스템이다. 가전제품을 원격조정할 수 있고 제품끼리 데이터를 주고받을 수 있는 시스템이다.

(2) 유비쿼터스 컴퓨팅의 응용

지구상의 많은 프로세서는 전통적인 데스크톱 컴퓨터나 노트북 컴퓨터뿐만 아니라 가정의 전자제품, 자동차와 기계, 근무공간에도 있다. 유비쿼터스 컴퓨팅에서 이러한 장치들은 인터넷에 연결될 수 있다.

① 스마트 홈

개인용 컴퓨터, 텔레비전, 난방기구, 보안시스템과 같이 많은 가정에서 사용하는 기기들은 인터넷이나 가정용 인트라넷에 의해 데이터를 주고받을 수 있다. 즉 연결된 기기들은 다양한 방법으로 제어될 수 있다.

- 조명: 전기 공급을 프로그램화하여 켜고 끄고 혹은 무드에 맞게 밝기를 조절할 수 있다.
- 에너지 관리: 난방기구나 에어컨을 프로그램화하여 에너지 효율성을 높일 수 있고 전화나 PDA를 통해 접근할 수 있다.
- 가정 보안과 커뮤니케이션: 윈도우 블라인드, 차고의 문, 현관문, 연기 탐지기와 가정 보안 시스템을 모두 네트워크 제어 패널을 이용하여 자동화할 수 있다. 외출하거나 여행을 떠날 때 일정에 맞추어 반응하도록 프로그래밍 할 수 있다.
- 가정 극장: 집에 오디오와 비디오 센터를 꾸밀 수 있다. 침실에 DVD 플레이어가 있는데 아이들 방에서 영화를 보고 싶다면 방을 전환하기 위해 리모컨으로 클릭하면 된다.

② 스마트 자동차

오늘날 대부분의 자동차는 적어도 하나의 컴퓨터 장치가 있어서 엔진을 작동하고, 연료 소비를 제어하고, 배기가스를 제어한다. 그리고 보통의 자동차는 여러 개의 마이크로프로세서를 가지고 있다. 마이크로프로세서는 라디오를 제어하고, 기어변경을 결정하고, 실내 온도를 조절한다. 자동차의 마이크로프로세서를 인터넷에 연결하여 운전 방향의 제시, 긴급 상황 보조, 이메일을 지원할 수 있다. 미래의 자동차는 자동차 충돌의 가능성을 미리 감

그림 9-8 교통사고 예방시스템 개념도

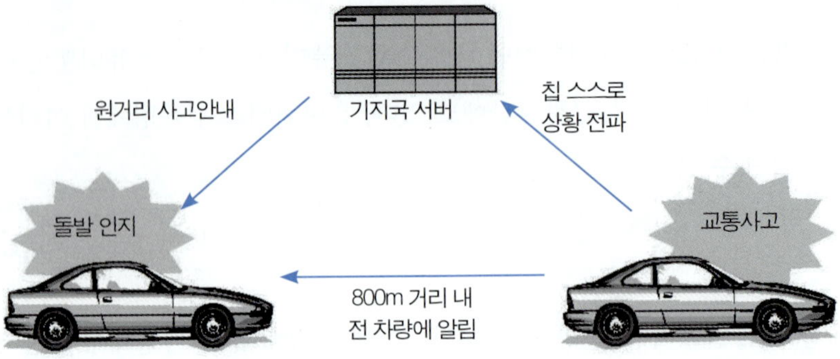

지하여 경고하는 장치를 가질 것이다. 실시간 무선통신을 통해 전방 차량의 위험을 감지, 사고를 예방할 수 있는 기술은 차량 간 통신은 물론 차량과 인프라스트럭처 간 통신을 지원해 전방 도로와 차량의 위험정보를 긴급 전송할 수 있기 때문에 차세대 지능형교통시스템(ITS)의 핵심 기술로 꼽힌다. 그림 9-8은 교통사고 예방시스템의 개념도를, 표 9-2는 확대되는 자동차와 모바일의 결합 내용을 기업별로 보여준다.

〈표 9-2〉 자동차와 모바일의 결합

기업	내용
현대자동차·삼성전자	차량 장착 태블릿PC에 스마트폰 연결, 인터넷 사용 모바일 콘텐츠 활용, 차량 진단 및 내비게이션
SK텔레콤·르노삼성	차량 빌트인 텔레매틱스 제휴, 차량 탑재형 내비게이션, 원격 제어, 차량 진단, 차량 보안 등에 활용
도요타	스마트폰 차량 연결 엔튠시스템 도입, 올해 안에 일부 차량에 장착
포드·버라이즌·스프린트	마이포드 터치 솔루션 개발, 터치와 음성으로 차량 주요기능 제어, 스마트폰 활용 텔레매틱스 기능 강화
KT-팅크웨어	통신모듈 탑재 내비게이션 개발

③ 모바일 오피스와 스마트 워크

홍길동은 출근길에 갑자기 회사 교육 프로그램에 참가하라는 통보를 받았다. 일반적인 상황이라면 먼저 사무실에 출근해 보고를 하고, 할 일을 처리한 뒤, 교육장으로 이동했겠지

그림 9-9 모바일 오피스 개념도

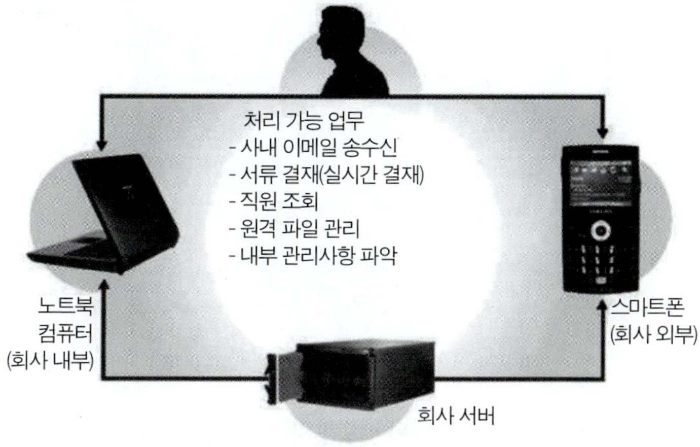

만 홍길동은 그냥 교육장으로 이동했다. 스마트폰 근태 시스템에 접속해 "교육에 참가하란 지시를 받았다"고 입력하고 다른 보고 사항도 마찬가지로 처리하면 만사형통이기 때문이다. 출근길, 지하철, 버스 안이 홍길동에겐 그대로 사무실인 셈이다. 바야흐로 시간과 장소에 구애받지 않고 업무를 할 수 있는 "모바일 오피스와 스마트 워크" 시대가 열린 것이다. 그림 9-9에서와 같이 스마트폰 붐이 직장 안까지 변화의 바람을 일으키고 있다. 예를 들면, 냉난방 전문업체인 귀뚜라미가 모바일 오피스를 활용하고 있는 사례를 그림 9-10에서와 같이 소개하고 있다. 귀뚜라미는 언제 어디서나 업무를 편리하게 처리해 고객 만족도를 높이기 위한 차원에서 모바일 오피스 체제를 구축하였다.

그림 9-10 귀뚜라미의 모바일 오피스

보일러 수리 후 스마트폰으로 완료 보고

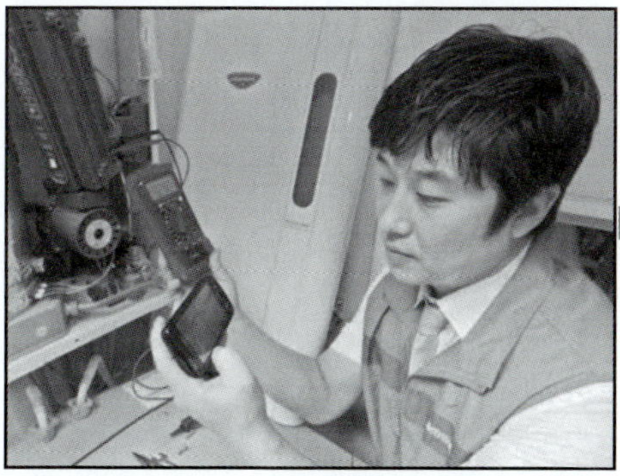

귀뚜라미의 애프터서비스(AS) 기사가 서울시 강서구에 있는 고객 집을 방문해 보일러를 점검·수리한 후 스마트폰상에서 수리 완료 버튼을 누르고 있다.

AS직원 통보받은 후 고객에게 전화

귀뚜라미 고객만족센터 직원이 수리가 완료됐다는 애프터서비스(AS) 직원의 통보를 받자마자 해당 고객에게 AS 결과를 모니터링하기 위해 통화하고 있다.

그림 9-11 스마트 워크

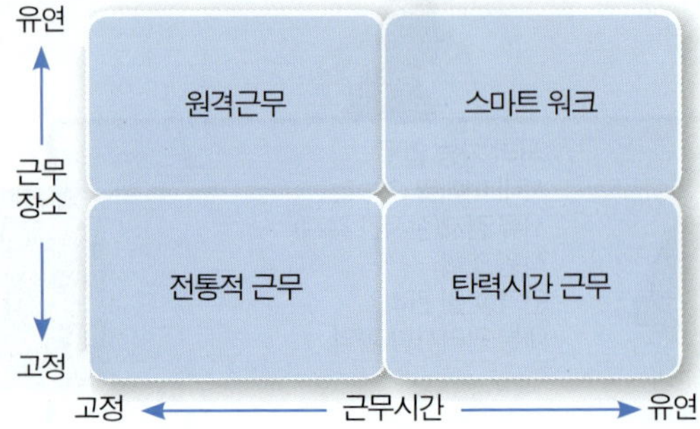

과거에는 직원에게 스마트폰을 나눠주기만 했지만 최근에는 다양한 업무용 애플리케이션과 스마트폰용 사내 네트워크를 개발해 확산시키는 기업이 늘고 있다. 특히 사내 인트라넷 모바일 버전을 통해 스마트폰으로 메일 확인, 임직원 조회, 결재 업무 등이 가능하다. 직원을 대상으로 스마트폰이나 태블릿PC로 사내 문서들을 확인할 수 있는 모바일 문서관리 체계를 구축하고, 스마트 기기를 가진 직원은 전국 어느 곳에서나 모바일 오피스 기능을 활용할 수 있다. 사무실에 출근하지 않고도 업무를 볼 수 있는 시대가 되었다. 스마트 워크란 그림 9-11에서와 같이 정보기술을 이용하여 유연한 시간과 유연한 장소에서 업무를 처리하는 유연한 근무방식이다.

스마트 워크는 다음과 같은 특징을 가지고 있으며, 스마트 워크에 따른 일하는 방식의 변화를 그림 9-12처럼 예측해볼 수 있다.

- 시간, 장소에 구애받지 않고 집단지성을 활용한 업무처리가 가능하다.
- 조직구성원을 통제하는 대신 그들의 자율성과 창의성을 존중한다.
- 조직구성원에게 신뢰향상을 위한 학습의 기회부여 등 개인발전과 성취동기를 부여한다.
- 원격근무(재택근무, 스마트워크센터), 모바일 워크(모바일 오피스) 등 다양한 근무환경이 가능하다

그림 9-12 스마트 워크와 업무방식

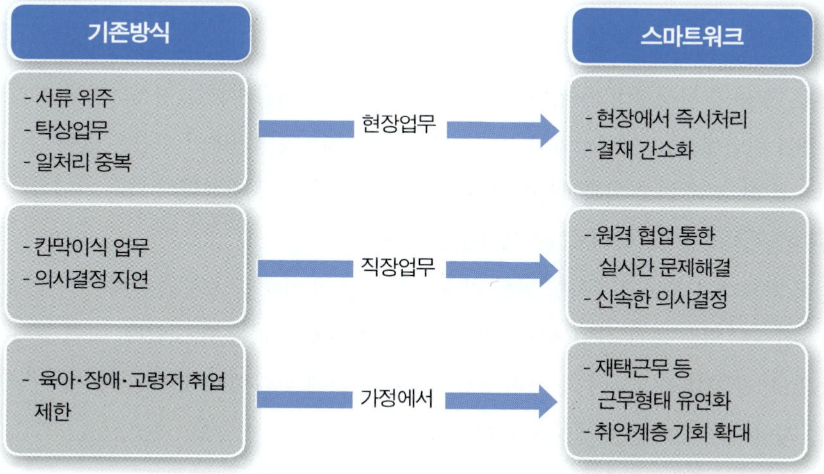

MIS HIGHLIGHT 1

모바일로 기업 가치 높인다

바야흐로 '모바일 전성시대'가 왔다. 지식기반사회에서 스마트사회로 변화하면서 기업 간 기술교류와 융합이 빈번해졌고, 기업성과의 요인으로 기업의 지식경영전략의 수립은 날이 갈수록 중요해지고 있다. 특히, 최근 더욱 각광받는 IT 산업과 같이 기술 자체가 경쟁력이 되는 기업들로 구성된 산업에서는 이런 지식경영전략이 더 큰 의미를 갖는다.

모바일은 가트너가 2014년 주목할 만한 기술로 꼽은 10대 전략 중, 9개 분야에서 직·간접적으로 모바일 전략이 예측되는 등 IT 산업에서 가장 큰 주류흐름으로 자리를 잡고 있다. 이런 추세에 따라, 업계는 최근 3년간 모바일 기기수가 가히 폭발적으로 증가해 왔다며, 2013년 전 세계 인구 71억 명을 상회하는 74억 대의 모바일 기기 등록이 이뤄졌다고 전했다.

2011~2014 가트너 선정 10대 전략기술

	2011년	2012년	2013년	2014년
1	클라우드 컴퓨팅	미디어 태블릿 그 이후	모바일 대전	다양한 모바일 기기 관리
2	모바일 앱&미디어태블릿	모바일 중심 애플리케이션과 인터페이스	모바일 앱 & HTML5	모바일 앱과 애플리케이션
3	소셜 커뮤니케이션 & 협업	상황인식과 소셜 결합된 사용자 경험	퍼스널 클라우드	만물인터넷
4	비디오	사물인터넷	사물인터넷	하이브리드 클라우드와 서비스 브로커로서의 IT
5	차세대 분석	앱스토어와 마켓 플레이스	하이브리드 IT & 클라우드	클라우드 / 클라이언트 아키텍쳐
6	소셜 분석	차세대 분석	전략적 빅데이터	퍼스널 클라우드의 시대
7	상황인식 컴퓨팅	빅데이터	실용분석	소프트웨어 정의
8	스토리지급 메모리	인메모리 컴퓨팅	인메모리 컴퓨팅	웹스케일 IT
9	유비쿼터스 컴퓨팅	저전력 서버	통합 생태계	스마트 머신
10	페브릭 기반 컴퓨팅 & 인프라스트럭처	클라우드 컴퓨팅	엔터프라이즈 앱스토어	3D 프린팅

〈자료출처: 가트너, 2013〉

이에 따라 기업의 업무 환경은 물론, 기업이 목표하는 고객에게 보다 신속하고 적합한 형태로 비즈니스가 진화되고 있으며, 기업도 모빌리티 중심의 전략을 모색하고 있다. 더 나아가 개인용 모바일 디바이스는 물론 사물인터넷을 이용한 모바일 전략도 점차 늘려나가고 있다. 업계 관계자들은 향후 기업의 다양한 모빌리티 제공과 고객과의 새로운 커뮤니케이션 채널 구축의 일환으로 모빌리티 관련 투자가 지속적으로 늘어날 것으로 전망하고 있다.

■ 2014년 IT 대표 트렌드, 모바일

CIOCISO매거진이 2013년 일반·금융 산업군 CIO와 IT부서장들을 대상으로 '2014년 전략 중, 어떠한 IT 분야에 관심이 있는가?'에 대한 설문조사에서 '모바일 전략'이 '보안', '내재화/고도화'와 함께 주요 관심 분야로 꼽혔다.

모바일기기는 최근 2~3년간 급격히 보급되고 있으며, 단말기의 보편화와 함께 한 사람당 한 개 이상의 모바일기기를 이용하는 것도 기업이 모바일 전략을 구사하는 원동력으로 지목되고 있다. 특히 과거엔 무선전화만을 이용하는 제한적 무선인터넷환경에서 벗어나, 언제 어디서나 이용할 수 있는 무선인터넷환경 조성 또한 모바일 전략의 주요 토대가 되고 있다.

이처럼 모바일 환경이 조성됨에 따라 기업마다 모바일 전략을 세분화해 구사하는 노력들을 진행하고 있다. 모바일 전략의 한 축을 담당하는 모바일 오피스는 일부 대기업에서만 도입이 됐던 시기를 벗어나 이제 모든 기업에서의 필수 업무 요소로 자리를 잡고 있다.

모바일 전략의 다른 한 축을 담당하는 대고객 모바일 전략은 일부 B2C 기업을 중심으로 활발하게 논의되고 있고 또한 구축되고 있지만, 고객이용률에서는 아직 기업이 목표한 바에 부족한 걸음마 단계이다. 그러나 점차 고객이용률이 증가하고 있는 추세로 기업의 장기 정보화 전략 계획의 일환으로 점차 모바일 비중을 넓혀나가고 있다.

■ 트렌드 아닌 혁신으로 무장해야

불과 몇 년 전만 하더라도 각 기업들은 IT 트렌드를 따르고자 무리하게 최신 기술을 도입해왔다. 그러나 세계경기 침체와 더불어 IT 분야의 투자가 줄어들면서, 반드시 필요한 분야에 집중 투자하는 것이 최근 많은 기업의 현주소이다. 모바일에 대한 전략수립도 이러한 연장선상에서 선택과 집중을 보여주고 있다. 단순히 보여주기식 기술이 아닌 기업의 생존가치로서의 모바일 전략과 기술 확보가 필요하다는 것이 업계의 공통된 의견이다.

CJ대한통운은 '대한통운 스마트 택배'란 애플리케이션을 통해서 택배예약접수 및 운송장 조회가 가능하다. 특히 증강현실을 통해 주변 택배대리점을 조회하는 등 고객이 언제든지 CJ대한통운 서비스를 이용할 수 있게 마련해뒀다.

모바일 전략이든, 다른 기술이든 기술이 그자체로의 수단이 되는 것이지 목적은 아니라며, 기업들이 IT 트렌드를 마치 목적처럼 착각하고, 기업 목적이 없이 모바일 전략을 구사하는 것은 경계해야한다는 것이다.

또한 최근 대고객 서비스에서의 추세가 고객과의 접점을 목적으로 한 어플리케이션, 모바일 웹 도입이 많았다면, 지금은 기업의 서비스를 극대화할 수 있는 모바일 전략을 모색해야 한다는 목소리가 기업의 CIO를 중심으로 점차 커지고 있다.

■ 금융·콘텐츠 분야 타산지석으로 삼아야

국내 스마트폰 뱅킹 가입자 수 2011 → 2012 **131%**증가	스마트폰 가입자 수 대비 모바일 뱅킹 가입자 수 비중 2010 **36.1%** 2012 **72.5%**
스마트폰 뱅킹 가입 후 영업점 비중 **17.3%~9.5%** 감소	스마트폰 뱅킹을 통한 단순 거래 서비스 처리비용 **2%**

자료 : KB금융지주 경영연구소, 2013.

금융산업과 콘텐츠산업 분야는 일찍부터 모바일 전략을 모색해온 산업에 속한다. 업계에 따르면, 세계 모바일 뱅킹 사용자는 연간 2배씩 증가하고 있고 2015년까지 전 세계적으로 4억 700만 명이 모바일 뱅킹을 이용할 것으로 예측하고 있다. 뿐만 아니라 국내 모바일 뱅킹 이용현황 역시 가파르게 성장하고 있다.

이와 함께 콘텐츠산업 분야도 시장의 파이를 계속적으로 키워나가고 있다. 2013년 국내 게임 산업만 보더라도 10조 7,000억 원 중 11.3%(1조 2,000억 원)가 모바일 게임이 차지했다. 전년(2012)년 대비 54%으로 성장한 것이다. 넥슨, 네오위즈 등 온라인 게임 산업의 강자들도 속속들이 모바일 시장으로 진출하고 있으며, 하루에 카카오톡으로 게임을 내려 받는 사람은 1,200만 명에 육박한다. 이렇듯 모바일은 고객과의 소통채널로써의 역할을 담당할 뿐만 아니라, 기업의 새로운 이익을 창출하고, 불필요한 낭비요소를 절감하는 긍정적인 기회를 창출하는데 역량을 집중할 수 있다.

모바일을 이용하는 인구가 폭발적으로 증가함에 따라, 일반산업군 내에서도 금융 산업과 콘텐츠산업처럼 모바일 전략에 대한 지속적인 투자와 연구가 필요하다는 목소리가 크다.

일반산업군 역시도 지금부터 고객서비스를 위한 노하우를 축적하고, 학술연구를 지원하는 장기적인 목표를 세워야 한다는 것이다.

■ 성공의 열쇠는 기업최적화에 달려

B2C 모바일 전략에 있어, 고객에게 제공하는 서비스가 각기 달라 기업의 특성을 고려한 모바일 전

략이 필요해졌다. 모바일로 일어나는 매출을 분석한 결과, 가격이 저렴할수록 더 많은 매출규모를 유지하고 있는 것으로 조사됐다.

특히나 최근 휴대폰 소액결제가 빈번하게 일어나면서 이러한 현상은 점차 뚜렷해지고 있다. 이에 따라 저관여제품군과 고관여제품군의 모바일 전략을 구상하는 데 있어, 반드시 기업의 특성과 판매되는 제품을 반영할 필요성이 제기되고 있다.

아모레퍼시픽은 소매유통 산업에서 모바일 전략은 온-오프라인을 연계하고 통합하는 옴니채널 형태로 개발되는 경우가 많으며, 모바일은 기업과 고객의 접점으로 활용되는 가장 중요한 수단으로써 활용된다고 전했다.

홈플러스도 고객과의 소통 채널로써 모바일이 이용된다고 설명했다. 위치인식, 무선인터넷 등을 통해 당장 고객이 원하는 물건을 즉시 구매할 수 있도록 하는 채널로 유도한다는 것이 홈플러스의 모바일 전략이다. 특히 개인/개별화된 마케팅에서 멈추지 않고, 쇼핑트립(Shopping trip)을 줄이는 연구를 함께 진행하고 있다.

홈플러스의 가상스토어는 일부 지하철역 및 버스정류소에서 상품 사진을 보고 스마트폰을 이용해 쇼핑을 하면 상품이 집으로 배달되는 형태로 운영된다. 홈플러스는 가상스토어를 통해 언제(Anytime), 어디서나(Anywhere), 원하는 곳(Anyplace)에서 상품을 받아볼 수 있다고 설명했다.

특히나 온라인상에서 구매를 망설이는 쇼루밍족(Showrooming)에게 신속한 구매결정을 유도할 수 있다고 덧붙였다.

메르세데스 벤츠는 역시 모바일 전략으로 모바일 애플리케이션을 통해 고객들이 자신과 가장 가까운 서비스센터를 찾을 수 있게 도와주거나, 자동차캐피탈과의 연계로 고객들이 원하는 차량의 상세 견적을 낼 수 있도록 도와준다. 또한 이를 토대로 고객이 원하는 차량의 정보와 납입내역을 매달 갱신해주는 서비스를 제공해주고 있다. 특히나 메르세데스 벤츠는 프래그십 모델 S-클래스에 무선인터넷 기능을 강화해 사용자 편의성을 극대화 시켰다. 뿐만아니라 차후 핸드폰을 통해 차량 내 QR코드를 이용, 차량의 모든 상태가 모바일 기기를 통해 표시되는 시스템을 준비 중에 있다.

■ 사물인터넷, 모바일의 새 축으로 등장할 것

기업 내 모든 분야에서 모바일 활용 및 활용요건의 확대는 더 빠른 속도를 낼 것으로 예측하고 있다. 기존의 PC기반에서 가동되던 어플리케이션의 모바일화 뿐만 아니라, 분석기반의 정보 활용이나 위치기반 서비스 등 다양한 디지털 기술들과의 연계를 통한 시너지 극대화 연구가 이뤄지고 있다. 특히나 기존의 스마트폰과 태블릿PC라는 기기적 한계를 벗어나 각종 모바일 사물로 전이될 것으로 예측되고 있다.

미국 라스베이거스에서 열린 CES(The International Consumer Electronics Show) 2014에서는 이러한 IT 동향을 살필 수 있는 모바일기술들이 속속 등장했다. 특히나 메르세데스 벤츠, BMW, 아우디는 무선인터넷과 웨어러블 디바이스를 이용한 새로운 콘셉트 드라이빙을 선보였다. 구글 글래스와 페블 스마트 와치를 이용해 자동으로 목적지를 자동차 내비게이션으로 전송하거나, 반대로 차량 내비게이션의 목적지를 웨어러블 디바이스로 전송할 수 있다. 자동차산업업계는 운전자와 자동차 그리고 주변 환경 및 교통 인프라, 그리고 일상생활의 모든 요소들과 총체적으로 소통할 수 있는 연결성을 위한 고리로 모바일 전략을 취하고 있다.

전자가격 표시기

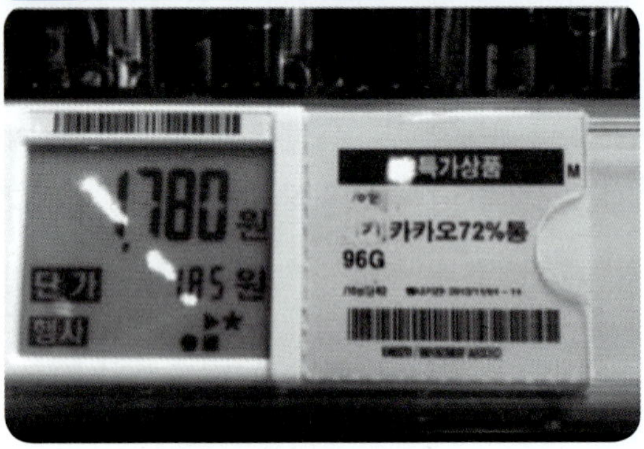

홈플러스도 웨어러블 디바이스와 함께 무선통합 처리에 보다 많은 관심과 개발에 몰두하고 있다. 무선통합 처리에 일환으로 홈플러스는 본사에서 지정하는 가격으로 일괄적으로 변환처리가 가능한 전자가격 표시기를 점차 확대 운영 중에 있다. 이를 통해 전국 어디서나 같은 가격으로 판매되기 때문에 소비자에게 가격에 대한 신뢰를 줄 수 있다는 것이 홈플러스 측의 설명이다.

■ 장기적인 안목으로 바라봐야

과거에 IT 업계는 인터넷의 등장으로 크게 요동친 바 있다. 이제는 IT 부서뿐만 아니라 현업에 있어서 인터넷이 없는 업무환경은 상상하기 힘들다. 최근 모바일 기기의 보급과 함께 다양한 무선 통신기술이 발전하고 있어 고객들의 모바일에 대한 니즈는 더욱 다양해지고 많아질 것이라는 것이 업계의 예측이다. 이처럼 인터넷이 보급될 때와 마찬가지로 모바일 인터넷은 IT 업계를 다시 한 번 요동치게 만들 것으로 보인다. 각 기업들은 이러한 흐름을 인식하고 각 기업에 맞는 모바일 전략을 장기적으로 구상해야 한다. 단순히 IT 트렌드를 쫓는 것이 아니라 기업의 혁신측면에서 고객과의 새로운 접점을 만들고 커뮤니케이션 채널을 구축할 필요가 있다는 것이 CIO의 공통된 의견이다. 인터넷이 등장해 기업에 혁신을 낳았듯이 기업도 앞으로 모바일 흐름에 대응해 새로운 기회와 혁신을 모색할 필요가 있다.

〈CIOCISO, 2014. 2.〉

MIS HIGHLIGHT 2

'스마트', 기능이 아니라 가치로 결정된다

탑재된 기능이 아무리 최신이고 첨단이라 하더라도, 이것이 해당 기기 및 서비스를 사용하는 고객의 효용과 연계되지 못하면 스마트하다고 하기 어렵다. 고객에게 환영받는 '스마트'는 기능이 아니라 가치로 결정되기 때문이다. 가치지향적인 '스마트'라면 철저히 고객 입장에서 '무엇을' 위한 스마트인가'라는 질문에 대해 답을 할 수 있어야 한다.

바야흐로 스마트 시대에 살고 있다. 2013년도 국제 전자제품 박람회 CES(Consumer Electronics Show)에서도 '스마트'는 마치 공식 수식어처럼 사용되었다. 스마트TV, 스마트카, 스마트가전, 스마트솔루션, 스마트워치, 심지어 스마트포크까지, 스마트하지 않으면 시대에 뒤떨어져 있다는 무언의 메시지라도 있는 듯이 '스마트'라는 단어가 빠진 기기를 찾기는 쉽지 않았다.

'스마트'라는 용어를 이렇듯 다양하게 적용하고 설명하는데 있어서 기능적인 측면이 부각되어 왔다. 그러나 '스마트'의 성패 여부는 해당 기기 및 서비스가 제공하는 기능에 의존하지 않는다. 탑재된 기능이 아무리 최신이고 첨단이라 하더라도 이것이 해당 기기 및 서비스를 사용하는 고객의 효용과 연계되지 못하면 스마트는 제대로 구현되기 어렵다.

■ 스마트를 추구하다 빠진 함정

① 기능은 생성되었으나, 고객에게 적합한 새로운 가치가 생성되지 않았다

2010년 10월, 구글이 출시하는 스마트 TV에 기대가 모아졌다. 웹브라우징과 동영상 스트리밍, 검색을 TV에서 즉각 실행하고 스마트폰을 리모컨으로 사용 가능하게 하여 차세대 다기능, 지능형 멀티미디어 기기로 조명 받았다. 구글 안드로이드 운영체제를 기반으로, 인텔의 반도체를 사용하고 셋톱박스는 로지텍에서 공급받았다. 업계 최고의 Player들이 참여하는 것으로도 기대감을 모았다. 셋톱박스에 블루레이 플레이어가 탑재되어 다른 기기와의 호환성을 높이고, 키보드와 트랙볼을 제공하여 사용자가 TV 상에서 검색을 용이하게 하도록 하는 등 새로운 접근도 시도되었다. 일각에서는 구글 스마트 TV를 통해 구글이 안드로이드폰에서 성공했던 경험을 TV에서도 재현할 것이라고 예상하기도 했고 고객의 TV 시청 형태를 바꿀 것으로까지 기대되기도 했다.

그러나, 2011년 2분기에 구글 TV는 반품이 판매를 앞질렀다. 회생책으로 249달러이던 셋톱박스 가격을 99달러로 인하하는 노력을 했음에도 불구하고 분위기를 전환하는데 실패했다. 당해 11월 셋톱박스 철수의사를 밝힌 로지텍 CEO 게리노 드 루카는 1억 달러 이상의 영업손실을 입은 구글 스마트 TV 셋톱박스 '레뷰'사업을 그의 큰 실책 중 하나로 회상했다. 구글 TV 소프트웨어가 제대로 준비되지 않은 채 사업을 시작해 버그가 많았으며, 수요를 잘못 예측하여 가격을 높게 책정한 것이 실패 요인으로 꼽혔다. 리모컨을 사용하던 TV 사용자들이 키보드를 사용하게 되고 복잡한 UI(User Interface)를 접함으로써 조작법이 불편했다는 점도 소비자로부터 선택을 받지 못한 이유가 되었다.

② 새로운 가치가 생성되었으나 다른 핵심가치와 충돌했다

자동차에 기계 부품뿐만 아니라 인포테인먼트, 자율주행시스템 등 전자, IT 기능이 추가되며 스마트카가 주목받았다. 인터넷 환경이 개선되고 컨텐츠가 다양하게 개발되면서 차량 내에서도 다양한 엔터테인먼트를 즐길 수 있게 되어, 자동차는 단순한 운송 수단에서 벗어나 복합 문화공간이 될 것으로 전망되었다. 2007년 포드의 통신 오락 시스템인 Sync는 차량 내에서 와이파이 연결을 통해 다양한 앱을 이용할 수 있도록 하였다. 음성 서비스를 기반으로 운전 중에 자유롭게 통화를 하고 이메일을 확인하고 웹 콘텐츠를 활용할 수 있었다. 미시건 주립대와 자동차 전용 SNS 앱을 개발하여 스마트폰 앱을 자동차에서 연계하여 운영하는 것도 시도되었다. 포드뿐만 아니라 다른 완성차 업체들도 인포테인먼트 서비스를 확장하였는데, 2011년, BMW는 인포테인먼트 시스템 아이드라이브를, 아우디는 구글 어스와 연동된 통합 인포테인먼트 시스템을 소개하였다.

하지만, 나날이 활성화되는 인포테인먼트 기능이 안전에 위험 요소가 될 수 있다는 우려가 제기되었다. 스마트카로 진화하며 즐거움이 부가되었지만 동시에 안전한 주행을 저해할 가능성을 높였다는 이유다. 2010년 한 해 미국에서 운전자의 스마트폰 및 내비게이션 사용 등 주의력 분산으로 인해 발생한 사망사고가 3,094건에 달하였다. 이에 따라, 2012년 2월에 미국 정부는 '운전자의 주의력을 분산시키는 기술 사용을 줄이라'는 권고안을 내렸다. 운전자의 집중력을 떨어뜨리는 내비게이션, 인터넷, 게임기 등 각종 전자기기의 차체 장착을 제한하고 운전 도중 작동되지 않도록 만들라는 것이다. 문자메시지와 인터넷이 가능한 기기, 주소를 입력해야 하는 네비게이션, 운전 정보와 관련 없는 30단어 이상 문자 계기판, 전화번호 다이얼 등이 이에 해당된다. 국내에서는 주행중 DMB 시청을 금지하도록 도로교통법 49조에 명시하고 있다.

■ '스마트', 가치로 회귀하다

① 구글 TV, 시청자에게 적합한 스마트 방향을 찾아가다

복잡한 UI, 불편한 조작, 높은 셋톱박스 가격 등으로 소비자의 외면을 받았던 구글 TV는 2012년 진화된 모습을 보이며 국면 전환을 시도했다. 모바일 스마트를 TV에 구현하는 방식이 아닌, TV를 위한 스마트를 시도하며 TV 시청자의 사용 가치를 높였다.

우선, 초기 모델이 갖고 있던 불편함을 제거하였다. TV 앞으로 가서 키보드로 검색하지 않아도 되도록 리모컨을 다시 채택했고, 리모컨 뒷면에 Qwerty 자판을 추가했다. 초기 제품에 제공되었던 키보드는 옵션화시켰다. 나아가 자연어 음성 인식 정확도를 크게 향상시켜 일반 TV에서 리모컨 사용 시 생길 수 있는 불편도 줄였다. 또한, 스마트폰과 UI를 유사하게 만들어 소비자가 스마트 TV 사용법을 쉽게 배우게 하였다. 이용 가격의 장벽도 낮추었다.

뿐만 아니라, 구글TV는 시청자의 불편함 제거를 넘어 사용자 편의성을 높이는 데에도 관심을 기울였다. TV 시청자들을 위한 맞춤 컨텐츠 추천 및 UI 개선이 그 예다. 구글 TV에서 구동되는 스포츠 추천 앱인 Thuuz는 사용자의 취향을 분석하고 가장 재미있는 경기를 찾아내 점수를 매긴 다음 사용자에게 시청할 것을 추천한다. 또한 구글 TV가 제공하는 유투브 UI는 인기 동영상 이미지를 TV용으로 최적화시켰다. 생생한 영상을 전달하기 위해 구글은 유투브의 동영상 화질을 HD급 이상으로 전환하는 등 인프라 구축에 투자하였다. 여기에 구글TV 3.0 업그레이드를 통해 '프라임타임 퀵 가이드'를 추가, 시청중인 방송 프로그램과 연관된 앱 및 콘텐츠를 자동 추천하는 기능도 부가하였다. TV 시청자의 선호를 예상하여 컨텐츠를 선제안하는 기능은 아직 적극적 검색에 익숙치 않은 TV 고객을 위한 구글TV의 스마트 접근이다.

그래서인지, 2012년 10월에 한국에서 출시된 최신 기능의 구글 TV는, 출시된 지 약 3개월만에 가입자 10만명을 확보하며 시장에 존재감을 드러냈다. 시청자가 똑똑해져야 하는 TV가 되기보다 TV를 시청하는 고객이 더욱 편해지도록 TV 스스로 똑똑해지는 방향으로 나아가고 있는데 대해 소비자가 반응하고 있다.

② 3세대 스마트카, 안전을 중심으로 진화하다

업계에 따르면 현재 스마트카 기술은 3세대까지 진화했으며, 3세대 기술의 특징은 운전자의 조작을 최소화하면서 차량과 스마트 기기와의 접촉 및 기능을 활성화하는 것이라고 한다. 운전자 조작 최소화에는 주행 중에 방해될 수 있는 상황 발생을 최소화한다는 의미가 내포되어 있으며, 이는 스마트카의 스마트 방향이 안전을 중심으로 더욱 강화되고 있음을 뜻한다. 2012년 크라이슬러, 메르세데스 벤츠, 아우디, BMW 등이 엔터테인먼트 시스템에 애플의 고성능 음성인식 기능인 Siri 사용을 동의했다는 점도 같은 맥락이다. BMW는 현재 증강현실 기능인 Contact Analogue를 탑재한 HUD(Head Up Display)를 개발중이다. Contact Analogue는 운전자 전면 창에 네비게이션의 이동경로 및 운전 보조 정보를 가상 표시로 덧붙이는 기능을 제공하여 운전자가 주행중 지속적으로 전면 주시를 하도록 한다.

2013년 CES에는 다수의 완성차 및 자동차 부품업체들이 참여하여 스마트카 기술을 선보였는데, 여기에서도 안전을 우선시하는 모습이 눈에 띄었다. GM의 MyLink는 AVN(Audio Video Navigation)에 큼직한 아이콘과 직관적 UI를 도입하여 운전자가 쉽게 컨텐츠를 인지할 수 있도록 해놓았다. 델파이는 전면 주시를 2초이상 하지 않을 경우 적색 경보 신호가 깜빡거리고 AVN이 흐려지는 기능을 소개하였다. 또한 자연어 음성인식을 통해 차량 앞좌석에서 실행해야 하는 기능뿐아니라, 뒷자석 디스플레이도 조정할 수 있게 하여 안전을 확보한 상태에서 어린 자녀의 즐거움 및 편의를 증진시키게 하였다. 아우디는 60km/h의 저속 주행 상태에서 졸음운전을 방지하는 자동 운전 기능을 선보였으며 안전 주행을 보강하는 LED 매트릭스 헤드라이트 및 후방 레이저빔도 소개하였다. LED 매트릭스 헤드라이트는 곡선 주행시 시야를 먼저 확보하고, 맞은편에서 빛이 감지되면 해당 방향으로 방출되는 빛이 흐려진다. 후방 레이저빔은 안개가 심한 날이나 비가 내리는 날, 차간거리를 제대로 확보하지 못해 발생하는 추돌 사고를 예방하기 위해 후방등에서 레이저빔을 차도로 비추어준다. 스마트시스템 장착 차량 운전자뿐만 아니라, 차도 위의 다른 운전자 및 보행자 안전까지 고려하는 것이다. 교통안전 생태계를 구현하는데 스마트해진 스마트카의 모습이다.

■ 가치 지향적인 '스마트'를 찾는 팁

성공하는 스마트에 대한 절대적인 해법을 제시하긴 어렵다. 그러나, 앞으로도 수없이 많이 소개될 스마트 기기 및 서비스가 '스마트'를 앞세우면서도 빠질 수 있는 함정에 대해서는 미리 고민해볼 필요가 있다. 현재 다수의 스마트기기들이 네트워크 접속, 지능화/자동화, 디스플레이화, 스마트폰 액세서리로의 기능 등을 앞세우며 '스마트'를 소구하고 있지만, 이들이 사용자에게 얼마나 가치를 창출하는지는 또 다른 문제다(〈표〉 참조).

〈표〉 현재 출시되었거나 개발중인 스마트기기와 주요 기능들

스마트기기	출시 및 개발 주요주체	기능 분류	주요 제공 기능 세부 내용
스마트세탁기	LG, 삼성 등	네트워크 접속	원격 탈수 및 건조, 제품 이상시 스마트폰 등을 통해 제품에 내장된 기기 작동을 고객센터 전달하여 고장 원인 분석 등
		디스플레이화	풀터치 LCD 화면 내장
스마트에어컨	LG, 삼성 등	네트워크 접속	스마트폰으로 원격 조정
		디스플레이화	다양한 색상으로 동작 상황 알림 등
		지능화/자동화	인체감지 센서로 사용자 위치, 온도, 활동량 감지, 음성 인식, 필터 교체 시기 및 전력량 알림 등
스마트냉장고	LG, 삼성 등	네트워크 접속	식재료를 대형마트 인터넷 쇼피몰로 바로 연결하여 즉각 주문, 뉴스, 날씨, 캘린더, 인터넷 라디오 등
		디스플레이화	디지털 카메라로 찍은 가족 사진, 메모 등을 냉장고에 부착된 LCD 및 LED로 공유, 자녀방 모니터링 등
		지능화/자동화	냉장고 고장 자동 진단, 영수증 자동 입력, 냉장고 안 식재료 보관위치 및 기관 관리, 냉장고에 남은 재료로 레시피 추천 등
스마트오븐	LG, 삼성 등	네트워크 접속	스마트폰으로 온도, 시간 자동 설정하여 요리상태 원격 모니터링 등
		지능화/자동화	스마트폰 앱으로 레시피를 오븐으로 보내면 온도 및 조리시간 자동 세팅 등
스마트워치	소니, 모토로라, 나이키, Pebble Technology, Metawatch, I'm SPA, 삼성, 애플 등	스마트폰 액세서리	스마트폰 OS와 연동하여 전화 송수신, 수신 문자 확이느 음악 재생, 트위터, 페이스북, 이메일, 캘린더 등 확인
		네트워크 접속	와이파이, 블루투스, 골프장 정보 앱 제공 등
		지능화/자동화	이동 거리, 페이스, 랩타임, 칼로리 소모, 심장박동 정보 기록 등
스마트빔	SK텔레콤 등	스마트폰 액세서리	스마트폰 연결 초소형 빔프로젝터
스마트 홈 패드	KT 등	지능화/자동화	사용자에 따른 음악, 쿠폰 추천 등
		네트워크 접속	PC에 자유롭게 접속하여 파일 공유 등
스마트홈폰	KT 등	지능화/자동화	부재시 움직임이 감지되면 고객에게 자동 통보, 음악 추천 등
스마트키	스마트온 등	지능화/자동화	저전력 안전 설계, 원격 도어 개폐 및 시동, 원격 차량 상태체크 등
스마트 카메라	삼성 등	네트워크 접속	와이파이 연결로 스마트폰이나 태블릿 PC 등으로도 이미지 전송 등
스마트옷	Nyx Devices 등	지능화/자동화	가벼운 수면상태, REM 상태 등의 수면 패턴 분석 등
스마트장갑	K2, 노스페이스 등	스마트폰 액세서리	장갑을 낀채 스마트폰 터치 인식을 가능하게 함
스마트행어	HNC 등	친환경화	원적외선 발열체와 음이온, 자연 휘산을 이용하여 의류를 손상 없이 살균 건조

'스마트'를 추구하면서 시행착오를 줄이는 중요한 접근법 중의 하나는 '사용자 가치 창출이 새로운 기능 추가와 동일시되지 않는다'는 점을 인지하고 시작하는 것이다. 탑재된 신기술이 사용자의 새로운 경험을 유도할 수 있다. 그러나 그 기능을 호기심에서 한 두번 경험해 보는 정도에 그친다면 충분한 가치를 창출했다고 할 수 없을 것이다. 스마트 기기별로 각기 다른 고객 창출 방향성을 정의내리기는 어렵지만, 가치 지향적인 '스마트' 방향성을 찾기 위해 다음의 몇 가지 사항을 고려해볼 수 있다.

첫째, 철저히 고객 입장에서 '무엇을 위한 스마트인가'라는 질문에 답은 할 수 있어야 한다. 해당 기기나 서비스를 통해서 고객이 어떤 가치를 얻는 것인지, 그 가치는 고객이 정말 기대하고 원했던 가치인지, 생성된 가치가 혹시 다른 핵심 가치를 훼손시키는 것은 아닌지에 대한 숙고가 필요하다. 새로운 가치를 창출하되 그 기기에 대해 사용자가 기대하는 역할은 기본적으로 충족되어야 한다. 예를 들어, 현재 개발되고 있는 스마트 옷의 경우, 전화 충전 기능과 같은 추가 기능을 도입하는데 있어서 심미적인 가치나 건강상, 세탁상 편의성을 저해하지 않아야 할 것이다.

둘째, 대체재와 보완재를 생각하며 해당 기기가 제공할 '주'가치와 '부'가치를 생각한다. '무엇을 위한 스마트인가'에 대한 가설적 답을 내리는데 도움이 될 수 있는 접근 방법은 '그럼 다른 유사 기기들은 무엇에 쓰이는가? 다른 기기들의 활용과 어떻게 연관되어 있는가?'에 대한 생각을 해보는 것이다. 전자기기에 익숙해진 현대인은 여러 개의 스마트 기기를 중복하여, 사용하지만 나름 그 역할을 구분하고 있다. 공간과 목적, 편의성에 따라 기기를 선택하고 활용하는 행동 패턴을 보인다는 측면에서 대체재와 보완재를 분석해 보는 것은 '핵심 가치'를 찾는데 도움이 될 수 있다. 현재 많은 전자기기 생산 기업에서 개발 및 출시중인 스마트워치는 그 기능이 스마트폰과 기능이 연동된다는 측면에서 스마트폰과의 역학관계를 어떻게 형성하여 적합한 가치를 창출하느냐가 주요 이슈가 될 것이다. 스마트 가전 역시 스마트폰으로 충족되고 있는 기능, 혹은 스마트폰으로 더욱 잘 활용될 수 있는 부분을 분석하여 '스마트 방향성'을 찾아갈 수 있을 것이다.

셋째, 최신 기술을 떠올리기 전에 먼저 사람들의 라이프스타일을 생각한다. 스마트기기라고 하면 IT첨단 기술이 적용된 것을 우선 떠올리지만, 소비자의 가치를 증진시키는 것이라면 굳이 첨단 IT를 끌어오지 않아도 된다. IT가 아닌 소재를 새롭게 적용할 수도 있는 것이고, 이미 존재하는 기술을 색다른 방식으로 도입해 봄으로써 가치를 증진시킬 수도 있다. 가령, 스마트 TV의 경우, 시청자가 누워서 보아도 눈이 아프지 않은 폼팩터를 만든다거나 설치 위치를 컨설팅해주는 것이 최신 기술을 도입하는 것보다 더 스마트한 방향일 수도 있다. 혹시 변화하고 있는 라이프스타일은 없는지에 대한 고민도 지속되어야 한다. 한 예로, 가족 구성원들의 공유기로 사용되어 온 TV에 기대하는 가치와, 현재 증가 추세에 있는 1인 가구에서 TV에 기대하는 가치는 다를 수 있다.

'스마트'가 부가되었다고 해서 모든 사용자의 환대를 받는 것은 아니다. '스마트'라고 수식되더라도 그 중 어떤 기기는 성공하고, 어떤 기기는 실패한다. 처음부터 고객에게 환영받으며 발전해 나가는 '스마트'를 찾기는 쉽지 않다. 구글의 스마트 TV도 초기 모델은 많은 혹평을 받았고, 스마트카도 오히려 안전에 대한 우려를 불러오기도 했다. 그러나, 초반의 실패가 학습이 되고 유익한 고민거리가 되어, 고객에게 조금 더 다가가는 '스마트'로 거듭나고 있다.

성공하는 '스마트'를 찾아가는 과정에서 시행착오를 줄이는 길은 해당기기가 고객에게 어떠한 가치를 줄 것이냐에 대한 고민에서 부터 시작된다. 신기술을 얼마나 개발하고 더 많은 기능을 어떻게 연결할 것인가에 대한 결정은 해당 기기가 제공해야 할 핵심 가치를 먼저 정한 이후에 풀어야 할 문제다. 고객이 해당 기기에 부여하는 가장 큰 가치가 단순화라면 오히려 탑재되는 기능을 최소화하는 것이 그 방향일 수 있다. 100년 전 신제품과 현재 스마트기기가 성공하기 위해 충족해야 하는 본질은 고객을 위한 가치 창출이라는 점에서 동일하다. '스마트'도 기능이 아니라 가치로 결정된다.

〈LG Business Insight, 2013. 3.〉

CASE 1

GS리테일: 정확한 고객요구 파악, 재미도 함께 제공

국내 유통업계가 모바일을 이용한 사업경쟁력 확보에 나서고 있다. 스마트폰의 확산으로 오프라인뿐 아니라 모바일을 이용한 온라인 쇼핑영역까지 대응방안을 마련하고 있는 것이다.

지난 3월 말 모바일 애플리케이션을 시장에 출시한 GS리테일은 오프라인 매장에서만 이뤄지던 홍보마케팅의 한계인식과 모바일 확대로 인한 고객의 폭발적인 니즈를 분석해 당사 애플리케이션에 적용하는 데 초점을 두었다.

일부 기업들이 브랜드나 상품에 대한 홍보에만 치중하는 것과는 달리 고객 요구를 정확히 파악했다는 데에서 큰 호응을 얻고 있다.

최신 트렌드를 반영하면서 편리한 사용을 고려한 구성, 젊은 사용층을 타깃으로 세련되면서 펀(FUN)한 감성전달, 기존 기업 애플리케이션과 차별화된 디자인과 이미지 구축. 바로 GS25 애플리케이션의 콘셉트들이다.

화면 초기단계를 거치면 캐릭터가 나타나 애플리케이션 기능을 홍보하며 각 멘트 역시 트렌드에 맞는 유행어로 변경이 가능하다.

모바일 애플리케이션을 구축해놓았어도 다소 딱딱한 이미지를 풍기는 타사 제품과는 차별성을 보인다. GS리테일이 가장 고민했던 부분은 고객의 요구를 애플리케이션에 얼마나 반영하면서 영속성을 유지시키느냐는 것이었다.

때문에 해당 콘텐츠의 퀄리티가 높아져야 하는 것은 당연지사였으며, GS리테일은 각 카테고리별로 스토리텔링이 담긴 콘텐츠를 이용해 고객들에게 편의 요소를 가미하는 데 주안점을 뒀다.

GS리테일 모바일 애플리케이션 메인화면

■ 카테고리별 스토리텔링

애플리케이션은 지속적으로 변화되고 변경되어 한다. 고객요구 반영과 그들의 편리성을 향상시키기 위해서이다.

GS25의 애플리케이션을 살펴보면 '나만의 냉장고'라는 카테고리가 제일 먼저 눈길을 끈다. 고객이 상품을 구입하고 받은 '원 플러스 원' 제품을 휴대하고 다니기 힘들다는 지적에서

GS리테일 모바일 애플리케이션 '나만의 냉장고'

역발상된 애플리케이션이다.

고객들은 '나만의 냉장고'를 이용해 제공받은 상품을 바로 받지 않아도 애플리케이션에 저장시킨 후 사용하고 싶을 때 어느 매장에서든 꺼내 사용할 수 있다.

증정상품을 스마트폰 안에 있는 냉장고에 보관했다가 필요시 언제든 꺼내어 먹을 수 있는 것과 같다. 또한 냉장고에는 보관한 증정품이 사용기한 순서대로 표시됨과 동시에 고객이 보관한 상품 이외에 현재 진행 중인 행사상품이 함께 안내된다.

만약 냉장고에 저장된 상품들을 지인에게 선물하고자 할 경우 사용자의 스마트폰에 저장된 친구의 전화번호를 검색한 후, 받는 사람 및 메시지 내용을 확인 후 제품과 함께 발송할 수 있다. 이러한 기능 등을 통해 GS25 애플리케이션 사용자들끼리 상품이나 영상 등의 선물을 주고받으며 온라인으로 커뮤니티를 형성할 수 있는 장을 마련해주고 있다.

또한 GS&POINT카드를 비롯한 각 통신사 멤버십 카드의 다운로드가 가능하다. 카드를 따로 휴대하고 다닐 필요 없이 행사 안내를 통한 실시간 행사 정보를 공유하면서 효율적인 쇼핑을 할 수 있다.

휴대하기 힘든 동전 등 잔돈의 멤버십 카드 적립이 가능하며 향후 현금 적립 기능으로도 개선될 예정이다.

'나만의 TV'와 '매거진' 기능에서는 GS25의 동영상 콘텐츠를 제공해 고객이 평상시에도 애플리케이션을 가까이할 수 있도록 유도함과 동시에 GSTV의 뮤직비디오와 자동차, 패션 등 각 관련분야의 잡지 동영상을 제공해 소비자들에게 한층 더 가까이 다가간다는 전략이다.

이벤트 응모는 홈페이지로 들어가 따로 작성하는 방법이 아닌 행사 기간 중 영수증의 행사 바코드를 애플리케이션으로 인식만 시키면 된다.

본인의 이름으로 자동 응모되며 매장 찾기 기능으로 현재 자신이 있는 위치에서 가장 가까운 해당 매장도 검색할 수 있다.

GS리테일은 이러한 주요기능 구축들을 위해 약 4개월간의 모바일 애플리케이션 개발 기간을 거쳤으며 고객이 가장 원하는 기능들이 무엇인지에 초점을 두었다. 고객들의 구매과정을 직접 관찰 분석하고 설문조사를 진행했음은 물론, 각 카테고리들이 스토리텔링으로 연결되게 한 것도 차별성 있는 결과물이다.

■ 꾸준한 업그레이드로 고객 요구 사항 반영

사내의 GS25 애플리케이션에 대한 기대는 높다. 이미 각 모바일 애플리케이션 기능들을 특허출원 해놓은 상태이며 '나만의 냉장고'의 경우 특허등록이 되어 있다.

특별한 애플리케이션을 통해 고객들에게 차별화된 가치를 제공하는 데 주안점을 둔 만큼 애플리케이션의 지속적인 관리와 콘텐츠 업그레이드도 수시로 이뤄질 예정이며 현재도 진행 중이다.

GS리테일은 애플리케이션 개발 초기 단계에서 많은 아이디어의 도출로 인해 복잡했던 카테고리를 최대한 배제화하는 작업을 거쳤다.

구축 초기와 완료 후 변경된 점은 애플리케이션의 디자인이다. 디자인이 고객들에게 가시성을 확보해주는 가장 큰 요소인 만큼 정형화되고 딱딱했던 부분들을 유연하고 재미있는 콘셉트로 변경하는 데 주력했다. 그 결과 고객들이 GS25의 애플리케이션에 들어가는 순간 잘 꾸며진 방 안으로 들어가는 듯한 기분이 든다는 반응을 이끌어내며 사용자에게 친숙한 애플리케이션으로 자리 잡아갈 수 있는 데 힘쓴다는 계획이다.

〈BizIT, 2011. 5.〉

CASE 2

국립공원관리공단 QGIS

■ QGIS를 통한 공간정보 통합서비스 실현한다

GIS(Geographic Information System, 지리정보시스템)은 지도 및 지리정보를 컴퓨터를 이용해 작성·관리하고, 여기서 얻은 지리정보를 토대로 데이터를 수집·분석·가공해 공간정보와 관련된 모든 비즈니스에 적용할 수 있는 종합 정보 시스템이다. 과거에도 토지, 도지, 시설물 관리, 해양, 수산, 군사, 교통 등에서 광범위한 분야에서 이용됐다. 이 지리정보시스템을 구성하기 위해서는 첫째 지표공간에 대한 자료입수, 둘째 자료 레이어 구축, 셋째 자료 관리, 넷째 자료 분석 및 조작 기능, 다섯째 통계 출력 등 수 단계에 걸친 통합 시스템이 필수적이다.

국립공원관리공단은 전 국토의 3.8%로 지정된 21개의 국립공원을 통합관리하기 위해 상용 GIS를 사용해왔다. 그러나 고비용의 상용 GIS로는 전국 2,300여 명의 국립공원 관리자들이 모두 사용할 수 없는 문제점이 있었다. 공단은 이를 위해 누구나 사용할 수 있는 오픈소스 기반의 QGIS를 도입했다. QGIS는 비용적인 측면에서 뿐만 아니라, 성능 및 비즈니스 혁신 측면에서 다양한 서비스와 플러그-인을 제공하며 데이터 기반의 통합시스템 환경을 제공한다.

공단은 향후 공간정보의 자체 구축을 통해 기업 및 일반인에게 공개하며, 정부 3.0을 위한 빅데이터 발판을 만들 수 있을 것으로 기대하고 있다. 국립공원관리공단 오픈소스 기반 GIS 구축 배경과 기대효과 및 향후 계획에 대해 살펴봤다.

■ 오픈소스 기반 GIS 구축

국립공원관리공단은 2013년 1월부터 12월까지 GIS를 오픈소스 기반 QGIS로 구축했다. 이를 통해 전국 21개 국립공원에서 지리정보시스템을 이용해 업무를 수행함으로써 실시간 정보공유 및 비용절감을 통한 경쟁력을 확보했다.

또한 이를 통해 정부 국정운영 패러다임인 정부 3.0에 대응하며 빅데이터 시대를 대비, 업무 지원 효과를 극대화하고 있다. 특히 공단은 각 지사에 QGIS 활용교재를 배포하고, 교육과정을 신설해 방문교육과 집체교육을 통한 현장직원들의 GIS 역량을 한층 강화했다.

프로젝트 개요

프로젝트명	구축기간	주요 도입목적	구축사업자
QGIS for Park GIS	2013년 1월~2013년 12월	- GIS 인프라 구축 및 보급 - 데이터 자체 측량 및 생성 - 빅데이터 기반 정보 활용 - 비용절감을 통한 경쟁력 강화 국립공원 내 유·무형 자원관리	자체 구축

박ㅇㅇ 국립공원관리공단 경영기획 이사는 "기존의 상용 GIS소프트웨어는 기본적인 기능만 사용하더라도 1Copy 당 700만원 이상, 공단에서 필요한 기능을 포함할 경우 5000만 원 이상이 필요했다"며 "100여 명만이 사용한다고 해도 약 7억 원이 넘는 비용이 소요돼 해법을 찾고자 했다"고 말했다.

박 이사는 QGIS는 오픈소스로써 누구나 공식 홈페이지에서 사용할 수 있다는 장점이 있다고 말했다. 뿐만 아니라 공단 전사에 걸쳐 교육 및 사용법을 전파해 현재는 모든 직원들이 GIS를 통해 새로운 정보를 공유하고 있다고 설명했다.

그는 "사무소 직원이 DGPS 장비로 직접 측량해 이를 QGIS를 통해 데이터 편집을 하고 기업형 정밀지도(구글맵, 네이버지도, 다음지도, T맵, 올레맵)에 무료로 제공한다"며 "비용적인 측면뿐만 아니라 지리정보에 대한 유의미한 정보들을 수집할 수 있어 향후 빅데이터 시대와 정부 3.0 기조에 발맞춰 국민 편의성을 위한 지원을 아끼지 않겠다"고 말했다.

■ 하이 퍼포먼스와 다수 플러그-인 제공

국립공원관리공단 QGIS는 기존의 GIS 기반 시스템을 90% 이상 교체하며 모바일 기반 스마트워킹 및 대고객 스마트 환경을 구성하고 있다.

우선 대고객 스마트 환경에서의 '산행정보 시스템'을 제공해 국립공원 내 탐방로 및 안전관리를 실시하고 있다. 특히나 스마트단말을 통해 조난 신고 기능을 추가하며 국립공원 내 사고를 방지하고 안전을 확보하고 있다.

박ㅇㅇ 이사는 지리산, 설악산 등 안전사고가 속출하는 지역에서 GIS기반 산행정보 시스템을 통해 신속하게 조난자를 발견하고 병원으로 이송해 생명을 구한 사례가 있다고 덧붙였다.

더불어 '공원관리시스템'은 GIS를 통해 공단 직원이 매 분기 조정되는 국립공원 내 공간 정보를 재탐색하는 기능을 제공한다. 이를 통해 국립공원 인허가 업무를 지원하거나, 신규 탐방로 관리, 캠핑장 및 주차장 관리 등 지리정보를 기업 및 대국민에게 제공하고 있다.

마지막으로'자원통합시스템'을 통해 국립공원 내 자원 및 시설물 DB를 축적하는 일을 하고 있다. WMS를 통한 지질도 제공이나, 국립공원 내 서식하는 동·식물 분포도 제작 또한 기존상용 GIS로는 실현하기 힘든 사항이 존재 했다.

박 이사는 "QGIS를 단순히 비용적인 측면에서 고려했다면 이처럼 다양한 분야에서 서비스를 제공하기 어려웠을 것"이라며 "상용 소프트웨어에 견줘도 손색없는 하이퍼포먼스와 다양한 환경에 대응할 수 있는 플러그-인을 통해 모든 이용자가 손쉽게 이용할 수 있도록 문화화(文化化)하는 것이 도입의 성공 열쇠였다"고 말했다.

■ 빅데이터를 위한 초석 다진다

"정부 3.0은 이제 공공기관을 넘어 민간기업과 전 국민에게 새로운 가치 창출을 위한 수단으로 고려되고 있다. 공단은 단순히 창고에 쌓아 놓은 정보가 아닌, 화수분 같은 정보창고로서의 역할을 하고자 점차 다양한 방면에서 정보를 자체적으로 생산하고 있다"

유○○ 국립관리공단 정보서비스부 책임은 향후 공단이 나가고자 하는 방향에 대해 설명했다.

국립공원관리공단 QGIS는 다양한 지리정보를 축적하고 이에 기반한 업무가 처리될 수 있도록 업무효율성 향상과 정보를 생산하는 것에 중점을 두고 구축됐다. 그러나 향후 QGIS가 정착된 후에는 업무처리과정에서 생산된 정보를 활용·공개해 데이터 활용을 모색할 계획이다. 최근에 공단은 이를 위해 탐방객에서 휴대용 GPS를 제공하고, 5초 간격으로 생산되는 로그로 어떤 공간과 시간에서 유의미한 활동이 있는지 분석하고 있다.

유 책임은 "로그를 분석하면 탐방객이 어디서 쉬는지, 어느 지점에 안전사고가 잦은지에 대한 포괄적이면서 자세한 정보를 얻게 될 것"이라며"이러한 탐방객정보와 공단 내부에 축적되는 한방정보 데이터, 지리정보 데이터, 관광데이터를 결합한다면 국민이 만족할 수 있는 새로운 가치들을 창출할 수 있을 것"이라고 전했다.

〈CIOCISO, 2014. 5.〉

제 3 부

정보시스템의 관리

Chapter 10. 정보시스템 계획

Chapter 11. 정보시스템 개발

Chapter 12. 정보시스템 아웃소싱

Chapter 13. 정보시스템 보안과 윤리

Chapter 14. 정보시스템 관리의 이슈

Chapter

10 정보시스템 계획

학습 내용

제1절 정보시스템 계획의 개념과 유형
제2절 정보시스템 계획의 모형
제3절 정보시스템 계획의 방법
제4절 정보시스템 아키텍처의 계획
MIS HIGHLIGHT 1 가상화 계획, 4가지 시스템 관리가 성공 열쇠
MIS HIGHLIGHT 2 IT와 현업의 협업, 'BA'에 답이 있다
CASE 1 매그나칩반도체: 전사적 프로젝트 관리시스템
CASE 2 브레인트로피아: 연구 개발 프로세스 표준화

제1절 정보시스템 계획의 개념과 유형

1. 정보시스템 계획의 개념

정보시스템 계획은 조직이 미래에 개발할 응용시스템들(applications)과 인프라(infrastructure)에 대한 전반적인 계획이다. 응용시스템이란 주문입력, 주문처리, 재고처리 등 기업의 여러 영역에 있어서 의사결정과 업무처리를 위한 정보시스템을 말하고, 인프라란 하드웨어, 소프트웨어, 네트워크, 데이터베이스 등을 의미한다. 정보시스템 계획은 조직전체 수준에서 할 수도 있고 개별 응용시스템 개발에 대해서 할 수도 있지만 이 장에서는 조직전

체 수준의 계획을 다룬다. 조직전체 수준의 계획이 이루어진 후 개별 응용시스템 개발에 대한 계획을 하고, 분석하고, 설계하고, 그리고 구현하는 것이다.

정보시스템 계획이 필요한 이유는 여러 가지 측면에서 생각해볼 수 있다. 첫째, 신속하게 발전하는 정보기술을 효과적으로 그리고 전략적으로 이용하기 위해서는 정보시스템 계획이 필요하다. 다시 말해서 경영목표의 달성과 경영전략의 성공적 실행에 필요한 정보기술의 이용기회를 발견하고 정보시스템 포트폴리오를 선정하기 위해서 계획과정이 필요한 것이다. 정보시스템 포트폴리오란 개발할 정보시스템의 집합이며, 계획을 함으로써 경영목표 달성에 공헌도가 높은 시스템 개발에 우선적으로 예산과 기타 자원을 할당할 수 있다. 또한 전략적 정보 계획과정을 통해 경영계획과 정보시스템 계획이 별도로 수립되지 않고 서로 조화를 이루도록 할 수 있다.

둘째, 정보시스템들 간에 호환성을 유지하고 통합하기 위해서, 중복된 개발이 되지 않도록 하기 위해서, 그리고 중요한 이슈에 대해 미리 대비하기 위해서 정보시스템 계획을 한다. 정보시스템에 대한 조직차원의 계획이 없이 응용시스템들을 개발한다면 데이터가 중복되어 저장되고 비일관적이어서 자원의 낭비가 생긴다.

2. 정보시스템 계획의 유형

우선 계획과 관련하여 사용되는 여러 가지 용어들의 개념을 아래에 정의하였다.

① 비전(vision)

팀이나 조직의 구성원들이 공유하는 목적이나 가치에 대한 공통된 이해이다.

② 사명(mission)

조직의 존재 이유이다. 조직이 존재하는 기본적 목적을 표현한 것이다. 예컨대, 어느 자동차 회사의 사명은 시민에게 육상 운송수단을 제조하여 제공하는 것이 될 수 있다.

③ 목적(goal)

조직이 사명을 수행하기 위해 완수하고자 하는 결과들을 포괄적으로 기술한 것이다.

④ 목표(objective)

목적을 보다 구체적이고 측정 가능한 요소들로 표현한 것이다. 자동차 제조회사의 목적의 하나가 품질향상이라면 이 목적을 나타낼 수 있는 소비자의 고장신고 건수를 목표로 삼아 품질향상의 한 측면을 측정할 수 있을 것이다.

⑤ 전략(strategy)

목적을 성취하기 위한 일반적 접근방법이다.

⑥ 전술(tactic)

전략을 이행하기 위한 구체적인 방법이다. 예를 들어 경영전략이 산업 내에서 낮은 비용의 생산자가 되는 것이라면 한 가지 전술은 일상적인 업무를 자동화하여 비용을 절감하는 것이 될 수 있다.

⑦ 정책 혹은 방침(policy)

조직 내에서 의사결정의 방향을 제시하고 문제해결 방안의 선택에 제약을 주는 일반적 지침을 말한다. 예컨대, 은행에서 신용대출을 확대하는 방침을 세우고 대출업무에 적용할 수 있다.

⑧ 규칙(rule)과 절차(procedures)

방침을 실행하기 위한 것으로서 의사결정의 방향을 제시하는 보다 구체적인 사항들을 말한다. 신용대출을 확대하기 위한 방침을 실행하기 위해 신용대출을 위한 절차를 명시하고 신용대출의 조건(예를 들어, 직업과 직급에 따른 신용한도)을 제시하는 규칙을 정해둘 수 있다.

경영계획은 일반적으로 계획의 수준에 따라 전략계획, 전술계획, 그리고 운영계획으로 분류된다.

① 전략계획(strategic planning)

조직의 사명, 목적, 전략, 그리고 정책을 결정하는 것이다.

② 전술계획(tactical planning)

전술을 설계하고, 목표를 설정하고, 그리고 규칙과 절차를 정하고, 일정계획과 예산을 수립하는 것이다.

③ 운영계획(operational planning)

매일의 일상적인 운영을 하고 통제하기 위해 단기적으로 수립하는 계획이다.

경영계획은 또한 전제로 하는 기간에 따라 장기계획과 단기계획으로 분류된다.

① 장기계획(long-range planning)

3년 혹은 5년 이상의 기간에 대한 계획으로, 정기적(예를 들어, 6개월이나 1년)으로 장기계획의 변경을 검토한다. 대부분의 전략계획과 어떤 전술계획은 장기계획이다.

② 단기계획(short-range planning)

월별, 분기별 혹은 1~2년 기간에 대한 계획으로, 모든 운영계획과 많은 전술계획은 단기계획이다. 그러나 예외적으로 위기에 대처하기 위해 수립하는 전략계획이 단기계획인 경우도 있을 수 있다.

정보시스템 계획은 표 10-1에서와 같이 전략적 정보시스템 계획, 전술적 정보시스템 계획, 그리고 운영적 정보시스템 계획으로 분류할 수 있다.

〈표 10-1〉 세 가지 유형의 정보시스템 계획

종류	기간	이슈	주요책임
전략적 IS 계획	3 ~ 5년	비전, 경영목적, 아키텍처	최고경영층, CIO

종류	기간	이슈	주요책임
전술적 IS 계획	1 ~ 2년	프로젝트 선정, 자원배분	중간경영층, IS 라인 파트너, 운영위원회
운영적 IS 계획	6개월 ~ 1년	프로젝트 관리, 일정관리, 예산관리	IS 전문가, 라인관리자, 파트너

(1) 전략적 정보시스템 계획

전략적 정보시스템 계획(strategic information systems planning)은 경영전략계획에 의해 생성되는 기업 비전과 비즈니스 드라이버(예: 고객의 욕구, 파트너 기업의 욕구, 현존하는 정보시스템 역량)를 기초로 하여 경영전략과 정보시스템 전략을 일치시키고 정보기술 아키텍처를 개발한다. 전략적 정보시스템 계획의 네 가지 주요목표는 다음과 같다.

① 비즈니스와의 일치(business alignment)

정보시스템에 대한 투자를 기업비전과 경영전략과 일치시킨다.

② 경쟁우위(competitive advantage)

경쟁우위를 위해 혁신적이고 전략적인 정보시스템을 개발하기 위해 정보기술을 이용한다.

③ 자원관리(resource management)

정보시스템 스태프, 하드웨어, 소프트웨어, 데이터, 그리고 네트워크 자원을 포함하는 정보시스템 자원의 효율적이고 효과적인 관리를 위한 계획을 수립한다.

④ 정보기술 아키텍처(information technology architecture)

정보기술 방침을 정하고 조직에 대한 정보기술 아키텍처를 설계한다.

정보시스템 계획은 조직의 경영계획의 중요한 구성요소이다. 경영계획은 경영의 목적과 목표의 설정, 경영전략과 전술의 수립, 그리고 경영방침의 결정을 포함한다. 또한 경영계획의 세부적 요소에는 생산계획, 마케팅 계획, 재무계획, 인사계획, 그리고 정보시스템 계획이

그림 10-1 경영전략, IS 전략, IT 전략의 관계

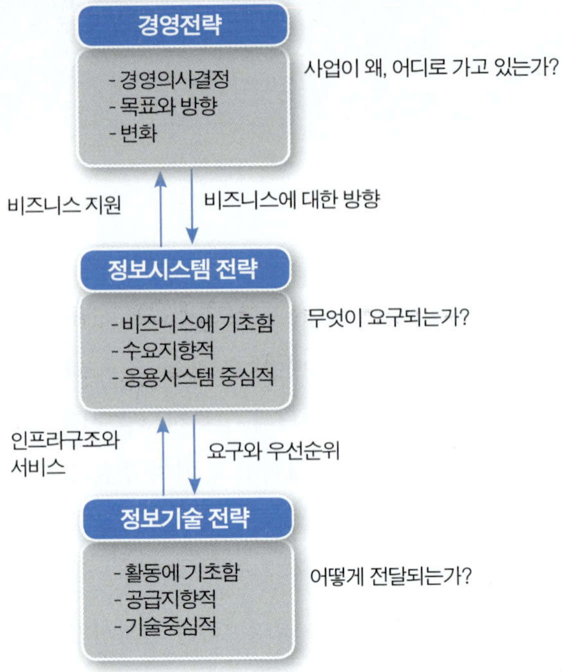

포함된다. 경영계획에 포함되는 세부적 계획들은 서로 연관성이 있으므로 정보시스템의 계획은 다른 경영계획의 요소들과 조화를 이루어야 한다.

무엇보다도 정보시스템 계획이 경영계획과 조정되도록 하여야 한다. 그림 10-1을 보면 경영전략은 정보시스템 전략에 대한 방향을 제시해주고, 정보시스템 전략은 비즈니스를 지원하는 역할을 한다. 또한 정보시스템 전략은 요구와 우선순위를 정보기술 전략에 대해 제시해주고, 정보기술 전략은 인프라와 서비스를 정보시스템 전략에 대해 제공해준다.

예를 들어 인도에 자동차 조립공장을 세우기로 했다면 인도 공장의 컴퓨터와 한국 본사에 있는 컴퓨터의 정보통신을 포함하는 응용시스템에 대한 계획을 수립할 필요가 있다. 인도에 자동차 공장을 세우는 것은 하나의 경영전략이며, 이 전략에 맞도록 정보시스템 개발 계획을 수립해야 할 것이다.

전략적 정보시스템 계획에 의해 생성되는 정보기술 아키텍처는 다음 구성요소를 포함하는 개념적 설계 혹은 청사진이다.

① 기술 플랫폼(technology platform)

컴퓨터 시스템, 시스템 소프트웨어와 응용 소프트웨어, 그리고 텔레커뮤니케이션 네트워크는 정보기술 인프라(infrastructure) 혹은 플랫폼을 제공한다. 이 플랫폼을 기반으로 하여 정보시스템이 기업의 여러 가지 업무처리에 활용된다.

② 데이터 자원(data resources)

데이터웨어하우스, 분석적 데이터베이스, 외부 데이터 은행을 포함하는 여러 유형의 데이터베이스가 기업활동 수행을 위해 데이터를 저장하고 필요한 정보를 제공한다.

③ 응용시스템 포트폴리오(applications portfolio)

여러 응용시스템들은 조직 내 업무처리, 조직 간 업무처리, 의사결정지원, 최종사용자 컴퓨팅, 구성원 간의 협력, 정보시스템의 전략적 활용을 가능하게 한다.

④ 정보시스템 조직

조직 내 정보시스템 기능의 조직화를 말하며, 본사와 지사 혹은 여러 단위 부서에 정보시스템 전문가들을 어떤 방식으로 배치할 것인지를 정한다.

(2) 전술적 정보시스템 계획

전술적 정보시스템 계획(tactical information systems planning)은 전략적 정보시스템 계획 단계에서 개발한 경영전략과 정보시스템 전략에 기초하여 수립하는데 다음 활동들을 포함한다. 첫째, 정보시스템 아키텍처를 구현하는 새로운 혹은 개선된 정보시스템들을 개발하기 위한 프로젝트 제안(project proposals)을 산출한다. 둘째, 제안된 프로젝트들을 평가하고, 우선순위를 정하여 몇 년에 걸쳐 어느 시스템을 언제 개발할 것인지 계획한다. 마지막으로 자원배분 계획을 수립하여 전략적 정보시스템 계획을 이행하기 위해 필요한 정보시스템 자원, 자금, 그리고 조직변화를 찾아낸다.

(3) 운영적 정보시스템 계획

운영적 정보시스템 계획(operational information systems planning)은 연간 운영예산 수립과 새로운 정보시스템 개발 프로젝트를 수행하기 위한 상세한 계획이다. 연간 운영예산(annual operating budget)은 시스템 운영, 시스템 개발과 유지·보수에 필요한 자원을 명시한다. 프로젝트 계획(project planning)은 중요한 운영적 정보시스템 계획 기능의 하나로, 하나의 정보시스템 개발 프로젝트에 대한 일정계획과 추진계획을 말한다.

제2절 정보시스템 계획의 모형

정보시스템 계획에 용이한 여러 가지 모델이 있지만, 계획 과정을 보다 잘 이해하기 위해 웨더비(Wetherbe)의 4단계 정보시스템 계획 모형을 여기서 설명하고자 한다. 그림 10-2에서와 같이 4단계 모형에는 전략적 정보시스템 계획, 정보요구분석, 자원배분, 그리고 프로젝트 계획의 네 가지 주요활동이 있다.

그림 10-2 IS 계획의 4단계 모형

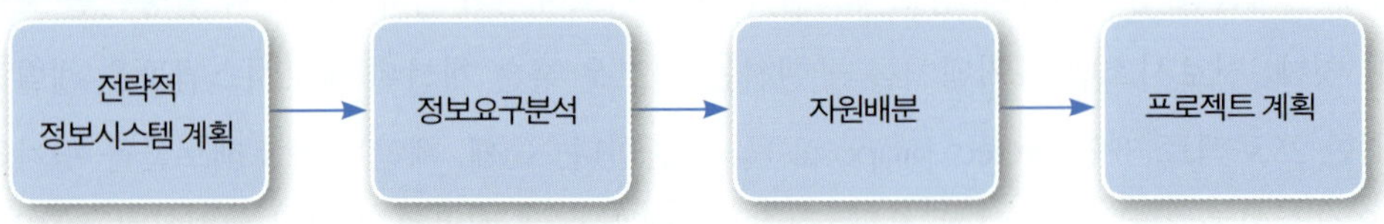

1. 전략적 정보시스템 계획

조직전체적인 경영계획과 정보시스템 계획의 관계를 설정한다. 조직의 경영계획과 일치하는 정보시스템 프로젝트들의 내용과 성격을 규명하지 못한다면 정보시스템은 장기적으로 기업경영을 올바르게 지원할 수 없다. 정보시스템을 계획하는 데 있어서 사용자들의 요구만 고려한다면 잘못된 정치적 게임에 의해서 개발된 응용시스템들이 선정될 것이다. 조직의 요구와 필요가 진실로 무엇인지 파악하여 정보시스템 계획의 출발점으로 삼아야 한다. 전략적 정보계획을 조직계획과 일치(alignment)시키기 위해 다음 활동을 수행해야 한다.

① 정보시스템의 사명을 정한다.
② 환경을 평가한다.
③ 현재 시스템의 이용가능성(availability)과 수용능력(capability)을 평가한다.
④ 조직의 목표와 전략을 평가한다.
⑤ 정보시스템의 목표, 전략, 그리고 방침을 정한다.
⑥ 정보시스템의 잠재적 영향을 평가한다.

위 활동의 산출물은 아래와 같다.
① 개정된 정보시스템 헌장(charter)
② 조직전략에 대한 정확한 평가
③ 정보시스템 활동의 목표, 전략과 방침

위의 활동을 수행하기 위한 방법으로는 비즈니스시스템계획(BSP), 정보시스템 성장단계 모형, 목적/수단 분석, 주요성공요인(CSF) 등이 있다.

2. 정보요구분석

조직의 정보요구(information requirements)를 파악하여 정보 아키텍처를 만드는 것을 말한다. 정보 아키텍처는 무슨 응용시스템들을 개발해야 하는지를 제시해준다. 정보시스템 아키텍처 혹은 정보 아키텍처는 특정 조직에서 구현한 모든 정보시스템들의 전반적 구조로서 계층별·기능별 응용시스템들과, 데이터베이스, 그리고 응용시스템들을 연결하는 데 필요한 데이터 통신 네트워크를 포함한다.

조직의 정보요구분석은 조직의 의사결정과 운영을 지원하는 데 필요한 정보욕구(information needs)를 규명하는 것이다. 정보요구분석은 조직 전반적인 범위를 아우르므로 보고서나 화면설계 등을 포함하는 개별 응용시스템에 대한 정보요구분석과 다르다. 조직의 정보요구를 파악하는 한 가지 방법을 아래에 소개한다.

① 단계1

조직의 하위시스템(예를 들어, 프로세스)을 정의한다. 조직의 프로세스는 조직의 운영에 필요한 기본적인 조직의 활동이다. 예를 들어 상품을 공급업자로부터 구매하여 고객에게 판매하는 소매상의 업무를 단순화하여 생각해보자. 구매, 재고관리, 판매, 그리고 사후서비스라는 프로세스가 파악될 수 있다.

② 단계2

각 프로세스 대한 의사결정 책임을 지고 있는 주요관리자와 면접하여 각 프로세스에 대한 정보요구(예를 들어, 데이터)를 알아낸다. 예를 들어, "구매" 프로세스를 처리하는 데 "공급업자"의 주소와 "상품"의 현재재고수준에 관한 정보를 필요로 하고, 외상으로 구매하기 때문에 "외상매입"의 내역을 저장한다. 그러므로 구매 프로세스에 대한 정보요구는 공급업자, 외상매입, 그리고 상품에 관한 데이터이다.

③ 단계3

프로세스와 데이터 매트릭스(matrix)를 만들어 각 란에 있어서 정보요구(데이터)의 중요성을 표 10-2에서와 같이 표시한다. 중요성을 계량화하는 한 가지 방법은 관리자에게 질문을 하여 아래와 같이 점수를 부여하는 것이다.

	낮다	중간	높다
중요성	1	2	3
이용가능성	3	2	1
점수 = 중요성 X 이용가능성			

매우 중요한 정보지만 이용가능성 낮으면 높은 점수를 얻는다(3×3 = 9). 그리고 중요성이 낮은 정보면서 이용가능성이 높으면 낮은 점수를 얻는다(1×1 = 1). 이 점수는 하나의 정보요

구가 하나의 하위시스템(프로세스)에 대해 가지는 정보의 가치를 나타낸다. 합계점수는 조직에 있어서 특정 정보요구의 상대적 중요성을 나타낸다. 여기서 높은 점수가 나온다고 해서 그 데이터베이스나 관련 응용시스템을 자동적으로 우선적으로 개발하는 것은 아니다. 높은 점수가 나오는 데이터를 처리하는 응용시스템의 개발에 대해 우선적으로 타당성 분석을 한다는 것이다. 그래서 여러 가지 측면에서 타당성을 검토하여 서로 다른 프로젝트들을 비교하고 우선순위를 정한다.

〈표 10-2〉 프로세스와 데이터 매트릭스

데이터 / 프로세스	공급업자	외상매입	상품	외상매출	고객
구매	1	3	3		
재고관리			3		
대금지급	1	3	4		
판매			6	6	9
사후서비스			6	6	9
합계	2	6	22	12	18

또한 프로세스와 데이터 매트릭스를 만들어봄으로써 여러 가지 다른 프로세스들에 대해 별도의 중복된 응용시스템들을 만드는 것을 피할 수 있다. 왜냐하면 하나의 프로세스에 대한 정보를 개선하고자 할 때에는 그 정보를 필요로 하는 다른 프로세스도 함께 고려하게 되기 때문으로, 이렇게 하면 각 프로세스에 대해 별도의 응용시스템을 만들어 중복된 투자를 하는 것을 피할 수 있다. 이것이 경영계획으로부터 출발하는 하향식 정보요구 분석방법의 장점이다.

3. 자원배분

정보시스템의 개발과 운영 자원을 여러 개의 경합적인 응용시스템들에 대해 효율적으로 할당하는 것을 말한다. 조직 내에 여러 부서들은 자신들이 제안한 응용시스템이 개발되기를 원할 것이므로 합리적 배분이 어려울 수 있다. 그들의 이해관계를 조정하면서 보다 조직의 입장에서 경영목적의 달성과 경영전략의 이행을 지원할 수 있는 응용시스템의 개발과 운영에 자원을 우선적으로 할당하도록 해야 한다.

응용시스템 개발 프로젝트 요구에는 조직이 생존하기 위해서 필수적인 프로젝트와 인프라가 있다. 예컨대, 수용능력의 한계 때문에 컴퓨터를 업그레이드해야 하는 경우 문제의 심각성에 따라 자원을 쉽게 배분받을 수 있을 것이다. 한편 필수적이지 않은 새로운 시스템 개발이나 유지보수 프로젝트에 대해서는 자원을 할당받기 힘들지도 모른다. 여러 가지 프로젝트들에 대한 자원배분의 우선순위를 결정하기 위한 기법으로 투자수익률, 비용/편익 분석, 비용부과 방법 등이 있다.

4. 프로젝트 계획

구체적인 개별 정보시스템 개발을 위한 일정계획과 자원계획을 포함하는 프로젝트 계획을 말한다. 요구되는 기능들을 갖춘 시스템을 주어진 예산을 가지고 정해진 기한 내에 완수하도록 계획을 수립하고 관리해야 한다. 흔히 정해진 기한(deadline)을 지키기가 힘들고 예산을 초과하여 지출해야 하는 경우가 많아서 요구되는 기능을 모두 갖추지 못한 시스템이나 결함이 있는 시스템을 개발하곤 하는데, 유지보수 업무가 증가하게 되므로 합리적인 프로젝트 계획은 중요하다. 프로젝트 계획 기법으로 PERT, CPM 등이 있으며, 합리적인 프로젝트 계획을 위해서 고려해야 하는 사항은 다음과 같다.

① 범위(scope) : 프로젝트에 포함해야 할 작업과 포함하지 않아야 할 작업
② 비용(cost) : 프로젝트의 구축, 운영, 유지보수, 지원을 위한 모든 자본과 경비
③ 시간(time) : 중요한 비즈니스 목표를 달성하기 위한 기한
④ 품질(quality) : 사용자의 요구를 충족시키는 정도
⑤ 사용자 기대(user expectations) : 과거 프로젝트 경험에 따른 새로운 프로젝트에 대한 기대

위에서 설명한 정보시스템 계획의 4단계에 대한 주요활동과 산출물이 표 10-3에 요약되어 있다. 전략적 정보시스템 계획도 필요하면 수정하여야 하고, 정보요구분석과 자원배분

에 해당하는 활동도 매년 계획해야 한다. 4단계 정보시스템 계획 모형은 조직목표를 달성하는 데 필요한 프로젝트들과 일반적인 자원소요를 파악하도록 한다.

〈표 10-3〉 T 계획 4단계의 주요활동과 산출물

단계	주S요활동	산출물
1. 전략적 정보 시스템 계획	(1) IS 사명 설정	IS 헌장
	(2) 환경평가	현재 IS 용량, 새로운 기회, 현재 기업환경, 새로운 기술, 현재 응용시스템 포트폴리오, IS 이미지, IS 성숙단계, IS 스태프기술평가
	(3) 조직목표와 전략 평가	전략적 조직계획 검토, 주요이해관계자와 그들의 목표 식별, 기업전략 지원을 위한 IS 전략 결정
	(4) IS 방침, 목표와 전략 설정	조직구조, 기술중심, 자원배분방법, 관리과정, 기능적 용량 목표
2. 조직 정보요구 분석	(5) 조직의 정보요구의 평가	전반적 정보 아키텍처 식별, 현재 정보욕구, 예상되는 정보욕구
	(6) 마스터 개발 계획 수립	정보시스템 프로젝트 정의, 프로젝트 서열화, 다년간 개발 일정 계획
3. 자원배분	(7) 자원소요계획의 개발	추세파악, 하드웨어 계획, 소프트웨어 계획, 인력계획, 데이터 통신망 계획, 시설계획, 재무계획
4. 프로젝트 계획	(8) 프로젝트의 평가와 프로젝트 계획 수립	프로젝트 평가, 과업식별, 비용추정, 개발기간추정, 체크시점, 완성날짜

제3절 정보시스템 계획의 방법

많은 기업들은 보다 효과적으로 정보시스템 계획을 하기 위해 계획 방법을 활용한다. 계획 방법을 사용하면 보다 쉽게 전략적 경영 목적을 달성하기 위한 정보시스템 개발 계획을 수립할 수 있다.

1. 시나리오 접근법

시나리오 접근법(scenario approach)은 계획팀이 사용할 수 있는, 어느 정도 비공식적이지만 보다 현실적인 전략적 계획 방법이다. 계획팀원들은 가상현실(virtual world or micro-world) 연습에 참가한다. 하나의 가상현실은 현실세계를 축소한 시뮬레이션 문제이다. 가상현실 연습에서 관리자들은 현실세계에서 일어나고 있거나 일어날지도 모르는 것에 대한 여러 가지 시나리오를 만들고, 이해하고 평가할 수 있다.

정보시스템 계획을 하는 비즈니스 관리자와 정보시스템 관리자는 여러 가지 비즈니스 시나리오를 만들고 평가한다. 앞으로 몇 년 사이에 비즈니스가 어떻게 될 것인가에 대한 가정을 하고, 그러한 미래의 비즈니스 시나리오에 있어서 정보시스템이 할 수 있는 역할에 대한 가정을 한다. 대략적인 비즈니스 시나리오를 만들기 위해서는 앞으로 일어날지 모르는 정치, 사회·기술적 추세나 변화에 대한 이해가 필요하다. 이러한 환경 요인들에 따라서 경영전략은 달라질 수 있기 때문이다.

시나리오 접근법을 적용하는 하나의 예를 들어본다. 몇 개의 가능한 비즈니스 시나리오를 만들어보고, 이들 각각을 지원하기 위해서 필요한 정보시스템 이용 계획을 개략적으로 세워볼 수 있을 것이다. 그런 다음, 정보시스템 관리자는 각각의 시나리오에 공통적으로 요구되는 정보기술 자원을 식별하여 하나의 정보시스템 계획으로 발전시킬 수 있을 것이다.

2. 주요성공요인 접근법

주요성공요인(Critical Success Factors: CSF) 접근법은 존 락카트(John Rockart)에 의해 개발된 정보시스템 계획의 한 방법으로, 주요전제는 특정 조직의 정보요구(information requirements)는 주요성공요인에 의해 결정되어야 한다는 것이다. 여기서 주요성공요인이란 기업의 성공에 중요하다고 생각되는 소수(약 3~6개)의 요인들로, 조직이 목표를 달성하고 성공하기 위해서는 반드시 높은 업적이 요구된다. 그래서 각 주요성공요인의 업적을 지속적으로 측정하여 경영자에게 보고할 수 있는 정보시스템을 설계하고 구축하여야 한다.

주요성공요인은 산업마다 다르고 기업마다 다르다. 예를 들어 자동차 회사에 있어서 목표가 매출액 증가와 높은 투자수익률일 경우, 이 목표들을 달성하기 위한 주요성공요인들은 그림 10-3에서와 같이 효율적인 유통구조의 구축, 매력적인 자동차 스타일, 효과적인 비

그림 10-3 CSF와 경영목표

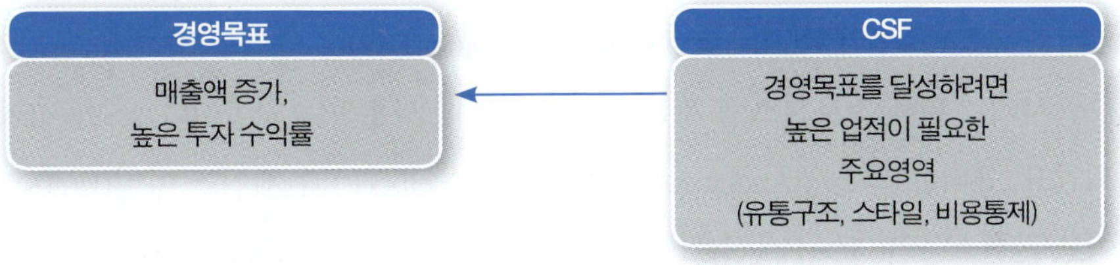

용통제가 될 수 있다. 자동차 회사는 이들 주요성공요인들에 대한 업적을 측정하고 관리하는 데 도움이 되는 정보시스템이 필요할 것이다.

정보시스템을 계획하는 사람들은 회사의 주요관리자들(주로 최고경영층)을 면접하여 주요성공요인을 식별한다. 먼저 그 관리자가 책임지고 있는 조직목표를 찾아내고, 이 목표를 달성하는 데 필수적인 요인들(CSF)을 결정한다. 개별관리자의 주요성공요인들을 종합하여 조직의 주요성공요인들을 그림 10-4와 같이 정의한다.

그림 10-4 시스템 개발을 위한 CSF의 활용

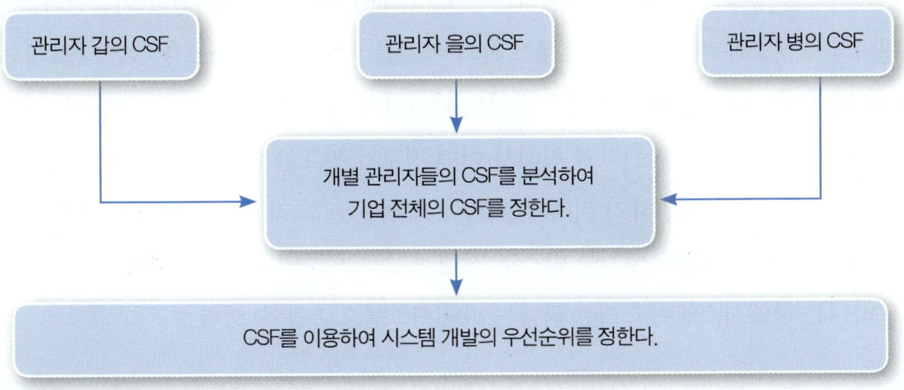

개인 관리자의 주요성공요인이 조직의 입장에서 본 주요성공요인과 다소 다를 수도 있다. 조직의 주요성공요인들을 이용하여 정보시스템 포트폴리오(IS portfolio)와 정보기술 아키텍처를 개발하는 데 활용할 수 있다. 다시 말해서, 조직이 개발해야 하는 정보시스템에는 의사결정지원시스템, 중역정보시스템, 데이터베이스 등 여러 가지가 있고 그 수도 여러 개이다. 이들 시스템들 중에서 어느 것을 먼저 개발해야 하는지, 그리고 어떻게 시스템을 설계해야 하는지 결정하는 데 주요성공요인을 활용한다.

3. 비즈니스시스템 계획

비즈니스시스템계획(Business Systems Planning: BSP)은 조직의 장기적, 단기적 정보요구를 충족시키기 위해 정보시스템 계획을 수립하는 데 사용하는 기법이다. BSP는 IBM에 의해 개발되었고, 앤더슨 컨설팅(Andersen Consulting)의 Method/1과 제임스 마틴(James Martin)과 클라이브 핀켈스타인(Clive Finkelstein)의 정보공학(Information Engineering)에 영향을 주었다.

BSP에서 사용하는 두 개의 주요구축 블록은 비즈니스 프로세스(business process)와 데이터 클래스(data classes)이며, 이들은 정보 아키텍처(information architecture)의 기반이 된다. 하나의 비즈니스 프로세스는 기업의 자원을 관리하기 위해 요구되는 논리적으로 관련된 의사결정과 활동의 그룹이다. 예컨대, 주문처리는 하나의 비즈니스 프로세스로서 부서나 다른 조직 단위와 다르다. 데이터 클래스는 기업을 구성하는 기본적 데이터 항목(예: 종업원, 주문)이다.

어떤 프로세스는 특정 데이터 클래스를 생성하고, 어떤 프로세스는 다른 프로세스가 생성한 데이터 클래스를 이용한다. 예를 들어 표 10-4에서 고객주문입력이라는 프로세스는 고객주문 데이터를 생성하고, 상품선적이라는 프로세스는 고객주문 데이터를 이용한다. 이와 같은 데이터 클래스와 비즈니스 프로세스 간의 관계를 매트릭스(matrix) 형태로 나타내고 서로 관련이 많은 것끼리 그룹화하면 하나의 정보 아키텍처 다이어그램을 얻을 수 있다. 정보 아키텍처는 특정 프로세스를 지원하기 위해서 어떤 정보가 필요한지 나타낸다. 표 10-4에서 고객주문입력 프로세스를 지원하기 위해서는 고객, 고객주문, 그리고 상품에 대한 정보가 필요하다. 표 10-4는 매우 단순한 예지만 박스로 칠해진 두 개의 논리적 응용시스템 그룹을 찾을 수 있다. 하나는 구매시스템이고 다른 하나는 판매시스템으로 볼 수 있다.

〈표 10-4〉 프로세스와 데이터매트릭스-논리적 응용시스템 그룹

데이터 / 프로세스	공급업자	구매주문	상품	고객주문	고객	선적
상품구매	C	C	U			
대금지급	U	U				
재고관리		U	C	U		U
고객주문입력			U	C	C	
상품선적				U	U	C
대금회수				U	U	U

BSP 방법의 기본 전제는 조직의 정보시스템은 그림 10-5에서와 같이 하향식(top-down)으로 계획하고 상향식(bottom-up)으로 하나씩 실행되어야 한다는 것이다. 경영전략으로부터 시작하여 기업의 비즈니스 프로세스를 정의하고, 관련된 데이터 클래스를 정의한다(하향식). 프로세스와 데이터 간의 관계를 분석하여 정보 아키텍처를 정의한다. 정보 아키텍처로부터 조직의 데이터베이스를 정의할 수 있고, 경영전략을 지원하는 응용시스템들을 식별할 수 있다(상향식). 식별된 응용시스템들 중에서 우선순위가 높은 것부터 개발한다.

그림 10-5 BSP 접근법

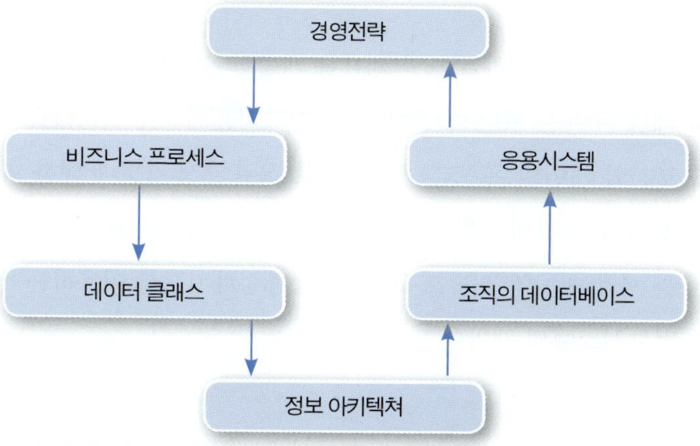

4. 균형성과지표

균형성과지표(balanced scorecard)는 기업의 새로운 성과지표로, 전통적인 재무성과지표가 가지는 한계점을 보완하여 비재무적 성과지표를 추가한 것이다. 오늘날의 극심한 경쟁환경에서 기업이 지속적으로 생존하려면 투자수익률이나 주당순이익과 같은 과거성과를 나타내는 재무적 성과지표만으로는 효과적인 경영을 할 수 없다. 그래서 재무적 지표 외에 기업의 미래성과에 영향을 주는 비재무적 지표도 균형 있게 포함시킬 필요가 생긴 것이다. 비재무적 지표는 운영적 지표(operational measures)로서 고객, 내부 비즈니스 프로세스, 그리고 학습과 성장이라는 관점에서의 성과지표들을 포함한다. 운영적 성과지표의 개선이 미래의 재무적 성과의 향상을 가져올 수 있다.

균형적 성과지표는 경영자로 하여금 기업을 네 가지 관점에서 바라보게 한다. 이 네 가지 관점에서 지표를 보면 아래 질문에 대하여 답변을 할 수 있다.

① 고객들은 우리 회사를 어떻게 보고 있는가? (고객 관점)
② 회사의 내부 비즈니스 프로세스에서는 무엇이 우수해야 하는가? (내부 비즈니스 관점)
③ 우리 회사는 지속적으로 가치를 창출하고 성장할 수 있는가? (학습과 성장 관점)
④ 주주들에게 우리 회사는 어떻게 보이는가? (주주 관점)

위의 네 가지 관점 각각에 대한 목표와 지표를 개발할 필요가 있다. 어떤 기업의 균형성과지표의 간단한 예를 들면 표 10-5와 같다. 균형성과지표에 의한 전략관리시스템은 기업전체적인 전략을 부서와 개인의 목표로 구체화하고, 목표달성 정도에 대한 피드백을 얻고, 필요하면 전략과 목표를 조정해나가는 데 유용하다. 정보시스템은 성과지표를 측정하고 성과에 대한 정보를 제공하는 역할을 할 수 있다. 균형성과지표를 이용하는 성공적인 전략 실행을 지원하는 정보시스템의 개발이 필요하다.

〈표 10-5〉 균형성과지표의 예

관점	목표	측정
재무적 관점	생존 성공 성장	현금흐름 분기당 매출성장 ROE 증가
고객 관점	공급 반응 고객 참여	고객 입장에서의 정시 공급 협동적 엔지니어링의 수
내부 비즈니스 관점	제조 우수성 신제품 개발	단위당 원가 계획 대비 신제품 개발 시간
학습과 성장	기술 리더십 신제품 출시	신기술 개발 시간 경쟁자 대비 신제품 출시 시간

5. 목적/수단 분석

목적/수단 분석(ends/means analysis)은 조직수준, 부서수준, 혹은 개별 관리자 수준에서 정보요구를 결정하기 위해 사용할 수 있는 정보시스템 계획의 기법이다. 일반시스템이론에 기초를 둔 이 기법은 먼저 제품, 서비스, 정보와 같은 목적(ends) 혹은 산출(outputs)에 초점을 둔다. 그런 다음 목적을 달성하기 위해 사용되는 수단(투입과 프로세스)을 정의한다. 어느 한 프로세스의 목적 혹은 산출은 다른 프로세스의 투입이 된다. 예컨대, 판매 프로세스의 산출은 고객관리 프로세스의 투입이 된다.

목적/수단 분석(E/M 분석)은 프로세스로부터 산출을 생성하는 효율성과 효과성에 관심을 가진다. 효과성(effectiveness)이란 어느 한 프로세스의 산출이 다른 프로세스의 투입 요구를 얼마나 잘 충족시키는가를 말한다. 효율성(efficiency)이란 투입을 산출로 변환시키는 데 필요한 자원의 양을 말한다. 예컨대 상품 재고 프로세스의 산출은 판매 프로세스의 투입이 된다. 재고 프로세스 관리의 목적은 가능한 한 적은 재고를 가지고 있도록 하면서 재고가 부족하여 판매 기회를 놓치는 것을 줄이는 데 있다. 효과성 측정 방법은 재고 부족 항목의 수, 재고 부족으로 인한 판매기회 손실의 심각성 등이 될 수 있다. 한편, 효율성과 관련된 측정 방법은 재고유지 비용, 주문회수와 지출된 주문비용 등이 될 수 있다. 또한 고객주문처리 프로세스에 있어서 목적은 고객주문이 주문한 대로 원하는 시간 내에 배달해주는 것이고, 효과성을 측정하는 방법으로 고객 주문의 선적 오류의 수와 배송시간 보고서를 활용할 수 있다. 효율성은 고객의 주문을 처리하는 데 소요된 비용으로, 거래당 평균비용이 얼마나 적은가로 측정할 수 있다(〈표 10-6〉).

〈표 10-6〉 효과성과 효율성의 측정

프로세스	효과성	효율성
재고 프로세스	• 재고부족항목의 수 • 재고부족으로 인한 판매기회 손실	• 재고유지비용 • 주문비용
고객주문처리 프로세스	• 고객주문 선적오류의 수 • 배송시간	• 평균 거래비용

경영자에게는 효율성보다 효과성이 더 중요한 경우가 많다. 다른 정보시스템 계획의 도구를 사용하면 효율성 정보를 주로 제공하는 정보시스템을 개발하게 되는 문제점이 있지만, 목적/수단 분석은 효과성 정보도 제공하는 정보시스템을 개발하게 된다는 점에서 유용하다. 따라서 목적/수단 분석은 특히 데이터베이스 계획에 유용하다.

제4절 정보시스템 아키텍처의 계획

정보시스템 아키텍처는 조직 인프라(organizational infrastructure)의 형태로 정보시스템 구성요소를 배치하는 것을 말한다. 단순화해보면, 정보시스템 아키텍처는 하드웨어, 소프트웨어, 데이터, 인력, 텔레커뮤니케이션, 그리고 절차의 결합으로 볼 수 있다.

정보 아키텍처(information architecture)는 정보요구와 정보요구를 충족시키는 데 필요한 정보자원의 구조에 대한 논리적 계획이다. 정보기술 아키텍처는 정보 아키텍처를 물리적으로 구현해주는 기술적, 조직적 인프라를 가리킨다. 집중화, 비집중화, 그리고 클라이언트/서버 컴퓨팅의 세 가지 유형의 정보시스템 아키텍처를 아래에서 설명한다.

1. 집중화 아키텍처

집중화 아키텍처(centralized architecture) 혹은 집중화 컴퓨팅(centralized computing)은 1960년대 중반부터 기업의 주된 컴퓨팅 방식이었다. 그림 10-6에서와 같이 집중화 컴퓨팅에는 호스트(host)라고 불리는 저장용량이 크고 처리속도가 매우 빠른 대규모 컴퓨터(예를 들면, 메인 프레임 컴퓨터)에 주로 자체적으로 처리 능력을 갖추지 못한 장치들이 연결되어 있다. 이러한 장치에는 터미널(dumb terminals), 프린터, 바코드 스캐너와 같은 입력 장치, 다른 컴퓨터 시스템과 자료를 교환하기 위한 통신장치, 그리고 저장장치가 있다. 특히 터미널(terminal)은 사용자가 자료를 키보드와 모니터를 통해 입력하고, 입력된 자료는 멀리 떨어진 호스트

그림 10-6 집중화 컴퓨팅

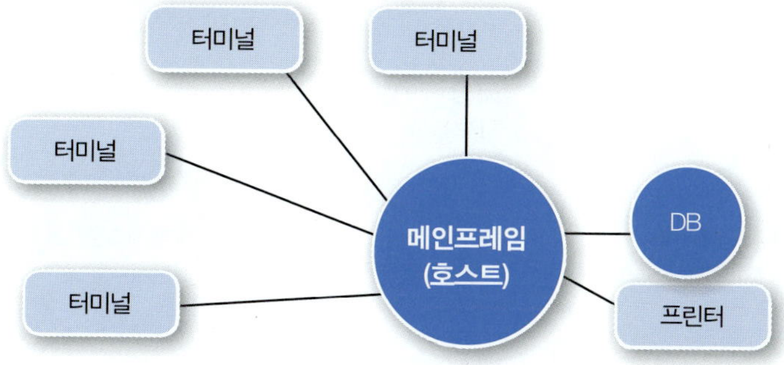

컴퓨터에 전송되어 처리되고, 그 처리 결과를 호스트로부터 전송받아 터미널의 모니터상에서 볼 수 있도록 한다.

메인 프레임 컴퓨터는 호스트로서 기업의 대규모 데이터베이스를 다루고, 수천의 사용자가 터미널에서 동시에 빠른 속도로 사용할 수 있도록 한다. 예컨대, 호스트 컴퓨터가 서울 본사에 있더라도 수원, 인천, 대구 등 각 지역에 있는 사용자들이 터미널을 통하여 신속하게 호스트 컴퓨터에 접속하여 거래를 처리할 수 있다. 그러나 비교적 값이 싼 미니컴퓨터, 워크스테이션, 그리고 강력한 PC가 소개되면서 메인 프레임은 그 지배적 위치를 차츰 잃고 있다. 하지만 많은 양의 거래를 신속하게 처리해야 하는 항공예약시스템이나 증권거래처리 시스템은 여전히 메인 프레임에 많이 의존하고 있다.

메인 프레임 컴퓨팅의 장점은 빠른 반응시간, 높은 이용가능성(availability), 높은 보안, 높은 신뢰성, 그리고 오랫동안 축적된 기술이다. 미니컴퓨터와 마이크로컴퓨터를 많이 이용하는 비집중화 아키텍처로 이동하더라도 메인 프레임 컴퓨터를 이용하는 집중화 컴퓨팅은 레가시 시스템(legacy system)으로 여전히 사용되고 있다. 그러나 단점은 중앙의 메인 프레임에 대한 의존도가 크다는 것이다. 메인 프레임이 고장 나면 전체 시스템에 문제가 생긴다. 또한 중소규모 컴퓨터에 비해 메인 프레임은 값이 비싼 편이다.

그림 10-7 분권화 컴퓨팅

2. 비집중화 아키텍처

비집중화 아키텍처 혹은 비집중화 컴퓨팅(noncentralized computing)에는 분권화 컴퓨팅과 분산 컴퓨팅이 있다. 그림 10-7에서와 같이 분권화 컴퓨팅(decentralzied computing)에는 기능적으로 비슷한 여러 개의 집중화 시스템들이 있으나 그들 간에 데이터 공유가 없다. 예를 들어 사업 장소가 서울, 부산, 그리고 광주에 흩어져 있고 각 사업소가 자율성을 가지고 있기 때문에 중앙의 통제 없이 각 사업소에서 자체적으로 정보시스템을 구축하여 사용하는 경우가 있을 수 있다. 그래서 각 지역의 시스템들 간에 공통된 자료 정의가 없고 자료가 중복될 수 있다. 또한 서로 독립적으로 운영되기 때문에 각 지역의 시스템들 간에 통신망의 연결도 없는 상태이다.

퍼스널 컴퓨팅(personal computing)은 개인들이 각기 자신의 작업을 위해 마이크로컴퓨터들을 사용하지만 통신망에 의해 연결되지 않은 형태를 말한다. 어떤 의미에서는 분권화 컴퓨팅과 비슷한 모습을 취한다고 볼 수 있다. 이러한 컴퓨팅 형태는 1970년대 말 PC가 공급되면서 나타났다. 워드프로세싱, 계산지 등을 이용하는 사무작업을 하는 개별 작업자는 서로 독립된 PC를 사용하면서 생산성을 높이고자 하였다.

분산 컴퓨팅(distributed computing)은 그림 10-8에서와 같이 기능적으로 동등하지 않을 수도 있는 여러 개의 컴퓨터들이 서로 통신망으로 연결되어 데이터와 프린터와 같은 자원을 공유한다. 예를 들어 여러 지역에 컴퓨팅 센터가 있는 은행의 경우에 하나의 지역에는 대여 응용시스템을 가지고, 다른 지역에는 예금 응용시스템을 가지고 있지만, 모든 지점의

그림 10-8 분산 컴퓨팅

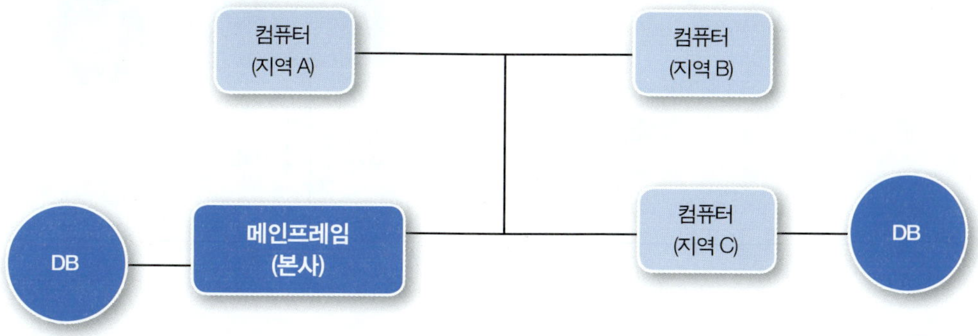

사용자들이 예금이나 대출거래를 온라인으로 처리할 수 있다. 이 은행에 있어서 데이터의 일부는 서울에 저장되어 있고 다른 데이터는 미국의 L.A.에 저장되어 있더라도 모든 지역의 사용자들이 어느 지역의 데이터든 읽어서 사용할 수 있다.

미니컴퓨터, 워크스테이션 등 중소 규모 컴퓨터들이 등장하고 통신망으로 연결됨에 따라서, 동료 대 동료 아키텍처(peer-to-peer architecture)라는 데이터와 다른 자원을 서로 공유할 수 있는 시스템이 그림 10-9와 같이 나타났다. 동료 대 동료 아키텍처는 기본적으로 분산 컴퓨팅인데, 하나의 컴퓨터는 데이터, 프로세싱, 그리고 프린터와 같은 장치를 다른 컴퓨터와 공유한다. 분산 환경하에서는 어느 한 PC에서 문서 작성 작업을 하여 프린트 서버의 역할을 하는 다른 컴퓨터에게 작업 결과를 전송하여 프린트할 수 있다. 이 아키텍처에서는 어느 한 컴퓨터가 서버이면서 동시에 클라이언트가 될 수 있으므로 컴퓨터들 간에 서로 서비스를 요청하고 서비스를 제공한다.

그림 10-9 동료 대 동료 아키텍처

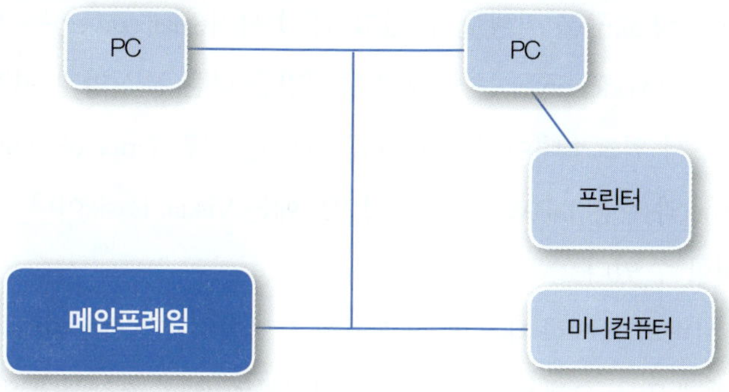

그림 10-10 클라이언트/서버 컴퓨팅

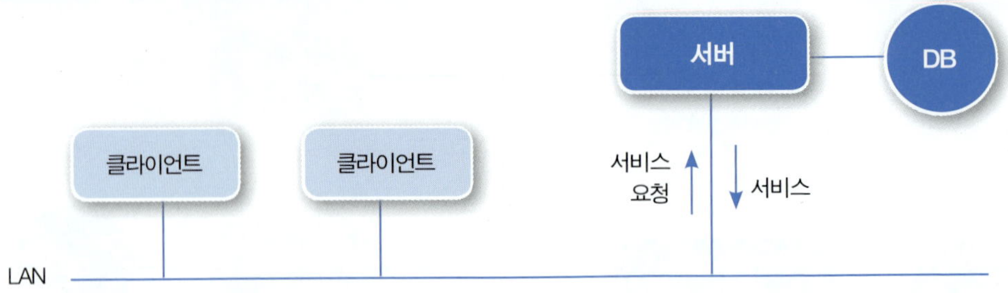

3. 클라이언트/서버 아키텍처

클라이언트/서버 아키텍처(client/server architecture) 혹은 클라이언트/서버 컴퓨팅(C/S 컴퓨팅 혹은 client/server computing)에서 클라이언트와 서버는 그림 10-10과 같이 통신망(예를 들면, LAN)에 접속되어 있는 장치이다. 클라이언트는 자체적으로 프로세싱(예를 들면, 응용프로그램의 작동)을 할 수 있고, 서버에게 프린팅이나 데이터 검색 서비스를 요청할 수 있다. 서버 장치는 클라이언트에게 데이터베이스 검색과 같은 요청받은 서비스를 제공한다. 보통 하나의 서버가 다수의 클라이언트에게 서비스를 해주기 때문에 서버가 보다 성능이 좋은 컴퓨터이다. 워크스테이션, 미니컴퓨터, 혹은 메인 프레임이 서버가 되는 예가 많고 성능이 좋은 PC가 서버가 될 수도 있다.

서버는 다양한 상황에서 많은 클라이언트의 요구를 처리해야 하기 때문에 제공하는 서비스의 종류에 따라 전문화되는 경향이 있다. 예를 들어 클라이언트 장치는 부서 내에 10대의 PC이고 서버 장치는 레이저 프린터와 데이터베이스로부터 데이터를 검색하는 파일서버가 될 수 있다. 파일서버(file server)는 데이터 파일(data file)을 관리할 수 있고, 프린트 서버(print server)는 프린팅 요구를 실행할 수 있고, 메일 서버(mail server)는 전자우편을 처리할 수 있고, 통신서버(network server)는 하나의 통신망을 다른 통신망과 연결시킬 수 있다. 데이터베이스 서버로서 워크스테이션 컴퓨터를 이용할 경우, Unix 운영체제를 가진 서버에 Oracle이나 Informix와 같은 DBMS를, 클라이언트에는 Visual Basic이나 Power Builder 등과 같은 도구를 설치할 수 있다.

클라이언트는 서버의 자세한 내용에 상관없이 작업할 수 있어야 한다. 서버가 어디에 위치하고 있든, 어떻게 일을 수행하든, 어디에 데이터를 어떻게 저장하고 있든 차이가 없어야

그림 10-11 집중화 컴퓨팅과 C/S 컴퓨팅

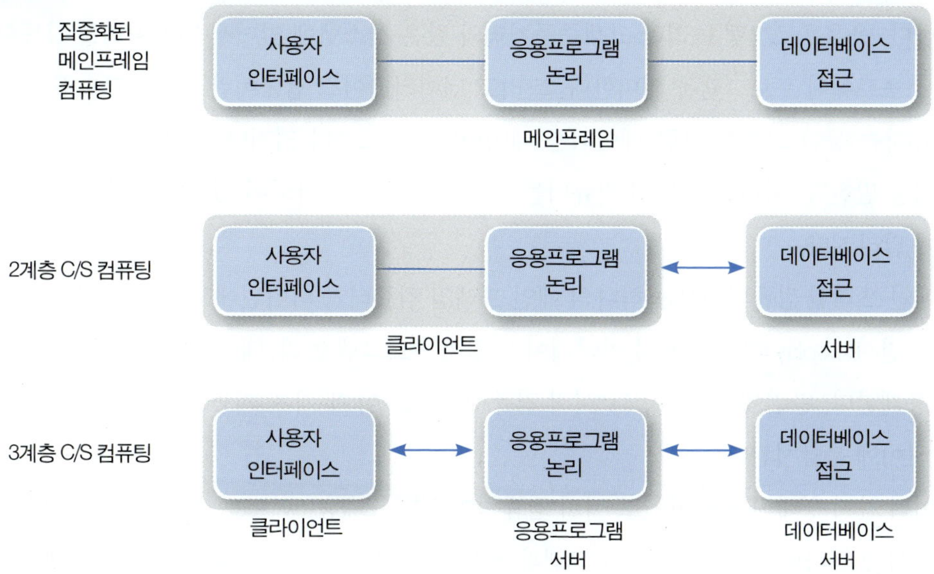

한다. 이런 식으로 서버의 자세한 내용(server details)을 숨기는 것을 서비스 투명성(service transparency)이라고 한다. 이러한 점 때문에 관리자는 서버에 영향을 주지 않고 클라이언트를 변경할 수 있고 혹은 클라이언트에 영향을 주지 않고 서버를 변경할 수 있다.

분산 아키텍처에는 집중화 데이터베이스가 없다. 즉 여러 곳에 데이터베이스가 저장되어 관리된다. 반면에 클라이언트/서버 아키텍처에서는 데이터베이스가 집중화되어 있다. 다시 말해서, 여러 장소에 나뉘어 저장되어 관리되지 않는다. 분산 아키텍처에 있어서는 데이터베이스가 여러 장소에 독립적으로 저장되어 관리되므로 하나의 데이터베이스인 것처럼 취급할 수 없지만, 비록 데이터베이스가 여러 곳에 존재하더라도 분산 DBMS를 마치 하나의 데이터베이스처럼 취급하고 사용할 수 있도록 한다.

사실, 컴퓨팅 아키텍처에 있어서 차이는 컴퓨터들 간의 관계와 분업(division of labor) 방법에 있다. 그림 10-11는 클라이언트/서버 컴퓨팅과 집중화 메인프레임 컴퓨팅 간의 차이를 보여준다.

고객의 주문을 처리하는 응용시스템과 같이 하나의 정보시스템이 업무를 처리하기 위해서는 사용자 인터페이스(user interface), 응용프로그램 논리(application program logic), 그리고 데이터베이스 접근(database access)을 기본적으로 해결해야 한다. 사용자 인터페이스란 인간이 컴퓨터와 상호작용하는 부분으로 모니터에서 볼 수 있는 메뉴, 아이콘, 명령어 등을 말한다. 응용프로그램 논리란 고객주문처리와 같은 시스템에 있어서 거래처리를 자동화하는 소프트웨어 프로그램을 의미한다. 그리고 데이터베이스 접근이란 응용프로그램을 작동(run)하는 동안 고객에 관한 데이터를 데이터베이스로부터 읽거나 처리 결과를 저장하는 작업을 말한다. 이러한 일들이 컴퓨터들 간에 어떻게 분업화되어 있느냐에 따라서 아키텍처가 달라진다.

메인 프레임 컴퓨팅에서는 하나의 메인 프레임 컴퓨터가 터미널에서 자료를 입력받고 출력을 전시(display)하는 사용자 인터페이스, 응용프로그램 논리, 데이터베이스 갱신 등 모두를 통제한다. 반면에 클라이언트/서버 컴퓨팅에서는 이 세 가지 기능들을 클라이언트와 서버 사이에 분담시킨다.

여러 가지 형태의 클라이언트/서버 컴퓨팅이 있다. 2계층(two-tier) 클라이언트/서버 컴퓨팅에서는 클라이언트가 응용프로그램과 사용자 인터페이스를 통제하고 서버가 데이터베이스 접근을 통제한다. 3계층(three-tier) 클라이언트/서버 컴퓨팅에서는 클라이언트와 서버 양자와 연결된 응용시스템 서버(application server)가 응용프로그램 논리를 통제한다. 이 둘 간의 선택은 처리할 거래량의 얼마나 많은가, 응용시스템이 전략적으로 중요한가(mission-critical), 그리고 응용시스템이 국부적인 것인가 아니면 기업 전체적인 것인가에 따라 달라진다. 2계층(two-tier) 클라이언트/서버 컴퓨팅은 전형적으로 보다 단순한 상황에서 사용되고, 3계층(three-tier) 클라이언트/서버 컴퓨팅은 엄격한 통제를 요하는, 전략적으로 중요하고 기업 전체적인 시스템인 경우에 선호된다.

분산될 수 있는 세 개의 응용시스템 구성요소인 사용자 인터페이스, 응용프로그램 논리, 그리고 데이터베이스 접근이 클라이언트와 서버 간에 어떻게 분할되는가에 따라 다섯 가지의 클라이언트/서버 컴퓨팅 구현 모델이 가능한데 그림 10-12와 같다.

① 분산표현(distributed presentation)

세 가지 요소가 모두 서버에 있으나 표현논리(사용자 인터페이스)는 클라이언트와 서버 사이에 분산된다.

그림 10-12 클라이언트/서버 컴퓨팅의 유형

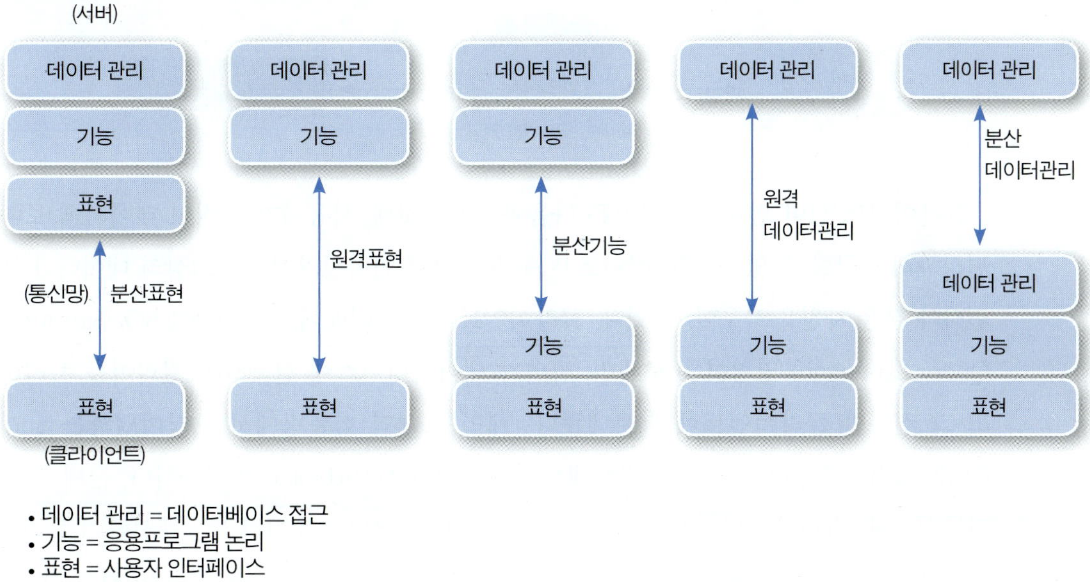

② 원격표현(remote presentation)

응용시스템(응용프로그램) 논리와 데이터베이스 관리는 서버가 담당하고, 표현논리(사용자 인터페이스)는 클라이언트에게 있다.

③ 분산기능(distributed function)

데이터 관리는 서버에게 있고, 표현논리(사용자 인터페이스)는 클라이언트에게 있다. 응용시스템 논리가 양자 사이에 분할된다.

④ 원격데이터관리(remote data management)

데이터베이스 관리는 서버에게 있고, 다른 두 요소는 클라이언트에게 있다.

⑤ 분산데이터관리(distributed data management)

세 구성요소 모두 클라이언트에게 있고, 데이터베이스 관리만 양자 사이에 분산되어 있다.

그림 10-13 미들웨어

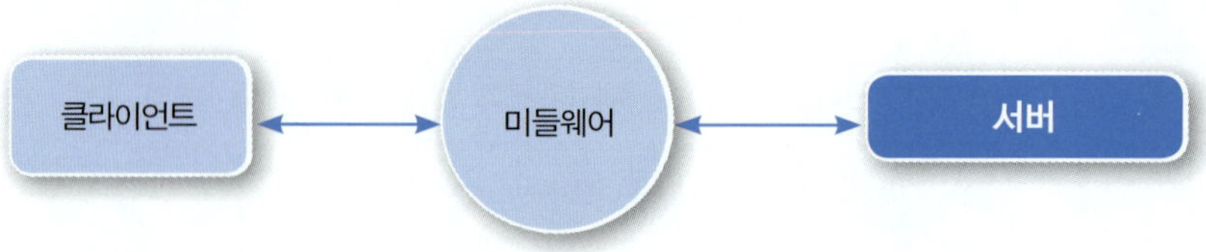

클라이언트/서버 컴퓨팅의 장점은 다음과 같다. 첫째, 사용자가 조직의 데이터에 보다 편리하게 접근할 수 있다. 클라이언트 PC를 통신망에 연결시켜 네트워크상의 데이터나 프린터와 같은 자원을 사용할 수 있다. 클라이언트가 데이터베이스 서버에게 SQL(Structured Query Language) 명령어를 보내면, 서버가 데이터베이스에 접근하여 질의어를 처리하고 그 결과만 클라이언트에게 보내준다. 메인 프레임 컴퓨팅에서의 터미널과는 달리 GUI(Graphical User Interface) 환경하에서 자료입력과 전시(display)가 가능하다. 둘째, 확장가능성(scalability)이 크다. 다시 말해서, 클라이언트나 서버를 추가하거나 개선하여 처리용량이나 저장용량을 쉽게 증가시킬 수 있다. 셋째, 여러 공급업자(vendor)들의 하드웨어와 소프트웨어를 수용할 수 있다. 그래서 클라이언트 장치는 서버가 사용하는 데이터베이스 관리시스템의 유형을 몰라도 서버에게 데이터 요구를 할 수 있다.

클라이언트/서버 컴퓨팅의 단점은 작업이 네트워크를 통해 이루어지므로 데이터와 시스템 관리 부담이 많고, 많은 클라이언트와 미들웨어가 있어서 속도가 느려진다는 것이다. 미들웨어(middleware)는 클라이언트와 서버 간에 커뮤니케이션을 통제하고 필요한 번역(translation)을 해주어 클라이언트의 요구를 서버가 이해할 수 있도록 한다. 미들웨어는 그림 10-13과 같이 두 가지 다른 응용시스템들이 데이터를 서로 교환할 수 있도록 하는 소프트웨어이다. 미들웨어가 필요한 이유는 데이터 입력의 정확성을 체크하는 기능과 GUI를 제공하는 클라이언트 도구(client tools)와 다른 데이터베이스 관리시스템과 같은 서버 도구(server tools)가 별도로 있기 때문이다.

그림 10-14 네트워크 컴퓨팅

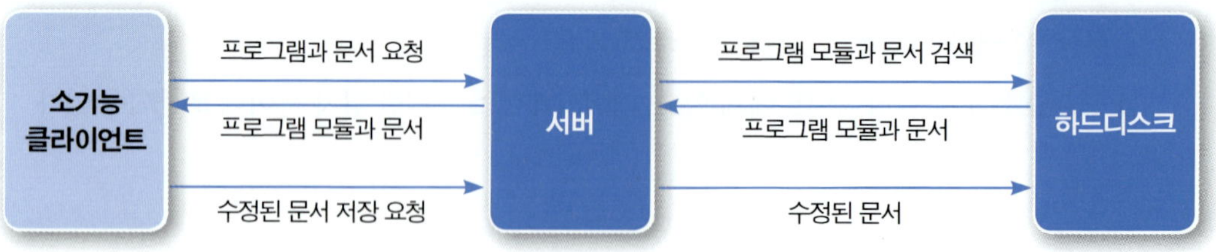

네트워크 컴퓨팅(network computing)은 클라이언트/서버 컴퓨팅의 변형으로서 더 많은 처리를 서버에게 부담시킨다. 네트워크 컴퓨팅에서 클라이언트 컴퓨터는 프로그램이나 데이터를 저장하지 않기 때문에 소기능 클라이언트(thin client)라고 불린다. 그림 10-14는 어떻게 네트워크 컴퓨팅이 작동하는지 보여준다. 소기능 클라이언트는 프로그램과 데이터 모두를 서버로부터 다운로드(download) 받는다. 예컨대, 소기능 클라이언트는 매출액 보고서를 갱신하기 위해서 서버로부터 기존의 매출액 보고서와 엑셀 프로그램 모듈을 다운로드 받는다. 그리고 작업을 한 후 갱신된 보고서를 서버에게 보내어 서버에 장착된 하드디스크에 저장하도록 한다. 소기능 클라이언트 컴퓨터에서 작업을 마친 후 사용자가 컴퓨터 전원을 끄면 클라이언트에서 사용한 엑셀 프로그램 모듈은 지워진다. 다음에 필요하면 또 다시 다운로드 받아야 한다.

분산 컴퓨팅에서는 성능이 매우 좋은 PC들이 네트워크를 통해 사용되는데, 문제는 이런 환경을 만들고 유지하는 데 너무 많은 비용이 소요된다는 것이다. 그래서 집중화 컴퓨팅의 장점과 분산 컴퓨팅의 유연성을 결합한 새로운 형태의 네트워크 컴퓨팅이 출현한다. 네트워크 컴퓨팅은 네트워크 컴퓨터(network computer)로 구현할 수 있는데, 네트워크 컴퓨터에는 하드디스크가 없으므로 프로그램과 데이터를 저장할 수 없으나 가격이 그만큼 저렴하다. 즉 일반 PC를 네트워크용으로 이용하는 것보다 경제적이라는 것이다. 프로그램과 데이터는 모두 서버에 저장되어 있으므로 소프트웨어 프로그램을 업그레이드하기가 쉽고, 데이터 보안과 일관성을 높일 수 있다. 네트워크용 PC는 디스크 드라이브를 가지고 있지 않으므로 회사 기밀의 유출을 막는 데 보다 효과적일 수 있다. 그러나 네트워크 컴퓨팅 환경하에서는 작업자의 개인적인 혹은 자율적인 컴퓨터 사용은 그만큼 제약을 받고, 집중화 컴퓨터에서와 같이 서버에 대한 의존도가 크다는 단점이 있다.

4. 정보시스템 아키텍처의 선택

집중화 컴퓨팅은 조직 내에 다수의 응용시스템과 많은 사용자가 있을 때 규모의 경제를 이용할 수 있다. 여러 개의 서버를 관리하는 것보다 하나의 대규모 컴퓨터를 관리하는 것이 더 용이하다. 많은 사용자들이 하나의 호스트 컴퓨터를 이용하므로 컴퓨터 자원들을 중복되지 않게 효율적으로 운영할 수 있다. 호스트 컴퓨터가 데이터베이스를 관리하므로 데이터 보안이 용이하다. 메인 프레임은 비교적 오랫동안 사용되어왔기 때문에 이 환경하의 시스템 개발에 대한 기술축적이 되어 있어서 정보시스템을 구축하는 데 용이하다. 그러나 호스트 컴퓨터가 고장 나면 전체 사용자가 불편을 감수해야 한다. 예컨대, 메인프레임 컴퓨터 한 대만 사용하는 은행에서 시스템이 다운(down)된다면 많은 고객과 직원들이 큰 불편을 겪을 것이다.

분산 컴퓨팅에서는 자료저장과 처리가 가능한 컴퓨터가 개인 사용자가 위치하는 곳에 있기 때문에 개별 사용자의 요구를 충분히 만족시킬 수 있다. 거래가 일어나자마자 즉시 사용자가 가지고 있는 PC에 데이터를 입력하고 처리할 수 있다. 메인 프레임 컴퓨팅에서는 메인 프레임 컴퓨터를 교체하기가 어렵지만 분산 컴퓨팅 환경하에서는 필요한 컴퓨터를 쉽게 추가할 수 있으므로 유연성(flexibility)이 더 크다고 볼 수 있다. 하나의 조직 내에 다수의 컴퓨터가 처리를 하고 있다면 어느 한 컴퓨터의 문제로 인해 조직 내 전체 사용자가 불편을 겪지 않는다. 더욱이 데이터가 여러 지역에 중복 저장되어 있다면(분산 데이터베이스의 한 형태), 어느 한 지역의 데이터가 손상되더라도 다른 지역의 데이터를 이용할 수 있다. 그러나 조직의 여러 장소에 데이터를 분산 저장하여 사용하면 데이터 관리가 더 복잡해진다. 중복된 데이터에 대한 무결성(integrity)을 유지하기 위한 노력이 필요하고, 데이터 보안이 강화되어야 한다.

정보시스템 아키텍처가 전적으로 집중화되거나 전적으로 분권화될 필요는 없다. 메인 프레임 컴퓨터가 데이터베이스 서버가 되고 일부 처리 기능들(applications)이 조직 내 다른 컴퓨터들에 분산되면 지역 사용자의 욕구도 함께 충족시킬 수 있다. 즉 무엇을 어디에 분산시킬 것인가를 결정하는 것이 중요하다.

위에서 설명한 여러 가지 컴퓨팅에 대한 접근법의 장단점을 표 10-7에 정리하였다. 아키텍처를 선택하고자 하는 관리자에게 참고가 될 수 있을 것이다.

〈표 10-7〉 컴퓨팅 아키텍처의 비교

컴퓨팅 형태	장점	단점
집중화 컴퓨팅: 터미널들이 모든 계산과 주변장치를 통제하는 중앙의 컴퓨터에 연결되어 있다.	• 모든 처리가 중앙의 컴퓨터에서 통제되므로 보안이 좋다.	• 중앙의 컴퓨터가 처리를 하면서 원격 터미널도 통제해야 한다. • 중앙의 컴퓨터에 대한 의존도가 크다.
퍼스널 컴퓨팅: 다수의 PC를 사용하지만 통신망을 통해 서로 연결되어 있지 않다.	• 개인에 한정된 작업을 하기에는 편리하다. • 다른 사람의 컴퓨터 작업으로부터 영향을 받지 않는다.	• 개인이 하는 작업결과를 서로 공유하기가 어렵다. • 하드웨어와 소프트웨어가 중복된다.
분산 컴퓨팅: 여러 대의 컴퓨터가 연결되어 지역의 사이트나 혹은 다른 곳의 자료와 컴퓨팅 자원을 공유한다.	• 작업결과, 정보, 그리고 자원을 공유할 수 있는 능력이 크다. • 네트워크의 일부가 다운되더라도 작업을 계속할 수 있다.	• 관리가 복잡하다. • 컴퓨팅과 데이터가 매우 분산되어 있어서 보안이 보다 어렵다.
네트워크 컴퓨팅: 여러 대의 네트워크 컴퓨터들이 그들을 통제하고 다른 서버와 연결해주는 중앙의 서버에 연결된다.	• 작업결과, 정보, 자원을 공유할 수 있는 능력이 크다. • 분산 컴퓨팅보다 관리가 용이하다.	• 중앙의 서버에 의존한다. • 사용자 컴퓨터의 처리 능력이 제한된다.
C/S 컴퓨팅: 데이터 저장과 응용프로그램의 설치가 가능한 여러 개의 클라이언트들이 서버에 연결된다.	• 조직의 데이터와 다른 컴퓨팅 자원을 쉽게 이용할 수 있다. • 컴퓨팅 능력의 확장이 용이하다.	• 관리가 복잡하고 속도가 느려질 수 있다.

MIS HIGHLIGHT 1

가상화 계획, 4가지 시스템 관리가 성공 열쇠

가상화 관리 도구가 보급되면서, 기업은 이런 도구를 IT 프로세스와 관리 포트폴리오에 어떻게 통합할지 세심하게 검토해야 한다. 포레스터 리서치는 다음과 같은 중요한 시스템 관리 역량에 초점을 맞추라고 조언한다.

오늘날 가상화 관리 시장의 폭발적인 성장은 가상 환경을 관리하고 최적화하려는 기업에게 좋은 소식이다. 이전의 모든 기술처럼 가상화 기술의 성공은 이런 프로세스들의 실행을 자동화하고 관리할 수 있게 하는 탄탄하고 표준화된 프로세스 및 관리 소프트웨어에 달려 있다. 프로세스 원칙과 합리화된 관리 자동화는 IT 운영과 관련해 오래전부터 필수사항이었지만, 업계-표준 서버들에 대한 가상화 수준이 높아지면서 이런 요구는 더욱 커지고 있다.

다행히 자동화된 가상화 관리 도구에 대한 수요가 증가하면서 다양한 소프트웨어 솔루션들이 나오고 있다. 현재 많은 옵션이 존재하며(사실 너무 많을 정도인데), 기업은 높아지는 복잡성과 벤더 도산에 따른 위험을 최소화하기 위해 이런 옵션들을 평가해야 한다. 그리고 구매자들은 아직은 젊은 이 시장 세그먼트에 조심스럽게 접근하고, 이런 기술들이 전반적인 관리 포트폴리오에서 요구하게 될 사항과 하게 될 역할들에 대해 실용적인 자세를 견지해야 한다. 진짜 위험한 상황은 또 다른 사일로를 만들어 나중에 그것을 별도로 흡수해야 하는 이중의 작업을 하는 것이다. 이런 미래의 골칫거리를 예방하기 위해 기업은 가상화를 다룰 때 그것을 통합된 관리 포트폴리오 관점에서 하나의 또 다른 기술 영역으로서 다뤄야 한다.

기업이 가상 환경의 관리 작업을 돕기 위해 이런 도구를 이제 평가하기 시작한 시점에서, 포레스터 리서치는 구성 관리, 용량 계획 및 VM 배치, 성능 모니터링, 실시간 자동화라는 4개의 핵심 시스템 관리 역량에 초점을 맞추라고 권유한다. 여기서 주의할 점은 4개의 관리 역량이 중요도순으로 거론된 것이며, 따라서 순차적으로 전개되어야 한다는 것이다. 예를 들어, 용량 관리 역량을 먼저 구축하지 않고 실시간 자동화 역량을 구축하려 할 경우, 아무런 소득 없이 좌절만을 맛볼 것이다.

① 구성 관리 역량 개선

기업은 구성 관리 역량을 개선하는 일부터 시작하는 것이 중요하다. 이것은 대규모의 역동적으로 변화하는 VM들, 물리적 서버들, 스토리지, 네트워크 자원들 사이의 관계를 조율하기 위해 필요하기 때문이다. 이 도구들은 종종 '프로비저닝 도구(provisioning tools)'로 알려져 있는데, 이것은 더 높은 수준의 구성 변화 관리 상태를 의미한다.

② 용량 계획 및 VM 배치 극대화

가상화 풀이 증가하면, 기업은 용량 흐름을 분석하고 VM들을 최적으로 배치하기 위해 이런 도구가 필요하게 된다. 이 도구들은 각종 운영 상황에 대해 경고해주고, 자원들을 적절하게 조절해 오버프로비저닝(overprovisioning)을 방지한다. 기업은 서버에 대한 투자에서 최대의 가치를 뽑아내기 위해 용량 활용을 극대화해야 하지만, 현재의 상황을 제대로 파악하지 못하면서 그런 일을 하게 되면 위험에 처할 수 있다.

③ 성능 모니터링 역량

성능 평가는 기업이 갈수록 물리적 호스트당 VM의 수를 늘리고 전반적인 활용도를 높이게 되면서 그 중요성이 더욱 높아질 것이다. 우리는 이것이 물리적 서버당 20~30개의 VM을 사용할 때 특히 중요하다는 것을 발견했다. 여러 개의 애플리케이션으로 인해 사용자에게 불편함을 주지 않으려 한다면, 기업은 이슈를 정확하게 집어낼 수 있게 도와주는 VM-인식 성능 모니터링 도구가 필요하다.

④ 실시간 자동화 역량

일단 가상 환경의 규모가 증가하고 갈수록 복잡해지면, 기업은 가상 또는 물리적 인프라를 조정함으로써 시스템의 고장을 예방해주는 실시간 자동화 도구가 필요해진다. 가상화 관리처럼 많은 IT 서비스들은 어느 정도 수준이 되면, 이제 기업은 유능한 IT 엔지니어들보다는 정교한 수학적 알고리즘과 개체 모델들을 통해 그 서비스들을 더 정확하고 효율적으로 관리해야 한다.

■ 당부의 말: 구조화된 프로세스들의 중요성을 잊지 마라

자동화된 도구를 평가하는 일이 가상화의 성공에 있어 중요한 부분이기는 하지만, 구조화된 프로세스들의 필요성을 간과하는 실수를 저질러서는 안 된다. 가상 기술을 도입하면 복잡성이 급격하게 증가하며, 이를 해결하려면 이제 프로세스를 정밀하게 만들어야 한다. 포레스터 리서치는 인프라 및 운영 전문가들에게 다른 프로세스들과는 통합되지 않는 가상화-중심적 프로세스 모델들을 피하라고 권유한다. '가상화를 위한 ITIL(ITIL for virtualization)'이란 개념을 사람들이 크게 오도할 수 있는 상황에서, 더 현명한 접근법은 가상화를 ITIL 도입을 위한 촉매제로 간주하는 것이다.

이에 더해 기업은 가상화 관리를 커버하기 위해 ITIL 구현의 범위를 확대해야 한다. ITIL과 같은 노력은 모든 기술에 적용될 수 있음을 증명해왔으며, 가상화는 비즈니스 기술의 끊임없는 진화의 한 단계를 대표하고 있다. ITIL 프로세스의 좋은 사례 가운데 하나인 사고 관리(incident management)는,

그 사고가 네트워크 고장이든, 애플리케이션 이상 작동이든, 아니면 제대로 구성되지 못한 가상 서버든 상관없이 동일한 프로세스를 적용한다. 다시 말해 그 프로세스를 실행하는 과정에서 사용되는 도구와 개입의 정도는 다를지언정, 그 프로세스 자체는 똑같다는 것이다.

■ 가상화 관리: 산업화를 위한 첫 단계

고도로 자동화된 프로세스 실행은, 그것이 제조가 되었든 농업이 되었든, 모든 산업에서 변신 작업이 제대로 이뤄졌다는 것을 증명해준다. 사실 자동화는 산업화의 첫 단계를 가져오는 근본적인 동력원이다. 그로 인해 생산성과 일관성에서 나타나는 개선 결과는 아주 심대하다는 것이 증명되었다.

IT, 그리고 특히 인프라와 운영 기능들은 같은 방향으로 움직이고 있다. 비즈니스 수요, 폭발하는 복잡성, 경제적 압력이 한데 결부되어 우리가 IT에 접근하는 방식을 뒤흔들고 있다. 클라우드 컴퓨팅에 대한 사람들의 관심 집중은 그런 변화의 전조이다. '클라우드'를 추구한다는 것은 IT의 산업화가 초기 상태에 들어섰다는 의미이다.

가상화는 클라우드 컴퓨팅과 관련해 가장 강력한 기술 촉매제이며, 따라서 IT 산업화 여정에 대한 첫걸음을 의미한다. 가상화로부터 자동화로, 그리고 궁극적으로 다양한 형태의 클라우드 컴퓨팅으로 진화하는 그 길은 비즈니스 기술 인프라와 운영을 위한 산업화된 모델이 지금 형성되고 있음을 보여준다.

만약 기업이 IT의 미래를 마음대로 운전하고자 한다면, IT 운영을 산업화하기 위한 여정을 계획해야 하며, 가상 서버 인프라를 확실하게 제어함으로써 그 여정을 시작해야 한다.

〈CIO, 2010. 7.〉

MIS HIGHLIGHT 2

IT와 현업의 협업, 'BA'에 답이 있다

■ 비즈니스 요구사항 분석… IT프로젝트 성과를 극대화

최근 주요 기업들이 IT프로젝트를 전개하는데 필수적으로 추진하는 단계가 있다. 바로 BA다. BA는 기업 경영활동의 전반을 분석하는 것으로 일반화돼 있지만, 최근 IT분야와 접목되면서 새롭게 조명을 받고 있다.

기업의 대규모 투자가 들어가는 IT프로젝트의 성과를 극대화시키기 위해서는 각 세부 단계별로 치밀한 분석이 필요하기 때문이다. 이같은 분석의 핵심은 현업의 요구사항을 최대한 정확하게 IT프로젝트에 반영하기 위한 것이다. IT가 과거 기업 업무의 인프라나 단순한 도구가 아닌 실질적인 비즈니스의 핵심 도구로 역할이 확대되고 있기 때문이다.

이에 따라 IT와 현업간 협업 체계를 효율적으로 구성하는데 있어 BA의 접목은 필수적인 단계라 할 수 있다.

'IT만을 위한 프로젝트, 현업만을 위한 IT'는 기업에서 더 이상 의미가 없는 상황이다. IT와 현업간 협업의 효과를 극대화시킬 수 있는 방법이 바로 'BA'인 것이다.

■ IT 프로젝트의 효율화, BA 통해 확보

최근 기업 활동에서 BA(Business Analysis) 역할의 중요성이 증대되고 있다. 새로운 비즈니스를 창출하고 수익을 극대화시켜야 하는 기업은 다양한 부서의 요구사항을 치밀하게 분석해 사업을 전개하는 것이 중요하기 때문이다. 특히 대규모 투자가 필요한 IT 프로젝트를 추진하면서 BA와 연계해 성과를 창출하는 사례도 늘고 있다. IT가 기업 업무의 기반에서 핵심 역할로 비중이 높아지면서 BA를 접목해 관련 프로젝트의 완성도를 높이고 있는 것이다. 실제 금융 및 제조 등 주요 기업 상당수가 BA 관련 조직을 운영하면서 현업과 IT부서간에 요구사항을 조율하고 있는 상태다.

기업들의 비즈니스 환경이 급변하고 불확실성이 높아지면서 IT의 역할도 변화되고 있다. 기존 기업 업무 기반을 구성하고 지원하는 IT의 역할이 최근에는 전체 비즈니스를 견인하는 핵심으로 영역과 중요성이 확장되고 있는 것이다.

특히 기업에서 IT관련 전략을 수립하는데 있어 과거 IT부서가 주도했던 것에서 최근에는 현업과의 협력 체계의 필요성이 증가하고 있는 상태다. 이같은 필요성은 IT가 단순 업무도구가 기업 활동의 기반 인프라로 인식되던 것에서 가시적인 수익 창출과 실질적인 사업 도구로 주목을 받기 때문이다.

실제 이미 기업 IT 환경은 상당수 실질적인 비즈니스 전개에 초점이 맞춰져 있다. 다양한 IT 툴과 솔루션으로 타깃 시장을 선정하고 고객 성향을 분석하는 것은 기업의 마케팅 전략으로 이어져 사업 성과에 직접적인 영향을 미친다. 또 업무 프로세스를 개선하고 각종 시스템 인프라의 가용성을 확보해 총소유비용을 줄이고 투자 효과를 창출하는 것 역시 IT 기술을 기반으로 이뤄진다. 결국 '기업 IT가 곧 비즈니스'라는 등식이 성립되는 것이다.

이처럼 기업 비즈니스 전면에서 전개되고 있는 IT의 특성상 관련 전략도 기존 IT부서만의 고유 업무라 할 수 없다. 영업, 총무, 지원부서 등 기업 내 다양한 부서들의 요구사항을 반영해 관련 전략을 수립하고 IT프로젝트에 반영하는 것이 중요한 상황이다.

이에 따라 IT와 현업간의 의사소통의 중요성도 커지고 있다. 현업의 요구사항을 충분히 반영하지 못한 IT프로젝트는 향후 만족된 성과 창출을 기대할 수 없기 때문이다. 또한 기업 내 IT의 역량을 파악하지 못한 현업의 요구도 자칫 실현 가능성없는 사업 계획을 수립하게 하는 원인이 될 수 있다.

업계 한 전문가는 "과거부터 기업 활동에서 현업과 IT간 원할한 소통은 IT프로젝트는 물론 사업 전반의 성과에 영향을 미칠 수 있는 원인으로 인식돼 왔다"며 "최근 기업 비즈니스 환경 변화의 폭이 커지고 IT 기술도 복잡해지면서 현업과 IT간 지식과 의견을 공유할 수 있는 BA의 필요성이 확대되는 추세"라고 말했다.

● IT프로젝트 적격성 분석

사실 BA는 기업의 경영환경에서 보편적으로 이뤄지고 있는 활동이다. 기업들이 재무제표를 중심으로 하는 재무 정보나 기업 내외의 여러 정보를 이용해 각종 사업의 적격성을 심사하고 평가하는 것이 일반적인 BA라 할 수 있다.

따라서 일반적인 BA에는 신용분석, 투자분석, 내부관리분석 등의 활동이 포함된다. 이같은 BA가 최근에는 IT분야와 접목되면서 다양한 IT프로젝트의 적격성을 분석하는데 접목되고 있는 것이다.

국내에서 BA가 IT분야와 접목된 것은 금융권이 시초라 할 수 있다. 1990년대 중반 한 증권사가 BA 개념을 도입한 것이 태동이다. 당시 해당 증권사는 현업 부서의 인력을 IT프로젝트 팀에 지원받아 프로젝트의 완성도를 높이는 성과를 창출했다고 한다.

이후 이 증권사는 BA 인력을 현업으로 복귀시키지 않고 새로운 IT프로젝트를 기획할 때 사업 성과를 분석하고 다양한 요구사항을 접목하는 역할을 맡겼다. 이로 인해 IT프로젝트의 수행기간이 줄어든 것은 물론 제반 비용도 절감하면서 현업의 업무 만족도를 높이는 효과를 가져왔다.

이후 증권, 보험, 은행 등 금융권 전반에 IT와 BA가 연계된 조직이 생겨났다. 최근에는 일부 제조업체들도 IT 업무에 BA의 역할을 접목하는 시도가 늘어나고 있다.

이처럼 현업과 IT부서간 가교 역할을 하는 BA 조직의 신설로 관련 기업들은 다양한 효과를 기대하고 있다.

특히 현업의 요구를 수동적으로 반영하던 IT부서가, 현업부서에 새로운 IT 시스템과 프로세스를 선제안하거나 관련 지식을 축적해 매뉴얼화하는 경우도 생겨나고 있다.

예를 들어 자동차 회사에서 SCM(공급사슬관리)을 구축하는데 현업의 요구사항을 적극 반영해 관련 비용을 줄이는 사례가 있다. 또 이동통신업체의 경우 고객의 실제 통화 패턴을 IT 기술을 기반으로 분석해 마케팅에 활용하는 것도 BA와 IT간 협업사례라 할 수 있다.

의료 업계의 경우도 병원에서 환자의 데이터를 수집해 분석해 환자의 치료에 이용하거나 물류업계에서 실시간 교통정보를 분석해 최적의 배송 프로세스를 구축하는 것들도 BA와 IT가 연계된 사례다.

● BA 활동의 지식화

관련 전문가들은 향후 기업 업무에 적용되는 IT가 고도화될수록 BA의 역할도 더욱 확대될 것으로 전망하고 있다. 기업들이 예측 가능한 비즈니스 전개의 요구가 높아지고 새로운 IT기술이 발전될수록, 이를 현업부서와 연계하기 위한 시도와 필요성도 확대될 것으로 예상되기 때문이다.

이에 따라 IT 전문가들이 비즈니스 분석 전문 지식을 확보하기 위한 노력도 지속되고 있다. 실제 글로벌 기업들에게 BA와 IT의 협업을 시스템화하는 것은 이미 일반적인 사례로 IIBA(International Institute of Business Analysis)의 활동이 대표적이다.

IIBA는 BA 영역의 전문적인 지식을 집대성해 전파하고 있는 글로벌 비영리법인으로 2006년 캐나다에서 협회가 설립돼 현재 전 세계 90여개 지부에서 약 1만 2,000명의 회원이 활동하고 있다.

이들 회원들은 기업 활동에서 도출된 BA 사례와 정보를 전파하는 것은 물론 관련 지식을 집대성하는 등의 역할을 하고 있다.

국내에서도 최근 IIBA 한국지부가 설립돼 국내 기업들의 BA 활동과 관련 성과 등을 글로벌 회원사들과 공유할 계획이다.

이처럼 BA는 IT분야에 있어서도 새로운 변화와 성과를 창출시키는 동인의 역할을 할 것으로 기대되고 있다.

기업들이 대규모 예산과 시간을 투자해 완성한 다양한 IT프로젝트들이 BA와 연계되면서 새로운 지식으로 축적되거나, 또 다른 IT프로젝트에 활용될 수 있기 때문이다.

BA 관련 컨설팅 전문가는 "국내에서도 IT분야에 있어서 비즈니스 분석가, 제품 개발 분야에 있어서 시스템 엔지니어와 같이 요구사항을 전문적으로 다루는 보직이 생겨나고 있다"며 "기업 IT에서 BA 활동의 확대는 IT프로젝트의 효율화는 물론 IT가 비즈니스를 이끌 수 있는 방안을 제시할 수도 있을 것"이라고 말했다.

■ BA, IT와 비즈니스의 연결고리

경영환경이 복잡해지고 경쟁 환경의 심화와 리스크 관리가 증가되는 환경 하에서 신속하고 정확한 의사결정 수단이 요구되고 있다. 특히 비즈니스와 IT부서의 괴리를 좁히기 위해 최근 BA(Business Analysis)에 관한 업계 내 관심이 뜨거워지고 있다. 비즈니스 일선에서 요구되는 작업들을 표준·글로벌화 시키기 위해서 체계적으로 구축된 공통 랭귀지가 필요하며 이를 위한 해결 방안으로 BA가 화두로 떠오르고 있다.

어느 기업에서든 BA의 업무를 담당하는 인원들은 있다. 단 해외와 비교해 국내에서는 조직화가 다소 늦어지고 있다는 것이 차이점이다. 비즈니스 분석가들이 모여 있는 BA집단은 어떠한 프로젝트가 관리 단계로 옮겨가기 전 이를 잘 운영할 수 있도록 하는 방안을 제시한다. 즉 현업과 IT부서원들이 함께 사용자들의 요구사항을 사전에 짚어주고 프로젝트 개선안에 도움을 주는 형식으로 운영된다. 이러한 이유로 BA는 사용자들의 요구사항을 관리하는 요구공학측면에 가깝다는 시각이 증가하고 있다.

● 지속적인 BA조직 운영관리 필요

최근 IT조직은 단순히 서버와 컴퓨터 등의 하드웨어를 관리하는 조직이 아닌 비즈니스의 전략적 파트너로서의 역할을 요구받고 있다. IT인력의 주된 역량이 업무의 정확한 이해력과 더불어 이를 비즈니스 전반에 활용할 수 있는 시스템 기술의 지식으로 옮겨가고 있기 때문이다.

BA조직은 기업의 업무 효율화를 위해 어떠한 업무 프로세스가 문제시 되는지 또는 이를 어떻게 향상시킬 수 있을지에 대한 체계적인 접근과 분석으로 시스템 제안과 도입을 결정해 새로운 가치 창출을 담당하는 부서로 자리잡아가고 있다.

한진해운은 지난 2002년 7명의 현업 인원으로 구성된 비상근 BA제도를 구축해 운영하기 시작했다.

이후 2005년, 비상근 제도를 상설 조직으로 변환했으며 현재 9명의 IT인원과 15명의 현업인원들이 혼합된 구조를 띄고 있다. 상근 BA조직원들은 9명의 IT인원들이며 15명의 현업인원들은 각 해당부서 팀장급 임원의 재량에 따라 BA업무를 분담하고 있다.

한진해운의 현업 BA구성원들은 주로 애플리케이션을 개발·유지보수 하는 업무를 맡고 있다. 기본적인 업무는 헬프 데스크에서 처리해주지만 중차대한 비즈니스 사안일 경우 BRM과 BA조직이 협업해서 개선방안을 제시해주고 있다. 특히 올해 한진해운은 불필요한 시스템을 제거하는 작업을 시작하는 과정에서 BA조직원들의 역량이 강조되고 있다.

BAT(British American Tobacco) 역시 BA조직을 따로 구성해 운영 중이다. BAT의 IT업무는 IT service, IT delivery, IT demand로 구분되어 있다. BA조직은 IT demand소속으로 영업, 마케팅·공장, 구매·재무, 인사, 법무 IT로 구분되며 지역 국가법인 별 단위로 총괄 관리하도록 조직화돼 있다.

BAT측은 IT관리하의 시스템들이 전사적으로 사용되고는 있지만 기술적인 지식이 비즈니스에서는 부족하기 때문에 BA조직이 근본적으로 필요하다고 강조했다. BA는 비즈니스 측면의 문제점 파악과 함께 기업의 전략적 목적에 대한 이해가 명확해야 하며 이를 기업의 효율성, 생산성, 효과성 측면에서 IT와 비즈니스 사이의 가교역할을 해야 한다는 것이 BAT측의 설명이다.

● BA 중요성 공감 확산

BA조직이 따로 구성되어 있지 않은 기업들의 경우 다양한 형식으로 BA업무를 담당하는 인원들을 갖추고 있으며 필요성에 대해서도 공감하는 분위기다. 오비맥주 역시 현재 BA조직이 따로 있지 않지만, 기존 인력들을 업무 방식에 맞게끔 전환시켜 업무 방식과 요구사항 관리에 대한 표준화된 기법을 수립한다는 계획이다.

비즈니스의 요구사항을 심도 있게 도출해 내기 위한 기법중 하나인 BA는 IT와 현업과의 연결고리로서의 역할이 가장 핵심이기 때문이다. BA가 구성된다면 기존의 산재됐던 업무 방식들이 통일화되면서 불필요한 시간과 비용이 줄어드는 것은 물론, 소통하는 방식이 일원화된다. 이에 따라 IT와 비즈니스가 서로 전달하고자 하는 메시지가 간결해지고 부서 내부업무 진행에 있어 효율성을 증대시킬 것이라는게 오비맥주 측의 설명이다.

한국수력원자력은 조직문화의 변화에 따른 필요성으로 BA가 주목받고 있다는 입장이다. 현재 사내에서 공식적인 별도 BA조직을 운영하고 있지는 않지만 업무 필요성에 따라 적용업무가 확대되는 시점에 담당자를 선임해 BA업무를 전담시키는 구조를 고려하고 있다.

BA의 업무운영 속도가 타 시스템에 비해 상대적으로 느리다는 견해를 개선하기 위해서는 업무처리의 효율을 높이고 신속한 의사결정수단이라는 인식과 니즈를 충족시켜줘야 한다. BA 업무의 필요성과 활용은 비즈니스 쪽에서 우선이겠지만, 기본 수단이 되는 툴은 대용량 데이터를 활용해 운영·지원하는 IT로 양쪽을 모두 아우르는 것이 BA의 역할이다. 정확한 의사결정을 지원하는 수단인 BA는 기업에 적용·도입되는 필요성이 먼저 확보돼야하며 활용 목적에 부합한 정책 수립이 선행돼야 한다. 또한 경영층의 전폭적인 지원이 이뤄져야 성공적인 제도로 안착할 수 있을 것이라는 계 업계 내 공통된 의견이다.

〈CIOCISO, 2011. 5.〉

CASE 1

매그나칩반도체: 전사적 프로젝트 관리시스템

■ R&D 프로젝트 관리 시스템으로 개인기와 조직력 간 균형 찾아

매그나칩반도체가 엔터프라이즈 프로젝트 관리 시스템(EPM)의 미래상을 제시해 화제다. 매그나칩반도체는 2010년 전사 R&D 부문에서 사용하기 위한 목적으로 Project Server를 도입해 프로젝트·포트폴리오 관리 시스템을 구축했다. 이후 2012년 말 SharePoint Server와 Fast Search for SharePoint를 도입해 자사가 추구하는 EPM의 전형을 완성했다. 매그나칩반도체가 추구하는 EPM 전략은 과제 별 진행 상황과 산출물을 관리하여 R&D 생산성을 높이겠다는 것이 전부가 아니다. R&D 프로젝트 관리 기능에 협업과 문서 공유를 더해 연구 개발, 생산, 마케팅 등 전체 영역 간 긴밀한 관계를 이끌어 내어 R&BD(Research & Business Development) 차원의 혁신을 꾀하겠다는 것이 목표다. 즉, 연구 개발과 사업 개발에 대한 업무 혁신을 EPM을 토대로 이끌어 내겠다는 것이다. 매그나칩반도체는 향후 ERP와 연계해 원가와 성과까지 R&D 단계부터 파악하고 분석할 수 있도록 하여 진정한 R&BD 플랫폼으로 EPM을 활용할 계획이다.

■ Situation

매그나칩반도체의 엔터프라이즈 프로젝트 관리 시스템(EPM)이 잘 짜인 로드맵에 따라 진화를 거듭하고 있다. 매그나칩반도체가 전사 R&D 부문에서 사용할 차세대 EPM 로드맵을 구상하고 시스템 구축에 착수한 것은 2010년의 일이었다. 당시 매그나칩반도체는 오랜 기간 기술 본부 산하 단위 연구 부서 차원에서 써오던 프로젝트·포트폴리오 관리 시스템을 제품 본부 연구 부서까지 확대 적용하였다.

전사 R&D 부문까지 아우르는 EPM 구축이 추진된 배경에는 연구 개발 관계자들의 업무 효율과 편의 증진에 대한 경영진의 고민이 자리하고 있다. 당시 매그나칩반도체 경영진은 차세대 기술 개발 부문의 리더십 강화에 고심했다. 경쟁이 치열해지고 제품 출시 사이클이 점점 더 앞 당겨지는 추세에 맞추어 기술 자원 배분, 연구 절차 최적화, 정량적 성과 관리 등 R&D 관련 제반 업무 혁신이 시급하다 본 것이다.

프로세스 혁신에 앞서 매그나칩반도체는 기존 R&D 업무 흐름을 점검하였다. 이 과정에서 매그나칩반도체는 R&D 업무에 비효율적 요소들이 무엇이 있는지 하나하나 짚어 내었다. 가장 시급한 개선이 필요했던 문제점은 연구원들이 산출물이나 진도 관리 등 행정 업무 처리에 피로감을 느끼고 있다는 것이었다. 기술 개발에 몰입해야 할 연구원들이 진행 중인 프로젝트 관련 행정 업무 처리에 너무 많은 시간을 쓰고 있었던 것이다. 연구원들을 행정 업무에서 자유롭게 하기 위한 방안으로 매그나칩반도체는 부서 단위로 쓰던 프로젝트·포트폴리오 관리 시스템을 전사 R&D 조직 차원으로 확대 적용하는 것을 검토하였다.

매그나칩반도체는 EPM 도입을 일회성 시스템 구축 과제로 보지 않았다. 업무 프로세스를 정비하는 것이기 때문에 중장기 계획 하에 시스템을 발전시켜야 한다고 판단한 매그나칩반도체는 중장기 로드맵의 밑 그림을 그렸다. 당시 마련된 매그나칩반도체 EPM의 미래상은 크게 세 단계로 시스템을 발전시키는 것이었다.

첫 출발점은 차세대 프로젝트·포트폴리오 관리 시스템을 구축하는 것이었다. R&D 관련 연구개발부터 연관 행정 업무까지 모두 시스템 상에서 처리될 수 있는 기초 공사를 한 다음 두 번째 과제로 삼은 것은 지식 공유와 확산이었다. 연구원 개개인이 보다 창조적이고 체계적으로 일할 수 있는 분위기를 프로젝트·포트폴리오 관리 시스템을 통해 조성하고 뒤를 이어 여럿이 협력하며 자신의 지식과 경험을 공유하기 위한 통합 문서·지식 관리를 두 번째 목표로 삼은 것이다. 다음으로 세 번째는 원가와 성과 관리의 출발을 제품 기획과 생산이 아닌 선행 기술 개발 단계부터 한다는 것이다. R&D의 개념을 경영의 영역(Research & Business Development)까지 적극 넓히겠다는 계획을 세운 것이다.

■ Solution

전사 R&D 부문에 적용할 EPM 로드맵의 윤곽을 명확히 하는 가운데 매그나칩반도체는 이를 어떻게 시스템으로 구현할 것인지를 검토했다. 시스템 관점에서 보면 로드맵 상에 명시된 각종 업무 요구 조건을 만족시키는 솔루션들은 각 영역 별로 존재했다. 그렇다면 로드맵에 따라 프로젝트·포트폴리오 관리 시스템, 지식 관리 시스템, 문서 관리 시스템, 협업 시스템, 성과 관리 시스템 등을 각각 구축할 것인가? 이 같은 질문에 대한 답으로 매그나칩반도체는 여러 업체가 제공한 솔루션들이 복잡하게 얽히고설킨 구성이 아니라 플랫폼 차원의 확장과 연계 전략을 내놓았다. 각 요구 조건을 각각 솔루션 벤더가 다른 개별 업무 시스템으로 구현하다 보면 너무 복잡해져 상호 연동, 유지보수 등 이런 저런 문제가 많을 것이라 보고 유연성 높은 플랫폼 도입이 최선이라 판단한 것이다.

이런 기준에 가장 잘 맞는 것은 마이크로소프트의 솔루션이었다. Office라는 최종 사용자 도구부터 프로젝트 관리를 위한 Project Server, 문서 관리와 협업을 위한 SharePoint Server 등 플랫폼차원에서 연계, 확장 면에서 매그나칩반도체의 로드맵에 잘 맞았다. 이런 이유로 매그나칩반도체는 EPM 구축의 1차 과제였던 프로젝트·포트폴리오 관리 시스템 구현을 위해 2010년 Project Server를 도입했다.

프로젝트·포트폴리오 관리 시스템 구축 후 매그나칩반도체 R&D 부문에서 진행되는 모든 과제들은 Project Server 상에 등록되었다. 이후 매그나칩반도체에서는 작지만 의미 있는 변화가 목격되기 시작했다. 연구원들이 일일이 기록하고 처리하던 행정 업무들은 Project Server에 등록된 워크플로우를 통해 상당 부분 자동화 되었고, 등록된 과제들은 지정된 프로젝트 매니저를 통해 중앙집중적으로 관리되면서 R&D 부문의 기술 개발 능률이 오르기 시작한 것이다.

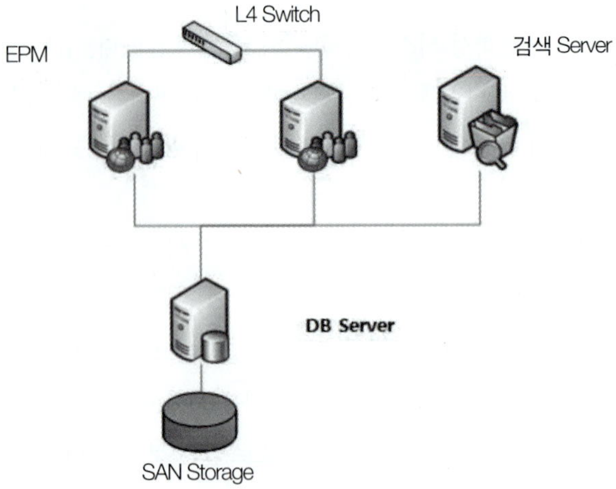

프로젝트 관리가 새로운 핵심 역량으로 자리잡자 매그나칩반도체는 로드맵에 따라 두 번째 혁신 활동에 나설 채비를 2012년 하반기 하게 된다. 두 번째 프로젝트의 목표는 전사 R&D 부문을 위한 통합 문서·지식 관리 시스템 구축이었다. 일종의 전사적 컨텐츠 관리(ECM) 시스템을 마련하고자 한 것이다. 매그나프로(MagnaPro)라 명명된 이 시스템 개발을 위해 매그나칩반도체는 SharePoint Server와 Fast Search for SharePoint를 도입했다. 매그나프로는 규모 면에서 보면 2010년 구축한 프로젝트·포트폴리오 관리 시스템보다 컸다. 기술 본부와 제품 본부 연구 부서뿐 아니라 생산 기술, 마케팅 등 엔지니어링 업무에 연관된 부서들까지 사용 대상으로 포함시켰기 때문이다.

R&D 부문은 산업 보안에 대한 경각심과 보호 수위가 높다. 매그나프로 역시 문서 암호화(DRM), 접근 제어 등 이중삼중의 보안 장치가 반영되었다. 일반적으로 보안이 강화되면 사용자 편의성이 떨어지게 된다. 매그나칩반도체의 경우는 자율적인 지식과 문서 공유를 권장하는 가운데 보안 기능이 사용자들의 자연스러운 참여를 방해하지 않게끔 꼼꼼히 배려했다. 예를 들자면 매그나칩반도체는 전사 공유 영역, 협업을 위한 팀 문서함, 독립적인 공간인 개인 문서함 등으로 통제해야 할 것과 공유해야 할 것 간의 구분을 명확히 했다. 그리고 각종 지식과 문서를 보다 편리하게 찾아 볼 수 있도록 문서 암호화 및 복호화 절차 및 다운로드나 인쇄 시 결재 절차를 보안 정책에 반영했다.

2단계 고도화를 성공적으로 마친 매그나칩반도체는 3단계로 ERP와의 연계를 계획하고 있다. R&D 단계에서부터 적극적으로 원가와 이익에 대한 각종 정보를 ERP 모듈(Profitability & Cost Management)에 연계할 예정이다.

■ Benefits

● 체계적인 R&D 성과 평가

기준이 명확한 로드맵에 따라 EPM을 진화 시켜 나가면서 매그나칩반도체는 당초 목표로 했던 효율성을 상회하는 성과를 거두고 있다. 2004년부터 일부 부서에서 썼던 프로젝트·포트폴리오 관리 시스템(PMS)과는 비교할 수 없을 정도다. 이전 시스템은 주로 진도나 산출물 등을 관리하는 정도가 주요 쓰임이었다. 반면에 Project Server와 SharePoint Server로 구성된 현재의 EPM은 R&D 부서의 일하는 방식을 바꾸어 놓고 있다. 전사 R&D 부서의 프로젝트는 모두 선진 프로세스에 따라 단계가 구분되고, 관리 지표가 정해졌다. 임원이나 프로젝트 매니저들은 한 눈에 현재 진행 상황 파악이 가능해졌고, 연구원들은 더 이상 행정 업무에 자신의 소중한 시간을 허비하지 않아도 된다.

매그나칩반도체 김ㅇㅇ 전무는 "EPM 사용 후 가장 두드러진 변화는 전사 R&D 부서의 프로젝트 현황을 투명하게 볼 수 있게 된 것이다. 예전에는 누가, 언제, 어디서, 어떻게, 무엇을, 왜 했는지를 파악하기가 쉽지 않았다"라며 "또한 프로젝트 관리 업무가 객관적인 기준 아래 시스템화 되다 보니 각 단계별로 매니저는 무엇을 봐야 할지, 팀원은 무엇을 해야 할 지가 명확해졌다. 각자의 역할과 책임(Role & Responsibility)을 정확히 판단할 수 있게 되면서 조직, 팀, 개인에 대한 성과 분석과 판단 역시 명쾌히 내릴 수 있게 되었다"고 말했다.

● 개인기와 조직력의 조화

R&D 부문은 그 어떤 부서보다 지식과 문서를 많이 다룬다. 시장의 흐름을 파악하고, 미래 성장 동력이 될 기술 분야를 발굴해 R&D 기획을 하다 보면 찾아 봐야 할 것과 정리해두어야 할 것이 자연히 많아지게 된다. 또한 연구 과정 전반에 걸쳐 각종 산출물이 나오기 때문에 연구원들이 다루어야 할 정보의 양은 방대하다. 매그나칩반도체는 R&D 부문 관계자들 각자가 쌓아온 지식 그리고 정리한 문서들의 활용 가치를 EPM으로 높여가고 있다. 매그나칩반도체는 2차 고도화 작업을 통해 보안 걱정 없이 자유로운 협업과 공유의 장을 EPM으로 단일화 하였고, 시스템 재오픈 이후 정보 공유의 속도가 한결 빨라졌다. 여기저기 찾거나 물어볼 필요 없이 EPM만 바라보면 되도록 한 결과 개인의 역량이 조직력 강화로 이어지는 효과를 거두게 되었다.

김ㅇㅇ 전무는 "R&D 부문은 협업과 공유를 기초로 한 스마트 워크가 그 어느 곳보다 중요하다"라며 "협업과 공유가 제대로 안 이루어지다 보면 어느 한 사람이 한 일을 다른 누군가 또 하고 있는 등 조직 차원에서 지식을 만들고 활용하는 데 있어 비효율이 발생하게 된다. 이번 EPM 고도화를 통해 누군가의 시행착오를 겪어 가면 잘 정리해둔 지식과 정보를 많이 사람들이 공유할 수 있는 방법이 생겼다. R&D는 그 분야의 특성 상 엔지니어들이 자신의 과제에 아주 깊이 몰입하는 경향이 있는데

EPM은 엔지니어들 사이에 협업과 공유에 대한 마인드를 심어주는 툴로 그 가치가 높다고 본다"라고 말했다.

● 경영과 기술의 조화

시장 경쟁이 심화되는 가운데 스마트란 키워드로 대변되는 메가 트렌드가 부상하면서 고객의 욕구가 다변화 됨에 따라 연구 개발, 생산, 마케팅 등 전체 영역 간 협력이 더욱 중요해지고 있다. 매그나칩반도체는 EPM을 통해 경영 환경의 변화를 R&D 유관 부서들이 신속히 따라 갈 수 있도록 하였다. 시장 조사, R&D 기획, 제품 개발과 생산 등이 서로 긴밀히 맞물려 돌아가도록 하는 데 EPM을 활용하고 있는 것이다. 실제로 매그나칩반도체는 R&D를 위한 EPM의 역할에 SharePoint Server를 통해 공유와 협업 기능성을 강화했다. 그리고 향후 ERP와도 직접 연계를 하여 R&BD(Research & Business Development) 부문까지 그 쓰임을 넓혀갈 계획이다.

〈Microsoft 고객 성공사례, 2013. 4.〉

CASE 2

브레인트로피아: 연구 개발 프로세스 표준화

브레인트로피아는 조직원의 잦은 이동, 외부와의 빈번한 연구 협력 등 업종의 특성 상 조직의 노하우를 모두 기업의 자산으로 축적하기 위해서는 IT 시스템의 도움이 필요하다고 생각했습니다. 하지만 바이오 벤처가 글로벌 제약 회사와 같은 수준의 시스템을 갖추는 것을 불가능 했습니다. 브레인트로피아는 Office 365로 큰 비용과 전담 인력 확보 부담 없이 맞춤형 업무 플랫폼을 구현해 오랜 숙원이던 연구 개발 프로세스 혁신을 이뤄냈습니다.

■ 비즈니스 필요성

브레인트로피아는 바이오 벤처기업 입니다. 바이오 벤처는 주요 구성원들이 연구원들입니다. 조직원뿐 아니라 주요 업무 절차 역시 연구 개발에 초점이 맞추어져 있습니다. 한 마디로 조직의 모든 역량과 자원이 연구 개발이란 업무 프로세스 안에 녹아 있습니다. 하지만 업무 프로세스 상에서 오가는 모든 정보와 지식을 IT로 체계화 한 곳은 찾기 어렵습니다. 그 이유는 벤처기업이 글로벌 제약회사처럼 몸에 딱 맞는 솔루션을 갖추기 어렵다는 것 그리고 연구원들은 각종 실험 기자재를 다루는 데는 능숙하지만 IT 시스템은 낯설어 한다는 것에서 그 배경을 찾을 수 있습니다.

연구 개발 과정을 시스템화 하지 않을 경우 일어나는 문제는 개개인의 노하우가 조직의 지식으로 정리, 관리되지 않는다는 것입니다. 인력 이동과 변동이 잦은 벤처기업에게 있어 시스템이 아니라 인력에 의존하는 것은 반드시 해결해야 할 현안 과제입니다. 브레인트로피아 역시 연구 개발 절차를 어떻게 시스템화 할 것인가를 오랜 기간 고민해 왔습니다. 그리고 이를 풀 해결책을 '비지니스 플랫폼'에서 찾았습니다.

브레인트로피아는 필요한 것들을 개별적인 솔루션으로 구매해서는 내부적으로 관리도 어렵고 비용도 너무 크게 든다는 판단 하에 원할 때마다 필요한 것을 늘려 갈 수 있는 '비즈니스 플랫폼'을 찾게 됩니다. 브레인트로피아가 정한 기준은 조직원 전체가 연구 개발 관련 계획, 실행, 점검(Plan, Do, Check)을 비즈니스 플랫폼 차원에서 연결할 수 있는 서비스를 찾는 것이었습니다. 단위 업무로 보자면 행정 업무 처리, 문서 및 프로젝트 관리, 데이터 분석 등 당장 필요한 것들을 제공하는 것은 기본이고 본사 및 외부 연구소에 파견된 인력이 마치 한 장소 있는 것처럼 소통하고 협업할 수 있는 플랫폼을 원한 것입니다.

■ 해결 방안

브레인트로피아는 한국마이크로소프트 파트너인 오피스튜터에 의뢰해 2014년 중반에 프로세스 혁신 컨설팅을 받았습니다. 이○○ 대표는 "연구원들이 IT에 관심을 두지 않는 이유는 도구를 쓸 때 얻는 편리함과 이득이 무엇인지 제대로 교육을 받지 않았기 때문이라 생각했습니다"라며 "연구원들이 새로운 업무 시스템에 거부감을 갖지 않고 목적지향적 사고를 가지고 계획, 실행, 점검을 일상화 하는 혁신의 툴로 Office 365를 받아들일 수 있도록 전문가의 도움을 받았습니다"라고 말했습니다.

컨설팅을 통해 초기에 방향을 명확히 정한 브레인트로피아는 발 빠르게 모든 업무를 Office 365 상에서 처리할 수 있는 환경을 마련했습니다. 브레인트로피아의 Office 365 사용은 바이오 벤처의 비즈니스 모델에 딱 맞습니다. 연구 개발, 영업, 생산, 품질, 회계 및 관리 등 전 업무 영역에 Office 365를 맞춤형으로 씁니다.

브레인트로피아는 연구원들은 Office 365 E1을 관리자들은 E3에 가입했습니다. E3 사용자는 Access로 구현한 경영 지원 시스템과 Power BI로 각종 경영 성과를 분석하고 시각화 하여 현황을 파악합니다. E1 사용자는 소통과 협업을 위한 이메일, 팀 사이트, Office 도구들을 주로 이용해 업무를 봅니다. 사용자 구분 없이 사용하는 것은 Project Online입니다.

브레인트로피아는 사전 준비를 철저히 한 만큼 일정 부분 자사에 필요한 부분을 직접 구현도 하였습니다. 대표적인 것이 Microsoft Project Online 입니다. 브레인트로피아는 Project Online에 자사의 신약 개발 프로세스를 녹였습니다. 그리고 예산 계획 대비 실적 등 연구 개발 조직에 필요한 KPI를 적용했습니다. 다음으로 경영 지원 시스템을 예로 들 수 있습니다. 브레인트로피아는 Access를 통해 판매, 구매, 생산, 품질, 인사, 회계 등을 처리하는 경영 지원 시스템을 구현했습니다. 이 시스템은 Access로 간단히 만든 것 같지만 그 속을 들여다 보면 ERP 못지 않게 알찬 구성을 하고 있습니다.

브레인트로피아는 Office 365 가입을 시작으로 총 3단계에 걸쳐 업무 플랫폼을 선진화 할 계획입니다. 브레인트로피아는 2014년을 Office 365가 조직 문화로 흡수되는 원년으로 삼고 2015년 영업 활성화를 위한 Dynamic CRM 을 더해 영업 활동을 지원하는 한편 지속적으로 프로세스 혁신을 추진해 이를 Project Online에 적용할 계획입니다. 이와 함께 점점 더 그 중요성이 커지는 데이터 분석 역량을 강화하기 위해 Power BI 전문가를 조직 내부에서 육성할 방침입니다. 이를 통해 경영 정보 분석은 물론이고 신약 개발 관련한 다양한 데이터 분석을 시행할 예정입니다.

■ 효과

● 하나의 조직, 하나의 문화

Office 365는 브레인트로피아가 하나의 조직과 문화를 만드는 토대입니다. 브레인트로피아의 모든 조직원은 자신에게 주어진 일만 하는 것이 아니라 연구 개발이란 큰 흐름 속에서 유기적으로 하나의 조직처럼 움직입니다. 영업, 생산, 품질 등 연구 개발 관련 모든 프로세스를 표준화 한 결과 조직의 움직임이 빨라졌습니다. 이○○ 대표는 "벤처기업에게 가장 중요한 것은 SPEED, 변신력 입니다"라며 "Office 365로 개개인과 업무 절차를 연결해 하나의 조직과 문화를 만들어 보니 기동력이 매우 높아졌습니다"라고 말했습니다.

기동력이 개선된 것은 모바일 덕이 큽니다. 바이오 벤처 업계에서 연구 협력은 매우 일상적인 일입니다. 브레인트로피아 역시 본사 연구실에만 인력이 있는 것이 아니라 가천의대, 서울대학교 금산연구센터 등 여러 곳에 연구원들을 파견하고 있습니다. 여러 가지 연구 개발 프로젝트가 여러 곳에서 동시 다발적으로 이루어짐에도 브레인트로피아는 마치 한 곳에 모여 있는 것처럼 기민하게 서로 현황을 파악하고 의사결정을 합니다.

● 논문, 특허, 문서 OneNote로 통합 관리

Office 365는 브레인트로피아의 문서 관리 체계에도 큰 변화를 일으켰습니다. 연구 개발 조직이 관리해야 하는 문서는 논문, 특허, 시험서 등 다양합니다. 이들 문서를 연구원들이 개별적으로 자신의 PC에 넣어 두거나 공유 폴더를 이용할 경우 버전 관리의 어려움이나 실수로 인한 삭제나 손실의 위험이 있습니다. 브레인트로피아는 OneNote로 문서 관리 고민을 싹 해결했습니다. 브레인트로피아는 모든 문서를 OneNote에 담습니다. OneNote는 연구 개발 조직이 쓰기에 고가의 문서 관리 시스템 못지 않은 편의성을 제공합니다. 브레인트로피아는 Office 365 사이트로 논문, 특허, 시험서, 인증서, 실험 보고서, 참조 문서 등이 일목요연하게 정리합니다. 뿐만 아니라 해당 문서에 대한 의견이나 참조 사항을 편리하게 노트에 기입해 관리합니다. 또한 모바일 기기로 접근할 수 있어 외근 중이나 회의 중일 때에도 일일이 PC 앞에 가지 않아도 문서를 확인합니다.

● 생산성은 200% 높이고 원가는 15% 줄이고

Office 365로 브레인트로피아는 생산성은 높이고 원가는 줄였습니다. 이○○ 대표는 "Office 365를 쓰지 않을 때와 비교하면 인당 생산성은 200% 이상 차이가 납니다"라며 "Office 365 MS Project Online으로 연구 개발 프로세스를 표준화 하고 예산 계획 대비 실적 등 KPI를 적용한 결과 약 15% 가량의 원가 절감 효과도 기대됩니다"라고 말했습니다.

〈Microsoft 고객 성공사례, 2015. 1.〉

Chapter

11 정보시스템 개발

학습 내용

제1절 시스템 개발 수명주기
제2절 시스템 개발 방법론
제3절 CASE 도구와 고속 응용시스템 개발
제4절 애플리케이션 확보 방안
MIS HIGHLIGHT 1 오픈소스
MIS HIGHLIGHT 2 소프트웨어 라이선스
CASE 1 분당 서울대학교병원: 차세대 의료정보시스템
CASE 2 LG GNS의 ALM(Application Lifecycle Management) 도입

제1절 시스템 개발 수명주기

정보시스템을 보다 효과적으로 수립하기 위해 시스템 개발 전문가들이 제시하는 개발 절차는 하나의 수명주기를 형성한다. 시스템 개발 수명주기(Systems Development Life Cycle: SDLC)는 하나의 정보시스템 개발 프로젝트를 수행하는 데 있어서 따라야 할 주요단계들을 말한다. 시스템 개발 수명주기의 단계들은 연구자나 컨설팅 회사에 따라서 다르게 제시하고 있지만 전체적으로 수명주기에 포함되는 주요활동은 거의 동일하다. 아래에서는 그림 11-1에서 보여주는 하나의 시스템개발 수명주기를 설명한다.

그림 11-1 SDLC

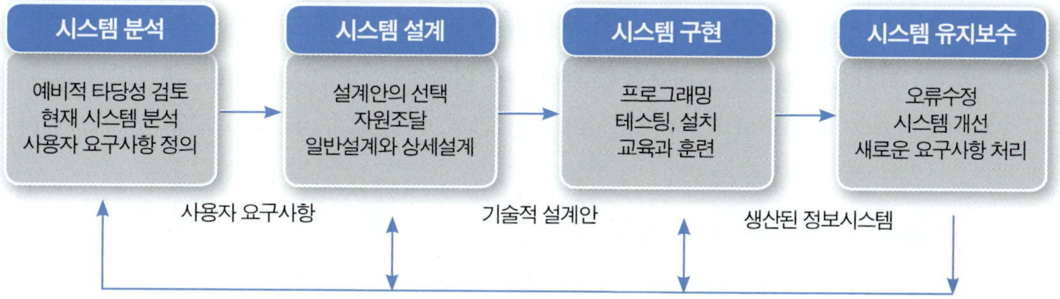

1. 시스템 분석

시스템 분석(systems analysis)이란 무슨 시스템을 만들 것인가를 정하는 활동이다. 시스템 분석 활동에는 프로젝트 수행에 대한 예비적 타당성을 검토하고, 현재 시스템을 이해하여 어떤 문제나 기회가 존재하는지 결정하며, 새로운 시스템에 대한 사용자 요구사항을 파악하는 것이 포함된다.

(1) 예비적 타당성 평가

예비적 타당성 평가(feasibility assessment)는 관심의 대상인 정보시스템이 정말로 개발할 가치가 있는지 평가하는 것을 말한다. 개발하고자 하는 정보시스템 프로젝트의 성공가능성을 결정하여 만약 실패할 가능성이 크다면 시스템 개발을 시작하지 않는 것이 좋을 것이다. 타당성 평가는 시스템 개발 수명주기의 전체 과정에서 여러 차례 수행하게 되며, 그 평가 영역은 아래와 같다.

① 조직적 타당성(organizational feasibility)

제안된 정보시스템이 얼마나 잘 조직목표와 정보시스템의 전략계획을 지원하는지 평가하는 것이다. 조직의 목표달성과 전략수행에 도움이 되지 않는 프로젝트에 대해서는 자금지원이 잘 되지 않을 것이다.

② 경제적 타당성(economic feasibility)

비용절감, 매출액 증가, 고객서비스 개선 등 정보시스템 사용으로 얻을 수 있는 편익이 시스템을 개발하고 운영하는 비용을 초과하는지 평가하는 것이다. 예컨대, 은행에서 현금자동인출기를 설치하여 얻는 편익이 그 비용보다 크다면 경제적 타당성이 있다고 할 수 있다.

③ 기술적 타당성(technical feasibility)

새로운 시스템을 개발하는 데 필요한 정보기술이 조직 내부에 있는지 혹은 외부로부터 조달하여야 하는지를 검토하는 것이다. 예를 들어 클라이언트/서버 시스템을 개발하는 데 있어서 조직 내부에 기술을 가지고 있지 않더라도 외부 전문업체의 기술을 이용할 수 있다면 기술적 타당성이 있다고 볼 수 있다.

④ 운영적 타당성(operational feasibility)

관리자, 종업원, 고객, 공급업자 등 시스템과 관련된 사람들의 시스템 운영과 사용을 지원하려는 의지와 능력을 말한다. 예를 들어 개발된 시스템이 너무 어려워서 사용하기 힘들다면 사용자들이 수용하려고 하지 않을 것이다.

⑤ 일정 타당성(schedule feasibility)

마감일(deadline)까지 시스템 개발을 성공적으로 완수할 수 있는가를 말한다.

(2) 현재 시스템에 대한 이해와 분석

역사를 연구하는 것은 오늘을 이해하고 내일을 대비하기 위해서이다. 즉 미래에 사용할 보다 우수한 시스템을 구축하기 위해서는 현재 시스템을 이해하는 것으로부터 출발해야 한다. 조직의 현재 상황을 정확하게 이해하지 않고는 어떤 경영문제가 존재하는지 어떤 정보기술 이용의 기회가 있는지 알기 어렵다. 현재 시스템은 수작업 시스템일 수도 있고 컴퓨터를 사용하는 자동화된 시스템일 수도 있다. 현재 개선하고자 하는 대상 업무를 잘 이해하여야 존재하는 문제가 정말로 무엇인지 이해할 수 있고 그 문제를 해결할 수 있는 새로운 정보시스템의 기능을 파악할 수 있다. 예를 들어 현재 학교의 수강신청이 수작업으로 처리되고 있는데 너무 느려서 자동화를 고려한다고 하자. 학교의 전반적인 환경과 업무에 대해 이해해야 할 뿐만 아니라 특히 현재의 수작업 절차를 이해하여야 수강신청과 관련된 규칙과 절차를 프로그램으로 표현하고 자동화할 수 있다.

(3) 사용자 요구사항의 정의

사용자 요구사항(user requirements)이란 새로운 시스템에 대해 요구되는 사용자의 정보 요구사항을 말한다. 사용자가 필요로 하는 정보를 처리하기 위해 시스템은 특정 기능들을 가져야 한다. 만약 비디오 가게의 주인이 오늘 비디오를 빌려간 고객의 리스트를 원한다면 이것은 하나의 사용자의 정보요구사항(information requirements)이다. 이러한 정보를 제공하기 위해서 비디오 대여시스템이 갖추어야 할 기능(function)은 당일의 대여 목록을 작성하고, 고객과 대여 비디오테이프에 대한 데이터를 저장하였다가 검색하고, 대여 고객의 리스트를 프린트하거나 모니터상에서 보여주고, 그리고 데이터를 주기적으로 백업하는 것 등이다. 분석단계에서 이러한 기능적 요구사항(functional requirements)을 시스템 분석가가 파악하여야 한다.

분석단계에서 파악하는 사용자 요구사항은 새로운 시스템이 가져야 할 기능에 관한 것이지, 하드웨어, 소프트웨어, 네트워크 등의 정보기술 중 무엇을 어떻게 이용할지에 관한 것은 아니다. 즉 UNIX를 사용할 것인가 Windows NT를 사용할 것인가는 여기서 고려하지 않으며, 설계단계에서 다루는 문제이다. 아래에 기능적 요구사항을 네 가지로 분류하여 설명한다.

① 사용자 인터페이스 요구사항(user interface requirements)

정보시스템에 의해 지원되어야 할 입력과 출력의 포맷(format), 내용(content), 양(volume), 그리고 빈도(frequency)를 포함한다. 예를 들면 제품 데이터에 대한 자동입력, 사용하기 쉬운 데이터 입력 화면은 사용자 인터페이스에 관한 것이다.

② 프로세스 요구사항(processing requirements)

입력을 출력으로 전환하는 데 요구되는 활동이다. 여기서 프로세스는 업무처리를 위한 계산이나 결정과 관련이 있으며, 평가 시에는 프로세스에 필요한 용량(capacity), 산출량

(throughput), 그리고 반응시간(response time)을 파악한다. 예를 들면 매출액 총액과 세금의 자동계산은 프로세스에 관한 것이다.

③ 저장 요구사항(storage requirements)

데이터베이스의 내용과 규모, 갱신(update)과 질의(inquiry)의 유형과 빈도 등에 관한 요구사항을 말한다. 예를 들면 제품, 가격, 고객 데이터베이스로부터 신속한 검색과 갱신은 저장에 관한 것이다.

④ 통제 요구사항(control requirements)

시스템 입력, 처리, 출력, 그리고 저장 기능의 정확성, 타당성, 안전성, 보안성, 적응성에 관한 요구사항이다. 자료입력 오류에 관한 메시지와 고객이 이해하기 쉬운 영수증은 통제에 관한 것이다.

위의 사용자 요구사항을 파악하기 위한 방법은 아래와 같다.

- 사용자, 경영자, 고객들과 면접한다.
- 사용자와 기타 이해관계자를 대상으로 설문지 조사를 한다.
- 직접 관찰하거나 비디오테이프에 녹음하거나 사용자와 같이 일해본다.
- 관련 전표, 보고서, 매뉴얼, 기타 문서를 수집하여 조사한다.

2. 시스템 설계

시스템 설계(systems design)는 사용자 요구사항을 무슨 정보기술을 이용하여 어떻게 구현할 것인가를 결정하는 것이다. 시스템 분석이 사용자 요구사항이 무엇(what)인가에 관한 것이라면, 시스템 설계는 사용자 요구사항을 어떻게(how) 충족시킬 것인가에 관한 것이다. 시스템 분석의 결과가 사용자 요구사항이라면, 시스템 설계의 결과는 기술적 설계안이다. 시스템 설계 활동에는 설계안의 선택, 자원조달, 그리고 개략적 설계안에 대한 상세한 설계가 있다.

(1) 시스템 설계안의 선택

다음 질문들을 고려하여 사용자 요구사항을 충족시키기 위한 여러 가지 설계 방안들을 생성하고 타당성을 검토하여 하나를 선택한다.

① 대상 업무의 얼마나 많은 부분을 전산화할 것인가?
② 응용시스템에 대해 패키지를 구입하여 사용할 것인가 아니면 자체적으로 개발할 것인가?
③ 온라인 시스템을 택할 것인가 아니면 일괄처리 시스템을 택할 것인가?
④ 메인 프레임, 미니컴퓨터, 혹은 마이크로컴퓨터를 어떻게 혼합하여 사용할 것인가?
⑤ 프로그래밍 언어는 무엇을 사용할 것인가?
⑥ 입출력 장치는 무엇으로 할 것인가?

예를 들어 표 11-1은 세 가지 설계안을 나열하고 그 타당성을 비교하였다. 경제적, 기술적, 운영적, 일정 타당성을 검토한다. 세 가지 설계안 중에서 타당성 합계 점수가 가장 높은 설계안3(90점)을 선택할 수 있다.

〈표 11-1〉 시스템 설계안의 비교

특성	설계안1	설계안2	설계안3
전산화 부분	전체	대부분	전체
아키텍처	호스트 컴퓨팅	클라이언트/서버 컴퓨팅	클라이언트/서버 컴퓨팅
소프트웨어 도구	패키지를 구입하여 수정	Power Builder	Visual Basic
DBMS	DB2	Oracle	SQL Server
처리방법	온라인	온라인	온라인
타당성 평가	80점	70점	90점

(2) 자원조달 결정

경영자가 하나의 설계안을 선택하였다면 소싱 결정을 내려야 한다. 필요한 하드웨어나 소프트웨어를 외부에서 구매할 수도 있고 내부에서 조달할 수도 있다. 또한 응용시스템 개발을 외부 전문업체에 전적으로 위탁할 수도 있고, 외부 전문업체와 공동으로 혹은 내부 스태프만으로 진행할 수도 있다. 설계안의 내용을 기초로 하여 공급업체들에게 제안서(Request For Proposal: RFP)를 요청하고, 공급업체들의 제안서를 비교하여 적절한 회사를 선택한 다음, 구매주문을 한다. 외부에서 구매한 하드웨어와 소프트웨어는 회사 내 기존의 시스템과 잘 통합될 수 있어야 한다.

(3) 일반설계와 상세설계

일반설계(general design)는 개발하는 시스템에 대한 개략적 설계로, 주로 데이터와 프로세스의 분산에 관한 결정과 컴퓨팅 아키텍처에 대한 결정을 포함한다. 호스트 컴퓨팅을 택할 수도 있고 클라이언트/서버 컴퓨팅을 택할 수도 있다. 그림 11-2의 클라이언트/서버 아키텍처에서는 외상매출금 응용프로그램과 재고관리 응용프로그램이 각각 다른 클라이언트에 설치되어 있으며, 데이터베이스 서버가 필요한 데이터를 클라이언트들에게 제공해준다.

일반설계는 또한 데이터와 프로세스의 분산에 대한 결정을 포함한다. 데이터베이스를 하나의 컴퓨터에만 설치하거나 혹은 분할하거나 복사하여 여러 위치에 분산하여 설치할 수 있다. 응용프로그램도 모두 하나의 컴퓨터에만 설치하고 운영하거나 혹은 응용프로그램의 일부는 본사에 다른 부분은 지사에 둘 수 있다.

그림 11-2 클라이언트/서버 아키텍처

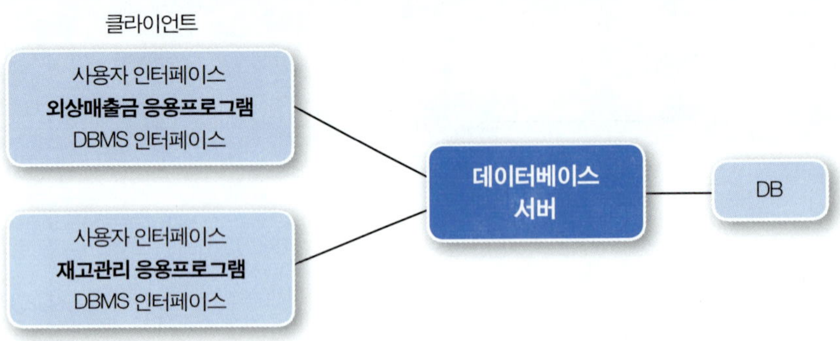

상세설계(detailed design)는 개발하는 시스템의 세부적인 요소에 대한 설계로서 아래 활동을 포함한다.

① 컴퓨터 파일과 데이터베이스를 설계한다. 예를 들어 개체의 속성, 관계 등을 조사하여 그린 개체관계도를 테이블로 전환하고 정규화하여 관계형 데이터베이스를 설계한다.
② 컴퓨터 입력과 출력을 설계한다. 예를 들면 데이터를 입력할 화면을 설계하고, 보고서 양식을 설계한다.
③ 사용자 인터페이스를 설계한다. 예를 들면 메뉴, 아이콘 등을 설계하고, 컴퓨터와 사용자간의 대화(dialogue)를 설계한다.
④ 프로그램 설계(program design)를 한다. 업무절차와 정책을 프로그래밍하기 위해 프로그램의 구조를 정하고 프로그램 모듈의 내용을 정한다.

3. 시스템 구현

시스템 구현(systems implementation)은 필요한 하드웨어나 소프트웨어를 구입하고, 설계안에 따라서 프로그래밍하고 테스트하고, 사용자를 훈련시키고, 시스템 문서 혹은 매뉴얼을 제공하여 시스템을 사용할 수 있도록 하는 활동이다. 시스템 구현 단계의 활동을 요약하면 그림 11-3과 같다.

전환(conversion) 활동은 기존의 정보시스템의 사용을 중단하고 새로운 정보시스템을 설치(installation)하여 사용하는 것이다. 전환의 네 가지 방법은 그림 11-4에서와 같이 직접전

그림 11-3 시스템 구현 활동

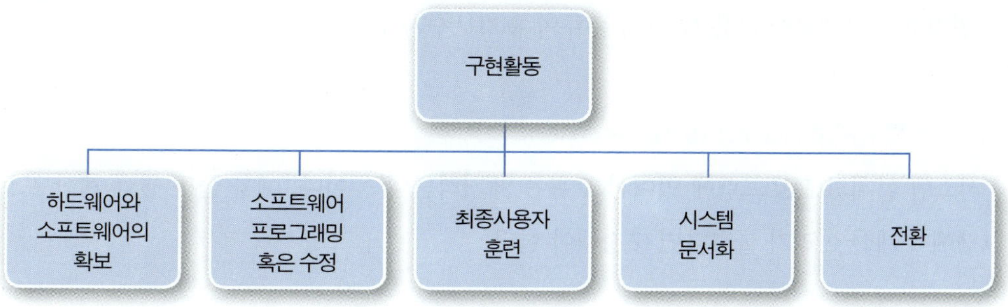

환, 병행전환, 파일럿 전환, 그리고 단계적 전환이다.

① 직접전환(direct cutover)

기존 시스템의 사용을 중단하고 새로운 시스템을 사용한다. 가장 빨리 전환할 수 있고 저렴하나 가장 위험하다.

② 병행전환(parallel conversion)

기존 시스템과 새로운 시스템을 테스트 기간 동안 병행하여 사용하다가 테스트가 끝나면 새로운 시스템만 사용한다. 안전한 방법이나 비용이 많이 든다.

③ 파일럿 전환(pilot conversion)

같은 시스템이 여러 지역에 걸쳐 이용될 때 어느 한 지역에서 먼저 전환한 다음, 새로운 시스템에 문제가 없다고 판단되면 다른 지역에 확대하여 설치한다. 비용과 위험이 상대적으로 낮다.

④ 단계적 전환(phased conversion)

대규모 시스템은 종종 별개의 모듈들로 구성된다. 예를 들면 주문처리시스템은 주문입력모듈, 재고모듈, 그리고 외상매출모듈을 가질 수 있다. 만약 모듈이 상대적으로 독립적이라면 한 번에 하나씩 교체할 수 있을 것이다. 직접전환보다 안전하나 시간이 오래 걸린다.

4. 시스템 유지보수

시스템 유지보수(systems maintenance)는 새로운 시스템이 설치된 후 사용하면서 시스템을 변경하는 단계로서 다음 세 가지 종류의 유지보수가 있다.

① 수정적 유지보수(corrective maintenance)

시스템 설계와 프로그램에 있어서 오류를 제거하는 활동이다. 예를 들면 월급 계산 프로그램에서 계산 논리가 틀렸다면 수정해야 한다.

그림 11-4 시스템 전환의 유형

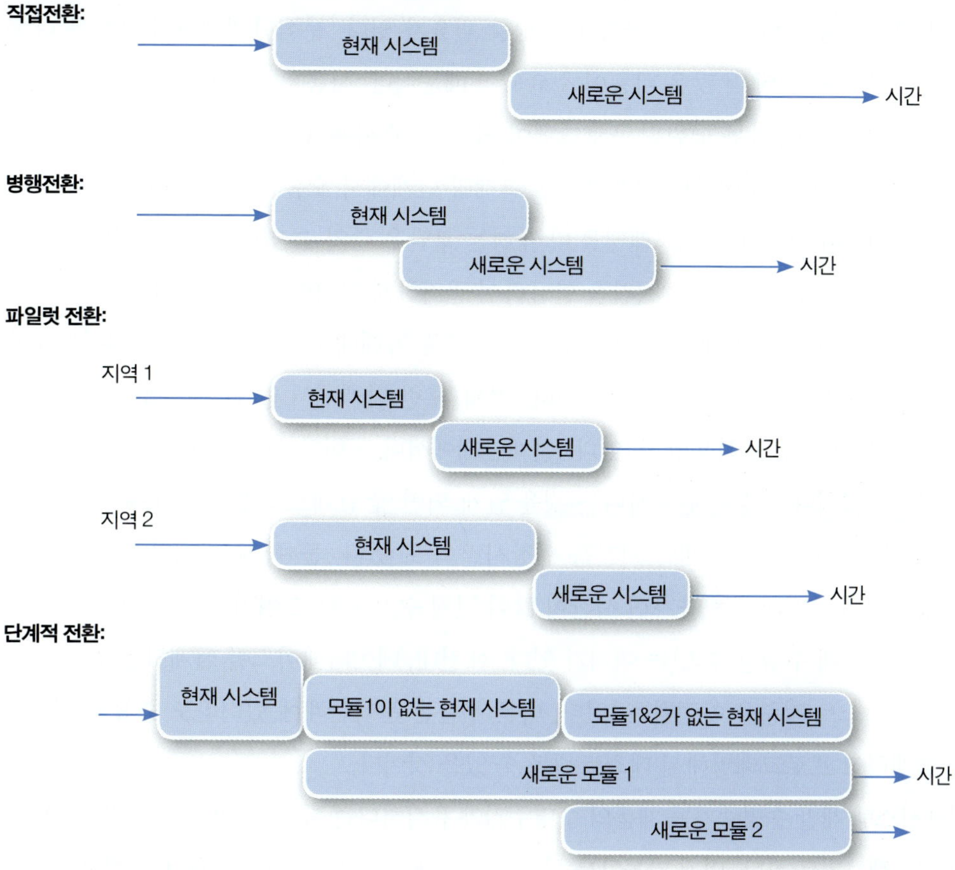

② 적응적 유지보수(adaptive maintenance)

변화하는 기업활동상의 요구에 따라서 시스템의 기능을 개선하거나 다른 운영환경에서 시스템을 사용하기 위해 변경하는 것을 말한다. 예를 들면 의료보험료가 인상되어 프로그램을 고치는 경우는 적응적 유지보수이다.

③ 완결적 유지보수(perfective maintenance)

시스템의 처리 성능과 사용자 인터페이스를 개선하거나 시스템을 보다 편리하게 사용하기 위해 변경하는 것이다. 예컨대, DOS에서와 같은 명령어 사용 방식에서 그래픽 사용자 인터페이스(Graphical User Interface: GUI)로 바꾸는 것은 시스템을 향상시키는 것이다.

시스템 유지보수의 업무는 SDLC에서 매우 큰 비중을 차지한다. 그러므로 분석단계에서 사용자 요구사항을 완전하고 명확하게 규명할 필요가 있다. 분석단계에서의 오류를 나중에 발견하면 고치는 데 더 많은 비용이 소요되기 때문이다. 사용자 요구사항을 잘못 분석하면 설계가 잘못되고, 잘못 구현된 프로그램이 되며, 결국 사용자가 수용하지 않는 시스템이 된다. 분석단계를 잘 수행하면 설계와 프로그래밍 단계에서 오류를 찾아내어 요구사항 명세서를 고치거나 설계와 프로그래밍을 다시 하는 부담을 줄일 수 있다. 그래서 개발 수명주기의 앞 단계에 가능한 한 많은 시간을 할당하여 철저하게 작업할 필요가 있다.

위에서 설명한 시스템 개발 수명주기는 각 단계를 차례대로 따라가는 것이 원칙이지만 약간의 유연성(flexibility)을 부여할 수 있다. 첫째, 후반 단계에서 앞 단계로 돌아가서 재작업하는 것을 어느 정도 허용할 수 있다. 설계단계에서나 구현단계에서 사용자 요구사항이 잘못 파악되었거나 변경이 필요하다는 것을 알게 되면 앞 단계로 되돌아가서 수정할 수 있다. 그러나 과도한 수정은 개발 기간을 연장시킬 수도 있다. 둘째, 모든 개발 활동을 반드시 수명주기의 단계대로 해나가면 시간이 많이 걸릴 수 있으므로 여러 가지 개발 활동을 동시(concurrent)에 수행할 수 있는 여지가 있다. 예컨대, 데이터베이스를 설계하는 동안 다른 스태프는 테스트 기준을 마련할 수 있다. 다른 부분은 분석단계에 있더라도 중요한 부분을 먼저 설계하고 프로그래밍해서 테스트해볼 수 있을 것이다.

정보시스템 개발 수명주기는 제품의 수명주기와 유사하다는 특징이 있다. 자동차의 수명주기와 비교해보기로 한다. 먼저 자동차를 설계하기 전에 표적 시장(target market)의 잠재고객들이 선호하는 기능, 디자인, 가격, 크기 등을 조사한다. 여기서 고객들의 요구와 선호사항을 조사하는 것은 시스템 분석에 해당하며, 이것을 기초로 하여 정보시스템을 설계한다. 설계한 자동차를 제조하여 테스트한 후 고객에게 판매한다. 이것은 프로그래밍하고 테스트하고 설치하여 사용자들이 업무활동에 이용하도록 하는 것과 같다. 그리고 고객의 자동차를 사후 서비스해야 하고 고객의 불평이나 제안에 귀를 기울여야 하는 것은 정보시스템의 유지보수와 같다. 자동차가 고장을 너무 자주 일으키고 수선비용이 많이 들어서 차라리 새로운 자동차를 사는 것이 더 좋다고 판단되는 시기가 오면 새로운 자동차를 구매한다. 주문입력 프로그램과 같은 응용시스템에 있어서도 오류가 있으면 수정하고, 새로운 상황에 적응하기 위해서 프로그램을 고치다가 너무 낡으면 폐기 처분하고 새로운 시스템을 개발한다.

정보시스템의 개발이 하나의 제품 생산과 유사한 특징은 하나 더 꼽을 수 있다. 제품의 생산과 마케팅 활동이 지향하는 사고방식이 소비자 중심주의(consumer orientation)가 되어야 하는 것처럼 정보시스템의 생산과 마케팅 역시 사용자 중심주의(user orientation)가 하나의 기본 철학이 되어야 한다는 점이다.

5. SDLC와 프로토타이핑

프로토타입(prototype)은 사용자의 기본적 정보요구를 반영하여 만든 단순하지만 작동하는 정보시스템 혹은 정보시스템의 일부분이다. 프로토타이핑(prototyping)은 실제 시스템을 만들기 전에 최종사용자가 평가할 수 있도록 저렴한 비용으로 신속하게 실험적 시스템을 만드는 과정을 말한다. 프로토타이핑을 하는 목적은 사용자의 요구사항이 불명확하여 실제 시스템을 한 번에 만들기가 곤란할 때 사용자에게 프로토타입을 사용해보도록 하여 보다 명확한 사용자 정보요구를 파악하는 데 있다.

그림 11-5은 프로토타이핑의 과정을 보여준다. 각 프로토타이핑 단계별 활동을 살펴보면 아래와 같다.

① 기본적인 사용자 정보 요구사항을 규명한다. 사용자가 무슨 기능을 가진 시스템을 원하는지 혹은 어떤 형태의 시스템을 원하는지 알아낸다.

② 기본적인 사용자 정보 요구사항을 반영하는 프로토타입을 만든다. 프로토타입은 보안을 고려한 완전한 시스템은 아니지만 어떤 입력을 하면 어떤 출력을 보여주는지 입력 화면이나 보고서 양식을 보여주어야 한다. 프로토타입을 신속히 만들기 위해서 제4세대 언어를 이용한다. 제4세대 언어(Fourth Generation Language: 4GL)는 최종사용자나 비숙련 프로그래머가 응용시스템을 전통적 프로그래밍 언어보다 신속하고 편리하게 개발할 수 있도록 하는 프로그래밍 언어이다. 4GL의 예로는 Access, SQL, SAS Graph 등이 있다.

③ 프로토타입을 사용자에게 보여주고 평가하도록 한다. 시험적인 사용을 통해서 사용자는 무엇이 부족하고 무엇을 개선해야 하는지 프로토타입 개발자에게 제시해준다.

④ 프로토타입이 만족스럽지 못하면 시스템 개발자는 사용자의 개선 요구를 반영하

그림 11-5 프로토타이핑 과정

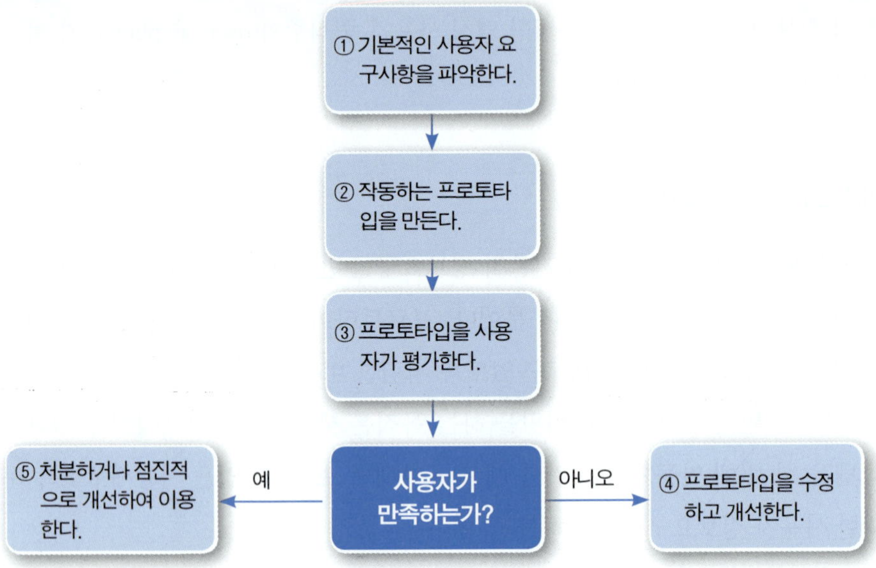

여 개선된 프로토타입을 다시 사용자에게 보여준다.

⑤ 만약 사용자가 프로토타입에 대해 만족하면 그 프로토타입을 개선하여 사용하거나 혹은 버리고 새로운 시스템을 만든다. 처분용 프로토타입(throwaway prototype)은 아이디어를 테스트한 후 버리는 것인데, 특히 시스템 일부분에 대한 대체적 설계안들을 비교할 때 유용하다. 점진적 프로토타입(evolutionary prototype)은 실제 정보시스템을 만드는 데 사용되는 프로그래밍 언어를 이용하여 만드는 프로토타입으로서 사용자의 정보요구를 밝힌 후 영구적 시스템으로 발전하는 시스템이다.

프로토타이핑은 SDLC 자체를 대신하여 사용할 수 있으며 특히 소규모 시스템에 적합하다. 의사결정지원시스템이나 중역정보시스템을 개발할 경우 사용자 스스로 자신의 시스템에 대한 요구사항을 표현하는 것이 쉽지 않다. 사용자는 이렇게 말할지도 모른다. "내가 원하는 것이 무엇인지 나도 잘 모르지만 시스템을 한번 만들어 보여주면 어떤 시스템을 내가 필요로 하는지 이야기할 수 있겠다." 이런 경우 SDLC에서처럼 사용자 요구를 거의 완전히 파악하여 문서화한 후 시스템을 개발할 수 없다.

프로토타이핑은 SDLC에 보완적으로 사용할 수 있다. 분석단계에서 사용자 요구사항을 좀더 분명하게 파악하는 데, 그리고 설계단계에서 입력과 출력 그리고 사용자 인터페이스를 설계하는 데 프로토타이핑이 유용하다. 예를 들어, 주문 데이터를 입력하는 화면을 설계하는 경우에 시스템 개발자가 Access를 이용하여 한두 가지 화면을 만들어 사용자에게 보여주면 보다 쉽게 어느 것을 선호하고 무엇을 고치는 것이 더 좋은지 알 수 있을 것이다.

시스템 개발 수명주기에 따라서 시스템을 개발하는 것은 기본적인 방법이지만 사용자 요구사항이 명확하지 않을 경우나 소규모 시스템을 개발하는 경우라면 프로토타이핑을 선호하는 편이다. 표 11-2는 SDLC와 프로토타이핑의 장단점을 요약하였다.

〈표 11-2〉 SDLC와 프로토타이핑의 장단점

시스템 개발 과정	장점	단점
SDLC	• 체계적으로 시스템 개발 단계를 거친다. • 시스템 개발 표준을 지키도록 하여 품질을 향상시킨다. • 요구사항분석에서 중요한 이슈를 빠뜨리지 않는다.	• 많은 문서작업을 요한다. • 사용자는 시스템 명세서를 이해하려고 하지 않거나 이해할 능력이 없다. • 요구사항 분석 후 오랜 기간이 지나야 완성된 시스템을 볼 수 있는데 그동안 요구사항이 변할 수 있다. • 사용자가 정보 요구사항을 설명하기가 어렵다.
프로토타이핑	• 사용자 요구사항이 보다 분명하게 파악된다. • 시스템 설계의 타당성을 검증할 수 있다. • 시스템 개발과정에 사용자가 많이 참여한다. • 최종 정보시스템의 일부가 될 수 있다.	• 문서화가 철저하지 못해 유지보수가 어려울 수 있다. • 사용자가 프로토타입을 최종 시스템으로 생각하고 버리려고 하지 않으며 더 이상 진전하기를 거부할 수 있다. • 사용자가 만족하지 않을 경우 계속되는 반복 과정으로 인해 시간과 비용이 많이 든다.

제2절 시스템 개발 방법론

시스템 개발 방법론(systems development methodology)은 일련의 도구(tool)와 기법(technique)을 사용하여 체계적으로 시스템 개발의 문제를 해결하는 과정이다. 대표적인 시스템 개발 방법론은 구조적 방법론(structured methodology), 정보공학(information engineering), 그리고 객체지향 방법론(object-oriented methodology)이다. 정보공학은 시스템 계획을 강조하는 데이터지향적 방법론으로서 구조적 기법의 연장으로 볼 수 있으므로 여기서는 구조적 방법론과 객체지향 방법론을 소개하기로 한다.

시스템 개발은 일종의 모델링 활동이다. 모델(model)이란 현실을 단순화하여 표현한 것이다. 아파트 모델 하우스가 분양하고자 하는 아파트를 모델링한 것이고, 초상화가 사람의 얼굴을 모델링한 것이듯이 말이다. 컴퓨터 프로그램은 조직의 업무를 모델링한 것이기는 하지만 현실 업무를 반영하는 어떤 모델을 먼저 만들고 그 모델에 따라서 소프트웨어 프로그래밍을 한다. 여기서 시스템 개발 방법론이 다르면 모델링하는 관점이 달라지고 이에 따라 모델링 도구가 달라지고 개발 문제해결의 기법이 달라진다.

1. 구조적 방법론

1970년대에 등장한 구조적 방법론은 구조적 분석(structured analysis)에서 구조적 설계(structured design)로, 그리고 구조적 설계에서 구조적 프로그래밍(structured programming)으로 전환하는 과정을 거치면서 발전하였다. 구조적 방법론에서는 프로세스 모델과 데이터 모델을 별도로 만든다. 프로세스 모델에는 자료흐름도가, 데이터 모델에는 개체관계도가 있다.

구조적 분석은 입력, 프로세스, 출력을 정의하고 시스템(system)을 하위시스템들이나 모듈들로 분할하는 방법이다. 여기서 프로세스(process)는 시스템의 입력(inputs)을 출력(outputs)으로 변환해주는 과정이다.

자료흐름도(Data Flow Diagram: DFD)는 하나의 논리적 그래픽 모델(logical graphic model)로서 프로세스들과 프로세스들 간의 자료의 흐름을 보여준다. 자료흐름도는 구조적 분석의 프로세스 모델링 도구(modeling tool)로서 상위시스템과 분할된 하위시스템들을 나타내는 데 이용된다. 자료흐름도에서 사용되는 심벌은 그림 11-6과 같이 프로세스(process), 자료흐름(data flow), 자료저장소(data store), 그리고 외부개체(external entity)이다. 그림 11-7과 그림 11-8은 자료흐름도의 예이다.

그림 11-6 자료흐름도의 심벌

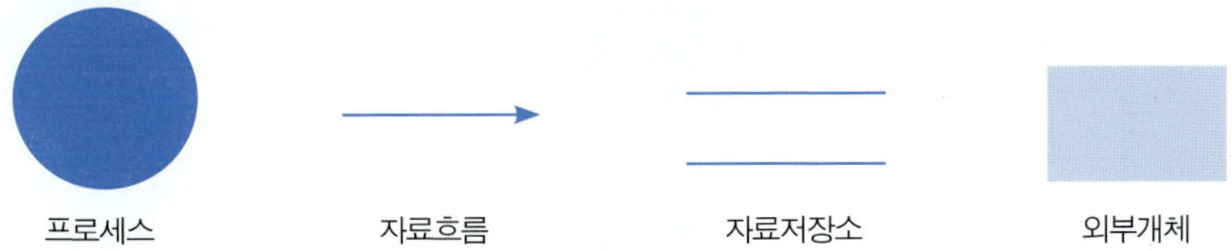

그림 11-7은 도서대여시스템의 배경도이다. 배경도(context diagram)는 최상위층의 자료흐름도로서 시스템의 범위(scope)를 나타낸다. 배경도의 "책을 대여하다"라는 프로세스를 분할하여 나타낸 하위층 자료흐름도가 그림 11-8이다. 물론 그림 11-8에 있는 프로세스를 필요하면 더 분할하여 보다 낮은 계층의 자료흐름도로 나타낼 수 있다. 하나의 하위층 자료흐름도는 하나의 하위시스템에 해당한다. 이와 같이 구조적 기법에서는 복잡한 시스템을 계층적으로 분할하여 표현한다. 전체 시스템을 한꺼번에 이해하기가 어렵기 때문에 작은 단위의 하위시스템들로 분할하여 하나의 관리 가능한 하위시스템에 대한 설계를 하고 프로그래밍을 하는 것이다.

그림 11-7 배경도: 도서대여점

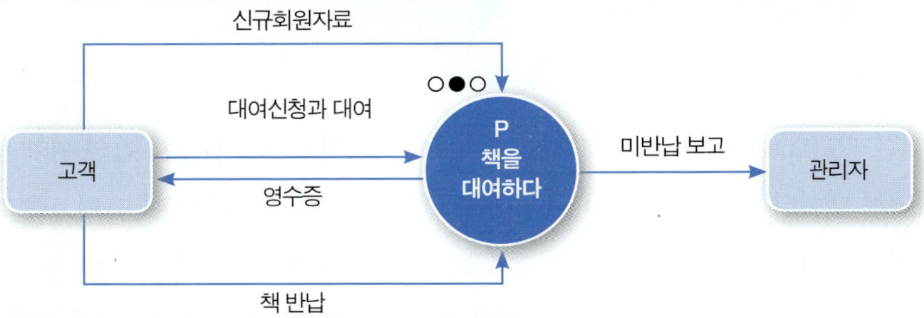

그림 11-7과 그림 11-8에서 특정 프로세스에 들어가는 자료흐름인 "신규회원자료"는 입력이고, 특정 프로세스에서 나가는 자료흐름인 "미반납보고"는 하나의 출력이다. 자료흐름도에서 하나의 프로세스는 기업의 방침, 규칙이나 절차로서 비즈니스 로직(business logic)을 가리킨다. 그리고 "고객"과 "관리자"는 시스템의 범위 밖에 존재하면서 시스템과 상호작용하는 외부개체이다. "책"이라는 자료저장소는 책에 관한 데이터를 저장한다.

그림 11-8 자료흐름도: 도서대여점

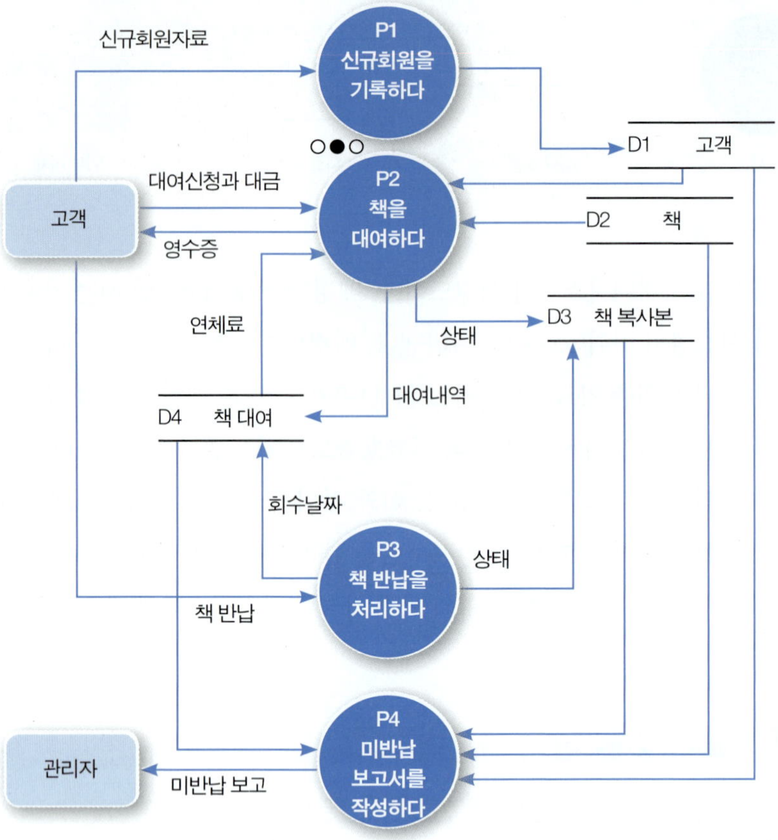

개체관계도(Entity Relationship Diagram: ERD)는 개체(entity)와 개체 간의 관계를 나타내는 개념적 데이터 모델이다. 그림 11-9에는 "책," "책대여," "책복사본," 그리고 "고객"이라는 개체들 간의 관계가 나타나 있다. "고객이름," "전화번호," "고객주소"는 "고객"이라는 개체에 대한 속성들(attributes)이다. 개체관계도는 관계형 데이터베이스를 설계하는 데 이용된다. 자료흐름도와 개체관계도는 별도의 모델이지만 서로 관련이 있다. 예컨대, 자료흐름도의 자료저장소는 개체관계도의 개체와 상응한다. 즉 자료흐름도에서 "책"이라는 자료저장소는 그림 11-9의 개체관계도에서 "책"이라는 개체에 해당한다.

구조적 설계(structured design)는 대규모 프로그램을 하향식(top-down)으로 계층적 모듈들로 분할하여 프로그래밍하기 쉽고 유지보수하기 쉽도록 설계하는 기법이다. 특히 구조

그림 11-9 개체관계도: 도서대여점

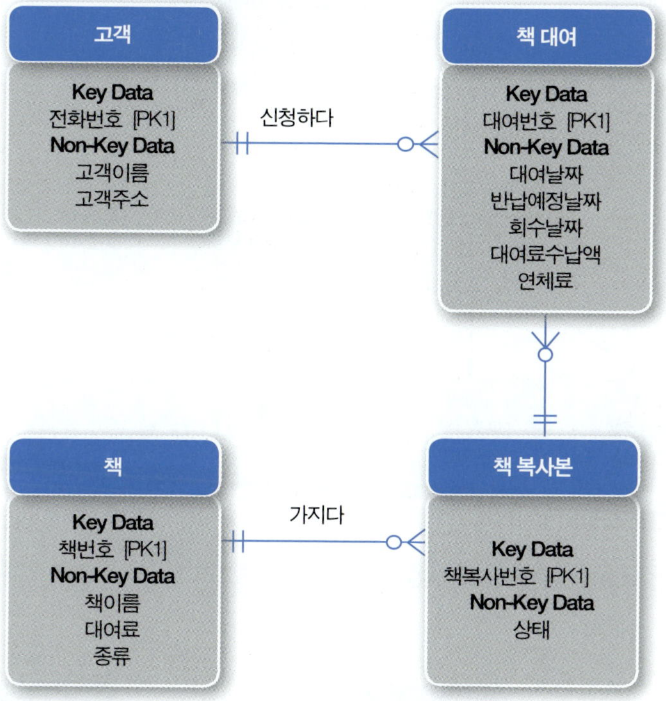

도(structure chart)라는 모델링 도구를 이용하여 모듈 간에 계층적 관계를 그림 11-10과 같이 나타낸다. 각 모듈에 대해서는 의사코드(pseudocode)를 작성한다. 모듈들은 낮은 결합도(low coupling)와 높은 응집도(high cohesion)를 가져야 한다. 그 이유는 어느 한 모듈을 수정할 때 다른 모듈들에 미치는 영향이 적어지기 때문이다. 여기서 결합도란 모듈들 간의 관계의 강도를, 응집도란 하나의 모듈이 하나의 잘 정의된 기능을 수행하는 정도를 말한다. 낮은 결합도란 모듈들이 서로 독립적인 경우를, 높은 응집도란 하나의 모듈에 서로 관련이 없는 기능 혹은 명령어들이 혼합되어 있지 않은 경우를 의미한다. 구조도는 자료흐름도(그림 11-8)를 전환하여 작성한다.

구조적 프로그래밍(structured programming)은 그림 11-11과 같이 순서(sequence), 선택(selection), 그리고 반복(iteration)의 통제구조를 이용하여 프로그램 논리(logic)를 작성하는 기법이다. 각 통제구조에는 하나의 입구와 하나의 출구가 있다. 구조도와 의사코드를 기초로 하여 프로그래밍한다. 순서는 명령어들의 순서적 기술이고, 선택은 IF문이나 CASE문을

그림 11-10 구조도: 도서대여점

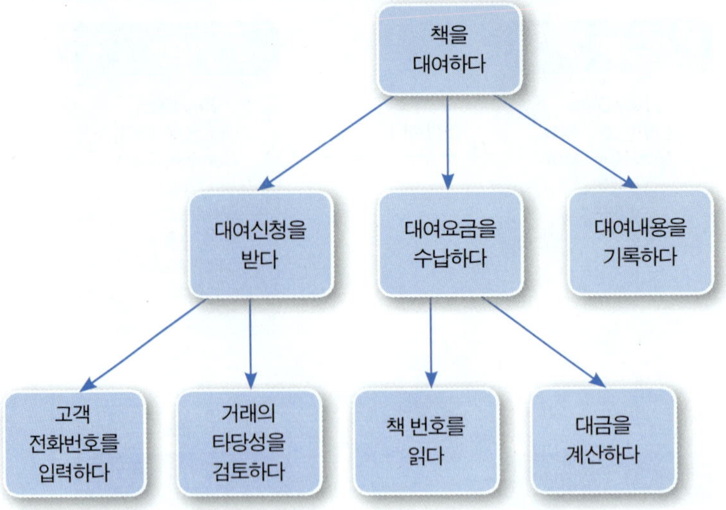

그림 11-11 구조적 프로그래밍의 통제구조

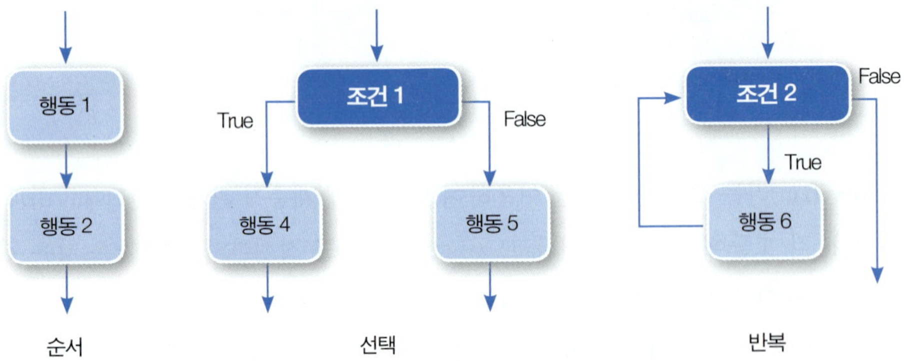

통해서 나타내고, 반복은 WHILE문이나 REPEAT문을 통해서 나타낸다. 구조적 방법론의 개발과정을 요약하면 그림 11-12와 같다.

2. 객체지향 방법론

구조적 방법론과 같은 전통적 개발 방법을 적용하여 SDLC의 과정을 거쳐서 응용시스템을 개발해온 결과, 예산을 초과해서 비용을 지출해야 하고, 마감일을 지나서 프로젝트를 계속해

그림 11-12 구조적 방법론의 개발과정

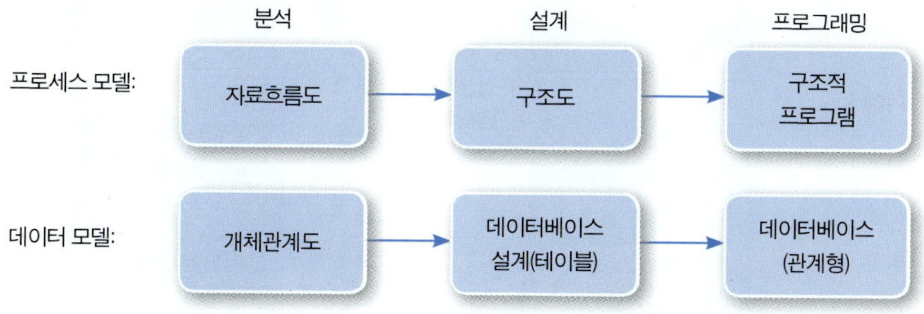

야 하고, 많은 오류가 발생하고, 그리고 사용자 요구사항을 충분히 충족시키지 못하는 문제가 생겼다. 이러한 문제를 소프트웨어 위기(software crisis)라고 부른다. 소프트웨어 위기를 극복할 수 있는 하나의 대체적 방법론으로 객체지향 방법론이 많은 기업에 도입되었다.

(1) 객체지향 개념

객체(object)는 현실세계에 존재하는 추상적 혹은 구체적인 대상으로, 이 대상에 대한 데이터가 존재한다. 객체는 데이터(data)와 방법(method)의 집합이다. 데이터는 객체의 속성(attributes)을 의미하고, 방법은 객체가 취할 수 있는 행동을 의미한다. 클래스(class)는 같은 데이터와 방법을 가진 객체들의 집합이다.

객체의 예를 들어보자. 경영정보시스템을 수강하는 갑돌이와 갑순이는 낱낱의 객체이다. 갑돌이의 학번은 IS157233이고, 입학날짜는 2015/03/02이며, 전공은 MIS이다. 갑순이의 학번은 IS157288이고, 입학날짜는 2015/03/02이며, 전공은 회계학이다. 갑돌이와 갑순이는 공통된 데이터로서 학번, 이름, 입학날짜, 전공, 전화번호를 가지고 있다. 갑돌이와 갑순이는 모두 입학하다, 전공을 바꾸다 등의 행동을 취할 수 있다. 따라서 학생이라는 클래스는 학번, 이름, 입학날짜, 전공, 전화번호라는 데이터를 가지고, 입학하다, 전공을 바꾸다 등의 방법을 가진다. 전공도 하나의 클래스가 될 수 있다. 전공에는 회계학, 경제학, MIS 등이 있다. 각 전공마다 주임교수가 있고 소속 학부가 있다. 회계학과 MIS는 경영학부에 속한다. 경제학은 경제학부에 속한다. 그리고 전공마다 전공인원상한이 있다. 예를 들어 MIS 전공 학생의 상한은 80명이고 현재 학생 수가 80명이면 다른 전공을 하는 학생이 MIS로 전공을 바꿀 수 없다.

그림 11-13 메시지 전달

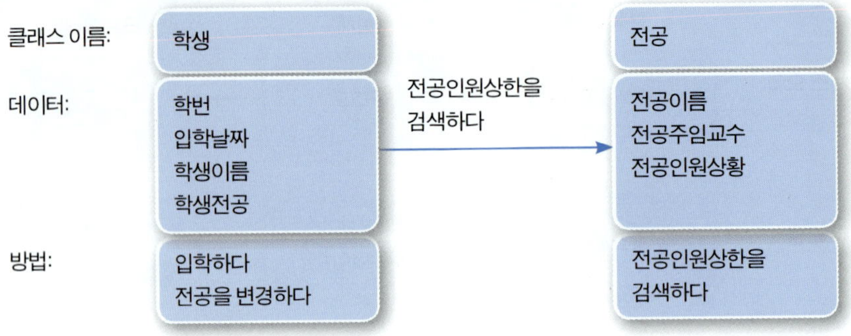

객체 간에는 메시지(message)를 전달하여 상호 작용한다. 메시지는 객체의 데이터 값을 변화시키거나 처리 결과를 얻기 위해 특정 객체에게 보내는 요구사항이다. 그림 11-13에서처럼 전공을 회계학에서 MIS로 바꾸고자 한다면, MIS의 전공인원상한을 검색하기 위해 학생 객체는 전공인원상한을 검색하다라는 메시지를 전공 객체에게 보낼 수 있다. 이 메시지를 받은 전공 객체는 전공인원상한을 검색하다라는 방법을 통해서 값을 찾아 학생이라는 객체에게 돌려보내준다.

캡슐화(encapsulation)는 객체 내에 데이터와 방법이 함께 존재하는 것을 말한다. 데이터가 객체 내에 숨어 있으면 다른 객체가 그 데이터의 값을 변경하는 것으로부터 보호할 수 있다. 특정 객체 내의 데이터 값을 변경하려면 그 객체의 방법을 통해서만 가능하기 때문이다. 예컨대, "학생"의 전공을 바꾸려면 "전공을 변경하다"라는 방법을 통해서만 가능하다.

상속(inheritance)은 하위클래스(subclass)가 상위클래스(superclass)에 정의된 데이터와 방법을 공유할 수 있다는 것을 의미한다. 하위클래스는 상위클래스의 데이터나 방법을 재정의할 수 있고, 또한 상위클래스가 가지지 않은 데이터나 방법을 추가하여 정의할 수 있다. 예컨대, "학생"은 상위클래스이고, "학사과정학생", "석사과정학생", 그리고 "박사과정학생"은 하위클래스가 될 수 있다. 박사과정학생은 "학생" 클래스에 정의된 "학번, 학생이름, 학생전공" 외에 "연구실"이라는 데이터를 가질 수 있고 "연구실을 할당하다"라는 방법을 추가적으로 가질 수 있다(그림 11-14).

그림 11-14 클래스 간의 상속

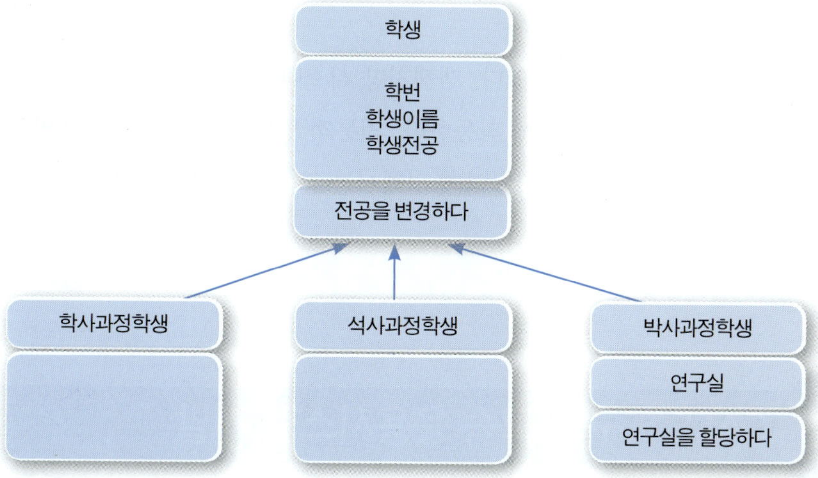

(2) 객체지향 개발 방법론의 편익

객체지향 방법론을 도입하여 적용하면 다음과 같은 편익이 있다.

첫째, 시스템 개발의 복잡성을 감소시켜 쉽고 빠르게 개발하고 유지·보수할 수 있다.

둘째, 객체지향 방법론은 프로그래머의 생산성과 소프트웨어 품질을 향상시킨다. 일단 객체가 정의되고, 구현되고, 테스트되고 나면, 다른 시스템 개발에 재사용할 수 있기 때문이다.

셋째, 객체지향 방법론에 의해 개발된 시스템은 보다 유연성이 크다. 객체지향 소프트웨어는 새로운 객체를 추가하거나 변경하여 쉽게 수정하고 개선할 수 있다.

넷째, 객체지향 방법론에서 시스템 분석가가 프로그램 수준에서 사고하는 것이 아니라 사용자가 생각하는 것처럼 실제로 존재하는 현실세계의 수준에서 자연스럽게 생각하도록 한다. 기업의 기본적 운영은 개인이나 그룹의 정보요구보다 훨씬 천천히 변화한다. 그래서 객체 모델에 기반을 둔 소프트웨어가 구체적이고 일시적인 문제를 해결하기 위해 작성한 프로그램보다 훨씬 긴 수명을 가진다.

다섯째, 객체지향 방법론은 웹 애플리케이션(Web applications)을 개발하는 데 이상적이다. 예를 들면, 사우스웨스트 항공(Southwest Airlines)은 인터넷상에서 표를 팔 수 있는 웹 애플리케이션을 빠른 시간 내에 개발하기 위해 객체지향 방법을 도입하였다. 이 항공회사는 복잡한 질의어를 객체지향 데이터베이스에 의하여 10배 내지 100배 빠르게 처리할 수 있다는 것을 알게 되었다.

한편, 객체지향 방법론의 단점도 있다. 객체지향 시스템은 다른 프로그래밍 언어로 작성한 프로그램보다 일반적으로 느리게 작동한다. 전통적 방법론을 사용하는 개발 스태프로 하여금 객체지향 방법론을 사용하도록 하기 위해서는 교육 훈련이 필요하다.

제3절 CASE 도구와 고속 응용시스템 개발

시스템 개발의 생산성을 향상하기 위해서 객체지향 기술 같은 최근의 개발 방법론과 함께 CASE 도구를 사용할 수 있다. 또한 프로토타이핑, JAD, CASE 도구 및 4GL 패키지를 사용하는 RAD를 활용할 수 있다. 여기서는 CASE 도구와 RAD에 대해 알아보기로 한다.

1. CASE 도구

CASE(Computer-Aided Software Engineering)는 시스템 개발의 과정을 자동화하는 것이며, CASE 도구(tool)는 프로그래머와 시스템 분석가를 포함하는 시스템 개발자를 위한 소프트웨어 패키지이다. 시스템 개발자 자신을 위한 도구로서 CASE 도구는 시스템 개발의 생산성과 품질을 향상시키기 위해 사용된다. CASE 도구는 시스템 개발 방법론의 적용에 용이하다. CASE 도구는 구조적 방법론, 정보공학 혹은 객체지향 방법론을 지원한다.

CASE 도구는 시스템 개발 수명주기의 일부 혹은 전부를 지원하느냐에 따라 다음과 같이 구분한다.

① 상위 CASE(Upper-CASE) 도구

주로 분석과 설계를 지원한다. 예컨대, 이 장에서 제시한 자료흐름도와 개체관계도는 상위 CASE의 하나인 Popkin사의 System Architect로 그린 것이다.

② 하위 CASE(Lower CASE) 도구

프로그래밍과 테스트 등 주로 수명주기의 뒷부분을 지원한다. 코드 생성기(code generator)는 하나의 하위 CASE 도구이다.

③ 통합 CASE(Integrated CASE: I-CASE) 도구

상위 CASE 도구와 하위 CASE 도구의 기능을 통합하였다. 시스템 개발의 과정 중 한 단계나 한 가지 유형의 업무를 자동화하는 소프트웨어 도구를 도구 킷(tool kit)이라고 하고, 하나의 개발 방법론을 전제로 하여 상호 연결된 소프트웨어 도구들의 집합을 CASE 워크벤치(workbench)라고 한다. CASE 도구는 다음과 같은 이점을 가진다.

① 조직적으로 그리고 표준화된 방식으로 시스템 개발 과정을 지원하여 생산성을 향상시킨다. 여러 명의 작업자가 참여하여도 다이어그램을 일관성 있게 그릴 수 있다.
② 시스템 개발자와 사용자가 공동으로 요구사항을 규명하고 설계하는 JAD(Joint Application Design)를 원활하게 한다.
③ 프로토타이핑에 용이하여 사용자가 개발 과정의 초기에 시스템의 모습을 이해할 수 있다.
④ 상황변화에 따른 사용자 요구사항이나 설계사항의 변경을 쉽게 시스템에 반영할 수 있다. 설계 내용을 수정하여 코드를 자동으로 생성할 수 있다. 그러나 코드가 완전하게 생성되지는 않으므로 코드 생성기를 사용하더라도 프로그래머는 필요하다.

그러나 CASE 도구의 이용에도 단점이 있다. CASE 도구를 구입하여 설치하는 데 따르는 비용이 든다. CASE 도구를 배우고 사용하는 데 시간이 걸리기 때문에 처음 도입하였을 때에는 오히려 생산성이 떨어질 수도 있다. 그래서 신속한 개발을 기대하는 관리자에게는 그 도입을 쉽게 정당화시키기 어렵다.

2. 고속 응용시스템 개발

고속 응용시스템 개발(Rapid Application Development: RAD)은 시스템을 보다 신속하게 개발하기 위한 방법으로 적극적인 사용자 참여(user involvement), JAD(Joint Application Design), 프로토타이핑, 그리고 CASE 도구를 이용한다. 시스템 개발의 과정에 사용자를 참여시킴으로써 정보요구사항을 파악하고, 시스템 설계를 하는 데 있어서 사용자의 의견을 반영하여 사용자가 수용할 수 있는 시스템을 개발하기 위해서이다. JAD는 사용자와 시스템 개발자가 회의를 하면서 정보요구분석과 시스템 설계를 신속하게 진행하는 것을 말한다. RAD 과정은 프로토타이핑 과정처럼 반복적 활동을 허용하고, 개발의 속도를 중요시한다. RAD를 적용하면 초기 버전의 시스템을 개선시켜 최종 시스템으로 발전시킬 수 있다.

RAD를 적용한 시스템 개발의 과정은 그림 11-15와 같이 전통적인 SDLC와는 다르다. 시스템 개발 전문가가 사용자 인터페이스를 개발하기 위해 프로토타이핑을 하는 동시에 다른 개발자들은 시스템의 나머지 부분을 설계하고 프로그래밍할 수 있다. 그런 다음, 사용자 인터페이스와 나머지 프로그램을 연결하면 통합된 시스템을 얻을 수 있다. 이러한 병행적 개발(parallel development)은 진행 속도를 빠르게 조절할 수 있다는 장점이 있는 반면에, 프로토타이핑과 같이 시스템에 대한 적절한 문서를 마련하는 것을 소홀히 할 가능성이 크다는 단점도 있다.

그림 11-15 RAD 과정

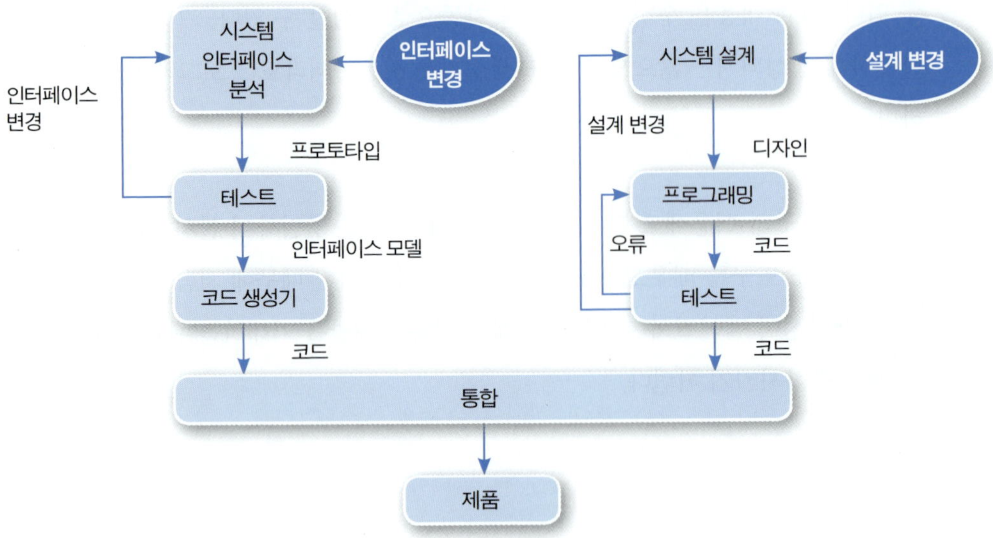

제4절 애플리케이션 확보 방안

애플리케이션의 확보(acquisition)란 조직이 필요로 하는 애플리케이션을 획득하는 방안을 의미하며, 외부로부터 구매나 리스, 그리고 조직 내부 개발을 포함한다. 기업이 어떤 애플리케이션을 필요로 하느냐에 따라서 적절한 확보 방안은 달라질 수 있다. 작은 전자상점이라면 내부에서 직접 프로그래밍할 수 있지만, 기업에 따라서 외부에서 패키지를 구입하여 사용할 수도 있고 애플리케이션 서비스 제공업자(application service provider: ASP)로부터 리스할 수도 있으므로 각 방안의 장단점을 고려할 필요가 있다. 새로운 애플리케이션은 데이터베이스, 인트라넷, ERP 등과 같은 기존의 정보시스템과 통합될 필요가 있다.

1. 애플리케이션 구매

많은 기업을 대상으로 판매되고 있는 애플리케이션 패키지는 표준화된 것이다. 기업이 사용할 애플리케이션에 포함되어야 할 특성이 상업용 패키지에 포함되어 있다면 구매하는 것도 하나의 확보 방안이다. 이 방안은 턴키 접근법(turnkey approach)이라고도 알려져 있다. 시장에서 판매되고 있는 패키지를 구매하는 것은 비용 대비 효과적이고 시간절약적인 전략이 될 수 있다. 하나의 패키지가 모든 요구사항을 만족시키지 못할 경우 둘 이상의 패키지를 구매해야 하는 문제가 생긴다. 만약 사용하기 위해 패키지를 많이 수정해야 한다면 구매를 통한 확보 비용은 보다 높아진다.

2. 애플리케이션 리스

애플리케이션을 리스(lease)하는 것은 시간과 비용을 상당히 절약할 수 있다. 특히 구매 비용이 매우 부담스런 경우 리스하는 것을 고려할 수 있다. 복잡한 패키지를 구매하기 전에 실험적으로 하나의 패키지를 사용할 경우에도 유리하다. 리스를 할 경우 사용자 기업 내에 애플리케이션을 설치하고, 운영과 유지보수하는 것까지 계약에 포함할 수 있다. 다른 한 가지 방법은 ASP(Application Service Provider)로부터 응용시스템을 리스 계약하는 것이다. 이 경우에는 ASP의 데이터 센터 내에서 애플리케이션을 호스팅하고 있다.

Robinson Nugent 회사는 하이테크 전자기기를 생산하는 기업으로 재무, 유통, 제조 분야의 소프트웨어를 사용하고 있다. 이 소프트웨어는 ERP 공급자인 PeopleSoft가 개발하고 판매하는 것이다. Robinson Nugent는 소프트웨어를 운영하기 위해 회사 내부 컴퓨터를 사용하지 않는다. Lexington에 본사를 두고 있는 ASP인 Surebridge에게 매월 수수료를 지불하고 인터넷으로 필요한 소프트웨어를 사용한다.

서비스로서의 소프트웨어(Software-as-a-Service: SaaS)는 고객 기업이 소프트웨어 사용에 대해 사용료를 지불하는 소프트웨어 유통 모델이다. SaaS 모델에서 고객은 ASP에게 사용요금을 지불한다. ASP는 애플리케이션과 관련된 서비스(유지보수, 기술지원, 데이터 저장 등)를 인터넷으로 고객에게 제공한다. 예를 들어, Salesforce.com은 고객들에게 제공할 CRM 소프트웨어를 인터넷 서버에서 호스팅하고 있다. 고객 기업의 종업원들은 CRM 소프트웨어를 구입할 필요 없이 인터넷 접속을 통하여 이용할 수 있다. 개인적으로 ASP를 이용한다면 개인의 생산성 향상을 위한 소프트웨어(예를 들면, Excel)를 거래 때마다 혹은 월별로 요금을 지불하고 이용할 수 있고 파일도 ASP의 웹서버에 저장할 수 있다.

3. 기업 내부 개발: 정보시스템 부서

기업 내부 인력이 필요한 애플리케이션을 직접 개발하는 인소싱(insourcing) 방안이 있다. 시간과 비용이 많이 소요되지만 해당 기업의 상황에 잘 맞는 애플리케이션을 개발할 수 있고 경쟁기업보다 차별화된 시스템을 수립할 수 있다는 장점이 있다. 내부 개발(in-house development)에도 세 가지 방안이 있다.

① 전적인 신규 개발(build from scratch)

컴포넌트(component)가 없는 경우 전문화된 애플리케이션을 개발하는 데 적절하다.

② 컴포넌트 개발(build from components)

필요한 애플리케이션을 표준화된 컴포넌트를 이용하여 개발할 수 있는 경우가 있다. 시스템 전체를 재개발해야 하는 경우보다 컴포넌트 재사용으로 신속하게 적은 비용으로 개발할 수 있다.

③ 애플리케이션 통합(integrating applications)

여러 비즈니스 파트너들로부터의 애플리케이션을 통합할 필요가 있을 때 유용하다. 컴포넌트 재사용과 비슷하지만 그 범위가 전체 애플리케이션이라는 점에서 차이가 있다.

4. 기업 내부 개발: 최종사용자 개발

최종사용자 개발(end-user development)이란 정보시스템 부서의 시스템 개발 전문가가 아닌 최종사용자가 자신이 사용할 정보시스템을 직접 개발하는 것을 말한다. 옛날에는 전산실에서만 담당했던 많은 일을 이제 사용자들이 작업현장에서 직접 수행한다. 사용자들이 스스로 자료를 입력하고, 보고서를 만들어 프린트하고, 그리고 시스템을 개발한다. 이러한 최종사용자 개발이 증가한 이유는 다음과 같다.

① 점점 강력한 성능을 가진 PC가 상대적으로 낮은 가격에 소개되어 최종사용자가 사용할 수 있다.
② 최종사용자가 사용하기 쉬운 제4세대 언어를 이용하면 생산성을 향상시킬 수 있다.
③ 정보시스템 부서는 개발적체를 가지고 있고 최종사용자는 컴퓨터 이용에 대한 지식을 점차 많이 가지게 되었다. 그래서 시스템이 개발될 차례가 될 때까지 몇 년씩 기다리지 않고 사용자 스스로 개발하게 되었다.
④ 정보시스템 부서에서 공식적 절차를 거치면서 시스템을 개발하는 것보다 사용자 스스로 개발하면 개발 기간이 더 짧다.
⑤ 최종사용자는 정보시스템 전문가보다 정보시스템이 사용될 업무에 대해 더 잘 알고 있다. 즉 시스템 분석가가 현재 시스템을 이해하는 것보다 최종사용자가 현재 시스템을 더 잘 이해하고 있다.
⑥ 최종사용자의 업무는 자동화함으로써 많은 편익이 있지만 그 자동화의 규모가 너무 작아서 공식적인 시스템 프로젝트로는 부적합하다. 따라서 사용자 스스로 개발하는 것이 더 좋다.

그림 11-16 EUC와 IS부서

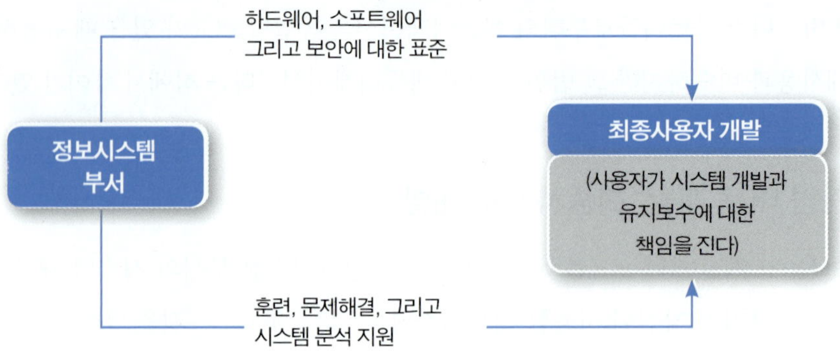

최종사용자 개발의 장점은 다음과 같다.

① 업무를 담당하고 있는 사용자가 정보요구를 결정한다.
② 사용자 스스로 시스템을 개발하므로 그 시스템을 사용할 가능성이 커진다.
③ 개발의 적체가 감소된다.

반면에 최종사용자 개발에 다음과 같은 문제점도 있다.

① 최종사용자들이 개발한 시스템이 조직목표에 부합하는지 그리고 허용할 만한 품질을 가지는지 검토할 필요가 있다.
② 시스템 개발 전문가가 아니므로 시스템 개발에 있어서 오류가 많아 테스팅과 문서화가 적절하지 않을 수 있다.
③ 사용자의 이해 부족으로 데이터 보안이 철저하지 않을 수 있으며, 부서마다 중복되거나 비일관적으로 데이터를 정의하고 중복된 시스템을 개발할지도 모른다.

최종사용자 개발의 장점을 최대화하고 문제점을 통제하기 위한 한 가지 방법은 최종사용자를 지원하는 정보센터(information center)를 설치하여 운영하는 것이다. 정보센터는 일반적으로 자체 사무실과 최종사용자 컴퓨팅 지원 인력, 그리고 다양한 컴퓨터 하드웨어와 소프트웨어를 갖추고 있다. 정보시스템 부서와 최종사용자 개발 간의 관계를 요약하면 그림 11-16과 같다.

정보센터의 역할은 아래와 같다.

① 최종사용자가 자신의 생산성을 향상시킬 수 있는 응용시스템과 적절한 개발 도구를 선정하는 데 도움을 준다.

② 중복되는 응용시스템 개발을 방지하고, 데이터 공유를 권장하고, 비일관적인 데이터 정의와 같은 데이터 무결성(integrity) 문제를 최소화한다.

③ 최종사용자가 호환성이 있는 정보기술을 도입하도록 하드웨어와 소프트웨어 표준을 설정하고 지키도록 도와준다.

오픈소스

■ 국내 오픈소스 환경, 아직은 '걸음마' 수준 라이선스 이슈에 따른 관심 증대, 사업추진은 미지수

1990년대 말 인터넷의 폭발적인 성장과 함께 리눅스의 등장은 인터넷 벤처산업에게는 더없이 좋은 운영체제였다. 그로부터 10여 년이 지난 오늘날까지 리눅스를 제외한 오픈소스 활용은 인터넷 관련 기업 일부를 제외하면 여전히 정체상태에 머물러 왔다.

이런 오픈소스 시장이 크게 요동치고 있다. 최근 일부 외산 상용소프트웨어 벤더를 중심으로 이어지는 라이선스 관리체계를 한층 강화했기 때문이다. 과거 마케팅을 위해 로컬시장에서 관행적으로 용인되던 사항도 라이선스 위반으로 벤더사의 이익구조에 포함시키고 있다는 지적도 일고 있다. 상용 소프트웨어 라이선스에 대한 기업·기관의 부담은 오픈소스로 눈길을 돌리기에 충분하다. 또한 해마다 발전하는 오픈소스와 그와 관련된 하드웨어의 성능은 상용 소프트웨어와의 경쟁에서도 충분한 경쟁력을 보여주고 있다.

기업·기관마다 도입 요구사항은 다르지만, 제 눈에 맞는 안경을 찾듯이 오픈소스를 구축하는 것이 기업의 핵심 과제가 됐다. 그러나 국내에서 오픈소스는 이제 막 걸음마 단계로 혼란과 기회가 공존하는 시기다. 현재는 부정적인 시각보다는 긍정적인 시각이 우세하다. 관건은 얼마나 효율적으로 상용 소프트웨어를 대체할 수 있느냐에 달려있다.

■ 오픈소스 관심 증대

국내 오픈소스 산업은 좁은 의미로 '오픈소스 제품'과 '오픈소스 서비스'의 두 가지만을 말하고 있다. 이에 반해 넓은 의미로서 금전적 가치 유무와 관련 없이 오픈소스를 통해 생산 및 이용하는 활동 모두를 포괄하고 있다.

국내에서 오픈소스 산업이라 하면 전자의 시장규모로 판단하는 경우가 많다. 실제로 '2012 공개소프트웨어백서'에 따르면 작년 한해 오픈소스 시장은 284억 원(SW: 116.8억 원, 서비스: 167억 원)으로 추산하고 있다. 이는 아직 규모면에서 산업이라는 표현을 붙이기에 부족함이 따른다. 그러나 오픈소스 시장이 고무적인 것은 2010년 46.5%, 2011년 56.8%의 성장률을 보이며 가파르게 성장하고 있다는 점이다. 업계는 오픈소스 시장이 매년 44% 가량 빠르게 성장하며 '신흥시장의 패턴'을 보이고 있어 향후 오픈소스가 소프트웨어 산업의 일부분으로 빠르게 진입할 것이라는 전망을 내놓고 있다.

또한 임베디드 소프트웨어 분야와 패키지 형태의 오픈소스 시장을 포함된 오픈소스 시장규모는 순

소프트웨어백서 시장 규모 분석 및 전망

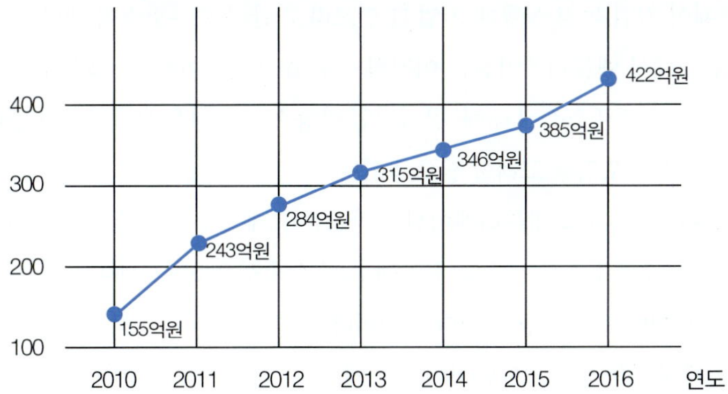

〈출처: 정보통신산업진흥원〉

수 오픈소스 시장에 비해 10배 가량인 약 2,500억 원으로 추산되고 있다. 이렇듯 해마다 오픈소스 시장이 커가는 이유는 기업·기관의 끊임없는 관심에 있다. 특히 지난해부터 이어지는 라이선스 분쟁으로 기업은 그 대안으로 오픈소스를 고려하고 있다.

최근 오픈소스와 제반된 하드웨어 성능이 향상되면서 상용 소프트웨어에 대한 대안으로 주목받고 있는 것이다. 특히 리눅스 기반 x86서버가 해마다 비약적인 발전으로 인해 서버시장을 잠식하는 것은 오픈소스의 지배력을 단적으로 보여주고 있다. 이외에도 WAS, WEB, DB 운용에서의 오픈소스는 점차 축적된 노하우를 바탕으로 시장지배력을 강화하고 있다.

현재 외산 상용소프트웨어 기업들의 라이선스 유지보수비용은 약 20~22%이지만, 최근 4~5%가 추가로 상향 조정됐다. 하지만 국내 기업은 이에 대한 대응방안에 딱히 묘수가 있는 것은 아니다.

이에 최근 오픈소스와 제반된 하드웨어 성능이 향상되면서 상용 소프트웨어에 대한 대안으로 주목받고 있다. 특히 리눅스 기반 x86서버가 해마다 비약적인 발전으로 인해 서버시장을 잠식하는 것은 오픈소스의 지배력을 단적으로 보여주고 있다. 이외에도 WAS, WEB, DB, 운용에서의 오픈소스는 점차 축적된 노하우를 바탕으로 시장지배력을 강화하고 있다.

실제로 업계에 따르면, 오픈소스를 도입을 위한 주요 동기로서 2011·2012년도에는 특정 업체 및 소프트웨어에 종속에 따른 탈피가 가장 큰 이유로 지목된 것에 반해 2013년도에는 품질이 가장 큰 이유로 지목됐다.

또한 도입비용에 따른 리스크 감소를 목적으로 오픈소스를 도입하고자 하는 기업도 점차 증가하고 있다. 기업의 대규모 프로젝트를 파일럿 프로젝트로써 오픈소스를 통해 사전 검증 절차를 거치는 것이다. 특히 빅데이터, 모바일 또는 클라우드 프로젝트의 경우, 오픈소스의 기술격차가 기반기술을 장악하고 있어 도입이 적극 검토되고 있는 추세이다.

■ 앱 단위 오픈소스 사용은 아직은 미비

외산 상용소프트웨어 기업 독점 상황에 기업 IT 인프라 기반의 오픈소스에 대한 수요는 크게 증가했지만 데스크탑 환경에서 애플리케이션은 여전히 상용 소프트웨어에 종속돼 있는 것이 기업의 현실이다. 따라서 기업에서 오픈소스에 대해 창의적인 방향으로 혁신을 모색하고자 한다면, 애플리케이션 단위에서의 오픈소스 도입을 고려할 필요가 있다.

그러나 인프라와 달리 오픈소스 애플리케이션의 발달은 크게 상용 소프트웨어에 미치지 못하는 것이 현실이다. 기업에서 오픈소스를 사용한다고 해도 기존의 상용소프트웨어 기능을 이용하기 위해서 또 다시 상용소프트웨어를 쓸 수밖에 없다는 것이다.

또한 국내 IT 환경체계가 특정 소프트웨어에 종속돼 있는 것도 애플리케이션 단위에서 오픈소스를 도입하는 데 어려움으로 작용한다는 의견도 많다. 특히나 인터넷브라우저의 경우, 아직까지도 국내 IT 환경이 액티브 X(Active X)바탕으로 구성돼 있어 기타 오픈소스 웹브라우저 이용을 하지 못한 상황이다.

상황이 이렇다보니 기업의 CIO도 상용 소프트웨어의 성능과 호환성을 충족시키는 오픈소스 소프트웨어가 등장하기 전까지는 기존의 제품을 이용하는 것이 합리적이라고 생각하고 있다. 이에 대해 필수 소프트웨어를 이용하는 그룹을 체크하고, 이를 관리해야 한다는 목소리가 점차 커지고 있다.

풀무원은 이를 위해 자사의 표준 오피스 소프트웨어를 국산제품으로 지정하고, 전사 사원에게 이에 대한 설득과 교육을 함께 진행했다. 그리고 사내 20% 정도를 차지하고 있는 특정벤더의 상용 소프트웨어의 핵심기능 사용자에게는 이에 대한 상용 소프트웨어를 별도로 지급하고 있다. 오픈소스 사용과 상용 소프트웨어의 체계적인 관리를 통해 라이선스에 대한 관리도 한결 수월해졌다는 평가다.

■ TCO 절감효과, 아직까진 '미지수'

오픈소스가 국내외적으로 도입이 확대되고 재생산되고 있는 배경에는 기업의 TCO측면에서 경쟁력을 강화하고자 하는 CIO나 IT 부서장의 의지가 크기 때문이다. 그러나 오픈소스 이용이 TCO 측면에서 경쟁력을 보이기엔 아직 미흡하다는 의견이 있다. 도입비용은 상용소프트웨어에 비해 적지만 부가적인 운용비용에 있어 상용 소프트웨어 비용에 상등하는 비용이 소모되기 때문이다.

또한 다양한 오프소스를 상용 소프트웨어에 버금갈 수준으로 운용할 수 있는 IT 인력 개발이 필요해 IT 인력 개발 및 운용비용을 별도로 책정해야 하는 점도 오픈소스 운용비용의 증가를 가져오고 있다. 따라서 오픈소스를 TCO 절감 차원에서 도입하자는 것은 아직은 시기상조라는 의견이다.

이를 위해 기업의 오픈소스를 도입하고 유지·보수를 할 수 있는 벤더가 점차 성장해야 한다는 목소리도 일고 있다. 기업내부 IT부서 역량만으로는 반드시 한계가 있다는 사실을 인정하고 전문 아웃소싱 업체와 함께 기업에 최적화된 오픈소스를 도입하는 것이 보다 합리적인 선택이라는 것이다. 또한 오픈소스 시장 자체가 작다보니, 당장 시장의 파이부터 키워 전문가를 양성해야 한다는 의견이다. 이를 통해 향후 TCO 절감에도 도움을 줄 수 있어야 한다고 주장하는 CIO가 대다수였다.

유지보수 비용은 상용 소프트웨어도 오픈소스와 마찬가지로 지출되지만, 오픈소스의 경우는 매년 지불되는 라이선스 비용이 발생하지 않기 때문에, 이를 고려한다면 오픈소스 전문인력을 양성하는 방향이 낫다는 것이다. 또한 라이선스를 무기로 압박하는 외산 상용 소프트웨어 기업에서 받는 스트레스를 근본적으로 해결할 수 있다는 점은 돈으로 헤아릴 수 없는 효과라는 것이 모든 CIO의 공통된 의견이다.

■ 책임 소재, 인력 양성, 신뢰성 등 과제 남아있어

리눅스 재단에 따르면 회원 기업 중, 매출 규모가 5억 달러, 직원 수 500명 이상인 기업을 조사한 결과, 리눅스서버 사용의 76%가 클라우드용, 74%는 클라우드 구상을 위해 리눅스 사용을 늘리거나 유지할 계획이라고 밝히고 있다. 이렇듯 리눅스를 비롯한 오픈소스는 지속적인 성장이 예측되고 있다.

그럼에도 아직까지 오픈소스에 대한 기업들의 의구심은 여전히 남아있다. 특히 책임소재에 대한 것은 가장 큰 과제다. 상용 소프트웨어의 경우, 유지보수 비용에 이슈 정상화에 대한 계약조건이 있으며, 이를 수행하지 못할 경우 패널티 등 별도의 대응책이 있다. 그러나 오픈소스는 이에 대한 책임을 오픈소스를 도입한 IT 책임자가 짊어져야해 도입이 더딜 수밖에 없다. CIO로서는 도입과정이나 이슈 해결과정에서 벤치마킹을 하기 힘든 오픈소스를 도전으로 인식하고 있으며, IT 기술실무자 역시 차후 이슈과정에 대한 책임소재 회피를 위해 오픈소스의 장점을 파악하면서도 도입을 꺼리고 있다.

반면, 일부에서는 책임 소재 여부로 오픈소스 도입을 망설이는 것은 있어서는 안되는 일이라고 주장하고 있다. 실제로 상용 소프트웨어를 사용하며 매년 유지보수 비용을 지불하지만, 기업에 크리티컬한 이슈가 발생했을 시에 외산 상용소프트웨어 기업이 그에 대한 책임을 짊어지지는 않는다는 것이다. 오픈소스도 상용 소프트웨어와 똑같이 장애가 나면 협력업체가 분석하고 조치를 할 수 있다.

인력수급의 문제점도 오픈소스 도입에 장애물로 인식되고 있다. 실제로 오픈소스를 도입하고 싶어도 이를 수행할 인력을 구할 수 없다는 것이 CIO의 공통된 의견이다. 또한 개발 이후 지속적인 관리를 위한 인재가 필요하다. 그러나 이직이나 퇴직으로 프로젝트 수행인력이 이탈할 경우, 오픈소스의 지속적인 업데이트 및 이슈 수정이 어려워진다.

신뢰성이 낮다는 것도 오픈소스 진입장벽으로 여겨지고 있다. 금융권을 포함한 일부 기업 역시 신뢰성이 낮다는 점을 들어 꺼려했다. 성능과 안정성이 향상됐다고 하더라도 신뢰를 바탕으로 운영되는 기업일수록 주의를 기울일 수밖에 없다는 것이다.

■ 정부의 다각적인 오픈소스 전략 필요

국내 기업의 경우 아직까지 오픈소스 도입에 검증단계에 머물러있거나 활용단계의 관리체계 구축은 미약한 상황이다. CIO들은 오픈소스를 도입하고 싶어도 당장 활용할 수 있는 오픈소스의 정보를 구할 수 없다고 토로하고 있다. 이에 산업별 오픈소스 커뮤니티 활성화와 커뮤니티의 적극적 참여를 독려하는 정책적 환경이 조성돼야 한다고 한 목소리로 주장하고 있다.

이에 대한 해법으로 오픈소스 거버넌스 구축을 위해 체계적인 IT 거버넌스를 파악하고 전반적인 IT 자산, 기능, 프로세스 체계에 있어 오픈소스를 객관적이고 가시적으로 탐색할 수 있는 분석 관리시스템이 대두되고 있다. 오픈소스 거버넌스 추진은 첫째 평가, 둘째 정책수립, 셋째 검증, 넷째 교육, 다섯째 모니터링으로 이뤄져 프로젝트 수행의 절차가 원활히 이뤄질 수 있도록 오픈소스 라이프사이클을 관리감독할 수 있다. 또한 최근에는 거버넌스 추진 단계에 준법성관리가 추가되며 오픈소스 라이선스 정책에 대한 법적 위험을 방지하고 있다.

오픈소스 사용조건과 라이선스 및 저작권 위반 등 법적 위험과 관련된 정보제공과 오픈소스에 대한 사전검사 시스템 등 인프라 지원은 일개 기업체에서 감당하기 어려운 수준이다. 또한 기존에 발생했던 분쟁 사례에 대한 정보 제공 및 향후 발생할 수 있는 잠재적인 위험에 대해서도 체계적으로 대응할 수 있는 시스템 지원은 정부가 일괄적으로 처리하는 것이 보다 효율적인 운영 방법이 될 수 있다. 또한 오픈소스를 운용할 수 있는 인재양성 및 오픈소 스 유지보수를 위한 기업육성도 정부에서 고려해야 한다는 목소리가 점차 커지고 있다.

오픈소스의 한글화는 정부의 입장에서도 창조경제라는 대의명분 아래 펼칠 수 있는 최고의 IT산업 육성책이 될 수 있다. 한글화 자체는 오픈소스를 통해 자유롭게 수정 및 재배포가 가능하다. 이를 통해 약소한 국내 오픈소스 유지보수 업체를 육성할 수 있다. 또한 라이선스 비용으로 허덕이는 국내 12만 곳의 중소기업에 보다 쉬운 IT 환경을 조성할 수 있으며, 이를 통해 전문인력의 실력배양 및 오픈소스 시장의 규모를 한층 넓힐 수 있다. 또한 이를 주요부처가 이용한다면 오픈소스의 활용은 보다 활발해질 수 있다 .

미국은 'Open Source For America'와 같이 공공부문의 오픈소스 활용을 체계적으로 실행에 옮기고 있다. 중국 역시 철도시스템의 일부를 리눅스로 채용해 사용하고 있으며, 브라질에서는 오픈소스 컨설팅 서비스를 개시해 도입을 촉진시키기 위한 사업을 전개해 나가고 있다. 국내에서는 오픈소스에 대한 정부차원의 활발한 논의는 부족한 실정이다. 서울시가 오픈소스인 워드프레스(WordPress)를 활용해 홈페이지를 관리하는 수준이다.

■ **장기적인 비전을 위한 사전준비해야**

기업의 TCO 절감과 라이선스 분쟁이슈로 인해 수용 속도는 더디지만 기업에서 오픈소스 도입은 피할 수 없는 흐름이 되고 있는 것은 분명하다. 오픈소스 자체의 성능과 안정성의 향상, 정부 정책의 지원도 중요하다. 그러나 무엇보다 선행돼야하는 점은 오픈소스를 향후 기업의 IT 부서 혁신사업으로서 적극적으로 반영하는 자세가 필요하다는 점이다.

〈CIOCISO, 2013. 12.〉

소프트웨어 라이선스

■ SW라이선스, 기업·벤더 이젠 상생을 모색할 때 명확한 요금체계 확립돼야, SW라이프 사이클 관리 프로세스를 구축하자

1년 이상 지속됐던 국방부와 MS의 라이선스 분쟁이 최근 업무협약으로 타결됐다. 이에 따라 MS는 그동안 요구했던 사용료 2100억 원과 함께 과거의 사용료를 요구하지 않기로 했다. 국방부도 MS 제품의 불매가 아닌 단품 구매로 결정했다. 그러나 국방부와 같은 대형기관이 아닌 일반 기관들과 산업군은 여전히 외산 벤더와의 소프트웨어 라이선스 분쟁에 있어서 뚜렷한 대응을 하지 못하고 있는 상황이다. 지적재산권의 중요성은 강조되고 있지만, 이에 대한 정부의 대응이나 가이드라인은 아직 부족하다.

■ 국방부·MS 라이선스 분쟁 포문 열어

국방부와 마이크로소프트(이하 MS) 간의 라이선스 분쟁을 시작으로 라이선스가 기업에 큰 위협으로 다가오고 있다.

지난해 5월 MS사는 "국방부와 합동참모본부, 육, 해, 공군이 MS소프트웨어에 대해 정당한 대가를 지급하지 않고 사용하고 있다"며 사용료 2100억 원(손해배상비 약 670억 원 포함) 지급을 4차례에 걸쳐 공문으로 보냈다.

이에 맞서 국방부는 지난해 5월 이후, MS사 프로그램과 서버 등 제품을 단 한 개도 구입하지 않았고, 불법 소프트웨어를 사용하지 않았다고 주장했다. 한편으로 국방부는 한글과 컴퓨터와 '국방IT 국산선진화 사업'을 위한 기술지원 업무협약(MOU)를 체결하고 MS소프트웨어를 대체할 수 있는 제품을 모색했다. 또한 국방부 행정지원 정보시스템DBMS를 기존 외산제품에서 국내 오픈소스인 '큐브리드'로 교체하기로 했으며, 무기체계에 있어서 외산 소프트웨어를 도입할 경우에도 국산 소프트웨어 개발을 위한 기술 확보 방안 마련을 의무화했다.

IBM과 대법원 사례도 주목된다. IBM은 지난해 8월, 대법원에 서버 열람을 요구했다. IBM은 이 같은 조치가 정품 소프트웨어를 구입해 사용하는지를 확인하기 위한 조처라고 밝혔다. 이에 대법원은 법적 근거가 없다며 IBM의 요구를 거부했다.

이처럼 라이선스 분쟁이 외산 소프트웨어 벤더 대 국가기관뿐만 아니라, 벤더 대 기업, 벤더 대 교육·의료기관 등 산업분야를 가리지 않고 점차 확대되고 있다. 라이선스 분쟁은 거세지고 있는데, 기업의 입장에서는 마땅한 차선책이 없어 외산 소프트웨어 벤더의 요금 정책을 무조건 따라야하는 것이 국내기업의 현실이다.

■ 유형자산에 정당한 값 지불 형성돼야

소프트웨어 라이선스 분쟁에 기관·기업이 가장 쉽게 대처할 수 있는 방법은 제품을 구매함으로써 '정당한 소비자'가 되는 것이다. 국가 최고기관이든, 기업이든, 개인이든 간에 판매자와 소비자의 정당한 관계 형성이 필요하다는 것은 모든 라이선스 담당자가 공통적으로 느끼는 부분이다.

이를 위해 교육기관을 중심으로 불법 소프트웨어 사용을 방지하고, 기관 내 소프트웨어 사용 현황을 파악하기 위해 정기적인 교육과 함께 사용관리 실태를 실시하고 있다. 그러나 대다수의 일반기관과 기업이 라이선스 교육을 체계적으로 진행하지 못하고 문서 위주의 계도활동만 실시하고 있다.

■ 과도한 요금책정은 '독'이 될수도

기업의 정품 소프트웨어 사용이 라이선스 소송위협으로부터 기업을 지키는 가장 쉬운 방법이 될 수 있다는 것이다. 정품의 생활화는 국가와 기업, 소프트웨어 벤더 모두가 깊이 공감하는 부분이다. 그러나 이를 위한 정기적인 교육과 계도는 이뤄지지 못하고 있다. 소프트웨어를 기업의 자산으로 인식하고 정당한 소비자로 나서기 위해서는 기업뿐만 아니라 국가와 소프트웨어 벤더 역시 일정부분에 책임을 가져야 한다는 목소리도 높다.

소프트웨어 구매의 경우, 라이선스 관리자는 소프트웨어 요금정책이나 가격인상 폭을 근거로 경영책임자를 설득한다. 이를 위해 교육기관·의료기관은 물론, 일반 기업에서도 더 저렴한 가격을 위해 입찰을 하는 경우가 있다. 그러나 소프트웨어는 일부 외산 벤더에 의한 독과점인 경우가 많고, 대체재가 없다보니 외산 벤더가 제공하는 가격으로 일방적인 계약을 맺고 있는 것이 현실이다.

입찰과 협상의 과정이 사라지다 보니, 경영책임자는 물론 라이선스 관리자가 납득하지 못하는 수준으로 요금이 책정되고 있다. 현재 소프트웨어 산업에서 갑의 입장인 기업에만 제재가 주어지고, 을의 입장인 벤더가 독과점을 이용해 일방적인 요금정책을 제공하는 것은 문제가 있다는 입장이다. 공정거래위원회가 기업에 강조하는 것은 많은데, 소프트웨어 독과점에 대한 규제는 거의 없다. 대다수의 CIO와 라이선스 관리자는 라이선스 요금정책 협상은 기업과 벤더 간의 협상 문제지만, 정부기관이 나서지 않으면 요금정책 책정에 있어서 사용자가 일방적으로 불리해 질 수밖에 없다고 말한다.

뿐만 아니라 대다수의 라이선스 관리자는 라이선스 요금의 불합리성을 우려했다. 국내 경영책임자 대부분은 소프트웨어를 사면 라이선스에 관한 모든 것이 해결된 것으로 생각하는데, 초기 설치비용과는 별도로 유지보수 비용, 라이선스 비용, 업그레이드 비용이 따로 지불되는 경우가 많다. 이를 위해 기업은 추가적인 지출을 늘릴 수밖에 없다. 또한 라이선스 관리자는 현재 수많은 소프트웨어를 관리하는 것도 벅찬데, 각 소프트웨어마다 요금정책도 천차만별이어서 관리상의 어려움을 느끼고 있다. 우리 기관이 다른 기관보다 소프트웨어 관리를 비효율적으로 운영하고 있는지에 대한 걱정이 크다.

지금의 요금책정은 외산업체의 본사 지침에 따라 일률적으로 결정됐기 때문에 협상할 수 있는 여지가 없다고 못을 박는 것이다. 그러나 다국적 식품기업 네슬레의 경우, 각 소프트웨어를 자사에 맞게 커스터마이징하고 요금정책에 관한 조항도 수정한다. 이와 같이 기업과 벤더가 정품사용을 위해 약간 양보가 필요하다는 의견이 꾸준히 제기됐다. 이를 위해서는 정부와 공정거래위원회가 국내환경에 맞는 거래환경을 조성이 필요하다. 교육·의료기관은 소프트웨어 연구목적에 맞는 요금정책이 필요하며, 기업도 외산업체 본사 표준계약서 대신에 국내환경에 맞는 한글계약서를 법제화해 국내에서 그 효력이 우선시되게 해야 한다.

■ 대체재 개발이 필요하다

국내에서 통용되는 거래환경이 마련돼야 정품사용이 더욱 수월해진다는 것이 라이선스 관계자의 공통적인 의견이다. 소프트웨어 분쟁에 있어서 기업들이 외산 벤더사에 항변하지 못하는 근본적 이유는 외산 소프트웨어를 대체할 만한 소프트웨어가 없기 때문이다. 국방부·법원을 비롯해 일부 기관은 소프트웨어의 국산화를 꾀하고 있지만, 아직까지 호환성이나 신뢰면에서 기존에 사용하는 소프트웨어 수준에 미치지 못하는 것으로 나타났다. 대다수의 기업이 과도한 소프트웨어 라이선스 비용을 걱정하며 대체재를 확보하려고 노력하고는 있지만 현실적으로 이루기 어렵다는 입장이다.

또한 필수기능이 탑재된 국산 소프트웨어 개발을 국가차원에서 지원해야 한다는 목소리도 커지고 있다. 전문적인 소프트웨어는 필수 부서에서 직접 구매해 사용하게 하고, 일반 부서에서 손쉽게 사용할 수 있는 국산 소프트웨어를 도입해야 한다는 것이다.

정부의 대체재 개발지원으로 외산 소프트웨어를 대체하고, 국부유출을 최소화하는 방향으로 나가야한다는 것이다. 그러나 기업 및 기관에서 당장 라이선스 비용이 과도하게 지출된다고 국가차원에서 대체재 개발을 지원하는 것은 자제해야 한다는 의견도 있다. 대체재 개발이 소프트웨어 분쟁 해결의 근본적인 대안이 될 수 없으며, 산업 내의 표준 소프트웨어를 보완하는 역할로써 독과점을 막는 역할에 그쳐야 한다는 것이다. 기업도 업무의 효율성을 위해 대체재가 절대적인 대안인듯 생각하는 것은 지양해야 한다고 말한다. 대체재뿐만 아니라 모든 상용소프트웨어에 대해서도 정당한 가격을 지불해야 소프트웨어 산업의 지속적인 발전을 이룰 수 있다는 논리를 펴고 있다.

■ 법무법인, 기업과 벤더 협력을 방해해

대다수의 CIO와 라이선스 담당자가 불만을 토로한 점은 벤더사가 아닌 법무법인이 벌이는 횡포다.

기업의 입장에선 하루아침에 정품사용 문화가 정착되는 것도 아닌데 법무법인이 나서 기업을 불법 사용자로 몰아간다는 것이다. 기업 내 자체 소프트웨어 정품 여부 검사를 실시할 경우, 불법적으로 사용되는 소프트웨어 이 외에도 임직원이 프리웨어로 알고 쓰는 경우나 무료 사용기간이 지난 쉐어 웨어의 경우도 많다.

고의적으로 사용하지 않는 경우도 불법으로 취급해 기업의 입장에서는 난감한 기색을 표하고 있다. 기업에서 모든 임직원의 컴퓨터를 매일 통제하는 것도 사실상 불가능하지만 개인의 실수를 기업에게 책임지게 하려는 것은 불합리하다는 주장이다. 또한 기업과 벤더 사이에 협상으로 해결될 수있는 가능성도 있는데, 법무 법인이 기업과 벤더사이에서 커미션을 목적으로 막무가내식 소송을 남발하는 것도 문제점으로 지적되고 있다. 정품소프트웨어 사용 권장과는 전혀 상관없이 최대한 많이 적발할 목적으로 고소·고발이 이뤄져 벤더와 기업 간에 감정의 골마저 깊어지고 있다.

또한 법무법인을 통한 막무가내로 법을 남용하는 것은 마땅히 근절되어야 할 부분이다. 벤더는 기업을 장기적인 관점에서 함께 성장해야할 동반자로 존중하고 양보하는 자세가 필요하다는 것이다.

■ 정부가 가이드라인을 제시해야

모든 소비재에는 소비자가격이 있다. 그러나 소프트웨어는 소비자가가 아닌 벤더정책으로 가격이 결정된다. CIO와 소프트웨어 관리자가 납득하기 힘든 이유는 여기에 있다. 제품구매에서 끝나는 것이 아니라 유지보수 비용, 라이선스 비용, 업그레이드 비용까지 별도로 지출해야한다는 점에서 기업에서는 비용적인 부담을 느낀다.

기업의 입장에서 소프트웨어 벤더가 정한 요금정책이 합리적인 가격인지 정부가 나서서 판단해 달라는 요구가 거세지고 있다. 소프트웨어 가격으로 100만 원이라는 금액을 지출 하는 것은 상관없지만, 어떤 기업은 80만 원을, 자사는 120만 원을 낼 수는 없다는 것이다. 기업에서도 경영책임자에게 납득시킬만한 충분한 근거를 제시해야하는 데, 현행의 주먹구구식의 방식으로는 자신들이 얼마나 효율적인 소프트웨어 관리가 되고 있는지 모른다는 의견이다.

이를 위해 벤더사가 일정부분 소프트웨어 판매금액을 사용기업과 공유하고, 유지보수 비용에 라이선스·업그레이드 비용을 포함, 가격을 측정해 요금을 일원화하기를 원하는 기업도 있다.

많은 라이선스 관리자들은 정부가 라이선스 분쟁을 기업과 벤더 간의 거래로만 볼 것이 아니라, 이용자와 판매자 간의 거래 시각으로 바라볼 필요가 있다고 말한다. 정부, 특히 공정거래위원회가 나서서 공정한 거래문화를 형성하는 것이 바람직하다고 전하고 있다. 또한 소프트웨어가 회사 내부 컴퓨터에서 개인정보를 취하는 데 기업의 입장에 일방적으로 당하는 것에 불만을 토로하는 경우도 있다. 일부 소프트웨어는 사용자의 동의(AUDIT 조항 등)를 얻어 맥 어드레스, PC IP는 물론 사용시간 정보도 수집하고, 이를 이용해 기업에게 사용료를 요구하는 경우가 있다.

■ 라이선스 분쟁은 계속된다

한국저작권위원회의 분석에 따르면, 2009년 51건이던 분쟁 조정 건수는 2011년 81건으로 늘어나 라이선스 분쟁이 앞으로 더욱 증가될 것으로 추측된다. 또한 FTA 체결을 통한 국가차원의 소프트웨어 지식재산권 보호 요구가 높아지고 있으며, 정부도 개정 저작권법 시행과 '공공기관 소프트웨어관리규정'을 대통령 훈령으로 발표하고 소프트웨어 보호정책을 강화하고 있다. 미국에서는 부정경쟁 방지법에 의해 불법 소프트웨어 사용기업의 수출제재까지 검토하고 있다.

뿐만 아니라 저작권사의 분쟁도 증가하고 있다. AUDIT 조항으로 벤더와 기업 간의 마찰이 증가하고 있고, 더욱 복잡해진 라이선스 계약으로 갈등이 심화되고 있다. 최근 소프트웨어 업체의 하드웨어 사업 인수도 이와 맞닿아 있다. 사용자를 통제할 수 있는 수단으로 하드웨어의 통제권을 확보하고, 이에 대한 소프트웨어 라이선스 비용 청구를 하겠다는 의미로 해석된다.

한국소프트웨어저작권협회 ©SAM관리절차

검출관리	그룹관리	라이선스 관리	통제관리	자동관리
즉시 보고 및 스케줄보고 다중 검색기능으로 SW 검출 HW 정보 및 폰트 정보 수집	그룹, 구분 별 효율적 관리 사용 및 부족한 SW 분석 관리 구입 및 검출 SW 비교분석	사용 및 부족한 SW 분석 관리 구입 및 검출 SW 비교 분석	지정 SW 설치 사전차단 불법 SW 삭제 경고 파일 배포 및 긴급 공지 긴급 전송	라이산스 정책을 통한 자동 관리 자동 업그레이드 조직관리 기능

이처럼 늘어나는 라이선스 분쟁에 대응하기 위하여 한국저작권위원회는 IT 법률가와 함께 '분쟁조정컨설팅'을 제공하고 있다. 기업이 라이선스 분쟁 조정컨설팅을 신청하면 한국저작권위원회에 근무하는 IT법률전문가가 중재해 기업과 벤더 사이에서 3개월 이내 조정을 하게 된다. 2만 원에서 최대 10만 원의 비용만 지불하면 컨설팅을 지원받을 수 있어 소프트웨어 법률지식이 적은 라이선스 관리자와 IT 지원팀에게 도움을 주고 있다.

분쟁 조정 컨설팅은 2009년부터 금년 5월말까지 263개 기업이 받은 것으로 알려졌다. 또한 2009부터 '소프트웨어 관리 가이드'등 라이선스 분쟁 대응방안 가이드를 배포하고 기업들의 모범사례를 싣고 있다. 또한 올해 초부터 2400개 중소업체를 대상으로 교육을 실시하고, 불법 소프트웨어 관리 솔루션을 5만 개 이상 무료 배포하고 있다.

한국소프트웨어저작권협회는 기업들의 소프트웨어 자산관리를 위한 '©SAM'을 제공하고 있다. ©SAM은 소프트웨어의 '구매—운영—배포—폐기'모든 단계의 관리 프로세스를 관리해 소프트웨어 사용현황을 자동으로 관리하는 통합 서비스를 제공한다.

삼성전자, LG전자 등은 자체적으로 GPL, LGPL, BSD, MPL 등 주요 라이선스를 분석하고, 엔지니어에 대한 교육을 강화하는 한편 소프트웨어 관리를 위한 솔루션을 도입하는 데 앞장서고 있다.

BSA 발표 소프트웨어 불법복제율 추이

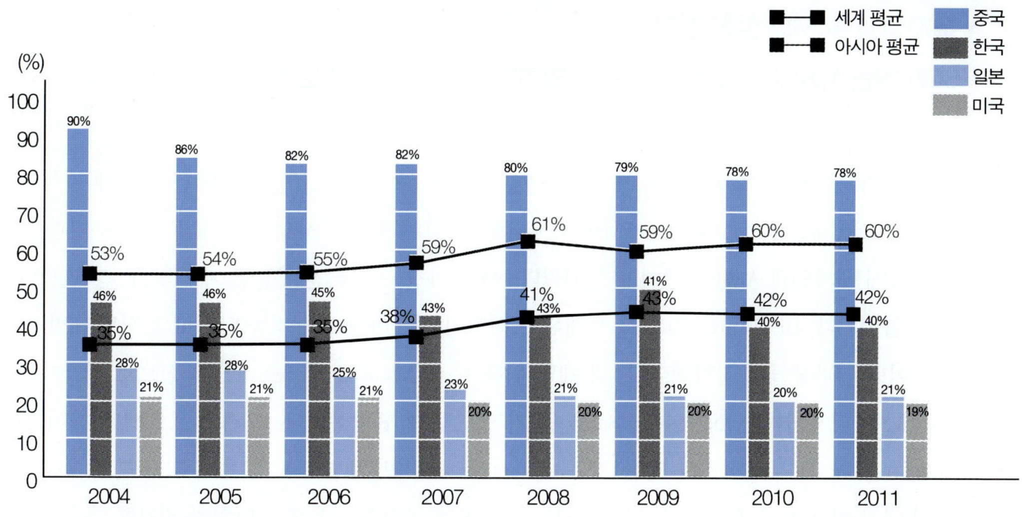

〈출처: 세계소프트웨어 불법복제율 연례보고서 BSA/DC 2011.5〉

■ 정품사용 선순환고리를 만들자

기업도 벤더도 정품소프트웨어 사용에 대한 의지가 그 어느 때보다 높아졌다. BSA가 발표한 소프트웨어 불법복제율 연례보고서에 따르면 2004년 46%에 이르던 한국의 불법 사용은 2011년 40%로 내려갔다. 동기간에 세계 평균 불법복제율이 35%→42% 증가, 아시아 평균 불법복제율이 53%→60% 증가한 것에 비하면 괄목할 만하다. 이렇듯 기업이 노력을 기울이는 가운데, 소프트웨어 벤더사들도 노력을 기울이는지에 대해 생각해 볼 필요가 있다.

정품 소프트웨어 사용은 정당한 소비자로서 당연한 의무이다. 외산 벤더사도 기업들이 잠재적 침해자로서 적대하는 것이 아닌 정당한 고객으로서 대우하는 인식의 제고가 필요하다. 또한 정품 소프트웨어 사용으로 소프트웨어 벤더에게 합리적인 가격 보상과 정부의 소프트웨어 산업 부흥을 위한 아낌없는 투자와 관심이 필요하다. 이런 선순환의 고리가 형성돼야 라이선스 분쟁에 있어서 기업과 외산 벤더는 서로 상생의 관계를 이어 나갈 수 있다.

〈CIOCISO, 2013. 7.〉

CASE 1

분당서울대학교병원: 차세대 의료정보시스템

■ 애자일과 ALM의 실천 현장
SOA 기반 차세대 의료정보시스템 'BEST Care 2.0' 개발 프로젝트

분당서울대학교병원의 차세대 의료정보시스템인 'BESTCare 2.0'이 2013년 4월 본 가동에 들어갔다. BESTCare 2.0 개발은 총 2,400M/M(Man/Month)가 투입된 대규모 사업답게 개발 조직 운영과 프로세스 곳곳에 애자일과 ALM 컨셉이 반영되었다. 이중 가장 두드러진 부분은 개발 도구 간 연계와 개발자 간 협업이다. BESTCare 2.0은 잘 설계된 프레임워크를 바탕으로 기능 단위로 조직된 개발 팀들이 만들어낸 결과물들의 집합체이다. 각 개발 팀은 Team Foundation Server를 중심으로 개발자는 Visual Studio를 디자이너는 Expression Studio를 가지고 함께 협력하였다. 그리고 프로젝트 참여 인력들은 Team Foundation Server와 연결된 SharePoint Server 기반 개발 포탈을 통해 코딩 룰이나 주석 작성 등에 대한 업무 표준 가이드부터 각종 컨트롤에 대한 구현 노하우까지 다양한 정보를 공유하였다. 이번 프로젝트는 3,000본에 달하는 사용자 UI를 모두N-스크린 환경에 대응 할 수 있는 인터랙티브한 WPF 화면으로 구현한 것 그리고 의료정보시스템의 서비스 곳곳에 Lync Server의 기능을 접목한 것 등 새로운 시도가 많았다. 이를 감안했을 때 협업 지향적인 개발 조직 운영은 분당서울대학교병원이 성공적으로 프로젝트를 완료할 수 있었던 주요 배경이라 할 수 있다.

■ Situation

분당서울대학교병원의 차세대 의료정보시스템인 'BESTCare 2.0'이 2013년 그 모습을 드러내었다. 이 프로젝트는 총 2,400M/M(Man/Month)가 투입된 대규모 사업으로 국내 의료 IT 역사에 SOA(Service Oriented Architecture) 시대를 상징하는 사례로 기록되었다.

분당서울대학교병원의 차세대 의료정보시스템은 최신 기술과 개발 방법론의 결정체로 사업 초기부터 관심을 모았다. BESTCare 2.0의 기술적 사상적 근간은 마이크로소프트의 Connected Healthcare Framework에 뿌리를 두고 있으며 .NET Framework 4.0을 개발 환경으로 삼았다.

이번 프로젝트는 전체 화면이 100% WPF(Windows Presentation Foundation)로 개발된 점도 주목할 만하다. 의료 서비스의 특성상 10년 치 이상의 데이터를 불러오거나, 대용량 이미지나 영상 파일을 처리하는 일이 잦아 일반적인 RIA(Rich Internet Application) 기술을 적용하는 데 한계가 있어 심미적, 기능적 측면을 충족시키는 가운데 성능까지 만족스러운 WPF가 적용된 것이다.

한편 통합 커뮤니케이션(UC) 기능을 단순 연계가 아니라 Lync Server가 WPF 화면 곳곳에 기본 기능처럼 동작하게 개발된 것도 의료 IT 시스템 개발에 있어 처음 시도되는 일이었다.

이처럼 분당서울대학교병원은 업계 처음으로 도전한 개발 목표들이 많았던 만큼 효율적인 개발 조직 운영과 관리를 매우 중요하게 여겼다. 이런 이유로 분당서울대학교병원은 내부 개발자와 외주 개발자로 구성된 조직을 원활히 이끌며 수준 높은 코드를 만들어 내기 위해 애자일(Agile), ALM(Application Lifecycle Management) 컨셉을 개발 전략 곳곳에 녹여냈다.

이번 프로젝트를 주관한 이지케어텍은 의료진의 요구 사항이 과거보다 훨씬 더 많아지고 구체적이란 점을 프로젝트 초반 인지하였다. 실제로 분당서울대학교병원은 파격적으로 의료진 30여 명으로 구성된 전담팀을 구성해 사용자 경험(UX), UC 등 주요 분과 별로 개발 팀들과 적극적인 커뮤니케이션을 할 수 있도록 했다. 현직 의사와 간호사로 구성된 각 분과에서는 요구 사항을 상세히 개발 팀에 전달하였고, 이지케어텍은 사용자 요구 사항을 면밀히 검토한 후 중요 구현의 경우 PoC(Proof of Concept)를 통해 사전 검수를 받고 나서 본 개발을 시작하는 방식을 택했다. 단순히 화면 디자인 및 메뉴 구성이 아니라 실제로 어떻게 사용자와 차세대 의료정보시스템이 상호작용을 하는지를 기능별로 사전에 하나하나 정확히 짚고 넘어가는 애자일 식 사고를 실천한 것이다.

이와 함께 이지케어텍은 전체 개발 조직을 주요 기능 단위로 나누어 팀 프로젝트를 진행하도록 하였다. 사전에 잘 설계된 프레임워크 상에 개발을 하는 것을 감안해 보다 생산적으로 일하기 위함이었다. 팀 단위 동시 개발이 원활히 이루어지도록 개발 도구 역시 최적의 조합이 현장에서 쓰였다. 팀 리더에게는 Visual Studio 2010 Ultimate가 일반 개발자에게는 Visual Studio 2010 Pro가 주어졌다. 그리고 전체 프로젝트를 위한 소스 코드 형상 관리를 위해 Visual Studio 2010 Team Foundation Server가 쓰였고, 개발자들 간 원활한 협업을 위해 SharePoint Server가 투입되었다.

■ Solution

Visual Studio와 Team Foundation Server의 조합은 대규모 프로젝트가 일정과 목표를 벗어나지 않고 차질 없이 진행될 수 있도록 하는 고임목이 되었다. 2003년 개원 당시 도구들을 썼더라면 총 2,400M/M가 투입되는 규모의 프로젝트를 안정적으로 이끌어 가는 데 무리가 있었을 것이다.

분당서울대학교병원은 2003년 개원할 당시 ASP.NET 기반으로 전자의무기록(ERM) 등의 시스템을 개발하였다. 당시 썼던 도구들은 Visual Studio와 Visual Source Safe였다. 시스템 개통 후 유지보수 차원의 형상 관리도 이들 도구로 이루어졌다. 이 같은 환경은 차세대 의료정보시스템 개발에는 여러 면에서 맞지 않았다. 물론 단순히 Visual Source Safe가 단종되었기 때문에 Team Foundation Server를 들여와야 한다는 그런 논리가 아니다. 형상 관리, 빌드 등 분야 별 전문 상용 툴이나 오픈 소스 도구를 이용할 수도 있었다. 여러 선택의 길이 있었음에도 분당서울대학교병원 차세대 의료정보시스템 개발 프로젝트에 Team Foundation Server가 ALM의 근간으로 투입된 것은 생산성, 보안성, 경제성 삼박자가 고루 맞았기 때문이다.

먼저 생산성의 경우 .NET 개발자들에게 친숙한 Visual Source Safe에서 했던 것처럼 체크인 · 체크아웃 하면 되다 보니 별다른 교육이 필요 없다는 점 그리고 SharePoint Server를 개발자들 간 긴밀한 협업의 장으로 가져갈 수 있다는 것이 크게 작용했다. 또한 팀 단위로 잘게 나누어 운영하고자 했던 이지케어텍의 조직 관리 전략에 비추어 볼 때 Visual Studio를 Team Foundation Server에 연결해 팀 프로젝트를 생성하고 관리하는 것이 갖는 생산성 이점도 크게 다가왔다. 5명 내외의 조직에 최적화 된 아키텍처를 가진 Visual Source Safe와 달리 Team Foundation Server는 최대 4,000명에 이르는 대규모 개발 팀까지도 원활히 지원할 수 있는 확장된 구조이다 보니 여러 면에서 이번 프로젝트에 잘 맞았던 것이다.

보안성의 경우 툴 차원의 계정 관리가 아니라 Active Directory를 기반으로 윈도우 계정을 연결해 사용자 별로 정밀한 권한 관리가 가능하다는 점을 높이 평가 받았다. 외부 개발 인력이 대거 투입되는 대규모 프로젝트의 경우 보안에 민감하다. 언제, 누구에 의해서 보안 이슈가 생길지 모르기 때문이다. Team Foundation Server는 가장 기본이 되는 사용자 인증 부문에서 강력한 보안성을 갖추고 있고, 바로 이점을 분당서울대학교병원이 높이 샀다. 이외에 Team Foundation Server는 개발 전반에 사용되는 각종 도구를 단일 플랫폼 상에 통합하는 가운데 팀 프로젝트를 철저히 격리시켜 각자 속한 팀 내에서 주어진 권한에 따라 도구와 산출물에 접근할 수 있다는 것도 보안성을 높이는 장점으로 평가 받았다.

Team Foundation Server는 경제성도 뛰어난 것으로 인정 받았다. 분당서울대학교병원이 주목한 경제성은 바로 SQL Server, SharePoint Server를 품고 있다는 것이었다. 개발 관련 여러 툴이 통합된 것과 함께 소스 코드 및 각종 산출물 저장을 확장성과 안정성이 높은 SQL Server에 한다는 것 그리고 몇 천 명의 사용자 간 협업도 무리 없이 지원할 수 있는 SharePoint Server를 합리적인 비용 선에서 이용할 수 있다는 것이 차별화 요소로 작용한 것이다.

분당서울대학교병원은 프로젝트를 성공적으로 마치고 2013년 9월 현재 시스템 안정화를 진행 중이며, 본 프로젝트에서 사용했던 Team Foundation Server를 중심으로 한 관리 체계를 유지보수 및 고도화 시점에도 고스란히 적용해 ALM이 자연스럽게 자리잡도록 한다는 방침을 세워놓고 있다.

■ Benefits

● 적극적인 소통과 협업으로 난제들 풀어내

도구 선택의 혜안은 실제 프로젝트 진행에서 그 빛을 발하곤 한다. Visual Studio를 Team Foundation Server에 연결해 팀 단위 개발을 효율적으로 이끌면서 분당서울대학교병원은 프로젝트 참가자 수가 많고 기간이 길었음에도 높은 생산성을 유지해갈 수 있었다. 이는 팀 단위 운영을 하면서 전체 조직 차원의 커뮤니케이션을 위한 길을 잘 터놓은 것이 주효했기 때문에 얻게 된 효과다. 분당서울대학교병원은 소스 코드나 산출물 관리에 있어서는 팀 간 경계를 명확히 그었다. 함부로 접근하지 못하게 방벽을 쌓은 것이다. 하지만 협업과 커뮤니케이션에 있어서는 만큼은 모든 벽을 허물었다. 그리고 그 중심에는 Team Foundation Server와 연결된 SharePoint Server가 자리하고 있었다.

분당서울대학교병원은 SharePoint Server로 개발자 협업 사이트 마련해 코딩 룰이나 주석 작성 등에 대한 각종 업무 표준 가이드 및 관련 공지 사항을 알리고, 구현 관련 정보 공유 등 개발 팀 간 커뮤니케이션을 활성화 하였다. 단순 공지 페이지로 개발자 포탈을 이용한 것이 아니라 각종 구현 방식에 대한 노하우 그리고 개발자들이 경험해 보지 못한 방법에 대한 교육의 창구로 적극 활용한 것이다.

실제로 적극적 소통은 UC를 차세대 의료정보시스템에 접목하는 데 있어 큰 도움을 주었다. 기간 시스템의 모든 화면 차원에서 UC를 밀접하게 연동시키는 것은 개발자들이 이전에 상상해 보지 못한 그런 개념이었다. Lync 2013 Controls을 호출하면 팝업 형태로 채팅 창이나 주소록 등을 띄울 수 있는 간단한 방법도 있었지만 분당서울대학교병원이 원했던 UC 통합은 WPF로 구현한 3,000여 화면 곳곳에 기본 서비스처럼 스며있는 것이었다. 따라서 개발자들은 Lync 2013 API의 객체 모델에 대해 깊이 파고 들었고, 각 팀이 얻은 노하우는 SharePoint Server를 통해 빠르게 확산되었다.

● 개발자와 디자이너 간 협업도 원활

분당서울대학교병원의 BESTCare 2.0은 모든 기간 서비스를 WPF로 구현한 헬스케어 업계의 첫 사례이다. 총 3,000여 본에 달하는 서비스 화면이 WPF 기반으로 개발됐는데, 이 많은 양의 작업을 처리함에 있어 개발자와 디자이너 간 호흡은 곧 생산성을 가르는 척도였다.

Team Foundation Server는 중앙집중적인 소스 코드 제어를 통해 개발자와 디자이너가 서로 편하게 일할 수 있는 가교 역할을 하였다. 개발자와 디자이너는 각각 Visual Studio와 Expression Studio를 가지고 일을 하면 된다. 그들은 각자 익숙한 환경 앞에서 작업을 한 후 형상 관리 서버에 체크인, 체크아웃을 하면 되었다. 두 도구 모두 Team Foundation Server에 연동되다 보니 각종 수정 작업을 함에 있어 서로 두 번 손 쓸 일 없이 편하게 협력을 할 수 있었던 것이다. 분당서울대학교병원의 WPF 화면은 그 수만 많은 것이 아니라 UX 차원의 혁신이 곳곳에 베어 있어 구현 난이도가 높았다. 팝업 형식이 아니라 한 화면 상에 앱을 사용자 편의 데로 배치하는 형식이고, 화면 내에서 텍스트·이미지·영상 등 멀티미디어 데이터가 매끄럽게 통합되어 있고, 터치 등 N-스크린 환경을 고려한 기능성도 고려해야 했다. 이처럼 난이도 높은 작업이었지만 개발자와 디자이너는 커뮤니케이션 실수나 소스 컨트롤 문제 등의 이유로 재작업 할 일 없이 효과적으로 공동 작업을 하였다.

● 믿을 수 있는 소스 코드 저장소

이번 개발에 참여했던 개발자들이 모두 이구동성으로 하는 말 중 하나가 Team Foundation Server의 안정성이었다. 과거 Visual Source Safe를 사용해본 경험이 있는 개발자들은 기껏 개발한 코드가 예전 버전으로 원상 복귀되거나, 필요한 소스가 없어져 고생한 기억이 있었다. 하지만 이번 프로젝트에서는 그런 사고가 없었다. 소스 코드 및 각종 산출물의 저장소가 SQL Server이다 보니 기본적으로 안정성이 보장되는 데다 백업과 복구를 통해 언제든지 원하는 시점 데이터를 찾을 수 있기 때문이다.

〈Microsoft 고객 성공사례, 2013. 8.〉

CASE 2

LG CNS의 ALM(Application Lifecycle Management) 도입

■ 자체 솔루션 사업 확장 시기 맞아 ALM도입 및 확산 으로 개발 생산성과 품질 강화에 나서

LG CNS는 2020년까지 자사 솔루션을 기반으로 해외 사업을 적극 육성해 매출 10조 원 시대를 열어가겠다는 비전 실현을 위해 제조, 건설, 의료 등 다방면에 걸쳐 솔루션을 개발 중에 있다. 이중 제조 솔루션 개발을 책임지고 있는 LG CNS 하이테크사업본부 엔지니어링솔루션 부문에서 ALM을 도입해 화제다. LG CNS 하이테크사업본부 엔지니어링솔루션 부문은 글로벌 솔루션 개발은 SI 사업보다 높은 수준의 개발 생산성과 고품질 확보가 필요하다 보고 이를 위한 조직 차원의 혁신 수단으로 ALM을 지목했다. 그리고 여러 벤더의 솔루션을 검토한 끝에 개발 관련 각종 데이터 통합과 프로세스 자동화 부문에서 가장 높은 점수를 받은 마이크로소프트의 Team Foundation Server 도입을 결정하였다. ALM 도입 후 개발 업무는 눈에 띄게 바뀌었다. ALM이 조직에 정착하면서 프로젝트 관리자, 개발자, 테스터 등 솔루션 개발 참여자들은 각종 문서 작성과 데이터 입력 작업으로부터 해방되고 본연의 업무에 좀더 몰입할 수 있게 되었다. 이에 가능해 진 것은 기존에 각기 다른 시스템 상에 흩어 져 있던 요구 사항, 설계서 등 각종 문서를 비롯해 소스 코드 등 산출물들이 ALM 데이터베이스 상에 통합되었고 기존에 개별 적으로 쓰이던 형상 관리, 테스트, 프로젝트 관리 등 관련 도구들 간 업무 프로세스가 긴밀히 연계되었기 때문이다. 이런 변화는 곧 조직원 간 의사소통을 매끄럽게 만들었고, 그 결과 개발 작업이 전반적으로 빨라지는 동시에 솔루션의 품질 역시 크게 향상되었다. 조직 관리 측면에서도 예전처럼 일일이 산출물과 진척도를 확인하지 않고도 프로젝트 공정 전반에 대한 가시성과, 추적성을 확보할 수 있게 되었다.

■ Situation

LG CNS는 지난 2010년 '스마트 기술 시대를 선도하는 기업으로 도약'이라는 새로운 비전을 발표하였다. 이 비전의 핵심은 모바일 서비스, 스마트 그린 시티 등 신성장 사업을 확대하고 자체 솔루션으로 해외 사업을 집중 육성한다는 것이다. 이런 비전 아래 LG CNS는 Smart Factory, e-Healthcare 등 자체 솔루션 기반 사업을 확대해 하나 둘 국내외 보급 사례를 확보하며 비전 실현에 나서고 있다.

자체 솔루션 기반 사업을 본 궤도에 올리는 사이 LG CNS의 하이테크사업본부 엔지니어링솔루션 부문에서 새로운 혁신이 하나 일어났다. ALM을 전격 도입해 시스템 통합(SI) 및 IT 서비스에 익숙하던 LG CNS 의 문화와 역량을 솔루션 개발 지향적으로 바꾸기 위한 시도가 있었던 것이다. SI 프로젝트는 일회성 성격이 짙은 만큼 고객의 요구 사항을 주어진 일정 내에 어떻게 소화할 것인가에 무게가 실린다. 반면에 솔루션 사업은 다르다.

ALM 도입에 앞서 LG CNS 하이테크사업본부 엔지니어링솔루션 부문은 관행처럼 해오던 프로젝트 관리가 갖는 비효율을 하나하나 따져보았다. 그리고 한 가지 결론에 도달했다. ALM 개념을 만족시키는 도구와 프로세스는 정비되어 있지만 모두가 각자 따로 놀고 있다는 것이었다.

기존 체제의 경우 프로젝트 참여 인력들은 PMS(Project Management System)를 중심으로 요구 사항, 설계, 구현, 테스트, 배포 등의 일정 및 자료에 대해 서로 공유하였다. 그리고 각자의 역할에 따라 주어진 도구들을 쓰고 자신의 데이터를 관리해 왔다. 개발자는 형상 관리 도구를 통해 소스 코드를 관리해 왔고 테스터들은 관련 도구들을 가지고 자신의 업무를 진행해 왔다. 프로젝트 관리자(PM)들은 PMS 외에 CI(Continues Integration) 도구를 통해 개발, 테스트, 빌드 절차를 통합의 관점에서 바라보고자 했다.

프로세스와 도구 뭐 하나 빠질 것 없었다. 하지만 실제는 달랐다. 새로운 요구 사항을 반영하면 설계, 개발, 테스트, 배포 전 과정에 영향을 끼치게 된다. 즉, 무엇인가를 고치거나 추가했을 때 다양한 사이드 이펙트가 생긴다. 문제는 요구 사항 추적 관리를 열심히 한다고 하지만 수시로 발생하는 변경 요청이 쌓이고 쌓이다 보면 변화 관리에 허점이 생기고 이는 곧 품질과 성능 이슈의 원인이 되곤 했다.

이런 위험을 낮추기 위해 PM은 매일 같이 담당자들에게 개발, 설계 관련 문서를 달라고 하고 매일 같이 퇴근 전에 실적을 알려달라 요청했다.

하지만 이런 노력에도 고객과 회의를 위해 자료를 정리하다 보면 현재 프로젝트 진행 상황에서 문제가 뭔지 투명하게 파악하지 못하는 경우가 적지 않았다. 문서 보고, 실적 체크 등 평소 열심히 관리 활동을 하지만 정작 설계, 개발, 테스트, 배포 각 단계를 연결 고리를 가지고 전체 상황 파악이 쉽지 않았던 것이다. 이런 방식을 자체 솔루션 개발에 적용하기 무리가 있다고 판단한 LG CNS 하이테크사업본부 엔지니어링솔루션 부문은 2010년 ALM 솔루션 도입을 추진하게 된다.

■ Solution

LG CNS 하이테크사업본부 엔지니어링솔루션 부문은 오픈 소스부터 상용 솔루션까지 업계에 출시되어 있는 수많은 ALM 솔루션들을 면밀히 검토하였고, 모든 것을 100% 만족시키는 도구는 없다는 결론에 도달하였다. 그리고 LG CNS에게 있어 현재 가장 중요한 것은 '데이터 통합과 관리 프로세스 자동화'란 점을 명확히 하고 Microsoft, IBM, HP 의 솔루션을 최종 후보로 압축했다.

이 밖에도 LG CNS 하이테크사업본부 엔지니어링솔루션 부문의 ALM 솔루션 도입이 향후 전사 모범 사례가 되어 다른 사업 부문으로 확산될 수 있다는 점까지 고려해 마이크로소프트의 Team Foundation Server 를 ALM 솔루션으로 선정했다. IT 서비스 기업의 특성상 다양한 언어 기반으로 프로젝트 및 솔루션 개발이 이루어지기 때문이다. 이에 LG CNS 하이테크사업본부 엔지니어링솔루션 부문에서는 Java 개발팀에서도 활용할 수 있는지를 살펴 보기 위해, Eclipse 플러그인을 포함, 이기종 개발 환경을 지원하는 Team Explorer Everywhere의 적용까지 꼼꼼히 따져본 후 최종 도입을 결정했다.

솔루션 선정을 마친 LG CNS 하이테크사업본부 엔지니어링솔루션 부문은 2010년 본격적인 ALM 도입에 나섰다. 당시 목표했던 것은 단순 명료 했다. 내가 쓰기 싫으면 남도 마찬가지라는 마음으로 무엇인가 새로운 것을 익히는 부담이 없는 정도로 쉽고 간단하게 ALM을 쓸 수 있도록 하자는 것이었다. 처음부터 너무 많은 도구를 내밀면서 일하는 방식을 바꾸려 하면 과거처럼 보고를 위한 보고를 하는 부작용이 생길 수 있다는 점을 감안해 개발자 일상에 자연스럽게 스며들 수 있는 방법을 택한 것이다.

LG CNS 하이테크사업본부 엔지니어링솔루션 부문은 PM, 개발자, 테스터가 서로 무엇을 하는 지 일일이 물어보거나 관련 코드나 문서를 체크하지 않아도 알 수 있도록 하는 쪽으로 ALM의 큰 판을 짰다. 먼저 도구의 경우 각 역할 별로 PM과 분석자에게는 Microsoft Project 와 Team Foundation Server 팀 탐색기를 설치해 주고, 설계자와 개발자에게는 Visual Studio Professional 또는 Visual Studio Premium을 배포했다. 그리고 테스터에게는 Visual Studio Ultimate이 지급되었다. 다음으로 과거 형상 관리 서버에 따로, 테스트 서버에 따로, PMS에 따로 있던 각종 데이터는 ALM 시스템이 데이터베이스에 한 통으로 저장되도록 구성했고 설계서나 요구 사항 등 비정형 데이터에 속하는 문서들은 SharePoint 데이터베이스 상에 통합하였다.

ALM 환경 조성을 마친 LG CNS 하이테크사업본부 엔지니어링솔루션 부문은 2010년 가을부터 일부 제품 개발에 부분 적용을 시작하였다. 조직 차원에서 ALM을 받아들일 사전 워밍업을 한 것이다. 그리고 나서 2011년 제약 업계용 MES(Manufacturing Execution System) 개발을 하면서 ALM을 심도 깊게 적용하였다. ALM의 사용 효과는 곧 임원에게 보고되었고, 2013년 현재 LG CNS 하이테크사업본부 엔지니어링솔루션 부문에서 관할하는 모든 솔루션 개발에 마이크로소프트의 Team Foundation Server 가 적용되고 있다. 조만간 Team Foundation Server 와 Visual Studio를 새 버전으로 업그레이드 할 계획이다.

■ Benefits

● 육하원칙에 따른 투명한 개발 문화 정착

ALM 도입 후 LG CNS 하이테크사업본부 엔지니어링솔루션 부문에서는 PM부터 개발자, 테스터 모두의 일상이 달라졌다. 예전에 서로 바라보던 도구가 달랐다면 이제는 모두 ALM만 바라보면 된다.

그렇다면 어떻게 일상이 바뀌었을까? 예를 들어 보자면 PM이 Microsoft Project 를 띄워 일정을 만들어 리본 메뉴에 추가된 일정 게시 버튼을 누르면 해당 내용은 Team Foundation Server 에 즉시 올라간다. 그리고 이 일정은 개발자와 테스터가 매일 같이 출근하자마자 여는 Visual Studio에 할일 목록으로 뜨게 된다. 할당된 일을 마치고 산출물을 등록하면 해당 사항 역시 Team Foundation Server에 업데이트 되고 PM은 일일이 실적 데이터 요청을 하지 않아도 개발 진척 상황을 파악할 수 있다. 가장 복잡한 일 중 하나던 신규 요청 처리 역시 간단해졌다. 개발 요구 사항이 바뀌면 여러 프로그램에 영향이 간다. 작은 수정이라도 다른 프로그램의 설계와 코드를 바꿔야 한다. 기존에는 이를 처리하려면 개발자가 일일이 설계서를 뒤져야 했다. 하지만 ALM 도입 후 개발자는 Visual Studio 화면 안에서 프로그램 목록, 설계서 목록 등을 다 볼 수 있다. 할 일은 링크를 타고 들어가 바뀐 부분만 파악하면 된다.

● 정확하고 명확한 커뮤니케이션

개발 현장에서 오가는 주요 커뮤니케이션 수단은 문서다. 문제는 문서 위주의 커뮤니케이션을 하다 보면 실무 차원에서 쉽게 풀 일도 어렵게 처리해야 하는 경우가 생기곤 한다는 것이다. 대표적인 예가 개발과 테스트 과정에서 일어나는 오해다. 개발자가 자신의 PC에서 문제 없이 돌아가는 코드를 테스터에게 넘겼는데 실제로 테스트를 해보니 문제가 발생하는 경우가 종종 있다. ALM 도입은 이런 문제를 근본적으로 해결해 주었다. LG CNS 하이테크사업본부 엔지니어링솔루션 부문에서는 테스트 과정에서 에러가 나면 테스터가 그 자리에서 화면 캡처 또는 동영상을 녹화한다. 이 데이터는 Team Foundation Server의 SharePoint 데이터베이스 상에 올려지고, 해당 링크는 개발자 할일 목록에 올려진다. 즉, 문서나 전화로 서로의 상황 설명을 할 필요 없이 영상을 보면서 정확하게 문제 원인 파악을 하는 것이다.

● 최소한의 투자로 ALM 구축

흔히 ALM은 복잡하고, 비용이 많이 드는 그런 유형의 투자로 분류된다. 실제로 많은 기업들이 애자일(Agile) 개발 열풍이 불면서 ALM 도입에 관심을 보였지만 막상 실제 투자로 이어지는 예는 드문 것이 현실이다. LG CNS 하이테크사업본부 엔지니어링솔루션 부문은 이런 현실의 벽을 합리적인 선택으로 넘어섰다.

● 전사 모범 ALM 사례로 보급 확산

LG CNS 하이테크사업본부 엔지니어링솔루션 부문은 2013년 현재 LG전자의 글로벌 MES 구축 프로젝트를 추진 중인데 여기에 마이크로소프트 Team Foundation Server 기반 ALM이 적용하고 있다. 이 프로젝트에서는 솔루션 개발 관점에서의 ALM 적용이 아니라 SI 차원에서 고객과 IT 서비스 업체 간 투명하게 전체 프로젝트 진척 상황 및 이슈 파악과 대응책 마련에 대한 협력 도구로 ALM이 활용되고 있다. 고객이 요구 사항을 전하고 이를 기초로 설계서가 만들어 지고, 개발과 테스트가 이루어지는 전 과정이 ALM 하에서 통제, 관리 되고 있는 것이다. 이 프로젝트에서 Team Foundation Server 기반 ALM의 사용 효과가 검증되면 LG CNS 하이테크사업본부 엔지니어링솔루션 부문은 이를 사내 ALM 모범 사례로서 전사 확산의 계기를 마련할 계획이다.

〈Microsoft 고객 성공사례, 2013. 5.〉

Chapter

12 정보시스템 아웃소싱

학습 내용

제1절 정보시스템 아웃소싱의 개념과 유형
제2절 정보시스템 아웃소싱의 결정요인
제3절 정보시스템 아웃소싱과 서비스 수준 협약
제4절 클라우드 컴퓨팅
MIS HIGHLIGHT 1 일반 산업군, 하이브리드소싱 바람분다
MIS HIGHLIGHT 2 클라우드 컴퓨팅 시대의 경영
CASE 1 경영성과 개선을 위한 IT아웃소싱 활용방안
CASE 2 금융IT 아웃소싱의 허와 실

제1절 정보시스템 아웃소싱의 개념과 유형

1. 아웃소싱의 개념

아웃소싱(outsourcing)이란 조직 외부의 정보시스템 서비스 전문업체로부터 필요한 정보서비스를 구매하는 것을 말한다. 제품을 만드는 데 필요한 부품을 조직 내부에서 만들 것인가(make) 아니면 외부로부터 구매할 것인가(buy)는 전통적인 관리적 문제로서 정보시스템

서비스에 대해서도 존재한다. 아웃소싱이란 필요한 부품을 외부 업체로부터 구매하는 것과 유사하다. 정보시스템 아웃소싱이란 한국 IBM, 삼성데이터시스템, 포스데이터 등과 같은 정보시스템을 전문적으로 다루는 외부 전문업체(outsourcer)로부터 정보시스템 관련 업무에 대한 서비스를 받고 일정금액의 수수료를 지불하는 것이다. 한편, 정보시스템 인소싱(insourcing)은 필요한 부품을 조직 내부에서 만드는 것과 유사하며, 정보서비스를 조직 내부의 정보시스템 부서로부터 조달하는 것을 말한다. 그리고 하나의 정보시스템 기능을 인소싱할 것인가 아니면 아웃소싱할 것인가를 선택하는 것을 소싱결정(sourcing decision)이라 한다. 대부분의 기업이 정보서비스를 인소싱해오다가 최근 들어 아웃소싱으로 전환할 것인지 결정하는 경우가 많아지면서 소싱결정을 흔히 아웃소싱 결정이라고 부르고 있다.

아웃소싱의 이해를 돕기 위해 우리의 일상생활에서도 비슷한 예를 찾아볼 수 있다. 전기를 사용하기 위해 개인 집에 발전소를 건설하는 사람은 없을 것이다. 당연히 전기회사에 연락하여 전기 서비스를 받고 전기료를 내는 것이 경제적이다. 회사의 데이터 처리도 전기처럼 외부 업체에 위탁하여 서비스를 받고 요금을 내는 것이다. 피자를 좋아하는 사람이 집에서 손수 만들어 먹지 않고 피자를 전문적으로 만들어 파는 가게에 주문을 하는 것은 하나의 아웃소싱이다. 피자가게는 개인이 가지고 있지 않는 피자를 만드는 데 필요한 노하우, 경험, 그리고 시설을 가지고 있고 집에서 만드는 것보다 더 저렴하게 빨리 만들 수 있기 때문에 많은 사람들이 사먹는 것이다. 마찬가지로 웹 환경하에 사용해야 할 응용시스템을 개발하는 데 필요한 노하우와 경험이 없는 회사는 외부 전문업체에 위탁하면 보다 빨리 최근 기술을 이용하여 개발할 수 있다.

전형적인 아웃소싱 계약관계에 있어서 기업은 외부 전문업체에게 데이터 처리(data processing)와 같은 정보처리 업무를 위탁하고 수수료를 지불하며, 그 외부 전문업체는 계약에 의해 정한 서비스를 고객 기업에게 제공할 의무를 가지게 된다. 과거에도 컴퓨터 시분할(timesharing) 서비스나 시스템 개발 위탁과 같은 아웃소싱이 있어왔지만, 1990년대 들어 아웃소싱은 모든 정보시스템 분야에 걸친 광범위한 정보시스템 서비스의 구매로 그 범위가 확대되었다. 정보시스템 서비스에는 다음과 같은 업무들이 포함된다.

① 데이터 처리(data processing)

생산, 판매, 인사 등의 분야에 있어서 응용시스템에 의한 거래처리를 말한다.

② 시설관리(facilities management)

기업이 가지고 있는 컴퓨팅 시설을 외부 전문업체가 관리하고 통제하는 것을 말한다.

③ 응용프로그램의 개발과 유지보수(application development and maintenance)

외부 전문업체가 시스템 개발과 유지보수를 위탁받아 수행하는 것을 말한다.

④ 텔레커뮤니케이션 관리(telecommunication management)

LAN, intranet 등의 개발과 운영에 관한 서비스를 말한다.

⑤ 시스템 통합(systems integration)

시스템 개발 프로젝트에 대한 고객의 요구를 충족시키고 성공시키기 위해 컴퓨터와 주변기기, 각종 소프트웨어와 통신망, 시스템을 개발하는 데 필요한 요원 등을 자기 책임 아래 조달 확보하여 제공하는 것이다.

대규모 아웃소싱으로서 Eastman Kodak 회사의 사례와 Continental Bank의 사례를 소개하고자 한다(Ketler & Walstrom, 1993). 1989년, Kodak은 메인 프레임 컴퓨터 운영은 IBM에 아웃소싱했고, 소프트웨어 개발은 Anderson Consulting 회사에 아웃소싱했고, PC 이용지원은 Businessland 회사에 아웃소싱했고, 텔레커뮤니케이션과 통신망은 Digital Equipment 회사에 아웃소싱하였다. 결과적으로 Kodak의 정보시스템 부서의 종업원은 2,000명에서 200명 이하로 감소하였다. Kodak에 남아 있는 정보시스템 스태프는 정보시스템을 경영전략과 연계시키는 책임을 진다. 아웃소싱을 통해 Kodak은 회사가 잘할 수 있는 사업에 주력할 수 있게 되었고, 품질을 향상시키고 비용을 절감해서 경쟁적 지위를 확보할 수 있었다.

Continental Bank의 아웃소싱은 금융기관의 사례이다. 1980년대 이 은행은 재무적 위기에 처했다. 그래서 일반 시민을 대상으로 하는 업무에서 기업을 주 고객으로 하는 업무로 타깃을 바꾸었다. Continental의 이러한 기업 은행(business banking)으로의 전환은 식당, 법률 서비스, 그리고 정보시스템 기능을 약화했다. 이 회사는 9개월 이상 외부 전문업체의 이용을 검토한 후 1991년 IBM 자회사인 Integrated Systems Solutions Corporations(ISSC)에 10

년 계약으로 정보시스템을 아웃소싱하였다. 아웃소싱을 하게 된 이유는 ISSC의 발전된 기술을 이용할 수 있고, 비용을 절감할 수 있고, 핵심 사업에 집중할 수 있다는 것이었다. ISSC는 Continental의 모든 설비를 구입하고 Continental에 있던 데이터 센터를 그대로 이용하기로 했다. 그리고 ISSC는 아웃소싱으로 일자리를 잃게 되는 Continental에 근무하던 정보시스템 스태프를 모두 고용하기로 했다. Continental Bank는 아웃소싱 결과 1년에 1,000만 달러를 절약할 수 있을 것으로 기대하였다.

해외 아웃소싱(offshore outsourcing)은 소프트웨어 개발이 필요한 회사가 외국에 있는 벤더(vendor)에게 아웃소싱하는 것이다. 비용이나 기술적 요인 때문에 외국 회사에 아웃소싱하는데 미국의 경우 인도 회사에 소프트웨어 개발을 아웃소싱하는 사례가 있다.

2. 아웃소싱의 유형

정보시스템 아웃소싱의 유형(IT outsourcing mode)은 서비스의 영역에 따라서 시스템 계획/설계, 응용프로그램 개발, 텔레커뮤니케이션, 데이터 센터, 데이터 처리, 그리고 시스템

그림 12-1 아웃소싱의 유형

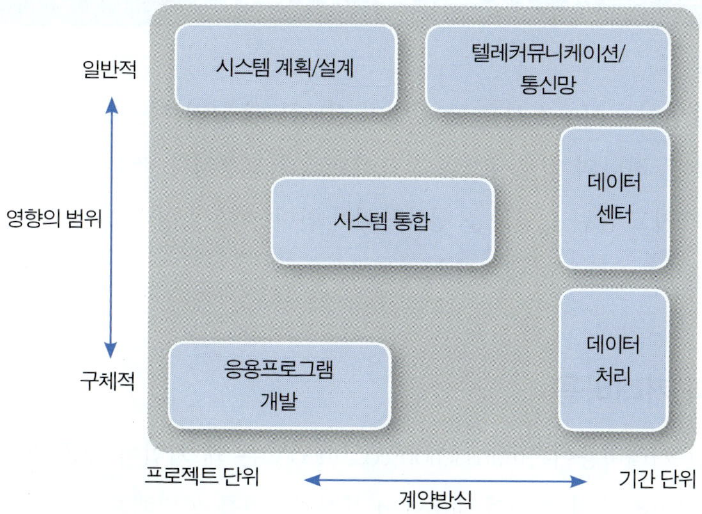

통합으로 구분할 수 있다. 그림 12-1은 정보시스템 아웃소싱의 유형과 그 특성을 보여준다.

아웃소싱 유형에 따라서 기업 내 영향의 범위가 다르다. 예를 들어, 응용프로그램 개발 아웃소싱은 보통 기업의 구체적인 영역에 영향을 준다. 즉 재고관리를 처리해주는 응용프로그램은 기업 업무의 일부분의 자동화에 관한 것이므로 그 영향의 범위가 좁다. 반면에, 텔레커뮤니케이션 아웃소싱 경우 그 사용이 회사 전체에서 일어나므로 영향의 범위는 보다 광범위하다. 또한 아웃소싱 유형에 따라서 계약방식도 다르다. 예를 들어, 시스템 계획/설계 아웃소싱 계약은 프로젝트 단위(project-based)를, 데이터 센터 운영 아웃소싱 계약은 기간 단위(period-based)를 적용한다. 시스템 계획은 하나의 프로젝트로서 반복적·지속적으로 수행하는 것이 아니므로 프로젝트 단위로 계약하는 것이 좋다. 데이터 센터(data center)란 컴퓨터와 네트워크 시설 운영을 담당하는 컴퓨터 센터를 말하며, 그 운영과 통제는 보통 반복적·지속적으로 수행되는 것이므로 기간 단위로 당사자 간에 서비스와 수수료를 정하는 형태를 취한다.

제2절 정보시스템 아웃소싱의 결정요인

아웃소싱 결정요인이란 아웃소싱을 할 것인지 검토할 때 고려하는 요인들을 말한다. 정보시스템 아웃소싱은 하나의 정보시스템 전략이므로 최고경영자, 전산실장, 그리고 관련 스태프가 관심을 가지고 관련 요인들을 평가하여야 한다. 아웃소싱 결정에 영향을 주는 경제적, 기술적, 전략적 요인들을 아래에서 살펴본다.

1. 생산비용과 거래비용

경제학에 기초한 거래비용이론(transaction cost theory)은 왜 기업이 제품이나 서비스를 외부 업체로부터 구매하지 않고 기업 내부에서 생산하는가를 설명해준다. 이 이론에 의하면 기업이 소싱결정을 할 때 생산비용(production costs)과 거래비용(transaction costs) 모두를 고려해야 하는데, 외부 전문업체와의 거래비용이 그 업체를 이용하여 얻을 수 있는 경제적 이점을 초과한다면 기업은 내부에서 생산할 것이라고 주장한다. 이러한 관점을 정보시스템 서비스 소싱결정에 적용한다면, 외부 전문업체의 이용을 통한 정보시스템 서비스 비용이 아웃소싱 거래비용보다 크다면 그 기업은 아웃소싱을 택하는 것이 좋다고 볼 수 있다.

정보시스템 서비스의 생산비용이란 정보시스템 기능을 수행하는 데 소요되는 하드웨어, 소프트웨어, 그리고 인력 관련 비용을 의미한다. 외부 전문업체의 생산비용우위는 정보시스템 기능을 아웃소싱하는 가장 기본적인 이유이다. 외부 전문업체가 생산비용우위를 갖는다는 것은 외부 전문업체의 특정 정보시스템 서비스의 생산비용이 고객기업의 해당 비용보다 낮음을 의미한다. 예컨대, 한국IBM에 지불하는 데이터 처리비용이 조직 내부의 정보시스템 부서를 이용하는 비용보다 적을 때 외부 전문업체가 생산비용우위를 가진다고 할 수 있다. 외부 전문업체는 하드웨어, 소프트웨어, 그리고 인력 이용의 측면에서 아래와 같은 이유로 규모의 경제를 통하여 비용우위를 가질 수 있다.

① 외부 전문업체는 하드웨어나 소프트웨어 공급업자들에게는 주요고객이므로 대형 컴퓨터, 텔레커뮤니케이션 시설 및 소프트웨어를 할인하여 구매할 수 있다.
② 다수의 고객들에게 서비스를 제공함으로써 설비 이용의 효율성을 높일 수 있다. 설비운영과 관리에 필요한 축적된 전문성을 여러 고객들에게 서비스를 제공하는 데 이용한다.
③ 외부 전문업체는 개별기업인 정보시스템 그룹보다 규모가 커서 전문화된 스태프를 가질 수 있으므로 정보시스템의 전문성이 높다. 이러한 전문성과 여러 고객과의 거래에서 얻는 정보시스템의 경험을 바탕으로 경제적이고 질 좋은 서비스를 제공할 수 있다.
④ 새로운 정보기술에 투자하고 학습하는 데 소요되는 비용을 다수의 고객 기업들이 부담할 수 있도록 한다. 하나의 외부 전문업체가 최신 정보기술을 습득하는 것이 개별기업이 각각 정보기술을 습득하는 것보다 경제적이다.

그러나 외부 전문업체가 항상 생산비용우위를 가지지 않으므로 내부 정보시스템 부서와 외부 업체를 비교하여 객관적인 평가를 할 필요가 있다. 조직 내부의 정보시스템 부서도 비용 절감의 노력을 할 수 있다. 예를 들면 회사 내에 여러 개의 데이터 센터가 있다면, 그 센터들을 통합(data center consolidation)하여 규모의 경제를 추구할 수도 있고, 비용부과시스템(chargeback system)을 통해 비용 통제의 노력을 기울일 수도 있다. 내부적인 비용절감 노력을 고려한 후 그래도 외부 전문업체에 위탁하는 것이 경제적인지 따져보아야 한다.

정보시스템 서비스의 아웃소싱으로 인한 거래비용은 외부 전문업체와 계약을 체결하고 실행하는 데 발생하는 계약실행비용과 아웃소싱 거래 위험으로 나누어볼 수 있다. 아웃소싱 거래 위험은 당장 비용지출을 발생시키는 것은 아닐지라도 비용지출로 나타날 가능성이 실제로 존재하는 아웃소싱보다 인소싱을 더 선호하게 하는 요인이다.

계약실행비용(contract execution costs)은 아웃소싱의 계약 교섭, 감독 및 이행과 관련되는 거래비용이다. 외부 전문업체와 모든 조건과 상황을 규정하는 보다 완전한 계약을 체결하기 위해 전문가의 상담이 필요할 수 있고, 정보기술이 발전하고 회사의 정보요구가 변화함에 따라서 계약 내용을 중간에 변경해야 할 상황이 발생할 수 있다. 또한 외부전문업체가 계약에 명시한 서비스를 제공하고 있는지 감독하는 데 비용이 소요될 수 있다. 아웃소싱을 하려면 이러한 계약실행비용을 감수해야 할 것이다.

아웃소싱 거래 위험에는 자율성 위험(autonomy risk)과 보안위험(security risk)이 있다. 자율성 위험이란 아웃소싱으로 인하여 정보시스템 서비스를 외부에 의존하게 됨으로써 정보시스템 기능에 대한 통제를 상실할 가능성을 말한다. 아웃소싱을 하게 되면 계약에 명시된 서비스만 제공받고 새로운 서비스에 대해서는 새로운 계약을 하여야 하므로 회사가 고객 또는 기업환경 대응력을 갖기 위해 필요로 하는 정보시스템 서비스를 신속하게 창출해 내기가 어려워진다. 서비스 수준 역시 자기이익 중심적인 외부 조직에 의존할 수밖에 없다. 그러나 서비스 수준이 기대에 미치지 못한다고 해서 다른 아웃소싱 공급업자로 전환하거나 혹은 인소싱으로 복귀하는 것은 쉽지 않을 것이다. 외부에 위탁을 한 정보시스템 서비스에 대해서는 아웃소싱 기간 동안 기술축적의 기회를 상실하여 새로이 내부 기능을 회복하는 데 많은 시간과 노력이 소모될 것이기 때문이다.

정보시스템 서비스의 아웃소싱을 고려할 때는 정보시스템의 보안 위험을 고려하여야 한다. 비록 외부 전문업체가 고객기업의 데이터를 보호하기 위한 조처를 취한다 할지라도 외부 조직에 의한 자료처리를 수반하므로 인소싱보다 큰 비합법적 자료접근(unauthorized data access)의 위험을 내포하고 있다. 이러한 위험을 많이 느끼는 경영자는 아마 아웃소싱을 회피할 것이다.

2. 정보기술 자원과 정보시스템 서비스 품질

정보기술 자원(IT resources)에는 하드웨어, 소프트웨어, 정보시스템 스태프의 지식과 경험, 그리고 기타 컴퓨팅 설비가 포함된다. 외부 전문업체는 정보기술에 대한 투자와 활용이 핵심사업이므로 최신 정보기술을 학습하여 고객기업들에게 서비스할 수 있도록 끊임없이 노력할 것이다. 그래서 기업은 조직 내에 정보시스템 전문가가 부족하고, 기술적 노하우(know-how) 및 정보처리 능력이 부족하다면 아웃소싱을 하여 외부 전문업체의 정보기술 자원을 활용할 수 있을 것이다. 정보기술은 급속하게 발전하고 있지만 어떤 기업은 새로운 정보기술에 계속적으로 투자하는 것이 어려울 수도 있을 것이다. 이런 경우에 아웃소싱을 통해 외부 전문업체의 기술적 자원을 이용하면 조직의 운영을 성공적으로 지원하고 경영전략의 실행을 도와줄 수 있을 것이다. 예를 들면 전통적인 메인 프레임 컴퓨팅에서 클라이언트/서버 컴퓨팅으로 변경하려고 할 때, 필요한 기술이 없다면 외부 전문업체의 서비스가 필요할 것이다.

기업 내부 정보시스템 서비스 품질(quality of information systems services)의 저하로 인하여 기업의 전략수행과 운영에 필요한 높은 질의 서비스를 제공할 수 있는 외부 전문업체로 정보시스템 기능을 이전시킬 수 있다. 정보시스템 예산이 부족하거나, 정보기술 자원이 부족하거나, 혹은 정보기술에 대한 관리능력이 부족해서 조직이 요구하는 정보시스템 서비스의 질적 수준을 만족시키지 못할 수 있다. 기업 내부의 정보시스템 부서의 업적을 향상시키기 위해서는 새로운 정보기술의 도입과 계속적인 학습이 요구되며 우수한 스태프를 개발하고 유지하여야 한다. 조직의 내부 정보시스템 부서에 의한 정보시스템 업적수준(예를 들면, 정보서비스의 질적 수준)의 개선이 효율적인 해결책이 아닐 때, 느린 반응시간, 낮은 시스템 이용가능성, 시스템 개발의 요구사항 충족의 실패, 최종사용자와의 불만족스러운 관계와 같은 문제들을 해결하기 위해 아웃소싱을 선택할 수 있을 것이다.

3. 전략적 집중과 전략적 소싱

전략적 집중(strategic focus)이란 보다 많은 조직의 자원을 보다 높은 전략적 우선순위를 가진 기업활동이나 정보시스템 활동에 할당하는 것을 말한다. 제약된 인적 자원과 재무적 자원을 가진 기업으로서는 실제적 혹은 잠재적 경쟁우위가 있는 핵심적 기업활동(core business activities)에 자원을 집중하여야 한다. 아웃소싱을 통해 관리자들은 자료입력이나 자료처리의 운영과 같은 일상적인 정보시스템 활동에는 시간을 적게 소비할 수 있는 반면, 전략적 분야에는 보다 많은 관심을 가질 수 있다. 아웃소싱으로 이용가능한 스태프를 전략 시스템 개발과 같은 보다 우선순위가 높은 활동으로 전환시킬 수 있다. 그러한 자원의 재할당은 단기적으로는 정보시스템 자원의 부족을 감소시키고, 장기적으로는 조직의 생존에 공헌하게 된다. 따라서 기업자원을 재분배하고자 하는 전략적 집중의 필요성이 있다면 아웃소싱을 선호할 것이다.

전략적 소싱(strategic sourcing)의 한 원칙은 소싱 결정을 할 때 정보시스템이 경쟁적 우위를 획득하고 유지하는 데 영향을 주는지 고려해야 한다는 것이다. 이러한 관점에서 높은 전략적 중요성이 있는 정보시스템 기능은 최신 정보기술을 이용하여 조직 내부에서 수행하고, 환경변화에 대응하여 수립하는 경영전략을 성공적으로 지원할 수 있도록 하여야 한다. 한편, 전략적 중요성이 낮은 정보시스템 기능은 아웃소싱할 수 있는데, 그 이유는 정보시스템 기능에 대한 통제의 상실이 기업에 큰 손실을 초래하지 않기 때문이다. 예를 들어 크게 중요하지 않은 응용프로그램의 유지보수 프로젝트는 전략적 위험 없이 외부전문업체에 이전할 수 있을 것이다.

만약 특정 정보시스템의 기능이 전략적으로 중요하고 효율적으로 수행될 가능성이 적으면, 기업은 내부적으로 그 기능이 수행될 수 있도록 필요한 투자를 하여야 한다. 만약 기업의 내부 투자가 가능하지 않다면 그 정보시스템 기능을 효율적으로 수행할 수 있는 외부 전문업체와 전략적 파트너십(strategic partnership)을 수립하여 아웃소싱할 수 있다.

제3절 정보시스템 아웃소싱과 서비스 수준 협약

1. 서비스 수준 협약의 개념

서비스 수준 협약(Service Level Agreement: SLA)은 서비스 제공자와 그 수혜자 간의 협약이며 계약기간 동안 서비스 제공자의 서비스에 대한 기대성과를 정하는 것이다. 정보시스템 아웃소싱 계약기간은 5년 이상의 장기적일 수 있으며 이 기간 동안 정보서비스 전문업체가 고객기업에게 제공하는 서비스의 질적 수준을 계약의 일부로서 정한다. 서비스 수준 협약을 하는 이유는 아래와 같다.

① 서비스 제공자와 수혜자 사이에 서비스에 대한 기대수준을 관리할 수 있다. 서비스 수준에 대해 미리 정하고 이해함으로써 일어날 수 있는 오해와 갈등을 줄일 수 있다.
② 인센티브제도를 통해 서비스 제공자의 서비스를 일정 수준으로 유지할 수 있다. 서비스 수준이 일정 수준 이하일 경우 서비스 제공자가 서비스 수혜자에게 범칙금을 지불하고, 일정 수준 이상의 서비스를 지속적으로 제공할 경우 수혜자가 서비스 제공자에게 인센티브를 줄 수 있도록 한다.

2. 아웃소싱 사이클과 서비스 수준 협약

서비스 수준 협약을 작성하고 관리하는 것은 아웃소싱 사이클(cycle)의 테두리 속에서 일어난다. 아웃소싱 사이클은 아래와 같이 여러 단계로 구분된다.

① 아웃소싱할 프로세스를 정한다.
② 아웃소싱하여 달성하고자 하는 목표를 설정하고 협상을 준비한다.
③ 아웃소싱 전문업체(vendor)를 선정한다.
④ 계약체결을 위한 협상을 한다.
⑤ 아웃소싱 계약을 실행한다.
⑥ 벤더의 서비스 수준을 모니터한다.
⑦ 기술과 비즈니스 요구가 변경됨에 따라서 협약을 수정한다.
⑧ 아웃소싱계약을 갱신하거나 취소한다.

아웃소싱의 서비스 수준 협약은 2단계에서 준비되고 4단계에서 체결되며, 7단계와 8단계에서 수정되고 6단계에서 이용된다.

3. 서비스 수준 협약의 구성요소

서비스 수준 협약은 서비스의 정의, 지속적으로 측정할 지표항목들, 프로세스와 산출물 등 서비스 수혜자와 서비스 공급자 사이에 미리 합의되어 서비스 공급자가 달성하여야 하는 성과수준들로 구성되어 있으며, 구체적으로 서비스 수준 협약의 구성요소를 나열하면 아래와 같다.

① SLA의 목적

② SLA의 기간

③ 애플리케이션/서비스

- 시스템 개관
- 사용기간
- 가용성
- 시스템 응답성
- 산출물 협정내용
- 정확성(입력, 데이터베이스, 산출물)
- 보안
- 서비스 시간

④ 지원시간

- 헬프 데스크
- 기술지원

⑤ 실시간 서비스 모니터링

⑥ 서비스 수준보고

⑦ 실패에 대한 벌칙 조항

⑧ 서비스 수혜자와 제공자간 검토회의

서비스 수준 협약은 시스템의 기술적 측정과 관련된 부분과, 서비스의 관리적 요소와 관련된 부분으로 구성된다. 기술적인 측면에는 서비스의 가용성(availability), 만족도(satisfaction), 정확도(accuracy), 응답도(response time) 등이 포함된다. 관리적 측면에는 서비스 항목에 따른 성과 추적 방법, 서비스 성과 수준을 보고하는 방법, 양자 간의 협정을 검토하고 수정하는 방법 등이 포함된다.

4. 아웃소싱 유의사항

기업이 대규모 아웃소싱에 경험이 적을 경우, 아웃소싱이 성공할 수도 있고 실패할 수도 있으므로 특히 아웃소싱 계약관리에 관심을 가져야 한다. 성공적인 아웃소싱을 위하여 아웃소싱 계약 시에 다음 사항을 추천한다.

① 아웃소싱 공급업자의 표준화된 계약에 서명하지 말고, 주어진 상황에 맞게 수정하여 계약한다.
② 불완전한 계약에 서명하지 않는다.
③ 아웃소싱 계약을 도와줄 기술자와 법률 전문가의 도움을 얻는다.
④ 계약 조건을 결정하기 위한 기간(baseline period) 동안 모든 정보시스템 활동을 측정한다.
⑤ 구체적이고 완전하게 서비스 수준을 협의하고 그 측정 방법을 정한다.
⑥ 합의된 서비스 수준에 미달할 경우 손해배상을 하도록 한다.
⑦ 외부 전문업체의 서비스 수준을 감독할 수 있도록 보고서를 제출하도록 한다.
⑧ 정보시스템 비용의 점차적 감소에 상응하는 서비스 질적 수준의 향상을 명시한다.
⑨ 사업 일부를 매각하거나 합병하는 경우 서비스 내용의 변경이 생길 수 있으므로 대처방안을 명시한다.
⑩ 아웃소싱으로 일자리를 잃게 되는 정보시스템 스태프가 공급업자에게 전원 고용될 수 있는지 고려한다.

⑪ 추가적인 서비스에 대해 어떻게 비용을 부과하는지 확인한다.

⑫ 계약기간은 가능한 한 짧게 한다. 아웃소싱 계약은 5년 내지 10년 정도로 장기간이지만 기업의 상황과 정보기술은 급속하게 변화하기 때문이다. 그러므로 계약 변경에 관한 조항에 유의한다.

⑬ 외부 전문업체가 다른 공급업자에게 하청(subcontracting)을 하는 경우 관여할 수 있는지 유의한다.

⑭ 기업은 대부분의 정보시스템 기능을 아웃소싱하지 말고 특히 외주가 적합한 부분을 선택하여 아웃소싱한다.

제4절 클라우드 컴퓨팅

1. 클라우드 컴퓨팅의 개념

클라우드 컴퓨팅은 컴퓨터 자원의 집중화를 의미한다. 사용자는 집중화된 컴퓨터 자원에 접근하여 소프트웨어, 데이터 처리 등을 이용할 수 있다. 클라우드란 통신망을 통해 접근할 수 있는 구름처럼 묘사되는 컴퓨팅 자원의 모습을 가리킨다. 이것은 과거 메인 프레임 컴퓨팅이 주를 이룰 때 데이터와 애플리케이션을 모두 메인 프레임이 담당하고 필요할 때마다 터미널을 이용하는 것과 유사한 모습이라 할 수 있다.

최근 인터넷의 전송능력이 높아지고 접속비용이 저렴해지자 클라이언트/서버 컴퓨팅은 클라우드 컴퓨팅으로 한 단계 더 발전하게 되었다. 클라우드 컴퓨팅(cloud computing)은 인터넷을 통해 공유된 컴퓨팅 자원에 대한 접근을 가능하게 해주는 컴퓨팅 모델이다. 컴퓨팅 자원에는 컴퓨터, 저장장치, 애플리케이션 등이 있다. 어디에 있든지 연결된 단말기를 통해 필요에 따라 컴퓨팅 자원의 클라우드에 접근할 수 있다. 클라우드 컴퓨팅은 아래와 같은 특성을 가진다.

① 사용자는 필요하면 데이터를 처리하고 저장할 수 있다.
② 클라우드 자원에 접근하기 위해 언제든지 네트워크에 접근할 수 있다.
③ 사용자는 컴퓨팅 자원이 어디에 위치하는지 알지 못하나 이용가능하다.
④ 사용자 요구에 따라서 컴퓨팅 자원이 신속하게 제공될 수 있다.
⑤ 사용자의 자원 사용량에 따라서 요금을 부과한다.

2. 클라우드 컴퓨팅 서비스 모델

클라우드 컴퓨팅 서비스에는 IAAS, PAAS, SAAS 등 세 가지 모델이 있다. 이들 모델에 대해 설명하면 다음과 같다.

① 서비스로서의 인프라(Infrastructure-as-a-Service: IaaS)

클라우드 서비스 제공자(예를 들면, Amazon)는 고객들에게 서버, 스토리지, 네트워킹을 서비스한다. 고객은 클라우드 인프라 제공업체에 접속하여 원하는 애플리케이션을 이용할 수 있다. 고객은 제공받은 서버를 이용하여 원하는 애플리케이션을 구동한다. 또한 데이터를 스토리지에 저장하여 보관할 수 있다. 고객사 혹은 사용자는 서버와 방화벽 등을 이용하여 자신의 가상 데이터 센터를 생성한다. 고객들은 애플리케이션을 처리하는 시간과 실제 이용하는 저장 용량에 따라서 요금을 지불한다.

아마존(Amazon)은 고객들이 데이터를 저장하도록 Simple Storage Service(S3)를 제공한다. 또한 고객들은 아마존 데이터 센터에서 애플리케이션을 구동할 수 있는데 이를 Elastic Compute Cloud(EC2)라고 한다. 뉴욕에 있는 한 신문사는 수많은 문서를 PDF 파일로 전환할 필요가 있었으나 회사 내부 인프라로는 불가능하였다. 그래서 아마존 인프라를 이용하여 빠른 시간 내에 문서를 전환하고 이용한 컴퓨팅 시간에 대한 수수료를 아마존에 지불하였다. 네이버의 N드라이브도 IaaS라고 볼 수 있다.

② 서비스로서의 플랫폼(Platform-as-a-Service: PaaS)

클라우드 서비스 제공자는 고객들에게 애플리케이션을 개발할 수 있는 인프라와 프로그래밍 도구를 서비스한다. PAAS에서는 고객이 제공받은 환경에서 구동할 애플리케이션을 직접 개발할 수 있다. 예컨대, 구글(Google)의 App Engine은 프로그래머들에게 Java를 포함하는 일련의 정해진 기술을 이용하여 웹 애플리케이션을 개발할 환경을 제공한다. 그런 다음 구글의 클라우드에 설치하도록 한다. 구글의 고객은 인터넷을 통해 애플리케이션을 이용할 수 있다. 구글의 App Engine과 유사한 마이크로소프트의 Azure는 .Net, SQL Server를 포함하는 마이크로소프트의 기술을 이용한다.

③ 서비스로서의 소프트웨어(Software-as-a-Service: SaaS)

고객들은 클라우드 서비스 제공자의 하드웨어에 호스트를 공유하여 통신망을 통해 제공되는 소프트웨어를 이용한다. 예를 들어, 구글은 비즈니스 애플리케이션을 온라인으로 제공한다. Salesforce.com은 CRM 소프트웨어를 인터넷을 통해 고객들에게 빌려준다. 사용자들은 웹브라우저를 통해 애플리케이션에 접근할 수 있고 데이터와 소프트웨어는 서비스 제공자의 원격 서버에서 관리된다.

사용자 그룹에 따라 다른 모델 이용이 매력적이라고 볼 수도 있겠다. IaaS는 데이터에 대한 완전한 통제를 원하는 기업들에게, PaaS는 독립적인 애플리케이션 개발자에게, SaaS는 저비용을 원하는 중소기업 사용자들에게 일반적으로 매력이 있을 것이다. 혹은 인사 급여 등 비핵심 애플리케이션에 대해 SaaS를 이용할 수 있다.

3. 클라우드 컴퓨팅의 편익과 위험

클라우드 컴퓨팅은 여러 가지 편익을 제공한다. 클라우드 서비스 제공자는 많은 고객을 대상으로 서비스를 제공하므로 개별기업을 대상으로 할 때보다 효율적일 수 있다. 클라우드 컴퓨팅 서비스를 받는 고객은 아래와 같은 편익을 얻을 수 있다.

① 클라우드 서비스를 이용하는 조직은 서버를 구입하고 데이터 센터를 설치하는 데 소요되는 비용을 지출하지 않아도 된다. 서버나 저장장치의 용량의 일부만 사용하는데도 전체를 구입하여 이용하는 것보다 필요한 만큼 이용하고 대금을 지불하면 비용을 절감할 수 있다.

② 데이터 처리의 규모가 커지면 더 많은 컴퓨팅 자원이 필요해진다. 이때 추가적으로 더 필요한 자원을 클라우드 제공자를 이용하여 해결할 수 있다. 자주 일어나지 않는 서버 사용의 피크 때문에 추가적인 투자를 하는 것보다 필요할 때 클라우드 서비스를 얻는 것이 더 경제적일 수 있다. 대학에서 수강신청을 하는 첫날에는 많은 학생들이 한꺼번에 접속하여 시스템 속도가 느려질 수 있다. 이런 경우 훨씬 우수한 시스템을 갖춘 클라우드 서비스 제공자의 인프라를 이용하면 적은 비용으로 문제를 해결할 수 있을 것이다.

클라우드 컴퓨팅에는 아래와 같은 위험 요소도 있다. 이러한 위험은 고객이 인프라나 소프트웨어를 클라우드 서비스 제공업자에게 의존하기 때문에 발생한다.

① 다수의 고객 회사들에게 서비스를 제공하는 클라우드 제공자가 데이터를 저장하고 관리하는 경우 데이터에 대한 보안위험이 있다.
② 고객 회사는 비즈니스를 수행하기 위해 휴일도 없이 하루에 24시간 동안 시스템이 운영될 필요가 있지만 서비스 제공자의 시스템이 다운된다면 상당한 피해를 입을 수 있다.

MIS HIGHLIGHT 1

일반 산업군, 하이브리드소싱 바람분다

■ 인소싱 증대와 아웃소싱 협업을 통한 하이브리드소싱 유행
내부 역량 강화로 IT 부서 사기에도 긍정적

비용절감과 전문 인력의 상시 채용 효율성 등의 효과로 크게 각광받는 토탈 IT아웃소싱. 그러나 토탈 IT아웃소싱이 안착되고 안정화 단계에 들어가게 되면 비용절감은커녕 역으로 비용이 발생하게 된다. 또한 외부 업체의 손을 빌어 시스템을 운영하기 때문에 내부 인력의 기술력이나 경험이 떨어지는 경우도 생기고 있어, 아웃소싱으로는 급변하는 비즈니스 환경에 능동적으로 대응하기 어렵다는 점이 최근 아웃소싱 도입을 망설이는 이유로 지적되고 있다.

기업마다 이러한 IT 부서 환경을 타계하고자 IT 부서 내부역량 강화를 모색하고 있다. 특히나 IT 부서가 기업의 핵심 프로젝트를 주도하며 핵심 역량을 키우는 것이 기업의 핵심 과제가 되고 있다. 아웃소싱 일변도로 달리던 IT 부서가 자체적인 성장을 통해 직접 프로젝트를 주도하는 등 인소싱으로 회기하고 있는 것이다.

■ 인소싱 관심폭 증대된다

사업의 일부 또는 많은 부분을 외부에 위탁하는 방식을 아웃소싱이라고 하고, 이에 반대 의미로 조직의 계통과 체계를 통해 서비스와 기능을 직접 전달하는 경제활동 방식을 인소싱이라고 부른다. 따라서 모든 기업은 아웃소싱 또는 인소싱을 통해 기업이 필요한 IT 전략을 모색하고 있다.

인소싱의 장·단점은 아웃소싱과 비교하면 보다 뚜렷해진다. 인소싱은 내부 IT 인력 확보, 장기적 관점에서 비용 절감, 리스크 관리, 보안 강화 등에 장점이 있다. 반면 IT 전문성 확보까지의 시간과 자금이 투여되고, 탄력있는 인력 구조변화를 구성할 수 없는 단점도 존재한다.

기업의 경영자 관점에서는 눈에 보이지 않는 내적인 장점보다는 당장 가시적으로 평가할 수 있는 외적 단점으로 인해 인소싱보다는 아웃소싱을 선호해 왔다.

그러나 최근 들어 이러한 IT 환경이 변화하고 있다. 기업에 있어 유형자산뿐만 아니라 무형자산에 대한 재평가가 이뤄지고 있으며, 2013년 지속적으로 발생한 보안사고를 통해 기업내부의 보안 강화에 대한 새로운 관점을 제시되고 있기 때문이다. 기업들은 이제 내부정보 통제전략의 하나로서 인소싱에 대해 검토하고 있다.

또한 개발 정확성에서도 아웃소싱 개발보다 자체 역량을 통해 개발된 프로젝트의 완성도가 더 높다는 평가가 많다. 현업의 내부 프로세스를 이해하고 이에 대한 아키텍처를 설립하기 때문에 현업의 만족도가 높다는 것이다.

한샘은 구플랫폼을 신규플랫폼으로 전환하는 과정에서 현업의 프로세스를 정확하게 파악하고 있는 베테랑 개발자들이 구성해 프로젝트를 진행했다. 초기에는 내부역량의 부재로 아웃소싱을 통해 진행하던 프로젝트를 점차 인소싱으로 전환하고 있는 것이다. 특히나 한샘같이 일반 유통과 다른 특수 산업의 경우, 외부의 인력보다 업무를 파악하고 있는 내부개발자가 프로젝트를 진행하는 것이 보다 효율적이라고 전했다.

과거에는 전산시스템이 단순해서 저가인력으로도 충당이 가능했지만 이제는 시스템이 워낙 복잡하고 방대해져 고급인력의 필요성이 커졌기 때문에 임금수준도 높아진 것에 기인한다.

■ 아웃소싱에 대한 효율성, 전문성 고려해야

IT 서비스분야의 A기업은 다년간 아웃소싱 계약을 통해 진행하려던 프로젝트를 내부인력으로만 개발하려고 전환 작업을 시도했다. 사내 IT 부서에서 자체적으로 처리할 수 있는 역량이 있는데, 굳이 외부 업체를 통해 재정을 낭비하느냐는 분위기가 형성된 것이다. 이 기업은 혁신조직을 세우고 이를 통해 내부 IT 인력만으로 소프트웨어는 물론 하드웨어, 시스템 엔진까지 자체적으로 구성하는 등 IT 부서의 실력을 과시하며 프로젝트를 성공적으로 수행하고 있다. 그러나 내부역량만으로 프로젝트를 구성할 수 있는 기업은 국내에 많지 않다.

온-디맨드(On Demand)방식의 아웃소싱은 재고해야하지만, 일정부분의 아웃소싱은 필요하다는 것이 대다수 CIO의 입장이다. 기업들이 IT 아웃소싱을 활용하는 이유는 인건비 절감과 인력부족의 이유가 크지만, 무엇보다도 급변하는 기술환경 변화를 대응하기 위해서는 내부 인력만으로는 어렵기 때문에 외부의 전문성을 활용하는 것이다. 특히 일시적, 집중적인 노동력이 요구되는 개발 프로젝트의 경우, 아웃소싱을 이용할 수밖에 없다는 입장이다.

아웃소싱의 분류

- 첫째, 비전문적이고 일상적인 업무이나, 시간 및 업무상 외부인력에 의존해야 하는 경우
- 둘째, 전문영역이어서 외부에 도움을 받아야 하는 경우
- 셋째, 내부인력이 수행을 할 수 있으나, 외부의 객관적 시각에서 의견의 도출이 필요한 경우

결과적으로 아웃소싱은 내부 인력의 기술적, 인적 구조의 한계를 극복하기 위한 하나의 방편이 될 수 있다. 또한 아웃소싱 업체의 전문기술에 대한 노하우를 전수받아 내부 직원의 역량을 향상시키는 데도 일조를 한다고 볼 수 있다.

■ 기업의 IT, 비용절감으로 바라봐선 안돼

최근 기업이 IT에 요구하는 점은 기업의 비전이나 혁신을 요구하기보다는TCO절감, ROI 재고 등 운영비용절감에 초점이 맞춰져 있다. IT 부서는 기업의 요구에 효율적으로 대응하기 위해서 인소싱의 비율을 점차 늘려나가는 것이지, 기업 인력 충원을 이뤄나가는 것은 아니다. 따라서 IT 부서의 역량 강화와 기업 비즈니스 모색의 차원에서 근본적으로 IT를 재검토해야한다고 CIO들은 말하고 있다.

■ 하이브리드소싱을 통한 '운영의 묘' 발휘해야

CIO와 IT 부서장이 원하는 IT 개발 방향은 아웃소싱 비중이 높아질수록, 업체 의존도가 커질 수 있기 때문에 자체적인 내부 역량 강화도 함께 성장해야 한다는 목소리가 크다. A 공공기관은 10여 년 전 직접 운영하던 전사센터를 아웃소싱으로 전환했다. 당시 기획재정부에서 아웃소싱에 한해서만 운영예산을 승인해줬기 때문이다. 그러나 10년간 전산센터 운영을 아웃소싱해온 결과, 내부 인력 양성에는 어려움이 있다는 게 A기관의 결론이다.

따라서 기업마다 기업의 핵심 분야를 분류하고 그에 따른 업무를 인소싱과 아웃소싱으로 나누는 것을 이상적인 모델로 여겨지고 있다.

근본적인 문제를 해결하지 않고 아웃소싱에만 내부 프로젝트를 전담시킬 경우, 결국 문제해결을 위해 컨설팅 비용이 추가로 들기 때문에 결코 비용절감이 이뤄지는 것은 아니라는 것이다. 또한 문제에 대한 기업이미지 추락같은 경영 리스크는 결국 아웃소싱 업체가 책임질 수 없는 부분이기 때문에 이에 대한 지속적인 관리체계 수립이 무엇보다 필요하다.

■ 장기적인 비전을 위한 IT인재역량 강화해야

인소싱으로 회기하던, 아웃소싱을 유지하던, 하이브리드 소싱을 준비하던간에 이제 IT 부서의 역량 강화는 피할 수 없는 과제로 등장했다. 내부 역량 강화 없이는 IT 조직을 유지할 수는 있어도 기업의 혁신 조직을 이끌기에는 무리라는 CIO의 판단에서다. 두 말할 것도 없이 IT가 기업의 현업프로세스의 근간이 되고 있는데, 더 빠르고, 효율적인 프로세스 적립을 위해 IT 부서 스스로가 자체 역량을 강화하고 있는 것이다.

GS홈쇼핑은 오픈소스 사용을 위해 인도의 IT 전문가를 고용했었다. 그러나 IT 부서의 역할이 IT 신기술은 물론 비즈니스를 관통하는 전방위적 능력이 필요하다고 판단해 IT 구성원의 역량강화로 목표를 선회했다.

GS홈쇼핑은 이를 위해 스터디 그룹을 구성하고, 매달 한 번씩 정보공유를 통해 IT 부서가 쌓아나가야 하는 핵심기술을 탐색하고 있다. 이와 별개로 각 IT구성원의 커리어 패스를 제공하며 기술의 내재화를 실현하고 있다. 뿐만 아니라 오비맥주, 잡코리아, 홈플러스 등 다수의 기업이 스터디를 통한 기술습득 및 신규프로젝트의 파일럿 프로그램을 진행하고 있다.

한샘은 스터디와 교육뿐만 아니라 체계적인 평가체계를 구축하며, 기업의 핵심인재를 우대하는 정책을 구상하고 있다. 김태욱 한샘 이사는 인소싱과 장기적인 교육을 통해 기업의 핵심인재를 육성했다고 해도 핵심인재가 유출될 경우는 등한시하고 있다고 지적했다.

한샘은 교육과정에 있어 인사관점의 평가제도를 준비하고, 핵심자격증에 있어 IT 기업에 준하는 정책으로 IT 인재를 지원하고 있다. 또한 IT 인재의 적재적소에 대한 배치를 통해 자신의 업무에 대한 책임감을 고취시킬 필요가 있다고 말했다.

LG유플러스 또한 기업의 핵심역량 강화를 위해 테크니컬 맵을 구성해 지속적인 관리를 하고 있다. 이를 통해 IT인력을 육성하고 스스로의 핵심 기술에 대한 기술력을 강화하고 있다. 테크니컬 맵은 포인트를 통해 IT구성원 스스로 직무의 능동성을 찾고, 교육과정을 성실히 임할 수 있도록 제시하고 있다. 또한 자신의 업무·교육·파일럿 프로그램 수행 등뿐만 아니라 자신이 직접 다른 직원들에게 강의를 하거나, 첨삭을 통해서도 포인트를 얻을 수 있다. 또한 이렇게 얻어진 포인트를 기준으로 등급을 매겨 업무성과를 가시적으로 파악할 수 있다.

■ 인·아웃소싱 조화 이루고 주도적 IT 필요

이제 인소싱과 아웃소싱의 경계가 허물어져가고 있는 IT 환경에서 기업의 CIO와 IT 부서장이 고민해야할 과제는 IT 부서의 구성원을 어떻게 포지셔닝할 것인가가 중요한 전략으로 부상하고 있다. 현재 대부분 아웃소싱에 의존하고 있는 기업들은 아웃소싱과 인소싱의 조화로운 혼용이 필요할 때이다. 기업의 모든 IT 기반을 외부에 위탁하는 것은 내부인력의 기술적 성장을 포기하는 것이 될 수도 있다는 것을 의미한다. 따라서 아웃소싱을 하더라도 기업 내부의 IT 구성원이 주도하는 프로젝트가 돼야하며 프로그램 개발 및 엔지니어링 분야에서 기술 습득을 함께 이뤄나가야 한다는 것이 기업의 CIO의 설명이다.

신입사원은 입사 초기에 개발 부분에 경험을 쌓게 해 기술자, 엔지니어로서의 자질을 우선 갖추게 하고, 경력이 쌓이면 매니지먼트 분야로 유도하는 직무 순환 설계가 필요하다. 또한 내부 IT 인력의 자긍심을 고취시는 프로젝트 배분과 합당한 보상은 내부역량 강화만큼 중요하다. 이 모든 것은 향후 CIO가 좀 더 영리한 프로젝트 매니저가 돼야 한다는 것을 의미한다. 과거처럼 아웃소싱을 하는 것에서 그치는 것이 아니라, 기업에 최적화할 수 있는 인소싱 인재육성과 이를 체계적으로 수행할 수 있는 아웃소싱 업체를 관리할 수 있는 체계를 갖추고 노력하는 것이 필요하다.

〈CIOCISO, 2014. 1.〉

MIS HIGHLIGHT 2

클라우드 컴퓨팅 시대의 경영

#1. 구글에 다니는 A씨는 회사에서 근무하는 시간이 따로 정해져 있지 않다. 출근시간과 회의를 위해 사무실에 있어야 하는 시간을 제외하고 자유롭게 일할 수 있다. 물론 하루 근무시간은 정해져 있지만 구체적인 근무는 전적으로 A씨 자신이 정한다. 모든 일은 클라우드에 접속된 상태로 이뤄지기 때문에 근무시간이 자동으로 기록된다. 팀 동료의 업무는 언제 어디서든 점검할 수 있다. 급여에 영향을 주는 인사평가는 팀원들의 다면평가로 이뤄진다. 이 모두가 클라우드 컴퓨팅 시스템이 도입되면서 가능해진 일이다.

#2. 디자인으로 유명한 3M은 직원과 고객들의 아이디어를 잘 활용해 소비자들이 생각하지도 못했던 니즈를 채워주고 있다. 3M은 전 세계 60개국에서 7만 5,000명의 직원이 근무하고 있는 글로벌 기업. 직원들 모두의 아이디어를 반영하기란 쉽지 않다. 이런 어려움 속에서 직원과 고객들의 아이디어를 바로 반영할 수 있게 된 배경은 클라우드 컴퓨팅 시스템 덕이다.

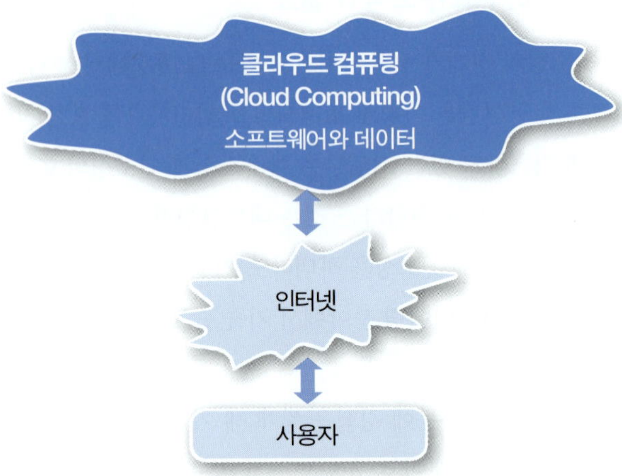

소프트웨어와 데이터를 PC가 아닌 데이터센터의 서버에 저장해뒀다가 필요할 때마다 인터넷에 접속해 사용하는 클라우드 컴퓨팅 시대가 본격 도래하고 있다. 재계에서는 정보관리비용 절감이나 협업 용이 등의 장점을 내세워 클라우드 컴퓨팅 시스템을 도입하려는 기업들이 속속 등장하고 있다. 국내 개인용 클라우드 사용자도 1,000만 명을 넘어섰다. KT, 삼성SDS, IBM 등 IT 업체들은 이 같은 수요에 맞춰 클라우드 컴퓨팅 서비스 설비 확대에 경쟁적으로 나섰다.

하지만 '구슬이 서 말이라도 꿰어야 보배'라고 했던가. 정보 저장 공간을 개인 PC에서 데이터센터의 서버로 이동한다고 해서 기업의 경쟁력이 저절로 높아지는 것은 아니다. 이에 걸맞은 경영환경을 만들어야 그 효과를 극대화할 수 있다. 클라우드 컴퓨팅 도입 효과를 높이기 위해서는 근무 형태는 물론이고 인사 조직 판매 업무 평가 등 경영 전반에 걸쳐 새로운 변화를 요구하고 있다.

전문가들은 클라우드 컴퓨팅 도입과 함께 경영활동 전반에 걸쳐 새롭게 개편하고 이에 맞는 최적의 경영전략을 수립해야 한다고 주장한다. 『클라우드 컴퓨팅과 신속경영』의 저자 마이클 휴고스는 경영환경이 변하는 속도가 느렸던 20세기에는 경직적인 수직구조가 효율적이었다면, 경영환경이 매순간 급변하는 21세기에는 탄력적인 조직이 필요하다고 강조했다. 클라우드 컴퓨팅을 이용해 탄력적인 경영을 해야 한다는 것이다.

전문가들은 우선 클라우드 컴퓨팅 시대를 잘 활용하기 위해서는 기업 내 조직 체계부터 바꿔야 한다고 주장한다. 앞으로는 회사의 주요부서가 모두 본사에 있을 필요가 없다. 클라우드 컴퓨팅을 통해 직원 간의 자료 공유가 쉬워지면서 공간상의 제약이 큰 의미를 갖지 않게 된다. 지방이나 세계 곳곳으로 조직을 분산시켜 네트워크를 구축할 수 있다는 얘기다. 클라우드 컴퓨팅 시대에는 경쟁력을 갖추기 위해 네트워크 조직이 필수적이라는 분석도 제기된다.

직원들의 근무 형태에 대한 변화 역시 피할 수 없는 경영 전략이다. 클라우드 컴퓨팅이 도입되면 장소나 시간 제약을 받지 않고 일을 할 수 있게 된다. 따라서 이에 맞게 근무 시간이나 장소도 보다 유연하게 바꿔줄 필요가 있다. 직원들에 대한 평가 시스템도 손질이 불가피하다. 클라우드 컴퓨팅이 본격 도입되면 동료들 사이에 협업이 보다 활발해질 것으로 예상된다. 같은 팀 내 다른 직원이나 다른 팀원들이 하는 일을 바로 파악할 수 있고 평가도 할 수 있다. 따라서 누가 얼마나 많이 기여했는지 프로젝트를 진행하는 팀원들이 정확하게 평가할 수 있는 것이다.

마케팅 부서 역할도 새로 짜야 할 것으로 지적된다. 그동안 마케팅 부서의 주된 업무는 정보 수집이었다. 그러나 고객과의 접점이 무한대에 가깝게 늘어나는 클라우드 컴퓨팅 시대에는 정보의 홍수에 놓이게 된다. 각 단말기로 수많은 정보가 동시에 모든 구성원과 공유된다.

■ 기업생태계 뒤흔들 클라우드 시대 생존전략

기존의 컴퓨팅 모델과 클라우드 컴퓨팅 간의 가장 핵심적인 차이점은 별도의 소프트웨어 설치 및 데이터 저장이 더 이상 필요 없다는 점이다. 그동안 기업은 대규모 자본을 투자해 자신들만의 데이터센터를 만들고 필요한 소프트웨어를 설치해 데이터를 처리했다. 하지만 클라우드 컴퓨팅의 세계에서는 기업의 데이터센터가 해체되고, 소프트웨어를 개별 PC에 따로 설치할 필요성이 없어진다. 필요한 모든 것은 클라우드에서 가져다 사용할 수 있기 때문에 단지 웹에 접속할 수 있는 디바이스를 가지고 있다면 모든 작업과 처리과정은 구름 너머 어딘가의 컴퓨팅 자원을 이용해 처리할 수 있게 된다. 하지만 단순히 데이터 저장 방식이 달라지는 것만으로 만족한다면 별 의미가 없다. 클라우드 컴퓨팅 시대는 이제 경영환경은 물론 직장문화와 기업 생태계에도 엄청난 변화를 몰고 올 것으로 예상되고 있다. 기업들은 클라우드에서 고객관계관리, 인사관리, 회계 및 애플리케이션 관리 등 경영에 관한 거의 모든 것을 조정할 수 있게 됐다. 이에 따라 기업들은 이에 걸맞은 경영전략을 수립하는 것이 시급한 과제다. 전문가들은 업무방식 변화는 물론 성과평가 등 인사관리에도 클라우드 컴퓨팅 시대에 맞는 전략을 수립할 것을 주문한다.

① 집단지성을 활용한 시스템 구축

클라우드가 보급되면 대중의 의견과 노력을 경영에 반영하는 크라우드소싱(Crowdsourcing)이 일반화할 것으로 예상된다. 크라우드소싱은 네트워크를 통해 사내외 사람들과 공동작업을 하면서 성과물을 만들어내는 과정을 말한다. 일종의 집단지성을 활용한 업무방식이다.

과거에는 프레젠테이션 자료를 만들어 직원들과 공유하는 과정에서도 각자의 컴퓨터에 동일한 버전의 프레젠테이션 프로그램이 설치돼 있지 않다면 문서를 바로 확인할 수 없었다. 하지만 클라우드 컴퓨팅을 이용하면 공동작업이 훨씬 수월해진다. 가령 구글 독스를 사용하여 문서를 작성한다면 언제 어디서나 인터넷에 연결해 해당 파일을 열고 편집하는 것이 가능하다. 굳이 데스크톱이나 노트북 같은 장치가 아니더라도 인터넷에만 연결된다면 태블릿이나 휴대폰 같은 단말기로도 똑같은 작업을 할 수 있다.

네크워크 연결이 당연시된 지금, 자기 혼자만의 아이디어에는 한계가 있다. 자사 내부에서만 아이디어를 생각하지 말고 네트워크를 통해 다양한 기업과 공동으로 작업해야 한다. 이러한 흐름에 뒤처지면 공동작업을 통해 새로운 것을 잇달아 만들어내는 기업들을 절대 이길 수 없다.

미국의 델 사는 매일 300만 명 이상의 고객과 커뮤니케이션을 하고 있는 데다 전 세계 8만명의 직원들과 커뮤니케이션을 해야 하는 기업이다. 델은 고객과 직원 모두에게서 솔직한 의견을 듣기 위해 클라우드 컴퓨팅을 이용한 소셜 엔터프라이즈를 시도했다. 이를 위해 델은 '델 아이디어스톰(Dell IdeaStorm)'과 '델 임플로이스톰(Dell EmployeeStorm)' 플랫폼을 구축했다. 아이디어스톰은 고객들의 목소리를 수집하는 클라우드 컴퓨팅 시스템으로 첫 주에 500건 이상의 아이디어를 수집하고 첫 달에 2500건의 아이디어를 수집했다. 임플로이스톰은 직원들과 소통하는 장으로 쓰인 클라우드 컴퓨팅 시스템으로 첫 2주 만에 700개 이상의 아이디어가 집계됐다.

② 근무 형태를 유연하게 재편

클라우드에 접속가능한 휴대용 모바일 단말기가 개발되면 업무방식 자체가 변하게 된다. 외국의

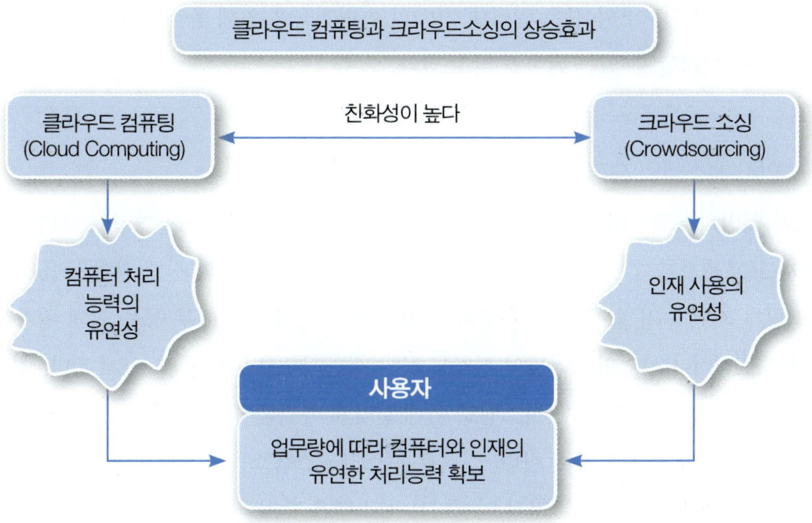

많은 대기업들은 이미 일주일에 8시간 이상 사무실 이외의 장소에서 근무하는 업무형태인 '텔레워크(Telework)'를 채택하고 있다. 클라우드에 접속할 수 있는 환경만 된다면 집이나 카페, 도서관이 곧 사무실이 될 수 있다. 작업장소를 가리지 않는 업무방식은 클라우드화와 함께 점점 크게 확산될 것으로 보인다.

사무실 이외의 장소에서 일할 수 있게 되면 필연적으로 타사 사람들과 정보를 교류할 기회가 늘어난다. 조직 내 한정된 사람들만 만나는 것보다는 다양한 사람과 교류할 때 업무성과가 향상될 가능성이 높다. 이에 따라 회사 근무 형태를 보다 유연하게 바꾸고 근무시간과 업무 분장도 업무의 양과 성격에 따라 배분하는 시스템을 구축할 필요가 있다.

③ 수평조직의 구축

클라우드 시대에는 네트워크 조직 구조가 일반적인 조직 형태가 될 것으로 예상된다. 중앙통제 체제는 소수의 사람들만 전략에 대해 알고 있고 나머지는 모두 허가를 기다리는 구조를 가지기 때문에 움직임이 느릴 수밖에 없다. 전통적인 조직 구조에서 기업 계층의 상부에 위치한 사람들은 그들이 내려야 할 결정의 양이 방대하고, 현장에서 너무 멀리 떨어져 있다는 것이 문제다.

미국의 네트워크 통신회사인 시스코시스템스가 네트워크 조직으로 변신해 성공한 대표적인 기업이다. 시스코는 2002년 닷컴 버블 붕괴 때 큰 위기를 맞았다. 당시 시스코 주가가 77달러에서 11달러로 폭락했을 정도였다. 그 후 문제의 원인을 분석했던 시스코는 최근 네트워크 조직을 가진 민첩한 기업으로 거듭났다. 시스코의 의사결정은 500명가량의 관리자들에게 분산돼 있고, 기업 전체는 블로그, 위키, 소셜미디어 도구와 같은 인터넷 기반의 협력기술에 의해 움직인다. 시스코 직원들은 무엇을 할지 스스로 생각할 수 있는 권한을 갖고 있다.

④ 평가 · 인사 시스템의 재편

텔레워크가 일반화되면 직장인들은 다양한 사람과 교류하게 된다. 특히 협업이 보다 활성화된다. 예를 들어 한 프로젝트를 수행하는 데 같은 팀의 동료는 물론 다른 팀의 진행 상황 등을 공유할 수 있게 되고, 그렇게 되면 누가 업무를 잘 수행하는지, 협력을 잘하는지 여부 등을 쉽게 평가할 수 있게 된다. 또 외부 조직이나 사업파트너들의 평가도 보다 객관적으로 반영할 수 있게 된다. 이에 따라 부서장 위주로 되어 있는 평가와 보상 시스템도 이에 걸맞게 바꿔줄 필요가 있다.

특히 인센티브 시스템을 보완해야 한다. 실제로 시스코시스템스는 직원들에게 각자의 업적이 아니라 공동의 업적에 대해 보상하는 금전적 인센티브 시스템을 갖춰 직원들 간의 협력을 촉진시키고 있다.

⑤ SCM(공급사슬관리)의 재구축

클라우드 컴퓨팅 체제 아래서는 공급사슬도 보다 신속하게 관리할 수 있다. 기획-디자인-제조-판매로 이어지는 제조 판매 흐름을 거의 실시간으로 운영할 수 있다. 스타벅스는 음료를 담을 수 있는 컵을 공급하는 체계를 클라우드 컴퓨팅 시스템으로 전환하면서 효율성을 극대화했다. 스타벅스에 일회용 컵을 제공하는 네트워크 서비스사는 클라우드 컴퓨팅 시스템에 스타벅스 컵 시스템을 도입해 북미 지역 805개 매장의 컵 보유 현황을 정확히 파악하고 적절한 시기에 공급하고 있다.

⑥ 정보분석 역량의 강화

클라우드 시대에서는 개인의 데이터나 지식이 클라우드상에 넘쳐나게 된다. 네트워크에 접속할 수단만 있으면 클라우드상에 축적된 방대한 데이터베이스에서 여러 가지 지식을 얻을 수 있다. 이에 따라 그동안 정보수집에 중점을 뒀던 마케팅 부서의 역할도 변해야 한다. 많은 정보 중에서 필요한 정보만을 추출해내는 능력이 더욱 중요해진다.

〈매일경제, 2011. 10. 8.〉

CASE 1

경영성과 개선을 위한 IT아웃소싱 활용 방안

일반적으로 IT아웃소싱 도입을 검토하는 기업들은 IT 비용절감이라는 목표를 추구한다. 하지만 최근에는 이러한 전통적인 아웃소싱 도입 목표와 더불어 경영성과 개선을 위한 수단으로 IT아웃소싱을 활용하려는 움직임이 많아지고 있다. IT아웃소싱은 경영성과 개선을 위한 필수조건이 되었으며 이제는 아웃소싱의 적용 방법을 고민해야 하는 시기다.

IBM 왓슨연구소는 2001년에서 2006년 사이에 아웃소싱 계약을 체결한 244개 상장기업들의 경영성과를 과학적 통계 방법론을 적용해 분석함으로써 IT아웃소싱과 경영성과 간의 상관관계를 증명하였다.

아웃소싱 서비스 이용 기업과 동종업계 기업들의 재무 실적 비교

지표	증가율의 변화	주요 실적
SG & A	▼ 2.9 포인트	더 낮은 SG & A증가율 계약 개시 1년 후 아웃소싱 고객은 동종업계 기업들보다 SG & A 증가율이 2.9 포인트 낮았음
EBT	▲ 4.3 포인트	더 높은 이익증가율 계약 기간 2년 후 아웃소싱 고객은 동종업계 기업들보다 이익증가율이 4.3포인트 더 높았음
영업수익	▼ 3.2 포인트	더 높은 수익증가율 계약 개시 2년 후 아웃소싱 고객은 동종업계 기업들보다 영업수익 증가율이 3.2포인트 더 높았음
ROA	▲ 0.13 포인트	더 높은 ROA 증가율 계약 개시 2년 후 아웃소싱 고객은 동종업계 기업들보다 ROA가 0.13포인트 더 증가했음

이들 기업들은 아웃소싱 도입 이전에 비해 판매 및 일반관리비(SG&A) 증가율이 3.5%P 낮아졌고 세전이익(EBT) 증가율은 4.5%P 높아진 결과를 보였다. 또한 아웃소싱을 도입하지 않은 동종 산업군의 경쟁사들과 비교해도 판매 및 일반관리비 증가율은 2.9%P 낮았으며, 세전이익은 4.3%P, 영업이익은 3.2%P 높게 나타나는 등 재무실적이 좋은 것으로 나타났다. 이 분석 결과는 95% 신뢰 구간에서 통계적 유의성을 갖는다.

물론 경영성과에 영향을 미치는 요소는 매우 다양하기 때문에 IT아웃소싱 도입이 경영성과 향상에 직접적인 기여를 했다고 인과관계를 단순 해석하기는 어렵다. 하지만 분명한 것은 높은 성과를 내는 기업들은 IT아웃소싱을 경영성과 개선의 지렛대 중 하나로 사용하고 있다는 사실이다.

도이체방크의 IT아웃소싱 사례는 우리에게 의미 있는 시사점을 제시해준다. 도이체방크의 경영진

비즈니스 측면에서의 아웃소싱의 효과(단위:%)

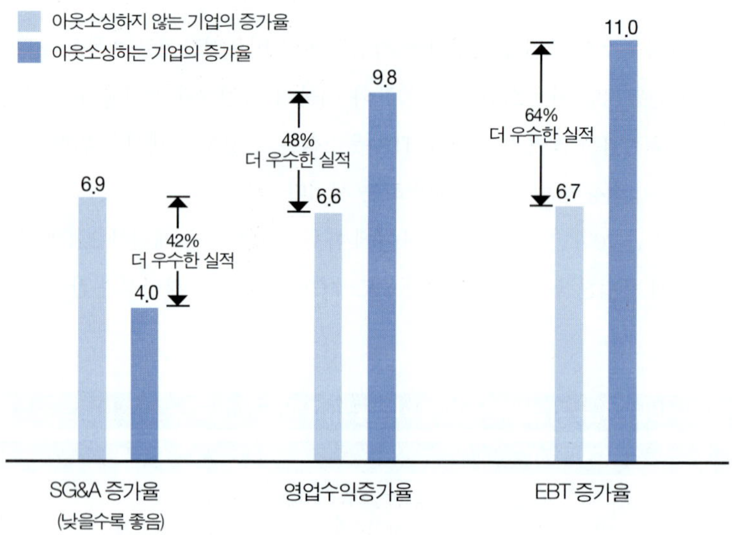

(자료 : IBM, 2009년 비즈니스 측면에서의 아웃소싱의 효과 : 사실 기반 분석)

들은 경영성과에 대한 IT의 직접적인 기여를 확대하기 위해서는 IT 비용 중 일상적인 운영비용보다 신사업 지원이나 비즈니스 혁신을 위한 투자비용 증대가 중요하다고 판단했다.

그러나 심화되는 비용 압박과 한정된 재원 하에서 운영비용을 줄이고 투자비용 규모를 늘리기는 어려웠다. 투자비용은 경기상황에 따라 집행여부가 유동적이지만 장비 증설이나 교체, 유지보수, 인력 유지 등에 소요되는 운영비용은 고정비 성격이어서 쉽게 줄일 수 없기 때문이었다.

운영비용 절감이 핵심 과제임을 인식한 도이체방크의 경영진들은 운영비용 지출 대상의 대부분에 대한 아웃소싱을 결정했다. 결과적으로 도이체방크는 아웃소싱을 통해 절감된 비용을 신규투자 부문에 재투자함으로써 IT의 비즈니스 기여를 확대할 수 있었다.

앞서 언급된 IBM의 연구결과는 IT아웃소싱은 경영성과 개선을 위한 충분조건은 아니지만 적어도 필수조건임을 알려주고 있다. 이제는 '왜 아웃소싱을 도입해야 하는가'보다 '어떻게 아웃소싱을 적용할 것인가'를 고민해야 할 시기이다.

■ 핵심업무는 비즈니스 차별화 기여도로 구분

일찍이 서구의 IT아웃소싱은 수평적 파트너십을 바탕으로 서비스 업체 간의 교체가 자유롭게 이루어지는 개방된 시장 환경에서 개념과 방법론이 정립되어 왔다. 그러나 우리나라는 선택 대안이 없는 그룹 계열사 간 업무 이전이나 수직적 '갑을' 관계의 인력파견(단순도급) 형태로 시장이 형성되어 IT 아웃소싱에 대한 인식과 관행이 일부 왜곡되어온 것도 사실이다. 따라서 비용절감과 더불어 경영성과 개선이라는 새로운 목표 달성의 수단으로 IT아웃소싱을 활용하기 위해서는 몇 가지의 인식 전환과 새로운 접근방법이 필요하다.

첫째, 비핵심 부문은 과감히 아웃소싱해야 한다. 어느 IT업무든 담당자들에게 있어서는 중요하지 않은 것이 없다. IT업무의 대부분은 잘못 수행되었을 때 현업들의 업무 생산성과 연속성을 심각하게 저해하여 비난을 감수할 수밖에 없는 성격을 가지고 있다. 이러한 업무를 담당하는 인력들에게 핵심·비핵심 업무를 구분하라는 것은 불가능에 가깝다.

IT 업무에 있어 핵심·비핵심의 가장 중요한 구분 기준은 '비즈니스 차별화에 대한 기여 수준'이다. 즉, 기업이 별다른 문제없이 현상 유지되는 것을 지원하는 업무가 아니라 기업의 경쟁력을 강화하고 차별화 하는 데 기여하는 분야라면 핵심 업무라는 의미이다.

따라서 핵심·비핵심 부문은 업무 담당자의 입장이 아닌 기업의 전략과 사업방향을 이해하는 경영진의 시각에서 냉철히 판단해야 한다. 이런 판단을 근거로 내부의 고급 자원은 핵심 분야에 집중하고 비핵심 부문은 아웃소싱을 통해 최대한 내부 자원의 투입을 억제하고 효율화 하는 것이 현명하다.

■ 서비스 수준에 엄격한 아웃소싱 계약 필요

둘째, 서비스 중심의 계약체계를 채택한다. 국내 기업들이 IT아웃소싱 도입 시 즐겨 사용하는 비용절감 방법은 투입요소에 대한 도입단가, 특히 인력단가를 억제하는 것이다.

이러한 방식은 분명히 가시적인 비용절감을 가능하게 하나 단기적인 효과에 그칠 공산이 크다. 낮은 단가에 대한 반발로 아웃소싱 업체는 불필요하게 많은 자원을 제안하거나 서비스 품질 개선에 별다른 노력을 기울이지 않을 가능성이 높기 때문이다. 결국 장기적으로 보면 서비스 수준의 저하로 결과물의 품질이 저하되거나 업무 비효율을 야기하여 불필요한 비용지출을 증가시킬 수 있다. 이러한 것이 인력파견 내지 단순도급의 대표적인 폐해이다.

IT아웃소싱 업체들의 가격 경쟁력은 투입요소의 최적화와 운영 노하우에서 기인하는 바가 크다. 투입요소에 대한 지나친 통제는 자칫 아웃소싱 업체의 운영 방향에 혼선을 야기하여 비용절감 목표를 달성하기 어렵게 하거나 서비스 품질을 저하시키는 결과를 초래할 수 있다.

IT아웃소싱의 수단(투입요소)에 대해서는 아웃소싱 업체의 자율권을 인정하고, 결과(서비스 수준)를 통제하고 관리하는 것이 중요하다. 그래야 IT아웃소싱 사용자는 원하는 서비스 수준을 보장받을 수 있고, 서비스 제공업체는 약속된 서비스 수준 하에서 수익성을 향상시키기 위해 지속적인 업무 효율화와 서비스 품질 향상에 대한 자발적인 동기부여가 이루어지기 때문이다.

■ 계열사 간 자산 이관으로는 비용 구조 효율성 낮아

셋째, 유연하고 효율적인 IT 비용구조를 수립해야 한다. 최근 국내에서도 그룹 내 계열사 자산을 IT 자회사로 이관하여 고정비 성격의 IT 자산을 유동화 하려는 움직임이 많아지고 있다. 이러한 방식의 자산 이관은 계열사 입장에서 보면 고정자산에 대한 초기투자와 현금흐름 부담을 경감시키고 자산 축소에 따른 재무지표(ROA) 향상 효과를 기대할 수 있게 한다.

하지만 그룹 내 자산 이관은 총소유비용(TCO) 절감 측면에서는 한계가 있다. 초기투자 부담은 여전히 그룹 내에서 다른 계열사로 전가될 뿐이며, 오히려 파이낸싱 비용이나 자회사 마진 등의 거래비용 발생으로 그룹 내 자원 통합에 의한 규모의 경제 효과가 상쇄될 우려가 있기 때문이다.

더구나 자원 통합이 효과적으로 이루어지지 않을 경우에는 투자된 자산의 낮은 가동률로 매몰비용(Sunk Cost)이 과다하게 발생할 수도 있다. 이러한 매몰비용 역시 그룹 내의 부담이 될 것이고 최종 사용자인 계열사에 부과될 수밖에 없다.

결국 단순한 그룹 내 이관을 통한 자산 유동화로는 IT 비용구조의 유연화와 효율화에 한계가 있기 때문에 그룹 외부의 자원 공급업체와 파트너십을 맺는 것이 필요하다. 즉, 자원 공급과 최적화 역량을 갖춘 외부 파트너에게 자산 보유 부담을 이전하여 수요 발생 시 자원을 수급하고 사용량 기준의 과금체계로 전환해야 IT 비용구조의 유연성과 효율성은 극대화될 것이다.

■ 전략적 파트너십 관계 정립 필요

마지막으로 전략적 파트너십 관계를 정립하는 것이 필요하다. 1년 단위의 계약이 관행화되어 있는 우리나라에서는 IT아웃소싱 업체의 자발적이고 장기적인 투자를 이끌어내기 어렵다.

아웃소싱 업체는 비용 절감 효과를 극대화하기 위해서 계약 초기부터 자원 최적화와 운영 효율화를 위해 적극적인 투자를 집행하는데 이에 대한 투자비용의 회수는 보통 수년에 걸쳐 이루어지기 마련이다. 따라서 이러한 투자회수 기간이 담보되지 않는다면 아웃소싱 업체는 자발적인 투자를 할 이유가 없어지는 것이다. 결국 아웃소싱 사용자의 입장에서는 더 많은 비용절감 기회를 가질 수 없게 된다.

단기적 계약 형태는 거래관계의 연속성이 매우 취약하기 때문에 IT아웃소싱 업체와 사용자간에 성과와 위험 공유 수준이 매우 낮고 느슨한 수준으로만 비즈니스 연계가 이루어진다. 따라서 아웃소싱 업체는 지식 이전에 소극적일 수밖에 없고 주어진 과업에 대해서만 수동적인 대응을 하기 마련이다.

아웃소싱 업체의 자발적인 헌신은 보다 큰 비용절감 효과를 실현할 수 있게 하고 공동 비즈니스 기회를 이끌어낼 수 있다. 이러한 아웃소싱 업체들의 자발적 헌신을 유도하기 위해서는 중장기 계약 기반의 전략적 파트너십이 필요하다.

다시 한 번 정리하면 비용절감과 경영성과 개선이라는 두 마리 토끼를 모두 잡기 위해서는 IT아웃소싱에 대한 인식전환과 새로운 접근방법이 중요하다. 즉, 기업의 비즈니스 차별화에 기여하지 못하는 비핵심 부문에 대한 과감한 아웃소싱, 투입요소가 아닌 서비스 중심의 계약체계 채택, 외부 파트너로의 자산 보유 부담 이전을 통한 유연하고 효율적인 IT 비용구조 수립, 중장기적인 계약 기반의 전략적 파트너십이 절실하다.

■ IT아웃소싱 성공사례: 글로벌 보험사 매뉴라이프

전 세계에서 가장 전문적인 생명보험사가 되겠다는 비전을 지닌 다국적 보험회사 매뉴라이프는 22개국 수백만 고객들에게 신속하고 고객중심적인 서비스를 제공하기 위해 노력하고 있다. 지난 10년간 매뉴라이프는 관리자금 규모가 4배나 늘어 2009년 9월 30일 기준 3,620억달러에 이르렀고, 직원 수는 동기간에 2배 증가해 5만 9,000명에 달했다. 매뉴라이프는 1999년 상장 이래 가파른 성장률을 기록하고 있다.

아웃소싱은 이러한 매뉴라이프의 비즈니스 운영과 성장 전략을 실천하기 위한 여러 수단 중 하나다. 매뉴라이프는 약 7년 전에 처음 대규모 아웃소싱을 도입했으며, 점차 규모가 커지면서 전체 IT인프라의 약 80%가 아웃소싱 대상 범위가 되었다. 대부분의 프로그램처럼 아웃소싱 역시 시간이 지날수록 인프라와 애플리케이션 모두에서 성숙 과정을 거치면서 사용량과 효율성, 가치가 늘어났다.

매뉴라이프가 아웃소싱으로부터 얻은 가치는 다양한 형태로 나타났다. 가장 큰 이점은 아웃소싱으로 기업 성장을 위한 재원을 확보할 수 있었다는 점이다. 매뉴라이프는 매년 회사의 성장을 지원하기 위하여 필요한 재원을 인프라 및 운영 효율성을 약 5%씩 향상시켜 재투자하는 방식으로 조달할 수 있게 됐다.

지난 몇 년간 거의 세 자릿수의 증가율을 기록한 스토리지 용량 등 대규모 인프라 요구사항 증대도 지원할 수 있었다. 매뉴라이프는 아웃소싱을 통해 인프라를 항상 최신 시스템으로 유지하면서 회사의 성장을 아무 문제 없이 수용하고, 큰 자본지출 없이 새로운 기능을 구현하고 있다. 이를 통해 매뉴라이프는 위험을 최소화하면서 경영혁신을 꾀할 수 있다.

매뉴라이프의 최고기술책임자인 해리 피켓 부사장은 아웃소싱 프로그램의 주 성공 요인으로, 성과를 보장하는 실행가능한 서비스수준계약(SLA) 적용과 강력한 거버넌스를 꼽고 있다.

"기업에서 아웃소싱을 하더라도 고품질 서비스를 제공하고 훌륭한 성과를 거둘 책임은 여전히 IT부서에 있다"며 피켓 부사장은 "SLA를 통해 실적을 관리할 수 있으며 아웃소싱 거버넌스는 고객만족도 향상을 위한 올바른 조치를 취하는 데 도움이 된다"고 말했다. 또 "아웃소싱 프로그램을 올바로 관리할 준비가 될수록 더 많은 가치가 실현될 수 있다"고 덧붙였다.

■ IT아웃소싱 성공사례: 대형 건설업체 플루어

직원 수 4만명, 연 매출 200억달러 이상을 자랑하는 플루어는 세계 도처의 여러 까다로운 현장에서 고난도 엔지니어링 건설 사업을 성공적으로 수행하고 있는 세계적인 건설 기업이다.

플루어가 거둔 성공의 배후에는 다양한 요인이 있지만, 가장 중요한 점은 적절한 일정과 가격에 적절한 거래를 성사시키고 시간과 예산에 맞춰 건설 프로젝트를 시행하며, 정부 및 기업 고객에게 능동적으로 대응하고 융통성을 발휘한다는 점이다.

아웃소싱은 이러한 목표달성에 기여한 종합적인 전략에 포함된 하나의 전술이었다. 아웃소싱 자체가 매출 또는 수익성에 직접적인 영향을 주는 것으로 간주되지는 않지만, 그 덕분에 플루어는 비즈니스 모델을 최적화하고 경영진이 회사의 핵심역량에 기술력과 인재를 집중 투입할 수 있었다.

2003년 플루어는 비용구조를 혁신하고 프로젝트 현장에서의 IT 서비스 공급 능력을 개선하기 위해 IT 아웃소싱 프로그램을 시작했다. 처음 몇 년 동안에는 예상치 못한 문제가 몇 가지 발생했지만, 발빠르게 조치해 즉각적인 비용절감 효과를 거뒀다.

또한 플루어는 기존 IT환경에 제약받지 않으면서 현재 우선순위에 부합하도록 IT기능을 재설계했다. 프로그램이 성숙 단계에 이르면서 플루어는 아웃소싱 덕분에 변화가 심한 시장에서 유연하게 기업을 운영할 수 있게 되었음을 깨달았다.

건설산업은 주기를 타며 건설 수요가 급증하거나 줄어들 때 IT서비스 필요성도 그에 따라 증감한다. 플루어는 아웃소싱을 통해 불황시에는 IT 서비스의 범위를 축소하고 호황기에는 빠르게 확대할 수 있었다. 2006~2007년에 플루어의 매출은 3배 증가했으며, 의사결정자들은 IT 아웃소싱을 통해 신규수요에 맞춰 빠르게 IT 서비스 공급을 늘릴 수 있었다.

플루어의 로버트 테일러 정보기술 부사장은 "IT 운영을 유연하게 확장하고 축소할 수 없었다면, 급증하는 공사현장에 일관된 고품질 IT서비스를 운영하기 어려웠을 것"이라면서 "프로젝트 건설 공사는 탄력적인 사업이므로 성공을 거두려면 우리 역시 탄력성을 갖춰야 한다"고 강조했다.

〈전자신문, 2010. 7. 12.〉

CASE 2

금융 IT 아웃소싱의 허와 실

■ 금융IT, 자체 경쟁력 확보하자
수년간 진행된 아웃소싱 무용론 꿈틀 … 핵심지표 관리와 개발 실력 키워야

수년간 금융권 IT 인프라를 관리하는데 있어서 대안으로 자리잡았던 IT 아웃소싱 대세론에 금이 가고 있다. IT 아웃소싱은 적은 인력으로 IT 자원을 관리할 수 있는 효율성 때문에 기업마다 새로운 경영논리로 각광을 받아왔다.

하지만 현재는 그 가치가 빛을 잃어가고 있다. 최근 들어 개인정보보호와 관련해 대형 보안사고가 잇따라 터지면서 아웃소싱 무용론이 대두고 있는 것이다. 보안사고 외에도 그동안 업무 편리상 주요 업무를 외주에 위탁했던 기업들이 자체 경쟁력을 상실할지도 모른다는 위기감이 커지면서 아웃소싱의 문제점이 수면위로 부상하고 있다.

금융기업 관계자들은 "이제는 핵심 업무에 대해 자체 경쟁력을 강화하는 방향으로 가야 기업의 보안 안정성과 미래의 성장 동력을 담보할 수 있을 것"이라고 말하고 있다. 당장은 어렵겠지만, 단지 효율성과 업무 편리성 때문에 기업이 해야 할 업무를 망각한다면 향후에 더욱 큰 재난으로 다가오게 될지도 모른다는 우려 섞인 견해를 보이고 있다.

A은행 CIO는 "아웃소싱이 보편화되면서 보안문제가 대두되고 있다. 영업에만 연연하다 보니 비용 절감 차원에서 진행하고 있는 과도한 아웃소싱이 현재의 '화'를 불러 오는 것 같다"고 말했다. A은행 CIO는 "앞으로는 주요 업무에 대해서는 인소싱을 추진하고, 덜 중요한 부분에 대해서는 아웃소싱을 병행하는 경영의 효율이 필요한 때"라고 지적했다.

보안에 있어서 가장 확실한 방법은 100% 인소싱이다. 필요한 IT 인력을 옆에 두고 업무를 추진하면 일하기가 훨씬 편해진다. 아웃소싱은 업무 효율성을 담보할지 모르지만, IT 감각이 점점 둔화되고, 향후에는 핵심 지표에 대한 컨트롤 타워의 기능을 상실할 우려가 있기 때문이다.

■ 과도한 아웃소싱이 '재난'을 부른다

아웃소싱이 표면적으로는 효율성을 담보할 수 있을지 모르지만, 지난 15년 간의 경험을 비추어 봤을 때 결코 그렇지 않다는 것이 금융권 관계자들의 지적이다. B은행의 CIO는 "아웃소싱이라고 해도 비용이 만만치 않다. 또한 외주 영세업체를 중심으로 서비스가 이뤄지다 보니 믿고 맡기기가 꺼림직한 부분이 있다"고 말했다. 이 관계자는 "아웃소싱에 있어서 가장 큰 문제로 대두되고 있는 보안 문제는 내부직원이 솔루션을 구축했을 때 이를 관리하고 책임지는 풍토로 가야할 것"이라고 덧붙였다.

아웃소싱이 보편화 되면서 시중 금융기업들의 IT 인력은 상대적으로 적어 질 수밖에 없다. 아웃소싱 인력이 비대해지면서 실제 금융기업 내부직원은 소수로 축소되어 왔다. 따라서 인력대비 견주어 볼 때 임원 배출도 전무한 실정이다. 경영진에서 작용하는 입김이 상대적으로 적을 수밖에 없으며 타부서에 비해 관심도도 작다. 현재와 같은 보안 사태에 직면하게 될 때 상황을 정확히 판단하고, 인지할 만한 자원이 부족한 상태에서는 당연히 수습하는 데 진통이 따를 수밖에 없다.

아웃소싱이 만연된 상태에서 이를 다시 인소싱으로 전환하는 방법에는 현실적으로 진통이 따른다. 보안 외에도 외주관리에 대한 이중고를 떠안아야 하는 부담도 있다. 따라서 과거와 같이 전면적인 인소싱은 어렵다고 하더라도, 합리적인 차원에서 '과거로의 회귀'가 필요하다는 지적이다. 과거로의 회귀는 인소싱을 추진하더라도 전문 기술이나, 하드웨어 및 소프트웨어의 일정부분은 전문 업체에 일임하는 지혜가 필요하다는 지적이다.

핵심전략과 보안 및 내부통제 같은 업무들은 자체 인력을 보강하고, 해결할 수 있는 능력을 키워야 한다는 것이다. 금융기업은 방카슈랑스, 펀드 등 업무 속성상 다양한 상품들이 산재되어 있기 때문에 이런 상품들은 외부 개발업체들을 이용해 패키지 형태의 솔루션을 구축할 필요가 있지만, 관리적인 측면이나 운영 방법론에 있어서는 금융기업 자체에서 연구하고 개발할 수 있는 능력을 키워야 한다는 것. 업계에서는 적어도 인소싱과 아웃소싱 비율이 7:3 정도로 이뤄져야 가장 보편적인 인력구조 방식이 될 것으로 판단하고 있다.

■ 인소싱, 아웃소싱 비중 7 : 3이 적절하다

한국수출입은행 정보시스템부 허○○ 부장은 "각종사고 이후 보안도 이제는 투자 개념으로 바뀌고 있다. 아웃소싱의 장점과 단점을 인지한다면 결단코 토탈 아웃소싱은 안하는 편이 낫다. 핵심 업무에 대해서는 직접 챙기는 지혜가 필요한 때"라고 말했다.

허 부장은"과거 아웃소싱의 논리는 자체 인력보다 외부 인력이 트렌드에 민감하며 역동적으로 진화하기 때문에 이에 대한 장점을 수용하고 비용절감을 이룰 수 있다는 측면에서 받아들여진 것 같다. 아웃소싱을 하게 되면 상대적으로 30% 이상의 비용 절감을 이룰 수 있다. 겉으로 보면 달콤하게 들릴 수 있는 부분이지만, 결과적으로 외주에 종속되는 결과를 낳을 수 있다"고 지적했다.

이슈가 발생했을 때 문제 해결 능력이 있어야 하는데, 외부 직원으로는 절대로 해결할 수 없다는 것. 중요한 것은 올바른 판단을 할 수 없다는 지적이다. 허 부장은 "금전적인 측면보다는 프로세스를 잘 이끌고, 이슈가 발생했을 때 처리할 수 있는 능력이 핵심"이라고 말했다.

한 업계 관계자는 현재 편의성과 안정성을 위해 진행했던 핵심 데이터에 대한 오라클 데이터베이스 채택이 결과적으로 많은 기업들에게 라이선스 이슈를 불러일으키고 있다. 외부에 종속된 마당에서 함부로 시스템을 교체한다는 것은 사실 어려운 부분이라는 지적이다.

허 부장은 "우리의 경우는 업무 특성상 소량 다품종의 성격이 강하다. 따라서 유행에 따라 대형 프로젝트를 진행하거나, 외주 인력에 의존하는 것은 지양하고 있다. 무엇보다 업무와 정책이 중요한 만큼 이 기준에 맞춰 정책을 일관성 있게 진행하고 있다. 여러 가지 사안이 발생하면 내부에서 답을 찾기 위해 노력한다. 다양한 의견수렴을 거치다 보면 답은 나오게 되어 있다. 이런 답을 가지고 경영진을 설득하는 논리를 펼치고 있다. 타이밍도 중요하지만, 내부 해결을 위한 소통이 IT 내부 역량을 강화하는 데 중요한 밑거름이 되고 있다"고 말했다.

■ 내부 해결을 위한 소통이 경쟁력

내부 역량을 강화하기 위해서는 현업과 소통의 중요성도 강조되고 있다. AIA생명에서 CIO와 CISO를 겸직하고 있는 이○○ 상무는 "회사 내에서 IT의 위상을 강화할 필요가 있다. 현실적으로 힘든 부분이 많겠지만, 중요한 부분은 해당 기업이 직접 챙겨야 한다. 비즈니스와 다양한 업무요구들을 분석해보고 어려운 부분은 가능하면 스스로 처리하는 노력이 필요하다고 본다. 과거, 업무 편리성 때문에 지나치게 업무를 맡기다보면 관리적인 측면에서 어려움에 빠질 수 있다"고 지적했다.

IT 인력의 내부보강과 힘을 키우기 위해서는 IT 내부직원들의 사기진작도 필요하다. 하지만 여기에는 역할에 대한 분명한 전제가 따라야 한다는 지적이다. 이 상무는 "IT가 기업 내부에서 업무 기반역할을 하고 있다는 사실은 부인할 수는 없다. 가정에서 남녀부부 사이에 남자와 여자의 역할이 있으며, 말로는 같은 일을 하고 있지만, 타 기업의 상황을 보면 실상 그렇게 느껴지지 않는 부분도 있다. 중요한 것은 '어느 것보다 어느 것이 중요하다'는 관점보다는 부서의 역할과 중요성을 인지하고, 각 역할을 존중하고, 그 일을 각자 수행해 나가는 지혜가 필요하다"고 말했다.

현실적으로 영업부서의 목소리가 높을 수밖에 없지만, 태생적으로 IT는 모든 영업업무에 요청을 받아서 처리하는 서포트 역할을 하고 있다는 것. 이런 '도와주는 역할'의 미션을 간과할 수는 없다. IT 부서 입장에서는 현업이 내부고객이며, 요구를 받아서 처리하는 것과 만족시켜주는 것이 본연의 역할이라는 것이다.

이런 마인드의 변화가 현업에게 긍정적인 분위기로 작용할 수 있으며, IT 부서에 대해 자연스러운 관심을 가질 수 있다는 것이다.

현실적으로 IT 부서만의 위상정립은 쉽지 않다. 경영적인 측면에서 본다면 보험회사에는 IT 인력 외에도 심사, 사고조사, 영업 등 다양한 인력이 상존해 있다. 회사 차원에서도 적절한 안배가 필요하지만, 일단은 자체적으로 서로의 부서적인 위상을 지켜줘야 할 필요가 있다는 것이다.

이 상무는 "IT부서에서 IT 인력의 축소와 개발 경쟁력에 대한 고민, 상대적인 어려움을 느낄 수 있지만 발벗고 나서서 현업의 요구를 찾아주고, 가치를 줘야 IT 본연의 위상이 높아질 것"이라고 말했다.

현업의 입장에서 생각 했을 때 IT 경쟁력의 핵심 지표를 간파할 수 있으며, 영업 업무를 프로세스화 할 수 있는 통찰력이 생긴다. 이것은 무엇이 중요하고, 덜 중요한지에 대한 판단의 근거가 될 수 있으며, 아웃소싱을 적절하게 통제하게 되고 그만큼 자체역량을 강화할 수 있는 기반이 될 수 있다.

다양한 툴과 교육프로그램을 도입한다면 IT의 경쟁력이 다소 달라질 수 있겠지만, 회사 내에서 IT 부서의 근본적인 마인드 변화와 함께 아웃소싱 비중을 줄이면서, 자체 개발능력을 키워나가는 지혜가 필요한 때이다.

■ 기업 내부에서 근본적인 변화의 자세 필요하다

B생명보험 관계자는 "현재의 시점에서 아웃소싱이 비중이 갑자기 줄어들지는 않을 것으로 본다. 리스크는 존재하겠지만, 인하우스와 아웃소싱의 밸런스를 맞추고 계약을 강화하는 방향으로 진행하게 될 것"이라고 견해를 피력했다. 금융 속성상 비대면 채널을 통해 다양한 마케팅을 추진하고 있는 금융기업의 인건비는 상대적으로 크며, 아웃소싱에 대한 비중이 높을 수밖에 없다는 것이다. 아웃소싱으로 인해 유연성은 떨어지겠지만, 관리와 계약에 대한 새로운 변화가 요구 될 수 있다는 것이다.

하지만, IT 내부의 스킬은 필요하다는 견해이다. 그는 "우리의 핵심이 어디까지 인지를 파악하고, 정책적으로 결정하는 판단이 필요하다고 본다. 이는 주로 변화관리 부분에 집중 될 것"이라고 말했다.

그는 IT 경쟁력 강화 차원에서 소프트웨어 개발 부분을 들어 설명했다. 국내에서 세계적인 소프트웨어가 나오지 않는 이유가 20년 이상 장기 개발하는 개발자가 거의 없기 때문이라는 것. 대부분 개발을 하다가 관리직으로 이동하고 있다는 것이다. 이는 50~60대 개발자가 상존해 있는 해외 사례를 비추어 볼 때 확연히 대비되는 경우이다.

프로젝트를 하다보면 정확한 인사이트를 가진 사람이 필요한데, 방향에 대해 정확히 아는 사람이 필요할 때가 많다는 지적이다. 아웃소싱을 하다보면 프로젝트관리자와 개발자 사이에서 코디네이터 역할을 하는 사람이 중요한데 사실 여기에는 많은 리스크가 상존해 있는 경우가 많다.

■ 중견기업, 외부 전문기업과 협업 모색도 고려

중견규모의 증권사의 경우, 자체 역량이 부족하다면 외부 전문기업을 통해 주문과 같은 업무를 의뢰하고 보안통제를 직접 받을 수 있는 방법도 고려해 볼 수 있다.

코스콤의 신○○ 본부장은 "자체 인력이 부족한 중소형의 증권사의 경우, 내부 역량을 강화하기에는 어려움이 있다. 인건비와 전산비를 따져 봤을 때, IT 비용은 여전히 부담이 될 수밖에 없다. 하지만 현재 상황에서 내부통제는 강화해야 한다. 공통 업무와 같이 차별화되지 않는 부분은 전문 기업을 통해 관리하는 현실적인 지혜가 필요한 때"라고 말했다.

신 본부장은 "우리의 경우, 사고방지를 위한 다양한 패턴을 분석하고 많은 장치를 해왔기 때문에 대형 사고에 대한 부분은 미연에 방지할 수 있다. 대량주문과 같은 위협요소가 발생하지 않도록하고 있으며, 가격폭이 지나치게 벌어지지 않게 업무로직을 만들어 왔다"고 말했다.

최근 코스콤은 고객원장위탁운영을 위한 '파워베이스'라는 새로운 서비스를 선보였다. 중견급 기업들이 코스트를 절감하면서 보안과 같은 안정성을 강화하는데 초점을 맞춘 서비스이다.

■ IT 직원의 프로페셔널화가 필요하다

IT 내부의 프로페셔널화가 필요하다는 지적도 높다. B증권사의 CIO는 "결국 앞으로는 IT 직원들의 내재화가 경쟁력을 좌우하게 될 것"이라고 강조했다. 과거처럼 프로그램 코딩인력을 다량 보유하기 보다는 전문가 집단을 현실화하는 작업이 필요하다는 지적이다. 사실 각 증권사에서 금융지주에 속해있는 'IT 정보시스템'과 같은 회사들은 더 이상의 시너지를 발휘하지는 못할 것이라는 지적이다.

현시점의 상황이 어떻게 보면 금융 IT에 있어서 제너럴 리스트, 혹은 스페셜리스트를 요구하는 단초일지도 모른다는 것이다.

이런 금융 IT 전문가들은 아웃소싱 회사에서 절대 창출할 수는 없다. 내부에서 이런 스페셜리스트가 전문직제로 확립된다면 그만큼 효율성을 높일 수 있다.

따라서 IT 부서에서도 이런 전문가 길을 가기 위한 준비가 필요하다는 지적이다. 비즈니스 솔루션과 시스템 아키텍처를 아우를 수 있는 비즈니스 컨설턴트로서 역량을 높여 자체의 몸값을 키우는 노력이 필요하다는 것이다. B증권사 CIO는 "회사차원에서도 방향전환과 정책이 필요한 시점이다. 금융IT 노동시장에서의 유연성을 키우고 전문가 집단의 특수성을 인정해주며, 필요에 따라서는 재택근무도 가능한 효율화가 필요한 시점"이라고 말했다.

재택근무에 대한 보안 우려는 전달체계 방법을 만들면 된다는 견해이다. 이는 현재의 기술적 능력으로 얼마든지 커버가 가능하다는 견해이다. 또한 근본적으로 조직체계에서 부장, 차장, 과장 등 다단계로 이뤄진 관리구조의 변화에 대한 필요성도 제기되고 있다. 직급에 상관없이 특정 업무에 대해 전문가를 양성할 수 있는 조직구조가 기업차원에서도 필요한 시점이라는 것. 기존의 다단계구조를 축소하는 방법을 고려해 볼 수 있다는 지적이다. 단계가 길어질수록 정보에 대한 지배력이 상실될 수 있다. 현재 6단계의 직급 구조라면, 이를 3단계로 줄일 필요가 있다는 것. 그만큼 정보전달이 신속해지고 관리 통제가 가능하게 된다.

B증권사 CIO는 사원과 대리를 한그룹으로 묶고, 과장과 차장을 한그룹으로 묶는다면, 단계별 폭이 넓어지기 때문에 의사 결정도 빠르고, 그 그룹 내에서 서로 경험요소도 많아지고, 그 안에서 효율적으로 경쟁력을 강화할 수 있다는 견해이다.

직급에 대한 장막이 없어짐에 따라 자유로운 의사개진이 이뤄질 수 있다. 기존에는 사원의 아이디어가 대리라는 윗사람의 장막에 의해 가려질 수 있기 때문에 근본적인 조직구조의 변화가 필요하다는 생각이다. 해외 선진사례처럼 나이가 없어지는 개념으로 갈 수 있는지는 모르지만, 현재의 아웃소싱 무용론이 결국 기업에서 조직구조의 재편성과 새로운 전문가 집단을 양성하는 방향으로의 변화를 요구하고 있다.

이는 과거로의 회귀라고 해서 IT 조직을 갑자기 늘릴 수는 없기 때문이다. 현실적으로 능력 있는 전문가를 키워 소수인력으로 고효율을 이룰 수 있는 방향으로 가는 것이 새로운 대안이 될 수 있다는 지적이다. 업계 관계자는 "중요한 것은 프로그램 코딩이 아니며, 비즈니스 전문성이다. 비즈니스 내재화를 통해 자체 전문가를 키우고, 인력을 효율적으로 운영하는 방법이 필요하다. 또한 비 핵심 부분은 여전히 아웃소싱으로 가야한다"고 말했다.

〈CIOCISO, 2014. 5.〉

Chapter 13 정보시스템 보안과 윤리

학습 내용

제1절 정보시스템 보안의 필요성
제2절 정보시스템 보안과 통제
제3절 정보시스템 윤리
MIS HIGHLIGHT 1 Security: 무사안일주의가 '보안 쓰나미' 부른다
MIS HIGHLIGHT 2 보안거버넌스, 권한과 책임, 가이드라인 제시돼야
CASE 1 KCC건설: 통합보안시스템
CASE 2 한화생명: 고객정보 통합 및 암호화

제1절 정보시스템 보안의 필요성

보안문제에 관한 보다 구체적인 설명을 하기 전에 중요한 용어들을 아래에 정의하였다.

① 백업(backup): 안전한 장소에 보관하는 데이터나 프로그램의 복사본
② 암호화(encryption): 데이터를 전송하기 전에 읽을 수 없는 형태의 코드로 변환하는 것
③ 복호화(decryption): 데이터를 전송 받은 후 암호화된 데이터를 읽을 수 있는 데이

터로 변환하는 것

④ 노출(exposure): 정보시스템에서 무엇인가 잘못되었을 때 일어날 수 있는 손실

⑤ 결함포용성(fault tolerance): 컴퓨팅 실패가 일어나더라도 한정된 시간 동안 혹은 한정된 범위 내에서 정보시스템이 계속 작동할 수 있는 능력

⑥ 정보시스템 통제(information system controls): 시스템이 계획대로 작동할 수 있도록 하는 절차, 장치, 혹은 소프트웨어

⑦ 데이터 무결성(data integrity): 데이터의 정확성, 완전성, 그리고 신뢰성에 대한 보증

⑧ 위협(threats or hazards): 시스템이 가질 수 있는 여러 가지 위협

⑨ 위험(risk): 위험이 실현될 가능성

⑩ 취약성(vulnerability): 시스템이 쉽게 손상을 입을 가능성

1. 정보시스템의 취약성

정보시스템에 대한 보안이 필요한 이유는 여러 위협 요인들이 있기 때문이다. 데이터를 컴퓨터에 저장하여 관리하면 수작업 문서를 관리하는 것보다 더 많은 위협을 가진다. 컴퓨터 정보시스템에 대한 위협을 크게 비고의적 위협과 고의적 위협으로 구분할 수 있다. 정보보안에 대한 고의적 위협은 대체로 범죄적 성격을 띤다. 비고의적 위협에는 인간의 오류, 환경위협, 그리고 컴퓨터 시스템 실패가 있다. 정보시스템에 대한 위협을 요약하면 아래와 같다.

① 인간의 오류(human error): 하드웨어와 소프트웨어 설계상의 오류, 프로그래밍·테스팅·데이터 수집·데이터 입력·데이터 접근 권한 부여상의 오류 등

② 환경위협(environmental hazards): 지진, 홍수, 태풍, 화재, 전기 실패, 폭발 등

③ 컴퓨터 시스템 실패(computer systems failures): 컴퓨터 부품이나 조립상의 오류, 비호환성 등

④ 인간의 고의적 위협(intentional threats): 소프트웨어 공격·절도(데이터, 컴퓨터 처리시간, 프로그램), 데이터 조작과 파괴 등

컴퓨터 시스템이 특히 이러한 위협에 대한 취약성을 가지는 이유는 다음과 같다.

① 복잡한 정보시스템은 수작업으로 복제하기 어렵다.
② 전산화된 절차를 볼 수 없고 이해하고 감사하기가 어렵다.
③ 컴퓨터 시스템이 파괴되면 모든 데이터가 손상된다.
④ 많은 사람이 온라인 시스템에 접근하여 자료를 검색한다.

2. 고의적 위협

정보시스템에 대한 고의적 위협은 범죄적 성격을 띤다. 사이버범죄(cybercrime)는 컴퓨터와 통신 네트워크를 이용하여 수행되는 사기 행각이다. 사이버범죄는 정보시스템에 침투하는 외부인이 저지르거나 시스템 이용 권한을 악용하는 내부자가 저지른다.

(1) 해커의 침입

다른 사람의 컴퓨터 시스템에 침입하는 사람을 해커(hacker)라고 한다. 해커는 자신의 이익을 위해서 혹은 단순히 즐기기 위해 컴퓨터 네트워크에 비합법적인 접근(access)을 한다. 해커는 일반적으로 컴퓨터 시스템에 대해 잘 아는 사람으로 단순히 재미로 하는 사람도 있지만 금전적 목적으로 불법적으로 침입하여 정보를 훔치는 크래커(cracker)도 있다.

(2) 소프트웨어 공격

소프트웨어 공격은 소프트웨어 프로그램을 이용하여 컴퓨터 시스템을 공격하여 손상을 입히는 것이다. 소프트웨어 공격에는 바이러스, 서비스 거부 공격, 피싱(phishing) 등이 있다.

컴퓨터 바이러스(computer virus)는 시스템에서 시스템으로 돌아다니면서 컴퓨터 메모리의 작동을 방해하고 프로그램이나 데이터를 파괴하는 소프트웨어 프로그램이다. 바이러스는 통신망을 통해 전파될 뿐만 아니라 전염된 저장장치에 의해서, 인터넷을 통해 다운로드 받은 소프트웨어 파일에 의해서, 그리고 이메일에 첨부되어 전송된 파일에 의해서 컴퓨터에 침투한다.

웜(worm)은 다른 프로그램의 도움 없이 스스로 복제하는 파괴적 프로그램이다. 이것은 이메일이나 인터넷 트래픽을 통해 컴퓨터에서 컴퓨터로 자체적으로 확산된다. 트로이 목마(Trojan horse)는 프로그램 안에 악성 코드가 들어 있어 프로그램을 실행하면 악성 코드가 실행되는 방식의 프로그램이다. 바이러스 위협에 대해서는 바이러스 퇴치 소프트웨어(antivirus software)를 이용하여 컴퓨터 시스템을 자주 검사할 필요가 있다. 바이러스 퇴치 프로그램은 그 프로그램이 작성된 날짜 이전의 것만 검사할 수 있으므로 계속적으로 갱신하여야 한다.

서비스 거부(denial-of-service)는 해커가 대상 시스템(예: 네트워크서버, 웹서버)에 대해 수많은 정보 요청을 보내어 시스템이 요청받은 것을 적절히 처리할 수 없도록 한다. 그래서 정상적인 기능을 수행할 수 없도록 방해하는 것이다.

페스트웨어(pestware)는 PC에 설치되어 정보를 수집하는 소프트웨어이다. 보통 사용자에게 이익을 주는 것처럼 속여서 설치되는 경우가 많다. 페스트웨어에 대해서는 제거 프로그램(uninstaller)이 함께 설치되지 않는다. 매우 흔한 페스트웨어로 애드웨어(adware)가 있다. 애드웨어는 화면상에 광고가 나타나도록 한다. 스파이웨어(spyware)도 페스트웨어로서 사용자의 키보드 타이핑을 기록하거나 비밀번호를 기록한다. 이러한 페스트웨어의 설치를 방지하거나 제거하는 안티페스트웨어(antipestware) 제품이 있다.

피싱(phishing)은 금융기관 등으로부터 개인정보를 불법으로 알아내 이를 이용하는 사기 수법이다. 금융기관 등의 웹사이트나 이메일로 위장하여 계좌번호, 신용카드번호, 비밀번호와 같은 개인 정보를 입력하도록 요청한다. 그러나 입력된 개인정보는 거래하는 회사에게 전송되지 않고 피싱하려는 자에게 송신된다.

파밍(pharming)은 합법적으로 도메인을 부정한 방법으로 얻은 후 변조하여 사용자가 오인 접속하도록 해서 개인 정보를 훔치는 컴퓨터 범죄 수법이다. 사용자가 합법적인 회사의 웹사이트로 들어간 것처럼 속이는 것이다.

(3) 데이터 조작

컴퓨터 범죄는 조직 외부에서 텔레커뮤니케이션으로 컴퓨터 시스템에 침투하여 일어나거나 혹은 조직 내부의 사람이 비합법적으로 행동하여 일어난다. 데이터 조작(data tampering)은 주로 조직 내부 사람에 의해 일어나는데, 거짓 데이터를 컴퓨터에 입력하는 것, 기존의 데이터를 변경하거나 삭제하는 것 등이 있다. 예컨대, 은행에서 고객이 직접 현금을 계좌에서 인출한 것처럼 위장하여 출금 처리하는 사기가 있을 수 있다.

(4) 기타 고의적 위협

- 간첩행위(espionage): 외부인이 특정 조직이 보호하고 있는 정보에 접근하는 행위이다.
- 정보강탈(information extortion): 정보를 훔친 자가 돌려주거나 공개하지 않는 대가로 보상을 요구하는 행위이다.
- 신분절도(identity theft): 범인이 주민등록번호나 신용카드번호를 훔친 다음 그 사람인 것처럼 위장하여 상품을 구입 등의 사기 행위를 하는 것이다.

제2절 정보시스템 보안과 통제

컴퓨터 범죄에 대비한 정보시스템에 대한 보안 조치가 필요하다. 정보시스템을 보호하기 위해, 즉 데이터, 소프트웨어, 하드웨어, 네트워크를 포함하는 정보시스템의 모든 요소를 보호하기 위해 통제 수단이 필요하다. 인간의 오류, 환경적 위험, 시스템 고장, 그리고 컴퓨터 범죄와 같은 위협에 대비하여 통제 수단을 설계하고 이용하는 기업의 활동을 정리하면 그림 13-1과 같다.

① 먼저 시스템을 정확하게 개발한다.
② 보안 이슈에 대해 사용자를 훈련시킨다.
③ 시스템이 운영되면, 물리적 보안을 유지한다.
④ 물리적 보안이 유지되면, 컴퓨터, 네트워크, 그리고 데이터에 대한 허가받지 않은

그림 13-1 시스템 보안과 통제 활동

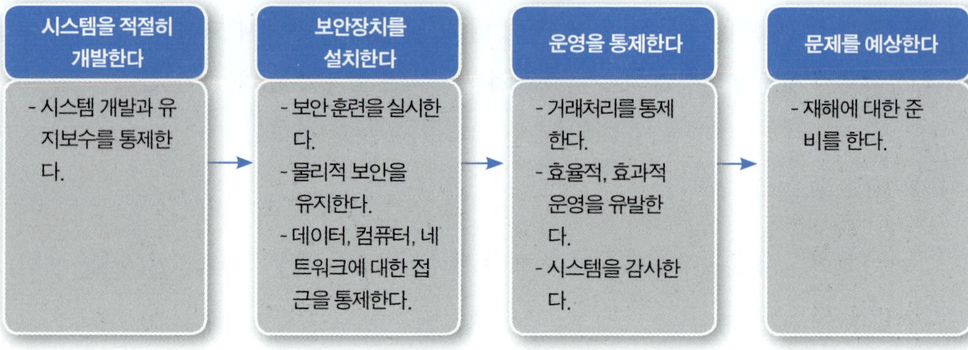

접근을 방지한다.

⑤ 접근이 제약되면, 거래가 정확하게 처리되도록 한다.

⑥ 거래통제가 되더라도, 효율적이고 효과적인 운영을 하도록 동기유발하고 운영을 개선할 수 있는 방안을 모색한다.

⑦ 시스템이 안전하게 보일지라도, 문제점을 찾기 위해 감사한다.

⑧ 계속적으로 경계하면서, 재해에 대비한다.

1. 일반통제와 응용통제

통제 수단에는 일반통제와 응용통제가 있다. 일반통제(general control)는 구체적인 응용시스템과 관계없이 시스템을 보호하기 위해 설치된다. 예컨대, 하드웨어를 보호하고 데이터 센터에 대한 접근을 통제하는 것은 모든 응용프로그램을 보호하기 위한 것이다. 응용통제(application control)는 구체적인 응용시스템을 보호하기 위한 안전장치이다.

(1) 일반통제

일반통제에는 물리적 통제, 접근통제, 데이터 보안 통제, 네트워크 통제, 관리적 통제 등이 있으며 아래에 설명한다.

물리적 통제(physical control)는 컴퓨터 시설과 자원을 보호하는 것이다. 즉 컴퓨터, 데이터 센터, 소프트웨어, 통신망을 보호하는 장치로서 다음을 포함한다.

① 데이터 센터를 적절히 설계하여 불에 타지 않고 방수가 되도록 한다.

② 전자기적 피해로부터 방비한다.

③ 화재 예방, 화재 경보, 화재 진압 시스템이 필요하다.

④ 정전 시에 사용하는 긴급 전기공급 시설이 필요하다.

⑤ 에어컨디션 시설이 필요하다.

⑥ 물리적 침입을 경보하는 장치가 있어야 한다.

접근통제(access control)는 컴퓨터 시스템의 일부 또는 전부에 대해 사용자의 비합법적 접근을 제한하는 것이다. 사용자에게 접근권한을 부여하거나, 사용자가 접근을 시도하면 진실한 사용자임을 확인(authentication)할 수 있어야 한다.

〈표 13-1〉 데이터, 컴퓨터 그리고 네트워크에 대한 접근통제

통제기법		예
수작업 처리 지침의 실행		• 책상을 잠근다. • 버릴 문서와 매뉴얼은 소각한다.
접근권한의 정의		• 사람마다 적절한 접근권한을 부여한다.
접근권한의 실행	▶ 무엇을 알고 있는가?	• 비밀번호
	▶ 무엇을 가지고 있는가?	• ID 카드 • 물리적 시설에 대한 열쇠
	▶ 어디에 있는가?	• 전화하여 확인한다.
	▶ 누구인가?	• 지문 • 눈의 망막 패턴 • 음성 패턴
네트워크로부터 들어오는 데이터의 통제		• 방화벽을 이용한다. • 바이러스를 검사한다.
다른 사람이 데이터를 이해하지 못하도록 한다.		• 데이터 암호화

컴퓨터 시스템에 접근하는 단계를 보면, 먼저 터미널 혹은 컴퓨터에 물리적으로 접근하고, 그 다음 해당 시스템에 로그인하고, 그리고 구체적 프로그램이나 데이터에 접근한다. 사용자는 타당한 사용자 ID(user identifier)를 가지고 있어야 하고, 컴퓨터 시스템에 접근을 요구하는 사용자가 진실한 사용자임을 입증하기 위해 비밀번호, 스마트카드, 전자서명, 음

성, 지문 혹은 눈동자 스캔(scan) 등을 사용한다. 표 13-1은 데이터, 컴퓨터, 그리고 네트워크에 대한 접근을 통제하는 기법을 요약한 것이다.

데이터 보안 통제(data security control)는 비합법적으로 데이터를 생성하거나, 읽거나, 갱신하거나 혹은 삭제하는 것으로부터 보호하는 것을 말한다. 주어진 과업을 수행하는 데 필요한 데이터만 접근할 수 있도록 해야 하고, 담당자만 그 데이터를 이용할 수 있도록 해야 한다. 조직의 모든 사람에게 모든 데이터를 완전히 개방해서는 안 된다. 반드시 특정 데이터에 대해 접근할 수 있는 사람을 정하고 그 사람이 데이터를 읽기만 할 수 있는지 아니면 수정까지 할 수 있는지 정해야 한다. 예컨대, 같은 인사부서에 근무할지라도 담당자인 "갑돌이"만이 직원들의 인적사항을 읽고 갱신할 수 있는 권한을 가지고 나머지 직원들은 인적사항을 읽기만 할 수 있도록 정해둘 수 있다.

관리적 통제(administrative control)는 통제에 대한 지침을 정하고 그 지침을 지키는지 감독하는 것을 말한다. 그러한 통제의 대표적 예를 들면 아래와 같다.

① 종업원이 다른 업무에 배치되었을 때 데이터 접근 권한에 있어서 변경이 있으면 신속하게 조처한다.
② 주기적으로 비밀번호를 바꾼다.
③ 민감한 컴퓨터 업무에 대해서는 둘 이상의 종업원들에게 분담시킨다. 소프트웨어 변경의 통제에 있어서 한 사람은 프로그램의 변경과 테스트를 하고, 다른 사람은 그 작업물을 확인하여 프로그램 수정 일지를 작성하고 프로그램 라이브러리에 올려놓는다.
④ 시스템을 주기적으로 감사한다.

(2) 응용통제

응용통제는 급여나 주문처리와 같은 구체적 응용시스템에 관한 것으로 입력통제, 프로세스 통제, 그리고 출력통제가 있다.

입력통제(input control)는 데이터를 컴퓨터 시스템에 입력할 때 정확성과 완전성을 검사하는 것이다. 부정확한 데이터가 입력되면 부정확한 정보를 얻게 되는 것을 GIGO(Garbage-

In, Garbage-Out)라 한다. 입력통제의 예는 다음과 같다.

① 완전성(completeness): 예를 들면 주민등록번호는 일정한 길이를 가지고 있으므로 정해진 길이보다 길거나 짧은 데이터는 오류라는 것을 알 수 있다.
② 범위(range): 예를 들면 사람의 나이는 200세 이상이 될 수 없다.
③ 포맷(format): 표준화된 입력 스크린은 오류를 방지한다.
④ 일관성(consistency): 항목 간의 일관성을 의미한다. 예컨대, 현대자동차가 티코를 제조한 것으로 입력되어 있으면 제조업자와 모델 간의 일관성이 없으므로 오류이다.
⑤ 통제합계(control total): 예컨대, 입력할 100개의 고객 주문 양식에 있는 매출액의 합계가 20,425,000원이면 컴퓨터에 입력한 후에 계산한 매출액 합계가 20,425,000원이 되어야 한다. 그렇지 않으면, 입력 시에 오류가 있다. 이때 매출액 합계는 하나의 통제합계이다.

프로세스 통제(process control)는 입력된 데이터가 정확하고 완전하게 처리되도록 하는 장치이다. 데이터가 처리과정에서 분실되거나 처리되지 않은 상태로 출력되지 않도록 한다. 프로세스 통제에는 하드웨어 통제와 소프트웨어 통제가 있다.

하드웨어 통제의 하나인 패리티 체크(parity check)는 데이터 전송의 정확성을 체크하는 방법이다. 소프트웨어 통제의 예로서 체크포인트(checkpoint)는 처리 오류나 실패의 영향을 최소화하며, 감사추적(audit trail)은 처리된 거래를 추적할 수 있도록 하여 출력에 오류가 있으면 처리단계의 어디에 문제가 있었는지 찾아낼 수 있다.

출력 통제(output control)는 컴퓨터 처리 결과가 정확하며 올바른 사용자에게 전달되는가를 검사하는 것이다. 예를 들면 출력물에 대한 통제합계를 입력과 프로세스 단계에서의 통제합계와 비교한다. 또한 출력물을 합법적인 사용자에게 약속한 시간에 전달되도록 통제한다.

2. 네트워크 보안

인트라넷과 인터넷이 많이 이용되고 있지만 보다 자유롭게 사용하기 위해서는 보안문제가 해결되어야 한다. 네트워크 보안은 일반통제에 속하며, 그 중요성을 고려하여 여기서 따로 상술한다. 네트워크 보안장치 중 많이 사용되는 것으로 접근통제, 암호화, 그리고 방화벽이 있다.

(1) 접근통제

접근통제(access control)는 허가되지 않은 접근 시도를 막는 것이다. 허가된 사용자만 접속하여 시스템을 이용할 수 있도록 비밀번호(password)를 부여한다. 어떤 보안 시스템은 접근을 허용하는 전화번호 리스트를 만들어두고 다른 전화번호로는 접근할 수 없도록 한다.

(2) 암호화

암호화(encryption)는 전송할 메시지를 암호화하여 송신하고 수신자가 그 메시지를 복호화하여 읽는 것을 말한다. 인터넷, 인트라넷, 그리고 엑스트라넷을 통해 데이터를 전송할 때 암호화하여 전송한다. 암호화된 데이터는 사람들이 이해할 수 없는 형태로, 암호화와 복호화에 사용되는 수학적 알고리즘을 키(key)라고 부른다. 가장 널리 사용되는 암호화 방법은 네트워크상에서 한 쌍의 공개키(public key)와 비밀키(private key)를 이용하는 것이다. 예를 들면 e-mail 전송에 있어서 암호화 방법은 아래와 같다(그림 13-2).

① 발신자는 암호화 소프트웨어로 자신의 공개키와 비밀키를 생성하여 자신의 공개키를 통신하고자 하는 사람들에게 배포한다. 발신자만이 자신의 비밀키를 보관한다. 물론 수신자도 한 쌍의 공개키와 비밀키를 가지고 있고 발신자는 수신자의 공개키를 알고 있다. 수신자의 비밀키는 수신자만이 가지고 있다.

② 발신자는 e-mail 메시지를 작성하여 수신자의 공개키로 암호화하여 전송한다.

③ 수신자의 공개키로 암호화되어 있으므로 수신자는 그 공개키에 대한 자신의 비밀키로 복호화하여 메시지를 읽을 수 있다.

그림 13-2 공개키의 암호화

(3) 방화벽

방화벽(firewalls)은 두 네트워크 간에 접근통제 방침(access control policy)을 실행하여주는 시스템이다. 방화벽은 흔히 회사 내의 인트라넷과 인터넷 간의 보호 시스템으로, 외부의 침입으로부터 회사 내부 네트워크를 보호한다. 방화벽은 하드웨어, 소프트웨어 혹은 양자의 결합으로 구성되어 있다. 방화벽은 네트워크 흐름을 항상 감시하고 있다. 방화벽은 어느 메시지를 통과시킬 것인지에 관한 규칙을 따른다. 규칙에 따라 어떤 메시지는 통과할 수 있고 다른 메시지는 통과할 수 없다.

바이러스가 통신망을 통해 침투할 경우 해결책을 표 13-2에 요약하였다.

〈표 13-2〉 바이러스에 대한 대책

바이러스의 침투	대책
바이러스가 방화벽을 통과한다.	사용자는 다운로드 받은 모든 프로그램과 문서를 사용하기 전에 바이러스 유무를 검사한다.
바이러스가 네트워크서버에 상주하고 있어서 모든 사용자가 위험에 처해 있다.	데이터를 백업하고 바이러스 퇴치 프로그램을 실행한다.
USB 드라이브가 점염된다.	USB 드라이브를 체크한다.

기업에서 이용되는 컴퓨터에 대해서는 가정용 컴퓨터보다 상당히 높은 수준의 보안이 필요하다. 그림 13-3에서 알 수 있는바, 가정용 컴퓨터의 경우 방화벽은 소프트웨어로서 그 역할을 한다. 기업의 경우 외부 방화벽과 내부 방화벽이 설치될 수 있다. 인터넷을 통해 투입된 메시지는 먼저 외부 방화벽을 통과해야 한다. 정해진 규칙을 만족시키면 다음 단계인 서버에 메시지가 전달된다. 이 서버는 웹페이지 요구를 처리해줄 수 있다. 기업의 인트라넷에 접근하기 위해서는 내부 방화벽도 통과해야 한다. 내부 방화벽은 민감한 사안인 인사 데이터나 재무 데이터에 사용자들이 함부로 접근하는 것을 방지한다.

그림 13-3 방화벽

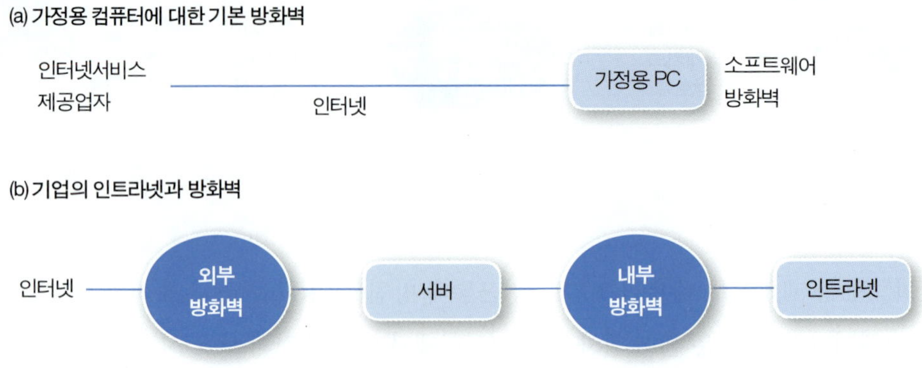

3. 정보시스템 감사

정보시스템 부서에 대한 감사를 주기적으로 수행하여 정보시스템 업무가 효율적이고 효과적으로 수행되도록 해야 한다. 앞에서 살펴본 통제수단이 의도한 대로 설치되었는지, 통제가 효과적으로 이루어지고 있는지, 보안문제가 일어나지 않았는지, 그리고 어떻게 해야 보안사고의 재발을 막을 수 있을지에 대한 감사가 필요하다.

정보시스템 감사는 조직 내부 감사인과 외부 감사인이 할 수 있다. 내부 감사인은 정보시스템 부서 소속이 아닌 종업원이고, 외부 감사인은 조직 외부의 감사 전문가이다. 감사의 대상은 새로운 시스템 개발, 시스템 운영과 유지보수, 데이터 무결성, 보안, 재해 복구 계획, 문서화, 훈련, 비용 통제 등 다양하다. 감사인은 다음과 같은 질문에 대한 해답을 구하고자 할 것이다.

① 시스템에 충분한 통제가 있는가?
② 어느 분야가 통제에서 제외되고 있는가?
③ 통제가 적절히 실행되고 있는가?
④ 통제가 효과적인가?
⑤ 업무의 분담이 분명한가?
⑥ 통제를 따르도록 하는 절차가 있는가?
⑦ 통제를 어기는 경우 보고하고 수정을 취하도록 요구하는 절차가 있는가?

정보시스템 감사에는 두 가지 유형이 있는데, 컴퓨터 주변감사와 컴퓨터 관련 감사이다. 컴퓨터 주변감사(auditing around the computer)는 입력된 데이터와 출력의 정확성을 검증하는 것으로서 입력을 처리하는 과정에 대한 평가는 포함하지 않는다. 즉 입력에 대한 출력이 정확하다면 중간의 프로세싱(processing)을 체크할 필요가 없다고 본다. 따라서 감사가 신속하고 적은 비용이 소요되는 반면, 중간의 처리과정을 평가하지 않으므로 완전한 정확성을 보장할 수 없다.

컴퓨터 관련감사(auditing through the computer)는 입력, 출력, 그리고 프로세싱까지 체크하는 것이다. 이 방법은 입력을 처리하는 소프트웨어까지 조사하므로 보다 복잡하며, 컴퓨터 시스템, 네트워크 운영, 그리고 소프트웨어 개발에 대한 지식이 필요하다. EDP 감사인이 이러한 유형의 감사를 하며, 감사 소프트웨어 패키지를 이용할 수 있다.

감사를 위해 필요한 정보는 입력 데이터와 출력, 최종사용자와 정보시스템 요원과의 면접, 응용프로그램 등으로부터 얻을 수 있다. 특정 거래의 각 프로세싱 단계를 추적할 필요가 있을 때는 감사추적을 이용한다. 수작업의 경우에는 처리과정을 쉽게 알 수 있지만 컴퓨터 시스템에서는 그렇지 않다. 전자적 감사추적(electronic audit trail)은 흔히 모든 컴퓨터 네트워크의 활동을 저장장치에 자동적으로 기록하는 통제일지(control log)의 형태를 띤다. 따라서 컴퓨터 시스템에 의한 거래처리 과정을 이해하기 위해서 감사인이 마그네틱 디스크와 마그네틱 데이프를 조사하여야 한다.

4. 재해복구 계획

지진이나 화재 등 컴퓨터 시스템의 작동에 치명적인 피해를 주는 재해(disaster)는 아무런 경고도 없이 갑자기 일어난다. 재해복구(disaster recovery) 계획은 보안시스템의 중요한 요소이다. 재해복구 계획의 목적은 재해가 일어난 후에도 컴퓨터 정보시스템을 계속 사용할 수 있도록 하여 기업 운영이 끊김없이 지속되도록 하는 것이다. 은행이나 항공회사는 하루라도 컴퓨터를 사용하지 못한다면 엄청난 피해를 입을 것이다. 그래서 그런 재해 상황에 대비해서 전기 공급 계획을 세워야 할 것이다. 지진이 일어나 컴퓨터가 파괴되는 경우에 대비해서 미리 안전한 지역에 백업(backup)을 해두었다가 유사시에 사용할 수 있도록 한다. 아래 두 사례에서 보는 바와 같이 재해 복구 계획은 기업의 운영에 큰 영향을 미칠 수 있다.

재해계획과 긴급 프로세싱 사이트(emergency processing site)를 판매하는 회사인 Comdisco가 1997년에 수행한 연구에 의하면 200개 회사 가운데 단지 45%가 재해복구 계획을 가지고 있었다. 1993년 뉴욕의 World Trade Center에 폭발 사고가 일어났을 때, Fiduciary Trust Company의 컴퓨터 운영 담당자는 만약 원격 데이터처리 사이트가 마련되어 있지 않았더라면 회사는 망하였을 것이라고 하였다. 그 당시에 뉴저지에 있는 Comdisco의 사이트에 450명의 종업원을 3주간 이주시켰다. 그 다음해부터 Fiduciary Trust는 통신망을 리스하여 모든 거래와 데이터베이스를 Comdisco 사이트에 즉시 복제하였다.

1989년 10월 17일 저녁, 캘리포니아의 샌프란시스코에 큰 지진이 일어났다. Charles Schwab and Company는 몇 분 내에 재해복구 계획을 작동하였다. 프로그래머와 엔지니어들은 10월 17일의 백업 컴퓨터 테이프를 뉴저지에 있는 Carlstadt로 옮겨갔다. 다음 날 아침, 회사는 정상 운영을 할 수 있었다. 한편 Montgomery Securities는 백업 복구 계획이 없었다. 지진이 일어난 그다음 날인 10월 18일에 거래를 하기 위해 컴퓨터 대신에 전화를 사용해야 했다. 그 결과 Montgomery는 하루에 $250,000 ~ 500,000의 손해를 보았다.

5. 통제 수단의 비용과 편익

모든 가능한 위협에 대한 통제 수단을 준비하는 것은 비경제적이다. 어느 통제수단을 택할 것인지 결정하기 위해 비용—편익 분석(cost-benefit analysis)을 할 필요가 있다. 일반적으로 중요한 데이터를 처리하는 응용시스템에 더 견실한 통제 수단을 설치한다. 예컨대, 항공회사는 예약과 티켓 판매 시스템에 대해 매우 높은 보안을 필요로 하므로 여기에 많은 투자를 할 가치가 있다.

보다 계량적인 분석은 위험평가(risk assessment)를 실시하는 것이다. 특정 활동이나 프로세스가 적절히 통제되지 않는다면 발생할 위험의 수준을 고려하여 필요한 통제 수단을 택할 수 있다. 위험평가는 특정문제가 발생할 확률과 그 문제가 발생한다면 생길 수 있는 손실을 평가하는 것이다.

표 13-3에서 연간기대손실은 손실 추정치에 발생확률을 곱하여 얻을 수 있다. 연간기대손실이 비교적 높은 전기 실패와 사용자 오류의 위험을 최소화하기 위해 좀더 많은 예산을 배정해야 한다. 횡령에 대해서는 기대손실이 비교적 적으므로 통제 수단의 설치는 덜 중요

하다. 전기 실패에 대한 연간기대손실이 20,000,000원이므로 10,000,000원 정도의 전기 공급을 위한 통제 비용은 지출해도 될 것이다.

〈표 13-3〉 온라인 주문처리시스템에 대한 위험 평가

보안 문제	발생확률(%)	손실 추정치(원)	연간기대손실
전기 실패	20	100,000,000	20,000,000
횡령	3	20,000,000	600,000
사용자 오류	95	30,000,000	28,500,000

6. 허용가능한 사용 정책

허용가능한 사용 정책(Acceptable Use Policy: AUP)은 기업에서 컴퓨터 자원의 접근과 사용에 있어서 무엇이 허용가능한 행동이고 무엇이 허용할 수 없는 행동인지를 규정하고, 종업원들에게 정책을 설명한 문서에 동의하도록 하는 정책이다. 종업원이 컴퓨터 자원을 사용하는 것을 모니터링해서 정책을 어기는 경우 어떤 불이익이 있는지를 알리도록 한다. 예컨대, 이메일 등의 인터넷 이용에 있어서 기업이 허용할 수 없는 것을 정하는 것이다. 이러한 허용 가능한 사용 정책을 갖는 이유는 아래와 같다.

① 종업원의 시간 낭비를 방지한다. 인터넷을 사적 용도로 장시간 이용하는 것은 업무의 진행을 방해하기 때문이다.
② 직무상의 부적절한 컴퓨터 사용 행동을 명시한다. 예컨대, 종업원 간에 이메일을 통한 다툼과 공격을 금지시킬 수 있다.
③ 기업의 자원 낭비를 방지한다.
④ 정보를 보호한다. 시스템의 오용으로 기업의 중요한 정보가 누출되지 않도록 한다.

제3절 정보시스템 윤리

1. 윤리적 이슈의 프레임워크

(1) 정보기술의 발전과 윤리적 이슈의 등장

정보기술이 급속히 발전하고 확산되면서 기술 이용에 따른 부작용이 생기고 있다. 새로운 기술발전의 추세가 발생시킨 윤리적 이슈가 그런 것이다. 컴퓨터 성능의 발전으로 데이터 저장 능력이 높아지고 저장비용이 감소함에 따라서 컴퓨터 정보시스템은 개인에 대한 데이터를 저장하고 활용하게 되었다. 개인에 대한 부정확한 데이터 수집과 활용이나 개인에게 피해를 줄 수 있는 데이터 수집과 전달이 윤리적 문제를 발생시킬 수 있다.

개인에 대한 자세한 정보를 담은 문서를 프로필(profile)이라 한다. 신용카드 회사, 웹사이트, 잡지회사, 은행 등 개인이 거래하는 여러 기관이나 기업에 개인은 자신에 관한 정보를 제공하고 있다. 그러한 정보가 결합되고 분석되면 개인행동에 대한 프로필 개발이 가능할 수 있다. NORA(Nonobvious Relationship Awareness) 기술은 여러 원천으로부터 개인에 대한 정보를 수집하고 명확하지 않은 그리고 숨겨진 관계를 찾아낼 수 있다. 예를 들면 회사에 대한 지원자가 어느 테러리스트의 전화와 동일하다는 것을 발견하고 고용주에게 경고 메시지를 보낼 수 있다. 정보기술의 발전으로 개인에 대한 프로필이 그 자신이 알지 못하는 상황 속에서 만들어지고 유통될 때 프라이버시 문제가 생길 수 있다.

(2) 기술 이용의 윤리적 원칙

정보기술의 이용은 긍정적 영향도 있고 부정적 영향도 있다. 공장을 자동화하면 생산성이 향상될 수 있지만 공장 종업원들은 직장을 잃을 수 있다. 사무자동화를 위해 컴퓨터를 사용하면 짧은 시간에 많은 문서처리가 가능하지만 컴퓨터를 장시간 사용하면 건강에 나쁜 영향을 줄 수 있다. 윤리적인 문제를 해결하기 위해서는 부정적 영향을 최소화하면서 동시에 긍정적 영향을 최대화해야 한다. 새로운 기술을 실행하는 데 있어서 따라야 할 윤리적 원칙을 요약하면 아래와 같다.

① 균형성(proportionality)

기술에 의해 얻을 수 있는 편익이 위험이나 손실보다 더 커야 한다. 더 낮은 위험 혹은 손실로 같은 편익을 얻을 수 있는 다른 대안이 없어야 한다.

② 인식된 동의(informed consent)

기술에 의해 영향을 받는 사람들은 위험을 이해하고 수용해야 한다.

③ 정의(justice)

기술의 편익과 부담이 공평하게 배분되어야 한다. 편익을 얻는 사람들은 위험도 공평하게 감수해야 한다. 그리고 편익을 얻지 못하는 사람은 위험의 상당한 증가로부터 고통을 받아서는 안 된다.

④ 위험의 최소화(minimized risk)

위의 세 가지 지침에 의해 수용될 수 있다고 판단되더라도 모든 불필요한 위험을 피하도록 기술을 구현하여야 한다.

(3) 윤리적 이슈의 프레임워크

정보기술의 윤리적 측면을 이해하는 한 가지 방법은 정보를 수집하고, 처리하고, 저장하고, 그리고 분배하기 위해 정보기술을 이용하는 것으로부터 발생하는 기본적 윤리적 이슈를 고려하는 것이다. 메이슨(Mason)은 윤리적 이슈를 네 가지 종류로 구분하였다. 메이슨의 네 가지 윤리적 이슈를 PAPA(Privacy, Accuracy, Property, Accessibility)라고 하며, 그 내용은 아래와 같다.

① 프라이버시(privacy): 개인에 관한 정보의 수집, 저장, 그리고 전달

- 개인에 관한 무슨 정보를 밝히라고 요구하는가?
- 어떤 종류의 감시를 고용주가 종업원에게 할 수 있는가?
- 무슨 일들에 대해 사람들은 혼자서만 알고 다른 사람들에게 알리도록 강요받아서는 안

되는가?

- 개인에 관한 무슨 정보는 데이터베이스에 저장해도 되는가? 그리고 얼마나 철저한 데이터 보안이 필요한가?

② 정확성(accuracy): 수집하여 처리된 정보의 진실성(authenticity), 충실성(fidelity), 그리고 정확성

- 허위정보, 왜곡된 정보, 정보의 오류에 대해 누가 책임져야 하는가?
- 정보가 적절히 처리될 것이고 사용자에게 정확하게 제시될 것이라고 어떻게 확신할 수 있는가?
- 데이터베이스, 데이터 전송, 그리고 데이터 처리에 있어서 오류가 고의가 아니고 우연이라는 것을 어떻게 확신할 수 있는가?

③ 재산(property): 정보와 지적자산의 소유와 가치

- 누가 정보를 소유하는가?
- 정보에 대한 정당하고 공정한 가격은 얼마인가?
- 누가 정보의 전송매체를 소유하는가?
- 기업의 데이터베이스를 개인적 목적으로 사용할 수 있는가?

④ 접근성(accessibility): 정보의 접근권한과 정보접근에 대한 수수료 지불

- 누가 정보에 접근하도록 허가되는가?
- 정보에 접근한 데 대해 얼마를 지불하여야 하는가?
- 누구에게 정보 접근에 필요한 시설을 제공할 것인가?
- 개인이나 조직이 무슨 정보를 무슨 조건하에서 얻을 수 있는가?

2. 프라이버시 이슈

정보 프라이버시(information privacy)란 개인이 언제, 어떻게, 얼마나 자신에 관한 정보를 다른 사람에게 전달할 것인지 결정할 권리를 말한다. 컴퓨터와 정보통신기술을 사용하는 과정에서 개인의 정보 프라이버시가 침해될 수 있다. 정보기술은 데이터를 신속하게 수집

하고, 저장하고, 검색하고, 통합할 수 있기 때문에 유용한 정보를 얻을 수 있다는 점에서는 대단히 유익하지만 개인의 프라이버시 보호라는 점에서는 부정적일 수 있다.

(1) 프라이버시 침해 문제

인터넷을 사용하는 동안 정보 프라이버시가 침해당할 수 있다. 이메일(e-mail)을 보내거나, 웹사이트에 방문하거나, 뉴스그룹에 메시지를 올리거나 혹은 인터넷을 통해 금융거래를 하거나 쇼핑을 할 때 사용자는 자기도 모르는 사이에 사용자 개인에 관한 데이터가 수집된다.

웹사이트 방문을 감시하는 도구가 상업적 목적으로 개발되었다. 누가 어느 웹사이트를 방문하고 어떤 것에 대해 관심이 있는지 알아내어 표적 마케팅을 하려는 것이다. 즉 웹사이트 방문자 개인의 관심을 알아내면, 기업은 그 개인의 관심사에 맞추어 촉진활동을 할 수 있다. 많은 전자상점의 웹사이트는 방문자 수를 기록하고 방문자가 어느 웹페이지를 찾아보는지 기록한다. 웹사이트 관리자는 방문자가 누구인지 알 수 있다. 어떤 제품을 구매하거나, 정보를 얻거나, 혹은 소프트웨어를 다운로드 받을 때, 그 웹사이트에 등록하면서 방문자 자신에 관한 정보를 알려주기 때문이다. 그 방문기록을 마케팅 조사 담당자가 분석해서 마케팅 활동에 활용하거나 다른 회사에 판매할지도 모른다. 그래서 프라이버시 이슈가 제기되는 것이다.

웹사이트 방문기록은 쿠키(cookie)에 저장되어 있다. 쿠키는 그림 13-4에서와 같이 작은 데이터 파일로, 웹사이트에 방문할 때 그 웹사이트에 의해 방문자 개인의 컴퓨터 하드드라이버

그림 13-4 쿠키

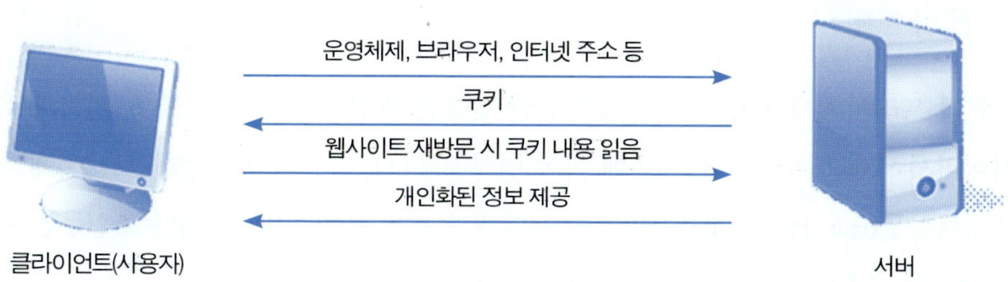

(hard drive)에 저장된다. 웹사이트가 방문자의 웹브라우저를 식별하고 방문기록을 찾아낸다. 쿠키를 저장한 웹사이트를 다시 방문하면 그 웹사이트는 그 방문자의 컴퓨터를 검색하여 쿠키를 찾아내고 과거의 웹사이트 방문기록을 알아내는 것이다. 쿠키는 웹사이트 방문자의 활동과 관심에 관한 정보를 제공한다. 예컨대, amazon.com에서 도서를 구입하고 나중에 그 사이트를 같은 웹브라우저로 방문하면 amazon은 방문자의 구매기록을 근거로 하여 관심 분야의 다른 도서를 고객에게 추천할 수 있다. 그러나 쿠키를 이용하여 개인정보를 획득하는 것은 프라이버시 침해의 여지가 있다.

판촉활동을 위해 이메일 주소를 수집하여 광고메시지를 보내는 일이 있다. 그래서 종종 원하지 않는 이메일이나 메시지를 받아 보는데, 이것을 스패밍(spamming)이라 한다. 인터넷 사용자들에게 상품이나 서비스를 팔기 위해 메시지를 이메일로 보내는 것은 비용이 적기 때문에 많이 사용되지만, 별로 의미 없는 메시지를 받아보는 개인에게는 불필요한 메시지를 관리하는 것이 시간낭비가 될 수 있다.

기업에서 근무시간 동안 컴퓨터나 여러 장치를 이용하여 종업원의 활동을 감시하는 것은 프라이버시 관련 문제가 된다. 일반적으로 종업원들은 고용주의 전자적 감시(electronic surveillance)에 대해 보호받지 못하고 있는 편이다. 종업원이 근무 중에 이메일을 읽거나 게임을 하거나 쇼핑을 하지 않는지 등의 인터넷 이용을 감시하는 것은 고용주의 권리일 수도 있다. 그러나 다른 한편으로는 종업원의 프라이버시를 침해하는 것이기도 하다.

캐나다나 브라질과 같은 몇몇 국가들은 국경 너머로 개인에 관한 데이터가 이동하는 것을 통제하기 위해 법을 엄격히 적용시키고 있다. 그들은 시민의 프라이버시 보호 차원에서 혹은 재산 보호나 산업 보호 차원에서 국제 간의 정보 이용은 관련 당국의 감독을 받도록 하고 있다.

(2) 프라이버시 보호 방법

개인의 프라이버시를 보호하기 위해 관련 법률을 제정하는 방법이 있다. 미국과 유럽의 프라이버시 법률 대부분은 1973년에 미국 연방정부자문위원회가 작성한 보고서에 나타난 공정정보실무(Fair Information Practices: FIP)에 기초를 두고 있다. 공정정보실무는 개인에 관한 정보를 수집하고 이용하는 데 대한 원칙이다.

① 비밀로 보관하는 개인에 대한 기록이 없어야 한다.

② 개인은 자신에 관한 정보를 저장하는 시스템에 대한 접근, 조사, 검토, 그리고 수정 권한을 가진다.

③ 사전 동의 없이, 수집된 목적 이외의 목적으로 개인 정보를 이용해서는 안 된다.

④ 시스템의 신뢰성과 보안문제로 손해를 입으면 시스템 관리자가 책임져야 한다.

⑤ 정부가 개인 당사자들 간의 정보 관계에 개입할 권한을 가진다.

공정정보실무는 정보기록자와 개인 간의 이해관계의 상호성(mutuality of interest)이라는 개념에 기초한 것이다. 개인은 거래에 관여하는 데 관심을 가지고, 정부나 기업과 같은 정보기록자(record keeper)는 거래를 지원하는 데 개인에 관한 정보를 필요로 한다. 일단 정보가 수집되면 개인은 정보기록에 대해 관심을 가질 것이고, 그 기록은 그 개인의 동의 없이 다른 활동을 지원하기 위해 이용하지 않는 것이 좋다.

프라이버시를 보호하기 위한 한 가지 방법은 기업이 프라이버시 방침(privacy policy)을 수립하는 것이다. 기업은 고객과 종업원에 관한 많은 정보를 수집하므로, 법률적 문제를 방지하기 위해서 프라이버시 보호를 위한 방침을 수립할 필요가 있다. 프라이버시 방침의 예가 아래에 있다.

① 데이터 수집

- 개인에 대한 데이터는 오직 경영목적을 달성하기 위해 합법적으로 필요한 것만 수집해야 한다.
- 데이터는 경영목적과 관련하여 적절하고, 관련성이 있어야 하며 너무 많아서는 안 된다.
- 개인에 관한 데이터를 수집하기 전에 그 개인이 동의하여야 한다.

② 데이터 정확성

- 개인에 대해 수집된 데이터 중에 민감한 것은 데이터베이스에 입력되기 전에 검증되어야 한다.
- 데이터는 정확하고 갱신되어야 한다.

③ 데이터 기밀성

- 컴퓨터 보안절차를 확립하여 비합법적인 데이터 접근을 방지해야 한다.
- 개인의 동의 없이 제3자가 개인 데이터에 접근할 수 없어야 한다. 그러나 법률에 의하여 접근하는 경우는 예외이다.

3. 지적재산의 보호

지적재산(intellectual property)이란 개인이나 기업이 만든 무형의 자산을 말한다. 지적 재산은 상업비밀, 복제권한, 그리고 특허에 관한 법률에 의해 보호되고 있다.

상업비밀은 경영계획, 전략계획과 같은 지적 작업으로서 회사의 기밀이고, 공공 정보에 기초하지 않는다. 특허는 소유자에게 특정 아이디어에 대해 특정 기간 독점적 권한을 부여하는 것을 말한다. 다시 말해 지적재산의 창조에 대해 특정 기간 복제를 금지하도록 하는 법률적 허가이다. 책, 정기간행물, 소프트웨어, 강의, 드라마, 음악작곡 등의 지적재산에 대해 일부 혹은 전부의 복제를 금지한다. 복제권한에 있어서 작업의 기본 아이디어는 보호되지 않고, 명시된 것만 보호된다. 예를 들어 경쟁업자가 소프트웨어를 구매하여 그 기능을 이해한 다음 같은 기능을 갖는 새로운 소프트웨어를 개발할 수 있다.

MIS HIGHLIGHT 1

Security: 무사안일주의가 '보안 쓰나미' 부른다

■ 사후약방문 대응체계 바꾸는 게 최우선

현대캐피탈과 리딩투자증권의 고객정보 유출, 농협 전산사고 등 최근 금융권에서 일어난 대형 보안사고는 한 번의 실수나 작은 문제점이 막대한 피해를 일으킨다는 사실을 알게 하는 사례이다. 보안사고의 특징은 사소한 것일지라도 대재앙을 부르기 때문이다.

보안사고로 인한 피해가 막대하다는 사실은 누구나 알고 있다. 지난 2004년 태풍 매미로 인한 피해 규모는 약 4조 원이었지만 악성코드에 감염된 PC 때문에 발생한 피해는 7조 8,000억 원에 달하는 것으로 나타났다. 이 같은 피해는 정보 보안 불감증과 큰 피해를 입지 않을 것이라는 생각이 만든 합작품이다.

그런데 대재앙을 겪고도 보안을 대수롭지 않게 여긴다. 원인은 무사안일주의다. 금융권의 경우 IT 전문 인력을 통해 보안 사고에 효율적으로 대처할 수 있도록 해야 하지만 보안에 대한 인식을 획기적으로 전환하지 못하고 있다. 금융사는 IT 예산 중 5%는 정보보호 예산으로 편성해야 한다. 그러나 5%를 지킨 금융사는 일부에 불과했다.

내부 보안에 소홀한 점도 큰 문제점이다. 시스템보다는 인재에 의한 보안사고가 갈수록 늘고 있기 때문이다. 내부 임직원의 보안의식이 허술할 경우 사고는 언제든지 일어날 수 있다. 때문에 보안시스템을 감시·감독하는 부서와 인력에 대한 처우 개선 등의 문제도 해결해야 할 과제이다. 정보보호 전담 부서를 갖췄다면 역할을 제대로 할 수 있도록 지원을 아끼지 않아야 한다.

금융권과 제조업의 보안 담당자들은 개선해야 할 점이 많다고 지적한다. 사건이 생겼을 때에만 일시적으로 관심을 가질 게 아니라 지속적이어야 한다는 것이다. 아울러 스마트폰 등 모바일 기기를 많이 사용하는 시대적 변화에 맞춰야 한다는 목소리에도 귀를 기울여야 한다. 즉 새로운 보안 환경에 대한 대처 방안을 마련해야 한다는 것이다.

● 기업 보안 현황과 문제점: 보안, 반짝 관심으로 그치지 말아야

국내 모든 기업이 보안에 대한 관심이 뜨겁다. 최근 일어난 보안사고가 보안에 대한 경각심을 일으켰다. 그동안 보안 투자나 의식이 뒷전이었으나 이번 사고를 계기로 보안에 대한 관심이 증가하고 있다. 그러나 보안 업계에서는 과거와 같이 반짝 관심에 머무르는 것이 아니냐는 우려의 목소리가 나오고 있다. 사고가 일어났을 때에만 보안을 강조하고 시간이 지나면 다시 과거로 돌아가는 상황이 되풀이됐기 때문이다.

지난 3월 현대캐피탈의 개인정보유출 사건이 발생한 지 얼마 지나지 않아 해킹으로 인한 농협 전산망 사고가 일어나 보안이 기업의 주요화두로 떠올랐다.

이번 사고로 현대캐피탈 고객들은 개인정보 유출로 인한 2차 피해의 두려움에 떨어야 했고, 농협 고객들은 거래 중단으로 인한 직간접적인 금전 피해를 입기도 했다. 보안사고가 얼마나 파장이 큰지를 보여주는 단적인 사례들이다. 특히 농협의 경우 사고 이후 대응력이 원활하지 못해 여론을 악화시켰다. 현대캐피탈은 고객들에게 사과하면서 후속 보완대책을 약속하고, 농협은 북한 소행이라는 사고 원인규명과 향후 5,100억 원의 보안 투자를 하겠다는 발표를 한 후 상황은 마무리됐다. 이번 사건을 계기로 국내 모든 기업이 보안 점검을 실시했다. 그동안 일어났던 보안사고와 달리 이번 사고는 사회적 파장이 커 금융권뿐만 아니라 여러 산업의 경영진도 보안에 대해 다시 한 번 생각하는 계기가 됐다.

기업들은 제각기 보안 후속 대책을 마련하고 있다. 내부 보안 체계를 검토하고 보안 거버넌스와 프로세스를 재정립하고 있다. 또 필요한 솔루션 및 시스템이 있으면 구축을 계획하고 있다. 특히 많은 기업들은 내부 보안 체계 확립에 중점을 두고 있다.

■ 소 잃고 외양간 고치기는 그만

그러나 보안 업계는 이번 사건을 계기로 보안에 대한 투자가 활성화되겠지만, 일시적인 현상에 머무는 것이 아닌지 우려하고 있다. 사실 기업 내에서 IT는 비즈니스 목표 달성을 위한 업무에 집중했고, 보안은 뒷전이었다. 사고가 일어나야 대책 마련에 분주했고, 사고가 일어나지 않은 기업은 자신들이 당하지 않은 것에 대해 안도하며 형식적인 점검을 하는 데 그쳤다. 이 때문에 보안 업계에서는 평상시 보안에 대한 인식을 갖는 것이 중요하다고 강조하고 있다. 일시적인 관심과 투자는 다시 보안 사고를 불러일으킬 수 있다는 것이다.

또한 부족한 보안 전문 인력을 양성하는 것도 시급한 과제로 떠올랐다. 기업에서 평상시 보안 체계를 관리하고, 보안 투자 실무를 담당하는 인력이 부족한 것이 현실이다. 이에 보안 업계에서는 최고보안책임자(CSO)의 필요성도 제기하고 있다.

이와 함께 감독기관의 관리감독 소홀도 문제점으로 지적되고 있다. 지난 2009년 7월 디도스(DDoS) 대란 이후 금융기관의 보안 관련 예산을 전체 예산의 5%로 증액하기로 지도했으나 이를 지키는 기업은 거의 없었다. 기업들은 예산 반영의 어려움을 들어 현실상 당장 이뤄지기 어렵다고 토로했다. 그러나 적절한 후속 조치나 권고는 없었다. 또한 보안사고가 동시에 터지자 금융감독원은 인력 부족에 시달리며, 제대로 된 관리감독을 시행하지 못했다. 보안 당국부터 조직과 인력 강화가 필요하다.

■ 클라우드, 모바일 보안도 중요

한편, 최근에는 클라우드, 모바일 등 새로운 IT기술이 나오면서 이들에 대한 보안 대책도 중요해지고 있다. 특히 모바일 오피스를 도입해 활용하고 있는 기업이 증가하면서 오래전부터 모바일 오피스에 대한 보안 가이드라인 필요성이 제기됐다. 그러나 아직까지 보안 가이드라인은 없는 상태이다.

모바일 오피스를 활용하는 기업들은 기본적인 보안 시스템을 갖추고 있기 때문에 모바일은 비교적 안전하다고 입을 모으고 있다. 그러나 농협과 현대캐피탈 사태에서 보듯 기본적인 보안 시스템을 갖추고도 보안 사고는 발생하고 있다.

● 금융권 보안 실태와 대응방안: 인력 확충과 처우개선이 시급

잇따른 금융권 보안사고로 금융기업들은 보안 점검을 통한 미비점 대책 마련에 분주하다. 내부 보안 체계를 다시 짜는 것부터 보안 솔루션을 도입하는 방안까지 다양한 방안을 수립하고 있다. 그러나 기업 내에서는 이런 투자보다는 보안 인력 확충과 처우 개선이 우선이라는 지적이다. 최근 일어난 금융 사고의 근본 원인도 이런 문제에서 기인했다는 것이 금융권 IT 관계자의 공통적인 시각이다.

금융권은 최근 일어난 보안사고로 인해 보안에 대한 경각심이 커지고 있다. 일부 기업에서는 적극적인 투자가 이뤄지고 있지만, 대다수 기업에서는 투자보다는 내부 보안 체계를 강화하는 방안에 적극적인 것으로 나타났다. 또한 보안 인력 확충과 처우 개선도 금융기업들의 시급한 과제인 것으로 나타났다.

지난 3월 발생한 현대캐피탈 개인정보 유출과 4월 발생한 농협 전산 보안사고로 인해 금융권에서는 대대적인 금융 시스템 점검이 이뤄졌다. 정부 금융기관의 점검부터 그룹사 차원의 점검, 자체 점검까지 금융권은 점검에 대응하느라 바쁜 나날을 보냈다.

금융 기업들은 이런 점검을 통해 보안문제를 도출하고 문제점을 보완하는 데 주력하고 있다. 이 와중에 지난 4월 19일 리딩투자증권이 홈페이지 관리 서버의 개인정보 DB 관리를 소홀히 한 탓에 해킹된 것으로 알려졌다. 금융 보안사고 이후 각종 점검과 금융 IT 보안 세미나를 통해 보안에 대한 논의가 이어져왔으나 그동안 말만 많았다는 지적을 피하기 어렵게 됐다.

■ 보안 투자 축소, 내부통제 소홀 지적

지난 4월 열린 금융보안 정책토론회에서 임○○ 고려대 교수는 금융전산망 보안 문제점을 지적했다. 첫 번째가 부족한 보안 투자이다. 은행권 보안 예산 비율은 금감원 권고치인 5%를 못 미치는 3.4%에 불과하며, 최근 2년간 금융기관의 보안 투자가 급감했다는 것이 임 교수의 지적이다. 또 내부통제의 실패를 꼽았다. 그는 농협의 경우 수년간 비밀번호를 변경하지 않고 초기 값을 그대로 사용했으며, 관리용 노트북의 외부 유출 등 기본적인 통제가 이뤄지지 않았다고 말했다. 이외에도 보안 거버넌스 취약, 아웃소싱에 대한 과다한 의존, 보안 설계 결함, 위험커뮤니케이션 실패, 금융당국의 보안검사인력 미비 등을 금융권 보안 문제점으로 꼽았다.

그러나 실제 금융 IT에 종사하고 있는 관계자들은 금융권 보안의 근본 문제는 인력 부족과 처우 문제라고 주장하고 있다. 또한 금융 IT 중요성이 증가하고 업무도 증가하고 있지만, IT 인력의 처우는 개선되지 않고 있다는 점도 지적했다.

■ 전문 인력 확충 급선무

이 때문에 기업은행은 보안 전문 인력을 대폭 늘린다고 발표했다. 기업은행은 IT 정보보호 인력을 현재 13명에서 24명으로 늘려 IT 전체 인력의 4.3% 수준까지 끌어올리기로 했다. 금융감독원 권고 수준인 5%에는 못 미치지만, 내년 초까지 정보보호 조직을 2배 인력으로 갖출 계획이다.

상반기에 채용한 인력은 각종 해킹과 디도스 공격 등 해킹 시도에 대한 패턴분석·징후 감지탐지와 추적, 복구할 수 있는 침해 사고 대응과 서버시스템 접근, 내부 통제 등 서버 보안관리, 보안 관제모니터링 업무 등을 수행한다. 하반기 채용 인력은 시스템 모의 해킹·보안 취약점 관리와 모바일 오피스 보안 및 신기술 대응을 하게 된다.

농협은 같은 사고가 발생하지 않도록 보안시스템 설비에 오는 2015년까지 5,100억 원을 투자하겠다고 발표했다. 최신 시스템 설치에 4,000억 원, 백업 및 재해복구시스템 확대에 930억 원, 기타 기반시설 확충에 170억 원을 투자한다. 이와 함께 CSO를 임명하고 'IT통합관제센터'를 신설해 IT 인프라에 대한 상시 감시체제를 강화하는 등 보안 조직을 대폭 확대하기로 했다. 또한 안철수연구소로부터 컨설팅을 받아 국내 최고 수준의 보안시스템을 구축하고, 보안서버 접속에 생체(지문)인식 기능 적용, 보조기억매체 사용 통제, 내부 통제시스템 정비 등 확고한 정보보호 관리체계를 구축할 방침이다. 2012년까지 현재 763명인 IT 분야 전문 인력을 1,000여 명으로 확대할 계획이다.

그러나 대부분의 금융기업들은 보안시스템 취약점 점검을 한 뒤 중장기적인 관점에서 보안 대책을 실행하려는 분위기다. 국민은행은 시스템 작업 승인 절차를 강화하고 사후 검증체계를 구축할 계획이다. 또한 복구 시간 단축을 위한 백업용 디스크를 증설한다.

하나은행은 일회용비밀번호(OTP) 인증 적용을 확대하고 비정기적인 모의해킹작업도 강화했다. 신한은행은 시스템 및 통신 등 인프라 관리절차와 프로세스를 점검하고 보안 인력 확충도 고려하고 있다. 대신증권은 전사적인 보안 컨설팅 추진을 검토하고 있다. 특히 서버보안과 웹방화벽 통제 강화는 내부 보안 강화에 중점을 둘 계획이다.

대우증권도 보안 컨설팅을 추진해 미비점을 보완해나갈 예정이다. 현대증권도 서버 접근 통제를 강화, 내부 인프라 관리를 강화한다. 삼성증권은 최고정보보호책임자(CISO) 지정을 검토하고 있다.

미래에셋생명도 보안체계 검토를 통해 부족한 부분은 IT 거버넌스를 통해 강화해나갈 계획이다. 또 내부통제 기준을 강화하는 방안도 수립했다.

● 제조업 보안 실태와 대응방안: 보안영역 확대·보안의식 고취 필요하다

기업들에게 '보안'이라는 영역은 눈에 보이지 않는 잠재적인 투자 분야라고 할 수 있다. 이러한 이유 때문에 그동안 기업 전체 보안영역에서 IT 보안이 차지하는 부분은 전체 20%밖에 되지 않았다는 것이 보안 전문가들의 설명이다.

최근 금융권에서 잇따라 발생하는 보안사고에서 볼 수 있듯이 더 이상 '소 잃고 외양간 고치기'식의 보안 대응은 무의미해졌다. 보안은 보안팀이나 IT팀, 시스템 운영팀만의 역할이 아니라 임직원 모두가 전사적인 중요성을 인지하고 필요사항을 준수해야 할 중요한 항목으로 자리 잡아가고 있다.

"보안은 흔히 창과 방패의 싸움으로 비유된다." 한 CIO가 보안에 대해 내린 단적인 정의이다. 새로운 창이 만들어질 때마다 이를 막을 수 있는 방패를 끊임없이 준비해야 한다는 뜻이다. 기업 OS의 경우 계속해서 취약점이 발견되고 외부 공격을 받을 수 있는 태생적인 약점을 보유하면서 대응방안도 계속 업그레이드되고 다양해질 수밖에 없다.

이에 따라 정기적으로 내외부 진단평가를 진행하고 취약한 부분을 지속적으로 개선해나가는 방안과 함께 임직원들의 보안에 대한 인식 변화가 강조되고 있다. 이미 보안 장비나 솔루션 등 유형적인 투자로만 승부를 걸어온 기업들의 실패 사례들이 나타나면서 보안에 대한 의식수준 함양을 고취시켜야 한다는 것이 업계 내 공통된 의견이다.

■ 장기적 계획으로 접근

지난 4월 포스코 그룹 전사 차원에서 진행된 '포스피아 3.0 Steering Committee'에서 최고 경영자의 정보 유통에 관한 프로세스와 보안 등급, 정보 확산 범위 등에 대한 지시가 내려졌다. 이에 따라 포스코건설은 최근 정보보안 개선방안을 진행 중이다.

포스코건설은 그동안 내부 침투에 대해서는 강력한 대응 체계를 구축해왔지만, 외부 정보유출에 대한 보안통제 기능이 강화됨에 따라 저장매체 통제, 자료의 외부송신, 문서 암호화, 자산 반출입 규제 강화를 과제로 삼았다. 이에 대한 구체적인 실행으로 지난 5월 자료유출 방지 솔루션을 도입해 메일과 메신저, 이동형 저장장치, 출력물 등을 통한 자료유출 통제 및 모니터링과 부서·개인별 주요정보 취급자의 특별관리 및 퇴사 예정자를 모니터링하기 시작했다.

또한 모니터링을 할 수 없는 외부 메일이나 메신저는 사내 사용을 통제하되 건설사 업무 수행 행태를 고려해 유연한 통제방법으로 운영한다는 계획이다. 이와 함께 보안 관련 제도도 강화 개선했다.

올해 12월 완료 예정인 문서 암호화 및 출입관리시스템을 통해서는 서버에 저장되는 문서의 외부 유출 방지와 그룹 패밀리 업체 이외에 외부로 발송하는 자료에 대해 결재 승인절차로 통제를 강화할 방침이다. 한편 포스코건설은 내실 있는 보안 교육을 위해 외부 전문가 보안 특강을 개최하는 등 사내 임직원들의 보안 마인드를 높이는 데에도 주력하고 있다.

최근 국내 주류업계 1위 자리를 넘보고 있는 OB맥주 또한 지난 2009년부터 시작된 전사보안 프로젝트가 내년까지 진행될 예정이다. 작년 그룹웨어에 대한 1차 보안 계획을 적용해 현재 고도화 작업이 시행 중이며 올해는 인프라에 대한 보안계획을 수립했다. 인프라 보안에 따라 현재 NAC(Network Access Control)와 IPAM(IP Access Management) 솔루션 구축 프로젝트가 한창이다. 네트워크 접속 단말기에 대한 엄격한 보안적용정책을 목표로 정보유출에 대한 가능성을 최소화하기 위한 방침이다. 또한 올 하반기 시행되는 개인정보보호법에 맞춰 데이터베이스 보안 및 접근제어 솔루션 도입프로젝트인 OBPIP(OB 개인정보 보안) 프로젝트를 국내 법률사무소와 함께 진행한다는 계획이다.

OB맥주는 보안 프로젝트의 마지막 해인 내년에는 문서보안 솔루션인 DRM(Digital Rights Management)/DLP(Data Loss Prevention)를 도입해 가공한 정보에 대한 누수 방지와 함께 조기경보 시스템 및 감사 툴인 ACL(Audit Command Language)로 거래선에 대한 위협을 탐지할 수 있도록 할 방침이다.

■ 내부 보안인식 강화 중요

과거 개인정보 유출로 곤혹을 치른 바 있는 이베이옥션은 계층적 방어체계(Defense In Depth)를 갖추고 보안에 대응하고 있다. 외부 침입 시 시스템 어느 한 곳의 방어체계가 무너지면 그다음을 뚫기 위해서 또 다른 방어체계를 통과해야 한다. 이베이옥션은 이를 방지하기 위해 접근 가능한 네트워크를 구분해 보호하고 각 계층(네트워크, 애플리케이션, 데이터베이스 등)별로 보안 장치 및 방어체계로 시스템을 보호하고 있다.

최근 이슈로 떠오르고 있는 기업 정보보안 책임자(CSO) 내정에 관해서는 팀장급 정보보안 책임자들을 임원급으로 격상시켜 운영 중이다. 이베이옥션은 이들을 중심으로 정보보안팀, 개인정보보호팀뿐 아니라 각 운영 부서별로 보안책임자를 배치해 전사적인 정보보안 관리체계를 구축했다. 또한 정보보안 및 개인정보보호체계와 관련된 수준 진단 및 외부 인증평가를 진행하며 지속적인 보안 대응 방안을 강구하고 있다.

국내 학습교육 기업인 대교는 비기간계, 즉 뉴미디어 채널에 대한 보안강화를 중점으로 삼고 있다. 모바일과 웹과 같은 다양한 경로를 통한 침입이 고객회원정보에 타격을 입힐 수 있기 때문이다. 이 때문에 관리적·기술적·물리적 측면의 보안 중 인력을 이용한 관리적 측면에 특히 무게를 두고 있다. 올 하반기 대교 학습 교사들의 단말기가 스마트폰으로 바뀌게 되면서 무선 보안에 대한 중요성도 점차 커지면서 모바일 보안 강화와 정기적인 보안 세미나 교육도 병행하고 있다는 것이 대교 측의 설명이다. 대교의 보안 교육은 교육 후 본사에서 실제 보안점검 실사를 시행하면서 실질적인 효율성을 높이고 있다.

〈BizIT, 2011. 6.〉

MIS HIGHLIGHT 2

보안거버넌스, 권한과 책임, 가이드라인 제시돼야

각 금융기업마다 CISO 영입을 통해 새로운 보안거버넌스 체계를 모색하려 하고 있지만, CISO 직제와 거버넌스 체계가 구축되기까지는 상당한 논란과 진통이 예상될 것으로 보인다. 현재 금융당국의 지침에 따라 해당 금융기업들은 CIO외에 별도 CISO 모집을 완료하거나 검토 중이지만, 금융보안의 핵심인 보안 거버넌스는 아직 요원한 상태다.

보안 거버넌스에 대한 구체적인 경험이 전무한데다 CIO와의 역할 정립 자체가 모호한 상태여서 보다 명확한 업무 구분부터 이뤄져야할 것으로 보인다. 이와 함께 업무 구분이 이뤄지더라도 실행을 위한 권한과 책임에 대한 명확한 가이드라인이 제시될 필요가 있다.

기존 CIO와의 역할 구분은 업무를 추진하는데 있어서 좌표 역할을 하는 핵심사항이다. A카드사의 한 CISO는 "전산 백업센터를 구축할 때 이에 대한 싸인을 CIO에게 해야할지, CISO에게 해야할지 혼란스러울 때가 있다. 이는 아직까지 CIO, CISO 직제에 대한 명확한 업무영역 구분이 이뤄지지 못하고 있기 때문"이라고 말했다.

전산백업센터 하나만을 두고 보더라도, 이를 사업연속성 측면에서 IT 영역으로 볼지, 보안 영역으로 볼지 논란의 여지가 있다는 것. 물론 CIO와 CISO를 겸임하는 경우라면 상관이 없지만 CIO와 CISO가 분리된 상태라면 관리감독에 대한 주체에 대한 혼선이 따르게 된다.

■ 관리감독 주체를 명확히 해야

B보험사의 CISO는 "이것은 CIO와 CISO에 대한 명확한 구분이 이뤄지지 못했기 때문"이라고 말했다. 하나의 예를 들더라도, CIO와 CISO 역할 구분에 애매한 요소들이 상존해 있는데 거버넌스 측면에서도 새로운 혼선을 야기할 수 있다.

B보험사의 CISO는 "조직 내부통제와 감사의 최종 책임자를 누가할 것인가라는 문제도 있다. 내부통제에 대한 총괄을 하더라도, 감사위원회의 통제를 받기 때문에 CISO의 역할이 불분명해 진다"고 말했다. 기본적인 거버넌스 체계가 마련돼지 않은 상태에서 기업 정보보안을 보안팀에서 도맡아서 한다는 것은 이치에 맞지 않는다는 것이다.

CISO로서 책임이 막중하다면 그만큼 권한도 강화해야한다는 지적이다. 결국 보안에 있어서 총체적인 관리와 모니터링은 감사 역할이라는 것. 판단과 제재를 감사부서에서 하고, 정책 및 모니터링을 보안팀에서 한다면 죽도 밥도 안된다는 의견이다.

업계에서는 보안 거버넌스를 추진하기 전에 우선 '역할 정의'부터 명확히 해야 한다는 의견을 보이고 있다. 지난 2000년 당시, 준법감시제도가 도입 될 때 기존의 부서와 충돌했던 경험이 있지만 지금에 와서는 그런 이야기가 없다. 그만큼 시간이 흐르면서 상충되고나 모순된 부분을 조절하는 과정을 거쳐왔던 것이다. 따라서 보안거버넌스를 위한 역할 정의도 시행착오와 진통을 통해 상호 조정될 여지가 있다.

■ 보안팀 위상을 강화하자

C증권사의 CIO는 "문제가 발생됐을 때 보안이 빠진 상태에서 사고가 발생하는 경우는 없다. 보안은 사실상 모든 업무에 걸쳐 엮여 있다. 따라서 보안팀의 위상을 강화해야한다. 책임이 막중하다면, 명확한 역할 정의와 함께 그만큼의 권한과 보상이 이뤄져야 한다"고 말했다.

업계에서는 보안팀이 자연스럽게 내부통제 그룹으로 진화해야 할 것으로 보고 있다. 그래야 실질적인 내부 통제 및 모니터링 업무를 효율적으로 진행할 수 있다는 것이다. 필요하다면, 준법지원부서를 통해 필요한 상황을 찾아주고 도와줘야 한다는 것이다.

거버넌스를 위한 역할정립도 중요하지만, 보안에 대한 인식이 현업부서 전체에 자연스럽게 녹아낼 수 있는 일상 업무가 돼야한다는 지적도 있다.

D증권사의 CIO는 "수많은 상품과 프로세스가 계속 바뀌는데 일개 보안부서가 이를 따라갈 수 있을지는 의문이다. 사고가 발생하면 무조건 보안부서가 책임지라는 식의 발상은 안일한 생각이다. 회사차원에서 인식의 전환이 이뤄져야 한다"고 말했다.

그는 "보안은 당장 눈에 보이지 않는 부분이기에 비용부담보다는 투자 개념으로 인식해야한다. 세월호와 같은 개념이다. 사람에 대한 관리 및 제도가 중요하기 때문에 단순히 솔루션이 해결할 것이라는 생각은 착각"이라고 말했다. 그는 또한 "사람이 놓치는 부분을 시스템이 도맡아서 해준다는 것도 잘못된 발상이다. 모든 주체는 사람인만큼 업무를 하는데 있어서 보안은 생활화가 돼야 한다"고 말했다.

■ 보안은 회사차원에서 생활화 하자

보안 거버넌스를 추진하는데 있어서 당연히 보안은 불편할 수밖에 없다. 하지만 시간이 지나면서 어느 정도 적응하고, 감수해 나가는 노력이 필요하다. 영업 및 마케팅부서에서 업무를 진행하는데 있어서 불편 없이 보안성을 유지한다는 것은 말이 안된다는 것이다.

보안거버넌스를 추진하기 전에 가장 중요한 것은 무엇보다 의식수준의 변화가 필요할 것으로 보인다. A카드사의 CISO는 "유럽은행의 경우, 통장을 분실하게 되면 상당한 시간이 걸린다. 오류발급을 방지하고 명확하게 업무를 추진하기 위한 것이지만, 국내에서 이런 인내심이 지켜질지는 의문이다. 1시간만 지연시켜도 잇따른 사고들을 막을 수도 있다"고 말했다.

습관이 된다면 아무런 문제도 없겠지만, 보안 거버넌스에 의한 통제가 이뤄진다면 이런 기다림이 국내 기업문화에서 받아들여질지는 의문이다.

A카드사 CISO는 "새로운 가치창출을 위한 경쟁은 좋은 말이다. 하지만 '빨리 빨리' 문화에 의한 선점경쟁은 과다 인프라 투자를 양산하며, 사고의 여지를 높이고, 결국 모든 회사의 인프라 모양새가 똑같아지는 결과를 낳게 된다"고 토로했다.

이런 인식의 전환이 중요한 것은 실제 업무를 진행하는 보안부서와 현업간의 충돌을 야기 시킬 수 있기 때문이다. 보안문제가 발생하면 보안부서 입장에서는 같이 일을 했는데, 욕은 본인의 부서만 먹는다는 생각을 하게 된다. 현업에서는 무조건 업무를 방해한다고 생각을 여지가 높다. 결국 이것은 보안부서의 업무의지를 약화시키는 결과를 낳게 된다.

B보험사의 CISO는 "모든 업무가 사람이 하는 만큼 보안부서에 힘을 실어 줄 필요가 있다. 자부심이 중요하다. 자부심이 없으면 일을 진행할 수 없다. 회사대표이하 임원들의 인식전환이 필요하다. '일을 할 수 있는 분위기'를 마련해 줘야 한다"고 말했다. 담당 보안부서의 사기 진작을 위해서는 금융당국 차원에서 징계나 구속과 같은 일방적인 처벌보다는 면책과 같은 유연적인 제도가 뒷받침돼야 한다는 지적이다.

■ 서로 협업하는 분위기를 조성하자

책임만을 묻는다면, 이런 살벌한 분위기 속에서 업무를 진행할 수 없다는 것이다. 업계의 한 CISO는 "차라리 필요하다면 CISO에게 CEO급의 권한을 부여할 필요가 있다. 주체적으로 의사결정을 할 수 있는 여지를 줘야한다. 책임만을 묻는다면 보안 거버넌스는 형식적인 선에서 그칠 공산이 크다"고 말했다.

업계에서는 결국 보안과 현업의 마케팅 부서는 같은 방향으로 가야한다는 지적이다. 자동차에 비유하자면, 리스크를 제거하고 제어해주는 역할을 보안부서가 담당하며, 엑셀레이터 역할은 현업의 마케팅 부서에서 담당한다는 것. 같은 자동차의 주요 기능들을 인정하고, 서로 협업할 수 있는 방향을 도모하는 것이 보안 거버넌스의 출발점이 될 것이라는 것이다.

브레이크만 밟게 되면 차가 움직이지 않을 것이며, 액셀레이터 만을 밟게 되면 필경 사고가 나게 된다. 각자의 역할이 있는 만큼 적절하게 서로간의 영역을 제어할 수 있는 환경을 만들고 이를 제어할 수 있는 제도적 장치가 보안거버넌스의 핵심이 될 것으로 보인다.

〈CIOCISO, 2014. 6.〉

CASE 1

KCC건설: 통합보안시스템

지난 2월 KCC건설 플랜트사업본부는 VDI(Virtual Desktop Infrastructure: 데스크톱 가상화)를 활용한 통합보안시스템을 오픈했다. 올해가 VDI의 원년이라고 할 만큼 대부분 기업들이 VDI에 관심을 두고, 추이를 지켜보는 시점이기에 이번 KCC건설 플랜트사업본부의 VDI 도입은 더 의미가 있다. KCC건설은 플랜트 산업의 특성상 보안 이슈가 가장 중요한 만큼 자료의 유출 방지를 위한 보안 시스템으로 VDI를 도입했다. 더불어 모바일 오피스와 클라우드 구축 효과까지 거뒀다.

■ VDI 활용으로 보안 강화

KCC건설 플랜트사업본부는 여타의 건축이나 토목사업본부보다 훨씬 보안이 중요한 파트다. 공장 건설이나 원자력 사업 등 대규모 프로젝트를 담당하기 때문에 도면이 외부로 유출될 경우 타격은 어마어마하다. 때문에 회사 내부에서는 DRM(Digital Rights Management: 전자문서관리)을 통한 암호화와 승인절차 등 다양한 보안 방책을 마련해두고 있었으나 절차가 복잡했고, 외근이나 출장을 가게 되는 경우 자료를 들고 나가게 되면서 보안이 매우 취약해지는 문제가 있었다.

때마침 플랜트사업본부의 DRM을 자체 구축해야 하는 이슈와 맞물려 KCC건설은 자료 유출 방지를 위한 보안 시스템으로 VDI(Virtual Desktop Infrastructure: 데스크톱 가상화)를 도입했다. 이○○ KCC건설 과장은 "VDI는 스마트워크 실현과 클라우드 컴퓨팅 구현에 필수적인 기술로, 우리는 VDI의 보안성에 초점을 두고 네트워크 분리를 논리적 개념으로 구축한 보안 시스템"이라고 강조했다. VDI의 개념은 언제 어디서든 사무실에서와 똑같이 업무를 처리할 수 있다는 클라우드의 의미인데, KCC건설은 보안을 목적으로 VDI 개념을 활용·구축하였다는 점에서 차별성을 가진다.

■ 충분한 검토와 테스트 통한 시행착오 최소화

시행착오를 줄이는 방법은 역설적이게도 가장 많은 시행착오를 하는 것이다. KCC건설은 지난해 여름부터 통합보안시스템 구축에 관한 검토를 시작해 지난 11월부터 1월까지 3개월간 VDI를 구축했다. 그리고 2월 한 달간 테스트와 교육을 거쳐 2월 말에 오픈했다. 이○○ 과장은 "사소한 사안 하나라도 시스템 오픈 후 성능에 큰 영향을 미칠 수 있기 때문에 설계, 구축 단계부터 테스트까지 모든 경우의 수를 생각하고 이를 충분히 시행해보는 게 중요하다"고 강조했다.

또한 시행착오를 줄이는 방법으로 벤더별 특점과 장점 분석을 강조했다. 도입하고자 하는 기업마다 VDI 구축의 목적이 다를 수 있기 때문이다. KCC건설처럼 보안을 목적으로 하거나, 직원이 수시로 바뀌는 업종인 경우 사용자 PC의 관리를 수월하게 하기 위해서 사용하는 경우 등 다양하기 때문에 회사의 목적에 부합하는 벤더를 선택하는 것이 좋다. KCC건설은 시트릭스 젠 데스크톱(Ctrix ZenDesktop), VM웨어(VMware)의 View, Microsoft RDS(RDP 7.1 RemotteFX GPU 가상화) 등을 검토했으며 비용과 효율성, 보안 적합성을 고려하여 시트릭스 젠을 VDI 솔루션으로 선정했다.

또한 VM을 사용할 현업의 업무 형태를 고려해야 한다. 일례로 건설사에서는 CAD를 활용한 작업을 많이 하는데, CAD는 일정 수준 이상의 하드웨어를 갖춘 PC에서 실행되는 애플리케이션이기 때문이다. 이에 대해 이○○ 과장은 "KCC건설도 처음에 설정한 VM의 환경에서는 응답속도가 빠르지 않았고 이에 VM 운영체제 교체, 하드웨어 업그레이드, 세부 환경 설정 등의 추가 수정, 보완이 이루어진 후에야 만족할 만한 응답속도를 얻을 수 있게 됐다"고 덧붙였다.

KCC 통합보안시스템

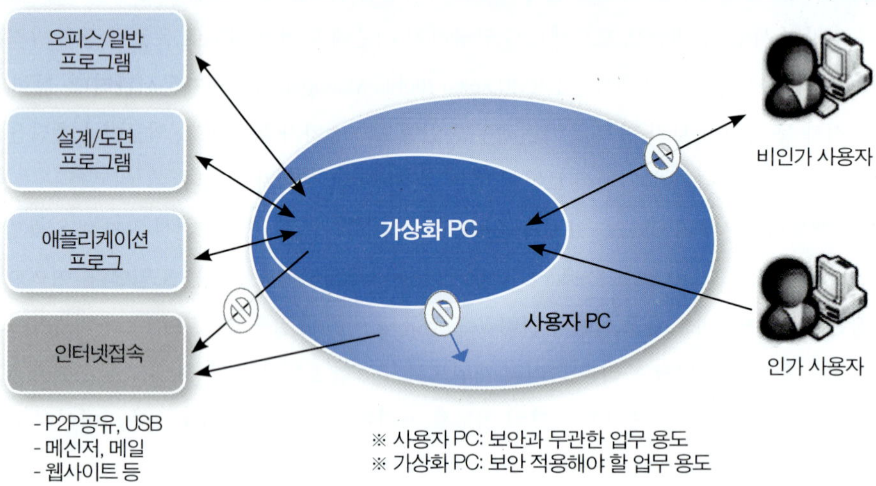

■ 보안과 업무의 편이성, 두 마리 토끼를 잡다

이○○ KCC건설 과장은 "7개월간 VDI를 사용하면서 보안 이슈에 대한 강점을 확인하게 됐다"면서 "그간의 성과에 대해 만족한다"고 평가했다. VDI를 활용한 논리적 망분리를 통해 개인 PC에 자료가 기록되는 것을 원천 차단하게 되면서 보다 확고한 보안시스템을 구축하게 됐다. 또한 기존 DRM의 경우에는 협력업체에 도면을 보낼 때 암호화된 파일을 복호화해서 보내줘야 했는데 이런 절차가 필요 없게 됐고 회사 내부에서도 모든 직원이 VDI 안에서 활용하다 보니 서로 자료를 주고받고 활용하는 업무처리가 수월해졌다.

또한 "가상 데스크톱을 도입한 후 사내 업무 자료, 도면 등의 핵심 자산을 중앙에서 보호할 수 있고 관리 효율성도 극대화할 수 있게 됐다"며 "데이터 보안 때문에 지방 현장과도 도면을 공유하기 어려웠으나 그런 걱정 없이 원활하게 협업이 가능해졌다"고 밝혔다. 그는 이어 "외부나 집에서 노트북이나 PC로 VM에 로그인해 CAD 작업 등을 진행할 수 있어 업무 생산성도 향상됐다"고 덧붙였다.

〈BizIT, 2011. 9.〉

CASE 2

한화생명: 고객정보 통합 및 암호화

■ 투명한 데이터 정비로 고객중심 서비스 가속화한다

한화생명이 DB 암호화 프로젝트를 진행하면서 고객정보 통합 작업에 나선 것은 그동안 중복된 데이터 통합을 통해 효율성을 함께 이루자는 취지에서 진행됐다. 각 독립 부서별로 흩어져 있는 데이터는 500억여 건에 이르렀다. 물론 그 안에는 중복되는 데이터가 많았다. 한화생명은 50년 넘게 사업을 영위해온 시점에 서 규제당국의 보안 가이드라인을 준수하면서, 새롭게 데이터 통합작업에 나섬에 따라 업무 효율성을 이룰 수 있게 됐다.

한화생명 전체 업무 데이터에 대한 구조변경과 함께 리소스 및 인프라를 보강하고, 패키지 솔루션을 변경했던 이번 프로젝트는 기간만 15개월이 걸렸고, 총액 161억 원 규모가 들어간 대장정의 사업이었다.

지난해 7월부터 프로젝트에 들어간 이번 사업은 올해 9월에 마무리가 됐으며, 현재 안정화 기간을 거치고 있다. 한화S&C와 한국IBM, 삼성SDS 등 3개사 컨소시엄으로 진행된 이번 프로젝트는 고객정보 통합과 함께 암호화 프로젝트를 진행하면 서 기존에 500억 건에 이르렀던 데이터 규모를 147억 건으로 줄이는 효과를 달성했다. 중복 데이터를 제거함으로써 고객관리를 일원화했으며, 일원화된 시스템을 통해 보다 정확하고 신속한 고객 마케팅이 가능해졌다.

DB 암호화를 위해서도 플러그인 방식과 블록 핀게이트 방식 등 기업환경에 적합한 다양한 방법론을 채택했다. 한화생명은 향후 추진하게 될 차세대의 밑거름이 되는 고객데이터가 정비된 만큼 기반은 마련됐다고 보고, 앞으로 안정화 및 대고객 서비스에 만전을 기할 방침이다.

프로젝트 개요

프로젝트명	구축기간	사업규모	주요 도입효과	구축사업자	추진내용
고객정보 통합 및 암호화 구축사업	2012년 7월 ~ 2013년 9월	161억원	·고객 정보 암호화 수준 달성 ·89개 시스템에 대한 개인정보 암호화 적용 ·고객정보 통합으로 분석 작업 용이 ·다면분석과 같은 고난위도의 분석 기법 여력 생성 ·비즈니스를 위한 마케팅을 진행하는데 시너지 효과	한화 S&C, 한국 IBM, 삼성SDS	· 전 개인식별 정보에 대한 암호화 · LOB별 고객정보의 통합 · 고객정보 라이프사이클에 따른 관리체계 재정립

■ 컴플라이언스와 DB관리 두 마리 토끼를 잡는다

한화생명이 이번에 '고객정보 통합 및 암호화 구축사업'을 진행하게 된 이유는 DB 암호화에 따른 컴플라이언스 부분을 해결하면서, 고객 데이터 정비에 대한 필요성 때문이었다. 이ㅇㅇ IT보안파트장은 "DB 암호화를 진행하면서 고객 데이터에 대한 정비 작업이 필요했다. DB 암호화를 진행하려면, 불필요한 데이터를 최대한 걸러내 시스템을 가볍게 할 필요가 있었다. 그 선상에 서 암호화를 진행해야만 자원 효율성과 처리속도를 보장받을 수 있기 때문"이라고 말했다. 한화생명은 우선 최대한 데이터 용량을 효율화하기 위해 산재돼있는 데이터 정비작업에 들어갔다. 데이터를 컨트롤하고, 연관업무 애플리케이션을 수정하는 등 전반적인 시스템 재정비 작업에 들어갔다. 부서별 업무 목적 때문에 발생된 중복된 데이터 요소를 단일화하면서, 애플리케이션과 원활한 연동을 위한 수정작업을 지속적으로 진행했다.

어느 정도데이터가 정비된 다음에 진행된 작업이 DB 암호화 부분이다. DB 암호화 솔루션은 케이

인프라목표 개념 구성도

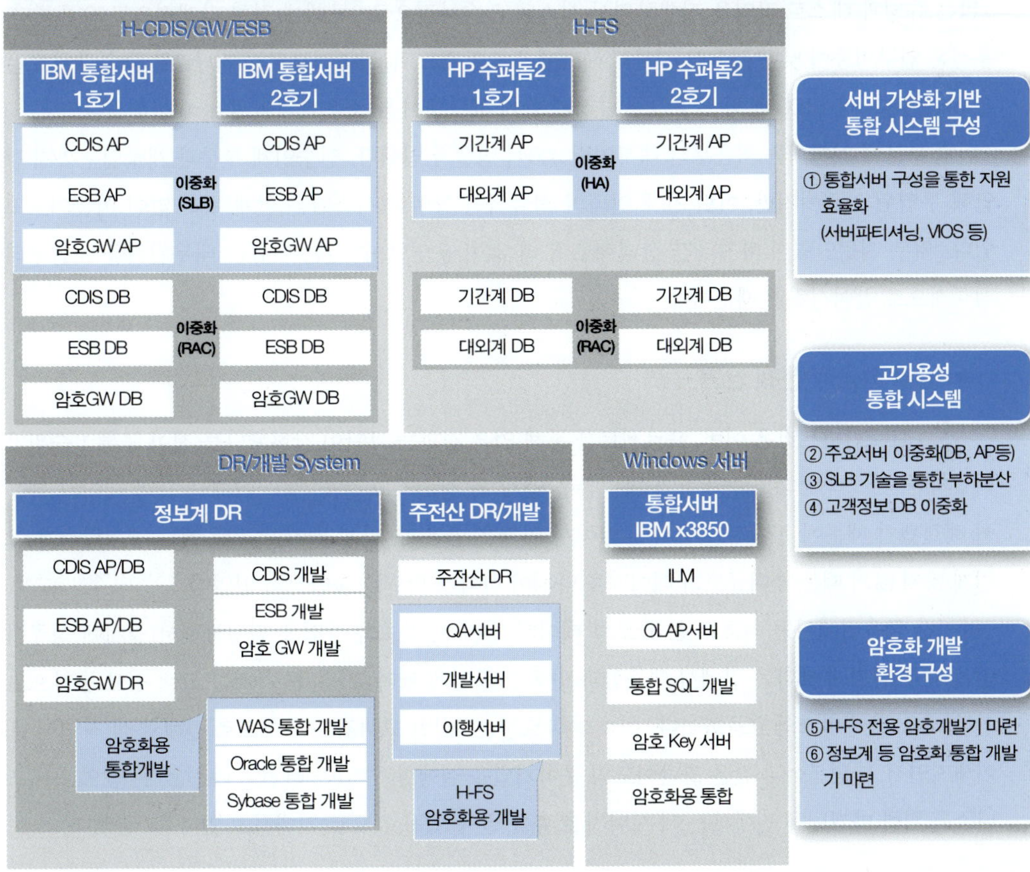

사인의 제품을 선택했다. 이○○ IT보안파트장은 "현재 400여 개의 업무테이블에 대해 암호화 작업을 진행했다. 하지만 이 작업은 결코 만만한 작업이 아니었다. 400여 개의 업무속성을 분류하고 파악해 대량으로 할 수 있는 업무와 간단한 업무, 새로 운 패턴의 업무 유형들을 일일이 분별해 데이터 속성에 맞게 다양한 암호화 작업을 진행했다"고 말했다.

■ 패턴 분류로 암호화 따른 성능저해요소 해결

트렌젝션별로 업무에 대해 암호화 작업을 진행하면서, 복호화 작업도 진행했다. 업무 성격에 따라 데이터를 분류하고, 거기에 적합한 암호화 수준을 도입하는 것은 데이터 성능을 보장하고, 자원을 효율화하는 데 핵심적인 요소이기도 하다. 보통 DB 암호화 작업을 하면서 일률적으로 암호화를 진행하면 데이터에 많은 부하를 줄 수 있다. 일정 부분 성능에 대한 보장을 받기 위해서는 이런 선별 작업을 통해 암호 규칙을 달리 적용하는 지혜가 필요하다. 한화생명은 DB 암호화에 있어서 성능을 보장받기 위해 게이트웨이 단에 암복호화 모듈을 구성했다. 호출을 하게 되면 암호화 및 복호화 과정이 이뤄진다.

많은 튜닝과 테스트 작업을 진행하면서 시스템도 순차적으로 9차례에 걸쳐 단계적으로 오픈했다. 우선은 업무비중이 낮은 것부터 시작해 시스템을 오픈했으며, 최종적으로는 지난 7월 중순경에 오픈을 하게 됐다. 약 12,000본의 프로그램 수정과 함께 하드웨어 및 소프트웨어 증설이 이뤄졌다.

인력 부분에 있어서는 처음부터 내부인력 200여 명을 투입했다. 인수인계 부분과 개발업무까지 감안해 투입된 인력이지만, 이런 자체 인력의 적극적인 참여로 시스템을 현재 무리 없이 이끌어오고 있다. 외부 지원인력이 빠져나간 상태에도 무리 없이 운영할 수 있는 이유는 내부인력을 처음부터 적극적으로 참여시켰기 때문이다.

■ 업계 성공적 선례 남겨

이○○ IT보안파트장은 이번 프로젝트를 통해 얻은 결과는 보안이 강화됐다는 점이 물론 1 순위가 되겠지만, 시스템에 대한 안정감과 자신감을 얻게 된 점이라고 강조했다. 이제는 고객 데이터 부분이 해결됐기 때문에 정기적인 감사에 있어서 인정을 받을 수 있게 됐지만, 처음에는 레퍼런스가 그렇게 많지 않기 때문에 대규모의 데이터를 다뤄야 한다는 막연한 불안감이 있었다.

하지만 금융권에서는 최초로 큰 규모의 데이터 정비 및 암호화 작업을 진행하면서 업계에 성공적인 선례를 남기게 됐다는 점에서 뿌듯함과 만족감을 얻게 됐다. 가장 큰 가치는 고객 정보 통합으로 인한 대고객 서 비스의 효율화이다. 이○○ 파트장은 "이번 고객정보 통합으로 인해 분석 작업이 용이해지면서, 다면분석과 같은 고난이도의 분석기법을 실행할 수 있는 터전이 마련됐다. 앞으로 비즈니스를 위한 마케팅을 진행하는 데 시너지 효과를 낼 수 있을 것으로 기대하고 있다"고 말했다.

불필요한 데이터가 정비되면서 이제는 현업의 요구에 대한 제약이 감소된 것이다. 과거에는 산재돼 있는 데이터 테이블과 중복 때문에 데이터 정합성을 맞추는 데 많은 어려움이 있었다. 하지만 현재는 원 뷰 및 원 포인트로 고객을 바라볼 수 있을 만큼 데이터 정비가 이뤄져 타깃 마케팅을 위한 고객의 전화와 이메일 주소가 정확하게 전달되고 신속한 컨택이 가능하게 됐다.

한화생명은 현재 시스템 안정화를 진행 중이다. 이제는 차세대 프로젝트를 진행할 수 있는 기반이 마련됐기 때문에 안정된 인프라를 토대로, 개선작업을 지속적으로 진행하는 한편 고객 마케팅을 위한 편리성에도 많은 추가노력을 기울일 계획이다.

〈CIOCISO, 2013. 12.〉

Chapter

14 정보시스템 관리의 이슈

학습 내용

제1절 Real Time Enterprise(RTE)
제2절 Enterprise Architecture(EA)
제3절 IT Infrastructure Library(ITIL)
MIS HIGHLIGHT 1 아키텍처 시대는 오는가?
MIS HIGHLIGHT 2 애자일 IT 아키텍처 3단계 도입방법
CASE 1 중·소기업도 ITIL로 큰 효과 볼 수 있다
CASE 2 LG GNS 데이터센터: 시스코 ACI 아키텍처 도입

제1절 Real Time Enterprise(RTE)

1. RTE의 배경

경영환경의 급속한 변화 및 미래에 대한 불확실성은 기업들로 하여금 고객의 요구 및 새로운 기회에 대한 신속한 파악 및 포착, 그리고 민첩한 대응을 요구하고 있다. 즉 기업들은 경쟁에서 살아남기 위해 하부조직에서부터 최고 의사결정자까지 모든 정보와 지식이 실시간으로 공유되는 RTE(Real-Time Enterprise: 실시간 기업)로의 변화가 필요하며, 이는 기업 신경망 시스템(Enterprise Nervous System)의 구현을 통한 사내 및 외부와의 협업을 저해하

는 지연 요소들을 제거함으로써 가능할 것이다.

특히, 최근 국내 선도기업들의 RTE에 대한 관심은 1990년대 ERP(Enterprise Resource Planning: 전사적 자원 관리)로 대표되는 대규모 IT투자를 통해 일궈낸 업무 프로세스 개선의 효과를 장기적이고 지속적인 경영혁신으로 이끌어내기 위한 전략으로 시작되어, 2000년대 초반 IT분야 시장조사회사인 가트너에 의해 제시되면서 차세대 IT전략 화두로 부상하고 있다.

2. RTE의 개념

RTE란 기업 내외부 업무처리를 실시간으로 할 수 있도록 함으로써 경쟁력을 극대화한 기업을 말한다. 내부 업무처리는 물론 장기적으로 외부 파트너 및 고객사와 관련된 업무까지 실시간에 가깝게 처리하도록 함으로써 경영환경변화에 능동적으로 대응하는 것을 IT 전략의 최우선과제로 삼는 것이다.

또한 가트너 컨설팅은 RTE에 대해 "또 다른 기술을 의미하는 것이 아니라 6시그마, JIT(Just In Time)제조기법, 확장형 ERP(ERP II), 비즈니스프로세스관리(BPM) 등이 제공하는 통찰력과 방법론, 원칙을 결합하는 것"이라고 정의했다. 즉 RTE는 하나의 문제를 해결하기 위한 또 다른 하나의 기술이 아니라 비즈니스를 향상시키고자 하는 개념으로, "핵심 비즈니스 프로세스의 관리 및 실행 시 발생하는 지연들을 제거하고 최신의 정보를 사용하여 경쟁하는 기업"으로 정의할 수 있다. RTE는 기업들이 지금껏 추구해왔던 e-비즈니스와 전혀 무관한 새로운 것을 추구하고자 하는 것이 아니라, 계속해서 변화하는 하나의 목표로서 새로운 기술의 도입을 통하여 끊임없이 프로세스를 효율적으로 개선해나가고자 하는 것이다. RTE가 완전한 비즈니스 전략은 아닐지라도, RTE가 추구하는 목적은 직접적 또는 간접적으로 경쟁적 이점을 얻는 것이다.

기업들이 최상의 IT 시스템을 가지고 있더라도 정보가 조직, 프로세스 및 의사결정에 아무런 영향을 미치지 않는다면 기술적인 우위는 아무런 쓸모가 없을 것이다. 즉 새로운 가치를 창조하기 위해서는 정보의 적절한 활용을 통해 의사결정 및 프로세스에서의 지연을 제거해야 한다. 다양한 분야에서 쉽게 이해가능한 실제적이고 의미 있는 용어로서 RTE가 등장하게 되었다.

3. RTE의 이점

RTE를 통해 얻을 수 있는 가장 큰 이점으로는 잠재적 문제점을 조기에 발견할 수 있다는 것을 들고 있다. 즉 수요 변화에 대한 정보나 경쟁사들의 혁신적인 움직임 등을 보다 빨리 인식할 수 있을 뿐만 아니라 자재비용 절감, 효율성 증대, 제품과 고객서비스 경쟁력 강화, 의사결정의 효율성 제고 등을 기대할 수 있다는 것이다.

4. RTE 구현을 위한 주요기술

RTE 구현을 위한 주요기술들로는 RFID(Radio Frequency Identification)에 기반을 둔 전자 Tag, 웹 서비스(Web Services), 엔터프라이즈 인스턴트 메시징(Enterprise Instant Messaging), 이메일 응답 관리 시스템(e-mail Response Management Systems), Just-in-Time e-Learning, 의사결정 엔진, BAM(Business Activity Monitoring) 등이 있다. 특히 실시간으로 기업이 운영되기 위해서는 간결하면서도 효율적인 프로세스로의 변화가 필요하며, 이는 기업 내외부의 다양한 애플리케이션들 간의 통합을 필요로 한다.

그러나 정보시스템의 대규모화에 따른 상호 운용성 및 통합성의 결여, 지속적인 변화 관리 및 외부와의 협업을 위한 시스템 연계 미흡으로 인해 정보 공유가 원활하지 못했으며, 정보화 투자에 대한 기대효과를 충족시키지 못하고 있는 실정이다.

(1) 웹 서비스

웹 서비스는 다른 애플리케이션이나 미들웨어가 제공하는 기능에 접근할 수 있도록 하는 네트워킹 표준으로 웹 서비스 브로커는 이러한 접근을 제공하여 프로세스 간의 통합을 가능하게 한다. 웹 서비스는 향후 수년간 계속 성숙할 것이고, 점진적으로 애플리케이션뿐만 아니라 기업 간의 연결을 빠르고 효과적으로 만들 것이며, 기업이 서비스지향의 구조를 개발하는 데 기포제 역할을 함으로써 RTE의 근간이 될 것이다.

(2) 엔터프라이즈 인스턴트 메시징

엔터프라이즈 인스턴트 메시징(Enterprise Instant Messaging)은 비즈니스 환경에서 요구되는 보안, 자료 보관, 플랫폼과 접목되어 다양한 협력 채널로도 활용될 것이며, 의사결정을 가속화 하는 데 큰 기여를 할 것이다. 실제로 반도체 부품 유통업체인 Avnet은 컴퓨터 마케팅에 엔터프라이즈 인스턴트 메시징과 CRM 시스템의 연계를 통한 실시간 고객 지원을 제공하여 비용 삭감 및 품질과 고객 만족도를 향상시킬 수 있었으며, 현재 미 육군은 지역적으로 분리된 20여 곳의 참여자를 수용할 수 있는 인스턴트 메시징 기반의 대화방을 의사결정에 활용하고 있다.

(3) RFID에 기반을 둔 전자 Tag

RFID에 기반을 둔 전자 Tag는 품목의 위치를 언제든 알 수 있기 때문에 바코드에 비해 더 쉽고 빠르게 스캔될 수 있다. 배송품에서 시작하여 나아가 개개의 제품에 적용되어 실시간 추적을 통해 공급망을 더욱 효과적이게 하며, 도난이나 손실을 줄일 수 있다. 그러나 생산자, 소매자, 공급자 간의 참여와 동의를 필요로 하기 때문에 첨단의 기술만으로 RFID의 확산을 기대하기는 어려울 것이나, 2006년부터 시범 적용되고 있어서 향후 바코드가 RFID Tag로 점차 대체될 것으로 기대된다.

(4) 이메일 응답 관리 시스템

대부분의 기업들이 이메일을 통해 질의와 불평을 접수받고 있지만, 응답을 신속하게 하는 경우는 많지 않다. 응답을 하는 데 있어서의 결정적 문제는 답변을 찾는 데 있는 것이 아니라 질의를 이해하는 데 있다. 자연어 처리 도구를 이용하여 질의 내용의 인식과정을 개선함으로써 기업은 더욱 신속하게 고객 질의에 응답할 수 있을 것이다. 이메일 응답 관리 시스템은 이에 필요한 기술을 제공하고, 관리 가능한 응답 프로세스들을 지원할 수 있어야 한다. 이메일 응답관리 시스템은 전자 채널(electronic channel)로의 변화를 유도하는 "demand to service" 사이클의 핵심 기술이다.

(5) Just-in-Time e-Learning

전쟁과 테러의 위협, 세계경제의 난항 등은 비즈니스 환경이 점차 불안정해지고 고객의 요구가 이전보다 빠르게 변하고 있음을 의미한다. 신기술을 통한 비즈니스 변화 역시 이를 가속시킨다. 기업은 인적자원을 실시간으로 변화하는 요구에 조율시킬 수 있어야 한다.

그러나 기존의 교육과정은 종종 그 필요를 예측하기 어렵기 때문에 효과적으로 계획할 수 없었다. 따라서 기업들은 JIT e-러닝(즉각적으로 이용가능한 최소한의 과정)을 도입함으로써 항상 변화에 대처할 준비가 가능해진다. e-러닝은 이미 그 가치가 입증되고 있으며, 직원 및 관리자의 적극적인 참여와 애플리케이션의 적극적인 도입이 이루어질 때 e-러닝을 통한 기업 인적요소의 경쟁력은 변화하는 수요를 몇 주(週)의 차가 아닌 몇 시간의 차이로 좁힐 수 있을 것이다. JIT e-러닝은 "requirement to resource" 사이클의 핵심 요소이다.

RTE는 새로운 기술뿐 아니라, 의사결정 엔진(Decision engines)과 비즈니스 활동 모니터링(BAM) 등과 새로운 애플리케이션을 통한 접근방식을 필요로 한다. 특히 RTE로의 변화를 시도하는 기업들은 정보기술의 성숙도 및 신기술의 발전에 대하여 깊이 이해하고 기업환경에 새롭게 접목시킴으로써 속도와 일관성을 향상시킬 수 있고, 변화 관리 및 운영을 지속적으로 할 수 있으며, 프로세스에서 생겨나는 많은 문제를 신속히 발견할 수 있을 것이다. 뿐만 아니라 공급망 운영에 응용함으로써 재고에 대한 실시간적인 시각의 확보가 가능할 것이다.

5. RTE의 적용

최근 기업에서 RTE 개념이 적용되고 있는 대표적인 선진 사례로는 실시간 처리능력으로 제조활동과 SCM(Supply Chain Management: 공급망관리)을 통합하여 고객으로부터 공급사에 이르기까지 전체적인 공급망 관리프로세스를 성공적으로 구현한 델(Dell), 24시간 내 결산할 수 있는 시스템을 갖춘 시스코 시스템즈(Cisco Systems), 구매부분 공급망 관리 체계를 잘 갖춘 월마트, 실시간 인스턴트 메시징 기술을 이용한 협업과 신속한 의사결정을 가능하게 한·미 육군 등을 들 수 있다.

특히, 포드(Ford)는 신제품의 디자인에 걸리는 시간을 기존의 7년에서 4년으로 줄였으며, 비용 측면에서 1년간 12억 달러를 절감할 수 있었으며, 품질은 50% 이상 향상시킬 수 있었다고 한다. 이러한 결과가 가능하게 된 데에는 시스템 간 통합이 기여한 바가 컸으며 관리기능에 있어서 시간이 지연되는 것을 방지하려는 노력이 있었기 때문이다.

금융 분야에 있어서는 세계적인 주요은행에서 위험관리기능을 실시간으로 함으로써 많은 자금을 절감할 수 있었다. 기존의 다양한 시스템들을 하나의 지역으로 통합함으로써 위험을 실시간으로 관리하는 것이 가능해졌으며, 이에 따라 비용의 절감 효과를 얻을 수 있었던 것이다. 또한 유럽의 의류 소매상인 Zara사의 경우는 새로운 의류에 대해 첫 콘셉트를 구체화하여 상품으로 생산하기까지 10일이면 가능하다고 한다. 따라서 Zara사는 신속하고 지속적으로 유행을 따를 수 있으며 경쟁사들보다 앞서 갈 수 있었던 것이다.

이미 국내에서는 삼성전자, LG전자, 포스코 등 글로벌 기업들이 RTE 구현을 향후 2~3년간 핵심 IT 전략으로 삼고, 국내외 사업장의 실시간 정보 통합을 구현하고, 고객·협력사와 프로세스 및 정보 공유체계를 구축하기 위한 다양한 프로젝트를 추진 중이다. 특히, 삼성전자는 "One View, Real-Time, Connected"라는 IT 비전 아래, 국내외 모든 법인 및 공장에 대한 ERP의 통합(Consolidation & Rationalization)을 추진 중이다. 뿐만 아니라 SDS, LG-CNS 등 국내 SI 업체들은 다양한 세미나를 통한 사례발표 및 구체적인 구현 방법론에 대하여 활발히 논의 중이다.

특히, 올해부터 2007년까지 4대 분야 31개 과제를 추진할 예정인 참여정부 전자정부 로드맵은 "실시간 전자정부 아키텍처" 구현을 핵심과제로 삼고 있고, 정보통신부 우정사업본부는 스마트 Tag 기반의 "u-Logistics(유비쿼터스-로지스틱스)" 사업을 위한 논의를 본격화하는 등 정부·공공 부문에서도 RTE 개념을 도입하려는 움직임을 보이고 있다.

RTE가 정부에 즉각적인 영향을 미치고 있는 부분은 위기관리 부분으로, 화학물질 유출, 공공 설비 파손, 범법자 색출, 자연재해 등과 같은 심각한 사건에 대하여 시민들에게 신속한 정보 제공을 위해 공중안전, 보건, 환경보호 당국에 의해 미국 주 정부들에서 사용되고 있는 긴급 전화 경고 시스템의 예를 들 수 있을 것이다. 이 기술은 주로 유선전화에 사용되지만 이메일, 웹, 모바일 등을 지원할 수도 있다.

제2절 Enterprise Architecture(EA)

1. 배경

과거부터 현재까지 기업의 정보기술 활용을 살펴보면 컴퓨터의 하드웨어와 소프트웨어의 급격한 발달과 함께 확산되기 시작했다. 이와 같은 확산은 정보의 적용 업무의 확대와 함께 활용의 심화 현상으로 풀이된다. 기업의 정보화 초기에는 단순 작업을 전산화하였는데, 예를 들면 회계업무를 전산화하고 그 다음에는 물류관리 업무를 전산화하고 그 다음에는 생산관리, 재고관리를 전산화하는 것 등이었다.

또한 정보기술의 활용은 처음에는 종업원이 일일이 수작업으로 했던 재고파악이나 재무제표나 물류체계를 대체하는 차원이었으나, 이제는 정보시스템의 사용자가 정보기술에 대한 이해가 높아지고 창조적이고 전략적인 활용에 대한 사례들이 소개되면서 전략적 활용으로 확대되고 있다. 그에 대한 예로 고객관리를 위한 데이터베이스를 구축하면 처음에는 고객의 신상 정보를 영업에 활용하는 정도이나 그 후 데이터가 계속 저장되면서 고객 개개인의 구매 패턴, 행동 패턴, 관심도의 특성을 파악하여 적극적인 영업 전략을 세우게 된다. 즉 가치활동 부문에 있어 정보기술 적용이 늘어나고 그 구조화 정도나 의사결정과 관련하여 이해의 정도가 늘어나면서 다양한 정보기술이 기업에 활용되어 이에 따라 조직의 전반적인 정보기술 활용에 대한 계획과 그 계획에 따른 통합적 실행계획이 필요해졌다.

따라서 기업 및 정보기술 환경의 복잡성 증가와 변화에 대응하기 위한 효과적인 정보기술 관리 방법으로 정보기술 아키텍처(Information Technology Architecture: ITA)와 엔터프라이즈 아키텍처(Enterprise Architecture: EA)가 산업의 전 부분으로 확대되어가고 특히 공공, 금융 부분을 중심으로 발전되어가고 있다. 이에 각각의 기업은 경영 방침이나 목표에 맞게 ITA나 EA를 정착시키기 위해 그것의 적절한 모델 도출에 힘쓰고 있다.

2. EA의 정의

(1) 아키텍처의 정의

ITA나 EA에 대해 이해하기 위해서는 아키텍처(Architecture)라는 용어를 명확히 해야 한다.

아키텍처(Architecture)는 사용되는 장소나 사람에 따라 그 정의가 다르고 때에 따라서는 다른 말로 대체되거나 의미의 변경이 가능한 용어이다. 보통은 소프트웨어 시스템 개발자와 애플리케이션 개발자에게 지침을 제공하는 다양한 개요 유형을 언급하기 위해서 정보시스템 분야나 기업에서 많이 사용되고 있다. 밝혀 말하면 아키텍처란 용어는 건축 분야에서 처음 사용되었다. 집을 지을 때에나 빌딩을 세울 때 아키텍처 없이는 불가능한 것처럼 정보시스템 개발자나 기획자 또는 소프트웨어 개발자는 다양한 종류의 모델을 문서화한 상세한 계획 없이는 소프트웨어나 시스템을 개발할 수 없다.

즉 아키텍처란 특정 기술이나 정형화된 기술의 구조를 의미하는 것이 아니라 정보관리 목표달성을 위한 정보기술 적용의 원칙, 규정, 표준 등을 의미한다.

가트너 컨설팅에서 제시한 정의에 따르면, 정보시스템의 개발과 운영비용을 절감하거나 조직의 능력을 증진하기 위한 프로세스, 기술, 인터페이스 표준의 확보(아키텍처의 확보)는 절대적으로 모든 프로젝트에 적용되기에 한계가 있지만 전반적으로 프로젝트의 효과를 증진하는 충분한 이점이 있다.

아키텍처의 정의는 아키텍처가 어떠한 모습으로 존재해야 할 것인가 하는 질문에 대한 답도 간접적으로 주고 있다. 즉 어떠한 형태로 존재해야 정보시스템의 개발과 운영 비용을 절감하고 조직의 능력을 증진할 수 있을 것인가에 대한 해결책을 제시하고 있다. 달리 말하면 조직이나 기업의 목표를 달성하기 위한 전략적인 방법이라 말할 수 있다. 즉 조직마다 조직문화가 다르듯이 ITA 정책이 다르며 결국 아키텍처의 산출형식이나 존재하는 방법이나 형식이 다를 수 있다는 것이다.

(2) ITA의 정의

일반적으로 ITA(Information Technology Architecture)란 조직의 전략적 목표와 정보 자원

관리 목표를 달성하기 위해 새로운 IT를 획득하고, 기존 IT를 유지, 진화하기 위한 통합된 표준을 의미한다. ITA는 정보시스템에 대한 사용자의 요구 사항을 충족하고, 시스템과 사용자의 운용성 향상 및 보안성 보장을 위해 수행되는 조직의 업무와 사용되는 정보, 그리고 이들을 지원하기 위해 구성요소를 분석하고 이들 간의 관계를 구조적으로 정리한 체계이다.

(3) EA

위에서 아키텍처라는 용어를 설명하면서 집을 짓거나 빌딩을 세울 때의 개념을 이용하였다. 즉 EA(Enterprise Architecture)는 기업을 설계하는 것으로, 집을 지으려면 건축술이 필요하듯이 기업의 목표와 요구를 효과적으로 지원하기 위해 기업 내의 업무 프로세스, 조직원, 데이터 등에 대한 표준을 수립하는 것이다. 기업의 규모와 분류나 새로운 비즈니스를 위한 것인지 기존 비즈니스를 재정립하는 것인지에 따라 다르다고 볼 수 있다. 쉽게 말해서 EA란 건축현장에서 빌딩을 건축하기 위한 설계도와 같은 역할을 하는 것으로 기업의 업무 프로세스와 정보기술의 표준에 따라 정보기술 관리를 위한 틀을 제공한다고 설명할 수 있다. 집을 지을 때 필요한 청사진과 설계도 같이 기업의 청사진과 원칙, 정책, 아키텍처, 그에 따른 표준을 세우는 것이다. EA는 전사 차원의 아키텍처뿐 아니라 이를 뒷받침할 수 있는 세부 원칙 및 정책이 있어야 하며 비즈니스, 데이터, 인적자원, 애플리케이션, 기술 요소 등에 대한 세부 표준 및 실행 계획 등을 포함한다.

3. 정보기술 아키텍처 구성

정보기술 아키텍처(ITA)는 그림 14-1과 같이 엔터프라이즈 아키텍처(Enterprise Archi-tecture: EA), 기술참조모델(Technical Reference Model: TRM), 표준 프로파일 (Standard Profile)의 세 가지로 구성된다.

(1) 엔터프라이즈 아키텍처

엔터프라이즈 아키텍처(Enterprise Architecture: EA)는 조직 내의 정보기술을 활용한 아키텍처와 시스템을 총괄한 것으로 업무 및 관리 프로세스와 정보기술 간의 관계를 나타낸다.

그림 14-1 ITA의 구성요소

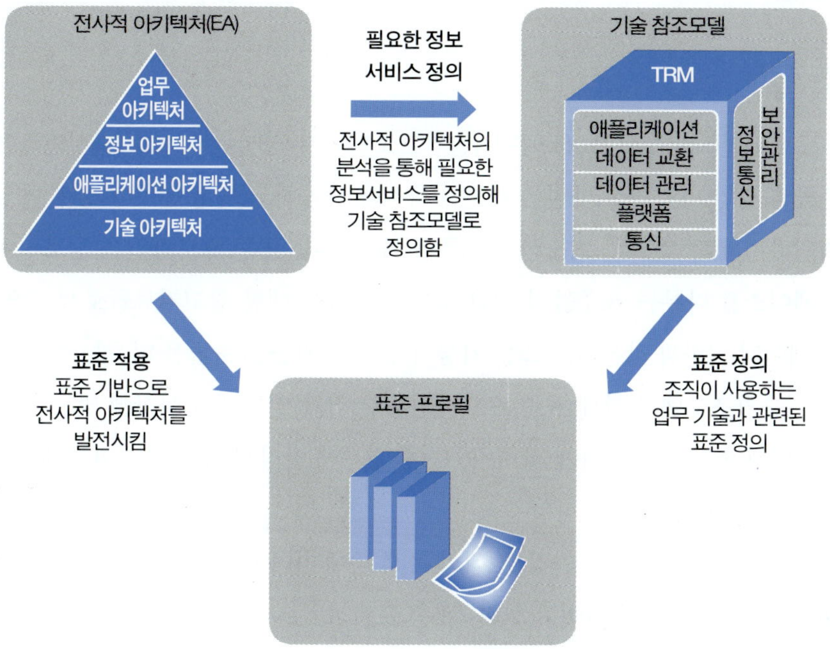

엔터프라이즈 아키텍처는 업무, 업무를 실행하는 데 필요한 정보, 업무 실행을 지원하는 데 필요한 기술 및 업무의 변경요구에 해당하는 새로운 기술의 실행에 필요한 전환 프로세스를 설명한 전략적인 정보자원의 기초이다.

또한 EA는 기업의 역할과 업무를 정의하는 비즈니스 아키텍처(Business Architecture), 기업의 골격으로서 가장 기본적인 자산인 데이터를 조망, 설계하는 데이터 아키텍처(Data Architecture), 각 하부 단위의 기능을 나타내는 애플리케이션 아키텍처(Application Architecture), 기반기술 아키텍처(Technical Architecture) 등 네 개의 하부구조로 구성된다.

(2) 기술참조모델

기술참조모델(Technical Reference Model: TRM)은 업무활동에 필요한 정보서비스를 식별하는 것으로 엔터프라이즈 아키텍처의 모든 부문에서 고려된다. 기술참조모델은 개념을 추상화한 플랫폼을 제공함으로써 구성요소 간의 인터페이스를 정의하며, 그 목적은 사용자 요구사항을 만족시킬 수 있도록 시스템 규격에 대한 개념적인 모델을 추상화하는 데 있다.

(3) 표준 프로파일

표준 프로파일(Standard Profile)은 기술참조모델에서 명시된 서비스를 지원하는 정보기술 표준들의 집합이다. 프로파일은 표준의 목적을 충족하고 특정 업무 기능에 제공되는 기술을 지원하기 위해 필요한 최소한의 기준을 제공한다. 표준 프로파일은 정보서비스들 간의 인터페이스를 다루는 표준들의 집합 또는 표준들에 대한 참고자료들로서 운영체제, 네트워크, 데이터 교환과 같은 서비스를 가능하게 하는 기술 표준들을 다루는 상세 규격을 포함한다. 기술참조모델과 함께 표준 프로파일은 조직의 업무 요구사항에 맞는 표준화된 시스템의 개발과 획득을 가능하게 할 수 있으며, 경우에 따라서 표준 프로파일에는 표준들을 구현한 구체적인 제품까지 명시할 수 있다.

표준 프로파일은 기술발전, 환경, 조직의 목적 등에 따라 바뀔 수 있으므로 프로파일의 갱신을 위한 지침 및 기준이 있어야 한다. 표준 프로파일은 최소한의 기술 표준의 집합을 구성하는 것을 기본으로 하며, 기술의 발전에 따라 지속적으로 갱신되어야 한다.

4. 기대효과

EA 모델은 정보시스템을 계획하고 설계, 개발, 운영하기 위한 청사진을 제시하고 이 청사진을 통해 사용자 인터페이스의 일관성, 통합성 및 상호 운용성, 명확한 상호관계의 정의를 통한 업무의 이식성 또는 업무 순환, 다수의 업무 영역에서의 공통 환경의 식별과 정의를 통해 개발 생산성 향상, 재사용성 및 자원 공유를 통한 비용절감 등의 효과를 창출할 수 있다.

또한 기업에서 합의된 EA 모델은 이를 활용한 정보 전략 계획 수립이나 정보기술 자산관리를 통해 기업의 정보기술 관련 부서뿐만 아니라 구매 및 기획부서 담당자와의 중요한 의사소통 수단을 제공하며 중요한 의사결정을 하는 데 있어서 정보기술을 잡아주는 역할을 한다.

위에서 언급한 EA의 효과를 얻기 위해서 고려해야 할 것은 다음과 같다. 우선 EA를 도입하려는 기업들은 EA를 활용하고 관리하기 위한 조직, 절차, 활용 방안을 미리 세워야 한다. 기업들은 EA를 IT 기획, 개발, 운영 등 각 단계의 의사결정에 충분한 정보를 확보해야 할 것이다. EA를 통해 과거의 데이터를 통해 의사결정에서 전 기업의 가치와 성능을 지향하는 의사결정 구조로 바뀌고 있다.

또한 단위 시스템 수준의 성과에서 시스템 간 연계가 얼마나 효율적으로 활용되고 있는지에 대한 평가가 이뤄지고 있어야 한다. 정보시스템 간의 상호운용성에 좀더 무게를 두고 평가한다면 효과적일 것이다. 따라서 기업은 조직 내에 정보기술 아키텍처 팀을 구성하여 이를 활용하고 효율적으로 관리하기 위한 절차 및 방안 등을 세워야 한다. 그리고 이에 대한 투자를 본격화해 IT 프로세스 및 비즈니스 프로세스 전반을 인지할 수 있어야 한다. 이를 통해 IT 투자의 당위성과 효율성 등을 도출할 수 있을 것이다.

기업은 EA를 도입함으로써 기업 내 인프라의 중복 및 필요 없는 부분을 없애고 프로세스 간소화 등을 통해 업무 프로세스의 효율화를 가져올 수 있으며, 기업 내의 정보전달 및 의사소통이 원활해질 것을 기대한다. 또한 기업의 표준 준수와 향후 비즈니스 방향을 수립하는데 효과적으로 이용할 수 있을 것을 기대한다.

제3절 IT Infrastructure Library(ITIL)

ITIL은 IT 서비스 관리에 대한 프레임워크 구현을 돕기 위한 문서들의 집합이다. 많은 기업들의 IT 조직이 과거에는 내부적으로 기술 중심의 업무에 집중하는 반면, 현재는 비즈니스 조직의 요구사항에 따라 IT 서비스 품질 향상에 역량을 집중하고 있으며 고객지향적인 접근 방식을 채택하고 있다. 이를 위해 ITIL은 특정 기업 내의 복잡한 IT 환경에 대해 비즈니스와 서비스 중심의 최적의 프레임워크를 제시하고 있으며, United Kingdoms' Office Of Government Commence(OGC)에 의해 전 세계의 IT 서비스 관리 분야 프로세스의 모범사례(best practice)를 정리한 것이다. OGC는 IT 서비스 관리 분야에서 전 세계적인 표준으로 IT 서비스를 지원, 구축, 관리를 가능케 한다. 이것는 영국 정부에 의해 만들어졌으며 현재 전 세계 많은 기업들로부터 그 유효성 및 효율성을 검증받아 표준 IT 서비스 관리 프레임워크로 활용되고 있다. ITIL은 상호 연결되어 관리되는 다섯 가지 영역으로 그림 14-2와 같이 구성되어 있다.

그림 14-2 ITIL의 구성요소

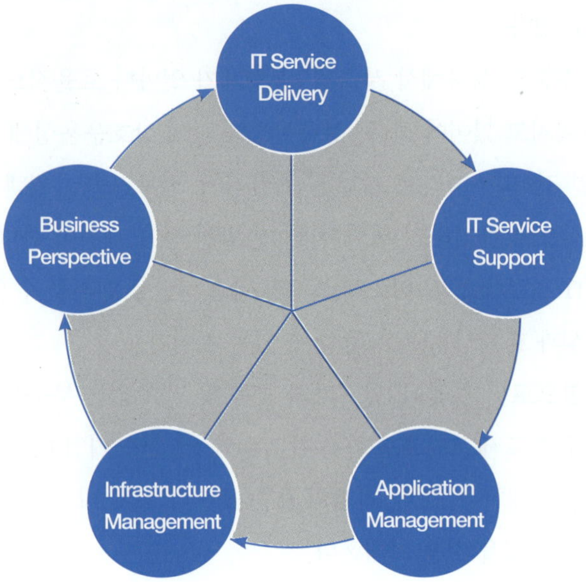

① IT Service Delivery

IT 서비스 제공자가 비즈니스 고객에게 충분한 지원을 제공하기 위해 필요한 서비스 및 프로세스를 정의한다.

② IT Service Support

IT 서비스 사용자가 비즈니스 관련 IT 서비스를 항상 받을 수 있도록 보장하는 데 필요한 관련 프로세스를 포함한다.

③ Application Management

소프트웨어 개발 라이프사이클을 포함하고 있으며 소프트웨어 라이프사이클 지원 및 IT 서비스 테스팅까지 확장하여 다룬다.

④ IT Infrastructure Management

IT Infrastructure를 운영 관리하기 위해 필요한 주요프로세스를 포함한다.

⑤ Business Perspective

전체 비즈니스의 중요 부분으로서 IT 서비스 제공 품질의 개선 및 이해를 다룬다.

기본적으로 ITIL은 ISO 9000 품질 시스템과 EFQM(European Feature for Quality Management) 및 CMM(Capability Maturity Model)과 밀접히 관련되어 있으며 IT 서비스 관리에 필요한 주요 프로세스 및 모범사례(best practice)를 제공함으로써 품질 시스템을 지원하고 있다. 따라서 ITIL 프레임워크 및 프로세스 모델을 채택함으로써 IT 서비스 관리 분야에서 ISO와 같은 품질 시스템에 대한 인증을 공인 받을 수 있다. 서비스 관리의 3대 핵심 목표는 비즈니스와 고객의 현재와 미래의 요구에 맞게 IT 서비스를 배치, IT 서비스 제공의 질 향상, 서비스 제공에 대한 장기간 비용 절감 등이다.

1. ITIL의 구성요소

ITIL의 다섯 가지 구성요조 중 ITSM(IT Service Management)은 ITIL의 핵심으로 IT운영 관리에 대한 모범사례 영역이다. ITSM의 영역은 IT서비스의 일상적인 운영 및 지원에 초점을 맞춘 Service Support와 IT 서비스 제공의 장기적인 계획 및 개선에 초점을 맞춘 Service Delivery로 구성된다. 그림 14-3은 ITIL의 프레임워크(Framework)를 제시하고 있다.

(1) Service Support

ITIL의 Service Support 영역은 IT 서비스 사용자가 비즈니스 관련 IT 서비스를 항상 받을 수 있도록 보장하는 데 필요한 관련 프로세스를 포함한다.

① 서비스 데스크(Service Desk)

서비스 데스크란 모든 ITIL 프로세스를 관리하는 수단 및 접점을 제공하는 기능이다. 고객(내부, 외부)에게 인시던트(Incident) 해결을 위한 방법을 제공하며, 비즈니스 서비스를 제공하기 위해 조직원, 프로세스, 기술을 혼합하는 매개체이다. 서비스 데스크에서는 모든 인시던트의 처리에 대해 시간이 기록되므로 어느 단계에서 지연되고 있는지 확인이 가능하며, 서비스 수준 협약 (Service Level Agreement: SLA)에 따라 시간 기준(time base)으로 모니

그림 14-3 ITIL의 프레임워크

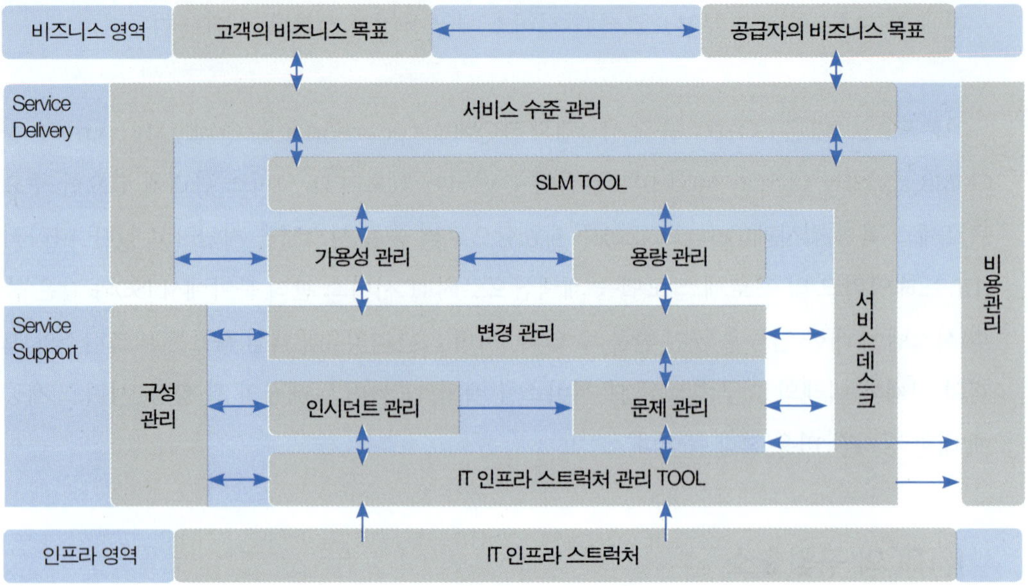

터링, 커뮤니케이션, 요청 사항에 대해서 접근할 수 있다. 또한 일의 진행 순서에 따라 커뮤니케이션을 하며 업무 진행을 해나가므로 의사소통 향상을 가져올 수 있으며, 고객 접점의 단일화 및 문제 처리 상태에 대한 관리로 문제 인지 및 해결 시간을 단축하여 고객 만족도를 증가시킬 수 있다.

② 구성관리(Configuration Management)

IT 조직이 고객에게 최적의 비용에 최상의 서비스를 제공하기 위해서 활용 가능한 자원에 대해 파악하고 관리하는 프로세스이다. 인프라 구조 혹은 아이템의 구성요소는 CI(Configuration Item)로 구분되어 구성관리 데이터베이스인 CMDB(Configuration Management Data Base)에 정보가 저장되며, CI 정보의 수준은 IT 서비스 제공에 있어 필요한 정보를 판별하여 기록하고 관리한다. 각 CI 간에는 종속관계, 연결관계, 상호 보완관계에 대해 분석되어 관계가 구성되며 비즈니스 환경에 맞게 설계된 CMDB를 근간으로 다른 ITIL 프로세스들은 필요한 데이터를 이용하게 된다.

③ 인시던트 관리(Incident Management)

인시던트란 서비스의 정상적인 수행을 방해하거나 서비스의 질을 떨어뜨리는 이벤트를 말하며, 인시던트 관리의 목적은 정상적인 서비스 제공을 위해, 문제 사항에 대한 빠른 해결 및 비즈니스 수행에 있어서 반대급부로 인한 충격을 최소화하는 것이다. 각 인시던트는 우선순위가 정해져 관리되며, 인시던트에 대한 모든 정보는 CMDB에 저장되어 관리되고 문제관리와 변경관리, 릴리즈관리 프로세스로 연결되기도 한다. 또한 SLA를 따르는 SLM의 근간이 되는 장애 데이터를 제공한다.

④ 문제관리(Problem Management)

문제관리의 목적은 정보시스템 인프라의 장애로 인해 발생가능한 비즈니스의 효과를 최소화하며, 비즈니스에 영향을 끼치는 인스던트 발생의 반복을 억제하는 것이다. 발생한 장애에 대해서는 원인을 아직 알 수 없는 단일 혹은 복수의 인시던트를 의미하는 문제(problem)와 문제의 원인 진단에 성공하여 문제 사항의 상태가 정의된 알려진 에러(known error)로 구분된다.

⑤ 변경관리(Change Management)

변경이란 하나 혹은 그 이상의 정보시스템 인프라의 구성요소의 새로운 상태에 의한 결과이며, 기술적인 변경이 아닌 프로세스와 관리적인 관점에서의 변경 관리를 의미한다. 변경관리의 목적은 매일 발생하는 업무와 변경 관련 인시던트에 의해 발생가능한 충격을 최소화하고 모든 변경 사항에 대해 즉각적인 조종과 효율적인 처리 절차에 대한 표준화된 방법을 확립하는 것이다. 모든 변경은 변화 관리 요청에 의해 시작되며 변경 관리자에 의해 여과된 후 변경 절차가 진행된다. 변경 관리자, 고객, 사용자 대표, 애플리케이션 개발자, 기술 조언자 등으로 구성된 변경 조정 위원회는 변경에 대한 최종 승인권을 갖고서 의사결정을 하게 된다. 변경관리를 통해 고객은 비즈니스 요구사항에 대해 정보 시스템 서비스를 보다 효율적으로 배치, 변경 철회 사례 감소, 사용자의 생산성 향상, 큰 규모의 변경사항에 대해 조정할 수 있는 능력 향상 등의 이점을 얻을 수 있다.

⑥ 릴리즈 관리(Release Management)

릴리즈 관리는 정보시스템 서비스 관점에서 보면 일종의 변경사항이며 릴리즈 시 모든 사항을 점검하고 확인하는 과정이다. 릴리즈는 IT 서비스에 대한 인가된 변경의 집합이며 RFC (Request For Change)에 의해 정의된다. 릴리즈는 서비스에 대한 장애해결 수와 품질개선으로 구성된다. 품질관리 및 테스팅을 통해 좋은 품질의 하드웨어 및 소프트웨어를 유지할 수 있으며 안정적이고 일관성 있는 관리가 가능하다. 또한 사전에 작성된 릴리즈 일정계획은 고객의 기대치를 정의할 수 있게 한다. 데이터에 근거한 변경관리는 소프트웨어 설치 및 하드웨어 변경과 같은 프로덕션 실환경 변경사항에 대한 완벽한 감사 및 추적을 가능하게 하며 불법, 비인가 변경 위험을 감소시킨다.

(2) Service Delivery

Service Delivery 영역은 IT 서비스 제공자가 고객에게 충분하고 만족할 만한 지원을 제공하기 위해 필요한 서비스 및 프로세스를 정의한다.

① 서비스 수준 관리

서비스 수준 관리(Service Level Management: SLM, 이하 SLM)는 모든 IT 조직이 비즈니스를 지원하기 위해 제공하는 IT 서비스를 정의하고 서비스 수준의 충족 여부를 확인하기 위해 반드시 필요한 IT 프로세스이다. SLM을 통해 관리 유지하는 SLA는 IT조직의 성과를 측정하고 판단하는 구체적인 목표치를 제공한다. SLM의 목적은 IT서비스 수준에 대한 합의, 모니터링, 리포팅 및 서비스 개선 활동과 같은 반복적인 SLM을 통하여 IT 서비스 품질을 유지하고 개선하는 것이다. 이러한 SLM은 반드시 비즈니스 및 비용적 요소와 연계하여 운용되어야 한다. 효과적인 SLM을 통한 서비스 중단 시간의 단축 및 서비스 품질의 개선은 궁극적으로 상당한 재정적 절감 효과를 가져온다. 그림 14-4는 SLM의 단계를 제시하고 있다.

② 가용성 관리

가용성 관리(availability management)의 목적은 IT 인프라의 능력을 최적화하는 목표를 달성하기 위하여 비즈니스를 가능하게 할 수 있는 서비스의 가용성을 지속적인 수준으로

그림 14-4 SLM의 단계

계획단계(Planning)	구현단계(Implementation)	진행단계(On-going)
• 최초 계획 활동 - SLM 기능 및 목표 정의 - SLM 수행을 위한 캠페인 실시 - SLM 내에 포함될 IT 서비스 카탈로그 정의 - 파일럿 SLA 작성 - SLA 모니터링을 위한 지원 도구 • 최초 서비스 수준 인식 조사 • UC * 및 OLA**	• 서비스 카탈로그 작성 - 고객에게 제공되는 IT 서비스 - 서비스 특징/고객정보/지원주체 • 기대치 관리 • SLA 작성 - SLA 구조계획 및 SLA 설정 - SLA 합의 및 모니터링 기능 설정 - OLA 검토 및 SLA 공개	• 모니터링 및 보고 - 품질개선 조치내용/향후 예측치/SLA 항목의 수행 결과 보고 • 서비스 검토 회의 - 서비스개선 프로그램 • SLA 및 OLA 유지보수

* UC: Underpinning Contracts
** OLA: Operational Level Agreement

유지 및 비용 효과를 얻는 것이다. SLA에서 정의된 서비스 제공 가용성 대비 실제 제공된 서비스 시간을 계산하며 이를 위해 각 장애 처리 단계에 대한 기록은 서비스 데스크를 통해 CMDB에 저장된다.

③ 용량 관리

용량 관리(capacity management)의 목적은 효율적인 비용 제공을 통해 비즈니스 요구사항을 충족시키기 위한 현재와 미래의 용량계획이며, 비용과 용량 간의 균형과 공급과 요구의 균형을 맞추는 것이 중요하다. 용량계획은 비즈니스 확장성을 고려한 서비스와 IT 자원의 용량 계획인 비즈니스 용량 관리, 고객에 의해 사용되는 IT 서비스의 운영 측면에서의 용량 계획인 서비스 용량 관리, IT 인프라 스트럭처(infra structure)의 개별 구성요소 측면에서의 용량 계획인 자원 용량 관리로 나뉜다.

④ IT 서비스 지속성 관리

IT서비스 지속성 관리(IT Service Continuity Management: ITSCM, 이하 ITSCM)의 목적은 필수적인 IT 기술적 요소와 서비스 구성요소의 장애 시 합의된 시간 안에 복구가 가능하도록 하는 것이며, IT 서비스 복구 계획은 중대한 장애를 복구, 대처, 방지하기 위한 계획 및 절차를 만들기 위한 체계적인 접근 방법이다. ITSCM은 비즈니스를 지원하는 모든 서비스를 포함하는 비즈니스의 지속에 초점을 맞추고 있다. 비즈니스 지속성 관리는 조직 또는 기업이 사전에 설정한 최소 수준의 운영을 지속하기 위해 위험요소를 관리하는 것에 초점을 맞추고 있다. ITSCM의 범위를 결정하기 전에 비즈니스 현업과 IT서비스 공급자 간에 결정 및 합의되어야 할 최소 비즈니스 결정사항이 있다. 이러한 결정사항에는 대체 지역으로의 즉각적인 서비스 이전에 대한 필요성 또는 일정 기간 이상의 장애 시 서비스 구성요소의 복구 필요조건 등을 포함한다. 비즈니스 현업은 이런 사전사항을 완벽히 이해, 정의 및 합의해야 하며 ITSCM 비즈니스 지속성 관리의 일부분으로 이러한 필요사항을 제공하기 위한 가장 효율적이고 유효한 방법으로 사용할 수 있음을 이해하여야 한다.

⑤ 금융관리

금융관리(Financial Management for IT Services)는 비즈니스 목표와 요구를 받아들여 계획하고 실행하는 데 최소한의 손해와 최대 효과를 얻기 위한 비용의 관리를 의미한다. 특히, IT 서비스 제공에 대한 비용관리를 의미한다. 재정 부분은 IT 부서 단독으로 관리할 대상은 아니며 조직의 재무부서와 긴밀한 협조를 통하여 진행되어야 한다. IT 조직은 세 개의 주요 프로세스를 통해 IT 서비스의 금융관리를 수행한다.

① 예산 설정(Budgeting) : 조직 내의 비용 지출을 제어하고 예견하는 프로세스이며 주기적인 협의를 통해 예산을 수립하며 현재의 예산 대비 비용 집행에 대해 일상적으로 모니터링을 수행한다.
② IT 비용(IT Accounting) : IT 조직이 실제 비용 집행을 하기 위한 프로세스이다.
③ 비용 청구(Charging) : 고객에게 서비스 비용을 청구하는 프로세스로 상세한 분석을 통해 비용을 청구하고 이에 대해 보고하는 프로세스이다.

2. ITIL 성숙도 평가 프레임워크

영국 조달국 OGC에서는 조직의 ITIL 평가 단계를 아래와 같이 제시하고 있다.

〈표 14-1〉 ITIL의 성숙도 평가 프레임워크

단계	주요단계	정의
1	Prerequisites	프로세스 활동을 지원하기 위한 사전 준비 사항 여부
1.5	Management Intent	지침이 되는 조직 정책, 비즈니스 목표 여부 점검
2	Process Capability	정의된 업무 행위 수행 여부
2.5	Internal Integrationl	정의된 각 행위들이 프로세스 목적에 맞게 통합되어 있는지 점검
3	Products	프로세스 산출물이 제대로 나왔는지 점검
3.5	Quality Contro	프로세스의 산출물이 질적인 면을 만족하는지 점검
4	Management Information	의사결정에 필요한 적절한 프로세스 관리 방식 점검
4.5	External Integration	모든 외부 조직과의 통합 여부 점검
5	Customer Interface	고객의 요구를 위해 지속적인 관리 여부 점검

이 프레임워크는 고객의 요구사항, 내부 요구사항, 프로세스 관리 향상을 위한 것이다. ITIL의 구성요소마다 조직의 관리자가 진단할 수 있는 측정 질문을 통해 ITIL 성숙도 평가 프레임워크 단계에서 제시하는 단계별 측정을 할 수 있고, 이를 통해 프로세스 능력이 향상 되도록 유도한다.

3. ITIL의 기대효과

IT 관련 서비스를 창출하고 제공하는 기업들은, 자사뿐만 아니라 고객사 및 외부 기업의 IT 관리 조직이 세계적으로 검증된 표준이 될 만한 프로세스 모델인, ITIL을 통해 다음과 같은 많은 이점을 얻을 수 있다.

① 기업 내에서 얻는 효과

IT 변경사항에 대한 관리, 제어권의 향상 효과, IT 비용 관리 프로세스를 통한 IT 비용의 절감, IT와 비즈니스를 연계하여 관리 가능, IT 관리도구의 적용을 위한 프로세스 설치, 아웃소싱에 대한 결정을 위한 프레임워크 준비, 상호 대화를 위한 단일화된 참조 모델, 프로세스의 표준화 등이다.

② IT 고객이 얻는 효과

문서로 상세하게 잘 정리된 IT 서비스, 보다 안정적인 IT 운영 환경, 제공 서비스에 대한 품질 보증에 따라 신뢰성 증가, 명확한 대화 통로 제공 등이다.

MIS HIGHLIGHT 1

아키텍처 시대는 오는가?

정보화의 역사는 1960년대 컴퓨터를 활용한 업무처리와 함께 시작됐다. 그동안 소프트웨어 엔지니어링과 눈부신 하드웨어의 발달로 정보화 시대를 열어가고 있다. 그러나 반대급부도 있어, 점점 더 많아지고 복잡해지는 응용시스템으로 인해 IT 비용은 증가하고 있다. 운영비용이 연간 IT 예산의 80% 이상을 차지하며 매년 증가 추세이고, IT 투자성과에 대한 의문이 제기됐으며, 현업의 변화 속도가 빨라짐에 따라 IT가 현업의 걸림돌로 인식되기 시작하는 등의 문제로 IT 관리체계에 대해 근본적으로 다시 생각해볼 필요가 있다.

기존의 IT 관리 방식으로는 지금과 같은 문제점들을 해결하기 어렵다. 이를 근본적으로 해결하기 위해서 IT를 아키텍처 기반의 엔지니어링 개념으로 접근하려는 방법이 EA 프로그램이다. 현재 EA를 추진하는 기업들이 EA 구축 후 운영 및 활용이 쉽지 않음을 이야기하고 있다. 또한, EA 기반의 IT 거버넌스를 추진해야 한다는 의견도 있다. EA 개념 정립을 통해 EA가 추구하는 바를 살펴보고, 화두가 되고 있는 IT 거버넌스와의 관계를 알아보도록 하자.

■ EA 개념

Enterprise Architecture를 각각의 단어로 이해하면 될 것 같지만, 실상 용어만으로는 EA의 본질을 충분히 이해하기 부족함이 있다. EA에서 사용하는 엔터프라이즈(Enterprise)와 아키텍처(Architecture)의 개념은 다음과 같다.

① 엔터프라이즈의 의미

'엔터프라이즈'는 목적을 공유하는 조직들의 집합으로 아키텍처를 구축할 범위를 한정하기 위해 사용하는 용어다. 즉, 엔터프라이즈의 범위는 〈그림 1〉과 같이 한 개의 소규모 팀에서부터 사업부, 기업 전체, 그룹 또는 가치사슬에 있는 협력업체나 공급망까지 묶어서 생각할 수 있는 등 다양하게 범위를 구분해 활용할 수 있는 용어다. 엔터프라이즈의 정의 관점에서 보면, 한 기업 안에 여러 개의 엔터프라이즈가 존재할 수도 있는 것이다.

따라서 엔터프라이즈를 '전사적' 또는 '기업'이라는 의미로만 해석할 경우, 부적절한 의미 전달의 경우가 발생할 수도 있다. 그러므로 엔터프라이즈란 용어를 사용해서는 구축하려는 아키텍처의 가장 큰 범위를 묶고, 그 아래 사업부나 팀 등의 하위조직의 아키텍처를 세그먼트 아키텍처(Segment Architecture) 개념을 적용해서 구분한다. EA에서 아키텍처를 수립하는 대상을 IT에 한정하는 경우가

〈그림 1〉 엔터프라이즈의 다양한 범위 정의

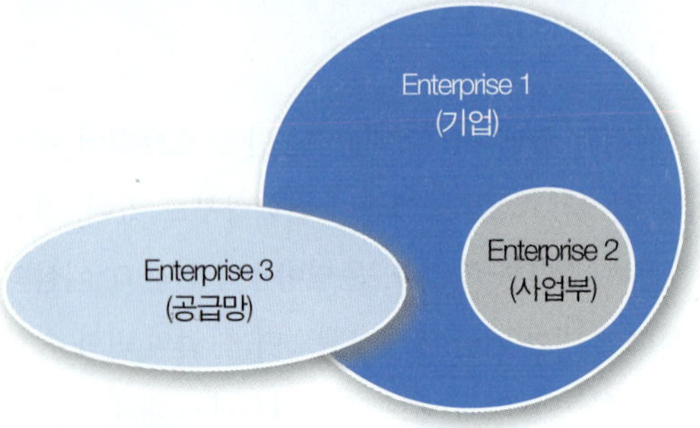

많다. 그러나 본질적으로 아키텍처의 대상은 기업의 무형, 유형의 모든 것을 대상으로 한다.

기업의 비전과 전략 목표, 현업의 기능 구조, 업무 절차, 성과지표, 연간 사업계획 등 업무적인 것과 이를 지원하는 IT 등을 대상으로 포함한다. 필자는 EA를 '기업 아키텍처' 또는 '전사적 아키텍처'라고 표현하기에 적절한 의미를 전달하기 어려운 경우에 한정해 '엔터프라이즈 아키텍처'를 사용하기도 했다.

② 아키텍처의 의미

'아키텍처'란 구성요소를 식별하고, 구성요소들 간의 관계를 구조적으로 표현한 것으로 정의한다. EA에서는 구성요소 자체를 식별하는 것도 중요하지만, 그동안 간과했던 부분인 구성요소들 간의 관계 식별이 매우 중요하다. 예를 들어, 기존에는 각 조직의 목적이나 기능을 독립적으로 식별했다면, EA에서는 경영진이 생각하는 목적과 하위부서의 목적 간 연계성, 목적과 업무기능의 연계성을 식별하는 것이 중요하다.

관계는 다음과 같이 수직적인 관계를 식별하는 것과, 업무기능과 응용기능 간의 관계처럼 수평관계를 식별하는, 수직적 또는 수평적 두 가지 관계가 존재한다. 이와 같이 '엔터프라이즈 아키텍처'란 엔터프라이즈 구성요소들 간 관계를 구조적으로 표현한 것이며, 엔터프라이즈를 설명하는 문서나 자료, 도면, 이미지 등 그 어떤 것으로도 가능하다. 그러나 엔터프라이즈와 아키텍처란 용어의 합성으로는 EA의 '프로그램'적 의미를 설명할 수 없다.

③ 엔터프라이즈 아키텍처의 의미

EA는 프로젝트가 아니라 프로그램 또는 Practice(활동)로 인식해야 한다. 미국에서 매년 열리고 있는 EA 컨퍼런스 기조연설에서도 "엔터프라이즈의 구성요소들이 어떻게 관계를 맺고 있는지를 표현한 산출물을 EA라고 부른다면(the Thing), 이런 구성요소들이 조화롭게 작동하도록 관리하는 것을 Doing Enterprise Architecture(the Practice)라고 할 수 있다"고 강조했다. 프로그램으로서의 의미, 즉 활용하는 EA가 EA의 본질임을 강조했다.

지금까지 EA를 구축하는 것, 아키텍처의 중요성은 표현에 있고, 관계의 표현이 중요하다는 관점으로 아키텍처를 이해했다면, 이제는 EA를 〈그림 2〉와 같이 아키텍처 기반의 변화관리 활동으로 이해

〈그림 2〉 기업의 변화관리 도구

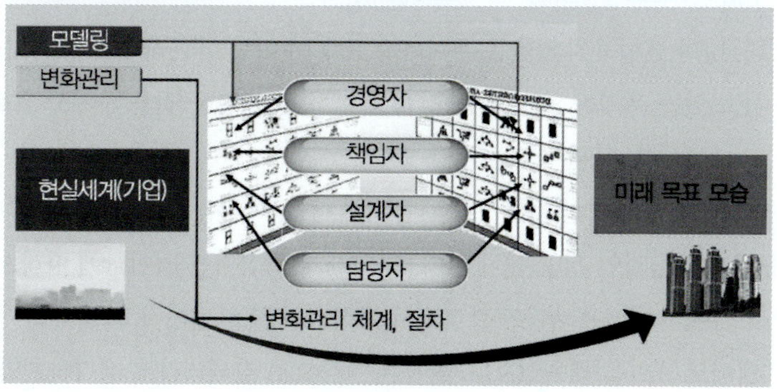

해야 한다.

EA는 '아키텍처'만을 이야기하는 것이 아니라, 아키텍처를 활용한 기업의 변화관리 활동으로서, 기업의 리스크를 최소화하거나 회피하는 방향으로 의사결정을 내리도록 하는 프로그램인 것이다.

EA를 활동으로 인식하면서 "EA를 구축했다", 또는 "EA를 가지고 있다"라는 표현으로는 EA 성과를 말해주지 못하며, "EA를 하면 1년에 성과가 얼마씩 난다"와 같이 구축만을 가지고는 기대효과를 말하기 어렵다는 것을 알 수 있다. 즉, EA가 있다고 성과가 자동으로 나오는 것이 아니라, 아키텍처를 활용해서 활동을 하는 만큼 성과가 나는 것이기 때문에, EA 구축만으로는 성과가 보장되지 않는다는 점을 의미한다.

EA 프로그램의 중심에는 이를 운영하고 활용하는 주체인 사람이 있다. 이런 점에서 EA를 작동하게 하는 EA 거버넌스의 수립과 운영이 중요하다.

EA의 목적 측면에서 살펴보면, 그동안 EA의 목적을 〈그림 3〉과 같이 IT 부문의 아키텍처에서부터, 아키텍처 기반의 기업 경영까지 다양하게 정의해왔다. EA는 업무 효율성과 경영 성과를 지원하는 기업 변화관리 체계로 인식해야 하며, EA를 IT 아키텍처 설계도나 EA 설계도로 인식하는 것은 EA의 목적을 너무 좁게 잡은 것이라 하겠다.

〈그림 3〉 EA의 다양한 목적

④ 표현해야만 하는 시대가 왔다

"나는 알고 있다. 다만 표현하지 않았을 뿐이다." 이제 더 이상 이런 생각은 통하지 않을 것이다. 아키텍처 시대를 살고 있는 우리는 알고 있는 것을 표현하고, 표현한 것을 가지고 효율적인 의사소통을 하는 사회이기 때문이다. 표현이 모든 것을 100% 설명하지는 못하지만, 기존의 구술에 의존하던 의사소통 방식을 아키텍처로 대신하는 것이 기업에게 더 큰 이익을 줄 것으로 기대하기 때문이다.

아키텍처로 표현은 핵심적인 것만 해야 한다. 누구에게 핵심적인 것이냐에 따라서 다양한 이해관계자가 있지만, 초기에는 엔터프라이즈 관점에서 핵심적인 것을 정의하고, 분류하며 그 구조를 표현해야 한다. 아키텍처로 표현을 해두었으니, 활용은 자동으로 잘되리라고 생각하지만, 기업이 기존의 관행을 바꾸는 것은 무엇보다도 어려운 일이다. 조직관리에서 기업문화를 바꾸는 것에 대한 어려움을 설명할 때, 보통 기업문화를 변화시키려면 현재 구성원 전체를 바꾸거나, 새로운 세대들이 조직을 구성하기까지 20년을 기다려야 하는 것으로 비유한다.

EA 총괄 담당자인 CIO는 EA 도입이 기업에게 어떤 영향을 주는지를 충분히 이해하고 중장기 로드맵을 세워야 하며, 기업 전체에 EA를 확산하기 위해서는 CxO의 지원을 확보하기 위한 전략을 수립해야 한다. 〈그림 4〉의 미 연방정부 EA 도입 가이드 절차를 보면, 경영진의 지원확보를 제1단계로 정의하고 있으며, 1단계가 되지 않으면 2단계로 진행하지 말 것을 권고한다. 따라서 EA 담당자의 제1과제는 경영진의 지원을 확보하기 위한 전략을 수립하는 것이다.

EA 담당자를 전쟁터에 나가는 군인으로 묘사하기도 한다. 너무 앞서나가다가 총탄을 맞고 쓰러짐

〈그림 4〉 EA 수명주기(미 연방정부의 EA 도입 가이드)

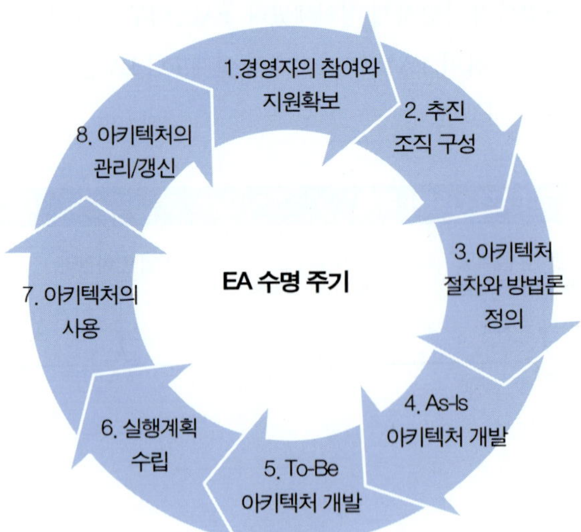

으로써, EA 목적 달성을 못하게 되는 경우가 발생할 수 있다. EA 담당자 역할은 전사하고 전쟁에서 지는 것이 아니라, 살아남고 승리하는 것이다. 전쟁에서의 승리와 생존은 어느 것이 더 중요할까? 기업의 구성원으로서 EA 담당자는 생존이 더 중요하기 때문에, EA의 확산은 EA 담당자의 생존을 보장하는 선에서 꾸준히 목적 달성을 위해 나가야 할 것이다.

■ IT 거버넌스의 개념

IT 거버넌스란 정보기술을 활용해 기업의 전략과 목표를 뒷받침하고 전개하기 위한 리더십, 조직 구조, 프로세스이며, 목표를 달성하고 성과를 관리하기 위한 메커니즘으로 정의한다. IT거버넌스는 변화하는 환경 속에서 경영목적 달성을 위해 정보화 활동이 효과적으로, 투명하게, 책임성 있게 수행되는지를 확인하고 이를 확보하고자 하는 노력이다. 이를 위해서는 경영진의 IT에 대한 책임을 확보하고, IT의 전략적 활용을 통한 가시적인 경영성과를 창출해야 한다.

IT 거버넌스를 통해 전략과 연계된 정보화 투자 및 성과 관리로 정보화 효과를 가시화하고, 정보화 사업주기 전반에 대해 체계적인 사업 관리로 투명성을 달성하며, 정보시스템의 운영 역량을 강화해 효율성 및 책임성을 높이고자 하는 것이다.

■ EA와 IT 거버넌스의 연계성

EA 프로그램을 통해서 IT 거버넌스를 더 잘할 수 있다. EA 없이 IT 거버넌스를 추진할 수는 있지만, EA를 활용한 IT 거버넌스가 더 효과적이다. EA가 아키텍처를 활용한 기업의 변화관리 필요성에서 대두되었으며, 기존 관리체계의 한계를 극복하기 위한 시도이기 때문이다.

① EA를 통한 기업의 투명성 확보

EA는 엔터프라이즈 구성요소들 간의 관계를 식별하고(아키텍처), 이를 활용한 기업의 변화관리로 정의한 바 있다. 기업은 EA를 통해 경영목표와 IT 목표 간의 Alignment, 경영목표와 기업 기능, 프로세스 간의 Alignment, 업무와 IT 간의 관계식별 등 EA를 통해서 그간 눈에 보이지 않았던 구성요소 간 관계를 명시적으로 표현하고 관리함으로써 투명성을 확보하고자 한다.

실제로 관계를 표현하는 과정에서 실무자는 고통스러운 현실을 보게 된다. 당연히, 그리고 어느 정도로 Alignment가 잘 맞아 있을 것으로 생각하고 있던 것이, 아키텍처로 표현하다 보면 전혀 그렇지 못했었다는 상황을 보여주기 때문이다. 용어의 혼란스러움, 범위의 다양함, 구성원들 간 서로 다른 현실 인식, 세상은 온통 애매모호함으로 가득 차 있고, 기준이 될 만한 것들을 새로 만들어야만 한다는 것을 알게 된다.

초기 EA 수립 과정을 통해서 정리를 할 수 있는 것도 일부는 있지만, 결국 EA 프로그램을 통해서 수년간 노력을 기울임으로써 구성요소들의 개념을 명확하게 정의하고, 이를 구성원들이 공유함으로써, 경영진이 생각하는 기업의 모습과 목표를 하위 운영부서에서 어떻게 수행하고 달성하는지 그 구조를 명확히 인식하게 된다.

이와 같이 CIO는 전략 목표와 수행간의 Alignment를 맞추고 최적화한 현업의 업무를 IT로 구현하는 프로세스를 갖추도록 해야 한다.

② EA를 통한 기업의 책임성 확보

EA는 누가, 언제, 어디서, 무엇을 어떻게 하는지를 식별하고 표현한다. 주체와 객체, 이벤트 목적 등을 정의하고 이들 사이의 관계를 식별한다. 예를 들어 인사부서는 무엇을 하는지, 인사부서의 급여 담당자는 무엇을 하는지, 급여 담당자가 여러 명이라면 각 담당자의 역할은 무엇인가와 같이 팀 수준, 담당자 수준, ID 수준 등 다양한 Role에 대해서 언제, 어디서, 어떤 일을 하는지를 정의하고 관련된 내용을 식별하는 것이다.

우리는 기업의 핵심 업무기능, 절차, 정보, IT 인프라, 성과 등을 한눈에 꿰뚫어보기를 갈망한다. 하지만 모든 것을 한눈에 볼 수는 없었다. 산출물로서 EA는 개괄적인 수준에서 시작해서 각 부서의 필요한 상세 수준까지 사람의 역할에 따라 점진적인 수준으로 표현한다. 크게 보기와 깊게 보기 모두를 충족하기가 쉽지 않지만, EA는 개념적으로 시작해 필요한 부분까지의 접근을 도와준다. 작은 모자이크들이 모여서 커다란 벽화를 만드는 것과 같이 가까이에서 보면 조각들의 모임이지만, 거리를 두고 보면 하나의 그림으로 보이는 것이다. EA도 작은 조각들로 구성되어 있지만, 커다란 하나의 그림으로 의사결정을 위한 영감을 준다.

③ EA를 통한 IT 효과성 확보

EA 프로그램의 동작 메커니즘은 인력과 투자관리이다. 인력은 EA 운영조직을 구성하고, EA 관리 및 활용절차 등 통제 구조를 수립하는 것이다. 투자관리는 투자계획 수립, 개발, 평가 단계 등 IT 투자성과 관리체계를 의미하며, 투자계획의 통제를 통해 최적화된 의사결정을 지원하는 구조를 EA 프로그램에 포함하고 있다. 투자계획 수립 단계에서부터 EA를 활용하여 업무적 효과, 중복 방지, 최적화 검토 등 사전평가를 강화한다.

우리는 실패하려고 계획을 수립하지 않는다. 그러나 IT 프로젝트가 끝나고 나면 20~30%의 프로젝트가 실패라는 통계가 있다. 또한 최초 계획했던 프로젝트 기대효과가 나오는지에 대해 체계적으로 관리하지 못한다는 지적이 있다. 경영진에게 IT의 효과성을 제대로 설명하기 위해서는 계획 수립 단계에서 더욱 철저한 준비와 사전 평가가 필요하다. IT 의사결정에 필요한 성과 모델을 갖추고 사전평가를 통해 IT 투자의 효과성을 경영 성과와 연계해 설명하는 구조를 EA는 갖추고 있다.

④ "EA는 사람에 대한 것, 기업 아키텍처를 효율적으로 관리해야"

EA를 산출물 관점에서만 보면, 엔터프라이즈를 명확하게 보여주기 위한 여러 가지 산출물과 장치로 보일 것이다. 그러나 아키텍처의 중심에는 사람이 있다. EA를 수립하고 운영하고 이해하며 활용하는 것은 모두 사람이며, 아키텍처를 구축하는 대상도 사람에 대한 것들이다. EA를 산출물 관점에서 접근하기보다는 기업문화를 식별하고, 이 안에서 변화를 추진하는 활동으로 접근해야 한다.

EA를 수행하는 사람의 입장에서 보면 아키텍처는 이미 현실세계에 내재되어 있었으나, 이를 제대로 관리하지 않았기 때문에 복잡하고 풀어가기 어려운 구조가 되어왔다. EA는 기업 경영을 효율적으로 하기 위해 기업이 기본적으로 관리해야 하는 자산이다. 기업의 목적과 절차, IT등 구성요소를 명확하게 식별하고 관계를 관리함으로써, 넓고 깊은 시각으로 기업의 효율화를 리드하기 위한 도구로서 EA 프로그램을 고려해야 한다.

〈CIO, 2009. 12.〉

MIS HIGHLIGHT 2

애자일 IT 아키텍처 3단계 도입방법

이제 기업의 민첩성(Business agility)은 좋은 생각 정도가 아니라 새로운 규칙으로 자리잡았으며, IT의 역할은 바로 이 민첩성을 제공하는 것이다.

전세계적인 전자상거래, 소셜 미디어 네트워크와 소비자 IT 등 덕분에 오늘날 비즈니스는 실시간으로 벌어지고 있다. 기업들은 민첩성을 발휘하여 무슨 일이 일어나고 있는지 끊임없이 따라가야 하며, 그러기 위해서는 상황 변화에 따라 신속하게 반응할 수 있는 IT 아키텍처를 개발해야 한다.

IT조직이 직면한 문제는 기업을 이 전자상거래와 소셜미디어 네트워크에 어떻게 연결하고, 기술과 비즈니스 프로세스들은 더욱 가속화되고 갈수록 예상치 못한 속도로 진화하는데, 어떻게 기업들을 이 연결 상태를 유지할 수 있을지 알아내는 것이다.

이 문제를 생각하고 있으면 머리가 지끈거리고, 일은 말 그대로 불가능해 보인다. 하지만 이러한 점이야말로 IT 전문가들이 돈을 받는 이유기도 하다. 그럼 이 문제의 해결을 도와줄 애자일 IT 아키텍처 모델을 살펴보자.

이제 변화의 속도는 기업 데이터 센터의 안에서보다 밖에서 훨씬 빨라지고 있다. 기업들은 그들의 데이터 센터들을 실시간 네트워크들과 연결해야 하고, 이 네트워크들이란 클라우드 컴퓨팅과 데이터 저장 플랫폼(data storage platform), SaaS 애플리케이션, 소셜 네트워크, 소비자 IT 기기들 등을 포함한다. 이러한 기술들은 모두 빠른 속도로 변화하고 있으며, 첨단을 달리고 있다. 기업들은 더 빠르게 움직이는 이 외부 시스템들에 한결 느리게 움직이는 내부 시스템을 통합시켜야 한다.

그러므로 애자일 IT 아키텍처 모델의 첫 단계는 바로 오케스트레이션 레이어(orchestration layer)를 통해 내부시스템을 외부시스템에 연결하고, 두 환경의 변화속도 차이를 관리하는 버퍼로 기능하게 끔 하는 것이다. 오케스트레이션 레이어는 내부시스템과 외부시스템 사이에서 이동하는 데이터에 대해 데이터 변환 서비스들을 제공할 뿐 아니라, 보안 및 성능 관리 기능들도 다루게 된다.

두 번째 단계는 다양한 클라우드 컴퓨팅, 데이터 저장 및 복구 플랫폼들과 데이터 센터 사이에 안전하고 확장 가능한 연결들을 모으는 것이다. 예를 들면 신속하게 갖춰져야 할 신규 비즈니스나 신규 비즈니스 부서들이 생겨나고 있으며, 이를 처리하기 위해 기업 내에서 새로운 요구들이 많이 생겨나고 있다. 기업들은 클라우드 기능들을 최대한 활용하여 기업 내에서 급증하는 요구들을 처리할 수 있어야 할 것이다.

세 번째 단계는 고객 대면 애플리케이션들(customer-facing applications)로 구성된다. 이 앱들은 이미 스마트폰, 넷북, 태블릿 등의 소비자 IT 기기들에 설치돼 있는 소셜 미디어와 클라우드 기반의 SaaS 플랫폼을 이용하게 된다. 소셜미디어와 SaaS 애플리케이션의 개발환경을 이용해 소비자들과 소통할 수 있는 애플리케이션들을 만들어야 한다. 이 때 새 애플리케이션들은 기업의 고객들과 직원들이 이미 사용하고 있는 소비자 기기들에 설치하여 이용할 수 있어야 한다.

이 모델의 장점은 관련된 모든 부서들 사이에서 최상의 분업을 구현하고, 각 부서에게 탁월한 성공 기회를 제공한다는 것이다. IT 조직들은 사용자들이 원하는 제품 및 서비스를 지원하기 위한 시스템을 만들고 제공하는 데에만 집중할 수 있을 것이다. 소셜 미디어와 SaaS 업체들은 그들의 제품을 홍보하고 그토록 빠르게 변화하는 소비자 기기들에서 자신들의 소프트웨어가 잘 실행되는지 확인하는데 집중할 수 있을 것이다. 그리고 소비자 가전의 제조업체들은 사람들이 원하는 새 기기들을 만들어 제공하는 데에만 집중할 수 있을 것이다.

애자일 접근법을 이용하여 이러한 모델의 애자일 아키텍처를 구현해할 것을 강력히 권한다. 몇 개의 최우선 순위 프로젝트들부터 시작하여, 그것을 30일, 60일, 90일 주기로 완수해보라. 애자일 아키텍처 구현에 들어가는 거대한 노력과 작업들을 몇 가지 세부 단계들로 나누고, 각 단계에서 확실한 가치를 제공하면서 배워가라. IT프로들은 바로 이러한 방식을 통해 불가능해 보였던 문제를 (거의) 쉽게 만들 수 있을 것이다.

〈CIO, 2012. 2.〉

CASE 1

중·소기업도 ITIL로 큰 효과 볼 수 있다

IT 인프라스트럭처 라이브러리(ITIL)의 베스트 프랙티스와 프로세스들은 조직이 그들의 정보 시스템으로부터 가치를 얻어낼 수 있게 도와준다. 하지만 그 이익을 얻기 위해 반드시 조직이 커야만 하는 것은 아니다.

미국 텍사스 주 코퍼스크리스티 시의 CIO 마이클 암스트롱이 IT팀의 생산성을 높이려 했을 때, ITIL은 아주 중요한 수단 가운데 하나였다.

"우리는 더 계획적으로 일을 할 수 있는 그런 환경으로 나아가고 싶었다. 그렇게 되면 화재 진압에 덜 신경을 쓰게 될 것이기 때문이었다"고 암스트롱은 말한다. "그리고 내게 있어 그것은 진행 중에 있던 변화관리에 더 집중할 수 있을 것이란 의미였다."

암스트롱은 시스템 실패의 80%가 변경 작업으로 인해 발생하며, 그와 관련된 '수정 시간'의 80%는 어떤 변경이 발생했는가를 입증하는 데 사용된다는 글을 읽은 적이 있었다. 그리고 코퍼스크리스티 시 역시 거기에서 벗어나지 않을 것이라고 그는 생각했다. 그래서 그는 ITIL을 도입하기로 했다. 그는 ITIL이 변화관리뿐만 아니라 서비스 관리와 IT 스태프들의 생산성에 영향을 미치는 일련의 다른 사항들에 대해서도 처리해줄 것이란 점을 알고 있었다.

1980년대 중반 영국에서 개발된 이 정보 기술 인프라스트럭처 라이브러리(ITIL)는 IT 인프라, 서비스 전달, IT 지원 등을 효과적으로 관리하기 위한 베스트 프랙티스 개념과 기법들의 모음집이다. 영국정부가 공공분야 IT 프로젝트에 사용하도록 인증한 ITIL은 곧 민간분야에서도 주목을 받게 되었다. 영국조달국(OGC)이 출판한 ITIL 초기 베스트 프랙티스 지침들은, 정확한 수치는 알 수 없지만, 전 세계에 퍼졌다(기업이나 조직이 할 일은 ITIL 도서집을 구매한 후 원하는 영역의 베스트 프랙티스를 구현하면 된다).

그러나 그 와중에 ITIL은 중소조직 IT 부서보다는 대형조직 IT 부서에 더 적합하다는 평판을 얻었다. 그리고 이것은 다시 코퍼스크리스티 같은 더 작은 IT 조직에서의 도입을 방해했다. 하지만 암스트롱은 그런 대형조직에 적합하다는 생각은 과거의 것이며, 자신은 ITIL을 통해 5명의 통신 기술자, 9명의 현장 기술자, 30명의 분석가, 1,600명의 최종사용자가 해야 하는 일 가운데 많은 부분을 쉽게 만들어 주었다고 생각한다.

"사실 지금까지 ITIL은 중소 조직의 IT 부서를 별로 다루지 않았다"고 유럽의 헬프데스크 인스티튜트(현재는 서비스 데스크 인스티튜트)의 전 전문서비스 이사 바클레이 라에는 말한다. "지금까지의 언어는 대체로 대형컴퓨터와 내부 고객을 가진 대형 조직 위주로 되어 있었다."

그러나 ITIL의 대형조직 편향성을 부정할 수는 없지만, 그것이 중소 조직의 IT 부서에도 이익을 줄 수 있다는 증거가 계속 나오고 있다. 사실 더 작은 IT 부서는 오히려 그 작은 규모가 ITIL의 중요한 자산 가운데 하나가 될 수 있다고 라에는 말한다. "중소 조직도 ITIL을 구현할 수 있다. 그것도 아주 신속하게"라고 라에는 말한다. "구현과 관련해 딴지를 거는 사람이 더 적고, 이해당사자들을 한자리에 모으는 것이 더 쉽다. 나는 여섯 명으로 구성된 IT부서에 ITIL을 구현한 적도 있다. 그들은 처음엔 시간이 없다고 불평했지만, 몇 가지 주요 ITIL 프로세스만을 구현했기 때문에 많은 시간이 필요하지 않았다."

■ 책임자의 필요성

그러나 ITIL를 구현했다고 그 프로세스들이 스스로 작동하는 것은 아니다. "다른 모든 좋은 프로세스 개발 프로젝트와 같이 ITIL에서도 프로세스 '소유자'가 있어야 한다. 그리고 각각의 프로세스가 제대로 작동하도록 감시하는 누군가가 필요하다"고 라에는 경고한다.

영국 뉴캐슬 소재의 엔지니어 컨설팅 회사인 쿤달, 존슨 앤 파트너스의 사례를 알아보자. 쿤달은 10명의 스태프로 구성된 IT부서를 갖고 있으며, 이 부서가 두바이, 중국, 스페인, 루마니아 등 6개국의 13개 주요사무소의 500여 직원을 지원한다. 이 회사는 ICCM의 서비스 관리 솔루션을 도입했는데, 이것은 영국 벤더의 제안에 따른 것으로, 그 솔루션이 ITIL을 지원하기 때문이었다고 쿤달의 IT 이사 마이크 한나는 말한다.

한나는 그 회사가 빠져 있던 '문제 발생-해결식' 기술접근법에서 탈출하는 일을 돕도록 자신이 고용되었다고 말한다. 사건관리, 변화관리, 문제관리 등 ITIL의 핵심 프로세스들은 실제로 벌어지고 있는 일들을 처리할 수 있는 수단을 제공했다. 쿤달의 경우, 한나는 스태프들에게 그 프로세스들에 대한 소유권을 맡겼다. 사건관리 프로세스는 서비스 지원 매니저인 조지 스미스의 책임이다. 지난 5월에 시작된 변화관리는 ITIL 경험으로 인해 새로 고용된 리타 테스타의 책임이다.

그러나 ITIL을 구현한다는 것이 인원을 새로 고용해야 한다는 의미는 아니라고 라에는 말한다. CIO가 ITIL 프로세스를 기존의 누군가에게 추가로 부과하든 새로 고용해 지정하든 그것은 그 CIO의 개인적 선택의 문제라는 것이다. "중소기업에서 ITIL에 대한 가장 일반적인 오해 가운데 하나는 ITIL이 더 큰 조직을 '요구'한다는 생각이다. 사람들은 '관리'프로세스들이 더 많아지기 때문에 그에 비례해 관리 역할의 수도 늘어나야 한다고 생각한다. 하지만 그렇지 않다"고 라에는 말한다. "ITIL을 잘 구현한 곳 가운데 많은 곳이 중요한 책임을 스태프들의 기존 역할의 일부로 나눠주었을 뿐이다."

■ 만병통치약은 없어

ITIL을 어디에서 시작하고 어디에서 멈출 것인가 또한 선택의 문제이다. 예를 들어, 코퍼스크리스티 시는 변화관리 프로세스에서 시작했다. CIO인 암스트롱이 볼 때, 그곳이 가장 큰 보상이 있는 장소였기 때문이다. "사건(incident)관리도 중요하다"고 그는 인정한다. "하지만 그것은 그다음이다." "ITIL에 대한 이런 단계적 접근법은 아주 흔한 일이며, 일반적으로 중소 조직에서 가장 좋은 결과를 가져온다"고 코퍼스크리스티 시가 도입한 서비스 관리 솔루션의 영국 공급업체인 터치페이퍼의 CEO 그레이엄 리지웨이는 말한다.

일반적으로 조직들은 변화관리보다는 사건관리로 시작하지만, 그것은 개인적 선호의 문제일 뿐이다. 멈추는 장소도 그렇다. 쿤달의 경우, IT 이사인 한나는 ITIL 완전 호환인증을 받는 것이 "단기적 목표는 아니다"라고 강조한다.

"목표는 완전 호환으로 더 가까이 가는 것이며, 어느 정도 성과가 나타나면 그때 더 추구할 것인지 여부를 결정할 것이다. 현시점에서 볼 때, 70~80%의 호환성이면 우리의 삶이 훨씬 쉬워질 것이다." 다시 말해 인증서는 갖고 있으면 좋겠지만, 필수품은 아니라는 것이다.

코퍼스크리스티의 암스트롱은 더 솔직하다. "우리는 그 일을 해냈다고 자랑하기 위해 ITIL을 하는 것이 아니다. 그리고 나는 인증서에 관심이 없다"고 그는 말한다. "내 관심사는 내부 고객에게 더 나은 서비스를 제공하는 것이다. 하지만 우리에게는 ITIL 외에는 그렇게 할 수 있는 다른 자원이 없다."

그런 유연성은 중요한 것이라고 쿤달이 선택한 서비스 관리 솔루션 공급업체인 ICCM의 선임 컨설턴트 존 녹토는 말한다. "ITIL과 관련해 개조(adapt)와 채택(adopt)이란 단어를 많이 들을 것이다. 그것은 필수 프레임워크가 아니라 추천 프레임워크라는 뜻이다. 당신은 일부만을 선택할 수도, 자신에게 가장 잘 맞는 것을 고를 수도 있다."

그럼에도 불구하고, ITIL 그 자체가 갈수록 중소기업을 지원하는 식으로 발전하면서 개조의 양 또한 갈수록 줄어들고 있다.

2006년에 출판된 OGC의 중소 규모 ITIL 구현 지침은 이미 세 번째 인쇄에 들어갔다. 이 지침서도 OGC의 다른 ITIL 출판물처럼 영국정부 출판사인 스테이셔너리 오피스(The Stationery Office)가 출판했으며, 가격은 70달러 정도이다.

그러나 많은 ITIL 전문가들이 OGC의 그런 움직임을 환영하고 있다. 하지만 전문가들은 중소기업들이 전면적인 ITIL 지침을 도입해도 여전히 이익을 볼 수 있다는 점을 강조한다.

"중소기업들은 아직도 ITIL의 잠재적 이익에 대해 다소 무지한 편이다"라고 서비스 관리 컨설팅 회사이자 ITIL 훈련회사인 파트너스 인 아이티의 상무 폴 캐쉬는 말한다. 더 많은 중소 IT 조직이 ITIL의 이익에 대해 눈을 뜰수록, 그들은 일부만이 아닌 전면적인 지침을 도입할 것이라고 그는 부언한다.

■ ITIL 요구 만족하려면 체력 필요

전면적으로 ITIL 지침을 도입한 중소기업 가운데 하나는 쉘, BBC, AT&T 등의 글로벌 대기업을 위해 아웃소싱 관리 서비스와 인터넷 기반 애플리케이션 개발 서비스를 제공하는 300명 직원의 영국

소재 아이오코이다. 아이오코는 2001년 ITIL을 알게 되었다고 관리 서비스 부사장 시안 호지슨은 설명한다. "우리는 야심만만한 성장 목표를 갖고 있었는데, 그런 성장과 함께 확장할 수 있는 프로세스와 시스템이 필요하다는 것을 깨달았다."

ITIL의 소규모 버전은 아직 나와 있지 않지만, 아이오코는 전면 구현을 시작했다. 하지만 자사가 흡수할 수 있을 만큼의 속도로 ITIL 방침들을 구현하는 점진적 방법을 사용 중이다. "이를 위해서는 체력이 필요하다"고 그녀는 강조한다. "이것은 한순간에 모든 것을 해결해주는 마법의 탄환이 아니라 수백 개의 자잘한 변화가 포함되어 있는 그런 긴 여정이란 것을 깨달을 필요가 있다. 사람들은 ITIL을 도입하면 일종의 즉각적 해탈을 할 수 있을 것으로 기대하지만, 사실 그것은 매우 상식적인 프레임워크이다. 변화관리에 대한 ITIL의 접근법을 예로 들어보자. 그것은 변화를 설계하고, 승인하고, 최종적으로 구현하는 것과 관련된 프로세스들을 둘러싼 아주 세부적인 정보를 제공한다." 그리고 지금까지 아이오코는 ITIL을 통해 원하는 결과를 얻었다고 호지슨은 말한다. 처음 ITIL을 시작했던 2001년 1800만 달러의 매출을 올렸던 아이오코는 현재 6600만 달러 매출의 회사로 성장했다고 그녀는 말한다. "그리고 우리는 프로세스들을 변경하지 않아도 되었다. 그것들은 이미 우리가 필요로 하는 것과 조화롭게 이미 구축되어 있었기 때문이다"라고 그녀는 말한다. "여기에 우리는 어떤 변화도 가하지 않고 그 규모를 두 배 정도 더 확장할 수 있는 여력을 갖고 있다."

〈CIO, 2008. 9.〉

CASE 2

LG CNS 데이터센터: 시스코 ACI 아키텍처 도입

LG CNS가 자사 데이터센터에 소프트웨어정의네트워킹(SDN), 네트워크기능가상화(NFV), 자동화(Automation) 기능 등 차세대 데이터센터에 핵심적인 역량을 제공하는 '시스코 ACI(Application Centric Infrastructure)'를 도입했다고 시스코 코리아가 밝혔다.

시스코 ACI는 애플리케이션 중심 인프라 아키텍처로서 데이터센터 인프라와 IT 운영을 위한 시스코의 접근법이다. 시스코ACI의 핵심 구성요소는 APIC(Cisco Application Policy Infrastructure Controller)와 넥서스(Nexus) 9000이다. APIC는 ACI 패브릭, 정책 프로그래밍, 모니터링 등을 위해 단일화된 자동화 및 관리 포인트이며, 시스코 넥서스 9000은 최고의 성능과 에너지 효율을 제공하는 스위치 제품이다.

따라서 시스코 ACI를 도입한 데이터센터는 고객 서비스 현황 변화를 쉽게 감지하고 즉각적으로 조치할 수 있다. 또한 일일이 수작업을 해야 했던 업무를 자동화해 관리의 편의성을 크게 개선한다. 개방형 프로토콜, 애플리케이션프로그래밍인터페이스(API), 표준을 통해 기존 투자를 보호하는 것도 시스코 ACI의 강점이다.

이에 국내에서는 LG CNS가 시스코 ACI를 인천 데이터센터에 도입, 데이터센터 운영 효율성과 경쟁력을 강화했다. 그 결과 LG CNS는 시스코 ACI 도입을 통해 고객 현황에 따라 가상으로 네트워크를 자유롭게 분할할 수 있는 하나의 통합된 네트워크만을 관리할 수 있게 됐다. 이에 효율성은 증대되고, 고객 요구에 빠르고 유연하게 대응할 수 있어 차별화된 서비스 경쟁력을 확보할 수 있었다.

LG CNS 인프라서비스부문장 김○○ 상무는 "LG CNS 인천 데이터센터에 시스코 ACI를 국내 최초로 도입함으로써, 데이터센터 운영 효율성과 서비스 민첩성 향상의 일석이조의 효과를 누리게 됐다"고 밝혔다.

LG CNS는 상암IT센터, 부산 글로벌 클라우드 데이터센터, 가산데이터센터, 인천데이터센터를 운영중이다. 또한, 2008년 국내 최초로 서버, 스토리지 등 IT 인프라를 유틸리티 방식으로 제공하는 본격적인 클라우드 서비스를 시작했다. 이후 첨단 플랫폼을 개발하며 클라우드 역량을 높여 왔고, 이를 바탕으로 중소기업 대상의 퍼블릭 클라우드부터 프라이빗 클라우드 서비스까지 종합 솔루션을 제공하고 있다.

〈CIO, 2015. 7.〉

참고문헌

Alter, S., *Information Systems: A Management Perspective,* 3rd ed., Reading, MA: Addison-Wesley, 1999.

Bakos, J. Y., and M. W. Treacy, "*Information Tech*nology and Corporate Strategy: A Research Perspective," *MIS Quarterly,* June 1986.

Beaumont, N., "Service Level Agreements: An Essential Aspect of Outsourcing," *The Service Industries Journal,* 26(4), June 2006, pp. 381-395.

Becerra-Fernandez, I. & R. Sabherwal, *Knowledge Management: Systems and Processes,* Armonk, NY: M.E. Sharpe, 2010.

Broadbent, M., and P. Weill, "Management by Maxim: How Business and IT Managers Can Create IT Infrastructure," *Sloan Management Review,* Spring 1997.

Chua, A., "Knowledge Management System Architecture: A Bridge between KM Consultants and Technologists," I*nternational Journal of Information Management,* February 2004.

Davenport, T. H., *Process Innovation: Reengineering Work Through Information Technology,* Boston: Harvard Business School Press, 1993.

Davenport, T. H. and L. Prusak, *Working Knowledge: How Organizations Manage What They Know,* Boston: Harvard Business School Press. 1998.

DeSanctis, G., and B. Gallupe, "A Foundation for the Study of Group Decision Support Systems," *Management Science,* May 1987.

Downing, T., "Eight New Ways to Evaluate Automation," *Mechanical Engineering,* July 1989.

Geisler, E. & N. Wickramasinghe, *Principles of Knowledge Management: Theory,* Practice, and Cases, Armonk, NY: M.E. Sharpe, 2009.

George, J. F., "The Conceptualizations and Development of Organizational DSS," Journal of Management Information Systems, Winter 1991/1992.

Gordon, J. R., and S. R. Gordon, *Information Systems: A Management Approach,* 2nd ed., The Dryden Press, 1999.

Gordon, S. R. and J. R. Gordon, *Information Systems,* 3rd. ed., Hoboken, NJ: John Wiley & Sons, Inc., 2004,

Gorry, G. A., and M. S. Scott-Morton, "A Framework for Management Information Systems," *Sloan Management Review,* Vol. 13, No.1, Fall 1971.

Hackathorn, R. D., and P. G. Keen, "Organizational Strategies for Personal Computing in Decision Support Systems," *MIS Quarterly,* September 1981.

Haag, S. and M. Cummings, *Information Systems Essentials,* 2nd ed., Boston: McGraw-Hill,

2008.

Hammer, M., and J. Champy, *Reengineering the Corporation,* New York: Harper Business, 1993.

Hoffer, J. A., J. F. George, and J. S. Valacich, *Modern Systems Analysis & Design,* 2nd ed., Reading, MA: Addison-Wesley, 1999.

Huber, G. P., "A Theory of the Effects of Advanced Information Technologies on Organizational Design, Intelligence, and Decision Making," *Academy of Management Review,* January 1990.

Ives, B., D. L. Jarvenpaa, and R. O. Mason, "Global Business Drivers: Aligning IT to Global Business Strategy," *IBM Systems Journal,* Vol. 32, No. 1, 1993.

Kalakota, R., and M. Robinson, *e-Business: Roadmap for Success,* Addition- Wesley, 1999.

Kalakota, R,. and A. B. Whinston, *Electronic Commerce: A Manager's Guide,* Reading, MA: Addison-Wesley, 1997.

Kaplan, S. J., "The Industrialization of Artificial Intelligence: From By-Line to Bottom-Line," *AI Magazine,* Summer 1984.

Kaplan, R. S. and D. P. Norton, "The Balanced Scorecard: Measures that Drive Performance," *Harvard Business Review,* 83(7,8), July/August, 2005.

Kaplan, R. S. and D. P. Norton, "Using the Balanced Scorecard as a Strategic Management System," *Harvard Business Review,* 85(7,8), July/August, 2007.

Kastner, P., and C. Stevens, "Electronic Commerce: A True Challenge for IT Managers," in "Enterprise Solutions: Electronic Commerce," *Special Advertising Supplement to Computerworld,* January 13, 1997.

Ketler, K., and J. Walstrom, "Outsourcing as a Managerial Decision," *Decision Line,* July 1993.

Lacity, M. C., and R. Hirschheim. "The Information Systems Outsourcing Bandwagon," *Sloan Management Review,* Fall 1993.

Laudon, K. C., and J. P. Laudon, *Essentials of Management Information Systems: Transforming Business and Management,* 3rd ed., Upper Saddle River, NJ: Prentice-Hall, 1999.

Laudon, K. C., and J. P. Laudon, *Management Information Systems: Organization and Technology in the Networked Enterprise,* 6th ed., Upper Saddle River, NJ: Prentice-Hall, 2000.

Laudon, K. C., and J. P. Laudon, *Management Information Systems: Managing the Digital Firm,* 7th ed., Upper Saddle River, NJ: Prentice-Hall, 2002.

Laudon, K. C. and J. P. Laudon, *Essentials of Business Information Systems,* 7th ed., Upper Saddle River, NJ: Prentice Hall, 2007.

Laudon, K. C. and J. P. Laudon, *Management Information Systems: Managing the Digital Firm,* 12th ed., Upper Saddle River, NJ: Pearson Education, 2012.

Leavitt, H. J., and T. L. Whisler, "Management in the 1980's," Harvard Business Review, November/December 1958.

Loh, L., and N. Venkatraman, "Determinants of Information Technology Outsourcing: A Cross-Sectional Analysis," *Journal of Management Information Systems,* Summer 1992.

Magretta, J., "The Power of Virtual Integration: An Interview with Dell Computer's Michael Dell," *Harvard Business Review,* March-April 1998.

Maier, R., *Knowledge Management Systems: Information and Communication Technologies for Knowledge Management,* 3rd Ed., Springer, 2007.

Marcolin, B. L., and K. L. McLellan, "Effective IT Outsourcing Arrangements," *Proceedings HICSS 31,* Hawaii, January 1998.

Mason, R. O., "Four Ethical Issues of the Information Age," *MIS Quarterly,* March 1986.

Massetti, B., "An Empirical Examination of the Value of Creativity Support Systems in Idea Generation," *MIS Quarterly,* March 1996.

McLeod, R. Jr., *Management Information Systems,* 7th ed., Upper Saddle River, NJ: Prentice-Hall, 1998.

McNurlin, B. C., and R. H. Sprague, Jr., *Information Systems Management in Practice,* 4th ed., Upper Saddle River, NJ: Prentice-Hall, 1998.

Mennecke, B. E., J. Dangermond, P. J. Santoro, M. Darling, and M. D. Crossland, "Using GIS as a Tool for Sensing and Responding to Customers," in Bradley, S. P., and Nolan, R. L. (eds.), *Multimedia and the Boundaryless World,* Boston: Harvard Business School Colloquium, 1995.

Mintzberg, H., *The Nature of the Managerial Work,* New York: Harper & Row, 1973.

Moad, J., "Welcome to the Virtual IS Organization," *Datamation,* February 1, 1994.

Mongan, K., "Cloud Computing: The Storm is Coming," *Accountancy Ireland,* 43(3), June 2011, pp. 58-60.

Nonaka, I., "A Dynamic Theory of Organizational Knowledge Creation," *Organization Science,* February 1994.

O'Brien, J. A., Management Information Systems: *Managing Information Technology in the*

Internetworked Enterprise, 4th ed., The McGrow-Hill, 1999.

O'Brien, J. A., *Management Information Systems: Managing Information Technology in the Business Enterprise,* 6th ed., The McGrow-Hill, 2004.

O'Brien, J. A., *Introduction to Information Systems: Essentials for the Internetworked E-Business Enterprise,* 10th ed., The McGrow-Hill, 2001.

Ozer, J., "Collaboration on the Web," *PC Magazine,* October 6, 1996.

Pawar, B. S., and R. Sharda, "Obtaining Business Intelligence on the Internet," *Long Range Planning,* February 1997.

Porter, M. E., *Competitive Advantage: Creating and Sustaining Superior Performance,* New York: Free Press, 1985.

Porter, M. E., "What Is a Strategy?," *Harvard Business Review,* November/December 1996.

Porter, M. E., and V. E. Millar, "How Information Gives You Competitive Advantage," *Harvard Business Review,* July/August 1985.

Rainer, R. K., E. Turban, and R. E. Potter, *Introduction to Information Systems: Supporting and Transforming Business,* Hoboken, NJ: John Wiley & Sons, 2007.

Roland, D., "Data Flow Management Can Assist Underwriting," *National Underwriter,* Aug. 29, 1994.

Saint-Onge, H., "Tacit Knowledge," *Strategy & Leadership,* March/April 1996.

Salisbury, M. & J. Plass, "A Conceptual Framework for a Knowledge Management System," *Human Resource Management Development International,* December 2001.

Scott-Morton, M. S., *Management Decision Systems: Computer Based Support for Decision Making,* Cambridge, MA: Harvard University, Division of Research, 1971.

Scott-Morton, M. S. (ed.), *The Corporation of the 1990s,* Oxford: Oxford University Press, 1991.

Simon, H., *The New Science of Management Decisions,* rev. ed., Englewood Cliffs, NJ: Prentice-Hall, 1977.

Strong. D. M., Y. W. Lee, and R. Y. Wang, "Data Quality in Context," *Communications of the ACM,* May 1997.

Thierauf, R. J., *Knowledge Management Systems for Business,* Westport, CT: Quorum Books, 1999.

Turban, E., D. Leidner, E. McLean, and J. Wetherbe, *Information Technology for Management: Transforming Organizations in the Digital Economy,* 5th ed., New York: John Wiley &

Sons, Inc., 2006.

Turban, E., E. McLean, and J. Wetherbe, *Information Technology for Management: Making Connections for Strategic Advantage,* 2nd ed., New York: John Wiley & Sons, Inc., 1999.

Turban, E., E. McLean, and J. Wetherbe, Information Technology for Management: Transforming Organizations in the Digital Economy, 4th ed., New York: John Wiley & Sons, Inc., 2004.

Turban, E., D. Leidner, E. McLean, and J. Wetherbe, *Information Technology for Management: Transforming Organizations in the Digital Economy,* 6th ed., Hoboken, NJ: John Wiley & Sons, 2008.

Turban, E. and L. Volonino, *Information Technology for Management: Transforming Organizations in the Digital Economy,* 7th ed., Danvers, MA: John Wiley & Sons, Inc., 2010.

Udell, J., "Your Business Needs the Web," *Byte,* August 1996.

Watson, H. J., G. Houdeshel, and R. K. Rainer, Jr., *Building Executive Information Systems and other Decision Support Applications,* New York: John Wiley & Sons, 1997.

Wetherbe, J. C., "Four-Stage Model of MIS Planning Concepts, Techniques, and Implementation," in Banker, R., R. Kaufman, and M. Mahmood, eds., *Strategic Information Technology Management: Perspectives on Organizational Growth and Competitive Advantage,* Harrisburg, PA: Idea Group Publishing, 1993.

Williamson, O. E., *Markets and Hierarchies: Analysis and Antitrust Implications,* New York: The Free Press, 1975.

Williamson, O. E., "Transaction Cost Economics: The Governance of Contractual Relations," *The Journal of Law and Economics,* Vol. 22, 1979.

Winston, P. H., and K. A. Prendergast, eds., *The AI Business,* Cambridge, MA: MIT Press, 1984.

Wiseman, C., and I. MacMillan, "Creating Competitive Weapons from Information Systems," *Journal of Business Strategy,* Fall 1984.

Zadeh, L., "Fuzzy Logic, Neural Networks, and Self Computing," *Communications of the ACM,* March 1994.

찾아보기

ㄱ

가치사슬모형 165
가치시스템 165
개방시스템 19
개체관계도 512, 518
객체 421
객체지향 데이터베이스 212, 518
객체지향 방법론 515
거래비용이론 552
거래처리시스템 36
경영 11
경영자의 역할 111
경영자의 의사결정 업무 112
경영지원시스템 36
경쟁세력모형 160
경쟁정보 156
고객관계관리 265
고속 응용시스템 개발 520
공개키 암호화 369
공급사슬관리 278
공급자 관리 재고 290
공식시스템 22
공정통제시스템 35
관리시스템 39
구조도 513
구조적 설계 510
구조적 프로그래밍 510, 513
규모의 경제 162
균형성과지표 465
그룹의사결정지원시스템 129
기술참조모델 633
기업 대 소비자 전자상거래 358
기업환경 12

ㄴ

내부공급사슬 281
네트워크 컴퓨팅 477

ㄷ

대량고객맞춤화 180
데이터 관리 205
데이터 품질 210
데이터마이닝 223
데이터마트 219
데이터웨어하우스 220
데이터웨어하우징 250

ㅁ

마케팅정보시스템 33
모델의 개념 116
모델의 종류 117
모바일상거래 398
모바일컴퓨팅 399
목적/수단 분석 467
문서관리시스템 213
민감도 분석 125

ㅂ

방화벽 595
버스정보관리시스템 420
부서정보시스템 30
분권화 컴퓨팅 470
분산 컴퓨팅 470

분석 CRM 272
비공식시스템 22
비용우위 전략 162
비즈니스 인텔리전스 214
비즈니스시스템계획 464
비집중화 아키텍처 470
비집중화 컴퓨팅 470

ㅅ

사회와 경제 패러다임 309
산업가치사슬 166
상세설계 502, 503
상속 516
상향공급사슬 281
생산성 19
생산수행시스템 32
생산자원계획 72
생산자원계획시스템 32
생산정보시스템 32
서비스 거부 587
서비스 수준 관리 640
서비스 수준 협약 556
스마트 웨이 420
스패밍 604
시나리오 접근법 462
시뮬레이션 136
시스템 개념 17
시스템 개발 방법론 509
시스템 개발 수명주기 496
시스템 구현 503
시스템 분석 497
시스템 설계 500
시스템 유지보수 504
시스템의 수준과 구조 18
시스템의 효과성과 효율성 19
실시간 기업 624

ㅇ

아웃소싱 548
아웃소싱의 결정요인 552
아웃소싱의 유형 551
아키텍처 631
암호화 369
업무프로세스 리엔지니어링 169
엑스트라넷 367
엔터프라이즈 아키텍처 632
온라인 거래처리 60, 225
온라인 분석 프로세싱 219
온라인 분석처리 136
운영 CRM 271
운영시스템 39
운영적 정보시스템 계획 456
운영지원시스템 34
웜 588
위치 기반 상거래 409
위치 기반 서비스 409, 416
유비쿼터스 414
유연생산시스템 180
응용통제 590
의사결정의 단계 114
의사결정지원시스템 124
인소싱 522
인적자원관리시스템 89
일반설계 502

일반시스템이론 17
일반통제 590
입력 21

ㅈ

자료 24
자료흐름도 510
자재소요계획 72
재무정보시스템 32
전략경영 155
전략시스템 40
전략우위 159
전략적 변곡점 307
전략적 소싱 555
전략적 정보시스템 계획 453
전략적 집중 555
전략적 파트너십 290, 556
전사시스템 24, 42
전사적 애플리케이션 92
전사적자원관리 249
전사적협업시스템 35
전사정보시스템 30
전술적 정보시스템 계획 455
전자도매업 363
전자상거래 363
전자상점 358
전자서명 371
전자소매업 358
전자시장 349
전자인증서 370
전자자료교환 363
점진적 프로토타입 508
정보 과부하 14
정보기술 아키텍처 453
정보센터 524
정보시스템 감사 596
정보시스템 계획 449
정보시스템 보안 585
정보시스템 윤리 600
정보시스템의 구성요소 22
정보시스템의 수준과 구조 20
정보시스템의 역할 27
정보시스템의 유형 29
정보시스템의 특징 24
정보아키텍처 44
정보하부구조 43
JIT 시스템 73
조직간정보시스템 30
조직의 리스트럭처링 182
주요대응활동 12
주요성공요인 462
주요성공요인 접근법 462
중역정보시스템 37
지리정보시스템 443
지식경영의 구성요소 319
지식경영의 정의 316
지식관리시스템 324
지식관리시스템의 아키텍처 328
지식기반 경제 308
지적재산 606
집중화 아키텍처 468
집중화 전략 162
집중화 컴퓨팅 468

ㅊ

차별화 전략 162
채널시스템 76
채찍효과 289
처분용 프로토타입 508
최종사용자 개발 523

ㅋ

캡슐화 516
컴퓨터 기반 정보시스템 22
컴퓨터 바이러스 587
컴퓨터통합생산 75
크리슈머 313
클라이언트 89, 91
클라이언트/서버 아키텍처 472
클래스 515

ㅌ

텔레마케팅 79
텔레매틱스 412
통합생산관리시스템 46

ㅍ

파밍 588
퍼스널 컴퓨팅 470
페스트웨어 588
폐쇄시스템 19
포털 기반 CRM 274
표준 프로파일 634
푸시-기반 공급사슬 286
풀-기반 공급사슬 286
프로세스 재설계 178
프로세스 혁신 175
프로슈머 312
프로토타이핑 507
프로토타입 507
피드백 22
피싱 587

ㅎ

하향공급사슬 281
협업 CRM 274
회계정보시스템 31

A

accounting information systems 31
analytical CRM 272
application control 590
application service provider 521
architecture 630

B

balanced scorecard 465
bullwhip effect 289
bus management system 420
business intelligence 156, 214
business process reengineering 170
business systems planning 464

C

centralized architecture 468
centralized computing 468, 470

chargeback system 554
class 515
client 42, 221
client/server architecture 472
client/server computing 472
closed system 19
cloud computing 560
collaborative CRM 274
competitive forces model 160
competitive intelligence 156
computer integrated manufacturing 32
computer virus 587
computer-aided design 74
computer-aided engineering 74
computer-aided manufacturing 75
computer-aided software engineering 518
computer-integrated manufacturing 75
cost leadership 162
cresumer 313
critical response activities 12
critical success factor 134, 462
customer relationship management 265

D

data flow diagram 510
data mart 219
data mining 227
data quality 210
decentralzied computing 470
decision support systems 37, 59
denial-of-service 588
departmental information systems 30
detailed design 503
differentiation 162
digital signature 370
discontinuous thinking 175
distributed computing 470
document management system 213
downstream supply chain 281

E

economies of scale 162
e-CRM 274
effectiveness 467
efficiency 19
electronic certificate 370
electronic commerce 348
electronic data interchange 349
electronic market 350
electronic retailing 358
electronic storefront 358
encapsulation 516
encryption 585, 594
ends/means analysis 467
end-user development 523
engineering systems 32
enterprise architecture 630
enterprise collaboration systems 35
enterprise resource planning 92
enterprisewide information systems 30
enterprisewide system 42
entity relationship diagram 512
evolutionary prototype 508
executive information systems 37

extranet 31, 164

F

feedback 18, 22
financial information systems 32
firewalls 595
flexible manufacturing system 75
focus 162
formal systems 22
functional management information systems 37

G

general control 590
general design 502
general systems theory 17
geographical information system 411
global positioning system 399, 410

H

human resource management information systems 33

I

industry value chain 166
informal systems 22
information architecture 41, 464, 468
information center 524
information infrastructure 41
information overload 14
information technology architecture 453, 630
infrastructure-as-a-service 561
inheritance 516
input 18, 21
insourcing 522, 549
institutional memory 157
intellectual property 606
internal supply chain 281
IT infrastructure library 635

J

just-in-time 73, 173, 290

K

knowledge economy 309

L

location-based commerce 409
location-based service 409

M

management support systems 36
managerial systems 39
manufacturing execution systems 32
manufacturing information systems 32
manufacturing resource planning 72, 252
manufacturing resource planning systems 32
marketing information systems 33
mass customization 180, 282, 288
material requirement planning 72
mobile commerce 399
mobile computing 33, 399

찾아보기

N

network computing 477
noncentralized computing 470

O

object 515
object-oriented DB 212
online analytical processing 136
online transaction processing 225
open system 19
operational CRM 271
operational information systems planning 456
operational systems 32, 39
operations support systems 34
output 18
outsourcing 548

P

personal computing 470
pestware 588
pharming 588
phishing 587, 588
platform-as-a-service 561
portal-based CRM 274
prosumer 312
process control systems 35
process innovation 175
processing 178
productivity 19
prototype 507, 508
prototyping 507
public key encryption 369
pull-based supply chain 286
push-based supply chain 286

R

rapid application development 520
real-time enterprise 624

S

scenario approach 462
SCM 2.0 296
secure electronic transaction 371
sensitivity analysis 125
service delivery 637
service level agreement 637
service level management 640
service support 636, 637
smart way 420
software-as-a-service 522
spamming 604
standard profile 632, 634
strategic advantage 159
strategic focus 555
strategic inflection points 307
strategic information systems 153, 453
strategic management 155
strategic partnership 556
strategic sourcing 556
strategic systems 40
structure chart 513
structured design 510

structured programming 510
supply chain management 628
systems analysis 497
systems design 500
systems development life cycle 496
systems development methodology 509
systems implementation 503
systems maintenance 504

T

tactical information systems planning 455
tactical systems 39
technical reference model 632, 633
telematics 412, 413
throwaway prototype 508
transaction cost theory 552
transaction processing system 35

U

ubiquitious 414
upstream supply chain 281
user interface management system 128

V

value chain model 165
value system 166
vendor-managed inventory 290
visual interactive model 138

W

wholesale electronic commerce 363
wireless local area network 400, 403
wireless wide area network 403
worm 588

저자소개

천면중(mjcheon@ulsan.ac.kr)은 계명대학교 경영학과를 졸업하고 Indiana State University에서 경영학석사, University of South Carolina에서 MIS 전공으로 경영학박사를 취득하고, 현재 울산대학교 경영정보학과 교수로 재직하고 있다. Journal of Management Information Systems, Information and Management, Decision Sciences, Journal of Information Technology, European Journal of Information Systems, Data Base, Journal of Database Administration, Journal of Global Information Technology Management, Behaviour & Information Technology, International Journal of Information Technology and Management, Asia Pacific Journal of Information Systems, 경영학연구, 정보시스템연구, 대한경영학회지, 경영연구, 지식경영연구, 기업경영연구 등 국내외 학술지 및 학회에 논문을 발표하였다. 주요 연구 관심분야는 지식경영, IT/IS 아웃소싱 등이다. 주요 저서로는 『지식경영-이론과 시스템』,『경영정보시스템』, 『전사적자원관리』, 『최신 경영학의 이해』등이 있다.

이민화(mlee@pufs.ac.kr)는 계명대학교 경영학과를 졸업하고 서울대학교에서 경영학석사, University of Texas at Arlington에서 MIS 전공으로 경영학박사를 취득하고, 현재 부산외국어대학교 e-비즈니스학과 교수로 재직하고 있다. Information Systems Management, 경영정보학연구, 경영연구, 정보시스템연구 등 국내외 학술지 및 학회에 논문을 발표하였다. 주요 연구 관심분야는 정보기술 도입 및 확산과 전자상거래이다. 주요 저서로는『시스템 분석과 설계』가 있다.

허명숙(mjmsheo@naver.com)은 울산대학교 경영학과를 졸업하고 동대학원에서 경영학석사와 MIS 전공으로 경영학박사를 취득하고, 울산대학교 경영정보학과 객원교수로 재직하였다. Asia Pacific Journal of Information Systems, 경영학연구, 정보시스템연구, 대한경영학회지, 지식경영연구, 기업경영연구 등 학술지 및 학회에 논문을 발표하였다. 주요 연구 관심분야는 지식경영, 개인 창의성, 긍정심리자본 등이다. 주요저서로는『지식경영-이론과 시스템』, 『경영정보시스템』등이 있다.

저자와의
협의하에
인지생략

경영정보시스템 2판 Management Information Systems

2012년 2월 20일 초판 인쇄
2012년 2월 22일 초판 1쇄 발행
2016년 2월 25일 2판 1쇄 발행

저 자 : 천면중 · 이민화 · 허명숙
발행인 : 정광식
발행처 : **비앤엠북스**
주 소 : 서울시 금천구 가산동 319번지(호서대벤처타워 B1-103)
등 록 2004. 12. 29. / 제313-2004-00298호
전 화 2627-5710~13, 팩스 2627-5720
홈페이지 www.대학교재.kr
이 메 일 bnmbook@hanmail.net

정가 32,000원

ISBN 978-89-6821-046-4